KB041646

제2판

부동산개발금융법

부동산PF 개발사업

이상복

박영사

제2판 머리말

2023년 8월 이 책의 초판이 발간되고 나서 독자들로부터 분에 넘치는 호평을 받았다. 특히 2023년 2학기 서강대 일반대학원에 신설된 부동산학협동과정 수업 교재로 사용하면서 실무계에 종사하는 수강생들로부터도 호평을 받았다. 부동산개발사업과 부동산개발금융 전반을 아우르는 개론서 기능을 하고 있다는 평이었다. 저자로서는 이러한 관심과 성원에 진심으로 감사드린다.

개정판은 제1편 부동산개발사업 제3장의 주요 부동산개발사업의 종류와 내용 부분을 보강·추가하였다. 보강·추가한 부분은 지식산업센터 시장동향, 물류센터 시장 동향, 데이터센터의 의의, 데이터센터의 필요성과 문제점, 데이터센터 시장 동향 등이다. 또한 생활숙박시설 개발사업 및 노인복지주택 개발사업은 목차와 내용을 신설·보완하였다. 그리고 제3편 제2장의 부동산투자회사(리츠) 부분은 개정된 법령을 반영하였다.

개정판을 내는 데 조언을 해준 서강대 일반대학원 부동산학협동과정의 금경호 차장님과 조상현 이사님께 감사드리고, 개정 내용을 읽고 논평을 해준 양계준·이일규 변호사에게 감사드린다. 또한 개정판을 낼 수 있도록 애써주신 안종만 회장님, 안상준 대표님, 김선민 이사님께 감사드리며, 기획과 마케팅에 고생하는 최동인 대리의 노고에 감사드린다.

2024년 5월
이상복

머리말

이 책은 부동산개발사업과 부동산개발금융에 관하여 다루었다. 부동산개발금융법이 단일법으로 있는 것은 아니지만 부동산개발사업의 자금조달 수단인 부동산개발금융의 유형을 한데 모아 부동산개발금융법이라고 이름지었다.

이 책은 다음과 같이 구성되어 있다. 제1편 부동산개발사업에서는 부동산개발사업의 의의와 구조, 부동산개발사업의 특징과 참여자, 부동산개발사업의 분류와 진행단계, 부동산개발사업과 분양, 주요 부동산개발사업의 종류와 내용, 부동산개발사업과 부동산개발금융의 유형을 다루었다. 특히 주요 부동산개발사업인 도시개발사업, 지구단위계획사업과 특별계획구역사업, 민간공원특례사업, 지식산업센터 개발사업, 물류센터 개발사업, 데이터센터 개발사업, 공모형 PF 개발사업의 주요 내용을 다루었다.

제2편부터 제5편까지는 부동산개발금융 유형별로 그 주요 내용을 다루었다. 제2편 부동산 프로젝트금융(PF)에서는 일반 프로젝트금융의 개념, 특성, 구조를 다루고, 부동산 프로젝트금융(PF) 및 사회기반시설에 대한 민간투자와 프로젝트금융을 상세히 다루었다. 제3편 부동산 간접투자기구에서는 부동산투자회사(리츠), 부동산집합투자기구(부동산펀드), 프로젝트금융투자회사(PFV)를 다루었다. 제4편 부동산신탁에서는 부동산관리신탁, 부동산처분신탁, 부동산담보신탁, 분양관리신탁, 차입형토지신탁, 관리형토지신탁, 책임준공확약형 관리형토지신탁을 다루었다. 제5편 부동산PF 유동화금융에서는 부동산PF-ABS와 부동산PF-ABCP를 다루었다.

이 책을 출간하면서 감사드릴 분들이 많다. 바쁜 일정 중에도 초고를 읽고 조언과 논평을 해준 양계원 변호사에게 감사드린다. 양변호사는 부동산개발사업과 부동산개발금융 실무를 다루고 있는 분으로 교정작업도 도와주었다. 박영사의 김선민 이사가 제작 일정을 잡아 적시에 출간이 되도록 해주어 감사드린다. 출판계의 어려움에도 출판을 맡아 준 박영사 안종만 회장님과 안상준 대표님께 감사의 말씀을 드리며, 기획과 마케팅에 애쓰는 최동인 대리의 노고에 감사드린다.

2023년 8월

이 상 복

차 례

제 1 편 부동산개발사업

제1장 서 론

제2장 부동산개발사업과 분양

제3장 주요 부동산개발사업의 종류와 내용

제4장 부동산개발사업과 부동산개발금융

제 2 편　부동산 프로젝트금융(PF)

제1장 총 설

제2장 부동산 프로젝트금융(PF)

제3장 사회기반시설에 대한 민간투자와 프로젝트금융

제3편 부동산 간접투자기구

제1장 서 설

제2장 부동산투자회사(리츠)

제3장 부동산집합투자기구(부동산펀드)

제 4 편　부동산신탁

제1장 서　론

제2장 관리신탁 및 처분신탁

제3장 담보신탁

제5장 토지신탁(개발신탁)

제 5 편 부동산PF 유동화금융

제1장 서 설

제2장 자산유동화증권 발행 참여자와 자산유동화의 효용

제3장 부동산PF 유동화금융

부동산개발사업

제1장

서 론

제1절 부동산개발사업의 의의와 구조

I. 부동산개발사업의 의의

부동산개발사업[1]은 개발사업을 기획하고, 토지의 용도를 변경하여 그 가치를 향상시키거나 시공회사와 도급계약 등을 체결하여 토지 위에 건물을 건설하고 건설된 건물을 분양·판매하거나 임대하는 사업을 포괄한다고 할 수 있다.[2] 따라서 부동산개발사업은 부동산의 효용을 극대화하여 가치를 증대시키는 것을 목적으로, 부동산의 확보, 사업의 기획 및 추진, 사업자금의 조달을 주요 기능으로 개발사업을 준비하고 개발 후 수익을 안정화하는 모든 단계를 포함한다고 정의할 수 있다.[3]

---

1) 자본시장법에 의하면 부동산개발사업이란 토지를 택지·공장용지 등으로 개발하거나 그 토지 위에 건축물, 그 밖의 공작물을 신축 또는 재축하는 사업을 말한다(자본시장법81① (2) 가목). 부동산투자회사법에 의하면 부동산개발사업이란 ⅰ) 토지를 택지·공장용지 등으로 개발하는 사업, ⅱ) 공유수면을 매립하여 토지를 조성하는 사업, ⅲ) 건축물이나 그 밖의 인공구조물을 신축하거나 재축(再築)하는 사업, ⅳ) 건축물이나 그 밖의 인공구조물을 연면적의 10% 이상의 범위에서 증축하거나 개축하는 사업으로서 증축 또는 개축되는 면적이 3천제곱미터를 초과하는 사업, 또는 ⅴ) 건축물이나 그 밖의 인공구조물을 이전하는 사업을 말한다(부동산투자회사법2(4), 동법 시행령2④).

2) 심창우(2016), "토지신탁의 토지비 관련 규제개선에 관한 연구", 건국대학교 부동산대학원 석사학위논문(2016. 12), 6쪽.

3) 이영일·민규식(2013), "부동산개발 유형별 PF 위험요인 분석 연구", 부동산학보 제54집

부동산개발사업에서 부동산은 사용 목적에 따라 주거용 부동산, 상업용 부동산, 산업용 부동산, 기타 부동산으로 구별할 수 있다. ⅰ) 주거용 부동산에는 단독주택(다가구주택포함), 공동주택(다세대주택, 연립주택, 아파트) 등이 있고, ⅱ) 상업용 부동산에는 업무용(오피스와 오피스텔), 판매용(백화점, 할인점, 근린상가 등), 숙박용(호텔, 여관, 콘도 등), 관람집회용(영화관, 예식장), 운동·레저·관광용(관광호텔, 스키장, 골프장, 관광단지 등), 복합시설 부동산이 있으며, ⅲ) 산업용 부동산에는 공장, 산업단지, 창고 등이 있으며, ⅳ) 기타 부동산에는 학교, 관공서, 교회 등이 있다.4)

Ⅱ. 부동산개발사업의 구조

부동산개발사업은 오랜 시간과 많은 비용이 들어가는 사업으로서 부동산의 가치를 상승시키고 최유효 이용을 위하여 현재의 부동산 상태를 변화시키는 신축, 증축, 개축, 수선 등을 모두 포함한다. 즉 개발사업을 기획하고, 토지의 용도를 변경하여 그 가치를 향상시키거나 시공회사와 도급계약 등을 체결하여 토지 위에 건물을 건설하고 건설된 건물을 분양·판매하거나 임대하는 사업을 포괄한다고 할 수 있다.

부동산개발사업은 부동산의 확보, 사업의 기획 및 추진, 사업자금의 조달 등 크게 세 가지 영역으로 구분할 수 있다. 이 세 가지 구조는 서로 영향을 주고받는데, 사업대상 토지의 조건에 따라 시행의 구조가 달라질 수 있고, 이에 따라 자금조달의 구조 또한 달라진다. 이처럼 부동산개발사업에서 세 영역은 서로에게 영향을 미치면서 얽혀 있는데, 토지·자금·시행이 모두 융화를 이루어야 사업을 성공적으로 마칠 수 있다.5)

(2013. 9), 112쪽.

4) 고승현·이창석(2013), "부동산개발사업의 분양제도 개선방안에 관한 연구", 부동산학회보 제55집(2013. 12), 118쪽.

5) 심창우(2016), 6쪽.

제2절 부동산개발사업의 특징과 참여자

Ⅰ. 부동산개발사업의 특징

부동산개발사업은 부동산 본연의 속성에 기반을 두고 있는 만큼 상당한 리스크와 고수익을 수반하는 대표적인 고위험 고수익(High Risk-High Return) 사업이다. 수많은 참여자들이 관계되는 만큼 그 성패가 사회 전반적으로 큰 파급효과를 가져올 수 있다는 점도 고려해야 한다. 따라서 사업 과정에서 발생하게 되는 각종 리스크에 대한 세밀한 관리가 무엇보다도 중요한 요소라 할 수 있다. 한편 부동산개발사업에서 발생하는 막대한 수익 등에 따른 상대적 박탈감 등의 부정적인 시각도 사회 전반적으로 존재하고 있다는 점을 인식해야 한다. 하지만 부동산개발사업을 통해 긍정적인 효과도 많은 만큼 부동산개발사업의 특징을 먼저 이해해야 한다.[6]

1. 사업기간의 장기성

부동산개발사업은 장기간의 시간을 필요로 한다. 부동산개발사업은 초기에 계획하였던 기간 내에 사업이 완료되는 경우는 드물고, 추진과정에서 예상치 못한 문제로 기간이 연장되어 이에 따른 비용도 늘어나는 것이 현실이다. 또한 계획단계에서의 정치적·사회적·경제적 상황이 실제 개발과정 중 계속적으로 변화할 수 있으며, 특히 정부 정책이나 경제적인 외부충격으로 인한 분양위험의 증가로 사업이 실패할 가능성도 있다. 한편 사전에 미처 예상하지 못한 사업기간의 장기화는 해당 개발사업의 수익성을 악화시키는 주된 원인이라 할 수 있으며, 나아가 주변에 부정적인 파급효과를 미치는 요인이 될 수도 있다. 따라서 부동산개발사업에서는 초기 계획단계에서부터 장기적인 전망과 예측이 필요하며, 이를 위해서는 기본적인 시장조사뿐만 아니라 경제상황 변화에 대한 예측, 정부 정책 변화 등에 대한 철저한 분석 및 전망과 대책 마련 등이 수반되어야 한다.

---

6) 사공대창(2010), "부동산 PF(Project Finance) 대출의 부실화 요인에 관한 연구", 한양대학교 도시대학원 석사학위논문(2010. 2), 7-9쪽.

2. 대규모 소요자금

부동산개발사업에는 대규모의 자금이 소요된다. 부동산개발사업은 결과적으로 건축물이라는 물리적 형태를 갖춤으로써 사업이 종결되는 경우가 많은 만큼 이를 실현하기 위해서는 막대한 자금이 소요될 수밖에 없다. 부동산개발사업은 자체 결과물뿐만 아니라 학교, 공원 등 다양한 편의 시설까지 동시에 구축해야 하는 경우가 증가함으로써 그만큼 부담이 가중되고 있다. 특히 이 과정에서 사업의 근간이 되는 토지매입 비용에서부터 시공, 마케팅 등에 소요되는 비용은 부동산개발사업이 고비용의 사업임을 뒷받침해 주는 지표가 되고 있다. 따라서 대규모 자금을 어떻게 효과적으로 확보할 수 있으며, 사업 일정에 차질 없이 지속적으로 조달할 수 있는가가 해당 개발사업의 성공 여부를 결정짓는 중요한 요소가 된다. 부동산PF 대출을 통한 개발사업의 자금조달 중요성이 계속적으로 증가하는 것은 이러한 막대한 자금이 소요되는 부동산개발사업의 특성에 기인한 것이라 할 수 있다.

3. 전문인력의 필요성

부동산개발사업에는 광범위한 분야의 전문인력이 필요하다. 통상 부동산개발사업의 과정은 기획, 설계, 시공, 운영 및 관리 등으로 크게 구분할 수 있다. 이와 관련된 분야를 좀 더 구체적으로 살펴보면 개발계획, 자금, 광고, 상품, 설계, 시공, 감리, 인원 및 조직계획, 회계, 관리, 감정평가, 시설관리 등에 이르기까지 다양한 분야의 전문가가 필요하다. 이러한 각 분야의 전문인력을 어떻게 효율적으로 배치하고 활용할 것인가도 부동산개발사업의 비용을 절감할 뿐만 아니라 더 나아가 사업의 성패를 좌우하는 주요한 부분이 되고 있다.

4. 파급효과의 중대성

부동산개발사업은 정치적·사회적·경제적 환경에 따라 파급효과가 매우 크다. 이 경우 파급효과는 여러 각도에서 파악할 수 있는데, 1차적으로 사업 성패에 따른 이해관계자들에 대한 파급효과이다. 즉 사업이 성공리에 완료될 경우 사업에 참여한 모든 구성원이나 단체, 기업체 등이 이익을 얻게 될 뿐만 아니라, 주변 지역의 가치가 상승하고 궁극적으로는 지역개발이 촉진되는 역할을 하게 된다. 그러나 사업이 실패하게 되면 해당 건축물의 처리문제에서부터 개발업체의 부실화, 대출기관 및 투자자의 위험부담 등 다양한 문제에 직면하게 된다. 또한 경우에 따라 막대한 비용을 지출해서 계약을 체결한 일반 수요자(수분양자)들에게까지 피해가 발생하여 사회에 막대한 파장을 일으키게 된다. 따라서 부동산개발사업은 단순한 이익추구뿐만 아니라 정치적·사회적·경제적 파급효과에 대한 책임감과 의무감을 가지고 이루어져야 할 것이다. 부동산개발사업에 대하여 행정기관과 사회단체의 감시와 규제가 상대적으로 높은 것도 이 때문이라 할 수 있다.

5. 개발시기의 중요성

부동산개발사업은 부동산 자체가 시장경기 변화에 민감한 만큼 시기와 전략이 중요하다. 부동산개발사업은 장기적 사업이므로 초기 단계부터 치밀한 계획을 수립하여 사업을 진행해 나가야 한다. 이에 당면하는 가장 큰 위험 중 하나는 분양에 대한 위험이다. 분양률은 사업의 성공 여부와 가장 밀접한데, 경기변동과 정부 정책 등 외부적인 환경변화에 아주 민감하다. 따라서 외부환경을 고려하여 적정한 분양시점을 정하는 것이 사업 성패의 핵심요소로 작용한다.

Ⅱ. 부동산개발사업의 주요 참여자

부동산개발사업에서는 다양한 분야의 참여자들이 복잡한 법률관계를 구성한다. 구체적으로 사업주체인 시행사, 명목회사인 자금조달목적기구(SPV: Special Purpose Vehicle), 시공을 담당하는 건설사(시공사), 자금을 빌려주는 금융회사, 개발사업의 결과물을 분양받는 수분양자 등이 주요 참여자라고 할 수 있다. 그 밖에 개발사업의 인허가를 담당하는 정부, 개발사업의 위험을 대비하기 위한 보험상품을 판매하는 보험회사 등도 관련된다.[7]

1. 시행사

시행사(시행자)는 사업주체로서 프로젝트를 실질적으로 추진한다. 프로젝트

---

7) 한소은(2022), "부동산개발금융의 시행규제에 관한 공법적 연구", 서울대학교 대학원 석사 학위논문(2022. 2), 11-14쪽.

에 따라 하나의 시행사가 단독으로 시행하는 경우가 있고, 다수간 합작투자계약이나 조합을 결성하여 공동으로 시행하는 경우도 있다. 공동시행의 경우 합작투자계약, 주주간계약 등 약정을 통하여 이익배분 등을 정한다. 인허가를 요하는 개발사업의 경우 시행사가 인허가의 주체가 된다. 시행사가 누구로 확정되는지는 부동산개발사업 전반에서 큰 의미를 갖는다. 시행사는 개발사업 과정에서 인허가의 주체가 되며, 개발사업의 최종적 손익주체가 된다. 특히 개발사업이 좌초되었을 때 시행사는 일차적인 책임부담 주체가 된다.

2. 부동산 간접투자기구

부동산 간접투자기구는 명목회사에 불과하지만 프로젝트와 관련한 계약의 형식적 당사자가 된다. 이러한 투자 도관체의 의의는 프로젝트를 수행하는 시행사의 위험부담을 해당 기구에 출연한 투자금 범위로 감축하는 것이다. 즉 명목회사(paper company)의 설립으로써 시행사는 출자금을 초과하는 범위에서 개발사업의 위험과 단절된다("도산절연").

3. 건설사(시공사)

건설사(시공사, 시공자)는 개발사업의 설계, 감리, 공사 등 시공 관련 업무를 담당한다. 높은 자금력과 신용도를 갖춘 건설회사인 시공사는 연대보증, 채무인수 등으로 시행사의 신용을 보강하기도 한다. 이때 시공사가 일정 부분 개발사업의 공동시행사 역할을 겸할 수 있으며, 시공사가 일정기간 내 준공을 확약하는 책임준공 약정을 체결하는 경우도 있다.

4. 금융회사

금융회사는 부동산개발사업에 필요한 자금을 조달하는 대주 역할을 비롯하여 다양한 역할로 부동산개발사업에 참여한다. 금융회사 중 일부는 프로젝트에 대한 자문을 수행하거나 부동산 간접투자기구를 통하여 부동산개발사업에 투자하는 경우도 있으며, 펀드가 프로젝트회사가 되는 경우 펀드 운영을 담당하는 자산운용사가 개입하는 경우도 있다. 또한 보험회사는 부동산개발사업의 위험관리를 위한 다양한 보험상품을 제공하며, 민간보험사뿐만 아니라 보증보험을 제공하는 주택도시보증공사(HUG) 등의 공공기관도 비슷한 역할을 수행한다.

5. 수분양자

수분양자는 부동산개발사업의 결과물로 건설되는 부동산의 구매자로, 최종적 현금흐름 유입의 근원이다. 수분양자에게로 결과물을 최종적으로 판매함으로써 부동산개발사업은 성공적으로 완결된다. 일반적으로 우리나라의 주거용 부동산의 경우 자금조달상의 어려움을 이유로 건축물의 완공 전 분양하는 선분양제도가 주를 이루고 있으며, 상업용 부동산의 경우에는 부동산개발금융을 통한 후분양제도도 활용되고 있다.

6. 정부 또는 행정청

부동산개발사업은 지자체 등 행정청으로부터 국토계획법, 건축법, 도시정비법, 기타 건설법상 인허가를 수반하며, 대규모 건설업의 특성상 위험관리를 위한 각종 관련법상 규제도 존재한다. 또한 증권화를 통한 투자자 모집이 이루어지는 경우 투자자보호를 위한 자본시장법 등 금융법상의 규제 및 관련 행정청(금융위원회 등)의 감독을 받는다.

제3절 부동산개발사업의 분류와 진행단계

Ⅰ. 부동산개발사업의 분류

부동산개발사업은 사업주체, 개발주체, 개발형태, 개발상품에 따라 크게 네 가지 형태로 분류할 수 있다. ⅰ) 사업주체에 따라 개발자(Developer)가 직접 개발하는 방식, 지주 공동개발 방식, 개발신탁 방식, 대물교환 방식이 있고, ⅱ) 개발주체에 따라 공공개발, 민간개발, 민관공동개발, 주민조합 공공개발, 주민조합 민간개발 등이 있으며, ⅲ) 개발형태에 따라 신개발사업인 대지조성사업, 택지개발사업, 도시개발사업, 형질변경사업, 도시계획사업, SOC사업, 건물신축사업 등이 있고, 재개발사업인 도심재개발사업, 재건축사업 등이 있으며, ⅳ) 개발상품에 따라 주거사업인 단독주거, 공동주거, 주상복합사업 등이 있고, 근린시설인 근린생활시설, 근린공공시설 등이 있으며, 업무시설인 오피스텔시설사업 등이 있고, 관광, 레저, 스포츠, 관람, 집회, 전시시설사업 등이 있다.[8]

1. 사업주체에 의한 분류

(1) 개발자 직접개발 방식

개발자 직접개발 방식은 개발자가 직접 사업부지를 매입하여 소유권을 확보한 상태에서 개발을 진행하는 방식을 말한다. 지금까지 일반적으로 사용하고 있는 방식으로 개발자가 사업부지 전체를 매입할 수 없으므로 약간의 계약금(부지대금의 10% 정도)과 초기 투자비의 일부를 투입하고 나머지 토지비의 중도금, 잔금과 공사비는 시공사에서 대여하거나 금융기관에서 PF 차입을 통하여 자금을 충당하는 방식으로 이루어지고 있는 방식이다.[9]

(2) 지주 공동개발 방식

지주 공동개발 방식은 자금력과 개발 관련 전문성이 없는 지주는 사업부지를 제공하고 개발자는 개발사업에 대한 전문성을 제공하여 지주와 공동으로 개발하는 방식을 말한다. 지주는 토지를 제공함으로써 개발이익은 물론 세금(양도소득세) 등 경감의 이익을 볼 수 있고 개발자나 건설사는 토지비 없이도 사업부지를 확보할 수 있는 장점이 있는 개발방식으로 지주와 개발자가 공동으로 윈윈할 수 있는 공동사업 방식이다.

이 방식의 장점으로는 개발자는 개발사업 부지를 돈을 들이지 않고 쉽게 확보할 수 있고 토지 작업의 시간이 단축될 수 있다는 장점이 있고, 또한 토지주는 저율의 소득세만 내고 매각에 대한 양도세 등의 세금 경감의 이익을 받을 수 있는 장점이 있다. 단점으로는 개발에 대한 이익은 많지만, 반면 소유자가 토지를 단순 매각하는 것보다 장시간의 기간이 소요되는 단점이 있다. 또한 개발자, 건설사, 토지주가 부도를 낼 경우에는 담보 등에 대한 권리관계 설정이 복잡해질 수 있는 단점이 있다.

---

8) 김병수(2018), "부동산개발사업의 리스크 요인과 대응방안에 관한 연구: 부지선정 및 확보 단계를 중심으로", 조선대학교 산업기술융합대학원 석사학위논문(2018. 11), 13쪽.
9) 김병수(2018), 14-15쪽.

(3) 개발신탁 방식

개발신탁 방식은 토지 및 개발사업에 관한 일체의 권한을 신뢰성 있는 신탁 회사에 위임해서 개발하는 사업방식을 말한다. 이 방식은 지주가 부지를 개발함에 있어 개발자를 활용하여 개발할 경우에는 부도 등의 리스크가 존재하기 때문에 개발자보다는 비용을 조금 더 지급하더라도 사업경험, 규모, 신뢰도면에서 안전한 신탁회사에 토지 및 사업개발에 관한 일체의 권한을 위임하여 개발하는 방식을 말한다. 지주나 개발자는 사업이 완료되고 난 후에 개발이익 대금을 지급받는 방식이다. 최근에는 개발사업의 안전한 추진을 위해 개발신탁 방식이 많이 활용되고 있다.

이 방식의 장점으로는 지주, 개발자의 부도 등에도 토지나 사업권을 안전하게 보호할 수 있어 사업을 안정적으로 추진할 수 있으나, 사업성이 좋지 않은 프로젝트의 경우에는 신탁수수료의 비용지출이 부담이 될 수 있는 단점이 있다.

(4) 대물교환 방식

대물교환 방식은 지주가 개발이 완료된 후 개발자나 시공사에게 공사대금을 완공된 일부의 건물을 주고 나머지는 분양하거나 소유하는 형태의 개발방식을 말한다. 이 형태는 국내보다는 일본에서 주로 사용하는 사업방식이다.

개발자나 시공사 입장에서는 부지비용을 부담하지 않기 때문에 사업에 대한 자금 리스크가 적고, 지주의 입장에서는 부지의 매각 후 개발로 인한 부동산 자산가치 상승 등의 효과를 볼 수 있는 장점이 있다.

2. 개발주체에 의한 분류

(1) 공공개발 방식

공공개발 방식은 제1섹터 개발사업이라고도 하며, 국가, 지방자치단체, 한국토지주택공사, 수자원개발공사, 특수법인 등이 개발사업의 주체가 되어 개발하는 방식이다. 주로 공공성과 공익성을 요하는 사업이 주가 되며 공공개발사업 대부분은 사회간접자본시설(SOC)이 주된 대상이 된다.[10]

이는 사업주체가 국가 등 공공기관이 되므로 국토개발과 관련된 공공성 사

---

10) 김병수(2018), 16-18쪽.

업이 주종을 이루며, SOC 사업 외에도 공공택지조성공사, 지역개발사업공사 등을 들을 수 있다. 공공개발사업은 정부 예산으로 추진되므로 사업승인 관련 많은 절차를 거쳐야 하므로 시간이 많이 소요된다.

(2) 민간개발 방식

민간개발 방식은 부동산 소유자(개인 또는 법인), 건설업체, 전문개발업체, 금융회사 등이 사업주체가 되어 개발하는 사업방식을 말한다. 이 방식은 제2섹터 개발사업 방식이라고도 하며 민간이 개발주체가 되어 개발하는 사업을 말하는 것으로서 일반적으로 크게는 토지개발과 그 개발 토지 위에 지어지는 건축개발로 구분하여 사업방식이 추진되고 있다.

토지개발 부분은 특정사업을 제외하고는 대부분 공공개발로 추진되고 있으며 민간개발 부분은 공공으로 조성된 토지 위에 건축하는 건축사업에 주로 참여하게 되는 개발방식이 된다. 또한 민간기업이 토지개발사업에 참여하게 되는 일반적인 경우로 공공택지개발 등의 시공 또는 시행대행 등의 방식으로 참여하게 되며 대지조성사업, 취락지구사업, 도시개발사업, 휴양관광단지개발사업 등을 들을 수 있다. 민간개발 방식은 일반적으로 지주나 개발업자가 직접 개발하거나 개발신탁사 등이 개발하는 방식으로 민간개발의 대표적인 개발방식이다.

(3) 민관공동개발 방식

민관공동개발 방식은 민간이 자본과 기술을 제공하고 공공인 국가, 지자체 등이 토지와 인허가 등의 행정적인 부분을 담당하여 공동으로 개발하는 방식을 말한다. 이 방식은 제3섹터 개발방식이라고도 하며, 이와 같은 개발방식은 공익성을 추구하면서도 민간기업에도 이익이 되는 장점을 가지고 있어 사회간접자본시설(SOC) 건설을 위한 사업과 그로부터 파생되는 사업이 대부분을 차지하고 있으며 이를 민간투자사업이라고도 한다. 민관공동개발 사업은 사회간접자본시설에 대한 민간자본유치사업으로 민간투자에 의해 제1종과 제2종 시설로 구분되어 사업에 대한 참여방식과 소유에 관한 사항을 명시하고 있다.

정부는 사회간접자본시설에 대한 예산이 부족하여 민간의 자본과 기술을 끌어들여 사업의 수행은 물론 민간의 공공참여를 통한 상호 보완적인 공동개발의 장점을 가지고 있어 최근에 가장 많이 사용되고 있는 사업방식이다.

(4) 주민조합, 공공 및 민간개발 방식

주민조합, 공공개발 방식은 지역주민조합과 공공법인이 사업주체가 되어 공동으로 개발하는 사업을 말하며, 주민조합, 민간개발 방식은 지역주민과 민간법인이 사업주체가 되어 공동으로 개발하는 사업을 말한다.

주민조합, 공공개발사업 방식은 제4섹터 개발사업이라고도 하며, 주요 대상 사업 분야로는 도시 재개발 사업 등을 들을 수 있으며, 주민조합, 민간개발사업 방식은 제5섹터 개발사업이라고도 하며, 주요 대상 사업 분야로는 도시개발사업, 대규모 관광단지 개발사업 등을 들 수 있다.

3. 개발형태에 의한 분류

(1) 신개발사업

신개발사업은 토지 위에 지어지는 건축물의 규모와 용도 등에 따라 토지의 가치가 변화되는 개발로, 대지조성사업, 택지개발사업, 도시개발사업, 형질변경사업, 도시계획사업 등을 들 수 있다.[11]

ⅰ) 대지조성사업은 대지 이외의 지목을 대지로 변경하는 사업을 말하는 것으로 일종의 형질변경사업을 말한다. 보통 대지조성사업은 임야, 논, 밭 등의 다른 지목의 토지를 매입해 건축이 가능한 토지로 변경하는 사업으로 도지계획지역 외에서 시행되는 경우가 많다.

ⅱ) 택지개발사업은 주택공급의 일환으로 정부나 지방자치단체 또는 민간이 신개발사업의 일환으로 택지를 조성, 공급하는 사업으로서 임지, 농지 등을 택지화하여 주거, 상업지역 등의 도시계획을 수립하여 건축이 가능할 수 있도록 택지화되는 사업을 말한다.

ⅲ) 도시개발사업은 도시개발에 관하여 필요한 사항을 규정함으로써 난개발을 막고 계획적이고 체계적인 도시개발을 도모하며 쾌적한 도시환경조성과 공공복리 증진에 기여함을 목적으로 하고 있다. 따라서 도시개발사업은 도시개발법에 따라 도시개발구역이라는 지구지정을 받아서 그 계획에 의해 사업을 시행하게 된다. 즉 도시개발사업은 도시개발구역 안에서 주거, 상업, 산업, 유통, 정보, 생태, 문화, 복지 등의 기능을 가지는 신시가지를 조성하기 위해 시행하는 신사

---

11) 김병수(2018), 18-20쪽.

업을 말한다.

　ⅳ) 형질변경사업은 공간정보관리법상에 따른 28개의 지목을 다른 지목으로 변경하는 사업을 말하며, 형질변경의 주된 목적은 대지로의 형질변경을 말한다. 형질변경사업은 토지 또는 산림의 원형, 지표, 지질 등을 변경하는 일체의 행위를 말한다.

　ⅴ) 도시계획사업은 국토의 효율적인 이용을 위해 국토계획법에 따라 도시기본계획, 도시관리계획 등으로 구분하는 사업을 말한다. 도시기본계획은 20년 단위로 수립되고 있다. 도시계획사업은 전국의 토지를 도시계획 내 구역과 도시계획 외 구역으로 구분하고 있으며 도시계획 내 구역은 주거, 상업, 공업, 녹지지역으로 다시 세분하고 있다.

(2) 재개발사업

　재개발사업은 정비기반시설이 열악하고 노후·불량건축물이 밀집한 지역에서 주거환경을 개선하거나 상업지역·공업지역 등에서 도시기능의 회복 및 상권 활성화 등을 위하여 도시환경을 개선하기 위한 사업을 말한다.

4. 개발상품에 의한 분류

(1) 주거시설에 의한 개발

　주거시설에 의한 구분은 단독주거시설, 공동주거시설, 주상복합시설 등으로 구별할 수 있다.[12)]

　ⅰ) 단독주거시설이란 1세대가 하나의 건축물 안에서 독립된 주거생활을 할 수 있는 구조로 된 주택을 말하며, 1가구 1세대의 단독주택이나 다중주택, 다가구주택 등으로 구분할 수 있다. 다중주택은 다수인이 장기간 거주할 수 있는 주택을 말하며 가구별로 독립공간은 가능하되 주거생활의 일부는 공동으로 사용한다. 다가구주택은 2가구 이상이 독립적으로 거주하되 소유는 공동이 된다. 단독주택의 종류와 범위는 주택법 제2조에서 규정하고 있다.

　ⅱ) 공동주거시설이란 주택법과 건축법에 의해 건축물의 벽·복도·계단이나 그 밖의 설비 등의 전부 또는 일부를 공동으로 사용하는 각 세대가 하나의 건

---

12) 김병수(2018), 20-22쪽.

축물 안에서 각각 독립된 주거생활을 할 수 있는 구조로 된 주택을 말하며 공동주택이라고도 한다. 주거로 쓰이는 층수가 5층 이상이면 아파트이고, 연립주택은 층수가 4층 이하로 주택으로 쓰이는 1개동의 연면적이 660㎡ 이상이어야 한다. 다세대주택은 4층 이하로써 1개동의 연면적이 660㎡ 이하인 주거시설을 말한다. 공동주택의 종류와 범위는 주택법 제2조에서 규정하고 있다.

iii) 주상복합시설이란 주거시설과 상업 또는 업무시설을 한 개의 건물에 복합적으로 건축하는 시설을 말한다.

(2) 근린시설에 의한 개발

근린시설에 의한 개발은 근린생활시설과 근린공공시설로 구별할 수 있다.

ⅰ) 근린생활시설이란 주거생활의 편리성을 위해 생활에 필요한 물품의 구매, 건강, 위생, 치료, 식사 등을 할 수 있도록 한 생활편익시설을 말한다. 근린생활시설에는 제1종과 제2종 근린생활시설이 있다.

ⅱ) 근린공공시설은 국가 또는 지방자치단체가 국민생활의 편의를 위해 설치하는 공공시설물을 말하는 것으로서 공익성과 편의성을 우선적으로 고려하고 있는 시설이다.

(3) 업무시설에 의한 개발

업무시설이란 일반적으로 사무실의 용도로 사용하는 시설물을 말하며 분양 또는 임대형태로 개발된다. 최근에는 자산운용사 등에 의한 개발형태로써 업무시설의 통 매입 구도에 의한 개발구도로 이루어지고 있다. 또한 업무를 주 기능으로 하는 각 개별실에 일부 주거시설을 가능하게 한 건축물인 오피스텔이라는 건축물로서 이 또한 건축법상 업무시설로 구분된다. 최근의 오피스텔은 업무 중심 기능에서 업무와 주거의 복합화된 기능으로 개발되고 있으며, 주거 부분이 주 기능이 된 오피스텔의 보급이 크게 확대되고 있다.

(4) 기타시설에 의한 개발

관람, 집회, 전시시설은 종교집회장, 공연장, 집회장, 관람장, 전시장, 동·식물원 등의 개발로 분류되고, 관광시설은 공공편익시설, 숙박시설, 휴양·운동시설, 접객시설 등의 개발로 분류할 수 있으며, 레저, 스포츠시설은 체육시설업을 중심으로 개발된다.

Ⅱ. 부동산개발사업의 진행단계

부동산개발사업의 개발과정은 개발 유형이나 사업의 목적 등에 따라 달라질 수 있으나, 일반적으로 사전평가단계, 사업타당성 분석단계, 개발준비단계, 개발단계, 사후관리·운영단계로 구분할 수 있다.[13)]

1. 사전평가단계

사전평가단계에서는 부동산개발 여부에 대한 의사결정에 필요한 단계로써, 입지조건 분석, 외부환경 분석, 사업특성 분석을 실시하게 된다.

(1) 입지조건 분석

입지조건 분석은 교통여건 및 부지·지구조건 분석, 인구·산업분석, 지역의 장래성, 시장·개발환경 분석 등이 있다. 입지조건은 추후 분양성 등 사업운영 전반에 영향을 미치는 가장 기본적인 요소로서 철저한 분석을 필요로 한다.

(2) 외부환경 분석

외부환경 분석은 법률 및 세제의 변화, 정책특성, 부동산경기 동향, 금리변화 등에 대한 검토이다. 외부환경에 따라 부동산개발 일정 및 자금조달방법, 비용 등을 조정해야 하므로 사전평가 단계에서 중요한 요소이다.

(3) 사업특성 분석

사업특성 분석에서는 사업참여 관계인들의 분석, 사업규모의 적정성, 상품유형, 분양가 및 투입비 적정성 검토, 예비적 사업수지 분석이 이루어진다. 입지조건이나 외부환경이 양호하더라도 상품이 사업부지에 적합하지 않거나, 사업규모로 인한 자금조달로 금융비용이 높아지거나 분양가가 주변 시세보다 높아 분양성이 낮아질 수 있기 때문에 사전평가 단계에서 가장 중요한 단계라고 할 수 있다.

---

13) 김경순(2009), "부동산신탁회사의 관점에서 본 토지신탁사업 리스크의 요인 및 관리방안에 관한 연구", 서울시립대학교 도시과학대학원 석사학위논문(2009. 8), 42~45쪽.

2. 사업타당성 분석단계

사전평가단계를 통해 부동산개발 여부를 잠정적으로 결정하게 되면, 본격적으로 사업타당성 분석을 통해 개발 여부를 최종 결정하게 된다. 이 단계에서는 부지분석, 사업성 검토, 사업계획 수립이 이루어진다.

(1) 부지분석

부지분석에서는 토지이용 현황, 용도, 권리, 법률분석 등을 수행하게 된다. 토지에 건축물을 짓기 위해서는 법령에서 정한 토지 용도와 적합하지 않을 경우 지목변경이나 농지·산림 전용허가 여부 등을 진행해야 한다. 그리고 사전평가단계에서 행한 입지조건 분석을 사업착수 전 재분석하여 개발 중에 착오가 발생하지 않도록 하여야 하고, 상권분석 및 시장 경쟁 분석 등을 통한 수요창출 가능성 및 분양성 등을 판단하게 된다. 또한 주변 혐오시설 및 소음유발시설 등에 대한 검토를 거쳐 이에 대한 방지책을 검토하고 비용 산정 시 포함하게 된다.

(2) 사업성 검토

사업성 검토에서는 본 사업의 개발가능성을 검토하게 된다. 부지에 대한 공법상 규제 사항을 검토하여 개발 유형 및 규모의 적정성을 분석하고, 부지 매입 가능성 및 임차인 퇴거 보상금 등을 검토하게 된다. 또한 개발사업의 성공을 위한 사업관계인의 참여 정도를 파악하여 최적의 사업구도를 정하고 적정 분양가와 비용을 산출하여 수지분석을 거친다.

(3) 사업계획 수립

사업성 검토를 거친 후 구체적인 사업계획을 수립한다. 앞서 실시한 사업조건 분석결과를 사업계획서에 구체적으로 제시하고 최적의 사업구도와 개발참여 관계인, 적정 분양가, 비용산출, 자금조달방안 등에 대한 개발계획을 설계한다.

3. 개발준비단계

사업타당성 분석단계를 거쳐 개발 여부를 결정하게 되면 개발에 앞서 준비단계를 거친다. 이 단계에서는 자금조달과 토지매입, 인허가 업무를 수행하게 된다.

(1) 자금조달

자금조달은 총사업비를 책정하고 분양률을 예상하여 현금흐름을 작성한다. 필요자금을 정확히 산정하고 이자율, 담보제공능력, 자체자금조달 가능성 등을 감안하여 금융기관으로부터의 프로젝트 파이낸싱(PF) 및 담보대출 등 자금조달 계획을 수립한다.

(2) 부지매입

부지매입은 개발사업의 승패를 결정하는 가장 중요한 업무이다. 토지신탁사업을 통한 개발에서는 위탁자가 부지확보를 마친 후 수탁자(개발시행자)에게 소유권을 이전하기 때문에 부지매입 리스크가 없다는 점에서 일반 개발방식과 구분된다.

(3) 인허가 업무

각종 인허가 업무에는 토지 인허가, 사업계획 승인 및 건축허가, 분양승인 및 신고 등이 있다. 본 사업부지가 해당 건축물을 지을 수 없는 용도라면 지목변경이나 농지전용·산지전용 허가를 받아야 한다. 사업계획서 및 총사업비, 기본설계를 작성하여 주택법에 따른 사업계획승인 및 건축법에 따른 건축허가 등을 취득해야 하는 것으로 인허가와 관련한 행정기관 및 법령이 다양하기 때문에 충분한 지식과 경험이 요구된다. 그리고 분양을 하기 위해서는 분양가를 포함한 분양계획을 수립하여 관련 지방자치단체에 분양승인을 득하거나 분양신고를 마쳐야 한다.

4. 개발단계

개발준비를 마치게 되면, 본격적인 개발에 착수하게 된다. 개발단계는 크게 분양업무와 시공업무로 구분된다.

(1) 분양업무

분양업무에서는 분양착수에 필요한 모델하우스 시공, 분양공고, 분양대행사 또는 인력 모집, 마케팅계획 수립 등이 있다. 또한 분양대금 수납 관리와 공사현황 안내 등 수분양자 관리에도 노력해야 한다. 미분양 상황이 장기화될 경우, 분양촉진을 위한 대책 수립 등 분양 진행 정도에 따라 마케팅 전략 수정이 있어야 한다.

(2) 시공업무

시공을 위해서는 설계용역회사를 선정하여 계획 설계에 따른 시공에 필요한 실시설계, 현장 상세도면을 작성한다. 공사발주는 일괄발주형태와 세부발주형태로 분류할 수 있다. 개발업자의 부지 매입자금 부족으로 시공회사로부터의 자금 지원이 필요할 경우, 일괄발주 형태를 선택하게 된다. 개발업자는 시공회사와 연대하여 공사 관련 민원 발생을 방지하고, 공정 및 품질관리에도 철저를 기하여야 한다.

5. 사후관리 · 운영단계

사후관리 · 운영단계는 준공 후 입주관리 및 사업정산 후 개발 종료단계이다.

(1) 준공 후 입주관리

준공 전에 건축물 관리를 위한 관리회사 선정 및 입주 일정을 수립하게 된다. 체계적인 입주 관리를 위해 입주대행회사를 선정하여 관리하기도 한다. 이 기간 동안 입주 및 하자에 따른 민원발생이 심하기 때문에 이에 대한 관리계획 및 조직 · 인력계획을 수립해야 한다. 임대나 미분양세대에 대해서는 임대관리 또는 건물관리를 하거나, 분양가할인 등의 미분양 물건 처분 방안을 강구하게 된다.

(2) 사업정산 후 개발 종료

모든 개발업무가 완료하게 되면 사업성과를 정산하고 대출금 상환 및 수익금 배분 후 개발사업을 종료하게 된다.

제4절 부동산개발사업 관련 법률

부동산개발사업과 관련되는 주요 개별법을 살펴보면 다음과 같다.

Ⅰ. 개발사업 관련 개별법

부동산개발사업과 관련한 법규는 상위법으로서 국토계획법이 있으며, 개발사업의 유형에 따라 개별법이 별도로 제정되어 있다. 부동산개발사업은 유형에 따라 도시개발사업, 택지 및 주택개발사업, 재개발 및 정비사업, 신탁개발사업, 비주거용 및 기타 부동산 공급을 위한 개발사업 등으로 분류할 수 있다. 그런데 개발사업의 목적과 방식에 따라 적용되는 개별법이 다르다.

ⅰ) 시가지 조성사업 등과 관련한 도시개발사업은 도시개발법이 적용된다. ⅱ) 택지개발사업(공영개발사업)은 택지개발촉진법, 토지형질변경사업은 국토계획법, 주택건설사업과 대지조성사업은 주택법, 산업단지조성사업 및 농공단지조성사업 등은 산업입지법과 산업집적법, 농어촌정비사업은 농어촌정비법, 초지개발은 초지법, 토지매립을 통한 택지개발사업에는 공유수면법이 적용된다. ⅲ) 주거환경개선사업, 재개발사업과 재건축사업은 도시정비법이 적용된다. ⅳ) 신탁개발사업에 의한 택지 및 도시개발사업은 국유재산법, 지방재정법, 산업입지법, 도시개발법 등이 적용된다. ⅴ) 토지를 조성하거나 토지에 건축물을 건축하여 판매·임대 등의 방식으로 공급하는 부동산개발업에 대하여는 부동산개발업법이 적용되는데, 부동산개발업법은 비주거용 및 기타 모든 부동산 공급업에 적용된다.

Ⅱ. 인허가 관련 개별법

부동산개발사업을 하기 위하여 인허가를 받게 된다. 그것은 토지개발과 관련한 인허가, 사업승인과 관련한 인허가, 건축행위 인허가 등이다. 각각의 개발과정에서 받아야 하는 인허가의 절차와 서류는 개별법에서 규제하고 있다.[14]

ⅰ) 일반적으로 토지이용규제와 관련된 법률로는 국토기본법, 수도권정비계획법, 국토계획법, 도시개발법, 도시정비법, 농지법, 산지관리법, 공간정보관리법 등이 있다. ⅱ) 사업승인과 관련된 법률로는 주택건설 관련법규(주택법), 판매시설 관련법규(유통산업발전법), 운동시설 관련법규(체육시설법), 숙박시설 관련법규

---

14) 고승현·이창석(2013), 118-119쪽.

(공중위생관리법, 관광진흥법), 기타 개별법 등이 있다. iii) 건축허가는 건축법에서 규정하고 있다.

한편 일정 규모 이상의 부동산개발업을 영위하기 위해서는 부동산개발업법에 의하여 등록하여야 하며, 이 법률의 규정에 따라야 한다. 사업계획 승인 또는 시설과 관련하여서는 일정 규모 이상인 공동주택은 주택법, 판매시설인 경우는 유통산업발전법, 체육시설인 경우에는 체육시설법, 일반숙박시설은 공중위생관리법, 관광숙박시설은 관광진흥법, 공장은 중소기업창업지원법, 산업집적법과 산업입지법, 실버타운은 노인복지법, 그리고 개발과 관련한 각종 지침과 고시 등이 있다.

Ⅲ. 부동산개발업의 등록

부동산개발업의 제도적 기반을 마련하기 위하여 2007년 5월 17일 부동산개발업법을 제정하고, 부동산개발업자의 난립으로 인한 소비자 피해방지 및 부동산개발업의 체계적 관리·육성을 위해 부동산개발업 등록제를 도입하였다.

부동산개발업은 개발과 금융이 결합된 산업으로 기획에서 사업성 검토, 시공관리, 분양, 사후관리까지 여러 분야에 걸쳐 전문성이 필요한 업종으로 기업도시, 뉴타운개발 등이 본격 추진되면 민간의 개발사업 참여 필요성이 더욱 확대될 것으로 전망됨에 따라 부동산개발업에 관한 종합적·체계적 관리제도를 도입하여 부동산개발업을 독립된 전문업종으로 육성할 필요성이 대두되었다. 이와 관련하여 "부동산개발업 등록제" 도입을 주요 내용으로 하는 부동산개발업법이 시행되고 있다.

정부는 부동산개발업 등록제와 같은 부동산개발에 대한 종합적·체계적 관리제도를 도입하여, 일정한 기준에 미달하는 사업자의 부동산개발을 제한하고, 부동산개발업자가 등록 사실이나 부동산개발에 관하여 필요한 정보를 소비자에게 제공하도록 의무화함으로써 소비자보호를 강화하며, 부동산개발업에 대한 정보망을 구축하여 개발업자의 사업실적 등 사업자에 관한 정보를 관리하고, 필요한 정보를 소비자에게 제공함으로써 부동산시장의 정보 왜곡방지 및 개발업자 간 건전한 경쟁을 유도하며, 개발업자의 허위개발정보 유포행위 등의 금지와 무자격 개발업자의 난립 방지 등 부동산개발업의 건전한 발전을 위한 제도적 기반

을 마련하게 되었다.[15]

　　부동산개발업법의 구성체계를 살펴보면 제1장 총칙에서는 법률의 목적과 부동산개발 등 용어의 정의 및 다른 법률과의 관계를 규정하고, 제2장은 부동산 개발업의 등록에 관한 사항을 규정하며, 제3장에는 부동산개발업의 관리에 관한 사항을 규정하고, 제4장에서는 위반행위의 조사 등과 시정조치, 소비자피해분쟁 조정의 요청, 협회의 설립 등에 관한 사항을 규정하고 있으며, 제5장은 보칙으로 서 청문, 권한의 위임 및 위탁 등에 관한 내용을 두고 있다. 제6장은 벌칙과 관련한 사항으로 벌칙, 양벌규정 및 과태료에 관한 내용을 규정하고 있다.

---

15) 이동관(2010), "부동산개발업 등록제도의 개선과 발전방안에 관한 연구", 동의대학교 경영 대학원 석사학위논문(2010. 6), 28쪽.

제 2 장

부동산개발사업과 분양

제1절 서설

I. 분양의 의의와 유형

1. 분양의 의의

분양이란 분양대상 건물을 제3자에게 구분하여 매도하거나 임대하는 등의 거래행위를 의미하며 개별거래와는 대비되는 개념이다. 건축물분양법에서는 "분양이란 분양사업자가 건축하는 건축물의 전부 또는 일부를 2인 이상에게 판매하는 것"으로 정의하고 있다(건축물분양법2(2)).

우리나라에서 분양이라는 개념은 택지나 건축물이 완성되지 않은 상태에서의 분양(선분양)으로 많이 사용되고 있으나 미완성 상태가 아닌 완성된 이후의 분양(후분양)도 분양이다.[1]

2. 분양의 유형

(1) 선분양과 후분양

분양 부동산이 분양계약 당시 독립된 부동산으로서 소유권등기의 객체가 되

---

[1] 홍윤표(2005), "대형건축물 후분양 제도하에서 개발유형별 사업성 분석에 관한 연구", 건국대학교 부동산대학원 석사학위논문(2005. 6), 4쪽.

어 있느냐의 여부에 따른 분류이다. 공사계획만 수립되어 있거나 공사가 진행 중인 상태에서의 분양을 선분양방식 또는 선분양 후개발 방식이라 하며, 건축공사나 토지조성공사가 완료되어 소유권이전등기나 보존등기가 가능한 시점이나 건축이 거의 완료된 시점에서의 분양을 후분양 방식 또는 후분양 선개발 방식이라고 한다. 또한 공사가 대부분 완료된 단계에서의 분양도 후분양 방식이라고 할 수 있다.[2]

(2) 공공분양과 민간분양

사업시행주체, 즉 건축사업이나 토지개발사업의 주체에 따라 분양은 공공분양과 민간분양으로 구분할 수 있다. 공공분양은 국가나 지방자치단체 또는 공사 등 공적 주체가 부동산을 분양하는 경우를 말하며, 민간분양은 기업이나 개인이 부동산을 분양하는 경우를 말한다. 공공분양의 경우 대부분 관련 법령에 의해 규율을 받게 되며, 민간분양은 사업의 종류에 따라 사업 관련 법령에 의해 규율을 받을 수 있으나 특별한 적용법령이 없을 경우 사업시행주체의 재량에 의해 분양할 수 있다.

(3) 공적분양과 사적분양

부동산 분양은 분양방법에 따라서 공적분양과 사적분양으로 구분할 수 있다. 공적분양이란 관계 법령에서 정한 조건이나 절차에 의해 분양하는 경우를 말하고, 사적분양은 분양조건이나 절차에 대한 법률적 제한이 없는 경우의 분양을 말한다. 공적분양에서의 법률적 제한이란 분양가격이나 절차, 분양대상자, 분양시기 등에 대한 법률적 규제를 의미한다.

(4) 직접분양과 대행분양

분양업무를 시행하는 주체에 따라 직접분양과 대행분양으로 구분할 수 있다. 직접분양은 대상부동산의 소유권자나 건축·개발권자가 분양하는 방식을 의미하며, 대행분양은 이들로부터 분양권을 위임받은 자가 분양하는 방식을 의미한다. 대행분양은 분양대행 전문가와 분양위탁자의 법률관계와 이로 인한 분양

---

2) 홍윤표(2005), 4-7쪽.

신청자의 법률관계의 해석에 유의해야 한다.

(5) 일반분양, 특별분양 및 단체분양

분양대상자의 특성에 따라 일반분양, 특별분양, 단체분양으로 구분할 수 있다. 일반분양이란 대상부동산의 분양에 대한 우선권이 없는 개인에 대한 평등적 분양을 말하고 특별분양이란 대상부동산의 분양에 대한 우선권을 가진 자에게 분양하는 것을 말하며, 단체분양이란 대상부동산의 분양에 대한 우선권이 없는 단체에 대한 분양을 말한다.

(6) 할부분양과 일시불분양

분양대금의 납부방법에 따라 할부분양과 일시불분양으로 구분할 수 있다. 할부분양이란 분양계약자가 분양대금을 일정기간 동안 중도금과 잔금으로 분할하여 납부하는 분양방식을 말하며, 일시불분양이란 분양계약자가 분양계약 후 일정기간 이내에 계약금 이외의 금액을 일시에 납부하는 분양방식을 말한다.

통상 선분양의 경우에는 계약부터 건축·개발 공사의 완료시점까지의 기간 동안 중도금을 분할하여 납부하고 이를 단계별 건축공사비로 활용하며, 후분양의 경우에는 일시불분양 방식을 택하는 경우가 많으나, 후분양에서도 계약 후 잔금까지 일정기간을 두고 있으며, 이 기간이 1개월을 초과할 경우 중도금을 납부하는 경우도 있다.

(7) 매매분양과 임대분양

분양대상 권리에 따라 매매분양과 임대분양으로 구분할 수 있다. 매매분양이란 분양계약자가 대상부동산의 소유권을 취득하는 형태의 분양을 말하며, 임대분양이란 분양계약자가 대상부동산의 임차권을 취득하는 형태의 분양을 말한다.

매매분양의 경우 분양자는 분양계약자의 분양대금 납부를 정지조건으로 분양 부동산에 대한 소유권보존등기 또는 이전등기의무를 이행해야 하며, 임대분양의 경우에는 계약 내용에 따라 미등기임차권이 부여되는 경우가 대부분이나, 임차권 설정등기나 전세권 설정등기를 하는 경우도 있다.

(8) 주택분양 등

분양대상물의 종류에 따라 주택분양(아파트, 연립주택, 다세대주택 등), 상업용부동산 분양(상가, 오피스텔, 업무시설 등), 공업용부동산(공장, 지식산업센터 등), 택지분양 등으로 구분할 수 있다

Ⅱ. 선분양과 후분양

1. 선분양

(1) 의의

선분양이란 분양광고와 같은 마케팅을 통해 소비자에게 대상 건축물을 분양하고 분양금액의 상당액을 준공 전에 조달함으로써 건설자금 및 금융비용 등을 충당하기 위한 분양이라 할 수 있다.[3]

현재 대부분의 부동산개발사업은 선분양을 통해 진행되고 있으며, 상당수의 사업시행자는 영세한 개인 및 법인이기 때문에 사업추진을 위한 첫 단계인 토지매입 시 매입에 따른 계약금(보통 토지 대금의 10%)만을 가지고 사업을 추진하는 경우가 많고, 사업추진을 위한 자금조달이 제한적이기 때문에 인지도 있는 건설업체의 지급보증 등을 통한 금융기관의 차입금으로 사업을 진행하고 있다.

(2) 장단점

개발사업으로 개발된 건축물을 선분양할 경우 사업시행자 측면에서는 추가자금조달에 대한 부담을 덜 수 있고 수분양자 측면에서는 분양금액을 순차적으로 분할납부하게 됨으로써 자금 수요를 분산시켜 부담을 덜 수 있는 장점도 있으나 건설기간 동안 시장 상황의 변화로 인해 발생할 수 있는 위험(가격변동위험, 재무위험, 미분양위험) 등이 수분양자에게 전가될 수 있는 단점도 가지고 있다. 또한 수분양자는 계약금 및 중도금 납부에 따른 이자소득 상실, 건설업체 도산 및 부실시공에 따른 재산상 피해 등 여러 가지 단점이 있다.

따라서 우리나라의 선분양은 분양 후 건축물이 준공되어 입주하는 수년의 기간 동안 발생할 수 있는 많은 위험을 수분양자가 떠안고 있는 구조라고 할 수

---

3) 홍윤표(2005), 7-9쪽.

있다. 과거에는 사업시행자와 건설회사가 동일한 경우가 많았으나 최근에는 사업시행자, 건설회사, 금융기관 이외에 자금관리회사, 분양대행사 등 전문분야별로 세분화되어 있다.

　한편 최근 수년 동안 금융기관의 자금 여력이 풍부해짐에 따라 금융기관은 동일한 사업에 있어 건설자금 대출을 사업시행자에게 직접 제공하는 한편, 부실화 위험도가 낮은 수분양자를 대상으로 구입자금 및 중도금대출을 제공하며, 수분양자가 금융기관으로부터 대출받아서 분양받기 위한 자금은 결국 사업시행자에게 건설자금으로 쓰이게 되어 있어 선분양은 소비자보다 사업자에게 유리한 구조를 가지고 있다.

2. 후분양

(1) 의의

　후분양이란 건축물 건축허가 후 분양하는 일반적인 분양방식인 선분양 방식과 대비되는 개념으로 수분양자가 일정 부분 완성된 건축물을 보고 분양대금을 지급하는 방식이다. 이는 시장원리에 따른 방법으로 시장은 수분양자가 주도하게 된다. 부동산은 값이 매우 비싼 내구재 성격을 갖고 있는 소비재로 소비자가 완공된 제품을 판단하고 그에 적정한 가격을 지불하는 것은 당연한 경제적 소비논리이다. 따라서 사전에 완성품에 대한 확인없이 추상적인 확인을 거쳐 계약을 체결하고 상당한 분양대금을 지불하는 선분양에 대한 문제점이 제기되어 논의하게 된 것이 후분양 방식이다.[4]

(2) 장점
(가) 수분양자의 시장가격 결정

　부동산은 반영구적으로 사용할 수 있는 내구재이며, 고가의 제품이지만 선분양제도에서는 제품 확인 없이 모델하우스, 분양광고, 조감도 등 추상적인 부분만을 보고 품질을 판단, 분양대금을 납부하는 형태이다. 그러나 후분양에서 수분양자는 건축물의 공정상태를 보고 직접 분양 여부 및 분양가격의 적정성을 판단할 수 있다.[5]

---

4) 홍윤표(2005), 13쪽.
5) 홍윤표(2005), 23-24쪽.

(나) 신탁제도 및 분양보증제도를 통한 거래활동의 안전성 확보

건축물분양법 제4조에 제1항에 의하면 일반 사업시행자가 건축물을 분양할 수 있는 시기를 크게 2가지로 규정하고 있다. 첫째, 신탁업자와 신탁계약 및 대리사무계약을 체결한 경우 또는 금융기관 등으로부터 분양보증을 받는 경우에는 착공신고 후에 할 수 있고, 해당 건축물의 사용승인에 대하여 다른 건설업자 2이상의 연대보증을 받아 공증받은 경우에는 골조공사의 2/3 이상이 완료된 후이다.

수분양자 입장에서 보면 선분양제도에서 수분양자가 최소한 계약금을 납입한 상태일 경우 사업시행자의 재정능력 부족, 사업자금을 타용도로의 사용, 사업시행자의 고의 부도 또는 파산하여 사업진행이 중단될 경우 수분양자는 재산권에 상당한 피해가 발생된다. 그러나 후분양제도에서는 사업시행자의 도덕적 해이 및 기타 다른 사유로 사업이 중단되더라도 공신력 있는 신탁회사 및 분양보증을 통해 수분양자의 재산권을 확보할 수 있는 장치가 마련되었다.

사업시행자 입장에서 보면 중소 사업시행자의 상당수는 사업 진행을 위한 대규모 자금을 자체 조달할 수 없는 상태이기 때문에 대형건축물 공급 시 부동산 신탁제도 및 분양보증제도를 활용할 경우 금융기관 등으로부터 사업자금 차입 부담을 줄일 수 있고, 분양의 안전성 확보장치가 마련되어 자기자본만으로 추진하는 사업보다 분양에 대한 위험부담을 줄일 수 있다.

(다) 전문 사업시행자 및 우량 건설업체의 시장공급

부동산경기가 호황이 시작되던 해인 2000년 이후 비전문가 및 소규모 자본을 위주로 부동산개발사업을 하는 사업시행자가 상당수 생겨났다. 그러나 정부의 부동산 규제에 따라 부동산개발사업이 어렵게 되고 상가, 오피스텔 등 대형건축물을 공급하던 사업시행자는 건축물분양법의 시행에 따라 상당수 도태될 가능성이 높다. 이는 곧 부동산 전문지식을 가진 올바른 사업시행자만이 시장에서 살아갈 수 있음을 의미한다.

건설업체 역시 직접시행을 하거나 공사도급계약에 의거 시공을 할 경우 자체 신용도가 우수하여 금융지원을 원활히 할 수 있는 업체, 연대보증을 해줄 제2의 건설업체를 손쉽게 구할 수 있는 업체, 시공실적 및 시공기술이 탁월하며 수분양자가 선호하는 업체만이 시장에서 살아남을 수 있을 것이다.

(라) 전문적인 금융기법 도입

사업시행자가 사업을 진행할 경우 대부분 금융기관 및 투자자에 의해 자금을 조달할 것이다. 후분양제도의 시행에 따라 부동산 공급의 급격한 감소를 예방하기 위하여 대형건축물을 공급하는 사업시행자가 자금을 조달하고자 할 경우 보다 다양한 금융기법이 도입될 것이다.

(3) 단점
(가) 공급량 감소

대형건축물 후분양 시행에 따라 수분양자로부터 선납받던 분양대금(계약금 및 중도금)을 금융기관으로부터 차입하거나 간접투자로 지원받는 등 한정적 사업자금 조달방법에 의존할 수밖에 없기 때문에 시장에 공급이 감소할 것이다.[6]

또한 대형건축물 공급은 사업 초기에 부동산 분양시장이 호황이라 할지라도 실제 건축물 분양은 일정시간이 지난 후에 할 수 있기 때문에 공급 당시 정확한 수요예측을 판단해야 하나. 이것은 사실상 불가능하므로 사업시행자 입장에서는 위험회피 차원에서 공급을 줄일 가능성이 높다.

(나) 분양가격 상승

전문가들은 대형건축물 후분양제도 시행에 따라 공급 분양가격이 상승할 것으로 예상한다. 이는 건설업체가 사업자금을 금융시장이나 간접투자 등 외부자금을 유입할 경우 건설자금의 금융비용과 미분양시 사업위험, 신탁수수료, 분양보증보험 수수료 등을 분양가에 포함시킬 가능성이 높으며, 사업위험을 줄이기 위해 사업시행자는 사업 성공에 상당 부분을 차지하는 입지를 고려 고가의 토지 구입비용을 지불하고 매입할 가능성이 있다.

(다) 중소 사업시행자 및 건설업체의 대량 도산 가능성

대형건축물 후분양 방식의 도입에 따라 1997년 IMF 외환위기 이후 증가했던 사업시행자 및 중소 건설업체가 대량 도산할 우려가 있다. 중소 사업시행자들과 건설업체들은 수요예측능력, 파이낸싱 능력, 사업위험 관리능력, 상품개발능력 등에 따라 구조조정이 활발하게 일어날 것이다. 재무구조가 견실하고 고급브랜드를 가진 우량 건설업체의 경우는 후분양 시행이 시장을 확대할 수 있는 기회가 되는 반면, 재무구조가 취약한 업체들은 시장에서 도태될 수밖에 없을 것이다. 대형 건설업체의 경우 1997년 외환위기 이후 자체 사업을 거의 하지 않고 도

---

6) 홍윤표(2005), 25-26쪽.

급계약에 의거 단순 시공을 해 왔으나, 향후 건설업체에서 시행사업 부문으로 사업을 확대할 가능성이 높다.

(라) 수분양자의 자금부담 증가

선분양에서는 착공과 동시에 분양하여 수분양자는 계약금을 납부하고 공사기간 동안 일정 회차에 따라 중도금을 납부하며, 준공 시 잔금을 납부하여 소유권을 이전받는 형태를 취하고 있다. 그러나 후분양은 일정 공사기간이 경과한 후 분양이 이루어지기 때문에 선분양에 비하여 분양대금 납부기간이 짧고 회차 납부금액도 많아 수분양자 입장에서는 자금에 부담을 느낄 수밖에 없다.

Ⅲ. 주택분양과 주택 이외의 건축물분양의 적용법규

일반적으로 주택의 분양에 대해서는 주택법이 적용되고, 주택 이외의 건축물(오피스텔, 상가건물 등)의 분양에 대하여는 건축물분양법이 적용된다.

다만, 주택 이외의 건축물에 대하여 건축물분양법이 항상 적용되는 것은 아니다. 건축물분양법은 ⅰ) 분양하는 부분의 바닥면적(건축법 제84조에 따른 바닥면적)의 합계가 3천제곱미터 이상인 건축물, ⅱ) 건축법 시행령 별표 1 제14호 나목 2)에 따른 오피스텔("오피스텔")로서 30실(室) 이상인 것, ⅲ) 건축법 시행령 별표 1 제15호 가목에 따른 생활숙박시설("생활숙박시설")로서 30실 이상이거나 생활숙박시설 영업장의 면적이 해당 건축물 연면적의 1/3 이상인 것에 한하여 적용되기 때문이다(건축물분양법3①, 동법 시행령2(1)(2)). 따라서 소규모 건축물에 대해서는 건축물분양법이 적용되지 않는다.

주택건설사업자의 신탁에 대하여는 주택법 제61조 제6항, 주택 이외의 건축물 분양사업자의 신탁에 대하여는 건축물분양법 제4조, 동법 시행령 제3조 제1항이 각 규정하고 있다. 이에 관하여는 후술한다.

제2절 주택법에 의한 주택분양

주택이란 세대(世帶)의 구성원이 장기간 독립된 주거생활을 할 수 있는 구조로 된 건축물의 전부 또는 일부 및 그 부속토지를 말하며, 단독주택과 공동주택으로 구분한다(주택법2(1)).

Ⅰ. 주택분양의 의의와 구조

1. 주택 선분양의 의의와 구조

주택 선분양은 주택건설업자가 주택을 완공하기 전에 입주자를 모집해서 입주자들로부터 계약금과 중도금을 사전에 받아 주택건설 자금으로 활용할 수 있도록 하는 제도이다. 주택 선분양은 민간자금을 주택건설에 활용하는 동시에 주택 수요를 사전에 확보할 수 있게 하는 제도이기 때문에 주택건설업체를 지원하여 주택공급을 확대하려는 제도이다. 우리나라는 1970년대 말에 분양가 규제를 실시하면서 주택건설업체들의 수익성 악화문제를 해결하는 방편으로 허용하였다.[7]

주택 선분양에서는 사업시행자인 주택사업자가 대지소유권을 확보하고 주택도시보증공사로부터 분양보증을 받으면 착공과 동시에 입주자의 모집이 가능하다. 이때 주택가격의 10%는 청약금, 청약금을 포함하여 20%는 계약금으로, 중도금으로 주택가격의 60%까지 받을 수 있어 완성된 주택을 인도하기 전에 미리 총 80%의 대금을 미리 확보할 수 있어 공매도와 같은 이익을 누릴 수 있기 때문에 공급자에게 유리한 제도이다.[8]

2. 주택 후분양의 의의와 구조

주택 후분양은 주택건설업자가 주택건설자금을 직접 조달하여 주택을 완공한 후에 분양하는 제도이다. 주택 후분양은 주택구매자인 수분양자가 완공된 주택들을 직접 확인·비교한 후에 구매하기 때문에 건설업체의 경쟁을 유발하여 소비자 중심의 시장이 형성될 수 있다는 것[9]과 주택가격 상승을 안정화하는데 도

---

7) 강남훈(2019), "주택후분양제 도입방안에 관한 연구", 부동산정책연구 제20권 제1호(2019. 4), 64쪽.
8) 서현아(2022), "주택 분양제도에 따른 자금조달 문제점 및 개선방안에 관한 연구", 고려대학교 정책대학원 석사학위논문(2022. 8), 7쪽.
9) 강남훈(2019), 65쪽.

움이 될 수 있다는 기대를 받고 있다.[10]

　　선분양과 후분양의 가장 큰 차이점은 건설산업에서 자금조달 시점과 대안 설정의 문제라고 할 수 있다. 주택공급률도 평균적으로 100% 이상을 유지하고 있는 상황에서 소비자의 선택권 강화, 주택품질의 향상에 적합하다고 여겨지는 후분양제의 성공적인 정착을 위해서는 우선적으로 사업이 가능하도록 해야 하는데 그 전제조건으로 자금조달을 위한 금융제도가 바탕이 되어야 한다.[11]

Ⅱ. 주택분양 관련 법규

　　주택법 제54조 등에서 분양제도에 관하여 규정하고 있다. 그 구체적인 내용에 관하여는 「주택공급에 관한 규칙」에서 정하고 있다.

　　현재 주택시장에서 이루어지고 있는 분양방식은 「주택공급에 관한 규칙」에서 정하는 바에 따라 사업주체(사업시행자)가 사업부지의 소유권을 확보한 후 주택도시보증공사의 분양보증을 받아 착공과 동시에 분양하는 방식(선분양, 동규칙 제15조 제1항), 사업주체가 사업부지의 소유권을 확보한 후 시공능력 있는 등록사업자로서 일정한 조건을 갖춘 자 2인 이상의 연대보증을 받아 일정한 건축공정에 이른 후에 분양하는 방식(후분양, 동규칙 제15조 제2항)으로 구분되어 있다.

　　그런데 사업주체가 공동주택을 선분양하고자 할 경우 「주택공급에 관한 규칙」에서 정하는 바에 따라 주택도시보증공사와 사이에 주택분양보증계약을 반드시 체결하여야 한다(동규칙 제15조 제1항 제2호). 이는 사업주체가 분양계약을 정상적으로 이행하지 못할 경우를 대비하여 다수의 분양계약자들을 보호하기 위한 것이다. 이에 따라 보증사고가 발생할 경우 주택도시보증공사는 주택분양보증계약에 기하여 분양계약자들을 위하여 해당 주택의 분양을 이행하거나(분양이행) 또는 납부한 계약금 및 중도금을 환급하는(환급이행) 방법으로 주택분양보증계약을 이행하게 된다.[12]

---

10) 서현아(2022), 7쪽.
11) 서현아(2022), 8쪽.
12) 김태관(2018), "주택분양보증계약의 법적 성질에 대한 연구", 동아법학 제80호(2018. 8), 214쪽.

Ⅲ. 주택법에 의한 주택분양과정

주택의 분양은 건축물의 신축 외에도, 자금조달 및 관리, 분양광고 등 제반 사무의 유기적 결합에 의하여 이루어지는데, 국민의 주거안정과 주거수준의 향상에 이바지하기 위하여 제정된 주택법은 주택의 건설·공급·관리와 자금의 조달·운용 등에 관한 사항을 상세히 규정하고 있다.

주택법과 동법 시행령이 정하고 있는 주택분양과정은 4단계로 나누어 볼 수 있다.[13]

ⅰ) 사업계획승인단계이다. 이 단계에서는 사업주체가 사업부지의 소유권 또는 사용승낙서의 확보, 건축설계, 사업계획(안) 작성, 사업계획승인신청, 관계 행정기관 협의, 사업계획승인 및 고시가 이루어진다.

ⅱ) 착공 및 분양단계이다. 이 단계에서는 감리자지정, 착공신고 및 공사착공, 입주자모집공고(안) 작성 및 신청, 입주자모집공고(안) 승인 및 통보, 입주자모집공고, 주택공급이 이루어진다.

ⅲ) 사전점검 및 사용검사단계이다. 이 단계에서 입주자사전점검, 공사완료, 사용검사신청, 관계 행정기관 협의, 사용검사 및 사용검사필증의 교부가 이루어진다.

ⅳ) 입주 및 관리단계이다. 이 단계에서는 입주자의 입주 및 입주자에 의한 공동주택의 관리가 이루어진다.

이중 공급단계를 좀 더 자세히 살펴보면, 주택공급에 관한 규칙 제15조 제1항에서는 주택법상 등록사업자인 사업주체가 착공과 동시에 분양을 개시하기 위해서는 사업부지의 소유권을 확보할 것(제1호)과 사업주체가 주택도시보증공사로부터 분양보증을 받을 것(제2호)을 규정하고 있다. 이에 따라 사업주체가 주택도시보증공사와 사이에 주택분양보증계약을 체결해야만, 행정청에 입주자모집공고안, 토지등기부등본 등을 첨부하여 입주자모집공고신청을 하고, 행정청으로부터 입주자모집공고승인을 받아 일간신문 등에 입주자모집공고를 한 다음 분양을 개시할 수 있게 된다(주택공급에 관한 규칙 제20조).

---

13) 김태관(2018), 215-216쪽.

Ⅳ. 주택의 선분양과 수분양자 보호

1. 공동주택 분양의 의의

공동주택이란 대지 및 건축물의 벽 복도 계단 그 밖의 설비 등의 전부 또는 일부를 공동으로 사용하는 각 세대가 하나의 건축물 안에서 각각 독립된 주거생활을 영위할 수 있는 구조로 된 주택을 말한다(주택법 제2조 제3호, 건축법 제2조 제2항 제2호). 공동주택의 종류와 범위는 ⅰ) 건축법 시행령 별표 1 제2호 가목에 따른 아파트("아파트")14)(제1호), ⅱ) 건축법 시행령 별표 1 제2호 나목에 따른 연립주택("연립주택")15)(제2호), ⅲ) 건축법 시행령 별표 1 제2호 다목에 따른 다세대주택("다세대주택")16)(제3호)이다(주택법 시행령 제3조 제1항).

공동주택의 공급은 선분양계약을 통해 분양하는 것이 우리나라에서는 일반적이다. 선분양의 경우 주택법에서는 분양자의 요건을 제한하여 등록한 사업주체일 것과 대지 소유권 확보 후 사업계획의 승인을 받아 착공 후 일정공정에 달한 후 입주자를 모집할 수 있게 하는 등 선분양으로 인해 생길 수 있는 위험요소들을 법제도적으로 보완하고 있다. 하지만 주택법의 이러한 적용은 공동주택의 경우 30세대 이상인 주택을 선분양할 때에만 적용되며(주택법 제15조 제1항, 동법 시행령 제27조 제1항 제2호), 공동주택 중 30세대 미만인 주택은 주택법의 사업계획승인 대상이 아닌 건축법의 건축허가대상이 된다.17)

2. 분양의 형태와 계약당사자

분양자를 주택법에서는 "사업주체"라 한다(주택법 제2조 제10호). 분양받는 자를 기준으로 한 분양의 형태로는 일반분양, 우선분양 및 특별분양이 있다(주택공급에 관한 규칙 제25조). 각 형태별로 분양계약의 당사자가 되는 수분양자의 자

---

14) 아파트는 주택으로 쓰는 층수가 5개 층 이상인 주택을 말한다(주택법 시행령 제2조, 건축법 시행령 별표1, 제2호 가목).

15) 연립주택은 주택으로 쓰이는 1개동의 연면적(지하주차장 면적을 제외)이 660제곱미터를 초과하고, 층수가 4개층 이하인 주택을 말한다(주택법 시행령 제2조, 건축법 시행령 별표1, 제2호 나목).

16) 다세대주택은 주택으로 쓰이는 1개동의 연면적(지하주차장 면적을 제외)이 660제곱미터 이하이고, 층수가 4개층 이하인 주택을 말한다(주택법 시행령 제2조, 건축법 시행령 별표1, 제2호 다목).

17) 정병원(2018), "아파트 분양계약과 수분양자의 권리보호에 관한 연구", 경상대학교 대학원 석사학위논문(2018. 2), 4쪽.

격이 다르다. 실제에서 통상 이루어지는 것은 일반분양인데 주택법상의 입주자 저축에 가입한 자는 그 순위에 따라 우선적 신청권이 있다. 또한 분양사업주체를 기준으로 보면 국가, 지방자치단체, 한국토지주택공사가 일정규모 이하로 지어 분양하는 국민주택분양(주택법 제2조 제5호), 그 밖의 주택법상 등록한 사업주체가 지어 분양하는 민영주택분양(주택법 제2조 제7호)이 있다. 따라서 분양계약의 당사자인 분양자는 국민주택인 아파트 분양의 경우에는 국가, 지방자치단체, 한국토지주택공사, 지방공사 등이 되며, 민영주택인 아파트 분양일 경우에는 주택법과 동법 시행령에서 규정하고 있는 요건을 갖춘 등록사업자가 분양자가 된다. 또 분양을 시행하는 사업주체가 어떤 형태로 구성되어 있느냐에 따라 분양의 형태는 단독사업주체 분양과 공동사업주체 분양으로 나눌 수 있다. 등록업자인 사업주체가 일정기준을 갖춘 경우 건설산업기본법에 의한 건설업자로 보아 주택건설공사를 시공할 수 있는데 이 경우 사업주체는 단독으로 자체 시공과 분양을 시행한다(주택법 제14조). 토지소유자나 주택조합이 등록업자와 공동으로 사업을 시행할 때는 이 둘을 모두 공동사업주체로 본다(주택법 제5조).[18]

3. 수분양자 보호

우리나라에서는 주택건설촉진을 위해 공동주택의 경우 대부분 선분양으로 공급되어 왔다. 선분양은 정책적으로는 주택공급을 확대하고, 사업자 측에게는 건설자금 조달이 용이하며, 소비자 측에는 입주시 자금부담이 분산되는 등 긍정적인 효과도 있지만, 수분양자가 구입대상 주택을 확인하는 것이 불가능하며, 수분양자가 계약금 및 중도금을 미리 선납하므로 이에 따른 이자소득 상실을 수분양자가 감수해야 하기 때문에 실질적으로 입주시 자금부담이 분산되는 부분에 대해서는 다시 한번 생각을 할 수 있는 부분이며, 시공업체가 도산할 경우 입주가 불안해지며, 이미 분양자는 대금을 선납받은 상태이므로 책임감의 결여로 부실시공으로 인하여 사용검사 전 하자가 발생할 가능성도 있는 문제점이 있다. 선분양의 경우에 일반인인 수분양자 측에서 감수해야 하는 위험들이 있는데, 주택법 등에서는 그러한 위험에 대한 제도적 보완장치를 마련하고 있다.[19]

주요 내용을 살펴보면 아래와 같다. ⅰ) 분양자 등록요건(주택법 제4조, 동법

---

18) 정병원(2018), 6-7쪽.
19) 정병원(2018), 31쪽.

시행령 제14조), ⅱ) 분양조건으로서 사업계획승인(주택법 제15조, 동법 시행령 제27 조)과 대지소유권확보(주택공급에 관한 규칙 제16조), ⅲ) 분양자의 시공제한(주택법 제34조, 동법 시행령 제44조), ⅳ) 분양자의 저당권설정 등의 제한과 부기등기(주택 법 제61조, 동법 시행령 제72조), ⅴ) 입주자모집공고의 시기제한으로서 일정한 공 정률 요건(주택공급에 관한 규칙 제15조), ⅵ) 계약의 내용제한(주택공급에 관한 규칙 제59조), ⅶ) 분양보증제도(주택법 제54조, 주택공급에 관한 규칙 제15조), ⅷ) 사용검 사제도(주택법 제49조), ⅸ) 투기대상이 되는 것을 막아 실입주자가 계약할 수 있 도록 투기과열지구 내에서는 수분양권의 전매를 금지(주택법 제64조)하는 규정을 두고 있다.

제3절 건축물분양법에 의한 건축물분양

Ⅰ. 건축물분양법의 입법취지

굿모닝시티 사건(2003년 6월)을 계기로 대지소유권을 미확보한 상태에서 상 가를 분양한 후 분양대금을 다른 용도로 사용하여 수분양자의 대규모 손해(3200 명, 3,735억원 피해)가 발생하여 사업이 불투명한 상태에서 분양하거나 허위·과장 광고 또는 분양대금 유용의 문제에 대한 개선조치가 논의되었다. 이에 건축물분 양에 대하여 공적규제의 필요성 및 그 범위에 대하여 공청회를 개최하고 건축물 분양법이 2004년 10월 22일 제정되었다.[20]

건축물분양법의 제정목적은 건축물의 분양 절차 및 방법에 관한 사항을 정 함으로써 건축물 분양과정의 투명성과 거래의 안전성을 확보하여 분양받는 자를 보호하는 것이다(건축물분양법1).

건축물분양법에서 "건축물"이란 건축법 제2조 제1항 제2호[21]의 건축물을

---

20) 현준(2012), "부동산신탁에 있어서 수분양자 보호방안에관한 연구", 단국대학교 부동산·
   건설대학원 석사학위논문(2012. 12), 43쪽.
21) 2. "건축물"이란 토지에 정착(定着)하는 공작물 중 지붕과 기둥 또는 벽이 있는 것과 이에
   딸린 시설물, 지하나 고가(高架)의 공작물에 설치하는 사무소·공연장·점포·차고·창
   고, 그 밖에 대통령령으로 정하는 것을 말한다.

말하고(건축물분양법2(1)), "분양"이란 분양사업자가 건축하는 건축물의 전부 또는 일부를 2인 이상에게 판매하는 것을 말한다(건축물분양법2(2) 본문), 다만, 건축법 제2조 제2항에 따른 건축물의 용도 중 둘 이상의 용도로 사용하기 위하여 건축하는 건축물을 판매하는 경우 어느 하나의 용도에 해당하는 부분의 바닥면적이 3천제곱미터 이상에 해당하고 그 부분의 전부를 1인에게 판매하는 것은 제외한다(건축물분양법2(2) 단서),

Ⅱ. 건축물분양법의 적용범위

건축물분양법의 적용범위는 분양피해가 많은 중대형 건축물을 대상으로 하되, 분양제도가 이미 마련되어 있는 건축물은 적용대상에서 제외하였다.

1. 적용대상

건축물분양법은 건축법 제11조(건축허가)에 따른 건축허가를 받아 건축하여야 하는 ⅰ) 분양하는 부분의 바닥면적(건축법 제84조에 따른 바닥면적)의 합계가 3천제곱미터 이상인 건축물, ⅱ) 건축법 시행령 별표 1 제14호 나목 2)[22)에 따른 오피스텔("오피스텔")로서 30실(室) 이상인 것, ⅲ) 건축법 시행령 별표 1 제15호 가목[23)에 따른 생활숙박시설("생활숙박시설")로서 30실 이상이거나 생활숙박시설 영업장의 면적이 해당 건축물 연면적의 3분의 1 이상인 것, ⅳ) 주택 외의 시설과 주택을 동일 건축물로 짓는 건축물 중 주택 외의 용도로 쓰이는 바닥면적(건축법 시행령 제119조 제1항 제3호에 따라 산정한 바닥면적)의 합계가 3천제곱미터 이상인 것, ⅴ) 바닥면적의 합계가 3천제곱미터 이상으로서 임대 후 분양전환을 조건으로 임대하는 것(분양전환 시 임차인에게 우선순위를 부여하는 것 포함)의 어느 하나에 해당하는 건축물로서 건축법 제22조(건축물의 사용승인)에 따른 사용승인서의 교부("사용승인") 전에 분양하는 건축물에 대하여 적용한다(건축물분양법3①. 동법 시행령2).

---

22) 2) 오피스텔(업무를 주로 하며, 분양하거나 임대하는 구획 중 일부 구획에서 숙식을 할 수 있도록 한 건축물로서 국토교통부장관이 고시하는 기준에 적합한 것을 말한다)
23) 가. 일반숙박시설 및 생활숙박시설(공중위생관리법 제3조 제1항 전단에 따라 숙박업 신고를 해야 하는 시설로서 국토교통부장관이 정하여 고시하는 요건을 갖춘 시설을 말한다)

2. 적용제외대상

개별 법령에서 규율하는 ⅰ) 주택법에 따른 주택 및 복리시설, ⅱ) 산업집적법에 따른 지식산업센터, ⅲ) 관광진흥법에 따른 관광숙박시설, ⅳ) 노인복지법에 따른 노인복지시설, ⅴ) 공공기관운영법에 따른 공공기관이 매입하는 업무용 건축물, ⅵ) 지방공기업법에 따른 지방공기업이 매입하는 업무용 건축물은 건축물분양법의 적용제외 대상이다(건축물분양법3②).

산업집적법에 따른 지식산업센터 분양, 관광진흥법에 따른 관광숙박시설 분양, 노인복지법에 따른 노인복지시설 분양에 관하여는 후술한다.

Ⅲ. 건축물의 분양과정

건축물분양과 관련하여 수분양자의 피해가 많이 발생하여 사회적 문제를 야기하기도 한다. 건축물분양법이 시행 중이나 분양과 관련된 법적 분쟁은 계속 발생하고 있다. 건축물분양은 아파트 분양, 상가분양, 주상복합건물 분양 등 건축물의 종류에 따라 다양한 형태의 분양형태가 있다.[24]

일반적인 건축물 분양과정을 살펴보면 ⅰ) 건축물 분양계약의 매도인으로서 분양계약을 직접 체결하는 분양자(분양사업자)인 시행사(시행자, 사업시행자), ⅱ) 분양할 건축물의 공사를 담당하는 건설회사인 시공사(시공자), ⅲ) 건축물 분양대금을 대출해주는 금융기관, ⅳ) 건축물분양 부동산의 신탁을 담당하며 시행사와 대리사무계약을 체결하여 시행사 업무의 일부를 수행하는 신탁회사가 분양과정에 참여하며, ⅴ) 시행사 업무의 일부를 대행업체에게 위임하는 경우에는 광고홍보 업무를 대행하는 광고대행사 또는 분양업무를 대행하는 분양대행사가 참여하기도 한다.

건축물 분양과정에 참여하는 당사자 중 가장 중요한 당사자는 분양계약의 매도인인 분양자와 매수인인 수분양자이다. 건축물 분양과정에서 매수인인 수분양자는 법적인 피해를 보는 경우가 많이 수분양자의 법적 보호는 중요한 문제이다.

---

24) 오세문(2008), "수분양자의 법적 권리에 관한 연구", 서울대학교 대학원 석사학위논문(2008. 8), 1-2쪽.

IV. 건축물의 선분양과 수분양자 보호

선분양과 관련하여 수분양자를 보호하기 위한 주요 규정을 살펴본다.

1. 선분양의 조건

(1) 관련 규정

분양사업자는 ⅰ) 자본시장법에 따른 신탁업자와 신탁계약 및 대리사무계약을 체결한 경우 또는 금융기관 등으로부터 분양보증을 받는 경우: 건축법 제21조에 따른 착공신고 후(제1호), ⅱ) 해당 건축물의 사용승인에 대하여 다른 건설업자 둘 이상의 연대보증을 받아 공증받은 경우: 골조공사의 3분의 2 이상이 완료된 후(제2호)의 구분에 따라 건축물을 분양하여야 한다(건축물분양법4①).

앞의 제1호의 적용과 관련하여 신탁회사가 분양사업자로 되는 신탁계약이 체결된 경우에는 착공신고 후 분양을 위한 별도의 신탁계약이 필요하지 아니하다(건축물분양법4②).

(2) 분양관리신탁 및 대리사무위탁

건축물분양법에 의하면 분양관리신탁과 대리사무계약을 체결해야 건축물을 선분양할 수 있다(건축물분양법4①(1)).

분양관리신탁은 건축물분양법에 의거하여 위탁자(분양사업자, 시행사)가 사업부지와 시공된 건축물을 수탁자(신탁업자) 앞으로 소유권을 이전함으로써 수분양자를 보호하고, 위탁자가 채무를 이행하지 않는 경우 신탁부동산을 환가·처분하여 그 처분대금에서 수분양자가 지급한 분양대금을 우선 반환하는 내용의 신탁이다(건축물분양법 시행령3① 참조). 건축물분양법은 분양관리신탁과 대리사무계약이 같이 체결되도록 법적으로 강제하고 있다(건축물분양법 시행령3②. 동법 시행규칙2). 대리사무계약은 시행사가 분양 주체로서 건축물을 분양하는 것을 전제로 시행사가 대출받은 금원이나 수분양자로부터 지급받은 분양대금 등을 신탁업자가 관리하는 것을 목적으로 하는 계약이다.[25]

이에 관한 상세한 내용은 후술한다.

---

25) 이계정(2021), "분양계약 해제에 따른 부당이득의 법률관계와 수분양자 보호방안", 한국신탁학회 학술대회 자료집(2021. 6), 48쪽.

(3) 분양보증

건축물분양법에 의하면 금융기관 등으로부터 분양보증을 받아야 건축물을 선분양할 수 있다(건축물분양법4①(1)). 분양보증을 할 수 있는 금융기관 등의 종류는 보증보험회사, 은행, 건설공제조합, 주택도시보증공사이다(건축물분양법 시행령4①, 동법 시행규칙3).

"분양보증"이란 분양사업자가 파산 등의 사유로 분양계약을 이행할 수 없게 되는 경우 해당 건축물의 분양(사용승인 포함)의 이행이나 납부한 분양대금의 환급(분양받은 자가 원하는 경우로 한정)을 책임지는 보증을 말한다(건축물분양법4③).

2. 분양시기 제한

건축물분양법은 분양사업자의 부도 등으로부터 수분양자를 보호하기 위하여 건축물의 분양시기를 제한하고, 대지소유권을 확보하고 저당권 등 권리를 말소하도록 규정하고 있다.

즉 분양사업자는 건축물을 분양하려는 경우에는 건축할 대지의 소유권을 확보하여야 한다(건축물분양법4⑥ 본문). 다만, 건축할 대지의 소유권이 국가 또는 지방자치단체에 있거나 그 밖에 대통령령으로 정하는 경우에는 그러하지 아니하다(건축물분양법4⑥ 단서).

이에 따라 분양사업자는 소유권을 확보한 대지에 저당권, 가등기담보권, 전세권, 지상권 및 등기되어 있는 부동산임차권이 설정되어 있는 경우에는 이를 말소하여야 한다(건축물분양법4⑦ 본문). 다만, 분양사업자가 국가 또는 지방자치단체인 경우 등 대통령령으로 정하는 경우에는 그러하지 아니하다(건축물분양법4⑦ 단서).

3. 분양신고

분양사업자는 건축물을 분양하려는 경우에는 건축법 제11조에 따른 허가권자에게 신고하여야 한다(건축물분양법5①). 허가권자는 분양신고의 내용을 검토하여 건축물분양법에 적합한 경우에는 분양신고를 수리하고 그 사실을 분양사업자에게 통보하여야 한다(건축물분양법5③).

제4절 산업집적법에 의한 분양

Ⅰ. 지식산업센터의 의의

산업집적법에 의하면 "지식산업센터"(구 아파트형공장)란 동일 건축물에 제조업, 지식산업 및 정보통신산업을 영위하는 자와 지원시설이 복합적으로 입주할 수 있는 다층형 집합건축물로서 ⅰ) 지상 3층 이상의 집합건축물일 것, ⅱ) 공장, 지식산업의 사업장 또는 정보통신산업의 사업장이 6개 이상 입주할 수 있을 것, ⅲ) 건축법 시행령 제119조 제1항 제3호에 따른 바닥면적(지상층만 해당)의 합계가 건축면적의 300% 이상일 것[다만, 다음의 어느 하나, 즉 ㉠ 국토계획법 제78조에 따라 용적률을 특별시·광역시·특별자치시·특별자치도·시 또는 군의 조례로 따로 정한 경우(가목), ㉡ 산업기술단지 지원에 관한 특례법 제8조에 따른 면적을 준수하기 위한 경우(나목)에 해당하여 바닥면적의 합계가 건축면적의 300% 이상이 되기 어려운 경우에는 해당 법령이 허용하는 최대 비율로 한다]이라는 요건을 모두 갖춘 건축물을 말한다(산업집적법2(13), 동법 시행령4의6).

Ⅱ. 지식산업센터의 분양

1. 입주자의 모집

지식산업센터를 설립한 자가 지식산업센터를 분양 또는 임대하려는 경우에는 공장건축물 착공 후 산업통상자원부령으로 정하는 바에 따라 모집공고안을 작성하여 시장·군수 또는 구청장의 승인을 받아 공개로 입주자(지식산업센터를 분양 또는 임대받아 제조업이나 그 밖의 사업을 하는 자)를 모집하여야 한다(산업집적법28의4①).

그러나 다음의 어느 하나에 해당하는 지식산업센터, 즉 ⅰ) 공공사업에 의하여 철거되는 공장의 유치, ⅱ) 특정 업종(한국표준산업분류의 중분류에 해당하는 업종)의 집단유치, ⅲ) 건축연면적 2천제곱미터 미만의 지식산업센터를 분양 또는 는 임대하는 경우에는 입주자를 비공개로 모집할 수 있다(산업집적법28의4②, 동법 시행령36의3①②).

지식산업센터를 설립한 자가 국가·지방자치단체, 공단, 중소벤처기업진흥공단 또는 지방공사인 경우에는 제1항에도 불구하고 모집공고안을 시장·군수 또는 구청장에게 통보한 후 입주자를 모집할 수 있다(산업집적법28의4③).

2. 모집공고안의 승인신청

지식산업센터를 설립한 자가 법 제28조의4 제1항에 따라 입주자 모집공고안의 승인을 받으려는 경우에는 ⅰ) 지식산업센터의 소재지, 건설규모 및 설립자의 명의(제1호), ⅱ) 개별공장별 공급면적(전용면적과 공용면적을 구분하여 표시하여야 한다)(제2호), ⅲ) 입주자의 자격 및 입주대상 업종(제3호), ⅳ) 공급가격(토지매입비, 건축비 등 세부산출내용을 포함하며, 임대의 경우 임대가격을 말한다)과 계약금·중도금 등의 납부 시기 및 방법(제4호), ⅴ) 입주예정일(제5호), ⅵ) 부대시설·복리시설 및 공동시설의 내용 및 규모(제6호), ⅶ) 입주자 선정 일시·방법 및 계약의 취소에 관한 사항(제7호), ⅷ) 층별·공장별 허용 하중, 진동 및 소음기준 등 건축물의 구조와 입주대상 시설의 기준에 관한 사항(제8호), ⅸ) 그 밖에 지식산업센터의 입주에 필요한 사항(제9호)을 적은 지식산업센터의 모집공고안을 작성하여 시장·군수 또는 구청장에게 제출해야 한다(동법 시행규칙26①).

3. 모집공고안의 승인 여부 결정

시장·군수 또는 구청장은 입주자 모집공고안의 승인신청을 받으면 관계 기준의 충족 여부 및 층별·공장별 설치허용 하중을 고려하여 승인 여부를 결정하여야 한다(동법 시행규칙26②).

이에 따라 시장·군수 또는 구청장은 지식산업센터의 입주자 모집공고안을 승인하는 경우 해당 지식산업센터가 산업단지 안에 있는 경우에는 미리 해당 산업단지의 관리기관과 협의하여야 한다(동법 시행규칙26③).

4. 모집공고안의 공고

지식산업센터를 설립한 자가 지식산업센터 입주자 모집공고안의 승인을 받으면 그 승인을 받은 모집공고안을 해당 지식산업센터 입주자 모집의 최초 신청 접수일 이전에 일간신문에 공고해야 한다(동법 시행규칙26④).

5. 거짓 또는 기만적 방법 등을 사용한 모집 금지

지식산업센터를 설립한 자는 거짓 또는 과장된 사실을 알리거나 기만적 방법을 사용하여 입주자를 모집하여서는 아니 된다(관광진흥법28의4④).

제5절 관광진흥법에 의한 분양

Ⅰ. 휴양 콘도미니엄의 의의

관광진흥법에 의하면 휴양 콘도미니엄이란 관광객의 숙박과 취사에 적합한 시설을 갖추어 이를 그 시설의 회원이나 공유자, 그 밖의 관광객에게 제공하거나 숙박에 딸리는 음식·운동·오락·휴양·공연 또는 연수에 적합한 시설을 말한다(관광진흥법3①(2) 나목).

관광진흥법에 의하면 관광숙박시설에는 호텔과 휴양 콘도미니엄이 있다(관광진흥법3①(2) 참조). 그런데 호텔은 회원모집의 대상이고, 휴양 콘도미니엄은 분양 및 회원모집의 대상이 된다(관광진흥법20, 동법 시행령23 등). 여기서는 휴양 콘도미니엄의 분양에 관하여 살펴본다.

Ⅱ. 휴양 콘도미니엄의 분양

1. 분양의 대상 자격

관광숙박업으로서 휴양 콘도미니엄업(동법 시행령23①(1))을 등록한 자 또는 그 사업계획의 승인을 받은 자가 아니면 그 관광사업의 시설에 대하여 분양(휴양 콘도미니엄만 해당)을 하여서는 아니 된다(관광진흥법20①).

2. 금지행위

누구든지 ⅰ) 분양을 할 수 없는 자가 관광숙박업으로서 휴양 콘도미니엄업

(동법 시행령23①(1)) 또는 이와 유사한 명칭을 사용하여 분양을 하는 행위(제1호), ⅱ) 관광숙박시설과 관광숙박시설이 아닌 시설을 혼합 또는 연계하여 이를 분양하는 행위[다만, 휴양 콘도미니엄업(동법 시행령23②(1))의 등록을 받은 자 또는 그 사업계획의 승인을 얻은 자가 체육시설법 제12조에 따라 골프장의 사업계획을 승인받은 경우에는 관광숙박시설과 해당 골프장을 연계하여 분양할 수 있다](제2호), ⅲ) 공유자로부터 관광사업의 시설에 관한 이용권리를 양도받아 이를 이용할 수 있는 회원을 모집하는 행위(제3호)를 하여서는 아니 된다(산업집적법20②).

3. 분양약관의 필요적 포함사항

분양을 하려는 자가 사용하는 약관에는 제20조 제5항 각 호의 사항이 포함되어야 한다(산업집적법20③). 따라서 분양약관에는 ⅰ) 공유지분 또는 회원자격의 양도·양수(제1호), ⅱ) 시설의 이용(제2호), ⅲ) 시설의 유지·관리에 필요한 비용의 징수(제3호), ⅳ) 회원 입회금의 반환(제4호), ⅴ) 회원증의 발급과 확인(제5호), ⅵ) 공유자·회원의 대표기구 구성(제6호), ⅶ) 그 밖에 공유자·회원의 권익보호를 위하여 대통령령으로 정하는 사항(제7호)이 포함되어야 한다(산업집적법20⑤ 각호).

4. 분양의 기준

분양을 하려는 자는 대통령령으로 정하는 분양의 기준 및 절차에 따라 분양을 하여야 한다(산업집적법20④). 휴양 콘도미니엄업 시설의 분양 및 회원모집 기준은 다음과 같다(동법 시행령24① 본문).

즉 ⅰ) 휴양 콘도미니엄업이 건설되는 대지의 소유권 등을 확보할 것. 이 경우 분양 당시 해당 휴양 콘도미니엄업의 건물이 사용승인된 경우에는 해당 건물의 소유권도 확보하여야 한다(제1호). ⅱ) 대지·부지 및 건물이 저당권의 목적물로 되어 있는 경우에는 그 저당권을 말소할 것. 다만, 공유제(共有制)일 경우에는 분양받은 자의 명의로 소유권이전등기를 마칠 때까지, 회원제일 경우에는 저당권이 말소될 때까지 분양과 관련한 사고로 인하여 분양을 받은 자나 회원에게 피해를 주는 경우 그 손해를 배상할 것을 내용으로 저당권 설정금액에 해당하는 보증보험에 가입한 경우에는 그러하지 아니하다(제2호). ⅲ) 분양을 하는 경우 한 개의 객실당 분양인원은 5명 이상으로 하되, 가족(부부 및 직계존비속)만을 수분양자로 하지 아니할 것. 다만, 다음의 어느 하나에 해당하는 경우, 즉 ㉠ 공유자가 법인인 경우(가목), ㉡ 출입국관리법 시행령 별표 1의2 제24호 차목에 따라 법무부장관이 정하여 고시한 투자지역에 건설되는 휴양 콘도미니엄으로서 공유자가 외국인인 경우(나목)에는 그러하지 아니하다(제3호).[26] ⅳ) 공유자의 연간 이용일수는 365일을 객실당 분양 인원수로 나눈 범위 이내일 것(제5호), ⅴ) 주거용으로 분양을 하지 아니하여야 한다(제6호).

5. 분양의 시기

휴양 콘도미니엄업의 분양의 경우 그 시기 등은 다음과 같다(동법 시행령24②(1)). 즉 ⅰ) 해당 시설공사의 총 공사 공정률이 20%(동법 시행규칙26) 이상 진행된 때부터 분양을 하되, 분양하려는 총 객실 중 공정률에 해당하는 객실을 대상으로 분양할 것(가목), ⅱ) 공정률에 해당하는 객실 수를 초과하여 분양하려는 경우에는 분양과 관련한 사고로 인하여 분양을 받은 자에게 피해를 주는 경우 그 손해를 배상할 것을 내용으로 공정률을 초과하여 분양하려는 금액에 해당하는 보증보험에 관광사업의 등록 시까지 가입하여야 한다(나목).

6. 공유자의 보호

분양한 자는 공유자의 권익을 보호하기 위하여 ⅰ) 공유지분의 양도·양수(제1호), ⅱ) 시설의 이용(제2호), ⅲ) 시설의 유지·관리에 필요한 비용의 징수(제3호), ⅳ) 회원 입회금의 반환(제4호), ⅴ) 회원증의 발급과 확인(제5호), ⅵ) 공유자의 대표기구 구성(제6호), ⅶ) 그 밖에 공유자·회원의 권익 보호를 위하여 대통령령으로 정하는 사항(제7호)에 관하여 대통령령으로 정하는 사항(동법 시행령26)을 지켜야 한다(산업집적법20⑤).

---

[26] 제4호 삭제<2015. 11. 18.>

제6절 노인복지법에 의한 분양

Ⅰ. 노인복지주택의 의의

　　노인복지법에 의하면 노인복지주택이란 노인에게 주거시설을 임대하여 주거의 편의 · 생활지도 · 상담 및 안전관리 등 일상생활에 필요한 편의를 제공함을 목적으로 하는 시설을 말한다(노인복지법32①(3)). 노인복지주택의 입소대상자는 단독취사 등 독립된 주거생활을 하는 데 지장이 없는 60세 이상의 자이다(동법 시행규칙14①(2)). 입소대상자의 60세 미만인 배우자 및 입소대상자가 부양을 책임지고 있는 19세 미만의 자녀 · 손자녀는 해당 입소대상자와 함께 노인복지주택에 입소할 수 있다(동법 시행규칙14③).

Ⅱ. 노인복지주택의 분양

　　노인복지주택의 설치 · 관리 및 공급 등에 관하여 노인복지법에서 규정된 사항을 제외하고는 주택법 및 공동주택관리법의 관련 규정을 준용한다(노인복지법32③). 노인복지법은 노인복지주택의 분양에 대하여 특별한 규정을 두고 있지 않으므로 주택법이 준용된다.

제3장

주요 부동산개발사업의 종류와 내용

여기서는 주요 부동산개발사업의 내용을 간략히 살펴본다.

제1절 도시개발사업

Ⅰ. 도시개발사업의 의의와 주요 내용

1. 의의

일반적으로 도시개발이란 아직 도시적 형태와 기능을 지니지 않은 토지에 도시적 기능을 부여하거나 또는 기존의 용지에 대해 도시기능 제고를 목적으로 토지의 형상이나 이용에 변화를 일으키는 일련의 개발행위라고 할 수 있다.[1] 또한 도시개발사업은 주택뿐만 아니라 종합적·체계적인 도시개발을 지향하는 사업이라고 정의할 수 있다.[2]

이에 따라 오늘날 도시개발은 도시개발법을 비롯한 택지개발촉진법, 도시 및 주거환경정비법("도시정비법"), 산업입지법, 관광진흥법, 기업도시법, 경제자유

---

1) 박재길·손기찬, "도시개발법제 정비방안 연구", 국토연구원(1997.12), 12쪽.
2) 홍성진(2013), "도시개발법상 도시개발사업의 입법 개선방안 연구", 단국대학교 대학원 박사학위논문(2013. 6), 6쪽.

구역법 등의 법률에 근거하여 시행되고 있다.

아래서는 개별법에 의한 도시개발사업의 종류와 주요 내용을 간략히 살펴본다.

2. 도시개발사업: 도시개발법

도시개발법은 도시개발에 필요한 사항을 규정하여 계획적이고 체계적인 도시개발을 도모하고 쾌적한 도시환경의 조성과 공공복리의 증진에 이바지함을 목적으로 한다(도시개발법1).

도시개발법에서는 도시개발사업이란 도시개발구역에서 주거, 상업, 산업, 유통, 정보통신, 생태, 문화, 보건 및 복지 등의 기능이 있는 단지 또는 시가지를 조성하기 위하여 시행하는 사업을 말한다(도시개발법2(2))고 규정하고 있다. 도시개발구역이란 도시개발사업을 시행하기 위하여 지정·고시된 구역을 말한다(도시개발법2(1)). 따라서 오늘날의 도시개발사업은 주거뿐만 아니라 상업, 산업, 유통 등 종합적이고 체계적인 도시개발을 목적으로 영위되는 사업이라고 정의할 수 있다.

도시개발사업에 관하여는 도시개발법, 동법 시행령, 동법 시행규칙 이외에 도시개발업무지침(국토교통부 훈령)이 적용된다. 도시개발업무지침은 제1편 총칙, 제2편 개발계획의 수립, 제3편 실시계획, 제4편 환지계획, 제5편 토지공급 및 사후관리, 제6편 비용분담 등, 제7편 공사계약 및 감리 등으로 구성되어 있다.

3. 택지개발사업: 택지개발촉진법

택지개발촉진법은 도시지역의 시급한 주택난을 해소하기 위하여 주택건설에 필요한 택지의 취득·개발·공급 및 관리 등에 관하여 특례를 규정함으로써 국민주거생활의 안정과 복지 향상에 이바지함을 목적으로 한다(택지개발촉진법1).

택지개발사업이란 일단(一團)의 토지를 활용하여 주택건설 및 주거생활이 가능한 택지를 조성하는 사업을 말한다(택지개발촉진법2(4)). 여기서 택지란 택지개발촉진법에서 정하는 바에 따라 개발·공급되는 주택건설용지 및 공공시설용지를 말하고(택지개발촉진법2(1)), 공공시설용지란 국토계획법 제2조 제6호에서 정하는 기반시설과 대통령령으로 정하는 시설을 설치하기 위한 토지를 말한다(택지개발촉진법2(2)).

택지개발사업에 관하여는 택지개발촉진법, 동법 시행령, 동법 시행규칙 이외
에 택지개발업무처리지침(국토교통부 훈령)이 적용된다. 택지개발업무처리지침은
제1장 총칙, 제2장 택지수급계획, 제3장 택지개발지구 지정 등, 제4장 택지공급,
제5장 대행개발·선수공급, 제6장 사업준공 및 사후관리 등으로 구성되어 있다.

4. 정비사업: 도시정비법

도시 및 주거환경정비("도시정비법")은 도시기능의 회복이 필요하거나 주거
환경이 불량한 지역을 계획적으로 정비하고 노후·불량건축물을 효율적으로 개
량하기 위하여 필요한 사항을 규정함으로써 도시환경을 개선하고 주거생활의 질
을 높이는 데 이바지함을 목적으로 한다(도시정비법1).

정비사업이란 도시정비법에서 정한 절차에 따라 도시기능을 회복하기 위하
여 정비구역에서 정비기반시설을 정비하거나 주택 등 건축물을 개량 또는 건설
하는 주거환경개선사업, 재개발사업, 재건축사업을 말한다(도시정비법2(2)). 여기
서 정비구역이란 정비사업을 계획적으로 시행하기 위하여 지정·고시된 구역을
말하고(도시정비법2(1)), 정비기반시설이란 도로·상하수도·구거(溝渠: 도랑)·공
원·공용주차장·공동구(국토계획법 제2조 제9호에 따른 공동구), 그 밖에 주민의
생활에 필요한 열·가스 등의 공급시설로서 대통령령으로 정하는 시설을 말한다
(도시정비법2(4)).

(1) 주거환경개선사업

정비사업 중 주거환경개선사업이란 도시저소득 주민이 집단거주하는 지역
으로서 정비기반시설이 극히 열악하고 노후·불량건축물이 과도하게 밀집한 지
역의 주거환경을 개선하거나 단독주택 및 다세대주택이 밀집한 지역에서 정비기
반시설과 공동이용시설 확충을 통하여 주거환경을 보전·정비·개량하기 위한 사
업을 말한다(도시정비법2(2) 가목).

(2) 재개발사업

정비사업 중 재개발사업이란 정비기반시설이 열악하고 노후·불량건축물이
밀집한 지역에서 주거환경을 개선하거나 상업지역·공업지역 등에서 도시기능의
회복 및 상권활성화 등을 위하여 도시환경을 개선하기 위한 사업을 말한다(도시

정비법2(2) 나목 전단).

이 경우 다음 요건을 모두 갖추어 시행하는 재개발사업을 "공공재개발사업"
이라 한다(도시정비법2(2) 나목 후단). 즉 공공재개발사업은 ⅰ) 특별자치시장, 특
별자치도지사, 시장, 군수, 자치구의 구청장("시장·군수등") 또는 토지주택공사등
(조합과 공동으로 시행하는 경우를 포함)이 주거환경개선사업의 시행자, 재개발사업
의 시행자나 재개발사업의 대행자("공공재개발사업 시행자")이고, ⅱ) 건설·공급되
는 주택의 전체 세대수 또는 전체 연면적 중 토지등소유자 대상 분양분(제80조에
따른 지분형주택은 제외)을 제외한 나머지 주택의 세대수 또는 연면적의 50% 이상
을 제80조에 따른 지분형주택, 공공주택 특별법에 따른 공공임대주택 또는 민간
임대주택에 관한 특별법 제2조 제4호에 따른 공공지원민간임대주택으로 건설·
공급하여야 한다. 이 경우 주택 수 산정방법 및 주택 유형별 건설비율은 대통령
령으로 정한다.

(3) 재건축사업

정비사업 중 재건축사업이란 정비기반시설은 양호하나 노후·불량건축물에
해당하는 공동주택이 밀집한 지역에서 주거환경을 개선하기 위한 사업을 말한다
(도시정비법2(2) 다목 전단).

이 경우 다음 요건을 모두 갖추어 시행하는 재건축사업을 "공공재건축사업"
이라 한다(도시정비법2(2) 다목). 즉 공공재건축사업은 ⅰ) 시장·군수등 또는 토지
주택공사등(조합과 공동으로 시행하는 경우를 포함)이 재건축사업의 시행자나 재건
축사업의 대행자("공공재건축사업 시행자")이고, ⅱ) 종전의 용적률, 토지면적, 기
반시설 현황 등을 고려하여 대통령령으로 정하는 세대수 이상을 건설·공급하여
야 한다. 다만, 정비구역의 지정권자가 국토계획법 제18조에 따른 도시·군기본
계획, 토지이용 현황 등 대통령령으로 정하는 불가피한 사유로 해당하는 세대수
를 충족할 수 없다고 인정하는 경우에는 그러하지 아니하다.

정비사업에는 도시정비법, 동법 시행령, 동법 시행규칙 이외에 도시·주거환
경정비기본계획 수립 지침(국토교통부훈령)과 도시·주거환경 정비계획 수립 지침
(국토교통부훈령)이 적용된다.

5. 산업단지개발사업: 산업입지법

산업입지법은 산업입지의 원활한 공급과 산업의 합리적 배치를 통하여 균형 있는 국토개발과 지속적인 산업발전을 촉진함으로써 국민경제의 건전한 발전에 이바지함을 목적으로 한다(산업입지법1).

산업단지개발사업이란 산업단지를 조성하기 위하여 시행하는 ⅰ) 공장, 지식산업 관련 시설, 문화산업 관련 시설, 정보통신산업 관련 시설, 재활용산업 관련 시설, 자원비축시설, 물류시설, 교육 · 연구시설 및 그 밖에 대통령령으로 정하는 시설의 용지조성사업 및 건축사업(가목), ⅱ) 첨단과학기술산업의 발전을 위한 교육 · 연구시설용지 조성사업 및 건축사업(나목), ⅲ) 산업단지의 효율 증진을 위한 업무시설 · 정보처리시설 · 지원시설 · 전시시설 · 유통시설 등의 용지조성사업 및 건축사업(다목), ⅳ) 산업단지의 기능 향상을 위한 주거시설 · 문화시설 · 의료복지시설 · 체육시설 · 교육시설 · 관광휴양시설 등의 용지조성사업 및 건축사업과 공원조성사업(라목), ⅴ) 공업용수와 생활용수의 공급시설사업(마목), ⅵ) 도로 · 철도 · 항만 · 궤도 · 운하 · 유수지(溜水池) 및 저수지 건설사업(바목), ⅶ) 전기 · 통신 · 가스 · 유류 · 증기 및 원료 등의 수급시설사업(사목), ⅷ) 하수도 · 폐기물처리시설, 그 밖의 환경오염방지시설 사업(아목), ⅸ) 그 밖에 가목부터 아목까지의 사업에 부대되는 사업(자목)을 말한다(산업입지법2(9)).

산업단지개발사업에 관하여는 산업입지법, 동법 시행령, 동법 시행규칙 이외에 국토교통부 교시인 산업입지의 개발에 관한 통합지침과 환경부 고시인 산업입지의 개발에 관한 통합지침이 적용된다.

6. 관광단지조성사업: 관광진흥법

관광진흥법은 관광 여건을 조성하고 관광자원을 개발하며 관광사업을 육성하여 관광 진흥에 이바지하는 것을 목적으로 한다(관광진흥법1).

관광단지란 관광객의 다양한 관광 및 휴양을 위하여 각종 관광시설을 종합적으로 개발하는 관광 거점 지역으로서 관광진흥법에 따라 지정된 곳을 말한다(관광진흥법7). 조성계획이란 관광지나 관광단지의 보호 및 이용을 증진하기 위하여 필요한 관광시설의 조성과 관리에 관한 계획을 말한다(관광진흥법9). 조성계획을 시행하기 위한 사업을 조성사업이란 한다(관광진흥법54⑥). 따라서 관광단지조성사업이란 관광단지의 조성계획을 시행하기 위한 사업을 말한다.

7. 기업도시개발사업: 기업도시법

기업도시개발 특별법("기업도시법")은 민간기업이 산업·연구·관광·레저 분야 등에 걸쳐 계획적·주도적으로 자족적인 도시를 개발·운영하는 데 필요한 사항을 규정하여 국토의 계획적인 개발과 민간기업의 투자를 촉진함으로써 공공복리를 증진하고 국민경제와 국가 균형발전에 이바지함을 목적으로 한다(기업도시법1).

기업도시개발사업이란 기업도시를 조성하기 위하여 시행하는 사업을 말한다(기업도시법3). 여기서 기업도시란 산업입지와 경제활동을 위하여 민간기업(법인만 해당하며, 대체지정된 시행자를 포함)이 산업·연구·관광·레저·업무 등의 주된 기능과 주거·교육·의료·문화 등의 자족적 복합기능을 고루 갖추도록 개발하는 도시를 말한다(기업도시법3).

8. 경제자유구역 개발사업: 경제자유구역법

경제자유구역법은 경제자유구역의 지정 및 운영을 통하여 외국인투자기업 및 국내복귀기업의 경영환경과 외국인의 생활여건을 개선함으로써 외국인투자와 기업 유치를 촉진하고 나아가 국가경쟁력의 강화와 지역 간의 균형발전을 도모함을 목적으로 한다(경제자유구역법1).

경제자유구역 개발사업이란 경제자유구역에서 실시되는 개발사업을 말한다(경제자유구역법3의3(5)). 여기서 경제자유구역이란 외국인투자기업 및 국내복귀기업의 경영환경과 외국인의 생활여건을 개선하기 위하여 조성된 지역으로서 지정·고시되는 지역을 말한다(경제자유구역법2(1)).

Ⅱ. 도시개발법에 의한 도시개발사업의 시행절차

1. 도시계획 수립단계

공간계획의 최상위법인 국토기본법에서는 국토종합계획의 하위계획으로 초광역권계획, 도종합계획 및 시·군종합계획을 규정하고 있다(국토기본법7①).[3] 한

---

3) 국토기본법에서 국토계획이란 국토를 이용·개발 및 보전할 때 미래의 경제적·사회적 변동에 대응하여 국토가 지향하여야 할 발전 방향을 설정하고 이를 달성하기 위한 계획을

편, 국토계획법에 의하여 광역도시계획, 도시·군기본계획, 도시·군관리계획이 수립되고 있다. 광역도시계획은 전국의 권역별 장기발전계획을 수립하는 것이고, 도시·군기본계획은 해당 시·군의 장기적 발전방향을 제시하는 계획이며, 이에 대한 실행계획으로서 도시·군관리계획을 수립한다. 따라서 해당 시·군의 발전과 개발 및 관리는 도시·군기본계획 및 도시·군관리계획에 의하여 이루어진다.[4]

(1) 도시·군기본계획

도시·군기본계획이란 특별시·광역시·특별자치시·특별자치도·시 또는 군의 관할구역에 대하여 기본적인 공간구조와 장기발전방향을 제시하는 종합계획으로서 도시·군관리계획 수립의 지침이 되는 계획을 말한다(국토계획법2(3)).

특별시장·광역시장·특별자치시장·특별자치도지사·시장 또는 군수는 관할구역에 대하여 도시·군기본계획을 수립하여야 한다(국토계획법18①). 특별시장·광역시장·특별자치시장 또는 특별자치도지사는 도시·군기본계획을 수립하거나 변경하려면 관계 행정기관의 장(국토교통부장관을 포함)과 협의한 후 지방도시계획위원회의 심의를 거쳐야 한다(국토계획법22①). 도시·군기본계획은 도시의 발전에 관한 전략과 방향을 제시하고 각 부문별로 지표를 설정함으로써 도시의

말한다(국토기본법6①). 국토계획은 다음의 구분에 따라 국토종합계획, 초광역권계획, 도종합계획, 시·군 종합계획, 지역계획 및 부문별계획으로 구분한다(국토기본법6②). 즉 ⅰ) 국토종합계획은 국토 전역을 대상으로 하여 국토의 장기적인 발전 방향을 제시하는 종합계획을 말하고(국토기본법6②(1)), ⅱ) 초광역권계획은 지역의 경제 및 생활권역의 발전에 필요한 연계·협력사업 추진을 위하여 2개 이상의 지방자치단체가 상호 협의하여 설정하거나 지방자치법 제199조의 특별지방자치단체가 설정한 권역으로, 특별시·광역시·특별자치시 및 도·특별자치도의 행정구역을 넘어서는 권역("초광역권")을 대상으로 하여 해당 지역의 장기적인 발전 방향을 제시하는 계획을 말하며(국토기본법6②(1의2)), ⅲ) 도종합계획은 도 또는 특별자치도의 관할구역을 대상으로 하여 해당 지역의 장기적인 발전 방향을 제시하는 종합계획을 말하며(국토기본법6②(2)), ⅳ) 시·군종합계획은 특별시·광역시·특별자치시·시 또는 군(광역시의 군은 제외)의 관할구역을 대상으로 하여 해당 지역의 기본적인 공간구조와 장기 발전 방향을 제시하고, 토지이용, 교통, 환경, 안전, 산업, 정보통신, 보건, 후생, 문화 등에 관하여 수립하는 계획으로서 국토계획법에 따라 수립되는 도시·군계획을 말하며(국토기본법6②(3)), ⅴ) 지역계획은 특정 지역을 대상으로 특별한 정책목적을 달성하기 위하여 수립하는 계획을 말하며(국토기본법6②(4)), ⅵ) 부문별계획은 국토 전역을 대상으로 하여 특정 부문에 대한 장기적인 발전 방향을 제시하는 계획을 말한다(국토기본법6②(4)).

4) 김종하(2010), "민간제안형 도시개발사업의 갈등완화에 관한 법적 고찰", 충남대학교 대학원 박사학위논문(2010. 8), 26쪽.

발전에 관한 계획들의 일관성을 유지하기 위한 정책계획이면서, 토지이용·사회·경제·문화 등을 포괄하는 종합계획의 성격을 가진다. 따라서 도시·군기본계획은 지방자치단체의 정책지침으로서 국토종합계획을 기본으로 하여 지역의 발전방향을 제시하는 정책계획이며, 사회적·경제적인 측면을 포함하여 생활환경을 대비하는 종합계획이고, 도시·군관리계획 등 하위계획의 기본이 되는 전략계획이라고 할 수 있다.5)

즉 도시·군계획은 특별시·광역시·특별자치시·특별자치도·시 또는 군의 관할구역에서 수립되는 다른 법률에 따른 토지의 이용·개발 및 보전에 관한 계획의 기본이 된다(국토계획법4①). 특별시장·광역시장·특별자치시장·특별자치도지사·시장 또는 군수가 관할구역에 대하여 다른 법률에 따른 환경·교통·수도·하수도·주택 등에 관한 부문별 계획을 수립할 때에는 도시·군기본계획의 내용에 부합되게 하여야 한다(국토계획법4④).

(2) 도시 · 군관리계획

도시·군관리계획이란 특별시·광역시·특별자치시·특별자치도·시 또는 군의 개발·정비 및 보전을 위하여 수립하는 토지이용, 교통, 환경, 경관, 안전, 산업, 정보통신, 보건, 복지, 안보, 문화 등에 관한 ⅰ) 용도지역·용도지구의 지정 또는 변경에 관한 계획(가목), ⅱ) 개발제한구역, 도시자연공원구역, 시가화조정구역(市街化調整區域), 수산자원보호구역의 지정 또는 변경에 관한 계획(나목), ⅲ) 기반시설의 설치·정비 또는 개량에 관한 계획(다목), ⅳ) 도시개발사업이나 정비사업에 관한 계획(라목), ⅴ) 지구단위계획구역의 지정 또는 변경에 관한 계획과 지구단위계획(마목), ⅵ) 입지규제최소구역의 지정 또는 변경에 관한 계획과 입지규제최소구역계획(바목)을 말한다(국토계획법2(4)).

도시·군관리계획은 광역도시계획과 도시·군기본계획에 부합되어야 한다(국토계획법25①). 국토교통부장관(수산자원보호구역의 경우 해양수산부장관), 시·도지사, 시장 또는 군수는 도시·군관리계획을 입안할 때에는 도시·군관리계획도서(계획도와 계획조서)와 이를 보조하는 계획설명서(기초조사결과·재원조달방안 및 경관계획 등을 포함)를 작성하여야 한다(국토계획법25②).

---

5) 김종하(2010), 26쪽.

도시·군관리계획은 시·도지사가 직접 또는 시장·군수의 신청에 따라 결정한다(국토계획법29① 본문). 다만, 지방자치법 제198조에 따른 서울특별시와 광역시 및 특별자치시를 제외한 인구 50만 이상의 대도시의 경우에는 해당 시장("대도시 시장")이 직접 결정하고, ⅰ) 시장 또는 군수가 입안한 지구단위계획구역의 지정·변경과 지구단위계획의 수립·변경에 관한 도시·군관리계획(제1호), ⅱ) 지구단위계획으로 대체하는 용도지구 폐지에 관한 도시·군관리계획[해당 시장(대도시 시장은 제외) 또는 군수가 도지사와 미리 협의한 경우에 한정](제2호)의 도시·군관리계획은 시장 또는 군수가 직접 결정한다(국토계획법29① 단서).

그러나 ⅰ) 국토교통부장관이 입안한 도시·군관리계획(제1호), ⅱ) 개발제한구역의 지정 및 변경에 관한 도시·군관리계획(제2호), ⅲ) 시가화조정구역의 지정 및 변경에 관한 도시·군관리계획(제3호)을 결정하고, ⅳ) 수산자원보호구역의 지정 및 변경에 관한 도시·군관리계획(제4호)은 국토교통부장관이 결정한다(국토계획법29② 본문). 다만, 제4호의 도시·군관리계획은 해양수산부장관이 결정한다(국토계획법29② 단서).

(3) 결어

앞서 본 바와 같이 도시계획은 광역도시계획, 도시·군기본계획, 도시·군관리계획 등의 상·하위 관계의 유지 속에서 도시의 계획적 개발을 유도한다. 도시개발사업은 도시의 계획적·장기적 발전을 추구하는 사업이므로 이러한 도시계획 틀 속에서 시행되어야 한다.[6]

이에 따라 자연녹지지역, 생산녹지지역 및 도시지역 외의 지역에 도시개발구역을 지정하는 경우에는 광역도시계획 또는 도시·군기본계획에 의하여 개발이 가능한 지역에서만 국토교통부장관이 정하는 기준에 따라 지정하여야 한다(도시개발법 시행령2② 본문). 다만, 광역도시계획 및 도시·군기본계획이 수립되지 아니한 지역인 경우에는 자연녹지지역 및 계획관리지역에서만 도시개발구역을 지정할 수 있다(도시개발법 시행령2② 단서). 국토계획법에 따른 광역도시계획이나 도시·군기본계획이 수립되어 있는 지역에 대하여 개발계획을 수립하려면 개발계획의 내용이 해당 광역도시계획이나 도시·군기본계획에 들어맞도록 하여야

---

6) 김종하(2010), 27쪽.

한다(도시개발법5②). 실시계획에는 지구단위계획이 포함되므로 당연히 도시개발 사업의 기본계획인 개발계획에 부합하는 것 이외에도 상위계획인 광역도시계획 및 도시·군기본계획에 부합하여야 한다(도시개발법17 ①).

2. 도시개발구역 지정단계

(1) 도시개발구역의 지정

(가) 도시개발구역의 지정권자

다음의 어느 하나에 해당하는 자, 즉 ⅰ) 특별시장·광역시장·도지사·특별 자치도지사("시·도지사")(제1호), ⅱ) 지방자치법 제198조에 따른 서울특별시와 광역시를 제외한 인구 50만 이상의 대도시의 시장("대도시 시장")(제2호)은 계획 적인 도시개발이 필요하다고 인정되는 때에는 도시개발구역을 지정할 수 있다 (도시개발법3①). 도시개발사업이 필요하다고 인정되는 지역이 2 이상의 특별시· 광역시·도·특별자치도("시·도") 또는 지방자치법 제198조에 따른 서울특별시 와 광역시를 제외한 인구 50만 이상의 대도시의 행정구역에 걸치는 경우에는 관계 시·도지사 또는 대도시 시장이 협의하여 도시개발구역을 지정할 자를 정 한다(도시개발법3②).

그러나 국토교통부장관은 ⅰ) 국가가 도시개발사업을 실시할 필요가 있는 경우(제1호), ⅱ) 관계 중앙행정기관의 장이 요청하는 경우(제2호), ⅲ) 공공기관 의 장 또는 정부출연기관의 장이 30만 제곱미터(동법 시행령4①) 이상으로서 국가 계획과 밀접한 관련이 있는 도시개발구역의 지정을 제안하는 경우(제3호), ⅳ) 2 이상의 시·도 또는 지방자치법 제198조에 따른 서울특별시와 광역시를 제외한 인구 50만 이상의 대도시의 행정구역에 걸치는 경우에는 관계 시·도지사 또는 대도시 시장이 협의하여야 하는데, 협의가 성립되지 아니하는 경우(제4호), ⅴ) 천재지변, 그 밖의 사유로 인하여 도시개발사업을 긴급하게 할 필요가 있는 경우 (제5호)에는 도시개발구역을 지정할 수 있다(도시개발법3③, 동법 시행령4).

시장(대도시 시장은 제외)·군수 또는 구청장(자치구의 구청장)은 시·도지사에 게 도시개발구역의 지정을 요청할 수 있다(도시개발법3④). 이에 따라 시장[서울특 별시·광역시 및 특별자치시를 제외한 인구 50만 이상의 대도시의 시장("대도시 시장")은 제외]·군수 또는 구청장(자치구의 구청장)이 특별시장·광역시장·도지사에게 도 시개발구역의 지정을 요청하려면 국토계획법 제113조 제2항에 따른 시·군·구

도시계획위원회에 자문을 한 후 국토교통부령으로 정하는 서류를 특별시장·광
역시장·도지사에게 제출하여야 한다(동법 시행령5 본문). 다만, 지구단위계획구역
에서 이미 결정된 지구단위계획에 따라 도시개발사업을 시행하기 위하여 도시개
발구역의 지정을 요청하는 경우에는 시·군·구도시계획위원회에 자문을 하지 아
니할 수 있다(동법 시행령5 단서).

(나) 도시개발구역의 지정대상지역 및 규모

도시개발구역으로 지정할 수 있는 대상 지역 및 규모는 다음과 같다(도시개
발법3⑤, 동법 시행령2①). 즉 도시지역[7]은 ⅰ) 주거지역 및 상업지역: 1만 제곱미
터 이상(제1호), ⅱ) 공업지역: 3만 제곱미터 이상(나목), ⅲ) 자연녹지지역: 1만
제곱미터 이상(다목), ⅳ) 생산녹지지역(생산녹지지역이 도시개발구역 지정면적의 30%
이하인 경우만 해당): 1만 제곱미터 이상(라목)이다(동법 시행령2①(1)). 그리고 도시
지역 외의 지역은 30만 제곱미터 이상이다(동법 시행령2①(2) 본문). 다만, 건축법
시행령 별표 1 제2호의 공동주택 중 아파트 또는 연립주택의 건설계획이 포함되
는 경우로서 ⅰ) 도시개발구역에 초등학교용지를 확보(도시개발구역 내 또는 도시
개발구역으로부터 통학이 가능한 거리에 학생을 수용할 수 있는 초등학교가 있는 경우 포
함)하여 관할 교육청과 협의한 경우(가목), ⅱ) 도시개발구역에서 도로법 제12조
부터 제15조까지의 규정에 해당하는 도로 또는 국토교통부령으로 정하는 도로와
연결되거나 4차로 이상의 도로를 설치하는 경우(나목)의 요건을 모두 갖춘 경우
에는 10만제곱미터 이상으로 한다(동법 시행령2①(2) 단서).

자연녹지지역, 생산녹지지역 및 도시지역 외의 지역에 도시개발구역을 지정
하는 경우에는 광역도시계획 또는 도시·군기본계획에 의하여 개발이 가능한 지
역에서만 국토교통부장관이 정하는 기준에 따라 지정하여야 한다(도시개발법3⑤,
동법 시행령2② 본문). 다만, 광역도시계획 및 도시·군기본계획이 수립되지 아니
한 지역인 경우에는 자연녹지지역 및 계획관리지역에서만 도시개발구역을 지정
할 수 있다(도시개발법3⑤, 동법 시행령2② 단서).

그러나 다음의 어느 하나에 해당하는 지역, 즉 ⅰ) 국토계획법 제37조 제1

---

7) 국토계획법에 의하면 국토는 토지의 이용실태 및 특성, 장래의 토지 이용 방향, 지역 간 균
형발전 등을 고려하여 도시지역, 관리지역, 농림지역, 자연환경보전지역의 용도지역으로
구분한다(국토계획법6). 도시지역은 인구와 산업이 밀집되어 있거나 밀집이 예상되어 그
지역에 대하여 체계적인 개발·정비·관리·보전 등이 필요한 지역을 말한다(국토계획법
6(1)). 도시지역은 주거지역, 상업지역, 공업지역, 녹지지역으로 구분된다(국토계획법36①).

항에 따른 취락지구 또는 개발진흥지구로 지정된 지역(제1호), ⅱ) 국토계획법 제 51조에 따른 지구단위계획구역으로 지정된 지역(제2호), ⅲ) 국토교통부장관이 국가균형발전을 위하여 관계 중앙행정기관의 장과 협의하여 도시개발구역으로 지정하려는 지역(국토계획법 제6조 제4호에 따른 자연환경보전지역은 제외)(제3호)으로서 도시개발구역을 지정하는 자("지정권자")가 계획적인 도시개발이 필요하다고 인정하는 지역에 대하여는 앞의 시행령 제2조 제1항 및 제2항에 따른 제한을 적용하지 아니한다(도시개발법3⑤, 동법 시행령2③).

도시개발구역으로 지정하려는 지역이 2 이상의 용도지역에 걸치는 경우에는 국토교통부령으로 정하는 기준에 따라 도시개발구역을 지정하여야 한다(도시개발법3⑤, 동법 시행령2④). 같은 목적으로 여러 차례에 걸쳐 부분적으로 개발하거나 이미 개발한 지역과 붙어 있는 지역을 개발하는 경우에 국토교통부령으로 정하는 기준에 따라 도시개발구역을 지정하여야 한다(도시개발법3⑤, 동법 시행령2⑤).[8]

(2) 개발계획의 수립 및 변경

(가) 개발계획의 수립

지정권자는 도시개발구역을 지정하려면 해당 도시개발구역에 대한 도시개발사업의 계획("개발계획")을 수립하여야 한다(도시개발법4① 본문). 다만, 개발계획을 공모하거나 ⅰ) 자연녹지지역(제1호), ⅱ) 생산녹지지역(제1호), ⅲ) 도시지역 외의 지역(제3호), ⅳ) 국토교통부장관이 국가균형발전을 위하여 관계 중앙행정기관의 장과 협의하여 도시개발구역으로 지정하려는 지역(국토계획법 제6조 제4호에 따른 자연환경보전지역은 제외)(제4호), ⅴ) 해당 도시개발구역에 포함되는 주거지역·상업지역·공업지역의 면적의 합계가 전체 도시개발구역 지정 면적의 30% 이하인 지역(제5호)에 도시개발구역을 지정할 때에는 도시개발구역을 지정한 후에 개발계획을 수립할 수 있다(도시개발법4① 단서, 동법 시행령6①).

(나) 개발계획안의 공모 등

지정권자는 창의적이고 효율적인 도시개발사업을 추진하기 위하여 필요한 경우에는 대통령령으로 정하는 바에 따라 개발계획안을 공모하여 선정된 안을

---

8) 도시개발법 시행규칙 제3조(도시개발구역의 지정기준) 영 제2조 제4항 및 제5항에 따른 도시개발구역의 지정기준은 별표 1과 같다.

개발계획에 반영할 수 있다(도시개발법4② 전단). 이 경우 선정된 개발계획안의 응모자가 자격요건을 갖춘 자인 경우에는 해당 응모자를 우선하여 시행자로 지정할 수 있다(도시개발법4② 후단).

지정권자는 도시개발구역을 지정한 후에 법 제4조 제2항 전단에 따라 개발계획안을 공모하는 경우에는 ⅰ) 도시개발사업의 개요(제1호), ⅱ) 공모참가자격 및 일정(제2호), ⅲ) 개발계획안의 평가·심사 계획(제3호), ⅳ) 도시개발사업 시행자 지정 절차(제4호), ⅴ) 개발계획안 작성지침(제5호), ⅵ) 그 밖에 앞의 제1호부터 제5호까지에서 규정한 사항 외에 개발계획안의 공모에 필요한 사항(제6호)을 전국 또는 해당 지역을 주된 보급지역으로 하는 일간신문과 관보 또는 공보에 각각 공고해야 하고, 그 밖에 인터넷 홈페이지에 게재하는 방법 등으로 공고해야 한다(동법 시행령6② 전단). 이 경우 응모기간은 90일 이상으로 해야 한다(동법 시행령6② 후단).

(다) 개발계획의 변경

지정권자는 직접 또는 관계 중앙행정기관의 장 또는 시장(대도시 시장은 제외)·군수·구청장 또는 도시개발사업의 시행자의 요청을 받아 개발계획을 변경할 수 있다(도시개발법4③).

(라) 환지방식의 개발계획 수립 또는 변경

지정권자는 환지(換地) 방식의 도시개발사업에 대한 개발계획을 수립하려면 환지 방식이 적용되는 지역의 토지면적의 2/3 이상에 해당하는 토지 소유자와 그 지역의 토지 소유자 총수의 1/2 이상의 동의를 받아야 한다(도시개발법4④ 전단). 환지 방식으로 시행하기 위하여 개발계획을 변경(대통령령으로 정하는 경미한 사항의 변경은 제외)하려는 경우에도 또한 같다(도시개발법4④ 후단).

그러나 지정권자는 도시개발사업을 환지 방식으로 시행하려고 개발계획을 수립하거나 변경할 때에 도시개발사업의 시행자가 국가나 지방자치단체이면 토지 소유자의 동의를 받을 필요가 없다(도시개발법4⑤).

(3) 주민 등의 의견청취

국토교통부장관, 시·도지사 또는 대도시 시장이 도시개발구역을 지정(대도시 시장이 아닌 시장·군수 또는 구청장의 요청에 의하여 지정하는 경우는 제외)하고자 하거나 대도시 시장이 아닌 시장·군수 또는 구청장이 도시개발구역의 지정을 요

청하려고 하는 경우에는 공람이나 공청회를 통하여 주민이나 관계 전문가 등으로
부터 의견을 들어야 하며, 공람이나 공청회에서 제시된 의견이 타당하다고 인정
되면 이를 반영하여야 한다(도시개발법7① 전단). 도시개발구역을 변경(대통령령으
로 정하는 경미한 사항9)은 제외)하려는 경우에도 또한 같다(도시개발법7① 후단).

이에 따른 공람의 대상 또는 공청회의 개최 대상 및 주민의 의견청취 방법
등에 필요한 사항은 대통령령으로 정한다(도시개발법7②).

(4) 도시계획위원회의 심의 등

지정권자는 도시개발구역을 지정하거나 제4조 제1항 단서에 따라 개발계획
을 수립하려면 관계 행정기관의 장과 협의한 후 국토계획법 제106조에 따른 중
앙도시계획위원회 또는 국토계획법 제113조에 따른 시·도도시계획위원회나 대
도시에 두는 대도시도시계획위원회의 심의를 거쳐야 한다(도시개발법8① 본문).
변경하는 경우에도 또한 같다(도시개발법8① 본문). 이에 따라 지정권자는 관계 행
정기관의 장과 협의하는 경우 지정하려는 도시개발구역이 일정 규모 이상 또는
국가계획과 관련되는 등 대통령령으로 정하는 경우에 해당하면 국토교통부장관
과 협의하여야 한다(도시개발법8③).

국토계획법 제49조에 따른 지구단위계획에 따라 도시개발사업을 시행하기
위하여 도시개발구역을 지정하는 경우에는 중앙도시계획위원회 또는 시·도도시
계획위원회나 대도시에 두는 대도시도시계획위원회의 심의를 거치지 아니한다
(도시개발법8②).

(5) 도시개발구역지정의 고시 등

지정권자는 도시개발구역을 지정하거나 제4조 제1항 단서에 따라 개발계획
을 수립한 경우에는 대통령령으로 정하는 바에 따라 이를 관보나 공보에 고시하
고, 대도시 시장인 지정권자는 관계 서류를 일반에게 공람시켜야 하며, 대도시

---

9) "대통령령으로 정하는 경미한 사항"이란 ⅰ) 편입되는 면적과 제외되는 면적의 합계가 종
전(주민 등의 의견청취를 거쳐 도시개발구역을 지정 또는 변경한 때) 도시개발구역 면적
의 5% 이상이거나 1만 제곱미터 이상인 경우(경미한 사항이 여러 차례 변경된 경우에는
누적하여 산정)(제1호), ⅱ) 사업시행방식을 변경하는 경우(제2호), ⅲ) 그 밖에 지정권자
가 토지소유자의 권익보호 등을 위하여 중대하다고 인정하거나 시·도 조례로 정한 경우
(제3호) 중 어느 하나에 해당하지 아니하는 사항을 말한다(동법 시행령12).

시장이 아닌 지정권자는 해당 도시개발구역을 관할하는 시장(대도시 시장은 제외)·군수 또는 구청장에게 관계 서류의 사본을 보내야 하며, 지정권자인 특별자치도지사와 관계 서류를 송부받은 시장(대도시 시장은 제외)·군수 또는 구청장은 해당 관계 서류를 일반인에게 공람시켜야 한다(도시개발법9① 전단). 변경하는 경우에도 또한 같다(도시개발법9① 후단).

시·도지사 또는 대도시 시장이 도시개발구역을 지정·고시한 경우에는 국토교통부장관에게 그 내용을 통보하여야 한다(도시개발법9③).

3. 실시계획 및 시행단계

(1) 실시계획 수립 및 인가

(가) 실시계획의 작성 및 인가 등

시행자는 도시개발사업에 관한 실시계획을 작성하여야 한다(도시개발법17① 전단). 실시계획은 개발계획에 맞게 작성하여야 한다(동법 시행령38①). 이 경우 실시계획에는 지구단위계획이 포함되어야 한다(도시개발법17① 후단). 이에 따른 지구단위계획은 국토계획법 제49조 제2항에 따른 지구단위계획의 수립기준에 따라 작성하여야 한다(동법 시행령38②).

시행자(지정권자가 시행자인 경우는 제외)는 작성된 실시계획에 관하여 지정권자의 인가를 받아야 한다(도시개발법17②). 이에 따라 시행자가 실시계획의 인가를 받으려는 경우에는 실시계획 인가신청서에 국토교통부령으로 정하는 서류를 첨부하여 시장(대도시 시장은 제외)·군수 또는 구청장을 거쳐 지정권자에게 제출하여야 한다(동법 시행령39 본문). 다만, 국토교통부장관·특별자치도지사 또는 대도시 시장이 지정권자인 경우에는 국토교통부장관·특별자치도지사 또는 대도시 시장에게 직접 제출할 수 있다(동법 시행령39 단서).

지정권자가 실시계획을 작성하거나 인가하는 경우 국토교통부장관이 지정권자이면 시·도지사 또는 대도시 시장의 의견을, 시·도지사가 지정권자이면 시장(대도시 시장은 제외)·군수 또는 구청장의 의견을 미리 들어야 한다(도시개발법17③).

(나) 실시계획의 고시

지정권자가 실시계획을 작성하거나 인가한 경우에는 대통령령으로 정하는 바에 따라 이를 관보나 공보에 고시하고 시행자에게 관계 서류의 사본을 송부하며, 대도시 시장인 지정권자는 일반에게 관계 서류를 공람시켜야 하고, 대도시 시장이 아닌 지정권자는 해당 도시개발구역을 관할하는 시장(대도시 시장은 제외)·군수 또는 구청장에게 관계 서류의 사본을 보내야 한다(도시개발법18① 전단). 이 경우 지정권자인 특별자치도지사와 본문에 따라 관계 서류를 받은 시장(대도시 시장은 제외)·군수 또는 구청장은 이를 일반인에게 공람시켜야 한다(도시개발법18① 후단).

이에 따라 실시계획을 고시한 경우 그 고시된 내용 중 「국토계획법에 따라 도시·군관리계획(지구단위계획 포함)으로 결정하여야 하는 사항은 국토계획법에 따른 도시·군관리계획이 결정되어 고시된 것으로 본다(도시개발법18② 전단). 이 경우 종전에 도시·군관리계획으로 결정된 사항 중 고시 내용에 저촉되는 사항은 고시된 내용으로 변경된 것으로 본다(도시개발법18② 후단). 이에 따라 도시·군관리계획으로 결정·고시된 사항에 대한 국토계획법 제32조의 도시·군관리계획에 관한 지형도면의 고시에 관하여는 도시개발법 제9조 제4항을 준용한다(도시개발법18③).

(다) 관련 인허가등의 의제

실시계획을 작성하거나 인가할 때 지정권자가 해당 실시계획에 대한 30가지[10]의 허가·승인·심사·인가·신고·면허·등록·협의·지정·해제 또는 처분

---

10) 1. 수도법 제17조와 제49조에 따른 수도사업의 인가, 같은 법 제52조와 제54조에 따른 전용상수도설치의 인가, 2. 하수도법 제16조에 따른 공공하수도 공사시행의 허가, 3. 공유수면 관리 및 매립에 관한 법률 제8조에 따른 공유수면의 점용·사용허가, 같은 법 제28조에 따른 공유수면의 매립면허, 같은 법 제35조에 따른 국가 등이 시행하는 매립의 협의 또는 승인 및 같은 법 제38조에 따른 공유수면매립실시계획의 승인, 4. 삭제 <2010. 4. 15.>, 5. 하천법 제30조에 따른 하천공사 시행의 허가, 같은 법 제33조에 따른 하천의 점용허가 및 같은 법 제50조에 따른 하천수의 사용허가, 6. 도로법 제36조에 따른 도로공사 시행의 허가, 같은 법 제61조에 따른 도로점용의 허가, 7. 농어촌정비법 제23조에 따른 농업생산기반시설의 사용허가, 8. 농지법 제34조에 따른 농지전용의 허가 또는 협의, 같은 법 제35조에 따른 농지의 전용신고, 같은 법 제36조에 따른 농지의 타용도 일시사용허가·협의 및 같은 법 제40조에 따른 용도변경의 승인, 9. 산지관리법 제14조·제15조에 따른 산지전용허가 및 산지전용신고, 같은 법 제15조의2에 따른 산지일시사용허가·신고, 같은 법 제25조에 따른 토석채취허가 및 산림자원의 조성 및 관리에 관한 법률 제36조 제1항·제4항과 제45조 제1항·제2항에 따른 입목벌채 등의 허가·신고, 10. 초지법 제23조에 따른 초지(草地) 전용의 허가, 11. 사방사업법 제14조에 따른 벌채 등의 허가, 같은 법 제20조에 따른 사방지(砂防地) 지정의 해제, 12. 공간정보관리법 제15조 제4항에 따른 지도등의 간행 심사, 13. 광업법 제24조에 따른 불허가처분, 같은 법 제34조에 따른 광구감소처분 또는 광업권취소처분, 14. 장사법 제27조 제1항에 따른 연고자가 없는 분묘의 개장(改葬)허가, 15. 건축법 제11조에 따른

등("인허가등")에 관하여 관계 행정기관의 장과 협의한 사항에 대하여는 해당 인허가등을 받은 것으로 보며, 실시계획을 고시한 경우에는 관계 법률에 따른 인허가등의 고시나 공고를 한 것으로 본다(도시개발법19①).

이에 따른 인허가등의 의제를 받으려는 자는 실시계획의 인가를 신청하는 때에 해당 법률로 정하는 관계 서류를 함께 제출하여야 한다(도시개발법19②).

지정권자는 실시계획을 작성하거나 인가할 때 그 내용에 제1항 각 호의 어느 하나(30가지 인허가등)에 해당하는 사항이 있으면 미리 관계 행정기관의 장과 협의하여야 한다(도시개발법19③ 전단). 이 경우 관계 행정기관의 장은 협의 요청을 받은 날부터 20일 이내에 의견을 제출하여야 하며, 그 기간 내에 의견을 제출하지 아니하면 협의한 것으로 본다(도시개발법19③ 후단, 동법 시행령41).

(2) 환지계획의 수립 및 인가
(가) 환지계획의 작성

시행자는 도시개발사업의 전부 또는 일부를 환지 방식으로 시행하려면 ⅰ) 환지 설계(제1호), ⅱ) 필지별로 된 환지 명세(제2호), ⅲ) 필지별과 권리별로 된 청산 대상 토지 명세(제3호), ⅳ) 체비지(替費地) 또는 보류지(保留地)의 명세(제4호), ⅴ) 입체 환지를 계획하는 경우에는 입체 환지용 건축물의 명세와 공급 방

허가, 같은 법 제14조에 따른 신고, 같은 법 제16조에 따른 허가·신고 사항의 변경, 같은 법 제20조에 따른 가설건축물의 허가 또는 신고, 16. 주택법 제15조에 따른 사업계획의 승인, 17. 항만법 제9조 제2항에 따른 항만개발사업 시행의 허가 및 같은 법 제10조 제2항에 따른 항만개발사업실시계획의 승인, 18. 사도법 제4조에 따른 사도(私道)개설의 허가, 19. 국유재산법 제30조에 따른 사용허가, 20. 공유재산법 제20조 제1항에 따른 사용·수익의 허가, 21. 관광진흥법 제52조에 따른 관광지의 지정(도시개발사업의 일부로 관광지를 개발하는 경우만 해당), 같은 법 제54조에 따른 조성계획의 승인, 같은 법 제55조에 따른 조성사업시행의 허가, 22. 체육시설법 제12조에 따른 사업계획의 승인, 23. 유통산업발전법 제8조에 따른 대규모 점포의 개설등록, 24. 산업집적법 제13조에 따른 공장설립 등의 승인, 25. 물류시설법 제22조에 따른 물류단지의 지정(도시개발사업의 일부로 물류단지를 개발하는 경우만 해당) 및 같은 법 제28조에 따른 물류단지개발실시계획의 승인, 26. 산업입지법 제6조, 제7조 및 제7조의2에 따른 산업단지의 지정(도시개발사업의 일부로 산업단지를 개발하는 경우만 해당), 같은 법 제17조, 제18조 및 제18조의2에 따른 실시계획의 승인, 27. 공간정보관리법 제86조 제1항에 따른 사업의 착수·변경 또는 완료의 신고, 28. 에너지이용 합리화법 제10조에 따른 에너지사용계획의 협의, 29. 집단에너지법 제4조에 따른 집단에너지의 공급 타당성에 관한 협의, 30. 소하천정비법 제10조에 따른 소하천(小河川)공사시행의 허가, 같은 법 제14조에 따른 소하천 점용의 허가, 31. 하수도법 제34조 제2항에 따른 개인하수처리시설의 설치신고

법·규모에 관한 사항(제5호), vi) 그 밖에 국토교통부령으로 정하는 사항(제6호)이 포함된 환지계획을 작성하여야 한다(도시개발법28①).

환지계획은 종전의 토지와 환지의 위치·지목·면적·토질·수리(水利)·이용상황·환경, 그 밖의 사항을 종합적으로 고려하여 합리적으로 정하여야 한다(도시개발법28②).

시행자는 환지 방식이 적용되는 도시개발구역에 있는 조성토지등의 가격을 평가할 때에는 토지평가협의회의 심의를 거쳐 결정하되, 그에 앞서 감정평가법인등이 평가하게 하여야 한다(도시개발법28③, 동법 시행령59).

(나) 환지계획의 인가

행정청이 아닌 시행자가 환지계획을 작성한 경우에는 특별자치도지사·시장·군수 또는 구청장의 인가를 받아야 한다(도시개발법29①). 이에 따라 행정청이 아닌 시행자가 환지계획의 인가를 신청하려고 하거나 행정청인 시행자가 환지계획을 정하려고 하는 경우에는 토지 소유자와 해당 토지에 대하여 임차권, 지상권, 그 밖에 사용하거나 수익할 권리("임차권등")를 가진 자("임차권자등")에게 환지계획의 기준 및 내용 등을 알리고 대통령령으로 정하는 바에 따라 관계 서류의 사본을 일반인에게 공람시켜야 한다(도시개발법29③ 본문). 다만, 대통령령으로 정하는 경미한 사항을 변경하는 경우에는 그러하지 아니하다(도시개발법29③ 단서).

토지 소유자나 임차권자등은 공람 기간에 시행자에게 의견서를 제출할 수 있으며, 시행자는 그 의견이 타당하다고 인정하면 환지계획에 이를 반영하여야 한다(도시개발법29④). 이에 따라 시행자는 제출된 의견에 대하여 공람 기일이 종료된 날부터 60일 이내에 그 의견을 제출한 자에게 환지계획에의 반영여부에 관한 검토 결과를 통보하여야 한다(도시개발법29⑥). 행정청이 아닌 시행자가 환지계획 인가를 신청할 때에는 제출된 의견서를 첨부하여야 한다(도시개발법29⑤).

4. 준공검사 등

(1) 준공검사

시행자(지정권자가 시행자인 경우는 제외)가 도시개발사업의 공사를 끝낸 때에는 국토교통부령으로 정하는 바에 따라 공사완료 보고서를 작성하여 지정권자의 준공검사를 받아야 한다(도시개발법50①). 지정권자는 공사완료 보고서를 받으면 지체 없이 준공검사를 하여야 한다(도시개발법50② 전단). 이 경우 지정권자는 효율적인 준공검사를 위하여 필요하면 관계 행정기관·공공기관·연구기관, 그 밖의 전문기관 등에 의뢰하여 준공검사를 할 수 있다(도시개발법50② 후단).

지정권자는 공사완료 보고서의 내용에 포함된 공공시설을 인수하거나 관리하게 될 국가기관·지방자치단체 또는 공공기관의 장 등에게 준공검사에 참여할 것을 요청할 수 있으며, 이를 요청받은 자는 특별한 사유가 없으면 요청에 따라야 한다(도시개발법50③).

시행자는 도시개발사업을 효율적으로 시행하기 위하여 필요하면 해당 도시개발사업에 관한 공사가 전부 끝나기 전이라도 공사가 끝난 부분에 관하여 준공검사(지정권자가 시행자인 경우에는 시행자에 의한 공사 완료 공고)를 받을 수 있다(도시개발법50④).

(2) 공사 완료의 공고

지정권자는 준공검사를 한 결과 도시개발사업이 실시계획대로 끝났다고 인정되면 시행자에게 준공검사 증명서를 내어주고 공사 완료 공고를 하여야 하며, 실시계획대로 끝나지 아니하였으면 지체 없이 보완 시공 등 필요한 조치를 하도록 명하여야 한다(도시개발법51①). 지정권자가 시행자인 경우 그 시행자는 도시개발사업의 공사를 완료한 때에는 공사 완료 공고를 하여야 한다(도시개발법51②).

(3) 공사 완료에 따른 관련 인허가등의 의제

준공검사를 하거나 공사 완료 공고를 할 때 지정권자가 제19조에 따라 의제되는 인허가등(제19조 제1항 제4호에 따른 면허·협의 또는 승인은 제외)에 따른 준공검사·준공인가 등에 대하여 관계 행정기관의 장과 협의한 사항에 대하여는 그 준공검사·준공인가 등을 받은 것으로 본다(도시개발법52①).

시행자(지정권자인 시행자는 제외)가 준공검사·준공인가 등의 의제를 받으려면 준공검사를 신청할 때 해당 법률로 정하는 관계 서류를 함께 제출하여야 한다(도시개발법52②). 지정권자는 준공검사를 하거나 공사 완료 공고를 할 때 그 내용에 제19조에 따라 의제되는 인허가등에 따른 준공검사·준공인가 등에 해당하는 사항이 있으면 미리 관계 행정기관의 장과 협의하여야 한다(도시개발법52③).

(4) 조성토지등의 준공 전 사용

준공검사 전 또는 공사 완료 공고 전에는 조성토지등(체비지는 제외)을 사용할 수 없다(도시개발법53 본문). 다만, 사업 시행의 지장 여부를 확인받는 등 지정권자로부터 사용허가를 받은 경우에는 그러하지 아니하다(도시개발법53 단서).

Ⅲ. 도시개발법에 의한 도시개발사업의 시행자 및 시행방식

1. 도시개발사업의 시행자

(1) 사업시행자 지정 및 변경

(가) 사업시행자 지정

도시개발사업의 시행자는 다음의 자, 즉 ⅰ) 국가나 지방자치단체(제1호), ⅱ) 공공기관인 한국토지주택공사, 한국수자원공사, 한국농어촌공사, 한국관광공사, 한국철도공사, 매입공공기관(종전부동산 및 그 주변을 개발하는 경우로 한정)(제2호＝동법 시행령18①), ⅲ) 정부출연기관인 국가철도공단(역세권개발사업을 시행하는 경우에만 해당), 제주국제자유도시개발센터(제주특별자치도에서 개발사업을 하는 경우에만 해당)(제3호＝동법 시행령18②), ⅳ) 지방공사(제4호), ⅴ) 도시개발구역의 토지소유자(면허를 받은 자를 해당 공유수면을 소유한 자로 보고 그 공유수면을 토지로 보며, 수용 또는 사용 방식의 경우에는 도시개발구역의 국공유지를 제외한 토지면적의 2/3 이상을 소유한 자)(제5호), ⅵ) 도시개발구역의 토지 소유자(면허를 받은 자를 해당 공유수면을 소유한 자로 보고 그 공유수면을 토지로 본다)가 도시개발을 위하여 설립한 조합(도시개발사업의 전부를 환지 방식으로 시행하는 경우에만 해당)(제6호), ⅶ) 과밀억제권역에 3년 이상 계속하여 공장시설을 갖추고 사업을 하고 있거나 3년 이상 계속하여 본점 또는 주사무소("본사")를 두고 있는 법인으로서 그 공장시설의 전부 또는 본사를 수도권 외의 지역으로 이전하는 법인[이 경우 공장시설 또는 본사의 이전에 따라 이전하는 종업원의 수(여러 개의 법인이 모여 지방으로 이전하는 경우에는 그 종업원 총수)가 500명 이상이어야 한다], 과밀억제권역에서 고등교육법 제2조 제1호에 따른 대학(같은 법 제30조에 따른 대학원대학은 제외)을 운영 중인 학교법인으로서 대학시설의 전부를 수도권 외의 지역으로 이전하는 학교법인(제7호＝동법 시행령18③), ⅷ) 주택법 제4조에 따라 등록한 자 중 도시개발사업을 시행할 능력이 있다고 인정되는 자로서 주택법 제10조에 따라 제출된 최근 3년간의 평균 영업실적(대지 조성에 투입된 비용을 말하며, 보상비는 제외)이 해당 도시개발사업에 드는 연평균 사업비(보상비 제외) 이상이고, 경영의 건전성이 국토교통부령으로 정하는 기준 이상에 해당하는 자(주택법 제2조 제12호에 따른 주택단지와 그에 수반되는 기반시설을 조성하는 경우에만 해당)(다만, 채무자회생법에 따른 회생절차가 진행 중인 법인은 제외)(제8호＝동법 시행령18④), ix) 건설산업기본법에 따른 토목공사업 또는 토목건축공사업의 면허를 받는 등 개발계획에 맞게 도시개발사업을 시행할 능력이 있다고 인정되는 자로서 건설산업기본법에 따라 종합공사를 시공하는 업종(토목공사업 및 토목건축공사업에 한한다)에 등록한 자로서 같은 법 제23조에 따라 공시된 시공능력 평가액이 당해 도시개발사업에 드는 연평균 사업비(보상비는 제외) 이상인 자, 또는 자본시장법에 따른 신탁업자 중 외부감사법 제4조에 따른 외부감사의 대상이 되는 자로서 경영의 건전성이 국토교통부령으로 정하여 고시하는 기준 이상인 자(다만, 채무자회생법에 따른 회생절차가 진행 중인 법인은 제외)(제9호＝동법 시행령18⑤), x) 부동산개발업법 제4조 제1항에 따라 등록한 부동산개발업자로서 국토교통부장관에게 보고한 최근 3년간 연평균 사업실적이 해당 도시개발사업에 드는 연평균 사업비 이상이고, 시행자 지정 신청일 기준으로 최근 3년간 시정조치 및 영업정지를 받은 사실이 없으며, 경영의 건전성이 국토교통부령으로 정하는 기준 이상인 자(다만, 채무자회생법에 따른 회생절차가 진행 중인 법인은 제외)(제9의2＝동법 시행령18⑥), xi) 부동산투자회사법에 따라 설립된 자기관리부동산투자회사 또는 위탁관리부동산투자회사로서 시행자 지정 신청일 당시 부동산투자회사법 제37조에 따라 공시된 투자보고서를 기준으로 재무제표상 부채가 자본금의 2배 미만이고, 최근 3년간 같은 법 제39조 제2항제1호, 제2호 및 같은 법 시행령 제41조 제4항 제1호에 해당하는 조치를 받은 사실이 없는 자로서 최근 3년간 부동산투자회사법 제21조 제1항 제1호부터 제3호까지에서 규정한 사항에 대하여 같은 조 제2항 제1호 및 제2호에 해당하는 방법으로 투자·운용한 자산의 연평균 투자·운용실적(위탁관리 부동산투자회사의 경우에는 해당 부동산투자회사로부터 자산의 투자·운용업무를 위탁받은 자산관리회사가 투자·운용을 위탁받은 실적 총합계액의 연평균 금액)이 해당 도시개발사업에 드는 연평균 사업비 이상인 자, 또는 부동산투자회사법 제9조 제2항 제2호에 따른 사업계획상 자본금이 해당 도시개발사업에 드는 총사업비의 15% 이상인 자(다만, 채무자회생법에 따른 회생절차가 진행 중인 법인은 제외)(제10호=동법 시행령18⑦), ⅻ) 앞의 제1호부터 제9호까지, 제9호의2 및 제10호에 해당하는 자(제6호에 따른 조합은 제외)가 도시개발사업을 시행할 목적으로 출자에 참여하여 설립한 법인으로서 법 제11조 제1항 제1호부터 제5호까지, 제7호부터 제9호까지, 제9호의2 및 제10호에 해당하는 자가 50% 이상 출자한 법인, 또는 법 제11조 제1항 제1호부터 제5호까지, 제7호부터 제9호까지, 제9호의2 및 제10호에 해당하는 자가 30% 이상 출자한 법인으로서 법 제11조 제1항 제1호부터 제4호까지에 해당하는 자, 국가재정법 제5조 제1항에 따라 설치된 기금을 관리하기 위하여 법률에 따라 설립된 법인, 법률에 따라 설립된 공제회, 법인세법 시행령 제61조 제2항 제1호부터 제13호까지 및 제24호에 해당하는 금융회사의 출자비율 합계가 20% 이상인 법인(제11호=동법 시행령18⑧) 중에서 지정권자가 지정한다(도시개발법11① 본문). 다만, 도시개발구역의 전부를 환지 방식으로 시행하는 경우에는 제5호의 토지 소유자나 제6호의 조합을 시행자로 지정한다(도시개발법11① 단서).

시행자로 지정받으려는 자는 ⅰ) 신청인의 성명(법인인 경우에는 법인의 명칭 및 대표자의 성명)·주소, ⅱ) 사업시행계획의 개요인 사업의 명칭, 사업의 시행목적, 사업의 내용, 사업의 시행기간, 사업의 시행방식을 기재한 사업시행자 지정신청서를 시장(대도시 시장은 제외)·군수 또는 구청장을 거쳐 지정권자에게 제출하여야 하며, 지정받은 내용을 변경하는 경우에도 또한 같다(동법 시행령19① 본문). 다만, 지정권자가 도시개발사업을 직접 시행하는 경우에는 그러하지 아니하며, 국토교통부장관·특별자치도지사 또는 대도시 시장이 지정권자인 경우에는 국토교통부장관·특별자치도지사 또는 대도시 시장에게 직접 제출할 수 있다(동법 시행령19① 단서). 사업시행자 지정신청서에는 사업계획서, 자금조달계획서, 위치도를 첨부하여야 한다(동법 시행령19②).

(나) 사업시행자 변경

지정권자는 ⅰ) 도시개발사업에 관한 실시계획의 인가를 받은 후 2년 이내에 사업을 착수하지 아니하는 경우(제1호), ⅱ) 행정처분으로 시행자의 지정이나 실시계획의 인가가 취소된 경우(제2호), ⅲ) 시행자의 부도·파산, 그 밖에 이와 유사한 사유로 도시개발사업의 목적을 달성하기 어렵다고 인정되는 경우(제3호), ⅳ) 도시개발구역의 전부를 환지 방식으로 시행하는 경우에는 토지 소유자나 조합을 시행자로 지정하도록 하는 규정에 따라 시행자로 지정된 자가 도시개발구역 지정의 고시일부터 1년 이내(다만, 지정권자가 실시계획의 인가신청기간의 연장이 불가피하다고 인정하여 6개월의 범위에서 연장한 경우에는 그 연장된 기간)(제4호)의 어느 하나에 해당하는 경우에는 시행자를 변경할 수 있다(도시개발법11①, 동법 시행령24).

(2) 민간제안 사업시행자의 지정요건
(가) 도시개발구역 지정제안

앞의 제1항 제2호부터 제4호까지의 규정에 해당하는 자, 도시개발구역의 토지 소유자(수용 또는 사용의 방식으로 제안하는 경우에는 도시개발구역의 국공유지를 제외한 토지면적의 2/3 이상을 사용할 수 있는 토지사용승낙서 및 토지매매계약서(동법 시행령23④)를 가지고 1/2 이상을 소유한 자) 또는 앞의 제1항 제7호부터 제11호까지의 규정에 해당하는 자는 특별자치도지사·시장·군수 또는 구청장에게 도시개발구역의 지정을 제안할 수 있다(도시개발법11⑤ 본문). 이에 따라 도시개발구역의 지정을 제안하려는 자는 국토교통부령으로 정하는 도시개발구역지정제안서를 국토교통부장관, 특별자치도지사, 시장·군수 또는 구청장에게 제출하여야 한다(동법 시행령23①). 도시개발구역의 지정을 제안하려는 지역이 2 이상의 시·군 또는 구의 행정구역에 걸쳐 있는 경우에는 그 지역에 포함된 면적이 가장 큰 행정구역의 시장·군수 또는 구청장에게 국토교통부령으로 정하는 도시개발구역지정제안서를 제출하여야 한다(동법 시행령23②).

도시개발구역지정의 제안을 받은 국토교통부장관·특별자치도지사·시장·군수 또는 구청장은 제안 내용의 수용 여부를 1개월 이내에 제안자에게 통보하여야 한다(동법 시행령23③ 본문). 다만, 관계 기관과의 협의가 지연되는 등 불가피한 사유가 있는 경우에는 1개월 이내의 범위에서 통보기간을 연장할 수 있다(동법 시행령23③ 단서).

다만, i) 국가가 도시개발사업을 실시할 필요가 있는 경우, ii) 관계 중앙행정기관의 장이 요청하는 경우, iii) 공공기관의 장 또는 정부출연기관의 장이 30만 제곱미터 이상으로서 국가계획과 밀접한 관련이 있는 도시개발구역의 지정을 제안하는 경우, iv) 도시개발사업이 필요하다고 인정되는 지역이 2 이상의 특별시·광역시·도·특별자치도("시·도") 또는 서울특별시와 광역시를 제외한 인구 50만 이상의 대도시의 행정구역에 걸치는 경우에는 관계 시·도지사 또는 대도

시 시장이 협의하여 도시개발구역을 지정할 자를 정해야 하는데, 이에 따른 협의
가 성립되지 아니하는 경우, ⅴ) 천재지변, 그 밖의 사유로 인하여 도시개발사업
을 긴급하게 할 필요가 있는 경우에는 국토교통부장관에게 직접 제안할 수 있다
(도시개발법11⑤ 단서).

(나) 도시개발사업 시행자 지정

도시개발구역 지정 제안 및 요청에 대한 지정권자 구역지정 처분과 동시에
또는 그 이후에 사업시행자 지정을 한다. 여기서 사업시행자 지정은 구역지정과
별개의 처분이다. 즉 제안내용대로 구역지정을 하였다고 하더라도 반드시 제안
자를 사업시행자로 지정하여야 하는 것은 아니다.11) 한편, 도시개발구역의 토지
소유자가 수용·사용방식으로 사업시행을 목적으로 사업시행자 지정을 받기 위
하여는 사업대상 토지면적의 2/3 이상에 해당하는 토지를 소유하여야 한다(도시
개발법11①(5)). 따라서 민간 개발업자가 도시개발사업의 시행자로 지정받기 위하
여는 2/3 이상의 토지를 협의매수 한 후에 사업시행자 지정을 신청하여야 하므
로, 이 경우 구역지정과 사업시행자 지정이 동시에 행해지지 않는 경우도 있
다.12)

2. 도시개발사업의 시행방식

(1) 사업시행방식의 선정기준

도시개발사업은 시행자가 도시개발구역의 토지등을 수용 또는 사용하는
방식이나 환지 방식 또는 이를 혼용하는 방식으로 시행할 수 있다(도시개발법21
①).13) 시행자는 도시개발구역으로 지정하려는 지역에 대하여 다음에서 정하는
바에 따라 도시개발사업의 시행방식을 정함을 원칙으로 하되, 사업의 용이성·규
모 등을 고려하여 필요하면 국토교통부장관이 정하는 기준에 따라 도시개발사업

---

11) 대법원 2006. 10. 12. 선고 2006두8075 판결 참조.
12) 김종하(2010), 41쪽.
13) 토지를 수용·사용하는 방식은 택지개발촉진법에 의해 택지개발예정지구를 지정하여 택지
    를 개발하는 택지개발사업과 도시개발법에 의해 택지 등을 개발하는 도시개발사업으로
    이원화되어 있다. 전자는 택지개발예정지구를 지정하여 개발사업이 이루어지고, 후자는
    도시·군관리계획의 절차에 의해 개발사업이 이루어지는 점에서 차이가 있다. 한편, 환지
    방식은 종래 토지구획정리사업의 방식을 일컫는 것으로 도시개발법에서 도시개발사업의
    한 방식으로 하고 있다. 그리고 혼용방식은 종래 공영개발사업이 시행되는 지구에서 전면
    매수방식과 환지방식을 혼용한다면 보다 사업의 원활화를 도모할 수 있다는 측면에서 도
    입한 사업방식이다(김종하(2010), 42쪽).

의 시행방식을 정할 수 있다(동법 시행령43①).

즉 i) 환지방식: 대지로서의 효용증진과 공공시설의 정비를 위하여 토지의 교환·분할·합병, 그 밖의 구획변경, 지목 또는 형질의 변경이나 공공시설의 설치·변경이 필요한 경우, 또는 도시개발사업을 시행하는 지역의 지가가 인근의 다른 지역에 비하여 현저히 높아 수용 또는 사용방식으로 시행하는 것이 어려운 경우(제1호), ii) 수용 또는 사용방식: 계획적이고 체계적인 도시개발 등 집단적인 조성과 공급이 필요한 경우(제2호), iii) 혼용방식: 도시개발구역으로 지정하려는 지역이 부분적으로 제1호 또는 제2호에 해당하는 경우(제3호)이다.

시행자가 도시개발사업을 혼용방식으로 시행하려는 경우에는 i) 분할 혼용 방식: 수용 또는 사용 방식이 적용되는 지역과 환지 방식이 적용되는 지역을 사업시행지구별로 분할하여 시행하는 방식(제1호), ii) 미분할 혼용방식: 사업시행지구를 분할하지 아니하고 수용 또는 사용 방식과 환지 방식을 혼용하여 시행하는 방식(이 경우 환지에 대해서는 법 제3장 제3절에 따른 사업 시행에 관한 규정을 적용하고, 그 밖의 사항에 대해서는 수용 또는 사용 방식에 관한 규정을 적용한다)(제2호)으로 도시개발사업을 시행할 수 있다(동법 시행령43②). 분할 혼용방식에 따라 사업시행지구를 분할하여 시행하는 경우에는 각 사업지구에서 부담하여야 하는 국토계획법 제2조 제6호에 따른 기반시설의 설치비용 등을 명확히 구분하여 실시계획에 반영하여야 한다(동법 시행령43③).

(2) 수용 또는 사용방식에 의한 도시개발사업
(가) 토지등의 수용·사용

시행자는 도시개발사업에 필요한 토지등을 수용하거나 사용할 수 있다(도시개발법22① 본문). 다만, 제11조 제1항 제5호 및 제7호부터 제11호까지의 규정(같은 항 제1호부터 제4호까지의 규정에 해당하는 자가 50% 비율을 초과하여 출자한 경우는 제외)에 해당하는 시행자는 사업대상 토지면적의 2/3 이상에 해당하는 토지를 소유하고 토지 소유자 총수의 1/2 이상에 해당하는 자의 동의를 받아야 한다(도시개발법22① 단서 전문). 동의를 받도록 한 것은 무분별한 수용 또는 사용을 방지하기 위한 것이다. 이 경우 토지 소유자의 동의요건 산정기준일은 도시개발구역지정 고시일을 기준으로 하며, 그 기준일 이후 시행자가 취득한 토지에 대하여는 동의 요건에 필요한 토지 소유자의 총수에 포함하고 이를 동의한 자의 수로 산정한다(도시개발법22① 단서 후문).

　　토지등의 수용 또는 사용에 관하여 도시개발법에 특별한 규정이 있는 경우 외에는 「공익사업을 위한 토지 등의 취득 및 보상에 관한 법률」("토지보상법")을 준용한다(도시개발법22②). 이에 따라 토지보상법을 준용할 때 제5조 제1항 제14호에 따른 수용 또는 사용의 대상이 되는 토지의 세부목록을 고시한 경우에는 토지보상법 제20조 제1항과 제22조에 따른 사업인정 및 그 고시가 있었던 것으로 본다(도시개발법22③ 본문). 다만, 재결신청은 같은 법 제23조 제1항과 제28조 제1항에도 불구하고 개발계획에서 정한 도시개발사업의 시행 기간 종료일까지 하여야 한다(도시개발법22③ 단서).

(나) 선수금 등

　　시행자는 조성토지등과 도시개발사업으로 조성되지 아니한 상태의 토지("원형지")를 공급받거나 이용하려는 자로부터 해당 대금의 전부 또는 일부를 미리 받을 수 있다(도시개발법25①). 시행자(지정권자가 시행자인 경우는 제외)는 해당 대금의 전부 또는 일부를 미리 받으려면 지정권자의 승인을 받아야 한다(도시개발법25②).

　　시행자는 공사완료 공고 전에 미리 토지를 공급하거나 시설물을 이용하게 한 후에는 그 토지를 담보로 제공하여서는 아니 된다(동법 시행령55②).

　　지정권자는 시행자가 공급계약의 내용대로 사업을 이행하지 아니하거나 시행자의 파산 등(채무자회생법에 따른 법원의 결정·인가 포함)으로 사업을 이행할 능력이 없다고 인정하는 경우에는 해당 도시개발사업의 준공 전에 보증서 등을 선수금의 환불을 위하여 사용할 수 있다(동법 시행령55③).

(다) 조성토지 등의 공급계획과 공급방법

1) 공급계획

　　시행자는 조성토지등을 공급하려고 할 때에는 조성토지등의 공급 계획을 작성하여야 하며, 지정권자가 아닌 시행자는 작성한 조성토지등의 공급 계획에 대하여 지정권자의 승인을 받아야 한다(도시개발법26①). 이에 따라 지정권자가 조성토지등의 공급 계획을 작성하거나 승인하는 경우 국토교통부장관이 지정권자이면 시·도지사 또는 대도시 시장의 의견을, 시·도지사가 지정권자이면 시장(대도시 시장은 제외)·군수 또는 구청장의 의견을 미리 들어야 한다(도시개발법26②).

2) 공급방법

시행자는 조성토지등의 공급계획에 따라 조성토지등을 공급해야 한다(동법 시행령57① 전단).

이 경우 시행자는 국토계획법에 따른 기반시설의 원활한 설치를 위하여 필요하면 공급대상자의 자격을 제한하거나 공급조건을 부여할 수 있다(동법 시행령 57① 후단).

조성토지등의 공급은 경쟁입찰의 방법에 따른다(동법 시행령57②). 그러나 ⅰ) 주택법 제2조 제6호에 따른 국민주택규모 이하의 주택건설용지(제1호), ⅱ) 주택법 제2조 제24호에 따른 공공택지(제2호), ⅲ) 330제곱미터(동법 시행규칙23①) 이하의 단독주택용지 및 공장용지(제3호)는 추첨의 방법으로 분양할 수 있다(동법 시행령57③ 본문). 다만, 법 제11조 제1항 제1호부터 제4호까지의 규정에 따른 시행자가 제1호의 토지 중 임대주택 건설용지를 공급하는 경우에는 추첨의 방법으로 분양하여야 한다(동법 시행령57③ 단서).

시행자는 학교용지, 공공청사용지 등 일반에게 분양할 수 없는 공공용지를 국가, 지방자치단체, 그 밖의 법령에 따라 해당 시설을 설치할 수 있는 자에게 공급하는 경우[14] 등의 경우에는 수의계약의 방법으로 조성토지등을 공급할 수

---

14) 1. 학교용지, 공공청사용지 등 일반에게 분양할 수 없는 공공용지를 국가, 지방자치단체, 그 밖의 법령에 따라 해당 시설을 설치할 수 있는 자에게 공급하는 경우
    1의2. 임대주택 건설용지를 다음 각 목에 해당하는 자가 단독 또는 공동으로 총지분의 50%를 초과하여 출자한 부동산투자회사법 제2조 제1호에 따른 부동산투자회사에 공급하는 경우
        가. 국가나 지방자치단체
        나. 한국토지주택공사
        다. 주택사업을 목적으로 설립된 지방공사
    2. 법 제18조 제1항 전단에 따라 고시한 실시계획에 따라 존치하는 시설물의 유지관리에 필요한 최소한의 토지를 공급하는 경우
    3. 토지보상법에 따른 협의를 하여 그가 소유하는 도시개발구역 안의 조성토지등의 전부를 시행자에게 양도한 자에게 국토교통부령으로 정하는 기준에 따라 토지를 공급하는 경우
    4. 토지상환채권에 의하여 토지를 상환하는 경우
    5. 토지의 규모 및 형상, 입지조건 등에 비추어 토지이용가치가 현저히 낮은 토지로서, 인접 토지 소유자 등에게 공급하는 것이 불가피하다고 시행자가 인정하는 경우
    6. 법 제11조 제1항 제1호부터 제4호까지의 규정에 해당하는 시행자가 도시개발구역에서 도시발전을 위하여 복합적이고 입체적인 개발이 필요하여 국토교통부령으로 정하는 절차와 방법에 따라 선정된 자에게 토지를 공급하는 경우
    6의2. 산업통상자원부장관이 외국인투자 촉진법 제27조에 따른 외국인투자위원회의 심의를 거쳐 같은 법 제2조제6호에 따른 외국인투자기업에게 수의계약을 통하여 조성토지

있다(동법 시행령57⑤).

조성토지등의 가격 평가는 감정가격으로 한다(동법 시행령57⑥). 조성토지등의 매각방법 등에 관하여 그 밖에 필요한 사항은 국토교통부장관이 정하여 고시한다(동법 시행령57⑧).

시행자는 학교, 폐기물처리시설, 임대주택, 그 밖에 대통령령으로 정하는 시설15)을 설치하기 위한 조성토지등과 이주단지의 조성을 위한 토지를 공급하는 경우에는 해당 토지의 가격을 「감정평가 및 감정평가사에 관한 법률」에 따른 감정평가법인등이 감정평가한 가격 이하로 정할 수 있다(도시개발법27① 본문). 다만, 제11조 제1항 제1호부터 제4호까지의 규정에 해당하는 자에게 임대주택 건설용지를 공급하는 경우에는 해당 토지의 가격을 감정평가한 가격 이하로 정하여야 한다(도시개발법27① 단서).

(3) 환지방식에 의한 도시개발사업
(가) 환지계획 수립

시행자는 도시개발사업의 전부 또는 일부를 환지 방식으로 시행하려면 ⅰ) 환지 설계(제1호), ⅱ) 필지별로 된 환지 명세(제2호), ⅲ) 필지별과 권리별로 된

등을 공급할 필요가 있다고 인정하는 경우. 다만, 2009년 7월 1일부터 2011년 6월 30일까지 공급되는 조성토지등만 해당한다

6의3. 대행개발사업자가 개발을 대행하는 토지를 해당 대행개발사업자에게 공급하는 경우
7. 제2항 및 제3항에 따른 경쟁입찰 또는 추첨의 결과 2회 이상 유찰된 경우
8. 그 밖에 관계 법령의 규정에 따라 수의계약으로 공급할 수 있는 경우
15) "대통령령으로 정하는 시설"이란 다음의 시설을 말한다(동법 시행령58①).
   1. 공공청사(2013년 12월 31일까지는 정부가 납입자본금 전액을 출자한 법인의 주된 사무소를 포함한다)
   2. 사회복지시설(행정기관 및 사회복지사업법에 따른 사회복지법인이 설치하는 사회복지시설을 말한다). 다만, 사회복지사업법에 따른 사회복지시설의 경우에는 유료시설을 제외한 시설로서 관할 지방자치단체의 장의 추천을 받은 경우로 한정한다.
   3. 국토계획법 시행령 별표 17 제2호 차목에 해당하는 공장. 다만, 해당 도시개발사업으로 이전되는 공장의 소유자가 설치하는 경우로 한정한다.
   4. 임대주택
   5. 주택법 제2조 제6호에 따른 국민주택 규모 이하의 공동주택. 다만, 법 제11조 제1호부터 제4호까지의 규정에 따른 시행자가 국민주택 규모 이하의 공동주택을 건설하려는 자에게 공급하는 경우로 한정한다.
   5의2. 관광진흥법 제3조 제1항 제2호 가목에 따른 호텔업 시설. 다만, 법 제11조 제1항 제1호부터 제4호까지의 규정에 따른 시행자가 200실 이상의 객실을 갖춘 호텔의 부지로 토지를 공급하는 경우로 한정한다.
   6. 그 밖에 국토계획법 제2조 제6호에 따른 기반시설로서 국토교통부령으로 정하는 시설

청산 대상 토지 명세(제3호), ⅳ) 체비지(替費地) 또는 보류지(保留地)의 명세(제4
호), ⅴ) 입체 환지를 계획하는 경우에는 입체 환지용 건축물의 명세와 공급 방
법·규모에 관한 사항(제5호), ⅵ) 그 밖에 국토교통부령으로 정하는 사항(제6호)
이 포함된 환지계획을 작성하여야 한다(도시개발법28①).

(나) 환지예정지의 지정

시행자는 도시개발사업의 시행을 위하여 필요하면 도시개발구역의 토지에
대하여 환지예정지를 지정할 수 있다(도시개발법35① 전단). 이 경우 종전의 토지
에 대한 임차권자등이 있으면 해당 환지예정지에 대하여 해당 권리의 목적인 토
지 또는 그 부분을 아울러 지정하여야 한다(도시개발법35① 후단). 이에 따라 시행
자가 환지예정지를 지정하려면 관계 토지 소유자와 임차권자등에게 환지 예정지
의 위치·면적과 환지예정지 지정의 효력발생 시기를 알려야 한다(도시개발법35
③).

(다) 장애물 등의 이전·제거 및 보상

시행자는 환지예정지를 지정하거나 종전의 토지에 관한 사용 또는 수익을
정지시키는 경우나 국토계획법 제2조 제6호에 따른 기반시설(동법 시행령63①)의
변경·폐지에 관한 공사를 시행하는 경우 필요하면 도시개발구역에 있는 건축물
과 그 밖의 공작물이나 물건("건축물등") 및 죽목(竹木), 토석, 울타리 등의 장애물
("장애물등")을 이전하거나 제거할 수 있다(도시개발법38① 전단). 이 경우 시행자
(행정청이 아닌 시행자만 해당)는 미리 관할 특별자치도지사·시장·군수 또는 구청
장의 허가를 받아야 한다(도시개발법38① 후단).

특별자치도지사·시장·군수 또는 구청장은 허가를 하는 경우에는 ⅰ) 동절
기(12월 1일부터 다음 해 2월 말일까지)(제1호), ⅱ) 일출 전과 일몰 후(제2호), ⅲ)
해당 지역에 기상법 시행령 제8조 제2항 제1호부터 제3호까지 및 제5호부터 제7
호까지의 규정에 따른 기상특보가 발표된 때(제3호), ⅳ) 「재난 및 안전관리기본
법」 제3조에 따른 재난이 발생한 때(제4호), ⅴ) 앞의 제1호부터 제4호까지에 준
하는 시기로서 특별자치도지사·시장·군수 또는 구청장이 점유자의 보호를 위하
여 필요하다고 인정하는 시기(제5호)에 점유자가 퇴거하지 아니한 주거용 건축물
을 철거할 수 없도록 그 시기를 제한하거나 임시거주시설을 마련하는 등 점유자
의 보호에 필요한 조치를 할 것을 조건으로 허가를 할 수 있다(도시개발법38②, 동
법 시행령63②). 이에 따라 시행자가 건축물등과 장애물등을 이전하거나 제거하려

고 하는 경우에는 그 소유자나 점유자에게 미리 알려야 한다(도시개발법38③ 본문). 다만, 소유자나 점유자를 알 수 없으면 대통령령으로 정하는 바에 따라 이를 공고하여야 한다(도시개발법38③ 단서).

장애물의 이전 또는 제거 행위로 손실을 입은 자가 있으면 시행자가 그 손실을 보상하여야 한다(도시개발법65①). 이에 따른 손실보상에 관하여는 그 손실을 보상할 자와 손실을 입은 자가 협의하여야 한다(도시개발법65②).

(라) 환지처분

환지처분이란 사업시행자가 환지계획에 따라 환지방식에 의한 도시개발사업이 완료된 뒤 종전의 토지에 갈음하여 새로운 토지를 교부하고 이에 종전의 권리를 이전시키는 처분을 말한다.[16] 시행자는 환지 방식으로 도시개발사업에 관한 공사를 끝낸 경우에는 지체 없이 이를 공고하고 공사 관계 서류를 일반인에게 공람시켜야 한다(도시개발법40①). 공사완료의 공고는 관보 또는 공보에 하여야 한다(동법 시행령64①). 도시개발구역의 토지 소유자나 이해관계인은 공람기간에 시행자에게 의견서를 제출할 수 있으며, 의견서를 받은 시행자는 공사 결과와 실시계획 내용에 맞는지를 확인하여 필요한 조치를 하여야 한다(도시개발법40②). 시행자는 공람 기간에 의견서의 제출이 없거나 제출된 의견서에 따라 필요한 조치를 한 경우에는 지정권자에 의한 준공검사를 신청하거나 도시개발사업의 공사를 끝내야 한다(도시개발법40③).

시행자는 지정권자에 의한 준공검사를 받은 경우(지정권자가 시행자인 경우에는 제51조에 따른 공사 완료 공고가 있는 때)에는 60일 이내에 환지처분을 하여야 한다(도시개발법40④, 동법 시행령65). 시행자는 환지처분을 하려는 경우에는 환지계획에서 정한 사항을 토지 소유자에게 알리고 관보 또는 공보에 이를 공고하여야 한다(도시개발법40⑤, 동법 시행령66①).

---

16) 김종하(2010), 54쪽.

제2절 지구단위계획사업과 특별계획구역사업

Ⅰ. 서설

1. 지구단위계획의 의의

지구단위계획이란 도시·군계획 수립 대상지역의 일부에 대하여 토지이용을 합리화하고 그 기능을 증진시키며 미관을 개선하고 양호한 환경을 확보하며, 그 지역을 체계적·계획적으로 관리하기 위하여 수립하는 도시·군관리계획을 말한다(국토계획법2(5)). 지구단위계획사업이란 지구단위계획에 의한 사업을 말한다.

이와 같이 지구단위계획은 우리가 살고 있는 도시와 단위구역 또는 새롭게 조성되어지는 신도시에 대하여 평면적인 토지이용계획과 입체적인 건축물 계획을 모두 고려하여 수립하는 계획으로서, 토지이용을 합리화하고 도시의 기능을 증진시키며, 도시미관을 개선하고 양호한 도시환경을 확보하여, 당해 지구단위계획구역을 체계적이고, 계획적으로 정비 및 관리를 유도하는 계획이다.[17]

2. 지구단위계획의 도입

1980년 1월 4일 도시설계가 건축법 제8조의2에 "도심부내의 건축물에 대한 특례" 규정이 신설되면서 최초 제도로 도입된 이후로 10여 년의 시행과정을 통해서 다수의 민원을 야기되는 등 개별 건축에 관한 불필요한 중복규제라는 실효성 논란과 함께 도시계획적 수단 미비로 인한 기성 시가지내 적용의 제약문제 등이 제기됨으로써 도시계획적 수단이 강화된 새로운 제도의 필요성이 대두되었다. 이러한 문제점에 따라 기존 도시설계제도를 대체하는 새로운 수단으로 상세계획제도가 1991년에 도입되었다.[18]

1991년에 도시계획법에 도입된 상세계획제도와 건축법상 도시설계제도가

17) 김창한(2018), "지구단위계획요소의 중요도 분석에 관한 연구: 회기 지구단위계획구역을 중심으로", 한양대학교 부동산융합대학원 석사학위논문(2018. 2), 7쪽.
18) 허성민(2019), "테헤란로제2지구 지구단위계획구역의 건축적 변화분석 및 개선방안 연구 강남역에서 포스코사거리 구간을 중심으로", 서울시립대학교 도시과학대학원 석사학위논문(2019. 6), 12쪽.

함께 이원화해서 운영되어 오던 지구차원의 계획제도는 2000년 1월부터는 도시계획법 개정을 통해서 지구단위계획제도로 통합운영되게 되었고, 2002년 2월에는 도시계획법과 국토이용관리법이 국토계획법으로 통합되면서 종전 지구단위계획은 제1종지구단위계획으로 명칭이 변경되었고, 비도시지역을 중심으로 일정규모 이상의 계획적인 개발이 가능하도록 관리지역 중 계획관리지역과 개발진흥지구를 대상으로 제2종지구단위계획을 수립하도록 하였다. 이후 2011년 4월에 도시지역과 비도시지역으로 구분해서 적용되어온 제1종과 제2종의 지구단위계획의 구분이 폐지되고 지구단위계획구역의 지정대상이 확대되면서 오늘에 이르게 되었다.

한편 2000년 도입된 지구단위계획 제도는 2002년 주거지역 세분화와 연계된 공동주택 개발억제 그리고 2002년 국토계획법 제정 이후 국토의 난개발 억제라는 차원에서의 규제강화로 인식되고 있는 측면도 있으며, 반면에 점차 다양한 측면에서 도시 및 국토의 개발, 정비, 보전과 관련하여 질적, 양적으로 이를 구체화하는 도시계획의 실질적인 관리의 기본 틀로서 받아들여지고 있다고 할 수 있다.

3. 관련 법규 및 지침

(1) 법적 근거

지구단위계획사업에 관하여는 국토계획법, 동법 시행령, 동법 시행규칙 이외에 지구단위계획수립지침(국토교통부훈령)이 적용되고 있다. 국토계획법 제24조 내지 제35조 및 제49조 내지 제54조에서 지구단위계획의 지정 및 계획수립에 관하여 규정하고 있다.

(2) 지자체 관련 조례

지자체별로 국토계획법과 국토교통부의 지구단위계획수립지침을 근거로 하여 관련 조례 및 지침을 제정하여 운영하고 있다.

서울시는 공공시설등 기부채납 용적률 인센티브 운영기준(2014. 8), 지구단위계획 수립기준(2017. 7. 13), 도시계획 변경 사전협상제도 개선 시행에 따른 사전협상 운영지침(2015. 3. 13)을 운영하고 있으며, 부산광역시는 지구단위계획 운영지침(2016. 9), 인천·대전·대구·울산·광주광역시는 지구단위계획 수립지침을 운영하고 있다.

그 밖에 시·군지역 중 부천시 같은 경우에는 지구단위계획 수립지침 외에 도시계획변경 사전협상 운영지침(2015. 11)을 통하여 협상에 의한 계획수립 및 기부채납 방안을 운영하고 있다.19)

Ⅱ. 지구단위계획

지구단위계획사업은 지구단위계획에 의한 사업으로 지구단위계획은 도시· 군관리계획의 한 유형이므로(국토계획법2(4)) 도시·군관리계획의 수립 절차에 관한 국토계획법 제24조부터 제35조가 적용되는 이외에 제49조부터 제54조의 규정이 적용된다. 여기서는 주요 내용을 살펴본다.

1. 지구단위계획의 수립

(1) 필요적 고려사항

지구단위계획은 ⅰ) 도시의 정비관리·보전·개발 등 지구단위계획구역의 지정 목적, ⅱ) 주거·산업·유통·관광휴양·복합 등 지구단위계획구역의 중심기능, ⅲ) 해당 용도지역의 특성, ⅳ) 지역 공동체의 활성화, ⅴ) 안전하고 지속가능한 생활권의 조성, ⅵ) 해당 지역 및 인근 지역의 토지 이용을 고려한 토지이용계획과 건축계획의 조화를 고려하여 수립한다(국토계획법49①, 동법 시행령42의3①).

(2) 지구단위계획의 수립기준

국토교통부장관은 지구단위계획의 수립기준을 정할 때에는 다음의 사항을 고려해야 한다(국토계획법49②, 동법 시행령42의3②).

1. 개발제한구역에 지구단위계획을 수립할 때에는 개발제한구역의 지정 목적이나 주변환경이 훼손되지 아니하도록 하고, 개발제한구역의 지정 및 관리에 관한 특별조치법을 우선하여 적용할 것
1의2. 보전관리지역에 지구단위계획을 수립할 때에는 제44조 제1항 제1호의2 각 목 외의 부분 후단에 따른 경우를 제외하고는 녹지 또는 공원으로 계획하

---

19) 노윤철(2018), "기부채납 제도의 부동산개발 사업성 영향분석: 서울시 지구단위계획구역 내용적률인센티브를 중심으로", 건국대학교 부동산대학원 석사학위논문(2018. 8), 14쪽.

는 등 환경 훼손을 최소화할 것

1의3. 문화재보호법 제13조에 따른 역사문화환경 보존지역에서 지구단위계획을 수립하는 경우에는 문화재 및 역사문화환경과 조화되도록 할 것

2. 지구단위계획구역에서 원활한 교통소통을 위하여 필요한 경우에는 지구단위계획으로 건축물부설주차장을 해당 건축물의 대지가 속하여 있는 가구에서 해당 건축물의 대지 바깥에 단독 또는 공동으로 설치하게 할 수 있도록 할 것. 이 경우 대지 바깥에 공동으로 설치하는 건축물부설주차장의 위치 및 규모 등은 지구단위계획으로 정한다.

3. 제2호에 따라 대지 바깥에 설치하는 건축물부설주차장의 출입구는 간선도로변에 두지 아니하도록 할 것. 다만, 특별시장·광역시장·특별자치시장·특별자치도지사·시장 또는 군수가 해당 지구단위계획구역의 교통소통에 관한 계획 등을 고려하여 교통소통에 지장이 없다고 인정하는 경우에는 그러하지 아니하다.

4. 지구단위계획구역에서 공공사업의 시행, 대형건축물의 건축 또는 2필지 이상의 토지소유자의 공동개발 등을 위하여 필요한 경우에는 특정 부분을 별도의 구역으로 지정하여 계획의 상세 정도 등을 따로 정할 수 있도록 할 것

5. 지구단위계획구역의 지정 목적, 향후 예상되는 여건변화, 지구단위계획구역의 관리 방안 등을 고려하여 제25조 제4항 제9호에 따른 경미한 사항을 정하는 것이 필요한지를 검토하여 지구단위계획에 반영하도록 할 것

6. 지구단위계획의 내용 중 기존의 용도지역 또는 용도지구를 용적률이 높은 용도지역 또는 용도지구로 변경하는 사항이 포함되어 있는 경우 변경되는 구역의 용적률은 기존의 용도지역 또는 용도지구의 용적률을 적용하되, 공공시설부지의 제공현황 등을 고려하여 용적률을 완화할 수 있도록 계획할 것

7. 제46조 및 제47조에 따른 건폐율·용적률 등의 완화 범위를 포함하여 지구단위계획을 수립하도록 할 것

8. 법 제51조 제1항 제8호의2에 해당하는 도시지역 내 주거·상업·업무 등의 기능을 결합하는 복합적 토지이용의 증진이 필요한 지역은 지정 목적을 복합용도개발형으로 구분하되, 3개 이상의 중심기능을 포함하여야 하고 중심기능 중 어느 하나에 집중되지 아니하도록 계획할 것

9. 법 제51조 제2항 제1호의 지역에 수립하는 지구단위계획의 내용 중 법 제52조 제1항 제1호 및 같은 항 제4호(건축물의 용도제한은 제외)의 사항은 해당 지역에 시행된 사업이 끝난 때의 내용을 유지함을 원칙으로 할 것

10. 도시지역 외의 지역에 지정하는 지구단위계획구역은 해당 구역의 중심기능

에 따라 주거형, 산업·유통형, 관광·휴양형 또는 복합형 등으로 지정 목적
을 구분할 것

11. 도시지역 외의 지구단위계획구역에서 건축할 수 있는 건축물의 용도·종류
및 규모 등은 해당 구역의 중심기능과 유사한 도시지역의 용도지역별 건축
제한 등을 고려하여 지구단위계획으로 정할 것

2. 지구단위계획구역 및 지구단위계획의 결정

지구단위계획구역 및 지구단위계획은 도시·군관리계획으로 결정한다(국토
계획법50).

3. 지구단위계획구역의 지정 등

(1) 재량적 지정

국토교통부장관, 시·도지사, 시장 또는 군수는 ⅰ) 법 제37조(용도지구의 지
정)에 따라 지정된 용도지구(제1호), ⅱ) 도시개발법 제3조에 따라 지정된 도시개
발구역(제2호), ⅲ) 도시정비법 제8조에 따라 지정된 정비구역(제3호), ⅳ) 택지개
발촉진법 제3조에 따라 지정된 택지개발지구(제4호), ⅴ) 주택법 제15조에 따른
대지조성사업지구(제5호), ⅵ) 산업입지법 제2조 제8호의 산업단지와 같은 조 제
12호의 준산업단지(제6호), ⅶ) 관광진흥법 제52조에 따라 지정된 관광단지와 같
은 법 제70조에 따라 지정된 관광특구(제7호), ⅷ) 개발제한구역·도시자연공원구
역·시가화조정구역 또는 공원에서 해제되는 구역, 녹지지역에서 주거·상업·공
업지역으로 변경되는 구역과 새로 도시지역으로 편입되는 구역 중 계획적인 개
발 또는 관리가 필요한 지역(제8호), ⅸ) 도시지역 내 주거·상업·업무 등의 기능
을 결합하는 등 복합적인 토지 이용을 증진시킬 필요가 있는 지역으로서 대통령
령으로 정하는 요건에 해당하는 지역(제8호의2),[20] ⅹ) 도시지역 내 유휴토지를

---

20) "대통령령으로 정하는 요건에 해당하는 지역"이란 일반주거지역, 준주거지역, 준공업지역
및 상업지역에서 낙후된 도심 기능을 회복하거나 도시균형발전을 위한 중심지 육성이 필
요한 경우로서 다음의 어느 하나에 해당하는 지역을 말한다(동법 시행령43①).
1. 주요 역세권, 고속버스 및 시외버스 터미널, 간선도로의 교차지 등 양호한 기반시설을
갖추고 있어 대중교통 이용이 용이한 지역
2. 역세권의 체계적·계획적 개발이 필요한 지역
3. 세 개 이상의 노선이 교차하는 대중교통 결절지(結節地)로부터 1킬로미터 이내에 위치
한 지역
4. 역세권법에 따른 역세권개발구역, 도시재정비법에 따른 고밀복합형 재정비촉진지구로

효율적으로 개발하거나 교정시설, 군사시설, 그 밖에 대통령령으로 정하는 시설21)을 이전 또는 재배치하여 토지 이용을 합리화하고, 그 기능을 증진시키기 위하여 집중적으로 정비가 필요한 지역으로서 대통령령으로 정하는 요건에 해당하는 지역(제8호의3),22) xi) 도시지역의 체계적·계획적인 관리 또는 개발이 필요한 지역(제9호), xii) 그 밖에 양호한 환경의 확보나 기능 및 미관의 증진 등을 위하여 필요한 지역으로서 대통령령으로 정하는 지역(제10호)23)의 어느 하나에 해당하는 지역의 전부 또는 일부에 대하여 지구단위계획구역을 지정할 수 있다(국토계획법51①).

(2) 의무적 지정

국토교통부장관, 시·도지사, 시장 또는 군수는 ⅰ) 앞의 제1항 제3호 및 제4호의 지역에서 시행되는 사업이 끝난 후 10년이 지난 지역(제1호), ⅱ) 앞의 제1항 각 호 중 체계적·계획적인 개발 또는 관리가 필요한 지역으로서 대통령령으로 정하는 지역(제2호)24)의 어느 하나에 해당하는 지역은 지구단위계획구역으로

지정된 지역
21) "대통령령으로 정하는 시설"이란 다음의 시설을 말한다(동법 시행령43②).
  1. 철도, 항만, 공항, 공장, 병원, 학교, 공공청사, 공공기관, 시장, 운동장 및 터미널
  2. 그 밖에 제1호와 유사한 시설로서 특별시·광역시·특별자치시·특별자치도·시 또는 군의 도시·군계획조례로 정하는 시설
22) "대통령령으로 정하는 요건에 해당하는 지역"이란 5천제곱미터 이상으로서 도시·군계획조례로 정하는 면적 이상의 유휴토지 또는 대규모 시설의 이전부지로서 다음의 어느 하나에 해당하는 지역을 말한다(동법 시행령43③).
  1. 대규모 시설의 이전에 따라 도시기능의 재배치 및 정비가 필요한 지역
  2. 토지의 활용 잠재력이 높고 지역거점 육성이 필요한 지역
  3. 지역경제 활성화와 고용창출의 효과가 클 것으로 예상되는 지역
23) "대통령령으로 정하는 지역"이란 다음의 지역을 말한다(동법 시행령43④).
  1. 법 제127조 제1항의 규정에 의하여 지정된 시범도시
  2. 법 제63조 제2항의 규정에 의하여 고시된 개발행위허가제한지역
  3. 지하 및 공중공간을 효율적으로 개발하고자 하는 지역
  4. 용도지역의 지정·변경에 관한 도시·군관리계획을 입안하기 위하여 열람공고된 지역
  5. 삭제<2012. 4. 10.>
  6. 주택재건축사업에 의하여 공동주택을 건축하는 지역
  7. 지구단위계획구역으로 지정하고자 하는 토지와 접하여 공공시설을 설치하고자 하는 자연녹지지역
  8. 그 밖에 양호한 환경의 확보 또는 기능 및 미관의 증진 등을 위하여 필요한 지역으로서 특별시·광역시·특별자치시·특별자치도·시 또는 군의 도시·군계획조례가 정하는 지역
24) "대통령령으로 정하는 지역"이란 다음 각호의 지역으로서 그 면적이 30만제곱미터 이상인

지정하여야 한다(국토계획법51② 본문). 다만, 관계 법률에 따라 그 지역에 토지
이용과 건축에 관한 계획이 수립되어 있는 경우에는 그러하지 아니하다(국토계획
법51② 단서).

(3) 도시지역 외의 지역의 지정

도시지역 외의 지역을 지구단위계획구역으로 지정하려는 경우 ⅰ) 지정하려
는 구역 면적의 50% 이상이 법 제36조에 따라 지정된 계획관리지역으로서 대통
령령으로 정하는 요건에 해당하는 지역(제1호), ⅱ) 법 제37조에 따라 지정된 개
발진흥지구로서 대통령령으로 정하는 요건에 해당하는 지역(제2호), ⅲ) 법 제37
조에 따라 지정된 용도지구를 폐지하고 그 용도지구에서의 행위 제한 등을 지구
단위계획으로 대체하려는 지역(제3호)의 어느 하나에 해당하여야 한다(국토계획법
51③).

4. 지구단위계획의 내용

(1) 필요적 포함사항

지구단위계획구역의 지정목적을 이루기 위하여 지구단위계획에는 ⅰ) 용도
지역이나 용도지구를 대통령령으로 정하는 범위에서 세분하거나 변경하는 사항
(제1호),[25] ⅱ) 기존의 용도지구를 폐지하고 그 용도지구에서의 건축물이나 그
밖의 시설의 용도·종류 및 규모 등의 제한을 대체하는 사항(제1호의2), ⅲ) 대통
령령으로 정하는 기반시설[26]의 배치와 규모(제2호), ⅳ) 도로로 둘러싸인 일단의

지역을 말한다(동법 시행령43⑤).

1. 시가화조정구역 또는 공원에서 해제되는 지역. 다만, 녹지지역으로 지정 또는 존치되거
   나 법 또는 다른 법령에 의하여 도시·군계획사업 등 개발계획이 수립되지 아니하는
   경우를 제외한다.
2. 녹지지역에서 주거지역·상업지역 또는 공업지역으로 변경되는 지역
3. 그 밖에 특별시·광역시·특별자치시·특별자치도·시 또는 군의 도시·군계획조례로
   정하는 지역

25) 법 제52조 제1항 제1호의 규정에 의한 용도지역 또는 용도지구의 세분 또는 변경은 제30
   조 각호의 용도지역 또는 제31조 제2항 각호의 용도지구를 그 각호의 범위(제31조 제3항
   의 규정에 의하여 도시·군계획조례로 세분되는 용도지구를 포함) 안에서 세분 또는 변경
   하는 것으로 한다(동법 시행령45② 전단). 이 경우 법 제51조 제1항 제8호의2 및 제8호의
   3에 따라 지정된 지구단위계획구역에서는 제30조 각 호에 따른 용도지역 간의 변경을 포
   함한다(동법 시행령45② 후단).
26) "대통령령으로 정하는 기반시설"이란 다음의 시설로서 해당 지구단위계획구역의 지정목

지역 또는 계획적인 개발·정비를 위하여 구획된 일단의 토지의 규모와 조성계획(제3호), ⅴ) 건축물의 용도제한, 건축물의 건폐율 또는 용적률, 건축물 높이의 최고한도 또는 최저한도(제4호), ⅵ) 건축물의 배치·형태·색채 또는 건축선에 관한 계획(제5호), ⅶ) 환경관리계획 또는 경관계획(제6호), ⅷ) 보행안전 등을 고려한 교통처리계획(제7호), ⅸ) 그 밖에 토지 이용의 합리화, 도시나 농·산·어촌의 기능 증진 등에 필요한 사항으로서 대통령령으로 정하는 사항(제8호)²⁷⁾ 중 제2호와 제4호의 사항을 포함한 둘 이상의 사항이 포함되어야 한다(국토계획법52① 본문). 다만, 제1호의2를 내용으로 하는 지구단위계획의 경우에는 그러하지 아니하다(국토계획법52① 단서).

(2) 개발밀도와의 조화의무

지구단위계획은 도로, 상하수도 등 도로·주차장·공원·녹지·공공공지, 수도·전기·가스·열공급설비, 학교(초등학교 및 중학교에 한한다)·하수도·폐기물처리 및 재활용시설의 처리·공급 및 수용능력이 지구단위계획구역에 있는 건축물의 연면적, 수용인구 등 개발밀도와 적절한 조화를 이룰 수 있도록 하여야 한다(국토계획법52②, 동법 시행령45⑤).

적 달성을 위하여 필요한 시설을 말한다(동법 시행령45③).
1. 법 제51조 제1항 제2호부터 제7호까지의 규정에 따른 지역인 경우에는 해당 법률에 따른 개발사업으로 설치하는 기반시설
2. 시행령 제2조 제1항에 따른 기반시설. 다만, 다음의 시설 중 시·도 또는 대도시의 도시·군계획조례로 정하는 기반시설은 제외한다. 가. 철도 나. 항만 다. 공항 라. 궤도 마. 공원(공원녹지법 제15조 제1항 제3호 라목에 따른 묘지공원으로 한정) 바. 유원지 사. 방송·통신시설 아. 유류저장 및 송유설비 자. 학교(고등교육법 제2조에 따른 학교로 한정) 차. 저수지 카. 도축장
27) "대통령령으로 정하는 사항"이란 다음의 사항을 말한다(동법 시행령45④).
1. 지하 또는 공중공간에 설치할 시설물의 높이·깊이·배치 또는 규모
2. 대문·담 또는 울타리의 형태 또는 색채
3. 간판의 크기·형태·색채 또는 재질
4. 장애인·노약자 등을 위한 편의시설계획
5. 에너지 및 자원의 절약과 재활용에 관한 계획
6. 생물서식공간의 보호·조성·연결 및 물과 공기의 순환 등에 관한 계획
7. 문화재 및 역사문화환경 보호에 관한 계획

5. 공공시설등의 설치비용 등

(1) 부지 제공 또는 공공시설등 설치 제공

국토계획법 제51조 제1항 제8호의2 또는 제8호의3에 해당하는 지역의 전부 또는 일부를 지구단위계획구역으로 지정함에 따라 지구단위계획으로 제36조 제1항 제1호 각 목 간의 용도지역이 변경되어 용적률이 높아지거나 건축제한이 완화되는 경우 또는 제52조 제1항에 따른 지구단위계획으로 제43조에 따른 도시·군계획시설 결정이 변경되어 행위제한이 완화되는 경우에는 해당 지구단위계획구역에서 건축물을 건축하려는 자(제26조 제1항 제2호에 따라 도시·군관리계획이 입안되는 경우 입안 제안자를 포함)가 용도지역의 변경 또는 도시·군계획시설 결정의 변경 등으로 인한 토지가치 상승분(감정평가법인등이 용도지역의 변경 또는 도시·군계획시설 결정의 변경 전·후에 대하여 각각 감정평가한 토지가액의 차이)의 범위에서 지구단위계획으로 정하는 바에 따라 해당 지구단위계획구역 안에 ⅰ) 공공시설(제1호), ⅱ) 기반시설(제2호), ⅲ) 공공주택 특별법 제2조 제1호 가목에 따른 공공임대주택 또는 건축법 및 같은 법 시행령 별표 1 제2호 라목에 따른 기숙사 등 공공필요성이 인정되어 해당 시·도 또는 대도시의 조례로 정하는 시설(제3호)("공시설등")의 부지를 제공하거나 공공시설등을 설치하여 제공하도록 하여야 한다(국토계획법52의2①).

(2) 비용납부 갈음

해당 지구단위계획구역 안의 공공시설등이 충분한 것으로 인정될 때에는 해당 지구단위계획구역 밖의 관할 특별시·광역시·특별자치시·특별자치도·시 또는 군에 지구단위계획으로 정하는 바에 따라 ⅰ) 도시·군계획시설결정의 고시일부터 10년 이내에 도시·군계획시설사업이 시행되지 아니한 도시·군계획시설의 설치(제1호), ⅱ) 앞의 제1항 제3호에 따른 시설의 설치(제2호), ⅲ) 공공시설 또는 제1호에 해당하지 아니하는 기반시설의 설치(제3호)의 사업에 필요한 비용을 납부하는 것으로 갈음할 수 있다(국토계획법52의2②).

(3) 납부비용의 귀속

지구단위계획구역이 특별시 또는 광역시 관할인 경우에는 제2항에 따른 공공시설등의 설치 비용 납부액 중 대통령령으로 정하는 비율에 해당하는 금액은 해당 지구단위계획구역의 관할 구(자치구) 또는 군(광역시의 관할 구역에 있는 군)에 귀속된다(국토계획법52의2③).

(4) 기금 설치

특별시장·광역시장·특별자치시장·특별자치도지사·시장·군수 또는 구청장은 제2항에 따라 납부받거나 제3항에 따라 귀속되는 공공시설등의 설치 비용의 관리 및 운용을 위하여 기금을 설치할 수 있다(국토계획법52의2④).

(5) 비용의 우선 사용

특별시·광역시·특별자치시·특별자치도·시 또는 군은 제2항에 따라 납부받은 공공시설등의 설치 비용의 10% 이상을 제2항 제1호의 사업에 우선 사용하여야 하고, 해당 지구단위계획구역의 관할 구 또는 군은 제3항에 따라 귀속되는 공공시설등의 설치 비용의 전부를 제2항 제1호의 사업에 우선 사용하여야 한다(국토계획법52의2⑤ 전단). 이 경우 공공시설등의 설치 비용의 사용기준 등 필요한 사항은 해당 시·도 또는 대도시의 조례로 정한다(국토계획법52의2⑤ 후단).

6. 지구단위계획구역의 지정 및 지구단위계획에 관한 도시·군관리계획결정의 실효 등

(1) 지구단위계획구역 지정의 실효

지구단위계획구역의 지정에 관한 도시·군관리계획결정의 고시일부터 3년 이내에 그 지구단위계획구역에 관한 지구단위계획이 결정·고시되지 아니하면 그 3년이 되는 날의 다음날에 그 지구단위계획구역의 지정에 관한 도시·군관리계획결정은 효력을 잃는다(국토계획법53① 본문). 다만, 다른 법률에서 지구단위계획의 결정(결정된 것으로 보는 경우를 포함)에 관하여 따로 정한 경우에는 그 법률에 따라 지구단위계획을 결정할 때까지 지구단위계획구역의 지정은 그 효력을 유지한다(국토계획법53① 단서).

(2) 지구단위계획 결정의 실효

지구단위계획(법 제26조 제1항에 따라 주민이 입안을 제안한 것에 한정)에 관한 도시·군관리계획결정의 고시일부터 5년 이내에 국토계획법 또는 다른 법률에 따라 허가·인가·승인 등을 받아 사업이나 공사에 착수하지 아니하면 그 5년이 된 날의 다음날에 그 지구단위계획에 관한 도시·군관리계획결정은 효력을 잃는다(국토계획법53② 전단). 이 경우 지구단위계획과 관련한 도시·군관리계획결정에 관한 사항은 해당 지구단위계획구역 지정 당시의 도시·군관리계획으로 환원된 것으로 본다(국토계획법53② 후단).

(3) 지구단위계획구역지정의 실효고시

국토교통부장관, 시·도지사, 시장 또는 군수는 지구단위계획구역 지정 및 지구단위계획 결정이 효력을 잃으면 지체 없이 그 사실을 고시하여야 한다(국토계획법53③). 이에 따른 지구단위계획구역지정의 실효고시는 국토교통부장관이 하는 경우에는 관보와 국토교통부의 인터넷 홈페이지에, 시·도지사 또는 시장·군수가 하는 경우에는 해당 시·도 또는 시·군의 공보와 인터넷 홈페이지에 실효일, 실효사유, 실효된 지구단위계획구역의 내용을 게재하는 방법으로 한다(동법 시행령50).

7. 지구단위계획구역에서의 건축 등

지구단위계획구역에서 건축물(일정 기간 내 철거가 예상되는 경우 등 대통령령으로 정하는 가설건축물28)은 제외)을 건축 또는 용도변경하거나 공작물을 설치하려면 그 지구단위계획에 맞게 하여야 한다(국토계획법54 본문). 다만, 지구단위계획이 수립되어 있지 아니한 경우에는 그러하지 아니하다(국토계획법54 단서).

---

28) "대통령령으로 정하는 가설건축물"이란 다음의 어느 하나에 해당하는 가설건축물을 말한다(동법 시행령50의2).
　　1. 존치기간(연장된 존치기간을 포함한 총 존치기간)이 3년의 범위에서 해당 특별시·광역시·특별자치시·특별자치도·시 또는 군의 도시·군계획조례로 정한 존치기간 이내인 가설건축물
　　2. 재해복구기간 중 이용하는 재해복구용 가설건축물
　　3. 공사기간 중 이용하는 공사용 가설건축물

Ⅲ. 특별계획구역

1. 서설

(1) 의의

특별계획구역이란 지구단위계획구역 중에서 현상설계 등에 의하여 창의적 개발안을 받아들일 필요가 있거나 계획의 수립 및 실현에 상당한 기간이 걸릴 것으로 예상되어 충분한 시간을 가질 필요가 있을 때에 별도의 개발안을 만들어 지구단위계획으로 수용 결정하는 구역을 말한다(지구단위계획수립지침 3-15-1). 그 개념은 1983년 건축법에 의해 시작된 특별사업구역, 1992년 건축법에 의한 특별설계구역, 1996년 도시계획법에 의한 특별설계단지 등에서 명시하고 있는 개념과 동일하게 지속되고 있다.[29]

이는 기존 용도지역제에서 적용되던 획일적인 단지조성 계획에서 벗어나 최소한의 규제(특별계획구역의 지정목적, 전체 지구단위계획구역과의 관계, 개발방향, 건축물의 용도, 밀도, 동선체계 등)만을 주고 민간의 창의적인 개발안을 단지 내에 적용시키기 위한 한국형 계획단위개발(Planed Unit Development)형태로 볼 수 있다.[30]

또한, 도시환경이 지속적으로 변하면서 이와 함께 발전되고 나타나는 새로운 기술과 패러다임 등을 반영할 필요가 있거나 문제의 해결을 위한 유보적인 측면에서 특별계획구역을 활용하고 있으며, 향후 현상설계 등을 통하여 지구단위계획을 재수립한 후 개발시점에서 세부적인 개발계획 및 실시설계를 거쳐 단지를 조성하고 있다.

특별계획구역의 개념은 택지개발촉진법 및 그 하위법령에서도 그 개념을 찾아볼 수 있는데 면적이 330만 제곱미터 이상의 예정지구 안에서 바람직한 도시발전을 위하여 특별설계(현상설계 등에 의하여 창의적인 개발안을 받아들일 필요가 있거나 다양한 용도를 수용하기 위한 복합적 개발이 필요한 경우 등에 실시하는 설계를 말한다)를 통한 개발이 필요한 구역이라고 정의할 수 있다.

---

29) 신태형·구자훈(2012), "특별계획구역의 구역지정 및 지침특성에 관한 고찰: 2000년 이후 수립된 서울특별시 사례를 중심으로", 한국도시설계학회지 제13권 제6호(2012. 12), 121쪽.
30) 서영석(2011), "신도시 특별계획구역 현상설계에 관한 연구", 경원대학교 환경대학원 석사학위논문(2011. 6), 6쪽.

(2) 성격

지구단위계획제도 역할이 획일적으로 적용되는 용도지역지구별 건축규제 한계를 지역여건에 따라 구체화하는 것이라면 특별계획구역은 도시의 중요한 개발가능지역에 대하여, 공공이 개입하여 공공목표를 확보하는 것으로 지구단위계획제도를 보완할 수 있는 별도 수단으로 명시하고 있으며 그 주요한 성격으로는 ⅰ) 민간토지에 공공과 민간의 협의를 통하여 개발행위 제어와 공공용 시설의 확보를 유도하는 협의적 성격이다, ⅱ) 사업계획이 구체화되는 시점까지 구체적인 계획을 유보하는 성격이다. ⅲ) 공익성 있는 우수한 건축물을 만들어야 하는 분명한 공공목표가 있으므로 건축물 형태와 저층부 공간 오픈스페이스와 보행환경 조성 등 경관과 장소를 만드는 차원적 설계지침의 성격이다.[31]

(3) 특별계획구역의 도입배경과 변천과정
(가) 도입배경

용도지역제는 토지의 효율적인 이용과 공공의 복리증진을 위하여 사용되는 토지이용계획의 구체적인 실현수단이라 할 수 있으나, 우리나라의 경우 용도지역·지구별로 건축규제 내용이 미약할 뿐만 아니라, 어느 지역이든 그 지역의 특성과는 상관없이 획일적으로 적용되기 때문에 지역 여건에 맞는 문제 해결과 변화의 양상에 제대로 대응하지 못하여 왔다. 따라서 용도지역·지구상의 건축규제와 함께 지역 여건을 반영하여 토지이용을 구체화할 수 있는 새로운 수단이 도입될 필요가 있었다.[32]

이러한 요구에 의하여 1983년 도시설계제도가 도입되었으나 건축법 내에 있어 건축행위 규제 등의 성격이 강하였고, 1996년에 도입된 상세계획제도는 도시계획법 내의 용도지역제 틀 속에서 작성되고 운영됨에 따라 기존 토지이용규제를 구체화하는 도시계획적인 성향이 강하게 나타나고 있다.

그 후 2000년 7월 도시계획법이 전면 개정되면서 상기 도시설계제도와 상세계획제도를 통합한 지구단위계획제도가 도시지역에 한하여 도입되었는데 "선계획 후 개발"이라는 새로운 패러다임을 충족하는 난개발 방지 수단으로 작용하는 것에 불과하였으며 지역 특성에 맞는 개발계획의 수립과 여건 변화에 탄력적

---

31) 신태형·구자훈(2012), 121쪽.
32) 서영석(2011), 7-8쪽.

으로 대응하는 계획수립에는 여전히 한계가 있었다.

　　그러나 현재의 특별계획구역은 지역 특성을 고려하는 개발이 필요한 지역, 도시개발에 따른 파급효과가 큰 대규모 필지, 전략적인 개발을 유도할 필요가 있는 지역 등에 대하여 일반 지구단위계획구역과는 다른 의미에서 도입되고 있다.

　　택지개발촉진법에 의해 추진되는 신도시개발은 택지의 개발을 촉진시키기 위한 특별법이지, 미래지향적인 신도시개발에는 적합하지 않다고 한다. 신도시개발사업은 신도시 내에서 발생하는 다양한 종류의 활동을 뒷받침할 수 있는 토지이용이 가능하여야 함에도 불구하고 현행 택지개발촉진법에 의한 신도시개발은 용도지역제를 그대로 사용하여 왔기 때문에 토지이용의 제약이 매우 심하였다.

　　또한 택지개발촉진법에 의해 신도시개발 계획이 수립되면서 사전에 철저한 준비를 할 수 있는 시간적인 여유와 전문가 및 이해당사자를 참여시키는 과정이 미흡하다는 지적도 있다. 택지개발촉진법에 의하면 개발정책이 결정된 후에 개발계획 및 실시계획(지구단위계획 포함)을 수립하여 승인을 얻어야 하며, 실시설계를 통하여 시공하도록 되어 있다. 따라서 이 법은 도시설계 → 실시설계 → 택지분양이라는 정상적인 도시개발 과정을 생략하거나 졸속하게 지나치게 하고 있어 도시계획의 질적 측면이 간과될 수밖에 없는 문제점을 내포하고 있는 것이다. 그 결과 토지를 사들이고 분양하는 방법에 있어서 미리 정해진 방법에 따라야 하기 때문에 도시의 다양한 여건 변화에 따른 특성을 적절히 감안할 수 없다는 문제점을 내포하고 있다.

(나) 변천과정

　　우리나라에 처음으로 특별계획구역 개념의 도시설계가 이루어진 곳은 1983년 잠실 신시가지이다. 도시설계 과정에서 개발에 따른 파급효과가 큰 대규모 나대지의 개발을 유도하고 통제하기 위한 목적으로 도입되었다.

　　이후 지구별로 특별사업구역, 특수사업구역, 특별설계구역 등 유사한 이름으로 복잡하게 운용되어 오다가, 1989년 중앙건축위원회의 도시설계 심의기준에 관한 규정(건설부 훈령 제774호)에서 특별사업구역이란 명칭이 정식으로 문서화되었다. 그리고 2000년 종전의 건축법에 의한 도시설계제도와 도시계획법에 규정되어 있던 상세계획제도가 지구단위계획이라는 제도로 통합되면서 그 명칭도 특

별계획구역으로 변경되었다.[33]

(3) 특별계획구역의 제도 시행과정

특별계획구역은 도시설계의 본격적인 운영과정에서 제도적으로 도입되었다. 우리나라에서 도시설계는 1980년 건축법에 법적 근거를 마련하면서 시작되어 서울시 내 중요지역들에 본격적으로 시행되었다. 그러던 중 1983년 잠실 신시가지 도시설계 작성 과정에서 개발파급 영향이 큰 대규모 나대지의 개발을 유도하고 통제하기 위한 관리수단의 필요성이 제기되면서 특별사업구역을 도입하게 되었다. 1983년 건설부령으로서 작성된 「도시설계의 작성기준에 관한 규정」에 특별사업구역이 도입된 이후로 1992년에 건축법 시행령에 특별설계구역으로 명시된 경우를 제외하고는 상세계획구역 내 특별설계단지, 현재의 지구단위계획구역 내 특별계획구역에 이르기까지 대부분 법령이 아닌 훈령 및 운영지침에 근거하고 있다.[34]

특별계획구역의 제도 시행과정에서 구역지정 대상 및 기준을 정리해보면 대규모 부지, 대규모 개발, 창의적인 건축계획 등 동일한 개념이 지속되고 있으며, 구역지정 대상 및 기준이 점차 구체화되었다. 현재 지구단위계획 수립지침상 특별계획구역의 정의는 도시계획법에 근거를 두었던 상세계획의 특별설계단지와 매우 유사하다.

2. 관련 법령상의 특별계획구역

(1) 관련 법률 및 지침상의 특별계획구역

현재 국토계획법상에서는 특별계획구역이 별도로 명시되어 있지 않고, 관련 내용은 지구단위계획수립지침상에 따라 운영되고 있으나 관련 지침에서는 수립 내용 및 지침에 관해서는 별도로 명시되어 있지 않음에 따라 계획에 관한 사항(용도지역, 기반시설, 획지, 용도제한, 규모, 건축물의 배치·형태·색채·건축선, 환경관리계획, 경관계획, 교통처리계획 등) 등은 지구단위계획과 동일하게 적용하고 있다.

지구단위계획수립지침에서는 특별계획구역의 정의를 "지구단위계획구역 중

---

33) 서영석(2011), 8-9쪽.
34) 신태형(2013), "특별계획구역의 운영특성 규명을 통한 도시설계적 실현성과에 관한 연구", 한양대학교 도시대학원 박사학위논문(2013. 2), 25-26쪽.

에서 현상설계 등에 의하여 창의적 개발안을 받아들일 필요가 있거나 계획의 수립 및 실현에 상당한 기간이 걸릴 것으로 예상되어 충분한 시간을 가질 필요가 있을 때에 별도의 개발안을 만들어 지구단위계획으로 수용 결정하는 구역"으로 명시하고 있다. 또한 특별계획구역의 지정대상, 순차개발을 위한 특별계획구역의 기준, 작성절차에 대한 내용이 명시되어 있다. 특별계획구역의 계획내용에 구역 지정의 목적, 전체 지구단위계획과의 관계, 개발방향 등에 대한 사항을 제시하도록 명시하고, 계획내용 중 건축물의 용도 등은 물론 건축물의 형태 등 법령에서 지구단위계획으로 결정하도록 한 부분은 모두 도시관리계획으로 결정하도록 하고 있다.

현재 국토계획법에서 지구단위계획의 개념과 주민제안을, 지구단위계획수립지침에서는 지구단위계획과 특별계획구역을 다루고 있는데 지구단위계획, 주민제안 지구단위계획, 특별계획구역이 지정목적, 계획지침, 진행절차 등에 있어서 구분 없이 사용되고 있다. 따라서 특별계획구역이 지구단위계획을 실행하는 별도 수단으로서의 위상을 재정립하고 도시설계의 성격을 명확하게 하기 위해 계획적으로 차별화할 필요가 있다.[35]

(2) 서울시 지구단위계획수립기준상의 특별계획구역

2010년 서울시 지구단위계획수립기준상에는 특별계획구역에 관한 수립기준을 명시하고 있다. 우선 특별계획구역의 수립방향을 제시하고 있다. 첫째 지구단위계획 실현을 위한 전략적 개념으로서 특별계획구역을 지렛대 역할로 활용이 필요하며 둘째, 공공시설 확보 위주의 계획에서 벗어나 공익성 있는 계획으로 전환이 필요하고 셋째, 지구단위계획의 실현을 위하여 정비가 필요한 지역에 대한 실현수단 마련이 필요하다. 마지막으로 일반구역과 차별화된 특별계획구역의 독립적 운영방안이 필요함을 제시하고 있다.[36]

특별계획구역의 기본원칙은 구역의 지정은 필요한 지역에 한하여 극히 제한적으로 운영하도록 하고 지구단위계획의 목적을 분명히 하고 이러한 목적에 부합하는 공익성 있는 구체적인 계획을 수립하도록 원칙을 제시하고 있다. 이와 함께 지구단위작성단계와 시행단계로 나누어 이원화된 운영을 기본원칙으로 제시

---

35) 신태형(2013), 26-27쪽.
36) 신태형(2013), 27-28쪽.

하고 있다.

특별계획구역의 작성방법은 공공성 확보, 주변부 영향저감 및 연계적 정비, 효율적 토지이용 계획, 설계의 우수성 확보를 검토하여 지침에 반영할 수 있도록 하고 있으며 지구단위계획 작성단계에서는 지정목적, 개발방향, 공공성 중심으로 계획하도록 하고 세부개발계획 작성단계에서는 개발조건 및 완화대상에 대한 구체적인 협상을 하고 설계내용을 지침으로 상세하게 결정하도록 명시하고 있다.

부문별 계획수립기준을 살펴보면 용도지역, 건폐율, 용적률, 높이, 용도계획, 건축배치계획, 공공공간 확보계획 등은 지구단위계획 수립기준에 따라 개별 기준을 준수하도록 하고 있으나, 용도지역의 조정은 1단계 조정을 원칙으로 하고 구역의 지정목표 및 특성에 맞도록 별도의 인센티브 계획을 정할 수 있으며 스카이라인은 입지적 특성을 고려하여 위원회에서 사안별로 결정하고 주용도와 1층 용도 등 용도를 상세하게 지정하도록 하여 용도계획과 연계하여 건축물 내·외부를 포괄하는 저층부 활성화계획이나 공공장소 특성화계획을 작성하도록 하고 주변지역과 연계하여 보행자 및 녹지체계를 작성하도록 하고 이러한 체계 속에서 건축물 내외부가 종합적/입체적으로 계획되도록 명시되어 있다.

특별계획구역에 관한 수립기준의 일부는 구역을 지정하고 계획지침을 수립하는 공공이 이행해야 하는 사항이며 나머지 세부개발계획은 제안자가 이행하도록 되어 있으나 선언적인 문구에 그치거나 방향만을 제시하고 있고 구체적인 실행방안에 대해서는 제시되지 못하고 있는 한계가 있다.

3. 특별계획구역 지정대상

지구단위계획수립지침 3-15-2에 의하면 특별계획구역 지정대상은 다음과 같다.

(1) 대규모 쇼핑단지, 전시장, 터미널, 농수산물도매시장, 출판단지 등 일반화되기 어려운 특수기능의 건축시설과 같이 하나의 대지안에 여러 동의 건축물과 다양한 용도를 수용하기 위하여 특별한 건축적 프로그램을 만들어 복합적 개발을 하는 것이 필요한 경우
(2) 순차개발하는 경우 후순위개발 대상지역
(3) 복잡한 지형의 재개발구역을 종합적으로 개발하는 경우와 같이 지형조건상

지반의 높낮이 차이가 심하여 건축적으로 상세한 입체계획을 수립하여야
하는 경우

(4) 지구단위계획구역안의 일정지역에 대하여 우수한 설계안을 반영하기 위하
여 현상설계 등을 하고자 하는 경우

(5) 주요 지표물 지점으로서 지구단위계획안 작성 당시에는 대지소유자의 개발
프로그램이 뚜렷하지 않으나 앞으로 협의를 통하여 우수한 개발안을 유도
할 필요가 있는 경우

(6) 공공사업의 시행, 대형건축물의 건축 또는 2필지 이상의 토지소유자의 공동
개발 기타 지구단위계획구역의 지정목적을 달성하기 위하여 특별계획구역
으로 지정하여 개발하는 것이 필요한 경우

4. 순차개발을 위한 특별계획구역 지정과 기준

지구단위계획수립지침 3-15-3에 의하면 순차개발을 위하여 특별계획구역
을 지정하는 경우에는 다음의 기준을 만족하여야 한다.

(1) 특별계획구역의 면적이 전체구역면적의 2/3를 초과하지 않을 것

(2) 전체구역의 개발방향과 특별계획구역이 조화될 수 있도록 특별계획구역에
대하여 간선도로의 노선, 허용용도, 용적률·건폐율 등 개발밀도의 규모 및
공원과 녹지의 비율을 제시할 것

(3) 대상구역내 특별계획구역으로 지정되지 않은 곳의 개발완료 시점에서 초등
학교 등 필수 기반시설의 설치완료가 전제될 것

5. 지구단위계획 작성절차

지구단위계획수립지침 3-15-4에 의하면 특별계획구역에 대한 지구단위계
획 작성절차는 다음과 같다.

(1) 지구단위계획을 입안할 때 3-15-2의 조건에 해당하는 곳을 "특별계획구역"
으로 반영하여 함께 지정한다.

(2) 특별계획구역에 대한 계획내용은 지구단위계획에 포함하여 결정한다. 이 경
우 특별계획구역의 지정목적, 전체 지구단위계획과의 관계, 개발방향 등에
대한 사항을 제시한다.

(3) 결정된 특별계획구역의 계획내용을 기준으로 하여 지방자치단체 또는 토지

소유자가 적절한 시기에 상세한 계획안을 작성하도록 한다.

(4) 이렇게 작성한 계획내용을 별도의 계획 승인과정을 거쳐 도시·군관리계획으로 결정한다. 이 경우 당해부분에 대한 지구단위계획이 수립된 것으로 본다.

(5) (4)에서 도시·군관리계획으로 결정하는데 있어 건축물의 용도 등은 물론 건축물의 형태·색채 등 법령에서 지구단위계획으로 결정하도록 한 부분이 있는 경우에는 이들 모두를 도시·군관리계획으로 결정하여야 한다.

6. 복합용도의 특별계획구역 개발시 절차

지구단위계획수립지침 3-15-5에 의하면 여러 개의 건축물로 이루어지는 하나의 쇼핑단지를 특별계획구역으로 지정하고 그 개발안을 결정하는 절차는 다음과 같다.

(1) 지구단위계획을 결정하고 나중에 특별계획구역의 계획을 수립하는 방안
  ① 지구단위계획구역 전체에 적용하게 될 건축물의 용도·밀도·동선체계 등 필요한 사항에 대하여 계획을 수립·결정한다.
  ② ①에서 결정된 계획을 토대로 특별계획구역에 대한 세부개발계획을 따로 만들고 지구단위계획의 변경을 통하여 이를 반영한다.
(2) 지구단위계획과 특별계획구역에 대한 계획을 함께 작성하는 방안: 지구단위계획을 수립할 때 개발업자가 미리 종합개발계획안을 작성하고 입안권자와 협의하여 지구단위계획에 이를 반영·결정하도록 한다.

제3절 민간공원 특례사업

I. 서설

1. 민간공원 특례사업의 의의

민간공원이란 용어는 법령에서 별도로 정의하지 않고 있지만, 일반적으로 민간이 행정청으로부터 도시계획시설사업 인가를 받아 자기의 비용과 책임으로 공원부지를 확보하여 조성한 후에 입장료 징수를 통해 직접운영 또는 위탁하는

공원을 민간공원이라 지칭하고 있다.[37] 도시공원 및 녹지 등에 관한 법률("공원녹지법") 제16조 제3항에 의하면 "민간공원추진자"는 비행정청 사업시행자로 보고 있다. 즉 "민간공원추진자"란 특별시장·광역시장·특별자치시장·특별자치도지사·시장 또는 군수가 아닌 자를 말한다(공원녹지법16③).

민간공원특례사업의 개념은 민간공원추진자가 행정청으로부터 인가를 받아 도시공원의 부지매입 및 조성을 통한 기부채납을 조건으로 일부 면적에 용도의 특별허용을 통한 수익시설을 설치하는 사업으로 규정지을 수 있다. 즉 도시공원을 공원관리청에 70% 이상 기부채납하고, 남은 부지 또는 지하에 공원시설이 아닌 시설(녹지지역, 주거지역, 상업지역에서 설치가 허용되는 시설)을 설치할 수 있는 사업이라고 정의될 수 있다.[38]

민간공원 특례사업은 민간 사업시행자가 도시공원을 조성한 후 공원면적의 70%를 기부채납하는 경우 공원녹지법의 일정 요건 하에서 공원부지 내에 비공원시설의 설치를 허용하는 사업을 말한다.[39]

민간공원 특례사업은 공원부지에서 일부 비공원시설(대표적으로 아파트) 건설을 허용함으로써 민간부문의 투자를 유인하고 공원조성을 촉진하려는 취지에서 도입되었다. 민간공원 특례사업은 공원녹지법 제21조의2의 특례조항을 근거로 추진되며, 사업의 제안과 수용에서부터 도시계획에의 반영 등에 관한 절차는 공원녹지법의 공원조성계획 입안과 결정 절차 내에서 이루어진다.[40]

2. 도입배경과 연혁

공원녹지법 제21조의2(도시공원 부지에서의 개발행위 등에 관한 특례)의 도입배경은 정부가 도시공원에 소요되는 공공재원의 한계를 해소하기 위해 비재정적 집행가능시설의 도입 및 확대차원에서 2009년 12월 법령개정으로 도입하였다. 이를 통해 지자체의 열악한 재정여건으로 인하여 장기간 동안 미조성 상태로 방치되고 있는 도시공원 조성체계를 탄력적으로 개선하고, 민간자본의 유인을 위

---

37) 권영달(2022), "민간공원특례사업의 추진현황과 특성분석을 통한 정책 개선방안에 관한 연구", 부산대학교 대학원 박사학위논문(2022. 2), 19쪽.
38) 권영달(2022), 19쪽.
39) 이지현(2022), "공원조성계획의 입안과 결정: 민간공원조성 특례사업을 중심으로", 건설법 연구 제7호(2022. 3), 49쪽.
40) 이지현(2022), 39쪽.

한 인센티브를 제공하여 장기간 미조성된 공원의 조성을 조속히 촉진하고자 하였다.[41]

민간공원 특례사업은 장기미집행 도시공원의 조성을 촉진하기 위하여 2009년 공원녹지법 개정을 통해 도입되었다. 민간공원조성 특례사업은 종래 민간공원추진이 미진하였던 점을 감안하여 민간사업자들에게 수익성을 보장하는 데에 주안점을 두고 제도가 설계되었다. 공원녹지법은 2015년도 개정시에는 대상시설 부지규모를 10만㎡에서 5만㎡로 완화하고, 비공원시설의 면적을 20%에서 30%로 상향하였다.[42]

다만, 규제 완화적 조치와 함께 차츰 국토교통부 훈령인 「도시공원부지에서 개발행위 특례에 관한 지침」("특례지침")을 통해 사업시행자 선정 절차에서 경쟁을 강화하고, 비공원시설에 관한 심사를 강화하는 방향의 개정이 이루어졌다. 2014년도에는 지침을 통해 공모에 의한 절차를 신설하였고, 2016년도 개정시에는 제안에 의한 특례사업에서도 제3자 제안 공고와 제안서 제출 공고를 추가하였다. 또한 2017년도에는 도시공원위원회와 도시계획위원회 공동자문을 받도록 하는 등 도시계획 측면에서 사전검토를 강화하였다.

3. 관련 법규 및 지침

민간공원 특례사업 관련 법규는 국토계획법과 공원녹지법에 의해 규정되며, 세부적 기준은 국토교통부훈령인 "도시공원부지에서 개발행위 특례에 관한 지침"("특례지침")을 통해 운용하고 있다. 국토계획법에서는 도시·군 관리계획의 입안과 결정, 실시계획의 작성 및 인가 등에 관한 내용이 명시되어 있고, 공원녹지법에는 민간공원추진자의 공원시설 설치·관리와 설치·관리인가의 신청, 도시공원부지에서 개발행위 등에 관한 특례가 규정되어 있다.

Ⅱ. 민간공원 특례사업 적용요건 등

1. 민간공원 특례사업 적용요건

민간공원추진자가 제21조 제1항에 따라 설치하는 도시공원을 공원관리청에

---

41) 권영달(2022), 19쪽.
42) 이지현(2022), 49-50쪽.

기부채납(공원면적의 70% 이상 기부채납하는 경우)하는 경우로서 ⅰ) 도시공원 전체 면적이 5만제곱미터 이상이고(제1호), ⅱ) 해당 공원의 본질적 기능과 전체적 경 관이 훼손되지 아니하며(제2호), ⅲ) 비공원시설의 종류 및 규모는 해당 지방도시 계획위원회의 심의를 거친 건축물 또는 공작물(도시공원 부지의 지하에 설치하는 경 우에는 해당 용도지역에서 설치가 가능한 건축물 또는 공작물로 한정)이어야 하며(제3 호), ⅳ) 그 밖에 특별시·광역시·특별자치시·특별자치도·시 또는 군의 조례로 정하는 기준에 적합하여야 한다(제4호)는 기준을 모두 충족하는 경우에는 기부채 납하고 남은 부지 또는 지하에 공원시설이 아닌 시설(녹지지역·주거지역·상업지역 에서 설치가 허용되는 시설을 말하며, 이하 "비공원시설"이라 한다)을 설치할 수 있다 (공원녹지법21의2①).

2. 시설 설치의 협의 등

(1) 시설 설치의 협의

공원관리청은 도시공원의 조성사업과 관련하여 필요한 경우에는 민간공원 추진자와 협의하여 기부채납하는 도시공원 부지 면적의 10%에 해당하는 가액(개 별공시지가로 산정한 가액)의 범위에서 해당 도시공원 조성사업과 직접적으로 관련 되는 진입도로, 육교 등의 시설을 도시공원 외의 지역에 설치하게 할 수 있다(공 원녹지법21의2②).

이에 따라 민간공원추진자가 시설을 설치하는 경우에는 공원관리청은 그 설 치비용에 해당하는 도시공원 부지 면적을 기부채납하는 도시공원 부지 면적에서 조정하여야 한다(공원녹지법21의2③).

(2) 직접 관련 없는 시설의 설치 요구 제한

공원관리청은 민간공원추진자에게 도시공원 조성사업과 직접적으로 관련 없는 시설의 설치를 요구하여서는 아니 된다(공원녹지법21의2④).

(3) 구분지상권의 설정

도시공원 부지의 지하에 비공원시설을 설치하려면 구분지상권(區分地上權)이 설정되어야 한다(공원녹지법21의2⑤).

3. 도시공원 조성사업의 공동 시행과 비용부담 등

(1) 도시공원 조성사업의 공동 시행과 비용부담

민간공원추진자는 도시공원의 조성사업을 제12항의 협약으로 정하는 바에 따라 특별시장·광역시장·특별자치시장·특별자치도지사·시장 또는 군수와 공동으로 시행할 수 있다(공원녹지법21의2⑥ 전단). 이 경우 도시공원 부지의 매입에 소요되는 비용은 민간공원추진자가 부담하여야 한다(공원녹지법21의2⑥ 후단). 이에 따라 도시공원 부지를 매입하는 경우에 민간공원추진자는 예치금(공원녹지법21④)을 활용할 수 있다(공원녹지법21의2⑦).

(2) 부대사업 시행

민간공원추진자가 설치하는 도시공원을 공원관리청에 기부채납하는 경우에는 「사회기반시설에 대한 민간투자법」 제21조에 따라 부대사업을 시행할 수 있다(공원녹지법21의2⑧).

4. 도시·군관리계획의 변경 결정 등

(1) 해당 도시공원의 해제, 용도지역의 변경 등

국토계획법 제29조 제1항에도 불구하고 특별시장·광역시장·특별자치시장·특별자치도지사·시장 또는 군수는 도시공원 중 비공원시설의 부지에 대하여 필요하다고 인정하는 경우에는 해당 도시공원의 해제, 용도지역의 변경 등 도시·군관리계획을 변경결정할 수 있다(공원녹지법21의2⑨).

(2) 다른 도시·군계획시설의 결정

특별시장·광역시장·특별자치시장·특별자치도지사·시장 또는 군수는 도시공원의 이용에 지장이 없는 범위에서 그 도시공원 부지의 지하에 다른 도시·군계획시설(국토계획법 제2조 제7호에 따른 도시·군계획시설)을 함께 결정할 수 있다(공원녹지법21의2⑩).

(3) 적용제외 규정

설치한 비공원시설 및 그 부지에 대하여는 제19조 제5항, 제24조(도시공원의

점용허가) 및 국토계획법 제99조(공공시설 등의 귀속)에 따라 준용되는 같은 법 제
65조(개발행위에 따른 공공시설 등의 귀속)를 적용하지 아니한다(공원녹지법21의2⑪).

5. 협약 체결

민간공원추진자가 도시공원을 설치할 때에는 특별시장·광역시장·특별자치
시장·특별자치도지사·시장 또는 군수와 ⅰ) 기부채납의 시기(제1호), ⅱ) 제6항
에 따라 공동으로 시행하는 경우 인허가, 토지매수 등 업무분담을 포함한 시행방
법(제2호), ⅲ) 비공원시설의 세부 종류 및 규모(제3호), ⅳ) 비공원시설을 설치할
부지의 위치(제4호) 등의 사항에 대하여 협약을 체결하여야 한다(공원녹지법21의2
⑫).

국토교통부장관은 협약에 관한 표준안을 제공하는 등 필요한 지원을 할 수
있다(공원녹지법21의2⑬).

Ⅲ. 도시공원부지에서 개발행위 특례에 관한 지침

1. 특례지침의 목적과 적용범위

특례지침은 공원녹지법 제21조의2(도시공원 부지에서의 개발행위 등에 관한 특
례)에 따른 도시공원조성에 관한 절차 등을 정하는데 그 목적이 있다.

이 지침은 공원녹지법 제21조의2의 도시공원부지에서 행위특례에 따라 공
원시설 및 비공원시설을 설치하고자 하는 경우에 적용한다. 또한 특별시장·광역
시장·특별자치시장·특별자치도지사·시장 또는 군수("시장·군수")는 행위특례의
효율적인 추진을 위하여 법 및 이 지침에서 정하지 아니한 사항에 대하여는 별
도의 지침을 마련하여 운용할 수 있다.

2. 제안에 의한 특례사업 시행절차

특례지침 제3장은 제안에 의한 특례사업의 절차와 관련하여 ⅰ) 사전협의,
ⅱ) 제안서 제출, ⅲ) 협상, ⅳ) 도시공원위원회 및 지방도시계획위원회 심의,
ⅴ) 협약 및 시행자 지정, ⅵ) 공원조성계획의 입안결정(변경) 고시, ⅶ) 실시계획
작성 등을 정하고 있다.

3. 공모에 의한 특례사업 시행절차

특례지침 제4장은 공모에 의한 특례사업의 절차를 정하고 있다. 특례지침은
ⅰ) 대상지 선정 및 공모, ⅱ) 사업대상자 선정 및 협상 등에 관하여 정하고 있다.

4. 특례사업의 관리 및 운영

특례지침 제5장은 특례사업의 관리 및 운영과 관련하여 ⅰ) 사업이행의 보
증, ⅱ) 사업시행자의 지정 취소 등, ⅲ) 협약의 변경, ⅳ) 기부채납, ⅴ) 도시·
군관리계획의 변경, ⅵ) 특례사업 실효에 대한 관리 등을 정하고 있다.

제4절 지식산업센터 개발사업

Ⅰ. 서설

1. 지식산업센터의 의의

지식산업센터(knowledge industry center)란 동일 건축물 안에 다수의 공장이
입주할 수 있는 다층의 집합 건축물로서, 토지이용의 고도화, 관리운용의 효율화
등을 목적으로 공업용지가 부족한 국가에서 활성화되고 있는 공장형태로 도시형
업종 위주로 다수의 중소기업을 입주시키고 부속시설을 공동 사용할 수 있는 공
장용 복합건축물을 말한다.[43]

산업집적법에 의하면 "지식산업센터"(구 아파트형공장)란 동일 건축물에 제조
업, 지식산업 및 정보통신산업을 영위하는 자와 지원시설이 복합적으로 입주할
수 있는 다층형 집합건축물로서 ⅰ) 지상 3층 이상의 집합건축물일 것, ⅱ) 공장,
지식산업의 사업장 또는 정보통신산업의 사업장이 6개 이상 입주할 수 있을 것,
ⅲ) 건축법 시행령 제119조 제1항 제3호에 따른 바닥면적(지상층만 해당)의 합계
가 건축면적의 300% 이상일 것[다만, 다음의 어느 하나, 즉 ㉠ 국토계획법 제78조에

---

43) 김성철(2020), "개별입지형 지식산업센터의 투자요인에 관한 연구", 동의대학교 대학원 박
사학위논문(2020. 12), 1쪽.

따라 용적률을 특별시·광역시·특별자치시·특별자치도·시 또는 군의 조례로 따로 정한 경우(가목), ⓛ 산업기술단지 지원에 관한 특례법 제8조에 따른 면적을 준수하기 위한 경우(나목)에 해당하여 바닥면적의 합계가 건축면적의 300% 이상이 되기 어려운 경우에는 해당 법령이 허용하는 최대 비율로 한다]이라는 요건을 모두 갖춘 건축물을 말한다(산업집적법2(13), 동법 시행령4의6).

　　과거 아파트형 공장이라고 하면 금천구, 구로구, 제조업, 국가산업단지가 주된 키워드였다. 하지만 과거 아파트형 공장이라고 지칭되어지던 현재 지식산업센터는 우수한 접근성을 갖춘 영등포구, 송파구, 성동구에 위치하고 있다. 지식산업센터의 업종 역시 기존 제조업을 넘어 지식정보산업, 첨단산업이 주를 이루며 기존 업무용 부동산을 대체할 수 있는 산업용 부동산으로 자리 매김하고 있다. 또한 최근 주택시장의 강력한 규제, 사업시행자의 사업 다각화, 수익률 제고 등의 이유로 수익성이 높은 지식산업센터에 대한 관심이 높아지고 있다. 지식산업센터는 일자리 창출 효과, 고용증대 효과, 세수확대 효과 등 지역경제 활성화에도 기여하고 있다. 이러한 이유로 지방자치단체 역시 정보제공, 자금지원, 금융혜택 등 다양한 지원을 확대되고 있는 실정이다.[44]

2. 지식산업센터 도입배경

　　우리나라는 1980년대 후반 국가의 산업성장 및 국토의 효율적인 토지이용을 위해 계획적인 입지공간을 구상하였다. 그 하나의 방법으로 대도시의 공업용지가 절대적으로 부족하여 난립되어 운영해온 영세 제조업의 집단화를 계획하였다. 이를 통해 과거 아파트형 공장이 도입되었고, 1990년대 후반 공장의 이미지를 조금씩 탈피하기 시작하였다. 본격적으로 2000년대 초반 제조업 중심산업에

---

44) 권자영(2018), "서울시 소재 지식산업센터의 권역별 시기별 가격결정요인 차이연구", 단국대학교 부동산·건설대학원 석사학위논문(2018. 7), 1쪽(최근 4차 산업혁명으로 인한 메이커 시대의 도래로 지식산업, 첨단산업 등 고부가가치사업에 대한 사람들의 관심이 더욱 높아지고 있다. 이러한 산업들의 기반 요소인 부동산도 끊임없이 변화하는 사회적, 경제적, 정책적 환경에 긴밀한 영향을 주고받는다. 현재 국가의 신 성장 동력으로 주목받고 있는 정보 및 지식을 바탕으로 한 4차 산업과 관련된 사람들이 산업 활동을 위하여 선택하는 산업용 부동산 중 대표적인 상품은 지식산업센터(구. 아파트형 공장)이다. 과거 서울시의 경우 지식산업센터는 핵심 업종의 집적화 및 정책적 유치업종의 집단화를 위해 정부차원에서 구로구, 금천구를 중심으로 건설되었다. 그러나 현재 지식산업센터는 제도적 집적화보다는 강남과의 접근성, 인근 지하철과의 접근성 등이 우수한 입지를 더 선호하며, 정부 차원이 아닌 민간차원에서 개발되고 있다).

서 IT, 소프트웨어 개발 등 지식기반산업 및 벤처기업의 설립이 본격화되기 시작하였다. 특히 대기업에 비해 경쟁력이 약한 중소기업을 대상으로 정부가 세제혜택 및 금융지원을 시작하였다. 이에 임대료 및 관리비 등 고정비용을 절감하게 되었고 사업을 안정적으로 영위할 수 있게 되었다. 그 후 많은 중소기업들이 지식산업센터의 입주를 선호하게 되면서 지식산업센터가 본격적으로 보급되기 시작하였다.[45)]

지식산업센터의 도입배경을 크게 4단계로 요약할 수 있다. 첫째 1단계인 1980년대는 국가의 산업성장과 더불어 계획적인 입지공간을 구상하면서 아파트형 공장이 본격적으로 공급되었다. 다수의 공장이 모여 집적이익을 누리면서 시너지 효과를 올리는 공장 본연의 역할에 충실한 형태로 초기에는 공급되었다. 건물 규모는 7층 내외의 건물로 화물을 적재할 수 있는 로딩 데크(loading deck) 시설을 갖추었다. 입주업종은 대부분 제조업이고, 건물 외부 디자인 및 내부 마감재 상태 역시 기존 공장의 틀을 벗어나지 못하였고 초기 편복도형 건물이었다.

2단계는 1990년대 후반기로 건물 외관에 커튼월(curtain wall)을 도입하여 기존 공장 이미지를 탈피하기 시작하였다. 입주업체 및 근로자를 위한 편의시설, 조경시설 등 환경적 측면을 강조하고 건물 형태는 편복도형 건물에서 중복도형 건물 형태로 개발되었다. 3단계는 2000년대 초반으로 건물 명칭을 테크노타워, 벤처타워, 드림타워, 디지털타워 등으로 사용하면서 첨단설비 및 통신시설, 호텔식 로비시설을 갖춘 인텔리전트 빌딩 형태의 지식산업센터가 공급되기 시작하였다. 3단계에서부터 입주업종이 제조업에서 IT기업과 같은 벤처산업, 첨단산업과 같은 업종으로 확장되었다. 이는 기존 강남권역 업무용 빌딩에서 높은 임대료를 지불하던 임대수요가 상대적으로 저렴한 임대료를 지불하면서 동시에 쾌적한 업무공간을 사용할 수 있는 지식산업센터로 이전하였기 때문이다.

4단계는 2000년대 중반 이후로 지식산업센터의 브랜드화, 고급화로 대형 건설업체의 시장진출이 본격적으로 이루어졌다. 건물 규모 역시 평균 6~7층에서 15층 이상 건축되었고, 단순히 IT빌딩을 넘어 프라임(prime) 급 친환경 유비쿼터스 빌딩으로 진화하였다. 건물 내 유·무선 인터넷이 가능하고 건물의 명칭 역시 비즈(Biz)타워, 미래타워, 비즈니스센터 등으로 사용되고, 동일 건물 내에서 원스

---

45) 권자영(2018), 11-12쪽.

톱(one-stop) 비즈니스가 가능한 공간으로 성장하였다.

　　지식산업센터의 시기별 도입배경을 정리하면 1단계에서는 산업기능의 집적화, 집단화에 중점을 두고 정부 주도적 대량공급이 목표였다. 그리고 2단계에서는 산업기능만으로 채워질 수 없는 근로자, 입주자의 만족도를 고려한 편의시설, 지원시설을 함께 공급하였다. 또한 3단계에서는 산업시설과 편의시설을 고도화, 첨단화하고 4단계에서는 고도화, 첨단화된 산업기능 및 편의기능에 비즈니스 활성화를 위한 문화기능까지 추가하여 최첨단 복합 건물로 탈바꿈하게 되었다.

3. 관련 법규 및 지침

　　지식산업센터는 다른 부동산과 달리 관련 법령에 의거 입지용도에 대한 제한규정이 있고, 세제혜택, 지원제도 등 특혜규정도 있으므로 지식산업센터에 대한 관련 제도 검토는 필수적이다.[46]

　　지식산업센터와 관련된 규정을 관리하는 법은 수도권정비계획법, 국토계획법, 건축법, 산업입지법, 산업집적법, 지방세특례제한법 등이다. 지식산업센터의 용도지역, 건폐율 및 용적률과 같은 전체 건물 규모를 결정하는 내용은 국토계획법에 제한을 받는다. 또한 공개공지, 높이 제한, 대지안의 공지 등의 내용은 건축법의 제한을 받는다. 설립 과정에서 설립신고, 분양, 지원 등은 산업집적법에서 정하는 바에 따라야 한다. 그리고 지식산업센터의 입주자 및 설립자에 대한 세제혜택 및 요건 등은 지방세특례제한법에 의한다.

　　아래서는 산업집적법상의 주요 내용을 살펴본다.

Ⅱ. 지식산업센터의 설립 등

1. 지식산업센터의 설립

(1) 공장 설립승인 등 준용

　　지식산업센터의 설립승인, 인허가등의 의제, 설립등의 승인에 대한 특례, 처리기준의 고시등, 설립등의 승인취소, 건축허가, 사용승인, 제조시설설치승인, 제조시설설치승인의 취소 및 협의에 관하여는 제13조(공장설립등의 승인), 제13조의

---

46) 권자영(2018), 15쪽.

2(인가·허가 등의 의제), 제13조의3(공장설립등의 승인에 대한 특례), 제13조의4(공장설립업무 처리기준의 고시 등), 제13조의5(공장설립등의 승인의 취소), 제14조(공장의 건축허가), 제14조의2(공장건축물의 사용승인), 제14조의3(제조시설설치승인), 제14조의4(제조시설설치승인의 취소), 제18조(공장설립등의 협의)를 준용한다(산업집적법28의2①).

(2) 건축물의 사용승인과 지식산업센터 설립완료신고

지식산업센터를 설립한 자가 건축법 제22조 제1항[47)에 따른 사용승인을 받은 경우에는 사용승인을 받은 날부터 2개월(산업집적법 시행령36②) 내에 시장·군수·구청장 또는 관리기관에 지식산업센터 설립완료신고를 하여야 한다(산업집적법28의2② 전단). 신고한 사항 중 산업통상자원부령으로 정하는 중요사항을 변경하려는 경우에도 또한 같다(산업집적법28의2② 후단).

(3) 처리기간 연장의 통지

시장·군수·구청장 또는 관리기관은 설립완료신고를 받은 날부터 10일 이내에 신고수리 여부 또는 민원 처리 관련 법령에 따른 처리기간의 연장을 신고인에게 통지하여야 한다(산업집적법28의2③).

시장·군수·구청장 또는 관리기관이 앞의 제3항에서 정한 기간 내에 신고수리 여부 또는 민원 처리 관련 법령에 따른 처리기간의 연장을 신고인에게 통지하지 아니하면 그 기간(민원 처리 관련 법령에 따라 처리기간이 연장 또는 재연장된 경우에는 해당 처리기간)이 끝난 날의 다음 날에 신고를 수리한 것으로 본다(산업집적법28의2④).

(4) 신고 수리와 지식산업센터 대장 등록

시장·군수·구청장 또는 관리기관은 제2항에 따른 지식산업센터 설립완료신고를 수리한 경우(제4항에 따라 신고를 수리한 것으로 보는 경우를 포함) 지식산업

---

47) ① 건축주가 제11조·제14조 또는 제20조 제1항에 따라 허가를 받았거나 신고를 한 건축물의 건축공사를 완료[하나의 대지에 2 이상의 건축물을 건축하는 경우 동(棟)별 공사를 완료한 경우를 포함]한 후 그 건축물을 사용하려면 제25조 제6항에 따라 공사감리자가 작성한 감리완료보고서(같은 조 제1항에 따른 공사감리자를 지정한 경우만 해당)와 국토교통부령으로 정하는 공사완료도서를 첨부하여 허가권자에게 사용승인을 신청하여야 한다.

센터 대장에 등록하여야 한다(산업집적법28의2⑤).

(5) 등록과 시장·군수 또는 구청장에 대한 통보

관리기관은 제5항에 따라 지식산업센터의 등록을 한 경우에는 이를 시장·군수 또는 구청장에게 통보하여야 한다(산업집적법28의2⑥).

2. 지식산업센터에 대한 지원

(1) 자금 지원

지식산업센터에 대하여는 다른 법률에서 정하는 바에 따라 필요한 자금을 지원할 수 있다(산업집적법28의3①).

(2) 건설원가 분양 또는 할인 임대료

국가 또는 지방자치단체가 지식산업센터를 설립하여 분양 또는 임대하려는 경우에는 국유재산법 및 공유재산 및 물품 관리법("공유재산법")에도 불구하고 건설원가로 분양하거나 국유재산법에 따른 임대료 및 공유재산법에 따른 대부료의 2분의 1 이상에 해당하는 임대료로 임대할 수 있다(산업집적법28의3②, 동법 시행령36의2).

(3) 건설원가 분양과 매각 제한

건설원가로 분양을 받은 자는 지식산업센터를 분양받은 날부터 2년(동법 시행규칙25①) 내에는 이를 매각할 수 없다(산업집적법28의3③ 본문). 다만, ⅰ) 파산 또는 청산으로 인하여 매각하는 경우, ⅱ) 입주자가 해당 지식산업센터의 전부를 현물출자하거나 주식 또는 지분의 50% 이상을 출자하여 설립한 법인에 매각하는 경우, ⅲ) 민사집행법 및 민사소송법에 따른 경매와 상속, 그 밖에 법률에 따라 소유권이 이전되는 경우, ⅳ) 그 밖에 해당 공장을 유지하기 어려운 사정이 있는 경우로서 시장·군수 또는 구청장이나 관리기관의 승인을 받아 매각하는 경우에는 이를 매각할 수 있다(산업집적법28의3③ 단서).

Ⅲ. 지식산업센터의 분양과 입주

1. 지식산업센터의 분양

(1) 입주자 공개 모집

지식산업센터를 설립한 자가 지식산업센터를 분양 또는 임대하려는 경우에는 공장건축물 착공 후 산업통상자원부령으로 정하는 바에 따라 모집공고안을 작성하여 시장·군수 또는 구청장의 승인을 받아 공개로 입주자(지식산업센터를 분양 또는 임대받아 제조업이나 그 밖의 사업을 하는 자)를 모집하여야 한다(산업집적법28의4① 전단). 승인을 받은 사항 중 산업통상자원부령으로 정하는 중요사항을 변경하려는 경우에도 또한 같다(산업집적법28의4① 후단).

(2) 입주자 비공개 모집

지식산업센터를 분양 또는 임대하는 경우 지식산업센터의 입주자를 비공개로 모집할 수 있는 경우는 ⅰ) 공공사업에 의하여 철거되는 공장의 유치, ⅱ) 특정 업종(한국표준산업분류의 중분류에 해당하는 업종)의 집단유치, ⅲ) 건축연면적 2천제곱미터 미만의 지식산업센터를 설립하는 경우로서 시장·군수 또는 구청장이 해당 지식산업센터의 유치 등을 위하여 미리 입주할 대상자를 정할 필요가 있다고 인정하는 경우로 한다(산업집적법28의4②, 동법 시행령36의3①②).

(3) 모집공고안 통보 후 입주자 모집

지식산업센터를 설립한 자가 국가·지방자치단체, 공단, 중소벤처기업진흥공단 또는 지방공사인 경우에는 제1항에도 불구하고 모집공고안을 시장·군수 또는 구청장에게 통보한 후 입주자를 모집할 수 있다(산업집적법28의4③ 전단). 통보한 사항 중 산업통상자원부령으로 정하는 중요 사항을 변경한 경우에도 또한 같다(산업집적법28의4③ 후단).

(4) 거짓 등 사용한 입주자 모집 금지

지식산업센터를 설립한 자는 거짓 또는 과장된 사실을 알리거나 기만적 방법을 사용하여 입주자를 모집하여서는 아니 된다(산업집적법28의4④).

2. 지식산업센터에의 입주

(1) 입주가능 시설

지식산업센터에 입주할 수 있는 시설은 ⅰ) 제조업, 지식기반산업, 정보통신산업, 그 밖에 대통령령으로 정하는 사업을 운영하기 위한 시설(제1호), ⅱ) 벤처기업육성에 관한 특별조치법 제2조 제1항에 따른 벤처기업을 운영하기 위한 시설(제2호), ⅲ) 그 밖에 입주업체의 생산 활동을 지원하기 위한 시설로서 대통령령으로 정하는 시설(제3호)로 한다(산업집적법28의5①).

위의 제1호에서 "대통령령으로 정하는 사업"이란 ⅰ) 시행령 제6조 제2항 및 같은 조 제3항에 따른 지식산업 및 정보통신산업, ⅱ) 산업단지 안의 지식산업센터의 경우: 법 제2조 제18호에 따른 산업에 해당하는 사업으로서 관리기관이 인정하는 사업, ⅲ) 산업단지 밖의 지식산업센터의 경우: 시장·군수 또는 구청장이 인정하는 사업을 말한다(동법 시행령36의4①).

(2) 입주할 수 있는 시설의 범위 및 규모

앞의 제1항 제1호에 따라 지식산업센터에 입주할 수 있는 시설의 범위 및 규모는 대통령령으로 정한다(산업집적법28의5②).

3. 지식산업센터의 관리

(1) 관리자

지식산업센터는 ⅰ) 집합건물법에 따른 구분소유관계가 성립하는 경우 집합건물법 제23조 제1항48)에 따른 관리단, ⅱ) 집합건물법에 따른 구분소유관계가 성립하지 아니하는 경우 지식산업센터를 설립한 자가 관리한다(산업집적법28의6①).

(2) 관리단 신고

관리단은 관리단이 구성된 날부터 2개월(동법 시행규칙26의3①) 내에 집합건물법 제28조 제1항49)에 따른 규약을 정하여 시장·군수 또는 구청장에게 신고하

---

48) ① 건물에 대하여 구분소유 관계가 성립되면 구분소유자 전원을 구성원으로 하여 건물과 그 대지 및 부속시설의 관리에 관한 사업의 시행을 목적으로 하는 관리단이 설립된다.
49) ① 건물과 대지 또는 부속시설의 관리 또는 사용에 관한 구분소유자들 사이의 사항 중 이 법에서 규정하지 아니한 사항은 규약으로써 정할 수 있다.

여야 한다(산업집적법28의6② 전단). 신고한 사항 중 산업통상자원부령으로 정하는 중요사항을 변경한 경우에도 또한 같다(산업집적법28의6② 후단).

　　이에 따라 신고를 받은 시장·군수 또는 구청장은 신고를 받은 날부터 10일 (동법 시행규칙26의3④) 내에 관리기관에게 신고내용을 통보하여야 한다(산업집적법28의6③).

(3) 관리자의 업무 범위

관리자의 업무 범위는 산업통상자원부령으로 정한다(산업집적법28의6④).

Ⅳ. 지식기반산업집적지구에 설치한 지식산업센터에 대한 지원 등

1. 지식산업센터에 대한 지원

(1) 공단 지식산업센터 설치와 자금지원

국가 또는 지방자치단체는 공단이 지식산업센터를 지식기반산업집적지구에 설치할 경우 지식산업센터의 설립에 필요한 자금을 우선 지원할 수 있다(산업집적법22의2③).

(2) 지방세 감면

지방자치단체는 ⅰ) 지식기반산업집적지구 내에 지식산업센터를 설립하는 자, ⅱ) 지식기반산업집적지구 내의 지식산업센터를 분양받는 입주기업체 또는 지원기관에 대하여 지방세특례제한법 및 조례로 정하는 바에 따라 지방세를 감면할 수 있다(산업집적법22의2⑦).

(3) 건폐율 및 용적률의 최고한도 허용

지방자치단체는 지식기반산업집적지구의 활성화를 위하여 지식기반산업집적지구에서 지식산업센터를 건축하는 경우에는 지방자치단체의 조례로 각 용도지역별로 정하고 있는 건폐율 및 용적률의 최고한도까지 허용할 수 있다(산업집적법22의2⑧).

(4) 우선적 신용보증

신용보증기금, 기술보증기금, 지역신용보증재단은 지식기반산업집적지구에서 지식산업센터를 설립하거나 분양받는 자가 필요한 자금을 원활하게 조달할 수 있도록 우선적으로 신용보증을 할 수 있다(산업집적법22의2⑩).

2. 첨단투자지구에서의 지식산업센터에 대한 지원

(1) 지식산업센터의 설립비용 지원

국가 및 지방자치단체는 첨단투자지구에서의 지식산업센터의 설립에 필요한 비용을 다른 사업에 우선하여 지원할 수 있다(산업집적법22의8①(2)).

(2) 부담금 감면

국가 및 지방자치단체는 첨단투자를 촉진하기 위하여 필요한 경우에는 첨단투자지구에 설치 또는 입주하는 지식산업센터에 대하여 ⅰ) 산지관리법 제19조에 따른 대체산림자원조성비, ⅱ) 농지법 제38조에 따른 농지보전부담금, ⅲ) 초지법 제23조 제8항에 따른 대체초지조성비, ⅳ) 도시교통정비 촉진법 제36조에 따른 교통유발부담금을 감면할 수 있다(산업집적법22의8④).

(3) 토지 등 국유 또는 공유 재산의 사용료·대부료 감면

국가 및 지방자치단체는 첨단투자지구에 입주하는 지식산업센터에 대하여 국유재산법, 공유재산 및 물품 관리법 및 그 밖의 다른 법률의 규정에도 불구하고 국가 또는 지방자치단체가 소유하는 토지 등 국유 또는 공유 재산의 사용료·대부료를 감면할 수 있다(산업집적법22의8⑤ 전단). 이 경우 제34조 제2항에도 불구하고 국유재산의 사용료·대부료 및 감면율은 대통령령으로 정하는 바에 따르고, 공유재산의 사용료·대부료 감면대상사업, 사용료·대부료 및 감면율 등 세부적인 사항은 해당 지방자치단체의 조례로 정한다(산업집적법22의8⑤ 후단).

3. 규제개선의 신청

첨단투자지구 내의 지식산업센터는 첨단기술 분야 연구개발, 시험·평가, 검증 및 생산 활동과 관련한 목적 달성을 위하여 필요한 경우 산업통상자원부장관에게 규제개선을 신청할 수 있다(산업집적법22의10①).

Ⅴ. 지식산업센터 시장 동향

1. 시장침체 장기화 우려

2022년 말 이후 수도권을 중심으로 매매시장 위축이 지속되는 가운데 공급대기물량도 많아 시장침체 장기화가 우려되고 있다.[50]

첫째, 2022년 4분기 이후 지식산업센터 매매시장의 급격한 위축이 지속되는 중이다. 2022년 4분기 이후 거래대금 및 거래건수는 2020년 1분기~2022년 3분기 평균 대비 55% 가량 감소하였다. 최근 주택시장 규제 완화로 투자수요가 주택으로 쏠리면서 단기간 내 지식산업센터 투자수요 회복은 어려울 전망이다.

둘째, 지식산업센터 경매 낙찰가율도 낮아진 가운데 투자수요가 집중된 서울의 하락 폭이 현저하다. 사무실 대용으로 개발되어 개인에게 분양된 서울 지식산업센터의 경매 낙찰가율이 큰폭(103% → 81%)으로 하락하였다. 반면, 공장용도(실수요) 중심으로 개발된 인천 등의 지식산업센터 낙찰가율 하락 폭은 비교적 적은 편이다.

셋째, 수요위축에 더하여 공급 대기물량도 많아 시장침체 장기화가 우려된다. 전국의 미착공지식산업센터의 면적은 약 1,500만㎡로 기존 공급면적(2,800만㎡)의 54%에 달하고 있다. 특히 경기, 인천, 충남 등은 투자수요 위축과 함께 공급 대기물량도 많아 향후 공급과잉 지속가능성이 높다.

2. 수급불균형 해소 전까지 개발시장 부진 지속 전망

투자수익률이 저하된 가운데 수급불균형 해소 전까지 개발시장 부진도 지속될 전망이다.[51]

첫째, 개발원가 상승으로 분양가격이 급등한 반면 공실, 금융비용 부담으로 투자수익률은 크게 저하되고 있다. 최근 지식산업센터 분양가격은 2년 전 대비 55~125% 상승했으며 공사비 상승을 감안하면 분양가 하락은 어려울 전망이다. 금리상승으로 인해 현 분양가격하에서는 국고채 미만의 투자수익률을 거둘 가능성이 높아 투자매력도 크게 저하되고 있다. 제조업 창업 둔화 등 임대수요 둔화

---

50) 김규완(2023), "지식산업센터 시장 동향 점검", 하나금융경영연구소 하나 부동산연구 시리즈 제7호(2023. 11), 2쪽.
51) 김규완(2023), 2쪽.

도 가격하락의 요인이며, 다만 노후 산업단지의 경우는 임대수요 확보가 상대적으로 용이할 전망이다.

둘째, 수급불균형 지속으로 개발사업 여건도 악화되고 있다. 수도권은 인허가 이후 착공 대기물량, 지방은 임대·투자수요 부족이 시장회복의 걸림돌이 될 전망이다. 시장회복이 지연될 가능성이 높아 사업장 단위의 구조적 해법(시공사 위험 공유, 스폰서 확보 등)을 모색할 필요가 있다.

제5절 물류센터 개발사업

Ⅰ. 서설

1. 물류의 개념

물류(Logistics)란 물품을 공급자로부터 수요자에게 원하는 장소와 시간에 도달하는 일련의 유효한 과정을 의미하며, 군사물자를 보급하는 군사학에서 유래하였다. 물류는 진행의 과정에서 재화의 포장, 가공, 수송, 보관 등 광범위한 활동을 포함하고 있어 다양한 업종과 직군을 포함하고 있는 산업군으로 분류된다.52)

우리나라는 현대 물류의 기능과 기업 활동의 일련과정에 대한 적합한 의미로서 물류를 관련 법률에서 정의하고 있다. 물류정책기본법 제2조 제1호에 의하면 물류(物流)란 재화가 공급자로부터 조달·생산되어 수요자에게 전달되거나 소비자로부터 회수되어 폐기될 때까지 이루어지는 운송·보관·하역(荷役) 등과 이에 부가되어 가치를 창출하는 가공·조립·분류·수리·포장·상표부착·판매·정보통신 등을 말한다. 이 규정은 현대 물류가 수행하고 있는 다양한 기능을 포괄하여 설명하고 있다.

---

52) 김성인(2021), "저온 및 상온물류센터 임대료 결정요인 비교분석", 단국대학교 부동산·건설대학원 석사학위논문(2021. 7), 5-6쪽.

2. 물류센터의 개념

물류센터라는 개념은 시대에 따라 다양한 관점에서 논의되고 해석되고 있지만 자세한 법적 기준은 규정되어 있지 않다. 국내에서는 관련법으로 물류시설법 제2조 제1호[53])에서 정의하고 있는 물류시설의 한 부분으로 설명된다.[54]) 물류시설법에 의하면 물류창고란 화물의 저장·관리, 집화·배송 및 수급조정 등을 위한 보관시설·보관장소 또는 이와 관련된 하역·분류·포장·상표부착 등에 필요한 기능을 갖춘 시설을 말한다(물류시설법2(5의2)).

물류창고업이란 화주(貨主)의 수요에 따라 유상으로 물류창고에 화물을 보관하거나 이와 관련된 하역·분류·포장·상표부착 등을 하는 사업을 말한다(물류시설법2(5의3) 본문). 다만, ⅰ)주차장법에 따른 주차장에서 자동차의 보관, 자전거 이용 활성화에 관한 법률에 따른 자전거 주차장에서 자전거의 보관(제1호), ⅱ) 철도사업법에 따른 철도사업자가 여객의 수하물 또는 소화물을 보관하는 것(제2호), ⅲ) 그 밖에 위험물안전관리법에 따른 위험물저장소에 보관하는 것 등 국토교통부와 해양수산부의 공동부령으로 정하는 것(제3호)의 어느 하나에 해당하는 것은 제외한다(물류시설법2(5의3) 본문).

3. 관련 법규

기본적으로 인허가단계부터 건축법 관련 규정(예를 들면 용적률, 소방시설 등)을 충족해야 한다.

어떤 유형의 물류센터를 개발하느냐에 따라 구조나 설계 등의 요소들이 많이 달라지게 된다. 물류센터 관련 법규에 따른 주요 유형을 살펴보면. ⅰ) 물류시설법에 의한 창고(일반창고, 냉동냉장창고, 보관장소), ⅱ) 항만법에 의한 창고(항만창고), ⅲ) 관세법에 의한 창고(보세창고), ⅳ) 식품위생법에 의한 창고(식품 냉동냉장창고) 등이 있다.

---

53) 1. "물류시설"이란 다음 각 목의 시설을 말한다.
　　가. 화물의 운송·보관·하역을 위한 시설
　　나. 화물의 운송·보관·하역과 관련된 가공·조립·분류·수리·포장·상표부착·판매· 정보통신 등의 활동을 위한 시설
　　다. 물류의 공동화·자동화 및 정보화를 위한 시설
　　라. 가목부터 다목까지의 시설이 모여 있는 물류터미널 및 물류단지
54) 김성인(2021), 6쪽.

여기서는 물류정책기본법과 물류시설법의 주요 관련 규정을 간략히 살펴본다.

Ⅱ. 물류정책기본법의 주요 내용

물류체계의 효율화, 물류산업의 경쟁력 강화 및 물류의 선진화·국제화를 위하여 국내외 물류정책·계획의 수립·시행 및 지원에 관한 기본적인 사항을 정함으로써 국민경제의 발전에 이바지함을 목적(물류정책기본법1)으로 제정·시행되는 물류정책기본법은 제1장 총칙, 제2장 물류정책의 종합·조정의 내용으로 제1절 물류현황조사, 제2절 물류계획의 수립·시행, 제3절 물류정책위원회, 제3장 물류체계의 효율화의 내용으로 제1절 물류시설·장비의 확충 등, 제2절 물류표준화, 제3절 물류정보화, 제4절 국가 물류보안 시책의 수립 및 지원 등, 제4장 물류산업의 경쟁력 강화의 내용으로 제1절 물류산업의 육성, 제2절 우수물류기업의 인증, 제3절 국제물류주선업, 제4절 물류인력의 양성, 제5장 물류의 선진화 및 국제화 등으로 구성되어 있다.

Ⅲ. 물류시설법의 주요 내용

물류시설을 합리적으로 배치·운영하고 물류시설 용지를 원활히 공급하여 물류산업의 발전을 촉진함으로써 국가경쟁력을 강화하고 국토의 균형 있는 발전과 국민경제의 발전에 이바지함을 목적(물류시설법1)으로 제정·시행되는 물류시설법은 제1장 총칙, 제2장 물류시설개발종합계획의 수립, 제3장 물류터미널사업, 제3장의2 물류창고업, 제4장 물류단지의 개발 및 운영, 제4장의2 물류 교통·환경 정비사업 등으로 구성되어 있다.

Ⅳ. 물류센터 시장 동향

1. 공급과잉과 임차수요 둔화

수도권 물류센터 시장은 연간 10% 이상 성장해 왔으나 최근 공급과잉 및

임차수요 둔화로 임대시장은 약세를 보이고 있다.[55]

첫째, 2010년 이후 수도권 물류센터 재고는 매년 46만평('20~'22년은 78만평)씩 증가하며 시장이 확대되었다. 3PL(외부 물류) 시장 및 이커머스 시장의 성장으로 중대형 물류센터 임차수요가 증가하였는데, 특히 쿠팡이 연간 20~50만평을 소화하였다. 또한 투자시장에서도 기관투자가·자산운용사의 중대형 센터 투자가 확대되며 대표적 비 오피스 투자처로 자리매김하였다.

둘째, 2022년 이후 물류센터 공급 증가세가 지속되면서 수도권 서부를 중심으로 임대시장은 약세 전환하였다. 2022~2024년 공급량(연평균 128만평)은 2020~2022년 공급량(연평균 78만평)에 2년치 물량이 추가되므로 향후 2~3년 공급과잉이 예상된다. 2022년 하반기 이후 수도권 서남부를 중심으로 공실이 급증하는 등 공급 급증의 영향이 확산되는 중이다. 향후 쿠팡의 수도권 물류센터 수요와 3PL 업체의 수요증가 여부에 따라 공급과잉 해소 시기가 좌우될 전망이다.

2. 투자수요 위축과 개발사업 마진구조 악화

투자시장이 바이어스 마켓(Buyer's Market)으로 전환되고 개발금융도 급격히 위축된 가운데 先 임대 미확보된 거래(DEAL)가 증가할 전망이다.[56]

첫째, 임대실적 악화 우려, 금리인상 등으로 투자수요가 위축되며 바이어스 마켓(Buyer's Market)으로 전환되고 있다. 금리인상에 따른 가격 하방 압력은 글로벌 공통이나 국내는 임대시장 약세가 겹치며 투자수요가 급격히 위축되고 있다. 자금력을 갖춘 해외 대형펀드의 영향력이 부각되는 가운데 매수자의 협상력 증가로 할인 매입 전략이 확대되고 있다.

둘째, 개발사업 마진구조 악화로 개발금융이 급격히 위축된 가운데 투자구조 강화로 대응하는 사례가 증가하고 있다. 공급과잉으로 임대료·가격 인상이 어려운 반면 공사비 상승으로 사업마진 확보가 쉽지 않아 개발금융이 급격히 위축되고 있다. 시행사 자기자본 비율 상향, 임차인 선 확보 등 사업투자 구조를 강화해 시장 악화 우려에 대응하는 추세이다. 투자시장 보다 임대시장 회복이 후행할 수 있어 당분간 투자구조는 우수하나 선 임대 미확보된 거래(Deal)가 증가할 전망이다.

---

55) 손정락·하서진(2023), "국내 물류시장 동향 및 전망", 하나금융경영연구소 하나 부동산연구 시리즈 제6호(2023. 9), 1쪽.
56) 손정락·하서진(2023), 1쪽.

제6절 데이터센터 개발사업

Ⅰ. 서설

1. 데이터센터의 의의

데이터센터는 방송통신시설(제1종 근린생활시설에 해당하는 것은 제외)에 해당한다(건축법 시행령 별표 1 제24호 마목). 데이터센터란 지능정보서비스의 제공을 위하여 다수의 초연결지능정보통신기반을 일정한 공간에 집적시켜 통합 운영·관리하는 시설을 말한다(지능정보화 기본법40①). 데이터는 부호, 문자, 음성, 음향 및 영상 등으로 표현된 모든 종류의 자료 또는 지식을 말한다(지능정보화 기본법2(4) 나목).

데이터센터는 ICT산업의 근간이자 주요 부가가치를 창출하는 산업인 사물인터넷(IoT), 자율주행(Autonomous driving), 빅데이터(Big Data), 클라우드(Cloud) 등의 구현을 위해서 없어서는 안 되는 인프라이자, 국가정보화 전략, 데이터주권 확보를 추진하기 위한 중요한 기반시설이다. 데이터센터는 전통적으로 서버, 스토리지, 네트워크 회선 등을 제공하는 시설이나 빌딩 등을 기반으로 ICT장비를 구성하여 IT서비스 제공에 필요한 장비를 통합관리 및 무중단으로 운영하는 시설을 일컫는 것으로, 전산실의 개념이 성능이나 규모면에서 보다 확장된 개념이다.[57)]

전 세계적으로 AI, IoT, 5G, 클라우드 서비스 등이 증가하면서 데이터 트래픽이 급증하고, 이를 처리하기 위한 물리적 기반시설로서 데이터센터의 수요도 함께 증가하는 추세이다. 우리나라는 해저 광케이블이 설치되어 있으며 전력 품질이 양호하여 주변 국가들에 비하여 데이터센터 입지 경쟁우위를 갖고 있다. 마이크로소프트, 구글, IBM 등 해외 클라우드 사업자의 국내 진출 필요성도 증대되고 있다. 국내에서는 관리자의 이동동선, 유지관리 시간, 임차인의 수요, 통신회선료 등의 이슈로 서울 및 경기 지역에 집중되고 있으며, 향후 신규 공급도 수도권을 중심으로 공급이 증가할 것으로 예상된다.[58)]

---

57) 강승균(2022), "데이터센터 설립에 영향을 미치는 요인에 대한 연구", 고려대학교 기술경영전문대학원 석사학위논문(2022. 2), 1쪽.

그동안 국내 데이터센터는 기업 또는 공공기관이 자체 사용을 목적으로 개발하는 사례가 주를 이루었으며, 간헐적으로 통신사업자 등 기업의 주도하에 외부 고객에게 상면을 제공하기 위한 상업용(코로케이션) 데이터센터가 개발되어 왔다. 최근에는 데이터 사용량의 폭발적인 증가로 상업용 데이터센터 개발 사례가 증가하고 있다. 국내외 투자자들의 상업용 데이터센터 개발은 일산, 가산, 상암, 평촌, 용인 등을 중심으로 지속적으로 증가할 것으로 예상된다. 글로벌 클라우드 사업자들이 본격적으로 국내 시장에 진출하며 직접 데이터센터를 개발하는 사례가 증가하고 있으며, 대표적으로 이퀴닉스, 디지털리얼티 등은 임차 또는 직접 개발로 데이터센터를 구축하고 있다. 해당 2개사 외에도 다수의 글로벌 데이터센터 운영사업자들이 국내 진출을 준비 중인 것으로 파악된다.59)

2. 데이터센터의 필요성과 문제점

(1) 데이터센터의 필요성

최근 정보통신(ICT) 신기술의 발전 및 데이터 서비스 이용의 증가로 데이터 양이 대폭 증가하고 있고, 코로나19로 디지털전환이 가속화되면서 데이터산업의 폭발적인 성장이 예상됨에 따라 안전하고 유연한 데이터 관리에 적합하고 대량으로 수용할 수 있는 규모 있는 데이터센터의 필요성이 대두되고 있다. 또한 개인의 데이터 사용뿐만 아니라 자율주행, 메타버스, 인공지능 등 지능화 정보사회로의 전환이 진행되고 있기 때문에 전세계 IP 트래픽은 5년전 대비 10배 이상 증가하고 있고, 제4차 산업혁명의 핵심인 데이터를 보다 잘 활용하기 위한 기술적으로 진보된 차세대 데이터센터의 필요성도 논의되고 있다.60)

전 세계 각 국가에서는 자국 내 데이터산업의 발전을 위한 정책을 시행하고 있으며 데이터센터 투자유치를 위한 노력을 진행하고 있다. 과거 기업 또는 정부의 데이터를 처리하기 위한 소규모 전산실로 시작하여 점차 거점화가 되고 있으며, 가까운 미래에는 데이터센터 허브가 조성되어 데이터센터와 데이터센터 간의 연결이 되는 형태로 발전이 될 것이다. 우리나라도 이러한 세계적인 흐름에 따라 데이터산업 활성화 전략(2018. 6.), 데이터 · AI경제 활성화 계획(2019. 1.) 등

---

58) 이주경 · 유제연 · 김준래(2022), "신산업 관련 건축 법제 개선방안: 데이터센터와 지식산업센터를 중심으로", 건축공간연구원 기본연구보고서 2022-1(2022. 10), 42쪽.
59) 이주경 · 유제연 · 김준래(2022), 42-43쪽.
60) 강승균(2022), 1-2쪽.

을 통해 데이터 및 데이터센터 산업의 육성정책을 위한 노력을 기울이고 있다. 더욱이 우리나라는 데이터생산량(Gross Data Product) 기준으로 미국, 영국, 중국, 스위스에 이은 전 세계 5위에 해당한 데이터 생산국으로 동북아 데이터센터 허브로 성장할 수 있는 가능성이 충분히 있다. 그러나 우리나라가 데이터 생산국임에도 불구하고 데이터 분야 기술력과 활용도는 선진국에 비해 낮은 편이다. 디지털 비즈니스 환경을 평가한 결과에서는 전 세계 24위로 디지털 관련 비즈니스가 발전 및 육성되기 위한 사업환경은 데이터를 생산하는 강국임을 고려했을 때 매우 낮다는 평가를 받고 있다.

이는 데이터 관련 정책 및 규제 등이 실질적인 데이터산업 육성 및 발전에 반영되지 않고 있어 개선의 여지가 있으며, 빠른 속도로 변화하고 있는 환경에 대응하기 위한 정부 정책의 유연성이 필요하다고 할 수 있다. 최근에 데이터센터의 유치 및 확보를 위해 여러 국가들이 데이터 관련 인센티브, 세금혜택, 보조금 등을 지원하는 것뿐만 아니라 전통과 첨단산업이 공존하는 데이터산업의 산업구조 및 전후방산업에 대한 연구를 통해 다방면의 경쟁력을 확보하기 위한 노력도 진행 중이다. 우리나라도 동북아 데이터센터 허브를 넘어 전 세계 데이터산업의 중심이 되기 위해서는 다방면에 연구가 진행되어야 하고, 특히 데이터센터가 설립이 되는 근본적인 요인을 분석하여 구성원들에게 경제적, 제도적인 유인과 함께 효과적인 정부정책을 수립할 필요성이 있다.

(2) 데이터센터의 문제점
(가) 데이터센터의 안정성 대두

2018년 11월 24일 KT 아현지사 건물 지하의 통신구 연결통로에서 화재가 발생하여, 지하 1층 통신구 약 79m가 소실되면서 서울 한강 이북 서부지역에서 일정 시간 동안 KT 인터넷, 휴대폰 무선통신 등을 이용할 수 없게 되었고, 심지어 순천향대학교 서울병원에서 통신장애가 발생한 초기 2시간 정도 환자 진료기록이나 촬영자료가 담긴 전산 차트 시스템이 먹통이 돼 응급실이 폐쇄되기까지 하였다.[61]

---

61) 최재원(2023), "폐광 활용 방안 연구: 데이터센터를 중심으로", 서울시립대학교 국제도시과학대학원 석사학위논문(2023. 12), 9-10쪽.

2022년 10월 15일 카카오의 데이터를 관리하는 SK C&C 판교 데이터센터 지하 3층에서 화재가 발생하였고, 화재로 인해 전원공급이 차단되어 서비스 장애가 일어났다. 그러나 약 5일이 지나서야 모든 서비스 및 기능이 복구되어, 그 동안의 많은 이용자들의 불편과 피해가 발생하였다.

이와 같이 데이터센터의 화재로 인한 피해는 단순하지 않고, 우리 생활과 밀접하게 관련된 불편을 초래하게 된다. 데이터센터의 화재와 같은 재난 상황 및 기타 비상 상황이 발생하더라도, 재난 복구 대응이 가능하도록 설계하는 등 사용자들이 불편이나 피해를 받지 않는 안전한 데이터센터를 조성하여야 하는 필요성이 대두되고 있다.

(나) 분산에너지법에 따른 데이터센터 분산배치 및 안정화

국내 데이터센터는 2017년 기준 약 60% 이상이 수도권에 위치하고 있으며, 데이터센터 신축을 계획하고 있는 국내 IT기업의 75%가 수도권을 선호하고 있는 것으로 나타나고 있다. 그 이유로는 데이터센터를 사용하는 주요 고객들이 수도권에 밀집되어 있으며, 관련된 인프라 환경이 수도권에 잘 조성되어 있기 때문이다. 이에 대응하여 정부는 전력 사용량이 큰 건축물이 수도권 등에 집중되는 것을 막고 에너지를 분산하여 에너지공급의 안정을 증대하여 국민경제의 발전에 이바지하기 위하여 분산에너지 활성화 특별법을 제정하였고, 2024년 6월 14일부터 시행할 예정이다.[62]

「분산에너지 활성화 특별법」("분산에너지법")의 기본철학은 "수요처는 발전소 인근으로, 발전소는 수요지 인근으로"가 핵심이다. 이를 위하여 발전소를 수요지 인근에 짓기 위해 전력계통 영향평가를 시행하는 것부터 분산에너지 할당 및 설치의무도 부여할 예정이다. 또한 분산편익에 대한 지원과 지역별 전기요금 차등제 등 인센티브와 규제를 동시에 도입하려고 한다. 이렇게 변화되는 환경에서, 데이터센터의 입지조건도 영향을 받을 것이다. 직주환경 및 인프라 등으로 인해 수도권에 집중되어 있던 데이터센터는 전력 사용량이 큼에 따라 분산에너지법으로 인해 많은 규제를 받을 것으로 예상되며, 이에 따라 지방으로의 분산배치도 입지조건에 고려대상이 될 것이다. 급변하는 데이터센터 관련 유치 환경과 더욱 고도화된 데이터센터의 물리적 안정성에 대한 수요가 높아짐에 따라, 자

---

62) 최재원(2023), 10-11쪽.

체 데이터센터를 가지고 있거나 구축하려는 IT 및 금융기업들, 정부기관 등은 에너지가 집중되는 수도권을 떠나 다양한 입지 조건을 가진 장소들을 물색하고 있다.

3. 관련 법규

데이터센터 주요 관련 법규로는 다음을 들 수 있다. 데이터센터는 인허가 단계에서 건축법 상의 요건을 충족시켜야 한다. 건축법상 대표적인 규제는 부설 주차장, 교통유발부담금, 미술작품설치 등 3가지를 꼽는다. 또한 데이터센터의 경우 전기를 대량으로 사용하여야 하기 때문에 전기사업법, 전기통신사업법, 전기안전관리법 등이 관련 법규이다.

여기서는 지능정보화 기본법의 데이터센터 관련 내용을 살펴본다.

Ⅱ. 데이터센터의 구축 및 운영 활성화 시책 수립·시행

정부는 지능정보서비스의 제공을 위하여 다수의 초연결지능정보통신기반을 일정한 공간에 집적시켜 통합 운영·관리하는 시설("데이터센터")의 안정적인 운영과 효율적인 제공 등을 위하여 데이터센터의 구축 및 운영 활성화 시책을 수립·시행할 수 있다(지능정보화 기본법40①).

과학기술정보통신부장관은 법 제40조 제2항에 따라 민간 데이터센터의 구축 및 운영 활성화 시책을 수립하는 경우 ⅰ) 정책방향 및 목표(제1호), ⅱ) 기반 조성 및 제도 개선에 관한 사항(제2호), ⅲ) 민간 데이터센터의 안정성, 신뢰성 및 에너지 효율성의 향상을 위한 기술개발 및 표준화에 관한 사항(제3호), ⅳ) 민간 데이터센터 관련 전문인력 양성에 관한 사항(제4호), ⅴ) 민간 데이터센터 관련 해외시장 진출 지원에 관한 사항(제5호), ⅵ) 민간 데이터센터의 정보자원의 통합 및 운영에 관한 사항(제6호), ⅶ) 그 밖에 민간 데이터센터의 구축 및 운영 활성화 시책에 포함시킬 필요가 있다고 과학기술정보통신부장관이 인정하는 사항(제7호)을 포함시켜야 한다(동법 시행령26①).

Ⅲ. 민간 데이터센터의 구축 및 운영 활성화 시책 수립·시행과 지원

과학기술정보통신부장관은 민간 데이터센터의 구축 및 운영 활성화 시책을 수립·시행하고 이에 필요한 지원을 할 수 있다(지능정보화 기본법40②).

과학기술정보통신부장관은 민간 데이터센터가 ⅰ) 전산실·전력시설 등 데이터센터의 정보 처리·가공 및 전력공급에 필수적인 시설로서 과학기술정보통신부령으로 정하는 시설을 갖출 것(제1호),63) ⅱ) 과학기술정보통신부령으로 정하는 규모 이상일 것(제2호)64)의 요건을 모두 갖춘 경우에는 그 구축·운영에 법 제40조 제2항에 따라 필요한 지원을 할 수 있다(동법 시행령27①).

민간 데이터센터 지원의 방법은 ⅰ) 민간 데이터센터 구축 등에 필요한 비용 지원(제1호), ⅱ) 민간 데이터센터 관련 정보기술 및 장비 개발 등의 기술 지원(제2호), ⅲ) 민간 데이터센터의 안전성, 신뢰성 및 에너지 효율성 향상을 위한 기술 지원(제3호)이다(동법 시행령27②).

Ⅳ. 공공기관의 지능정보서비스 안정성 등의 향상을 위한 지원

행정안전부장관은 정부 및 공공 부문의 데이터센터의 구축 및 운영 활성화 시책을 수립·시행하고, 민간 데이터센터를 이용하는 공공기관의 지능정보서비스의 안정성과 신뢰성 등을 높이기 위하여 필요한 지원을 할 수 있다(지능정보화

---

63) ① 영 제27조 제1항 제1호에서 "과학기술정보통신부령으로 정하는 시설"이란 다음 각 호의 시설을 말한다(동법 시행규칙3①).
 1. 다음 각 목의 기준을 충족하는 전산실
  가. 서버와 스토리지 등의 정보통신장비를 갖출 것
  나. 소방설비와 폐쇄회로텔레비전(CCTV) 등 안전시설을 설치할 것
  다. 외부와 공간이 분리되어 외부인의 접근 통제가 가능할 것
 2. 순간적인 정전, 전압 변동 등의 상황에도 안정적인 전력을 공급할 수 있는 수전(受電)·배전(配電) 설비와 무정전 전원장치 등 전력공급시설
 3. 전산실 내부의 정보통신장비를 일정한 온도로 유지하기 위한 공기조화시설 또는 냉각시설
 4. 30분 이상 정전이 발생할 경우 지능정보화 기본법 제40조 제2항에 따른 민간 데이터센터("민간 데이터센터")의 전체 부하를 감당할 수 있는 자체 전력공급 능력을 갖춘 비상발전시설
 ② 제1항 제2호부터 제4호까지의 규정에 해당하는 시설은 해당 시설의 개별 기능을 수행하는 설비에 장애가 발생하는 경우를 대비하여 정상적인 기능 수행을 보조하기 위한 예비설비를 갖추어야 한다(동법 시행규칙3②).
64) "대통령령으로 정하는 규모"란 다음 각 호의 어느 하나에 해당하는 면적을 확보하는 경우를 말한다(동법 시행규칙3③).
 1. 제1항 제1호에 따른 시설의 바닥면적이 500㎡인 경우
 2. 복층의 바닥면적 등을 고려하여 제1항 제1호에 따른 시설의 바닥면적이 500㎡에 해당한다고 볼 수 있는 경우

기본법40③).

정부 및 공공 부문의 데이터센터의 구축 및 운영 활성화 시책을 수립하는 경우에는 정부 및 공공 데이터센터 구축 및 운영 활성화를 위한 ⅰ) 정책방향 및 목표(제1호), ⅱ) 정부 및 공공 부문 데이터센터의 안정성, 신뢰성 및 에너지 효율성의 향상에 관한 사항(제2호), ⅲ) 정부 및 공공 부문 데이터센터의 전문인력의 양성에 관한 사항(제3호), ⅳ) 정부 및 공공 부문 데이터센터 관련 해외시장 진출 지원에 관한 사항(제4호), ⅴ) 정부 및 공공 부문 데이터센터의 정보자원의 통합 및 운영에 관한 사항(제5호), ⅵ) 그 밖에 정부 및 공공 부문 데이터센터의 구축 및 운영 활성화 시책에 포함시킬 필요가 있다고 행정안전부장관이 인정하는 사항(제6호)을 포함시켜야 한다(동법 시행령26②).

지원의 방법은 ⅰ) 공공기관이 이용할 수 있는 정보자원의 기준 제공(제1호), ⅱ) 공공기관의 지능정보서비스의 안정성 및 신뢰성 향상을 위한 재정적 지원(제2호), ⅲ) 그 밖에 공공기관의 지능정보서비스의 안정성 및 신뢰성 향상을 위하여 필요한 행정적·기술적 지원(제3호)이다(동법 시행령28).

Ⅴ. 데이터센터 시장 동향

1. 해외시장 동향

비디오 콘텐츠 소비 증가, 클라우드 활용 확대, 생성형 AI 사용 증가 등으로 인해 글로벌 데이터 생성량과 데이터 트래픽은 기하급수적으로 증가하고 있다. 또한 클라우드를 도입하는 기업이 늘어났고, 제조업에서의 머신러닝 적용이 확대되는 등 비(非)IT 기업들의 데이터 의존도 역시 과거 대비 높아졌다.[65]

2023년 퍼블릭 클라우드 서비스에 대한 엔드유저의 지출액은 약 5,636억달러(약 733조원)로 추산된다. 2024년에는 6,788억달러(약 882조원)로 전년대비 ＋20.4% 증가할 전망이다. 전세계 개인들의 데이터 소비량 역시 빠르게 증가한다. 2022년 약 340만PB(페타바이트, 1PB ＝ 약 105만GB)를 기록했고, 2027년 970만PB까지 ＋185% 이상 증가할 것으로 전망된다. 2027년 970만PB 중 약 770만PB는 디지털화된 비디오 콘텐츠로 추정된다. 이렇듯 데이터 사용량이 증가하면서 자연스럽

---

65) 신동현(2024), "현대차증권 Megatrend Series #156 | 산업분석", 현대차증권(2024. 4), 3쪽.

게 데이터를 처리 및 저장하기 위해 필요한 데이터센터의 수요도 급증하는 반면, 공급은 수요의 증가 속도를 쫓아오지 못하고 있다.

기존 데이터센터가 IDC 위주였다면 최근 몇 년간 CDC의 수요가 빠르게 늘고 있다. IDC(Internet Data Center)란 데이터센터 공간을 임대해주고, 임차인이 장비 등을 구축해 사용하는 형태이다. 이는 공간 임대에 초점을 맞춘 반면, CDC (Cloud Data Center)는 센터의 설비 스펙, 에너지 효율 등을 상향해 "클라우드 서비스 제공"에 최적화된 상태로 임대하는 방식이다. 클라우드 산업 확대에 따라 CDC 수요가 늘어나면서 기존 IDC들도 CDC 수준으로 스펙을 업그레이드하는 케이스가 증가하고 있다. 자연스럽게 글로벌 CSP社들은 데이터센터의 주요 클라이언트가 되었고, 데이터센터가 가장 많이 구축된(개수 기준) 지역 역시 대표적인 CSP社가 집중 포진한 미국이다(2023년 말 기준 5,381개, 글로벌 M/S 50.8%).[66]

2023년 말 기준, 글로벌 데이터센터 개수는 총 10,978개, 전체 IT Load는 약 38,600MW로 추산된다. Mordor Intelligence에 따르면 클라우드, AI 등의 활용 확대 지속으로 2029년 전체 IT Load는 71,966MW(상면 면적 284.2백만제곱피트, DC 내 설치랙 수 약 1,421만 개)에 이를 전망이다.

2. 국내시장 동향

국내 데이터센터 공급 역시 과거부터 꾸준히 증가해왔다. 2000년 총 53개에 불과했던 데이터센터(Colocation + Enterprise)는 2022년 187개까지 증가했다. 특히 하나 이상의 테넌트(Tenant)와 임대차계약을 체결하고 공간 또는 설비를 임대하는 코로케이션(Colocation) 데이터센터의 증가폭이 컸다. 과거에는 특정 기업(주로 통신사)이 자사의 데이터 처리를 위해 전산실과 자체 데이터센터를 구축했던 것이 대부분이었다. 반면 최근에는 데이터센터가 필요하지만 구축 비용 등에 부담을 느끼는 불특정 다수의 기업들을 위해 데이터센터를 임대하는 일종의 "공유 데이터센터"가 빠르게 증가하고 있다. 이러한 흐름을 바탕으로 2025년 총 데이터센터 개수는 216개까지 늘어날 전망이다.[67]

데이터센터 구축이 빠르게 이루어지고 있는 배경에는 클라우드 시장의 성장이 있다. 2022년 기준 국내 클라우드 부문 전체 매출액은 총 5조 8,410억원으로

---

66) 신동현(2024), 4쪽.
67) 신동현(2024), 10쪽.

전년대비 18.6% 증가했으며, 2023년에는 6조원을 초과했을 것으로 추정되고 있다. 클라우드 서비스를 제공하는 기업 역시 2020년 2,190개에서 2021년 2,537개, 2022년 2,694개로 지속 증가하는 추세이다. 또한 최근에는 생성형 AI 사용이 급증하며 데이터 소비량 증가에 기여하고 있다. 따라서 현재는 클라우드 산업 활성화로 CDC의 공급 증가가 이루어지고 있지만 향후 이 트렌드는 AIDC로 이전될 것이다. 이미 Microsoft와 Google 등 글로벌 플랫폼 업체들은 AI 데이터센터를 포함한 AI 및 클라우드 투자 확대 전략을 발표하고 있다.[68]

현재 국내 클라우드 시장도 글로벌 CSP社가 주도하고 있다. Amazon(AWS)과 Microsoft(Azure)의 국내 합산 점유율은 70%를 상회한다. 따라서 신규 데이터센터 개발 시 글로벌 CSP社들이 주요 고객이 될 수밖에 없으며 그들이 데이터센터 입지로서 한국을 얼마나 선호하는지 파악할 필요가 있다. 현재 한국은 아시아－태평양 지역 데이터센터 건설 시 매우 선호되는 국가이다. 글로벌 CSP社 입장에서 중국은 정부 리스크가 크며(보안 유지 등 불확실), 일본 및 동남아시아는 지진 및 해일 등 자연재해의 가능성이 높아 상대적으로 선호도가 낮다. 이러한 리스크가 적으며 동시에 경제적 인프라가 확충된 지역으로 한국과 싱가포르가 주목받았다. 다만 싱가포르는 신규 부지를 확보하기 어려워 아시아 지역에서 두 번째로 개발 비용이 비싼 도시이다. 기존 데이터센터 Capa 대비 신규 공급 계획 비율로 보아도 최근 트렌드는 한국으로 집중되는 경향이 강하다.[69]

제7절 공모형 PF 개발사업

Ⅰ. 배경 및 개념

1. 민관합동사업의 배경과 내용

공모형 PF사업은 "민관합동 PF사업", "민관합동 공모형 PF사업", "공모형 PF사업" 등으로 통칭하는데 민관합동 형태의 PF사업이라는 점과 공모라는 형식

68) 신동현(2024), 11쪽.
69) 신동현(2024), 12쪽.

으로 진행한다는 점에서 모두 동일한 개념으로 볼 수 있다.

공모형 PF사업은 민관합동사업(PPP: Public Private Partnership)에서 유래하였다. 민관합동사업은 정부와 한 개 또는 다수의 민간사업자들이 공동의 특수목적회사(SPC)를 설립하여 자금을 조달하고 향후 사용자로부터 징수한 사용료로 운영하고 투자금을 회수하는 사업모델이다. 일반적으로 PPP사업은 사회간접자본 등 공공의 안녕을 위한 사업에 주로 진행되며 사업에 소요되는 비용은 최종적으로 사용자가 부담한다. 그 밖에 정부가 민간사업자의 이익 보전을 지원하기 위해 일정기간 동안 세제혜택 또는 연간확정수입 등의 혜택을 지원하기도 한다.

구체적으로 PPP는 인프라시설 및 서비스에 대한 자금조달, 설계, 건설 및 운전을 위한 특수한 목표를 갖고 수행되는 공공부문 및 민간부문 조직들 사이의 장기적인 계약적 협력사업을 말한다. 이것은 프로젝트 파트너들의 전문지식 및 능력을 기초로 자원과 리스크 그리고 수익을 상호 합의하여 적절히 배분하는 계약을 기초로 한다.

PPP의 연혁을 살펴보면 PPP는 16세기와 17세기 프랑스에서 도로 및 교량을 정비하는 대가로 민간에게 사업운영권을 부여하는 형태로 시작되었는데 당시 프랑스 정부는 이런 방식으로 운하와 저수지를 건설하였다. 1820년대까지 영국 런던에는 6개의 민간 수도회사가 운영되었고, 19세기 초 미국도 거의 모든 급수시설은 민간소유였으며 19세기 브라질, 칠레, 코스타리카, 멕시코의 전기회사들도 민간소유였다. 프랑스, 미국의 민간 개발회사들도 아르헨티나, 브라질, 우루과이에서 많은 초기 철로들을 건설하고 운영하였다. 오늘날에도 민간자금으로 건설되는 유료(고속)도로 프로젝트는 초기의 PPP의 성격이 유지되는 것이라 할 수 있다.

1992년 영국 존 메이어 수상 당시의 PPI(Public Private Initiative)가 세계적으로 체계적인 PPP 사업의 효시이다. 1997년 토니블레어 수상 집권 이후에는 위험분산을 통해 투자에 대한 합당한 가치를 이끌어내는 식으로 진행되었다.[70]

2. 국내 민관합동사업의 추진배경

우리나라에 소개된 공모형 PF사업은 한국토지공사(현 LH공사)가 공모형 복

---

70) 박학목(2011), "민관합동 공모형 PF사업 활성화를 위한 제도개선 방안 연구", 건국대학교 대학원(2011. 8), 6-7쪽.

합개발사업이라는 이름으로 2001년에 용인시 죽전지구 역세권 개발을 시행한 것이 그 시초였다. 그 후 용인시 동백지구와 화성동탄신도시, 대전유성신도시 등에 확대 적용되면서 공모형 PF사업은 여러 공기업과 지자체가 주축이 되어 사업건수 뿐 아니라 규모면에서도 빠르게 성장하였다.[71]

국내에서 공모형 PF사업이 추진된 배경은 과거 택지개발사업지구의 상업용지를 소규모 분할매각한 것에 기인한다. 대규모 공공택지개발사업지구 내 상업용지를 소규모 분할매각하는 방식은 핵심시설 유치에 어려움을 야기하고 상업시설이 불규칙적으로 개발되어 주택의 입주 시기에 원활한 공급이 이루어지지 않는 문제점[72]이 지속적으로 나타나 전체적인 계획적 개발에 어려움이 발생하였다.

공모형 PF사업 방식은 이러한 계획적 개발이 저해되는 문제와 주민불편을 야기하는 문제에 대한 해결방안으로 등장하였는데, 상업용지 필지 전체를 복합화하고 계획적으로 개발할 수 있도록 유도하는 방식이다. 특히 택지개발촉진법 시행령 개정(2001.7), 법인세법 시행령 개정(2004.3) 등 법률적 환경조성이 공모형 PF사업의 활성화에 결정적인 계기가 되었다.

3. 공모형 PF사업의 개념

공모형 PF사업은 민관합동방식이라는 점, 공모방식으로 사업자가 선정된다는 점, 자금조달이 PF방식으로 이루어진다는 점이다. ⅰ) 민관합동방식이란 제3섹터형 개발사업이라고도 하는데 사업주체로 공공기관과 민간기업이 동시에 참여하여 그에 해당하는 책임과 권한을 갖는다는 의미이다. 이런 의미로 볼 때 공공기관이 사업주체가 되어 직접시행 및 시공하는 제1섹터형 사업과 다르며, 민간기업이 토지를 매입하여 직접 시행 및 시공하는 제2섹터형 사업과도 구별된다. 또한 공공기관이 단순히 토지만 매각하기 위하여 행하는 토지매각방식의 공모형 사업과도 다르다.[73]

ⅱ) 공모방식이란 특정사업을 추진하는 공공기관이 공모지침서를 근간으로

---

71) 박학목(2011), 1쪽.
72) 제1기 신도시인 분당, 일산, 평촌 등은 아파트의 입주가 완료된 뒤에도 분당의 경우 대형 상업시설의 입지까지 5~7년, 일산, 평촌 등에서도 2~6년이 걸려서 입주 초기 주민들의 불편이 컸다. 도시의 장기적 발전을 위한 전략적 핵심시설(백화점, 호텔, 대규모 문화시설 등)이 유치되지 못하여 도시의 중추 기능 및 자족 기능이 미흡한 경우가 발생하였다.
73) 박학목(2011), 9-10쪽.

하여 사업자 선정조건을 공개적으로 제시하고 평가를 통해 민간사업자를 선정하는 방식을 말한다. 그러나 공공기관이 발주하지만 건설공사에 대한 설계부터 시공 및 시운전까지 전 부문에 걸쳐 일괄적으로 건설회사에게 맡겨 공사를 진행하는 방식인 턴키(turn-key)사업과 다르며, 민간의 창의적 아이디어를 지방자치단체 등 공공기관이 소유한 부지에 구현하는 기획제안형 개발사업과도 구분되는 특징이 있다.

iii) PF방식이란 프로젝트에 대해 리스크를 안고 장래의 사업성을 담보로 자금조달이 이루어진다는 점이다. 국내의 경우 PF는 프로젝트의 사업성을 담보로 하는 것이 아니라 사업자의 보증능력을 담보로 하는 파이낸싱이 일반적이다. 즉 사업자가 모든 리스크를 안고 사업을 추진하는 변형된 형태의 파이낸싱이라 할 수 있다. 이처럼 사업자의 보증능력을 담보로 하는 일종의 기업금융 방식의 PF 형태가 공모형 PF사업에도 그대로 적용되어, 사업자의 지급보증이나 책임분양 등의 보증조건이 요구되는 모습을 보이고 있다. 다만 공모형 PF사업은 일반 PF와 달리 민관합동 사업이자 공모사업인 점에서 구별된다. 또한 단순히 자금조달을 위한 금융기법이 아니라 보다 광의적인 의미에서 대규모 사업으로 추진되는데, 구조는 일반 PF와 같은 사업구조라고 할 수 있다.

이상의 개념들을 종합해 보면, 공모형 PF사업이란 공공부문이 보유하고 있는 특정 부지를 대상으로 개발사업을 수행할 민간사업자를 공모·선정하고, 공공부문과 민간부문이 공동으로 출자하여 프로젝트회사(SPC)를 설립한 뒤 그 회사의 책임으로 자금을 조달하여 사업을 시행하는 민관합동방식의 개발사업을 의미한다고 할 수 있다.

Ⅱ. 이해관계자와 구조적 특징

1. 공모형 PF사업의 이해관계자

(1) 이해관계자

공모형 PF사업의 직접적인 사업 참여자를 이해관계자라 하면, 공모형 PF사업의 이해관계자는 크게 공공기관(공공부문), 건설회사(민간부문), 금융회사로 구성된다. 공공기관은 공익적 투자자, 건설회사는 전략적 투자자, 금융회사는 재무

적 투자자라 할 수 있다.[74)]

ⅰ) 공익적 투자자는 특정사업에 지나친 개발이익을 방지하고 이를 일정 부분 환원하여 이용주체에게 되돌려 주는 공공성 확보를 주요 목적으로 한다. 공익적 투자자는 정부나 지자체 외에 LH한국토지주택공사 등과 같은 국토해양부 산하기관들과 SH서울주택도시공사, iH인천도시공사 등과 같은 지역 개발공사 등이 있다.

ⅱ) 전략적 투자자는 대형 개발사업 등을 할 때 경영권 확보를 목적으로 자금을 조달하는 투자자를 의미하며 일명 SI(Strategic Investor)라고도 한다. 하지만 공모형 PF사업에서는 개발사업을 통해 경제적 수익을 확보하고자 하는 투자자를 의미하며 시공참여를 목적으로 하는 건설회사와 사업계획 및 분양대행 등의 업무를 시행하는 시행사, 때로는 금융회사가 전략적 투자자가 되기도 하지만, 일반적으로 공모형 PF사업에서는 건설회사가 전략적 투자자의 역할을 수행한다고 할 수 있다. 이러한 측면에서 공모형 PF사업의 이해관계자 중 건설회사를 SI라 하지 않고 건설적 투자자 CI(Constructive Investor)라고도 한다.

ⅲ) 재무적 투자자는 투자재원의 다양화를 위해 도입된 개념으로 민자사업에 참여하는 금융회사를 의미하며, 기본적으로는 사업수익의 배당을 목적으로 투자를 실시하는 투자자를 의미한다. 다른 표현으로 FI(Financial Investor)라고도 한다.

(2) 이해관계자별 기대이익

공모형 PF사업으로 개별 이해관계자의 기대이익은 다음과 같다.

(가) 공공기관(공익적 투자자)의 기대이익

공공기관의 기대이익은 ⅰ) 계획적이고 효율적인 토지이용이 가능하다. 추가적인 재정부담 없이 도시개발의 수요 및 질적인 측면의 사회적 요구 등을 반영한 계획적인 개발계획을 유도하여 효율적인 토지이용 및 수준 높은 도시환경을 도모할 수 있다. ⅱ) 주민편익시설의 적기제공이다. 기존 택지개발사업의 경우 주민의 입주시기와 편의시설의 준공시기의 불일치로 입주민의 불편을 야기하였는데 공모형 PF사업으로 적기에 입주민에 대한 편익서비스를 제공할 수 있다.

---

74) 박학목(2011), 11-13쪽.

iii) 공공부문이 이해관계자로 참여하면서 발생한 개발이익을 지역에 재투자하거나 다른 공적 사업에 재원으로 이용할 수 있다.

(나) 건설회사(전략적 투자자)의 기대이익

건설회사의 기대이익은 ⅰ) 공공사업에 민간부문이 자본, 기술, 효율성과 창의력을 이용하여 직접 시행할 수 있는 기회를 얻는다. ⅱ) 공사물량의 수주를 통한 경제적 이익이다. 공모형 PF사업이 대규모로 장기간 지속된다는 측면에서 안정적인 수주물량을 확보할 수 있다. iii) 기존의 공공사업이 공사발주 방식이었는데 반해 공모형 PF사업은 민간부문이 시행자로서 참여하기 때문에 다양한 사업수익모델의 계획과 전략적 실험이 가능하다. iv) 공공의 신용도를 통해 사업을 위한 재원조달과 각종 인허가 기간의 단축 및 공공의 협조 등으로 사업추진이 원활하다.

(다) 금융회사(재무적 투자자)의 기대이익

금융회사의 기대이익은 ⅰ) 높은 이자수익이다. 은행과 증권회사, 연금과 각종 기금 등의 금융권은 공공기관이 합자하고 건설회사가 지급보증을 하므로 높은 이자수익을 기대할 수 있는 안정적인 투자대상이 된다. ⅱ) 다양한 금융방식을 적용할 수 있다. 지분투자나 메자닌(Mezzanine Financing)투자,[75] 리츠(Reits: Real Estate Investment Trusts)방식[76] 등을 다양하게 연계하여 선진 금융기법의 도입과 제도적 발전을 기대할 수 있다.

2. 공모형 PF사업의 구조적 특징

공모형 PF사업은 일반적인 PF사업과 달리 자금조달방법과 이해관계자의 역할에 차이가 있다.[77]

---

[75] 건물 1층과 2층 사이에 있는 중간층을 뜻하는 이태리어로 금융에서는 지분과 대출의 중간 형태를 의미한다. 일반적으로 우선주, 후순위 대출, 전환사채, 신주인수권부사채 등이 메자닌 투자방식으로 분류되며, 부동산개발에서 메자닌 방식은 옵션 설정을 통하여 대출처럼 수익을 발생시킬 수 있으며 원금 회수에서도 지분투자에 비해 선순위를 설정할 수 있다.
[76] 부동산투자신탁이라는 뜻으로 주로 소액투자자들로부터 자금을 모아 부동산이나 부동산 관련 대출에 투자하여 발생한 수익을 투자자에게 배당하는 회사나 투자신탁으로 주로 부동산개발사업·임대·주택저당채권 등에 투자하는 리츠가 많다.
[77] 박학목(2011), 13-15쪽.

(1) 자금조달방법

자금조달방법에 있어서 PF사업은 해당 프로젝트의 현금흐름에 근거하여 자금을 조달하기 때문에 프로젝트가 실패하더라도 해당 프로젝트의 자산 또는 현금흐름에 한해서만 채권변제 청구가 가능하다. 프로젝트와 별개인 사업주의 다른 자산이나 다른 프로젝트에는 청구할 수 없는 비소구금융(non-recourse financing)이라는 구조적 특성이 있다. 이런 면에서 사업자의 담보력이나 보증력을 기준으로 자금을 조달하는 기업금융(corporate financing)과 다르다. 그렇지만 국내 PF사업은 건설회사에 지급보증을 요청하기 때문에 기업금융의 성격이 강하다고 할 수 있다. 그러나 공모형 PF사업은 단순 기업신용에 의한 기업금융만이 아닌 공공기관의 참여가 대출시 고려된다는 점에서 일반 PF사업과 차이가 있다.

(2) 이해관계자의 역할

이해관계자의 역할에서도 공모형 PF사업과 일반적인 PF사업은 SPC설립 시 출자 구조에 따라 사업추진 과정에서 각 구성원의 역할과 지위에 상당한 차이가 나타난다.

공모형 PF사업은 사업계획 수립단계에서 건설회사가 주도적 역할을 한다. 건설회사는 사업추진을 위한 출자 및 신용공여에서 중요한 역할을 하므로 사업계획 수립 등을 주도하게 된다. 그러나 이로 인해 사업 전체의 공익성과 부가가치보다는 건설회사의 시공이윤 추구를 목적으로 사업계획이 수립될 우려가 있다는 문제점이 있다.

컨소시엄 구성단계에서는 공공기관과 건설회사 그리고 금융회사가 SPC를 구성하는데 건설회사는 자금과 인력이 풍부한 대형건설회사 중심으로 구성된다. 따라서 건설회사의 이해관계에 따라 컨소시엄 구성 및 출자 지분관계 등이 형성된다. 이 과정에서 이해관계가 상충될 경우 사업이 지연되거나 재무적 투자자(FI)의 사업참여에 대한 의사결정이 지연되기도 한다.

일반 PF사업은 사업계획 단계에서 시행주체인 개발업체의 참여기회 확대로 민간의 창의성 제고가 가능하고, 사업성 제고를 위한 다양한 컨셉이 도입되어 장기적으로 사업 부가가치의 극대화가 가능하다는 점이 특징이다. 건설회사의 역할은 단순 시공으로 국한되고 사업계획은 개발업체가 주도한다. 컨소시엄 구성도 개발업체와 재무적 투자자의 주도하에 신속하고 용이하게 진행된다.

3. 공모형 PF사업의 구조적 위험요소

공모형 PF사업은 공공기관과 건설회사가 동시에 참여하는 사업구도이므로 파생되는 장점도 많지만 위험요소도 존재한다.[78)

(1) 공공기관 입장

공공기관 입장에서는 ⅰ) 당초 계획보다 공공성이 상실될 수 있고, ⅱ) 참여한 건설회사의 부실화(경영, 참여 등)에 따라 그 책임을 공공기관이 자신의 의사와 관계없이 부담할 가능성이 있으며, ⅲ) 이로 인한 공공기관의 이미지 손실을 가져올 수 있다.

(2) 건설회사 입장

건설회사 입장에서는 ⅰ) 공공기관의 간섭으로 효율성과 사업성이 악화될 수 있으며, ⅱ) 의사결정과정에서 공공기관의 명분과 지위에 의해 활동이 위축될 수 있다.

공공과 건설회사 공통의 위험요소는 상호 이질적인 문화와 사업환경 때문에 불협화음과 마찰이 발생할 수 있으며 이로 인해 사업계획의 변경과 일정지연 등의 부정적 효과를 가져올 수 있다.

(3) 금융회사 입장

금융회사의 입장에서는 투자에 따른 리스크부담이 가장 중요한 위험요소이다. 금융회사는 현금흐름이 안정적으로 창출되는 실물자산을 확보하거나 담보력이 높은 상품에 투자하고자 하는 성향이 높다. 구체적인 프로젝트의 사업성보다는 투자원금 회수에 대한 안전장치가 마련된 제한적인 경우에만 투자한다는 문제가 있다.

---

78) 박학목(2011), 15-16쪽.

Ⅲ. 개발사업의 구조와 유형

1. 공모형 PF사업의 일반적인 구조

공모형 PF사업은 사업규모가 커서 단독회사가 추진하기보다는 컨소시엄 (Consortium)을 구성하여 공모에 응찰하는 경우가 대부분이다. 민간 컨소시엄은 재무적 투자자, 건설적 투자자로 구성되며 최대 출자기업이 사업 주간사가 되어 컨소시엄 명의로 공모에 응찰한다. 선정된 컨소시엄은 공공과 함께 프로젝트회 사인 특수목적회사(SPV)를 설립한다.

프로젝트회사는 2004년 법인세법의 개정으로 제한적이나마 프로젝트금융투 자회사(PFV: Project Finance Vehicle)를 설립할 수 있게 되면서 현재는 대부분의 공모형 PF사업이 프로젝트금융투자회사(PFV)형태로 추진되고 있다. PFV는 기존 특수목적회사(SPC)와 달리 자본금 50억 원 이상, 금융회사 5% 이상 출자, 별도 자산관리회사 구성 등 요건을 갖추면 취등록세 50% 감면과 이익의 90% 이상 배당 시 법인세 감면이 가능하다.

PFV는 출자기업과 무관하게 독립경영이 가능해 해당 PFV가 부도가 나더라 도 출자기업에는 영향을 미치지 않는 장점이 있으나 국내의 경우는 건설회사의 지급보증을 통해 사업이 이루어진다는 점에서 온전한 PFV 구조로 사업이 운영되 고 있지 않다는 한계가 있다.[79]

대부분의 사업구조에서 지주인 공공은 PFV에 토지를 매각하여 토지대금을 회수할 뿐만 아니라 PFV의 출자자로서 개발사업의 이익을 일부 향유하게 된다. 건설사는 CI(Construction Investor)로써 출자한 지분에 비례하여 시공권을 확보할 수 있게 되며, 은행 등 금융회사들이 주축을 이루는 재무적 투자자(FI: Financial Investor)는 출자한 자금에 대한 배당수익 또는 대출에 대한 이자 등을 얻게 된 다.[80]

2. 공모형 PF사업의 사업협약

일반 PF사업에서의 사업계획 수립은 민간사업자가 컨소시엄을 구성하여 사

---

79) 박학목(2011), 16-17쪽.
80) 황규완(2014), "공모형 PF사업의 진행현황과 시사점", 대신경제연구소 국내연구자료(2014. 6), 3쪽.

업계획서를 제출하는 방식인데 비해 공모형 PF사업은 공공부문이 먼저 공모지침
서(RFP: Request for Proposal)를 작성하고 공모를 통해 민간사업자를 모집 선정한
후 이들이 제출한 사업계획서를 바탕으로 구체적인 사업계획을 결정한다.[81]

민간사업자가 선정되면 공공부문과 민간사업자 컨소시엄은 PF사업계약의
협약당사자로 프로젝트회사 출자지분과 사업내용 변경, 출자금 회수, 용지 공급,
인허가 추진 주체, 회계 및 자금관리, 협약의 해지 등에 관한 사항을 담은 협약
을 체결한다. 이 협약은 통상의 PF에서의 합작투자약정에 해당한다.

3. 프로젝트회사 설립

공공기관은 사업협약서에 따라 민간 컨소시엄과 공동출자하여, 법률적 · 경
제적으로 완전히 독립된 프로젝트회사를 설립하고, 이 프로젝트회사로 하여금
사업을 수행하게 한다. 이는 PF의 장점을 이용하기 위함이다. 즉 프로젝트회사
는 사업주와 법률적 · 경제적으로 완전히 독립적인 존재로서, 프로젝트 사업의
시공 · 운영 · 자금조달 및 상환 등 프로젝트 전 과정에서 모든 권리의무의 주체
가 된다. 따라서 프로젝트회사를 통한 비소구 금융방식의 PF는 종래의 기업금
융방식을 통한 자금 대출과는 달리 프로젝트회사가 사업주와 완전히 분리되어
프로젝트 소요자금을 조달하기 때문에, 향후 사업주의 자금조달에 영향을 주지
않게 되어 사업주는 모기업의 자산 유지와 지속적인 자금확보에 있어 유리한 위
치를 누릴 수 있다.[82]

공모형 PF사업에서 프로젝트회사는 사업의 성격과 상황을 고려하여 실질회
사(real company)나 명목회사(paper company)를 설립하는데 명목회사로 설립하는 경
우가 많다. 이는 법인세법에 의해 비과세되기 때문이다. 명목회사가 설립되는 경우
사업진행과 자금관리를 실질적으로 수행하는 자산관리회사(AMC: Asset Manage-
ment Company)를 별도로 설립 운영한다.

4. 공모형 PF사업의 유형

공모형 PF사업은 공공기관과 민간사업자가 사업주로 참여하는지 여부에 따
라 공공 PF사업, 공모형 PF사업, 민간 PF사업으로 구분할 수 있다. 공공 PF사업

---

81) 박학목(2011), 17쪽.
82) 박학목(2011), 18쪽.

은 사업주체가 공공기관이며 공공성을 목적으로 공공기관이 자금을 조달하여 사업을 추진하는 형태이다. 민간부문이 배제되기 때문에 순수공공 PF에 해당한다. 공모형 PF사업은 공공기관이 사업추진 시 공모를 통해 민간사업자를 선정하고 프로젝트 파이낸싱 방식으로 민간자본을 동원하여 진행하는 사업이다. 민간 PF사업은 사업대상 시설이 공공시설, 민간시설 여부에 따라 민자투자 PF사업과 일반 민간 PF사업으로 구분된다. 민자투자 PF사업은 대상 공공시설이 SOC에 해당되는 경우에는 SOC 민자투자 PF사업이 될 것이고, 기타 공공시설에 해당되는 경우에는 기타 민자투자 PF사업이 될 것이다.

이처럼 공공과 민간이 합동하여 진행하는 PF사업은 대상시설에 따라 크게 공공시설과 민간시설로 나누어 볼 수 있으며, 공공시설의 경우 민간역사, 환승터미널, 도로 등의 SOC 시설과 역세권 개발사업, 택지개발사업 등이 있다. 민간시설의 경우 최근 쇼핑몰, 국제업무단지 등 복합단지 개발사업으로 진행되고 있다.

그 밖에도 공모형 PF사업은 신도시 택지개발지구 내 중심상업지 개발, 역세권 개발, 복합단지 개발, 주거를 포함한 상업시설 개발 또는 상업시설만의 개발, 도시재생사업, 항만재개발사업, 단독주택 및 골프장 개발사업, 이전적지 개발사업 등 매우 다양하다. 현재 공모형 PF사업은 주로 대규모 복합개발 위주로 추진되고 있으며, 택지개발지구 및 신개발지 중심상업지구 개발,[83] 기성 시가지내 복합개발[84] 등의 사업유형이 대부분이다.

Ⅳ. 자금조달 방식과 추진절차

1. 일반적인 자금조달 방식

공모형 PF사업의 자금조달은 프로젝트회사에 출자하는 방식을 기본으로 하고, 자금이 필요할 때마다 신주발행을 통하여 자금을 조달하고 있다. 프로젝트회사의 자기자본은 공공기관, 건설회사, 금융회사, 생산물의 예상구매자 등 이해당사자들이 지분투자(equity)를 하여 형성된다. 프로젝트회사의 지분비율 문제는 PF

---

83) 대표적인 사례로 용인시 동백지구, 화성시 동탄신도시, 대전 엑스포 컨벤션센터, 서울 동남권 유통단지, 은평 뉴타운 상업용지 조성사업 등이 있다.
84) 대표적인 사례로 철도청(현 한국철도공사) 민자역사 PF사업, 인천 도화지구 복합단지개발, 서울 용산국제업무지구 개발사업 등이 있다.

사업의 유용성과 관련된 중요한 문제이다. 사업주는 비소구금융기법인 PF사업의 장점을 최대한 누리기 위해 가급적 지분비율을 줄이고 외부차입 비중을 늘리려고 하는 것이 일반적이다.[85]

그러나 프로젝트회사의 외부 채권자들은 정반대의 입장에 서게 된다. 특히 프로젝트회사에 대출하는 금융회사들은 명목적인 프로젝트회사의 신용을 담보로 하는 것이 아니고, 프로젝트 자체의 현금흐름과 타당성, 그리고 사업주의 신용도를 평가하여 자금을 제공하는 것이기 때문에 사업주의 높은 지분참여를 요구하게 된다. 결국 프로젝트회사의 지분참여 문제는 프로젝트 사업의 리스크를 어떻게 분배할 것인가의 문제로 귀착된다. 사업주가 프로젝트회사에 자본투자를 많이 할수록 금융회사의 리스크가 감소하고 프로젝트 사업 성공의 신뢰도가 증가하기 때문에 프로젝트회사는 용이하게 외부로부터 자금을 차입할 수 있다. 그렇지만 과도한 사업주의 자본투자는 사업주의 리스크부담을 증가시켜 비소구금융기법인 PF사업의 기본적 특성을 무력하게 하므로 적절한 수준에서 결정되어야 한다.

2. 자본시장을 통한 자금조달 방식

최근에는 자금조달 구조가 보다 선진화되어 자본시장을 통해 부동산개발자금을 조달하고 있다. 이는 투자금액의 전부를 은행 등 대출기관이 부담하던 방식에서 탈피, 자본시장에서 증권화하여 자금을 조달하는 방식이다. 자본시장을 통한 자금조달방식은 다양한 방식으로 이루어지고 있는데 이를 살펴보면 다음과 같다.[86]

ⅰ) 자산유동화법[87]상 SPC를 이용한 PF-ABS(Asset Backed Securities)방식이 있다. ABS는 부동산개발사업을 위하여 금융회사가 실행한 대출채권을 유동화한 것으로, 금융회사가 보유하고 있는 대출채권이나 기업이 보유하고 있는 분양대금 채권 등 매출채권을 금전 채권신탁하고 이 신탁의 수익권을 기초자산으로 유동화전문회사가 사채를 발행해 투자자에게 파는 것이다. ABS구조의 부동산펀드와 차이점은 투자자에게 교부하는 증권이 ABS는 사채이고 펀드는 수익증권이라

---

85) 박학목(2011), 20쪽.
86) 박학목(2011), 20-22쪽.
87) 우리나라는 1998년 9월 16일 자산유동화법이 제정됨에 따라 자산을 유동화하여 증권을 발행할 수 있는 법적인 토대가 마련되었다.

는 점이다.

ⅱ) 상법상 SPC를 이용한 ABCP방식이 있다. ABCP는 ABS와 기업어음(CP: Commercial Paper)의 구조를 결합한 방식으로 유동화전문회사(SPC)가 매출채권, 회사채 등 자산을 담보로 발행하는 기업어음이다. ABCP는 상환 확실성을 높이기 위해 신용보강과 유동성 보강이 추가되며, ABCP의 기초자산은 시행사에 대한 금융회사의 대출채권을 상법상 유동화전문회사(SPC)가 양수받은 기초자산으로 하여 기업어음을 발행하는 구조이다.

ⅲ) 자본시장법상 펀드를 이용한 부동산펀드, 특별자산펀드 등 간접투자 증권형태가 있다. 부동산펀드 방식(Real Estate Fund)은 다수의 투자자들로부터 공동기금을 조성하여 전문적인 투자기관에 맡겨 운용성과에 따라 수익을 분배하는 방식으로, 투자 운용기관이 공모형 PF사업에 투자자로 참가하는 경우를 의미한다.

ⅳ) 부동산투자회사법상 리츠(REITs)를 이용한 자금조달방식이 있다. 리츠는 주식공모 등을 통하여 다수의 투자자로부터 자금을 모아 부동산에 투자하고 이로부터 얻은 수익을 투자자에게 배분하는 회사형 부동산 투자신탁제도라 할 수 있다.

공모형 PF사업 및 일반 PF사업에서 자본시장을 통한 자금조달은 크게 활성화되지 못하고 있다. 그 이유는 ⅰ) 자본시장을 통해 자금을 조달하기 위해서는 투자자가 합리적으로 투자판단을 할 수 있는 충분한 자료가 제공되어야 하는데 공모형 PF사업의 경우 프로젝트에 대한 사업성 평가가 제대로 이루어지지 않거나 불확실성이 크다는데 있다. ⅱ) ABS 및 ABCP 등 자산유동화 방식의 경우 원리금 상환이 SPC 기초자산의 현금흐름에 연결되어야 함이 원칙이다. 그러나 연대보증이나 채무인수한 건설회사의 지급능력에 의존하는 면이 있고, 발행 및 사후관리에 참여하는 대출기관, 신용평가회사, 주관 증권회사 등 금융 관련회사들이 각자의 역할을 소홀히 하는 면이 많기 때문이다. 또한 ABCP는 대부분 사모형태로 발행되어 증권신고서 등 제출의무가 없어 감독대상이 아닌 관계로 투자자 보호가 미흡하다.

3. 추진절차

공모형 PF사업의 추진절차는 사업자 모집단계(공모 및 사업자 선정단계), SPC 설립단계(사업추진구조 구성단계), 사업계획 추진단계(공사 및 분양단계), 사업계획

운영단계(사업시행 완료 이후 단계) 등 크게 4단계로 나누어 볼 수 있다. 단계별 추진절차를 살펴보면 다음과 같다.[88]

(1) 사업자 모집단계

사업자 모집단계로 공공이 PF사업을 추진할 대상지역의 계획적 개발을 위해 개발방향, 토지이용계획 등을 검토하여 공모지침서를 작성 공모하고 민간기업 및 컨소시엄을 통해 복합개발 여부 및 사업추진에 대한 기본계획을 수립한다.

(2) SPC 설립단계

SPC 설립단계로 사업제안 관련비용 분담, 자본출자비율, 주체별 역할 등을 주요 내용으로 하는 컨소시엄 협약이 체결된다. 컨소시엄 중 최대주주가 사업 주간사를 맡게 되고 사업구상, 기초 설계 및 개발계획, 사업계획 등을 작성한다. 발주처는 접수된 사업계획을 공모마감일 7일 이내에 내·외부 전문가를 심사위원으로 하여 우선협상대상자를 선정하고 20일 이내에 우선협상자로 선정된 업체와 사업규모, 기간, 이익배분, 운영 등 사업추진 내용을 담고 있는 협약을 체결한다.

(3) 사업계획 추진단계

사업계획 추진단계는 최종 사업계획을 수립하고 PF대출, 설계계약, 감리계약, 공사도급계약 등 각종 계약을 체결하고 사업계획에 따라 건축물을 시공하고 분양·임대 등을 통하여 사업자금 회수를 추진하는 단계이다.

(4) 사업계획 운영단계

사업계획 운영단계로 공사가 완료되어 각 시설에 대한 소유권 보존등기 및 매수자에게 소유권 이전등기를 완료하고 분양·임대 대금으로 대출금을 상환하거나 잔존재산 등을 관리 운영하는 단계이다. 또한 프로젝트 준공 이후 잔존 물건을 제3자에게 매각하거나 리츠(REITs)를 설립하여 양도함으로써 프로젝트회사를 청산하는 단계이다.

---

88) 박학목(2011), 22-23쪽.

V. 공모형 PF사업의 법적 근거

여기서는 공모형 PF사업의 법적 근거로 택지개발촉진법의 내용을 살펴본다.

공모형 PF사업의 법적 근거는 택지개발촉진법 시행령 개정(2001. 7), 법인세법 시행령 개정(2004. 3), 도시개발법 시행규칙 개정(2005. 8) 등을 통해서 민간의 택지개발사업 참여가 제도적으로 가능해짐에 따라 민간이 공모형 PF사업에 본격적으로 참여하게 되었다.[89]

1. 택지개발사업의 시행자

택지개발촉진법은 택지공급 측면에서 공모형 PF사업의 추진이 가능한 근거를 규정하고 있다. 택지개발촉진법이 2003. 5. 29 개정되면서 기존 제7조(택지개발사업의 시행자 등) 제1항 제4호에 공공시행자와 민간시행자가 함께 사업을 수행할 수 있는 규정이 추가되었다.

택지개발촉진법 제7조 제1항 제4호를 살펴보면, 주택법 제4조에 따른 등록업자가 시행자가 될 수 있게 되면서, 공공과 민간이 합동으로 추진하거나 민간이 독립으로 추진할 수 있는 근거법령이 만들어졌다.

택지개발사업은 다음의 자 중에서 지정권자가 지정하는 자("시행자")가 시행한다(택지개발촉진법7①).

1. 국가·지방자치단체
2. 한국토지주택공사
3. 지방공사
4. 주택법 제4조[90]에 따른 등록업자("주택건설등 사업자")로서 지정하려는 택

---

89) 박학목(2011), 64쪽.
90) 제4조(주택건설사업 등의 등록) ① 연간 대통령령으로 정하는 호수(戶數) 이상의 주택건설사업을 시행하려는 자 또는 연간 대통령령으로 정하는 면적 이상의 대지조성사업을 시행하려는 자는 국토교통부장관에게 등록하여야 한다. 다만, 다음의 사업주체의 경우에는 그러하지 아니하다.
   1. 국가·지방자치단체
   2. 한국토지주택공사
   3. 지방공사
   4. 공익법인법 제4조에 따라 주택건설사업을 목적으로 설립된 공익법인
   5. 제11조에 따라 설립된 주택조합(제5조 제2항에 따라 등록사업자와 공동으로 주택건설

지개발지구의 토지면적 중 대통령령으로 정하는 비율 이상의 토지를 소유하
거나 소유권 이전계약을 체결하고 도시지역의 주택난 해소를 위한 공익성
확보 등 대통령령으로 정하는 요건과 절차에 따라 공공시행자(국가·지방자
치단체, 한국토지주택공사, 지방공사)와 공동으로 개발사업을 시행하는 자.
이 경우 대통령령으로 정하는 비율은 다음의 구분에 따른 범위에서 정한다.

    가. 공공시행자가 공공주택건설 등 시급한 필요에 따라 주택건설등 사업자에
        게 공동으로 개발사업의 시행을 요청하는 경우: 20% 이상 50% 미만의
        범위

    나. 주택건설등 사업자가 토지 취득 또는 사업계획 승인 등의 어려움을 해소
        하기 위하여 공공시행자에게 공동으로 개발사업의 시행을 요청하는 경
        우: 50% 이상 70% 미만의 범위

5. 주택건설등 사업자로서 공공시행자와 협약을 체결하여 공동으로 개발사업을
   시행하는 자 또는 공공시행자와 주택건설등 사업자가 공동으로 출자하여 설
   립한 법인("공동출자법인"). 이 경우 주택건설등 사업자의 투자지분은 50%
   미만으로 하며, 공공시행자의 주택건설등 사업자 선정 방법, 협약의 내용 및
   주택건설등 사업자의 이윤율 등에 대하여는 대통령령으로 정한다.

2. 공공 · 민간 공동 택지개발사업의 시행요건

(1) 대통령령으로 정하는 비율

    법 제7조 제1항 제4호에서 "대통령령으로 정하는 비율"이란 ⅰ) 공공시행자
가 국토교통부장관이 정하는 바에 따라 주택건설등 사업자에게 공동 택지개발사
업의 시행을 요청하는 경우 20%(제1호), ⅱ) 주택건설등 사업자가 토지취득이나
사업계획승인 등의 어려움을 해소하기 위하여 공공시행자에게 공동 택지개발사
업의 시행을 요청하는 경우 50%(제2호)의 구분에 따른 비율을 말한다(동법 시행령
6의2①).

(2) 종합공사를 시공하는 업종의 등록 등

    법 제7조 제1항 제4호에 따라 공공시행자와 공동으로 택지개발사업을 시행
하려는 주택건설등 사업자는 ⅰ) 건설산업기본법 제9조에 따라 종합공사를 시공

    사업을 하는 주택조합만 해당)

6. 근로자를 고용하는 자(제5조 제3항에 따라 등록사업자와 공동으로 주택건설사업을 시
   행하는 고용자만 해당하며, 이하 "고용자"라 한다)

하는 업종(건축공사업 또는 토목건축공사업으로 한정)의 등록을 하였을 것(제1호), ii) 주택법 제7조에 따른 기준에 해당할 것(제2호), iii) 제1호에 해당하는 자와 주택건설공사의 시공계약을 체결하였을 것(제3호) 중 어느 하나에 해당하는 요건을 갖추어야 한다(동법 시행령6의2②).

(3) 협약 체결 전 소유권 이전계약 체결과 소유권 취득

주택건설등 사업자는 협약을 체결할 때까지 제1항에 따른 비율 이상의 토지를 소유하거나 소유권 이전계약을 체결하여야 한다(동법 시행령6의2③ 전단). 이 경우 소유권 이전계약을 체결한 토지에 대해서는 해당 택지개발지구의 지정 전까지 소유권을 취득하여야 한다(동법 시행령6의2③ 후단).

3. 공공 · 민간 공동 택지개발사업의 시행절차

(1) 사업계획서 제출

주택건설등 사업자가 공공시행자에게 공동 택지개발사업의 시행을 요청하려는 경우에는 택지개발지구의 경계, 개발방향, 주택건설계획 등이 포함된 구체적인 사업계획서를 제출하여야 한다(동법 시행령6의3①).

(2) 수용 여부 통보

주택건설등 사업자가 공공시행자에게 공동 택지개발사업의 시행을 요청하는 경우 공공시행자는 국토교통부장관이 정하는 바에 따라 공익성과 사업성 등을 고려하여 그 수용 여부를 판단하여야 하며, 주택건설등 사업자의 요청을 받은 날부터 30일 이내에 그 수용 여부를 통보하여야 한다(동법 시행령6의3② 전단). 이 경우 주택건설등 사업자의 요청을 수용하지 아니할 때에는 그 사유를 명시하여 통보하여야 한다(동법 시행령6의3② 후단).

(3) 협약 체결과 협약서 제출

주택건설등 사업자와 공공시행자가 공동으로 택지개발사업을 시행하려는 경우에는 i) 사업의 범위와 규모(제1호), ii) 업무의 범위 및 분담(제2호), iii) 토지 등의 소유권 이전(제3호), iv) 공공시설 등의 설치 및 관리(제4호), v) 기반시설의 설치 및 비용 부담(제5호), vi) 주택건설등 사업자가 확보한 택지를 공공시행자가 택지로 활용하는 경우의 비용 정산(제6호), vii) 그 밖에 주택건설등 사업자 또는 공공시행자가 필요하다고 인정하는 사항(제7호)을 포함하는 협약을 체결하여야 한다(동법 시행령6의3③).

주택건설등 사업자와 공공시행자가 지정권자에게 공동으로 택지개발지구의 지정을 제안하려는 경우에는 제4조의2 제1항 각 호의 서류에 추가하여 제3항에 따라 체결한 협약서를 제출하여야 한다(동법 시행령6의3④ 전단). 이 경우 지정권자는 전자정부법 제36조 제1항에 따른 행정정보의 공동이용을 통하여 지적도 및 임야도를 확인하여야 한다(동법 시행령6의3④ 후단).

(4) 해당 택지의 주택건설 등 활용

주택건설등 사업자와 공공시행자가 공동으로 시행한 택지개발사업으로 조성된 택지 중 주택건설등 사업자의 지분에 해당하는 택지(제9조의2에 따라 주택건설등 사업자가 활용하는 택지)는 해당 주택건설등 사업자가 직접 주택건설 등에 활용하여야 한다(동법 시행령6의3⑤ 본문). 다만, 주택건설등 사업자가 파산·부도 등으로 법 제9조 제1항에 따른 택지개발사업 실시계획 승인일부터 2년 이내에 주택법 제15조에 따른 주택건설사업계획의 승인을 신청하기 곤란한 경우에는 공공시행자에게 해당 택지를 조성원가로 매수하여 줄 것을 요청할 수 있다(동법 시행령6의3⑤ 단서).

제8절 생활숙박시설 개발사업

Ⅰ. 서설

1. 생활숙박시설의 의의

(1) 생활숙발시설의 개념

생활숙박시설은 공중위생관리법에서 숙박업으로 분류하여 "손님이 잠을 자고 머물 수 있도록 시설(취사시설은 포함) 및 설비 등의 서비스를 제공"하는 영업을 할 수 있는 시설이다(공중위생관리법2②, 동법 시행령4(2) 참조).

기존의 취사시설이 미포함된 숙박시설과 주거시설이 합쳐진 개념이다. 숙박용 호텔과 주거용 오피스텔의 중간 형태로 "레지던스"라고도 불린다. 법적으로는 엄연히 숙박시설이지만, 장기로 숙박하면서 취사와 세탁까지 가능해 사실상 주거시설과 비슷하다.

(2) 건축법상 숙박시설

건축법은 건축물을 단독주택, 공동주택, 제1종 근린생활시설, 제2종 근린생활시설, 문화 및 집회시설, 종교시설 등 총 28가지의 용도로 구분하고 있으며, 그중 생활숙박시설은 숙박시설로 구분된다(건축법2②(15)). 용도별 건축물의 종류는 [별표 1]과 같다(동법 시행령3의5).

[별표 1] 제15호에 따르면 숙박시설은 ⅰ) 일반숙박시설 및 생활숙박시설(공중위생관리법 제3조 제1항 전단에 따라 숙박업 신고를 해야 하는 시설로서 국토교통부장관이 정하여 고시하는 요건을 갖춘 시설)(가목), ⅱ) 관광숙박시설(관광호텔, 수상관광호텔, 한국전통호텔, 가족호텔, 호스텔, 소형호텔, 의료관광호텔 및 휴양 콘도미니엄)(나목), ⅲ) 다중생활시설(제2종 근린생활시설에 해당하지 아니하는 것)(다목), ⅳ) 그 밖에 가목부터 다목까지의 시설과 비슷한 것(라목)을 말한다.

따라서 생활숙박시설은 공중위생관리법 제3조 제1항 전단에 따라 숙박업 신고를 해야 하는 시설로서 국토교통부장관이 정하여 고시하는 요건을 갖춘 시설을 말하며, 건축법에 따른 생활숙박시설의 용도는 숙박시설로 규정되며, 생활숙박시설은 이용자의 위생관리를 위해 공중위생관리법에 따라 관리된다.

(3) 공중위생법상 숙박업

공중위생관리법 제2조 제1항 제1호에 의하면 "공중위생영업"이라 함은 다수인을 대상으로 위생관리서비스를 제공하는 영업으로서 숙박업·목욕장업·이용업·미용업·세탁업·건물위생관리업을 말하고, 동항 제2호에서는 공중위생업의 하나로서 숙박업을 정의하고 있다.

숙박업은 ⅰ) 숙박업(일반): 손님이 잠을 자고 머물 수 있도록 시설(취사시설 제외) 및 설비 등의 서비스를 제공하는 영업(제1호), ⅱ) 숙박업(생활): 손님이 잠을 자고 머물 수 있도록 시설(취사시설 포함) 및 설비 등의 서비스를 제공하는 영업(제2호)으로 세분한다(공중위생관리법2②, 동법 시행령4). 여기서 숙박업이라 함은 손님이 잠을 자고 머물 수 있도록 시설 및 설비등의 서비스를 제공하는 영업을 말한다(공중위생관리법2① 본문). 다만, 숙박업에서 제외되는 시설은 ⅰ) 농어촌정비법에 따른 농어촌민박사업용 시설(제1호), ⅱ) 산림휴양법에 따라 자연휴양림 안에 설치된 시설(제2호), ⅲ) 청소년활동법 제10조 제1호에 따른 청소년수련시설(제3호), ⅳ) 관광진흥법 제4조에 따라 등록한 외국인관광 도시민박업용 시설 및 한옥체험업용 시설(제4호)은 제외한다(공중위생관리법2① 제2호 단서, 동법 시행령2①).

    따라서 생활숙박시설은 공중위생관리법을 통하여 취사시설이 포함되어 손님에게 잠을 자고 머물 수 있는 서비스를 제공하는 시설로 정의되며, 숙박업은 손님에게 잠자리와 머물 수 있는 시설과 설비 등에 대한 서비스를 제공하는 영업을 말하고(공중위생관리법2), 숙박업은 취사시설이 제외된 "일반숙박업"과 취사시설을 포함한 "생활숙박업"으로 구분된다(동법 시행령4).

(4) 결어

    생활숙박업은 숙박업의 하나의 유형으로서 손님이 잠을 자고 머물 수 있도록 시설 및 설비 등의 서비스를 제공하는 영업으로 일반숙박업과 다른 점은 설치하는 시설 중 취사시설을 포함하고 있다는 점이다. 이러한 생활숙박업에 제공되는 시설이 바로 생활형 숙박시설로서 건축법 시행령, 생활숙박시설 건축기준, 공중위생관리법령 등에서 규정하고 있는 설비를 갖추고 있어야 한다.

    관련 법령에 숙박업으로 되어 있음에도 불구하고 숙박용도가 아닌 주거용도로 사용하는 것 그 자체가 위법이 된다.

2. 생활숙박시설의 등장배경과 연혁

    생활숙박시설의 개념은 미국에서 유래하였으며, 레지던스로 불리고 있다. 전 세계 레지던스 시장의 86%가 미국에 있으며, 메리어트(Marriott) 호텔의 Residence Inn나 Execustay, 힐튼(Hilton) 호텔의 Homewood Suites, 인터콘티넨탈 (Intercontinental) 호텔의 Stay bridge와 같은 상품들이 최초로 장기투숙객을 위한 상품으로 소개되었다. 이어 "Skyline Worldwide Accomodations Ltd."나 "Ascott Group and Frasers Hospitality"와 같은 회사에서는 보다 편안한 투숙을 위한 상품들을 내놓았고 전 세계로 확산되었다. 미국에서의 레지던스는 30년이 넘는 역사를 가지고 있으나 우리나라에서는 1997년 외환위기 직후 다국적 기업이나 금융회사들이 급증하면서 본격적으로 등장하였다.[91]

현대인의 라이프스타일 변화, 1인 가구 증가, 가족 구성원의 변화, 삶의 질 향상 등으로 주거 공간에 대한 개념은 소유에서 공유 및 렌탈의 개념으로 변화하고 있다. 또한 여가, 위락, 휴가 목적 이외에도 비즈니스를 목적으로 중·장기간 체류하는 내·외국인들이 증가하고 있어 주거의 안락함과 호텔 서비스 이용이 가능한 숙박시설을 필요로 하였다. 일반적인 호텔은 개별 취사시설이 없어 장기 거주의 주거시설로는 부족함이 있었다. 이에 호텔 및 오피스텔의 장점을 조합한 시설로서 숙박업이 가능해 호텔과 비슷하지만 내부에는 취사 및 세탁시설을 갖추고 있어 오피스텔처럼 주거시설로 이용할 수 있는 생활숙박시설이 등장하게 되었다.[92]

외국인 임대수요가 증가한 2000년대 초반 서비스드 레지던스(serviced residence)란 이름으로 등장하였고, 2010년 불법 용도로 영업을 해온 점에 대해 호텔업계 반발로 공급이 중단되었다가, 2012년 공중위생관리법 시행령과 2013년 건축법 시행령이 개정되면서 신설된 "생활숙박시설"이라는 용어를 사용하게 되었다. 즉 2010년 대법원의 이른바 "서비스드 레지던스"에 관한 불법 숙박영업 판결(대법원 2010. 4. 15. 선고 2009도6431 판결) 이후, 레지던스 업계는 서비스드 레지던스의 합법화를 추진하였다. 그 결과 2012년 1월 숙박업을 기존의 숙박업(일반, 취사시설 제외)과 새로운 형태의 숙박업(생활, 취사시설 포함)으로 구분하는 내용의 공중위생관리법 시행령 개정이 이루어졌고(동법 시행령4), 2013년 5월 건축법상 숙박시설을 일반숙박시설과 생활숙박시설로 구분하는 내용의 건축법 시행령 개정이 이루어졌다(동법 시행령 3의5 별표 1). 이러한 과정을 통하여 서비스드 레지던스 호텔은 "생활숙박시설"이라는 명칭으로 그 법적 근거를 가지게 되었다.

3. 관련 법규

생활숙박시설은 급증하는 관광객 수요에 대응할 숙박시설 부족을 근거로

91) 임상빈·유동영(2020), "생활숙박시설 과세 개선방안", 한국지방세연구원 수시연구보고서(2020. 1), 10-11쪽.
92) 김근혜(2023), "커뮤니티시설 선호가 생활숙박시설의 선호도 및 구매의사에 미치는 영향 연구", 동의대학교 경영대학원 석사학위논문(2023. 2), 1쪽.

2012년 공중위생관리법 시행령이 개정됨으로써 법적 근거가 마련되었다. 즉 2012년 공중위생관리법 시행령 개정과 2013년 건축법 개정을 통해 생활숙박시설이 법적으로 규정되었는데, 숙박시설을 취사가 불가능한 일반숙박시설과 취사를 할 수 있는 생활숙박시설로 구분하여 규정하였다.

생활숙박시설 관련 법규는 공중위생관리법, 건축법, 「생활숙박시설 건축기준」(국토교통부 고시), 관광진흥법 등이 있다.

Ⅱ. 생활숙박시설의 신고

1. 숙박업의 신규신고

숙박업을 하고자 하는 자는 보건복지부령이 정하는 시설 및 설비를 갖추고 시장·군수·구청장(자치구의 구청장에 한한다)에게 신고하여야 한다(공중위생관리법 3① 전단).

(1) 시설 및 설비기준

공중위생관리법 제3조 제1항에 따른 숙박업의 종류별 시설 및 설비기준은 [별표 1]과 같다(동법 시행규칙2). 이에 따른 숙박업 설비기준은 다음과 같다(별표 1).

숙박영업장은 독립된 장소이거나 숙박영업 외의 용도로 사용되는 시설 및 설비와 분리(벽이나 층 등으로 구분하는 경우) 또는 구획(칸막이·커튼 등으로 구분하는 경우)되어야 한다(별표 1. Ⅰ. 1). 그러나 건물의 일부를 대상으로 숙박업을 하는 경우로서 접객대, 로비시설, 계단, 엘리베이터 및 출입구 등을 공동으로 사용하는 경우에는 숙박영업장을 별도로 분리 또는 구획하지 않아도 된다(별표 1. Ⅰ. 2. 나목).

또한 숙박업(생활)은 취사시설과 환기를 위한 시설이나 창문을 설치하여야 한다. 이 경우 실내에 취사시설을 설치할 때에는 고정형 취사시설을 객실별로 설치하거나 공동 취사공간에 설치해야 한다(별표 1. Ⅱ. 1. 가목). 숙박업(생활)은 객실별로 욕실 또는 샤워실을 설치하여야 한다. 다만, 관광진흥법 시행령 제2조 제1항 제2호 마목에 따른 호스텔업은 욕실 또는 샤워실을 공용으로 설치할 수 있다(별표 1. Ⅱ. 1. 나목). 건물의 일부를 대상으로 하는 숙박업은 객실이 독립된 층

으로 이루어지거나 객실 수가 30개 이상 또는 영업장의 면적이 해당 건물 연면
적의 3분의 1 이상이어야 한다. 다만, 지역적 여건 등을 고려하여 특별시·광역
시·특별자치시·도·특별자치도의 조례로 객실 수 및 면적 기준을 완화하여 정
할 수 있다(별표 1. Ⅱ. 1. 다목).

(2) 영업신고서 제출과 첨부서류

숙박업의 신고를 하려는 자는 시설 및 설비기준에 적합한 시설을 갖춘 후
[별지 제1호 서식]의 신고서(전자문서로 된 신고서 포함)에 다음의 서류를 첨부하
여 시장·군수·구청장(자치구의 구청장)에게 제출해야 한다(동법 시행규칙3①).

1. 영업시설 및 설비개요서
1의2. 영업시설 및 설비의 사용에 관한 권리를 확보하였음을 증명하는 서류, 집
   합건물법 제3조에 따른 공용부분에서 사건·사고 등 발생 시 영업자의 배상
   책임을 담보하는 보험증서 또는 영업자의 배상책임 부담에 관한 공증서류
   [건물의 일부를 대상으로 숙박업 영업신고를 하는 경우(집합건물법의 적용
   을 받는 경우)에만 해당]
2. 교육수료증(법 제17조 제2항에 따라 미리 교육을 받은 경우에만 해당)
3. 삭제 [2012.6.29]
4. 국유재산법 시행규칙 제14조 제3항에 따른 국유재산 사용허가서(국유철도
   정거장 시설 또는 군사시설에서 영업하려는 경우에만 해당)
5. 철도사업자(도시철도사업자 포함)와 체결한 철도시설 사용계약에 관한 서류
   (국유철도외의 철도 정거장 시설에서 영업하려고 하는 경우에만 해당)

(3) 시장·군수·구청장의 확인 서류

신고서를 제출받은 시장·군수·구청장은 전자정부법 제36조 제1항에 따른
행정정보의 공동이용을 통하여 다음의 서류를 확인해야 한다(동법 시행규칙3② 단
서). 다만, 제3호·제3호의2·제3호의3 및 제4호의 경우 신고인이 확인에 동의하
지 않는 경우에는 그 서류를 첨부하도록 해야 한다(동법 시행규칙3② 단서).

1. 건축물대장(국유재산 사용허가서를 제출한 경우에는 제외)
1의2. 토지 등기사항증명서 및 건물 등기사항증명서(건물의 일부를 대상으로

숙박업 영업신고를 하는 경우에만 해당)

2. 토지이용계획확인서(국유재산 사용허가서를 제출한 경우에는 제외)

3. 전기안전점검확인서(전기안전관리법 제13조 제1항 제9호에 따른 전기안전점검을 받아야 하는 경우에만 해당)

3의2. 액화석유가스 사용시설 완성검사증명서(액화석유가스법 제44조 제2항에 따라 액화석유가스 사용시설의 완성검사를 받아야 하는 경우만 해당)

3의3. 다중이용업소법 제9조 제5항에 따라 소방본부장 또는 소방서장이 발급하는 안전시설등 완비증명서(다중이용업소법 시행령 제2조 제4호에 따른 목욕장업을 하려는 경우에만 해당)

4. 면허증(이용업·미용업의 경우에만 해당)

(4) 시장·군수·구청장의 영업신고증 교부와 신고관리대상 작성·관리

시장·군수·구청장은 즉시 [별지 제2호 서식]의 영업신고증을 교부하고, [별지 제3호 서식]의 신고관리대장(전자문서 포함)을 작성·관리하여야 한다(동법 시행규칙3③).

(5) 시설 및 설비에 대한 확인 기간

신고를 받은 시장·군수·구청장은 해당 영업소의 시설 및 설비에 대한 확인이 필요한 경우에는 영업신고증을 교부한 후 30일 이내에 확인하여야 한다(동법 시행규칙3④).

(6) 영업신고증의 재교부

숙박업의 신고를 한 자가 교부받은 영업신고증을 잃어버렸거나 헐어 못 쓰게 되어 재교부 받으려는 경우에는 [별지 제4호 서식]의 영업신고증 재교부신청서를 시장·군수·구청장에게 제출하여야 한다(동법 시행규칙3⑤ 전단). 이 경우 영업신고증이 헐어 못쓰게 된 경우에는 못 쓰게 된 영업신고증을 첨부하여야 한다(동법 시행규칙3⑤ 후단).

2. 숙박업의 변경신고

(1) 중요사항의 변경신고

"보건복지부령이 정하는 중요사항"을 변경하고자 하는 때에도 시장·군수·

구청장(자치구의 구청장에 한한다)에게 신고하여야 한다(공중위생관리법3① 후단). 여기서 "보건복지부령이 정하는 중요사항"이란 다음의 사항을 말한다(동법 시행규칙 3의2①).

1. 영업소의 명칭 또는 상호
2. 영업소의 주소
3. 신고한 영업장 면적의 3분의 1 이상의 증감. 다만, 건물의 일부를 대상으로 숙박업 영업신고를 한 경우에는 3분의 1 미만의 증감도 포함한다.
4. 대표자의 성명 또는 생년월일
5. 공중위생관리법 시행령 제4조(숙박업의 세분) 각 호에 따른 숙박업 업종 간 변경

(2) 변경신고서 제출과 첨부서류

변경신고를 하려는 자는 [별지 제5호 서식]의 영업신고사항 변경신고서(전자문서로 된 신고서 포함)에 다음의 서류를 첨부하여 시장·군수·구청장에게 제출하여야 한다(동법 시행규칙3의2②).

1. 영업신고증(신고증을 분실하여 영업신고사항 변경신고서에 분실 사유를 기재하는 경우에는 첨부하지 아니한다)
2. 변경사항을 증명하는 서류

(3) 시장·군수·구청장의 확인 서류

변경신고서를 제출받은 시장·군수·구청장은 전자정부법 제36조 제1항에 따른 행정정보의 공동이용을 통하여 다음의 서류를 확인해야 한다(동법 시행규칙3의2 ③ 본문). 다만, 제3호·제3호의2·제3호의3 및 제4호의 경우 신고인이 확인에 동의하지 않는 경우에는 그 서류를 첨부하도록 해야 한다(동법 시행규칙3의2③ 단서).

1. 건축물대장(국유재산 사용허가서를 제출한 경우에는 제외)
1의2. 토지 등기사항증명서 및 건물 등기사항증명서(건물의 일부를 대상으로 숙박업 영업신고를 하는 경우에만 해당)
2. 토지이용계획확인서(국유재산 사용허가서를 제출한 경우에는 제외)

3. 전기안전점검확인서(전기안전관리법 제13조 제1항 제9호에 따른 전기안전점
   검을 받아야 하는 경우에만 해당)

3의2. 액화석유가스 사용시설 완성검사증명서(액화석유가스법 제44조 제2항에
   따라 액화석유가스 사용시설의 완성검사를 받아야 하는 경우만 해당)

3의3. 다중이용업소법 제9조 제5항에 따라 소방본부장 또는 소방서장이 발급하
   는 안전시설등 완비증명서(다중이용업소법 시행령 제2조 제4호에 따른 목욕
   장업을 하려는 경우에만 해당)

(4) 시장 · 군수 · 구청장의 영업신고증 재교부 등

신고를 받은 시장 · 군수 · 구청장은 영업신고증을 고쳐 쓰거나 재교부해야
한다(동법 시행규칙3의2④ 전단). 다만, 변경신고사항이 제1항 제2호, 제5호에 해당
하는 경우에는 변경신고한 영업소의 시설 및 설비 등을 변경신고를 받은 날부터
30일 이내에 확인해야 한다(동법 시행규칙3의2④ 후단).

3. 숙박업의 폐업신고

(1) 폐업신고 기간

숙박업의 신고를 한 자("숙박업자")는 숙박업을 폐업한 날부터 20일 이내에
시장 · 군수 · 구청장에게 신고하여야 한다(공중위생관리법3② 본문). 다만, 영업정지
등의 기간 중에는 폐업신고를 할 수 없다(공중위생관리법3② 단서).

(2) 폐업신고서 제출

폐업신고를 하려는 자는 [별지 제5호의2 서식]의 신고서(전자문서로 된 신고
서 포함)를 시장 · 군수 · 구청장에게 제출해야 한다(동법 시행규칙3의3①).

(3) 부가가치세법상 폐업신고서 제출

폐업신고를 하려는 자가 부가가치세법 제8조 제8항에 따른 폐업신고를 같
이 하려는 경우에는 폐업신고서에 부가가치세법 시행규칙 [별지 제9호 서식]의
폐업신고서를 함께 제출해야 한다(동법 시행규칙3의3④ 전단). 이 경우 시장 · 군
수 · 구청장은 함께 제출받은 폐업신고서를 지체 없이 관할 세무서장에게 송부
(정보통신망을 이용한 송부 포함)해야 한다(동법 시행규칙3의3④ 후단).

(4) 폐업신고서 제출 의제

관할 세무서장이 부가가치세법 시행령 제13조 제5항에 따라 같은 조 제1항에 따른 폐업신고를 받아 이를 해당 시장·군수·구청장에게 송부한 경우에는 폐업신고서가 제출된 것으로 본다(동법 시행규칙3의3⑤).

4. 영업신고 사항의 직권말소

(1) 직권말소 절차

시장·군수·구청장은 공중위생영업자가 부가가치세법 제8조에 따라 관할 세무서장에게 폐업신고를 하거나 관할 세무서장이 사업자등록을 말소한 경우에는 보건복지부령으로 정하는 바에 따라 신고 사항을 직권으로 말소할 수 있다(공중위생관리법3④). 이에 따라 시장·군수·구청장은 직권으로 신고 사항을 말소하려는 경우에는 신고 사항 말소 예정사실을 해당 영업자에게 사전 통지하고, 해당 기관의 게시판과 인터넷 홈페이지에 10일 이상 예고해야 한다(동법 시행규칙3의4).

(2) 정보 요청 및 제공

시장·군수·구청장은 직권말소를 위하여 필요한 경우 관할 세무서장에게 숙박업자의 폐업 여부에 대한 정보 제공을 요청할 수 있다(공중위생관리법3⑤ 전단). 이 경우 요청을 받은 관할 세무서장은 전자정부법 제36조 제1항에 따라 공중위생영업자의 폐업여부에 대한 정보를 제공하여야 한다(공중위생관리법3⑤ 후단).

Ⅲ. 생활숙박시설 건축기준

1. 목적

생활숙박시설 건축기준("건축기준")은 건축법 시행령 제3조의4 및 별표 1 제15호 가목에 따른 생활숙박시설에 대한 건축기준을 정함을 목적으로 한다(건축기준1).

2. 적용

생활숙박시설 건축기준은 건축관련법령과 생활숙박시설 건축기준이 상이하거나 의미가 다른 경우, 건축관련법령을 우선하여 적용한다(건축기준2).

3. 생활숙박시설의 건축기준

생활숙박시설은 다음의 기준에 적합한 구조이어야 한다(건축기준3).

1. 공중위생관리법 시행규칙 [별표 1]에서 규정하고 있는 생활숙박업 설비기준에 적합할 것.
2. 프런트데스크, 로비(공용 화장실을 포함)를 설치할 것.
3. 린넨실(침구, 시트, 수건 등 천 종류를 수납하는 방)을 30객실당 1개소 이상을 설치할 것
4. 관광객을 위한 식음료시설(레스토랑 등)을 설치할 것
5. 객실의 출입제어, 보안 등을 확인할 수 있는 객실관리(제어)시스템을 도입하여 설계도서에 포함할 것
6. 각 구획별 발코니를 설치할 경우 외기에 개방된 노대 형태로 설치하여야 하며, 발코니 설치시 「건축물 피난·방화구조 등의 기준에 관한 규칙」 제17조 제4항에 따른 추락방지를 위한 안전시설을 설치할 것

Ⅳ. 생활숙박시설의 분양

1. 건축물분양법의 적용

건축물분양법은 건축법 시행령 [별표 1] 제15호 가목에 따른 생활숙박시설로서 30실 이상이거나 생활숙박시설 영업장의 면적이 해당 건축물 연면적의 3분의 1 이상인 건축물에 적용한다(건축물분양법3①(2), 동법 시행령2(2)).

여기서는 건축물분양법령이 규정하고 있는 생활숙박시설 분양의 주요 내용을 살펴본다.

2. 공개모집의 방법

(1) 인터넷을 통한 공개모집

생활숙박시설로서 300실 이상인 건축물은 인터넷을 활용하여 분양받을 자를 공개모집하여야 한다(건축물분양법6① 후단, 동법 시행령7의2①).

(2) 업무대행기관

분양사업자는 인터넷을 활용하여 분양받을 자를 공개모집하는 경우 ⅰ) 공공기관운영법 제4조에 따른 공공기관(제1호), ⅱ) 건설산업기본법, 부동산개발업법, 주택법 및 그 밖의 법률에 따라 설립된 협회(제2호), ⅲ) 금융결제원(제3호) 중 국토교통부장관이 지정·고시하는 기관에 청약접수 및 분양받을 자의 선정에 관한 업무를 대행하도록 해야 한다(동법 시행령7의2②).

(3) 청약경쟁률의 인터넷 홈페이지 게시

청약접수 및 분양받을 자의 선정에 관한 업무를 수행하는 기관은 청약경쟁률을 인터넷 홈페이지 등에 게시하여야 한다(동법 시행령7의2③).

(4) 공개 모집 및 추첨 기간

공개모집은 1일 8시간 이상으로 해야 하며, 공개추첨은 공개모집이 끝난 이후에 해야 한다(동법 시행령7의2④).

3. 분양광고

건축물의 용도가 생활숙박시설인 경우 분양광고에는 ⅰ) 공중위생관리법 제3조 제1항 전단에 따른 숙박업 신고의무가 있다는 내용과 위반시 제재처분에 관한 사항(가목), ⅱ) 건축법 제19조 및 건축법 시행령 제14조에 따라 단독주택, 공동주택 또는 오피스텔로 용도변경을 한 경우에만 주거용으로 사용할 수 있다는 내용과 위반시 제재처분에 관한 사항(나목)이 포함되어야 한다(동법시행령8①(5의4)).

4. 분양계약서

생활숙박시설의 경우 분양받은 자가 "국토교통부령으로 정하는 서식"에 따라 시행령 제8조 제1항 제5호의4의 사항을 확인했다는 내용이 포함되어야 한다(건축물분양법6④, 동법 시행령9①(9의3)). 여기서 "국토교통부령으로 정하는 서식"이란 [별지 제2호의2 서식]의 생활숙박시설 관련 확인서를 말한다(동법 시행규칙7②).

제9절 노인복지주택 개발사업

Ⅰ. 서설

1. 노인복지주택의 의의

노인복지주택이란 노인복지법 제32조의 노인주거복지시설의 하나로 "노인에게 주거시설을 임대하여 주거의 편의·생활지도·상담 및 안전관리 등 일상생활에 필요한 편의를 제공함을 목적으로 하는 시설"을 말한다(노인복지법32①(3)). 노인복지주택의 건축물의 용도는 건축관계법령에 불구하고 노유자(老幼者: 노인 및 어린이)시설로 본다(노인복지법55②).

노인복지주택(실버타운)은 노인에게 주거시설을 임대하여 주거의 편의·생활지도·상담 및 안전관리 등 일상생활에 필요한 편의를 제공함을 목적으로 하는 노인주거복지시설이다. 입소자에게 식사를 제공하고, 상주 간호사가 건강을 관리하며, 문화·여가 프로그램을 운영하는 등의 돌봄서비스와 독립된 주거 공간을 제공한다.

통계청의 장래인구추계에 따르면 우리나라의 65세 이상 고령인구가 2020년 815만명에서 2024년 1,000만 명을 넘고, 2049년 1,901만명(39.8%)까지 증가 후 감소, 2070년에는 1,747만 명(46.4%)에 이를 전망이다. 고령인구 구성비는 2020년 15.7%에서 빠르게 증가하여 2025년 20%로 초고령사회에 진입하고, 2035년 30%, 2050년 40%를 넘어설 전망이다. 그리고 생산연령인구 1백명당 노년부양비는 고령인구의 빠른 증가로 인하여 2020년 21.8명에서 2036년 50명을 넘고, 2070년 100.6명 수준으로 2020년 대비 4.6배 증가할 전망이다.[93)]

경제력을 갖춘 도시의 베이비붐세대가 은퇴하면서 노인들은 은퇴 후에도 다양한 여가 및 사회, 경제활동을 활발하게 이어가며, 노후를 즐기는 노인이 늘어났고, 이러한 노인들을 가리켜 "신노년"이나 "액티브시니어"와 같은 용어가 생겨나고 있다. 노인들이 노년을 수동적으로 돌봄과 부양을 받는 것이 아니라, 퇴직 이후에 다양한 취미생활과 독립적인 생활을 영위하고자 하며, 자아실현을 해나

---

93) 강준식(2024), "노인복지주택 이용 의향에 미치는 결정요인에 관한 연구", 한양대학교 부동산융합대학원 석사학위논문(2024. 2), 1쪽.

가며 노후를 건강하고 행복하게 살려고 한다. 노인들은 노년으로 접어들면 기존에 살던 주택에서 거주하려는 노인의 비율이 83.8%가량 되지만, 유료시설이지만 다양한 편의시설과 커뮤니티를 갖춘 노인복지주택에 입소하고자 하는 수요가 증가하고 있다.94)

2. 관련 법규

노인복지주택 주요 관련 법규로는 다음을 들 수 있다. 노인복지법, 주택법 및 공동주택관리법의 관련규정, 건축법 등을 들 수 있다.

노인복지법은 노인복지주택의 설치신고, 시설·설비·직원자격·직원배치, 시설기준 및 운영기준 등 시설의 설치 및 운영에 관한 일반적인 기준을 정하고 있다.

노인복지주택의 설치·관리 및 공급 등에 관하여 노인복지법에서 규정된 사항을 제외하고는 주택법 및 공동주택관리법의 관련규정을 준용한다(노인복지법32③). 노인복지주택의 분양에 관하여는 특별한 규정을 두고 있지 않으므로 주택법이 준용된다. 또한 건축법상의 건축관련 규정이 적용된다.

Ⅱ. 노인복지주택의 설치

1. 국가 또는 지방자치단체의 설치

국가 또는 지방자치단체는 노인복지주택을 설치할 수 있다(노인복지법33①).

2. 국가 또는 지방자치단체외의 설치신고

국가 또는 지방자치단체외의 자가 노인복지주택을 설치하고자 하는 경우에는 특별자치시장·특별자치도지사·시장·군수·구청장("시장·군수·구청장")에게 신고하여야 한다(노인복지법33②).

(1) 설치신고 등
(가) 설치신고서 및 첨부서류 제출

노인복지주택을 설치하려는 자는 [별지 제13호 서식]의 노인주거복지시설 설치신고서(전자문서 포함)에 다음의 서류(전자문서 포함)를 첨부하여 특별자치시

---

94) 강준식(2024), 1쪽.

장·특별자치도지사·시장·군수·구청장에게 제출해야 한다(동법 시행규칙16①).

1. 설치하려는 자가 법인인 경우에는 정관 1부
2. 위치도·평면도 및 설비구조내역서 각1부
3. 입소보증금·이용료 기타 입소자의 비용부담 관계서류 1부
4. 사업계획서(제공되는 서비스의 내용과 입소자로부터 입소비용의 전부를 수납하여 운영하려는 노인복지주택의 경우에는 의료기관과의 연계에 관한 사항을 포함) 1부
5. 시설을 설치할 토지 및 건물의 소유권을 증명할 수 있는 서류(특별자치시장·특별자치도지사·시장·군수·구청장이 전자정부법 제36조 제1항에 따른 행정정보의 공동이용을 통하여 소유권 또는 사용권에 대한 정보를 확인할 수 있는 경우에는 그 확인으로 첨부서류를) 각 1부

(나) 전기안전점검확인서 등의 확인

신고서를 제출받은 특별자치시장·특별자치도지사·시장·군수·구청장은 전자정부법 제36조 제1항에 따른 행정정보의 공동이용을 통하여 법인 등기사항증명서(법인인 경우만 해당)·건물등기부등본·토지등기부 등본 및 전기사업법 시행규칙 제38조 제3항에 따른 전기안전점검확인서("전기안전점검확인서")를 확인해야 한다(동법 시행규칙16②).

(다) 신고수리와 설치신고확인증 발급

특별자치시장·특별자치도지사·시장·군수·구청장은 노인복지주택의 설치신고를 수리한 때에는 [별지 제15호 서식]의 노인복지시설 설치신고확인증을 신고인에게 발급해야 한다(동법 시행규칙16③).

(2) 노인복지주택의 시설기준등과 운영기준
(가) 시설기준 및 직원배치기준

노인복지주택의 시설기준 및 직원배치기준은 [별표 2]와 같다(동법 시행규칙17①).

(나) 운영기준

노인복지주택의 운영기준은 [별표 3]과 같다(동법 시행규칙17②).

(3) 사회복지사업법에 따른 신고와의 관계

법 제33조 제2항에 따라 노인복지주택의 설치신고를 한 경우 사회복지사업법 제34조 제2항에 따른 사회복지시설 설치신고를 한 것으로 본다(노인복지법31의2).

3. 설치신고의 내용 검토와 신고수리

시장·군수·구청장은 신고를 받은 경우 그 내용을 검토하여 노인복지법에 적합하면 신고를 수리하여야 한다(노인복지법33③).

4. 시설 등의 기준과 설치신고 등: 보건복지부령

노인주거복지시설의 시설, 인력 및 운영에 관한 기준과 설치신고, 설치·운영자가 준수하여야 할 사항, 그 밖에 필요한 사항은 보건복지부령으로 정한다(노인복지법33④).

Ⅲ. 노인복지주택의 입소자격 등

1. 입소대상 · 입소절차 · 입소비용

노인복지주택의 입소대상·입소절차·입소비용 및 임대 등에 관하여 필요한 사항은 보건복지부령으로 정한다(노인복지법32②).

(1) 입소대상자

노인복지주택의 입소대상자는 단독취사 등 독립된 주거생활을 하는 데 지장이 없는 60세 이상의 자로 한다(동법 시행규칙14①(2)).

(2) 입소절차

노인복지주택의 입소는 임대차계약에 따른다(동법 시행규칙15⑥ 전단). 이 경우 임대차계약 신청자가 해당 시설의 정원을 초과하는 경우에는 다음의 순위에 따르되, 같은 순위자가 있는 경우에는 신청순위에 따른다(동법 시행규칙15⑥ 단서).

1. 부양의무자가 없는 자

  2. 주민등록법상 연령이 많은 자
  3. 배우자와 함께 입소하는 자
  4. 다음의 자녀·손자녀와 함께 입소하는 자
    가. 24세 미만의 자녀·손자녀
    나. 제17조의2 제1항[95])에 따른 장애가 있는 24세 이상의 자녀·손자녀

  입소대상자가 계약을 체결할 수 없는 부득이한 사유가 있다고 특별자치시장·특별자치도지사·시장·군수·구청장이 인정하는 경우에는 입소대상자의 부양의무자가 입소대상자를 대신하여 계약당사자가 될 수 있다(동법 시행규칙15⑦).

(3) 입소비용

  노인복지주택의 입소비용은 입소자 본인이 전부 부담한다(동법 시행규칙15의2(4)). 노인복지주택은 정부나 지방자치단체의 지원으로 운영되는 요양시설과 달리 입주자의 입주금으로 운영되는 유료시설이다. 개인의 자금으로 입주비용을 지급하지만, 노인복지법상의 사회복지시설로 분류되기 때문에 임대, 입주 등에서 일반 아파트와는 다른 규정이나 제약을 갖는다.

2. 입소자격자(60세 이상 노인)와 동반 입소자

  노인복지주택에 입소할 수 있는 자는 60세 이상의 노인("입소자격자")으로 한다(노인복지법33의2① 본문). 다만, ⅰ) 입소자격자의 배우자(제1호), ⅱ) 입소자격자가 부양을 책임지고 있는 24세 미만의 자녀·손자녀(제2호), ⅲ) 보건복지부령으로 정하는 장애로 인하여 입소자격자가 부양을 책임지고 있는 24세 이상의 자녀·손자녀(제3호)의 어느 하나에 해당하는 경우에는 입소자격자와 함께 입소할 수 있다(노인복지법33의2① 단서).

3. 노인복지주택의 임대 의무자

  노인복지주택을 설치하거나 설치하려는 자는 노인복지주택을 입소자격자에게 임대하여야 한다(노인복지법33의2②). 이에 따라 노인복지주택을 임차한 자는

---

95) 제17조의2(노인복지주택의 입소자격 등) ① 법 제33조의2 제1항 제3호에서 "보건복지부령으로 정하는 장애"란 장애인복지법 시행령 [별표 1]에 따른 장애를 말한다.

해당 노인주거시설을 입소자격자가 아닌 자에게 다시 임대할 수 없다(노인복지법 33의2③).

4. 노인복지주택의 공급가구수와 가구별 건축면적의 제한

시장·군수·구청장은 지역 내 노인 인구, 노인주거복지시설의 수요와 공급 실태 및 노인복지주택의 효율적인 이용 등을 고려하여 노인복지주택의 공급가구 수와 가구별 건축면적(주거의 용도로만 쓰이는 면적에 한한다)을 일정규모 이하로 제한할 수 있다(노인복지법33의2⑤).

5. 노인복지주택 운영의 위탁

노인복지주택을 설치한 자는 해당 노인복지주택의 전부 또는 일부 시설을 시장·군수·구청장의 확인을 받아 대통령령으로 정하는 자에게 위탁하여 운영할 수 있다(노인복지법33의2⑥). 이에 따라 노인복지주택을 설치한 자로부터 해당 노인복지주택의 전부 또는 일부 시설의 운영을 위탁받을 수 있는 자는 ⅰ) 노인복지주택사업을 실시한 경험이 있고(제1호), ⅱ) 노인복지주택의 운영업무를 담당할 전담인력 및 전담조직을 갖춘(제2호) 요건을 모두 갖춘 법인 또는 단체로 한다(동법 시행령20의3). 노인복지주택을 설치한 자가 이를 직접 운영하는 경우 위규정은 문제되지 않는다.

6. 입소자격자의 사망 등과 퇴소 여부

입소자격자가 사망하거나 노인복지주택에 거주하지 아니하는 경우 노인복지주택에 입소한 입소자격자의 배우자 및 자녀·손자녀는 90일(동법 시행규칙17의2②) 내에 퇴소하여야 한다(노인복지법33의2⑦ 본문). 다만, 입소자격자의 해외 체류 등 "보건복지부령으로 정하는 부득이한 사유"가 있는 경우에는 그러하지 아니하다(노인복지법33의2⑦ 단서). 여기서 "보건복지부령으로 정하는 부득이한 사유"란 다음의 사유를 말한다(동법 시행규칙17의2③).

1. 입소자격자가 90일 미만의 기간 동안 해외 체류 중인 경우
2. 입소자격자가 건강상의 이유로 의료기관에 입원 중인 경우
3. 그 밖에 입소자격자의 배우자 및 자녀·손자녀의 건강이나 경제적인 사정 등

을 고려하여 90일 내에 퇴소하는 것이 어렵다고 보건복지부장관이 인정하는 경우

7. 입소자격자의 사망 또는 실제 거주 여부 조사와 조치

시장·군수·구청장은 필요한 경우 입소자격 여부 및 입소자격자의 사망 또는 실제 거주 여부를 조사할 수 있다(노인복지법33의2⑧). 이에 따른 조사 결과 입소부자격자가 발견되면 시장·군수·구청장은 퇴소하도록 하는 등 적절한 조치를 취하여야 한다(노인복지법33의2⑨).

Ⅳ. 노인복지주택과 혜택

1. 세제 혜택

노인복지주택과 관련한 세제 혜택으로 ⅰ) 유료 노인복지주택에 대하여 지방세특례제한법에 따른 취득세·재산세에 대한 25% 감면 혜택(지방세특례제한법20(2)), ⅱ) 종합부동산세법에 따른 과세표준 합산대상 배제 혜택(종합부동산세법8②(2), 동법 시행령4①(12)), ⅲ) 노인복지시설을 운영하는 중소기업에 대한 소득세 또는 법인세 감면 혜택(지방세특례제한법101①(1) 노목, 조세특례제한법7①(1) 노목), ⅳ) 부가가치세 면제 혜택(조세특례제한법106①(4의4)) 등이 있다.

2. 학교용지부담금 면제 등 혜택

노인복지주택에 부여되는 기타 혜택으로는 학교용지부담금 면제(학교용지법5⑤(3)), ⅱ) 세대당 주차대수 완화(주택건설기준 등에 관한 규정27⑤), ⅲ) 관리사무소, 가스공급시설, 유치원, 주민공동시설 등 설치규정 적용배제 특례(주택건설기준 등에 관한 규정7⑧항), ⅳ) 건축가능한 용도지역 확보가 용이한 노유자시설로의 취급(노인복지법55②, 국토계획법 시행령71①) 등이 있다.

제4장

부동산개발사업과 부동산개발금융

제1절 서설

I. 부동산시장의 변화와 부동산개발금융

건설업 및 부동산 관련업은 우리나라 경제에서 갖고 있는 의미는 매우 크다. 경제적, 심리적 파급효과까지 감안할 때, 국내 부가가치 창출에서 차지하고 있는 비중 이상 중요한 역할을 담당하고 있다. 그렇기 때문에 경기부양 또는 경제성장 등을 설명할 때 빠지지 않고 관련 논의가 이루어진다. 또한 역대 정권뿐만 아니라 지방자치단체장에게까지도 건설업 및 부동산 관련업에 대한 정책과 업적이 매우 중요했던 것은 건설업 및 부동산 관련업이 갖고 있는 비중과 파급효과와 무관하지 않을 것이다.[1]

우리나라의 건설업 및 부동산업은 경제발전 단계에 따라 다양한 모습으로 변모하여 왔다. 경제가 확장기에 있고 국내 축적된 자본이 많지 않아서 타인자본의 조달이 쉽지 않은 시기에는 사업을 시작하기가 어려웠지만 일단 시작한다면

---

1) 장성환(2013), "부동산개발금융구조(PF)의 개선사례와 발전방향에 관한 연구: 금융기관의 위험분담에 근거한 금융구조를 중심으로", 건국대학교 부동산대학원 석사학위논문(2013. 8), 1-3쪽.

결국에는 성공하는 사업이었다. 그것이 가능했던 가장 중요한 이유는 부동산 특히 토지가격의 상승률이 어떤 사업의 영업이익률보다도 몇 배나 높기 때문일 것이다. 그러나 경제의 확장력이 한계에 다다를 시점에서 건설업 및 부동산업의 불패신화는 신화로써 막을 내리게 되었다. 그 정점을 찍었던 1997년 외환위기는 건설업 및 부동산업에도 큰 타격을 주었는데 가장 주요한 현상은, 첫째, 부동산의 거래가 사라져서 시장의 메카니즘이 상실되었다는 것이고, 둘째, 금융조달이 거의 불가능해졌다는 것이다. 대부분의 기업의 자금조달이 극심하게 어려워졌지만 특히 건설사는 신용으로 자금조달은 거의 불가능하게 되었다. 이 시기에 프로젝트 파이낸싱이라는 개발금융기법이 발생하면서 건설업 및 부동산업에 금융조달이 일부 가능하게 되었던 것이다.

모든 금융상품이라는 것이 그렇지만, 프로젝트 파이낸싱이라는 금융상품 또는 금융구조 역시 시대적인 배경과 무관하지 않다. 1997년 외환위기가 발생하기 이전 단계에서는 건설회사가 직접 대출을 일으켜 토지를 매입하고 시공하고 분양하는 자체사업방식이 주류였으나, 1997년 외환위기 이후에는 시행과 시공이 분리된 도급공사방식으로 사업방식이 점차 변화하면서 현재와 같은 부동산 프로젝트 파이낸싱 금융구조가 형성될 수 있는 기반이 되었다.

1997년 외환위기 이후 시행과 시공이 분리되었던 이유는 건설사가 시공사와 시행사의 역할을 동시에 수행할 경우 부지매입에 대규모 자금이 묶인 상태에서 주택시장이 침체되어 분양률까지 낮아지면 현금유입이 원활하지 않는 가운데 시공비용 및 기타 개발 관련 비용의 지출로 심각한 유동성 위기에 직면하게 되기 때문이다. 이에 따라 전문시행사가 용지매입 및 분양업무를 전담하는 방식으로 개발사업이 변형하게 되었다. 실질적으로 사업단계별 리스크가 분리되지는 못하고 대부분 시공사에게 위험이 전가되기는 했지만, 용지매입과 인허가 등 사업 초기의 위험과 시공위험, 분양 및 사업성 위험을 분리하려는 시도였다는 의미에서 프로젝트 파이낸싱이라는 본연의 개념으로 접근이 용이하게 시장이 변화하였다고 볼 수 있다.

2000년대 중반 이후에 들어서는 저금리에 따른 유동성 팽창으로 부동산경기가 상승하면서 부동산 프로젝트 파이낸싱의 규모는 급속하게 확대되었으며, 금융기관의 주요 투자대상으로 자리매김하였다. 하지만 시공사의 신용만을 기반으로 실질수요를 무시한 부동산PF 대출이 영원할 수는 없었으며 주택공급이 과

잉되면서 미분양 부동산 규모 확대 및 그에 따른 프로젝트 파이낸싱 사업장의 부실화 증가 등이 초래되었다. 이러한 부동산 프로젝트 파이낸싱 부실화는 리스크를 분산한다는 프로젝트 파이낸싱의 기본원리에서 변질된 국내 부동산 프로젝트 파이낸싱구조로 인하여 금융기관 및 시공사로 전이되면서 국내 경제에 미치는 영향이 더욱 증폭되었다.

국내 프로젝트 파이낸싱 구조에 대한 우려는 도입 초기부터 제기되어 왔다. 주요 내용은 건설사에 모든 리스크가 전가되어 있고 국민경제에 미치는 파급효과를 감안할 때 프로젝트 파이낸싱의 부실화의 규모가 커질 경우에는 건설사의 부실과 금융기관의 부실로 이어질 수 있다는 것이다.

Ⅱ. 부동산시장과 프로젝트 파이낸싱

우리나라의 경우 개인자산 비중 중 부동산의 비중이 OECD 국가 중 상위에 위치하는 등 부동산 소유에 대한 관심이 높다. 부동산시장의 경우 시장흐름에 따른 커브형을 그리고 있는 것이 현재까지 부동산흐름이다. 이는 세계 각국의 경우도 마찬가지이다. 현재의 우리나라는 정책적으로 가계부채 증가에 따른 국가적 리스크 관리에 들어간 상황에서 부동산 담보대출 규제 및 공공택지 공급증가 등에 따른 부동산투자에 대한 제한을 가하고 있다.[2]

이는 가계부채 증가에 따른 부동산 담보대출을 규제하는 등 부동산 금융시장에까지 영향을 미치고 있다. 이에 따라 발생되는 파생 사항은 비단 부동산 담보대출이 어려워지는 측면에 한정되지 않고 궁극적으로는 부동산개발사업 자체에 대한 금융구조에까지 영향을 미치고 있다. 어찌 보면 이는 당연한 수순으로 볼 수 있다. 부동산 수요자 측면에서 규제는 곧 부동산 공급자인 부동산개발업자와 관련된 모든 측면에 연관되어 있기 때문이다.

이러한 부동산시장 상황에서 부동산개발 시행사의 신용만으로는 부동산개발 자금을 조달하는데는 현실적으로 어려운 상황이다. 이러한 현실에서 부동산개발사업 자금조달 등과 관련하여 시행사, 시공사, 신탁사, PF 금융기관 등 개발사업 관련사들의 신용보강을 통한 리스크 분산이 개발사업자금 조달의 현재 시

---

2) 정기열(2018), "부동산 프로젝트파이낸싱의 고도화: 부동산신탁회사의 신용보강을 통하여", 부동산분석 제4권 제1호(2018. 5), 130쪽.

장 트랜드로 자리매김하고 있다

프로젝트 파이낸싱이라는 금융구조가 국내에 본격적으로 알려진 것이 이제 20여 년 정도 되었다. 초기에는 첨단 금융기법으로 매우 새롭고 획기적인 느낌으로 다가왔고 프로젝트 파이낸싱, ABS, 구조화 등을 이야기하고 관련 실무를 하는 사람들은 많은 주목을 받아왔다. 당시에는 개발사업을 위해 자금을 조달할 수 없었던 시행사, 시공사에게 유일하게 자금을 공여할 수 있는 방법이었고 대규모 실물 부동산을 매입하려는 투자자에게는 일반적인 수준 이상으로 많은 자금을 빌려줄 수 있는 금융기법이었다. 그러나 내용면에서는 신용도 있는 몇몇 건설사만 자금조달이 가능했지만 외형적으로는 건설사의 신용과 무관한 것처럼 멋있게 포장되어 있었다고 볼 수도 있다. 왜냐하면 전혀 리스크의 분산이나 전가는 일어나지 않았기 때문이다.[3]

1997년 외환위기 이후 부동산시장이 다시 활기를 되찾을 때 프로젝트 파이낸싱은 단기간에 많은 자금을 개발시장으로 공급할 수 있는 기폭제 역할을 하게 되었다. 그러나 부동산시장이 다시 침체기로 접어드는 시점에 프로젝트 파이낸싱으로 자금이 공여되었던 사업은 부실화되었다. 사업성보다 시공사의 보증력만을 담보로 자금이 공여되었던 사업장들은 부동산시장의 어려움으로 시공사가 부실화될 때 같이 부실화될 수밖에 없었다.

프로젝트 파이낸싱의 과열화는 과거 대규모 자금을 동원할 수 없었던 중소 건설사들에게 대단지 개발사업을 할 수 있는 기회를 제공하였지만 사업이 어려워질 경우 중소 건설사들은 이를 감당할 재무적인 여력은 없었다. 이 시기에는 대형건설사도 산적한 우발채무로 인하여 재무적인 여력이 없기는 마찬가지였다. 그리고 개발하면 분양은 문제없다는 막연한 기대감이 막바지에 다다를 때 중소형 건설사부터 부도에 직면하게 되었다.

처음 프로젝트 파이낸싱이라는 금융구조가 도입되었을 때 시공사의 신용에 의존하게 된 것은 당시 국내 금융시장과 부동산시장의 특성과 제약조건을 반영하였기 때문이다. 프로젝트 파이낸싱을 도입하려고 했다기보다 기존 금융구조의 대안이 필요했다. 국내와 다른 환경에서 출발했던 해외 프로젝트 파이낸싱의 구조를 처음부터 그대로 도입하기는 쉽지 않았을 것이다. 따라서 국내 실정에 맞게

---

3) 장성환(2013), 1쪽.

변형은 불가피했다.

제2절 부동산개발금융의 의의와 유형

Ⅰ. 부동산개발금융의 의의

　　일반적으로 부동산금융이란 토지나 건물 등의 부동산을 담보로 하는 금융기관의 대출을 말한다. 부동산금융은 가장 보편적인 여신형태로 우리나라의 경우 주택 등 부동산을 담보로 한 비중이 매우 빈번하며, 거의 모든 대출이 부동산을 담보로 실행되고 있는 실정에 있다.[4]

　　이에 반하여 부동산개발금융이란 토지의 매입이나 건축비용 등 부동산개발에 필요한 대규모의 개발자금을 사업자에게 제공하는 금융으로서 아파트, 주상복합 등의 주거용 부동산뿐만 아니라 상업용 부동산, 택지개발사업 등 다양한 용도의 부동산개발사업에 활용되고 있다. 부동산개발금융은 부동산개발사업을 위하여 부동산 등을 담보로 하여 금융을 제공하는 것을 말하며, 이에 부수적으로 행하여지는 법률적, 경제적인 권리와 의무를 포괄적으로 담보하는 것의 의미까지 포함하고 있다. 부동산금융 중에서 부동산개발과 관련된 금융을 부동산개발금융이라 말할 수 있다.

　　부동산개발금융은 부동산개발사업에 필요한 자금공급 역할을 하는 조력자에 불과한 금융회사가 직접 시행에 참여하는 길을 열어둔다는 점에 그 특징이 있다. 과거 부동산개발금융은 주로시행자가 시공자의 신용보강을 바탕으로 금융회사로부터 사업자금을 대출받는 형태였다면, 최근 금융기법의 발달로 성장한 자금조달기구를 활용하는 경우에는 금융회사가 단순 금융중개기관의 역할을 넘어서 직접 시행자로 참여할 수 있다.[5]

---

4) 장성환(2013), 12쪽.
5) 한소은(2022), 5-6쪽.

Ⅱ. 부동산개발금융의 특징

부동산개발금융은 설계단계에서부터 사업의 금융구조와 조건을 결정하게 되므로 추후 모든 개발사업의 추진단계에서 발생가능한 공정을 포함하여 예측 불가능한 변수까지 적절히 대응이 가능하도록 구조화되고 있어 안정적인 자금조달은 부동산개발에서 가장 중요한 역할을 차지하고 있다고 할 수 있다. 부동산개발금융은 아래와 같은 공통적인 특징을 보이고 있다.[6]

첫째, 개발사업자 또는 건설업체의 신용도와 규모에 의하여 자금조달의 여부가 결정된다. 비교적 신용도가 높은 개발업체를 위주로 하여 금융권에서 자금조달이 이루어지거나 주식과 회사채 발행 등 직접조달방식을 통하여 사업자금을 충당하고 있는 반면, 소규모 개발업체의 경우 공사대금 또는 어음 등을 이용한 자금조달이 빈번하게 이루어지고 있어 개발업체의 신용도 또는 규모에 따라 불균형한 자금조달 구조가 형성된다.

둘째, 부동산개발사업의 경우 자기자본 비중이 매우 낮아 재무구조가 취약하고, 다른 산업과 비교할 경우 사업위험이 높다. 부동산개발사업의 경우 시장 경기침체 등으로 인한 사업위험 이외에도 타인자본 비율이 과도하여 금융제한 등에 의해서도 높은 사업위험을 가지고 있다. 하지만, 비소구금융의 성격이 강하므로 사업실패에 대한 책임을 완화할 수 있는 장점도 있으며, 부외금융을 통한 자금조달 확대가 가능하다는 특징을 보인다.

셋째, 사업초기에 대규모의 자금수요가 집중되어 외부차입금에 큰 의존도를 보이고 있다. 부동산개발사업의 사업초기 토지매입비, 건축공사비 지출을 위한 금융수요가 발생하게 된다. 특히 건축공사비는 분양 일정에 따라 분양수입으로 어느 정도 충당이 가능하나 부지매입을 위한 자금은 장기간에 걸쳐 유동성이 제약되어 개발사업 초기에 막대한 규모의 자금수요가 발생하게 된다.

넷째, 개발업체가 부동산개발금융을 이용하는 목적은 원활한 자금조달과 함께 사업위험의 분산에 있어 투자자 또는 금융기관 입장에서는 비교적 고위험, 고수익의 투자상품이 된다. 부동산개발금융은 위험요소도 높지만 그에 따른 수익성 또한 높은 편으로 고객의 수요에 적절히 대응할 수 있게 된다. 또한 비교적

---

6) 장성환(2013), 13-14쪽.

장기의 사업으로서 지속적인 사후관리가 요구되며, 위험경감을 위한 전문인력의 확보가 필요하다. 따라서 일반적으로 부동산개발금융은 사업위험에 대한 부담, 장기간의 사후관리 등이 요구되어 다른 대출보다 리스크가 크기 때문에 가산금리 및 차입비용이 높게 책정되고 있다.

Ⅲ. 부동산개발금융 관련 법률

1. 민사법

민법 등 민사법 일반과 부동산 관련 사인간 법률관계를 규율하는 특별법인 주택임대차보호법, 상가건물임대차보호법, 집합건물법 등이 있다. 특히 도시정비사업 중 재건축사업의 경우에는 임대차보호법이나 집합건물법과 밀접한 관계가 있으며, 부동산개발금융의 경우에는 개발사업을 추진하는 사업주체간 약정, 협약, 그리고 완성된 부동산의 분양계약 등에서 민사법상 사적자치의 원리를 바탕으로 계약유형별로 개별 특별법이 적용된다.[7]

2. 건설법

부동산개발을 규율하는 건설법은 건축법과 국토계획법을 기본법으로 하며, 그 외 재건축, 재개발 등 정비사업에 대하여 규율하는 도시정비법, 택지개발촉진법, 주택법, 역세권법, 도시재생법, 소규모주택정비법 등이 있다.[8] 또한 부동산개발업과 부동산개발업자를 규율하는 부동산개발업법이 있다. 사업주체는 개발사업별로 해당 개발사업을 규율하는 건설법에 따른 제반 요건을 구비하여 인허가 등 행정절차를 진행해야 한다. 사업주체는 최초의 개발사업허용 여부에서 시작하여 개발사업 시행자 및 시공자의 요건, 개발사업의 내용적 규제 등 개발사업의 각 단계에 따라 충족해야 하는 건설법적 규제와 마주하게 된다.

3. 금융법

개발사업의 종사자들이 가장 생소하고 미지의 분야가 바로 금융법적 규제일 것이다. 부동산개발금융을 규제하는 금융법의 가장 큰 특징은 자금조달기구를

---

7) 한소은(2022), 14쪽.
8) 한소은(2022), 14-15쪽.

활용한 다양한 형태에 대하여 여러 개별법상 근거를 달리 두고 있다는 점이다.[9]

제3절 부동산개발금융의 유형

Ⅰ. 의의

부동산개발금융은 부동산개발사업을 시행하려는 시행주체의 위험부담을 참여자들에게 적절히 배분하려는 목적의 금융기법이다. 한국에서 행해지는 부동산개발금융은 크게 직접금융과 간접금융에 의한 조달로 나눌 수 있다.

직접금융은 가장 기본적인 구조로 금융회사로부터 직접 개발자금을 차입하는 PF대출을 말하며, 간접금융은 집합투자기구 등의 자금조달 목적의 특수목적기구(간접투자기구)를 통한 PF를 말한다. 실무상 PF는 그 유형을 별도로 구분하지 않고 하나로 통칭하는 경향이 있으나, 세부 유형별로 다양한 금융기법이 활용되며 그 근거법령, 당사자간 법률관계, 위험부담구조 등에 차이가 존재한다. 따라서 부동산PF를 이해하기 위해서는 먼저 근거법령에 따른 공법적 규제를 살펴본 뒤, 자금이 조달되고 회수되는 과정에서 각 당사자들의 위험부담을 중점으로 살펴볼 필요가 있다.[10]

부동산개발금융의 유형은 앞서 설명한 직접 부동산개발사업에 자금을 대출하는 PF대출, 간접투자기구를 통한 자금지원 이외에도, 넓은 의미로는 신탁구조를 활용한 부동산신탁방식이나 PF대출을 다시 한번 유동화하여 다수의 투자자들에게 매각 후 자금을 회수하는 리파이낸싱 기법인 자산유동화 등도 포함된다.

Ⅱ. 기업금융

기업금융은 시공사 금융이라고도 하며 시행사가 사업부지 매입계약을 한 후에 사업부지 매입의 잔여대금 및 초기 사업비를 시공사가 조달하고 공사 도급의

---

9) 한소은(2022), 15쪽.
10) 한소은(2022), 6-7쪽.

조건으로 이를 시행사에 대여 및 제공하는 금융방식이다.[11]

보통 부동산개발사업의 사업성이 우량하고 공사 물량이 클 경우 초기투입비의 조달 차원에서 시공사가 대여하는 경우이다. 시공사는 자신의 신용으로 금융기관으로부터 차입하여 시행사에게 대여해 준다. 시공사는 대여금의 원리금 확보 차원에서 사업부지에 대한 근저당권 설정 또는 부동산신탁사에 담보신탁 후 받은 수익증서에 대한 질권 설정, 사업이 원활하게 진행되지 않을 경우 사업을 포기하는 시행권포기각서 징구 등을 요구하게 된다.

시행사가 금융기관으로부터 직접 차입하는 경우 시공사가 보증을 제공하기도 한다. 시공사가 위험부담을 안고 시공사 금융을 제공하는 이유는 시공권 확보와 관련이 있으며 시행사는 시공사에게 제공해야 할 공사비 부담이 증가할 수 있다.

Ⅲ. 직접금융 방식의 부동산개발금융: 부동산PF 대출

시행사가 은행, 증권사 등 금융회사로부터 약정을 맺고 자금을 차입하는 전통적인 PF방식이다. 주로 개발사업의 대상 부동산이 담보의 형식으로 제공되며, 시공사가 보증 등으로 신용보강을 하는 경우가 많다. 시공사가 신용보강으로 인하여 최종적인 채무부담을 인수하는 경우, 시공사는 전체 사업의 시행권을 함께 인수하게 되는 경우가 많다.[12]

부동산PF 대출은 시행사의 대출 요청에 따라 시공사 책임준공 및 대출금 보증, 그리고 담보신탁 수익권증서를 담보로 하여 대출이 이루어진다. 자금배분은 수분양자로부터 들어오는 분양대금의 수취 및 인출 순서에 따라 배분하게 된다. 사업이익의 정산은 부동산개발사업의 가장 일반적인 형태인 담보신탁 등기 후 수익권증서상 대주단을 1순위 우선수익권자로 하여 발급받는다. 근저당권을 설정할 경우에는 1순위 근저당을 설정한다.[13]

금융기관들이 대출시 대출금의 원활한 회수를 위해 제시하는 일부 조건들을 보면 다음과 같다. 즉 ⅰ) 시공사의 책임준공 및 연대보증, 채무인수, 이자지급보

11) 박종덕(2009), "부동산개발금융에서의 재무적 투자자 참여실태 및 역할에 관한 연구", 단국대학교 대학원 박사학위논문(2009. 2), 12쪽.
12) 한소은(2022), 7쪽.
13) 박종덕(2009), 13쪽.

증, ii) 시행사 및 시행사 대표이사의 개인 입보, iii) 사업부지 관리처분신탁 및 수익권증서 1순위 질권설정, iv) 시행사 주식의 양도담보권 설정, v) 에스크로우 계좌(escrow account) 질권설정 및 자금집행 통제, vi) 준공 후 원리금 미상환 시 분양금액 할인 처분권 부여이다.

Ⅳ. 간접투자기구를 통한 부동산개발금융

간접투자기구를 통한 PF는 세 가지 유형이 있다. 부동산투자회사법에 의한 부동산투자회사, 자본시장법에 의한 부동산집합투자기구, 조세특례제한법에 의한 프로젝트금융투자회사(PFV)를 활용한 방식이다. 모두 다수의 투자자로부터 투자자금을 모아 실물 부동산이나 부동산개발사업에 투자·운용하고 발생한 손익을 투자자에게 돌려준다는 점에서 구조가 유사하다. 즉 간접투자기구가 투자자로부터 자금을 모집하여 부동산개발사업에 투자하는 투자도관체 역할을 하는 것이다. 실무상 부동산투자회사는 리츠(REITs: Real Estate Investment Trust), 부동산집합투자기구는 부동산펀드, 프로젝트금융투자회사는 PFV(Project Financing Vehicle)로 약칭된다.[14]

1. 부동산투자회사를 통한 부동산개발금융: 리츠

2001년 4월 부동산투자회사법 제정으로 도입된 유형으로 부동산투자회사(리츠)를 통해 다수의 투자자로부터 자금을 조달하여 부동산개발사업 수행 후 수익을 투자자에게 배분하는 구조이다. 부동산펀드와 운용방식, 투자대상 등에 차이가 있으나 근본적으로 같은 구조이다.[15]

리츠는 부동산투자회사법 규정에 의해 설립·운영되고 있다. 주식공모 등을 통하여 다수의 투자자로부터 자금을 모아 부동산에 투자하고 이로부터 얻은 수익을 투자자에게 배분하는 회사형 부동산투자신탁제도이다. 특수한 부동산회사로서 핵심 자산운용은 주주총회 및 이사회에서 수행하고, 부수적 관리업무는 자회사 또는 외부에 위탁하여 수행하는 형태로서 부동산관리업의 일종이라고 할 수 있다. 자산을 운용하여 얻은 수익의 90% 이상을 매년 지분소유자에게 배당한

---

14) 한소은(2022), 8쪽.
15) 한소은(2022), 8쪽.

다는 점에서 투자의 도관체(conduit)로서 기능을 한다. 투자자의 입장에서 보면 부동산 간접투자이며, 자산운용 측면에서는 자산의 대부분이 부동산으로 구성되어 있는 자산집중적인 조직이다. 부동산 증권화의 한 방편으로서 부동산투자회사(리츠)의 주식은 주식시장에 상장되어 유동성을 확보하게 된다.16)

부동산투자회사는 주식이나 사채 등을 발행하여 다수의 투자자로부터 자금을 모집한 후 그 자금을 부동산 지분(real estate equity)이나 주택저당담보부증권 또는 부동산 관련 대출 등에 투자하게 된다. 이러한 부동산투자회사는 회사의 실질성에 따라 자기관리 부동산투자회사(실질회사)와 위탁관리 부동산투자회사(명목회사)로 구분하고 있으며, 또한 투자대상에 따라 기업구조조정용 부동산투자회사와 일반부동산투자회사로 구분된다.

2. 자본시장법상 집합투자기구를 이용한 부동산개발금융: 부동산펀드

부동산펀드는 불특정다수의 투자자들로부터 자금을 모아 기금을 조성하여 전문적인 투자기관에 맡겨 부동산, 부동산 관련 대출 및 증권 등에 투자하여 운용성과에 따라 수익을 분배하는 투자신탁, 투자회사, 또는 간접투자상품을 말한다.17)

자본시장법은 부동산집합투자기구를 집합투자재산의 50%를 초과하여 부동산에 투자하는 집합투자기구로 정의하고 있다. 기본적으로 부동산집합투자기구를 통한 자금조달은 개발주체에게 자금이 대여(대출자산의 경우로 한정)되는 일반적인 PF와 본질적으로 다르지 않지만, 대여되는 자금의 성격이 다수의 투자자로부터 모은 자금이 된다. 신탁형 부동산펀드의 경우 투자자들은 투자금액 만큼의 수익권증서를 발급받고, 투자자산으로부터 발생하는 수익을 배당의 형태로 받게 된다. 대출자산의 경우 그 자산으로부터 발생하는 이자 등이 배당자원이 되고, 대출원금은 원본이 되는 것이다. 투자자산의 관리는 자산운용사가 행하며, 투자자는 판매회사를 통해 펀드에 투자하게 된다. 자산운용사는 수탁회사를 두어 운용지시를 통해 자산의 보관 및 집행업무를 위탁한다.

---

16) 박종덕(2009), 23-24쪽.
17) 박종덕(2009), 20-21쪽.

3. 프로젝트금융투자회사(PFV)를 이용한 부동산개발금융

별도의 영업법이 아닌 구 법인세법(현행 조세특례제한법)상 근거 조문을 마련하여 도입된 프로젝트금융투자회사(PFV)는 요건을 충족할 경우 이중과세를 면할 수 있는 특례를 받는다. 과세의 원칙대로라면 자금조달목적기구가 투자한 개발사업으로 이익을 얻으면 먼저 법인의 형식을 취한 자금조달목적기구에 세금이 부과되고, 또 여기에 주주로 참여한 실체적인 자금주들이 얻은 배당수익에 대하여 이중으로 부과된다. 현행 조세특례제한법은 이에 대하여 특례를 마련하여 특정한 요건을 충족하는 프로젝트금융투자회사에 대해서는 그 법인의 배당가능이익의 90% 이상을 배당한 경우 사업연도의 소득금액에서 공제하여 소득세를 부과하지 않고 있다.[18]

2001년에 도입하려고 했던 프로젝트금융회사법은 제정되지 않았으며, 2004년 3월 구 법인세법의 개정으로 프로젝트금융투자회사(PFV)를 설립해 개발사업의 자금을 조달하는 것이 가능해졌다. 프로젝트금융회사(PFV)는 상법상 주식회사로서 실체회사가 아닌 명목회사(paper company)이나 필요한 지분은 물론 부채조달에 있어서도 재원조달의 주체로서 가능하다. PFV는 성립요건이 충족되어야 법인세 비과세를 적용받는데, 성립요건을 보면 금융기관이 5% 이상 출자, 자본금이 50억원 이상, 존립기간이 2년 이상으로 부동산개발사업을 영위하여야 하며, 배당가능금액의 90% 이상을 배당하여야 한다. 이러한 요건을 충족하면 PFV는 배당금액에 대하여 법인세 비과세를 적용받으며 그 금액을 법인세 과세대상 소득에서 제외시켜 이중과세 문제를 해결할 수 있다. 현재 대규모 개발사업 및 설비투자사업, 사회간접자본시설(SOC)사업, 자원개발사업, 택지개발지구 내 상업시설사업 등의 분야에서 사용되고 있다.

이러한 프로젝트금융투자회사(PFV)를 이용한 부동산 PF 구조의 경우 대출금융기관, 시행사, 시공사 등이 출자자로 참여하여 부동산PF를 진행하고 참여 금융기관에서 자산 및 자금관리를 주관하게 되며, 명목회사인 프로젝트금융투자회사(PFV)는 자산관리회사(AMC: Asset Management Company)에게 사업의 관리를 위탁한다. 일반적인 부동산개발사업인 경우에는 자산관리회사(AMC)의 역할을 시행

---

18) 한소은(2022), 9쪽.

사가 맡게 되는 경우가 많다.

Ⅴ. 부동산신탁 방식의 부동산개발금융: 부동산신탁

부동산신탁은 신탁구조를 활용하여 부동산을 신탁재산으로 하여 토지소유자인 위탁자로부터 부동산을 수탁받아 관리, 운용, 개발하여 이익을 상환하고 수수료를 받는 형태이다. 신탁업을 수행하기 위하여는 자본시장법에 따른 인가를 받아야 한다.[19]

Ⅵ. 자산유동화를 통한 부동산개발금융: 부동산유동화금융

금융회사 또는 일반기업이 보유하는 비유동성 자산을 유동성 확보 목적으로 시장에서 판매하기 용이하게 유동화하여 자금을 확보하는 방식을 말한다. 주로 유동화증권(ABS: Asset Based Securities) 또는 유동화기업어음(ABCP: Asset Based Commercial Paper)을 발행하여 그 발행대금으로 부동산개발사업의 자금을 제공하는 형태가 있다. 자산유동화법에 따라 유동화전문회사라는 명목회사를 통하여 유동화증권을 발행한다. PF대출로 실행된 PF대출채권을 유동화전문회사를 통하여 다수의 투자자에게 매각함으로써 사실상 부동산개발사업에 대출하는 금융회사의 위험을 분산하기 위해 이러한 방식을 활용한다. 이는 부동산개발사업을 위한 자금조달이 일차적으로 완료된 이후 대주의 위험을 다수의 투자자들에게 이전하는 구조로서 자금조달을 완료한 사업주체의 입장에서는 큰 관심사가 아닐 수 있다.[20]

실무적으로 자산유동화를 통한 유동화증권을 발행할 때 증권사가 채무보증을 추가하여 유동화증권의 신용을 보강하는 경우가 많다. 이때 유동화증권의 신용등급은 주로 신용보강을 제공하는 증권사의 신용도에 연계되어 결정된다.

---

19) 한소은(2022), 10쪽.
20) 한소은(2022), 9-10쪽.

부동산 프로젝트금융(PF)

제 1 장

총 설

제1절 서설

I. 프로젝트금융의 등장과 발전

개발사업을 추진하는 사업자(Project Sponsor)가 개발사업에 소요되는 자금을 자기자본만으로 조달하고자 할 경우 막대한 자본을 필요로 할 뿐만 아니라, 투자자본에 대한 위험이 분산되지 않아 혼자 위험을 부담하게 된다. 이에 사업자는 프로젝트로부터 얻게 될 수익을 일부 낮추더라도 제3자로부터 자금을 조달하여 자금조달 위험과 사업의 위험을 저감하고자 한다. 사업자가 자금제공자에게 상당한 담보를 제공할 수 있다면 담보대출 형태를 통하여 자금조달이 가능하기 때문에 다양한 금융기법을 필요로 하지 않는다. 그러나 자금제공자에게 충분한 담보를 제공할 수 없다면 추상적인 채권회수의 가능성을 계량화하여 보여 주고 위험부담에 대한 보상방안 등을 제시해 주어야 자금조달이 가능하다. 이를 위해 부동산개발에서는 프로젝트금융 기법이 널리 활용되고 있다.

프로젝트금융(PF: Project Financing 또는 Project Finance)은 자금조달자에게는 프로젝트로부터 책임을 절연시켜 주고, 자금제공자에게는 사업성 검토를 통한 채권회수의 가능성에 대한 계량화 제공 및 위험부담에 대한 보상을 제공하기 위한 프로젝트 단위의 금융기법이라 할 수 있다. 프로젝트금융은 1930년대 미국 유전개발 사업에 활용되면서 본격적으로 활용되기 시작하여, 현재 유전 등과 같은 자원개발, 공항·항만·도로 등 사회간접자본시설(SOC), 발전소 및 플랜트 시설, 부동산개발 등 다양한 분야에서 활용되고 있다. 국내에서는 1994년 「사회간접자본시설에 대한 민간자본유치촉진법」[1]이 제정되면서 사회간접자본시설을 중심으로 프로젝트금융이 시작되었다. 이후 프로젝트금융은 활성화되어 사회간접자본시설을 비롯하여 해외자원개발, 대규모 복합개발 및 주택개발 사업까지 확대되었다. 2000년대 들어 부동산개발이 활성화되면서 부동산 프로젝트금융은 본격적으로 활용되기 시작하였다.[2] 그러나 국내 부동산 프로젝트금융은 소규모 자본금으로 재무구조가 취약한 사업자인 시행사(시행자), 건설경기 호황 등으로 빠른 시일 내에 많은 개발사업을 추진하고자 하는 시공사(시공자)인 건설사, 금융기법을 다양화하지 못하고 외형확대만을 하는 금융기관 등 재무적 투자자(FI: Financial Investors) 등의 이해관계로 인해 시공사의 신용보강을 통한 프로젝트금융이라는 특수한 형태로 자리잡게 되었다.[3] 시공사의 신용보강을 통한 프로젝트금융은 자금조달을 원활히 하고 안정성 있고 빠르게 사업을 추진할 수 있다는 점에서 긍정적인 역할을 할 수도 있지만, 개발사업이 실패할 경우 건설사에 막대한 재무적 부담을 안겨 줄 수 있다. 이러한 우려는 2008년 미국발 금융위기를 거치며 부동

---

1) 1997년 「사회간접자본시설에 대한 민간투자법」이란 명칭으로 개정된 뒤, 2005년 사회기반시설에 대한 민간투자법("민간투자법")으로 명칭이 변경되었다.

2) 1997년 외환위기 이전에는 주로 건설사가 직접 대출을 받아 토지를 매입하고 자체 분양하는 기업금융 방식으로 부동산개발이 이루어졌으나, 외환위기 이후에는 시장위험으로부터 사업자의 위험을 분리하기 위하여 시행사와 시공사의 역할분담이 이루어졌다. 즉 시행사 중심의 개발사업구조로 전환되었다. 자본력이 취약한 시행사들은 토지매입대금 등 초기 개발자금을 조달하기 위한 방법으로 부동산 프로젝트금융 기법을 활용하기 시작하였는데, 시행사의 낮은 신용도를 보강하기 위해 시공사의 신용공여가 이루어졌다. 건설사는 재무제표상 우발채무만을 부담하므로 직접 자금을 조달하여 사업을 시행하는 것과 비교하여 재무건전성을 높일 수 있었다. 2000년부터 부동산경기 호황과 함께 부동산 프로젝트금융 규모도 급성장하였으며, 금융기관의 외형확대도 이에 크게 기여하였다.

3) 시공사 신용보강 중심의 프로젝트금융의 구조는 순수한 프로젝트금융이라기보다는 변형된 기업금융 형태의 측면이 강하다. 미국은 임대형 개발사업의 경우에는 건설자금대출(construction loan)을 받고 준공시점에 장기차입금대출(permanent loan)로 대체하는 구조이며, 분양형 개발사업은 토지확보 후 사전분양(pre-sale)을 하며, 이를 통해 사업성이 확보되면 건설자금을 금융권으로부터 조달하는 구조이다. 또한 부동산개발의 기획단계, 건설단계, 운영단계별로 자금의 성격을 명확하게 구분한다. 영국은 시행사의 지분은 약 10-30% 수준으로 비교적 높으며 나머지는 은행의 대출을 통하여 조달한다. 은행의 대출은 비소구 금융을 원칙으로 하며 프로젝트 사업에 따른 현금흐름만을 상환재원으로 한다. 일본은 미국과 유사하게 자기자본조달과 채권금융 방식을 활용하여 투자자를 모집하며, 메자닌(mezzanine) 금융이나 선·후순위 채권 발행 등 다양한 형태의 자금조달기법이 활용되고 있다.

산경기가 침체되면서 현실화되었다. 많은 건설사가 재무적 위험에 노출되었으며, 법정관리 등을 신청하는 결과를 가져오기도 했다.

이러한 문제점으로 인하여 일부 건설사는 우량한 개발사업에 제한된 범위의 신용만을 제공하여 사업을 추진하고 있다. 또한 금융기관에서는 효율적으로 자금을 제공하기 위한 다양한 구조화금융(Structured Financing)을 시도하는 등 새로운 프로젝트금융 방법을 모색하고 있다. 그럼에도 불구하고 아직까지도 시공사의 신용보강을 통한 부동산 프로젝트금융이라는 방법에 대한 근본적인 변화를 가져오지는 못하고 있다. 또한 새롭게 시도되고 있는 시공사의 신용보강에 따른 프로젝트금융의 경우에도 그 법률효과 등에 대하여 건설사나 금융기관 모두 명확히 파악하지 못한 채 체결되는 경우가 많아 추후 분쟁 발생의 우려가 높다.4)

Ⅱ. 프로젝트금융의 개념

프로젝트5)금융이란 특정 프로젝트에 금융을 통하여 자금을 조달하는 방식을 의미한다. 즉 프로젝트금융이란 "설비투자, 사회간접자본 시설투자, 자원개발, 그 밖에 상당한 기간과 자금이 소요되는 프로젝트를 수주(受注)한 기업을 위하여 사업화 단계부터 특수목적기구(특정 프로젝트를 사업으로 운영하고 그 수익을 주주 등에게 배분하는 목적으로 설립된 회사, 그 밖의 기구)에 대하여 신용공여, 출자, 그 밖의 자금지원"을 하는 것을 말한다(자본시장법 시행령68②(4의2)).

금융적 의미로 한정된 협의의 프로젝트금융이란 사업자(Sponsor)에 대한 소구권(遡求權)은 제한(non-recourse or limited recourse financing)되지만 프로젝트 자산을 담보로 하고 프로젝트 자체의 현금흐름을 상환재원으로 하여, 프로젝트를 위하여 설립된 특수목적법인(SPC)6)에 프로젝트를 위하여 제공하는 금융을 말한다. 부동산 프로젝트금융이란 부동산을 기초자산으로 하여 시행되는 개발사업에 대하여 분양 및 임대·담보설정·운영수익 등의 현금흐름을 상환재원으로 하여

---

4) 박근용(2014), "부동산 프로젝트금융(PF)에서 시공사 신용보강에 관한 법적 연구", 금융법연구 제11권 제2호(2014. 8), 183-185쪽.
5) 프로젝트금융에서 프로젝트라 함은 일정 규모의 투자를 통하여 기대수익이 발생하여 회수가 가능할 것으로 예상되는 사업을 의미한다.
6) 조세특례제한법 제104조의31 제1항의 요건을 갖추어 프로젝트금융투자회사(PFV: Project Financing Vehicle)를 설립하기도 한다.

이루어지는 프로젝트금융을 의미한다고 할 수 있다. SOC 프로젝트금융도 광의의 의미에서 본다면 부동산 프로젝트금융과 유사하다. 그러나 SOC 프로젝트금융은 해지시지급금 등을 지급하는 정부 등 주무관청이 사업참여자에 포함되어 있고, 민간투자법에 기본적인 사업방식이 정형화되어 있으며,7) 운영 등의 수익을 통하여 상환하는 공항·항만·철도·도로 등 비교적 장기의 대규모 개발사업이 주를 이룬다는 점에서 부동산 프로젝트금융과 차이가 있다.

프로젝트금융의 출발점은 미래의 현금흐름을 포함하는 사업성 평가라고 할 수 있다. 이를 통하여 자금조달계획, 상환계획, 보증조건, 손익분배 등 프로젝트금융 조건이 구체화된다. 국내 프로젝트금융에서 금융기관은 시공사 등 사업참여자의 신용보강을 추가적으로 요구하고 있다. 현금흐름 및 법률관계 등을 명확히 하기 위하여 별도 법인을 설립하여 사업을 진행하는데, 사업자는 프로젝트로부터 발생할 수 있는 책임을 제한하기 위하여 유한책임만을 부담하는 주식회사 형태의 특수목적법인(SPC)8)을 설립하여 사업을 추진한다.9)

Ⅲ. 프로젝트금융의 특성

프로젝트금융은 당해 프로젝트의 수행에 필요한 자금을 프로젝트의 현금흐름에 근거하여 조달하는 금융기법으로 프로젝트에서 발생하는 수익을 이미 투입한 조달자금에 대한 최우선적인 상환재원으로 사용한다는 점에서 사업주의 담보나 신용에 근거하여 대출이 이루어지는 전통적인 기업금융(Corporate Financing)과 대칭되는 기법이라 할 수 있다. 프로젝트금융은 보는 시각에 따라 그 특징을 다양하게 들 수 있으나, 일반적으로 논의되는 특징은 다음과 같다.10)

---

7) 민간투자법 제4조에는 민간투자사업의 추진방식을 구분하여 규정하고 있다.
8) 대부분의 특수목적법인(SPC)은 유한책임만을 부담하는 주식회사 형태의 법인을 설립하나, 상법에 유한책임회사(LLC: Limited liability company)가 도입됨에 따라 주식회사 형태의 SPC 외에 LLC 형태의 SPC도 설립이 가능하다. 미국의 경우 주식회사 형태의 SPC보다는 유한책임만을 부담하면서도 내부구성이 자유로운 LLC 형태의 SPC 설립이 일반화되어 있다. 향후 국내 개발사업에서도 주식회사 형태의 SPC와 함께 소규모 회사에 적합한 유한책임회사(LLC) 형태의 SPC도 많이 활용될 것으로 기대된다.
9) 박근용(2014), 186-187쪽.
10) 사공대창(2010), 19-21쪽.

1. 비소구 또는 제한소구 금융

프로젝트금융은 몇 가지 기본적 요소를 가지고 있는데 그중 가장 중요한 요소는 대출금 상환재원을 해당 프로젝트에서 산출되는 현금흐름에 한정한다는 점이다. 다시 말해 일반적인 대출은 유사시 채권확보 수단으로 차주나 보증인에게 대출 원리금에 대하여 무한책임(Full-recourse)을 지는 반면, 프로젝트금융 방식에 의한 대출은 대출 원리금 상환 부담이 프로젝트의 내재 가치와 예상 현금수입의 범위 내로 한정(Non-recourse)하고, 출자자 등의 일정범위 추가부담으로 제한(Limited recourse)된다. 이러한 의미에서 프로젝트금융 방식으로 대출한 금융기관은 채권자이면서 동시에 프로젝트 성패에 영향을 받게 된다. 즉 대출금융기관은 사업자와 리스크를 함께 부담해야 한다. 이런 금융구조를 비소구(Non-recourse finance 또는 Without-recourse finance)라고 한다. 종래 기업금융 방식에 의하면 대출금융기관과 사업자에 대하여 직접적이며 최종적인 상환의 소구(Recourse)가 가능하다는 점에서 소구금융이라고 할 수 있다. 물론 실제 거래에서는 대출금융기관과 사업자 사이에는 여러 가지 직·간접적인 위험 배분의 조합이 원용되므로 완전한 비소구 방식은 거의 없으며, 사업자가 여신 위험의 일부를 부담하는 제한적 소구(Limited recourse)가 일반적이다.

2. 부외금융

프로젝트금융에서는 사업주의 기존 업체 및 사업 부문들과는 법적·경제적으로 별개의 법인에 의해 프로젝트가 진행됨으로써 프로젝트로부터의 현금 및 부채 흐름이 여타 기업 및 사업 부문들의 대차대조표에 나타나지 않아 이들의 대외적인 신용도에 영향을 주지 않는데, 프로젝트금융의 이러한 특성을 부외금융(Off-Balance Sheet Financing)이라고 한다.

3. 책임의 한정

비소구 금융이라는 특징은 대출에 대한 물적담보 면에서도 같은 원칙이 적용된다. 따라서 채권보전 수단이 1차적으로 프로젝트의 수행결과 창출되는 현금수지 잉여에 한정하고, 2차적으로는 제3자의 직·간접 보증에 두고 있다. 종래의 기업금융 방식에서는 통상 차입기업의 자산에 은행 여신의 공통 담보로서 근저당권이 설정되어 있으며, 프로젝트 건설을 목적으로 하는 시설자금대출에도 이러한 담보가 적용된다.

이에 반해 프로젝트금융의 경우에는 대출금 상환을 프로젝트 내에서 자체적으로 해결해야 하기 때문에 담보는 프로젝트 회사의 자산에 한정된다. 프로젝트 회사가 상환을 못하게 되면 사업자가 충분한 담보 여력을 가진 경우라도 프로젝트의 원리금에 대한 책임을 사업주에게 물을 수 없다. 이 점을 개발업자의 입장에서 보면 프로젝트의 사업이 부진하여 부득이하게 포기하는 경우에도 개발업자 자산에는 영향을 받지 않고 계속 사업을 유지할 수 있는 구조인 것이다. 하지만 국내 PF 사례를 보면 미래의 현금흐름 및 예상수익만을 담보로 하는 경우는 거의 없으며, 시행사 및 시공사의 연대보증·채무인수·자금보충 등의 시공사 신용보강을 요구하는 경우가 대부분이다.

4. 자금수지에 기초한 여신

프로젝트금융의 담보는 미래의 현금수지의 총계이기 때문에 프로젝트의 영업이 부진한 경우에도 프로젝트 자체 자산의 처분 외에는 채권회수 방법이 없다. 그러나 프로젝트가 완료되어야 담보가치가 발생하기 때문에 프로젝트 진행 시의 가치 자체가 담보여력이 있는 것은 아니다. 그 자체가 담보여력이 있다고 하여 처분하더라도 통상 시장에서 저평가되기 때문에 상당한 손실을 불러오게 될 것이다. 그러므로 프로젝트금융의 경우에는 프로젝트 자산의 처분에 의한 회수는 2차적 또는 최종적 수단일 뿐이고, 1차적으로는 대상 프로젝트에서 산출되는 현금수지에 최대한 의존하는 대출, 즉 현금수지를 기초로 하는 여신이라는 특징을 갖는다. 이러한 현금흐름을 관리하기 위해 대주는 대상사업의 독립적인 에스크로우 계좌[11]를 설정함으로써 효율적인 자금확보와 원리금 상환을 확보할 수 있다.

---

11) 에스크로우 계좌(Escrow Account)는 우리말로 제3자 자금관리계좌 정도로 번역할 수 있을 듯한데, 원어의 뉘앙스를 그대로 전달하기 쉽지 않아 실무에서는 통상 원어 그대로 사용한다. 일반적으로 PF대출에서는 차주 명의의 예금계좌 개설을 제한하고, 사업비 사용을 통제하기 위해서 운영비 등의 자유입출금계좌 이외의 모든 사업관련 계좌는 지급을 정지시키고, 인출요건이 충족된 경우에 한하여 일시적으로 지급정지를 풀어서 자금을 인출한 후 다시 지급을 정지시키는 방법을 사용한다. 한편, 신탁회사를 통하여 자금관리를 하는 경우에는 대출금입금계좌만을 차주 명의로 개설하고, 그 밖의 사업 관련 계좌를 신탁회사 명의로 개설하고 대주 및 신탁회사의 통제 하에 사업 관련 자금의 입출금을 관리하도록 하여 차주에 의한 현금유용위험을 회피하는 방법도 실무적으로 빈번하게 사용된다.

5. 위험배분

프로젝트금융은 프로젝트 관련 당사자들 간의 적절한 위험배분에 대한 합의를 기초로 성립되며, 구체적인 위험배분의 기준 및 위험부담의 크기는 프로젝트의 기술적·경제적 타당성에 달려 있다. 사업주는 프로젝트로부터 발생하는 위험을 대주에게 가능한 많이 전가하려 하고, 반면에 대주는 사업주의 충분한 보증을 요구하게 되어 양자 간의 이해가 상반된다. 따라서 양자 간의 계약을 통해 프로젝트 위험의 적절한 분담이 이루어지고 있으며, 필요에 따라서는 신용도가 높은 다양한 이해관계자들과의 계약을 통해 프로젝트의 안정성을 확보한다. 즉 프로젝트금융을 통하여 신용도가 높은 이해당사자들이 자기의 능력에 맞게 위험을 분담함으로써 프로젝트 위험이 배분될 뿐만 아니라 프로젝트 전반의 위험이 감소되는 효과도 발생한다.

6. 사업의 단일성

프로젝트금융은 상환자원 및 담보를 대출대상 프로젝트에만 의존하는 방식이기 때문에 대출금융기관으로써는 대상 프로젝트의 사업성 및 위험을 철저히 분석하고 충분한 확신하에 대출을 실행한다. 만약 차주인 시행사가 대출대상이 되는 프로젝트 외의 다른 사업을 추진하게 된다면, 프로젝트의 사업성 및 수익성에 불확실한 요소가 추가되기 때문에 대주에게는 예상 외의 위험이 추가적으로 발생한다. 따라서 대주는 차주가 다른 사업을 추가하는 것을 제한하고 대상 프로젝트에 전념하는 단일사업 회사일 것을 요구한다.[12]

7. 상대적으로 높은 금융비용

프로젝트금융을 주관하는 주간사은행은 프로젝트의 사업성 검토, 금융구조 설정, 자금제공까지 상당한 비용 및 시간이 소요될 뿐만 아니라, 프로젝트의 사업성과 자산을 담보로 하여 금융을 제공하므로 대출위험이 높아 다른 자금조달 방법에 비해 상대적으로 높은 금리와 수수료를 요구한다. 최근에는 주간사 금융기관이 프로젝트 전반에 걸쳐 자문을 겸하는 경우도 많아 추가적인 비용증가도

---

12) 대부분의 PF대출 사례를 보면 차주는 대상 프로젝트가 종결될 때까지는 대주의 사전 서면 동의 없이 신규사업을 할 수 없도록 규정하고 있다(대출약정서 또는 사업약정서).

예상된다.

8. 복잡한 계약 및 금융절차

프로젝트의 시공 및 운영에는 다양한 종류의 위험이 발생할 가능성이 있다. 따라서 위험을 분석하고 회피하기 위해서 전문적인 금융 및 보증절차, 복잡한 계약 및 협정, 난해한 회계 및 조세처리, 다양한 문서화 과정 등이 필요하다.

9. 구조화금융

금융구조를 적극적으로 조성해 나간다는 의미에서 프로젝트금융은 구조화금융으로서의 특징을 가지고 있다. 구조화금융의 핵심은 제 계약의 유효성과 계약당사자 간의 계약수행능력에 좌우된다. 제 계약의 주요 내용을 차지하는 위험배분기준 및 부담위험의 크기는 프로젝트의 경제적 타당성에 좌우된다. 프로젝트금융의 대상이 되는 사업은 대부분의 경우 사업규모가 방대하여 거대한 소요자금이 요구될 뿐만 아니라, 계획사업에 내재하는 위험이 매우 크므로 금융기관이 단독으로 자금을 공급하고 위험을 부담하기보다는 복수의 금융기관이 차관단을 구성하여 신디케이티드 론[13]방식으로 필요자금을 대출해 주는 것이 일반적이다.

Ⅳ. 프로젝트금융의 장·단점

1. 사업주 입장에서의 장·단점

(1) 장점

ⅰ) 사업위험의 전가 효과를 볼 수 있다. 프로젝트금융이 비소구·제한소구금융의 특징을 가지고 있기 때문에 프로젝트의 실패가 반드시 사업주의 도산으로 이어지지 않는다. 사업주의 입장에서는 프로젝트 실패 시에 상환의무가 제한되므로 프로젝트 위험이 대주에게 상당부분 전가되는 이점이 있다.[14]

ⅱ) 새로운 자금조달원의 개발에 의한 부채수용능력(Debt Capacity)의 확대

---

13) 신디케이티드론이란 다수의 대주 금융기관들이 차관단을 구성하여 공통의 조건으로 일정금액을 융자하여 주는 Group 또는 Joint Lending의 일종이며, 전통적인 상업은행의 대출기능과 투자은행의 인수기능이 복합된 것이다.

14) 운영위험, 재무위험 등 프로젝트에 관련된 각종 위험을 이해관계자(시공자, 원료공급자, 구매자 등)들에게 적절히 분담시킬 수 있어 개별 이해관계자의 위험을 최소화시킨다.

가 가능하다. 프로젝트 사업주는 경제성이 있는 프로젝트를 위한 자금조달을 기존 사업과 분리하여 행할 수 있다. 즉 프로젝트금융을 통하면 사업주는 모기업에 재무구조상 일반적으로 허용되는 차입수준을 초과하여 타인자본을 조달할 수 있게 된다. 특히 계획사업의 규모에 비해 차주가 소규모이거나 신용이 좋지 않은 경우에도 프로젝트를 추진할 수 있으므로 기업에는 새로운 사업자금원의 개발이라고 할 수 있다.

iii) 부외금융으로 인한 채무수용능력이 제고된다. 프로젝트금융에서는 프로젝트 회사는 별개의 회사이며, 같은 회사의 차입에 대해 비소구가 원칙이므로 사업주의 대차대조표에 계상되지 않는다. 또한 사업주에게 기존 회사의 재무상황의 악화를 초래하지 않게 하여 기존 사업의 신용상태에 대한 신규사업 추진의 영향을 최소화할 수 있을 뿐만 아니라, 사업주가 금융기관으로부터의 대출한도를 소진하거나 법규상 대출에 제한을 받는 경우에도 사업주와 독립된 당해 프로젝트에는 대출이 가능하다는 이점이 있다.

iv) 위험분산을 통해 프로젝트의 위험을 감소시킬 수 있다. 프로젝트금융은 사업주의 신용이 불량하거나 프로젝트의 규모가 커서 대출이 용이하지 않을 경우에도 프로젝트 자체의 수익성만을 근거로 하여 자금조달이 가능하다. 따라서 프로젝트 수익성은 양호하지만 단일 사업주가 시행하기에 위험부담이 큰 사업에 대해 신용도가 보증된 이해당사자 간의 합의에 의한 위험배분으로 프로젝트금융의 위험을 감소시킬 수 있다.

ⅴ) 기타 세제상의 이점을 가질 수 있다. 국가의 세제에 따라서는 각종 세금감면 또는 부채증가에 따른 레버리지 효과[15] 등을 통한 세제상의 이점을 누릴 수 있다. 예를 들어 발주국 정부나 기술공여국 정부가 프로젝트금융과 관련하여 각종 세금감면을 제공할 경우 프로젝트 사업주는 프로젝트금융을 통하여 세제상의 혜택을 누릴 수 있다.[16]

---

[15] 타인으로부터 빌린 차입금을 지렛대로 삼아 자기자본이익률을 높이는 것으로 지렛대효과라고도 한다. 예를 들어 100억원의 자기자본으로 10억원의 순익을 올리게 되면 자기자본이익률은 10%가 되지만, 자기자본 50억원에 타인자본 50억원을 도입하여 10억원의 순익을 올리게 되면 자기자본이익률은 20%가 된다.

[16] 이준호(2007), "우리나라 금융기관의 부동산개발사업 프로젝트 파이낸싱 활용에 관한 연구", 경기대학교 서비스경영전문대학원 박사학위논문(2007. 12), 14–15쪽.

(2) 단점

ⅰ) 금융비용이 상대적으로 높다. 프로젝트금융은 종래의 대출보다 위험이 크기 때문에 금리 및 차입비용, 사업계획 수립 및 금융구조 추진과정에서 발생되는 각종 비용, 많은 계약당사자와의 교섭, 다양한 보험커버 및 추가적 위험부담에 따른 비용 등으로 조달비용이 높기 때문이다. 프로젝트금융의 차입금리는 그 수준이 프로젝트 사업주의 일반대출에 따른 한계차입 비용보다 평균 1-2% 더 높은 것이 일반적이다.

ⅱ) 프로젝트금융 추진에 장시간이 소요된다. 프로젝트금융은 일반대출에 비하여 구조가 복잡하고 관련 당사자가 많으며 외부전문가의 참여가 불가피하기 때문이다. 게다가 기술적·경제적 타당성 검토와 복잡한 서류작성, 대주와의 협상 등에도 많은 시간과 노력이 필요하다.

ⅲ) 기업의 사업경영 시 탄력성 부족 및 기업정보의 과다노출을 들 수 있다. 예를 들어 프로젝트의 사업성이 불확실할 경우에는 대출금융기관이나 다른 이해관계자들과 상의하지 않고 기업이 독자적으로 감산·포기·매각 등을 임의로 결정할 수 없다. 일반적으로 사업실패의 책임을 프로젝트 사업주와 분담하기를 원하며, 사업주가 중도 포기하는 것을 원하지 않기 때문에 여러 가지 형태로 차주의 사업에 관여하려고 한다. 또한 다수의 신디케이션17) 참가은행에 상세한 정보를 제공해야 하기 때문에 기업비밀이 과다 노출될 우려가 있다.18)

2. 대주단 입장에서의 장·단점

(1) 장점

ⅰ) 수익성의 제고이다. 프로젝트금융은 고위험 상품이라는 특성상 일반적인 기업금융보다 금리·수수료 등의 수준이 높기 때문에 보다 높은 수익을 얻을 수 있다. 그러나 고수익성은 프로젝트가 성공하여 대출 원리금이 무사히 상환될 때에 실현되는 것으로 프로젝트에 내재한 위험을 정확히 파악하는 분석력과 확

---

17) 신디케이션(Syndication)은 주간사은행의 주재하에 차관단을 구성하는 것을 말한다. 그 구성방법에는 클럽론, wide broadcast syndication과 전통적 신디케이션이 있다. Club loan은 차주가 직접 또는 주간사은행과 협의하여 차주와 업무상 밀접한 관계가 있는 예상차관 공여은행과 접촉하여 신디케이션하는 방법이며, wide broadcast syndication은 세계 각처에 참가권유를 하여 신디케이션을 하는 것이며, 전통적 신디케이션은 여러 은행 중에서 신용이 좋은 은행을 선택하여 참가권유를 함으로써 신디케이션을 하는 것이다.
18) 이준호(2007), 15-16쪽.

인된 위험을 충분히 피할 수 있는 구조를 구축할 수 있는 기술이 필요하다.

ii) 고객수요에의 대응이다. 국제금융시장에서 경쟁격화와 개발도상국에서의 민간자본에 의한 사회간접자본 투자비중이 증가함에 따라 국제은행들의 프로젝트금융은 유수 국제기업 및 개발도상국 정부의 다양한 욕구를 충족시켜줄 수 있는 금융상품으로서 점점 그 중요성이 더해지고 있다. 동시에 국제금융시장의 주요 은행들은 이를 시장에서의 경쟁력을 강화하는 유력한 무기로 간주하여 활성화에 최선을 다하고 있다.

iii) 위험의 명확화 및 경제성 있는 사업의 분리 취급을 들 수 있다. 사업주의 보증이 없기 때문에 대주는 대출계약 시 신용이 우수한 이해당사자들 간의 계약을 통하여 다양한 보증방법을 강구하게 되므로 사업주의 신용도에만 의존하는 기업금융 방식에 비해 프로젝트의 전반적인 위험을 감소시킬 수 있다. 또한 사업주의 신용이 불량한 경우에도 사업주와 프로젝트를 금융적으로 분리시킬 수 있어 사업주의 파산이 프로젝트에 영향을 미치지 못하게 할 수 있다.

iv) 프로젝트의 물적 자산 및 수익에 기초한 채권보전이다. 차주가 부담할 대출 원리금 상환 부담이 프로젝트의 물적 자산가치와 예상수입의 범위 내로 한정되거나 사업주가 부담할 경우에도 일정범위의 추가부담으로 제한된다. 프로젝트의 물적 자산가치는 계획사업이 갖는 유·무형의 자산이나 부수된 제 계약상의 권리 및 이권 등이 포함된다. 대주는 부족한 상환가능성을 보충하기 위하여 이해관계자로부터 다양한 형태의 직·간접의 보증, 보장 등을 요구하게 되므로 경제성이 확실한 특정 계획사업에 대한 대출, 부채비율이 높은 기업이나 만성적인 국제수지 적자국에 대한 일반대출보다 상대적으로 유리하다고 할 수 있다.

v) 정보의 비대칭성 극복에 따르는 경제적 비용을 줄일 수 있다. 프로젝트금융의 경우 대주는 사업주가 수행하는 모든 사업에 대한 위험을 부담하는 것이 아니라 당해 프로젝트에 대한 위험만 부담한다. 따라서 사업주의 전체 신용도에 대한 신용평가를 할 필요 없이 당해 프로젝트에 대한 사업성 검토만을 하면 되고, 사업주의 다른 부문의 부실여부에 관계없이 대출금을 상환받을 수 있다.[19]

---

19) 이준호(2007), 16-17쪽.

(2) 단점

ⅰ) 많은 시간과 노력이 요구된다. 프로젝트금융은 각 프로젝트마다 위험의 분석이나 심사, 금융구조의 조성 및 조건교섭에 많은 인력과 시간이 소요된다. 프로젝트에 따라서는 금융구조의 조성을 완료하여 약정서에 서명까지 1년 이상이 소요되는 경우도 있다. ⅱ) 지속적이고 체계적인 사후관리가 필요하다. 대출약정서 서명 후에도 프로젝트의 미래 현금흐름에 따라 수익이 창출되므로 지속적인 사후관리가 요구된다. ⅲ) 고위험을 수반한다. 대상 프로젝트 외에는 채권보전 수단이 없기 때문에 아무리 철저히 프로젝트에 대한 위험분석을 행한다고 해도 장기에 걸쳐 높은 사업위험을 부담한다는 사실은 변함이 없으므로 일반적으로 위험이 크다.[20]

3. 정부 입장에서의 장점

ⅰ) 국책사업에 민간자본의 유입이 가능하다. 프로젝트금융은 사회간접자본시설, 자원탐사 및 개발, 플랜트 사업 등과 같이 막대한 투자비용이 소요되고 국가경제발전에 기여도가 높은 국책사업에 유용한 금융기법으로 민간사업주와 금융기관의 자본투입을 유도하여 대형국책사업을 시행할 수 있다. ⅱ) 민간부문의 전문성과 창의성의 활용을 증대하는 효과를 가져올 수 있다. 프로젝트금융의 주체가 대부분 민간사업주이므로 비전문적이고 획일적인 공공조직에 비해 높은 수준의 전문성과 창의성으로 프로젝트의 시공 및 운영을 기할 수 있다.[21]

제2절 프로젝트금융의 구조

프로젝트금융의 구조는 정형화된 형태를 요구하기보다는 개별 프로젝트의 상황에 따라 다양한 형태를 보인다. 일반적인 구조는 사업주가 지분을 투자하여 프로젝트 회사를 설립한 후, 프로젝트 회사가 필요한 자금을 조달하여 프로젝트의 목적물을 완성, 당해 프로젝트 운영에 따른 수입으로 대출 원리금을 상환한

---

20) 이준호(2007), 17-18쪽.
21) 이준호(2007), 18쪽.

다. 이때 상환은 대부분 에스크로우 계좌를 통해서 이루어진다.

Ⅰ. 거래참여자

1. 사업주

사업추진을 위하여 특수목적법인(SPC)에 출자하고 프로젝트에서 중심적인 역할을 하는 자를 사업주(사업자) 또는 디벨로퍼라 한다. 사업주(Project Sponsor)는 단일 사업주 또는 복수의 사업주로 구성될 수 있으며, 금융기관 등이 포함될 수도 있다.[22] 복수의 사업주인 경우에는 사업주 상호 간에 역할분담을 통해 사업의 효율성 극대화를 추구하기도 한다. 부동산 프로젝트금융에서 프로젝트 회사는 프로젝트 회사의 자산만으로 유한책임을 부담하나, 사업주 가운데 주도적으로 사업을 시행하는 자가 금융기관 또는 시공사 등에 연대보증 등의 신용을 제공하기도 한다.[23]

2. 프로젝트 SPC(프로젝트 회사)=사업시행사(Project Company)

부동산개발사업을 하고자 하는 사업주는 부동산개발을 위하여 유한책임만을 부담하는 SPC를 설립한다. 특수목적법인인 프로젝트 SPC(프로젝트 회사)는 프로젝트의 권리·의무의 귀속 주체가 되어 경제적 이득과 분배의 주체가 된다. SPC를 설립하는 이유는 다수의 사업주가 단일의 법인을 설립하여 투자하게 되어 법률관계 및 프로젝트 관리가 용이하고, 위험을 분산시킬 수 있으며, 세금혜택이 있는 경우도 있기 때문이다. 일반적으로 프로젝트금융에서 프로젝트 회사는 차주가 되어 금융계약의 당사자가 된다.[24]

3. 차주

일반적으로 차주(Borrower)는 프로젝트 SPC(프로젝트 회사)가 되며, 대주단으로부터 자금을 공여받아 에스크로우 계좌를 통해 운영한다. 그러나 현행 법규나

---

22) 대규모 개발사업은 다수의 사업주들이 출자자(주주)로 참여하여 구성하게 된다. PFV 형태의 사업의 경우에는 금융기관이 출자자로 포함되어야 한다.
23) 박근용(2014), 188쪽.
24) 박근용(2014), 187쪽.

관습상 프로젝트 SPC가 직접 차주가 될 수 없는 경우나, 차주가 될 수는 있어도 불리한 경우가 있다. 이러한 상황에서는 차입을 위한 수탁차입사 TBV(Trustee Borrowing Vehicle)25)를 설립하여 자금을 조달하는 방법이 있다. TBV는 일반적으로 3단계를 거치게 되는데, 먼저 TBV를 통한 자금조달 절차로서 대주단으로부터 대출받아 건설회사에게 공사대금을 지급하게 된다. 다음은 생산물 판매(Off-Take) 단계로 사업시행사가 프로젝트로부터 산출된 생산물을 구매자(Off-Taker)에게 인도하고, 그 대금을 TBV에 지급하도록 지시하며, 마지막으로 채무상환(Debt Service) 단계를 거쳐 TBV는 생산물 판매대금으로 대주단에 원리금을 상환하고 잉여금은 사업시행사에 지급하게 된다.26)

4. 대주단(Syndicate)=금융제공자

프로젝트금융에서 금융기관은 자금을 공급하는 역할을 한다. 소규모 프로젝트금융에는 단일 금융기관이 참여하는 경우도 있으나, 개발사업에 수반되는 위험의 분산을 위하여 대주단을 구성하여 신디케이트론 형태로 참여하는 경우가 일반적이다. 금융기관에는 일반적으로 은행, 증권사, 보험회사, 저축은행, 자산운용사27) 등이 있으며, 해외 대규모 인프라 개발사업의 경우에는 국제개발금융기관(Multilateral Agencies)28)도 참여한다. 원칙적으로 금융기관이 프로젝트금융에 참여하기 위하여 사업성 평가를 통해 양질의 사업에 참여하여야 하나, 국내 프로젝트금융의 경우 사업성 평가와 양질의 사업 선별도 중요하지만 원리금 회수에 적합한 담보의 취득 및 시공사 등 보증인의 신용도를 중요 요소로 파악하고 있다.29)

---

25) 이는 세금감면이나 자금운용의 투명성 확보를 주목적으로 한다.
26) 이준호(2007), 22쪽.
27) 자산운용사(집합투자업자)는 원칙적으로 집합투자재산을 대여의 방식으로 운용하지 못하나, 부동산 프로젝트에는 자본시장법 제94조 제2항에 따라 금전대여의 방식으로 참여가 가능하다.
28) 개발도상국 프로젝트에서는 세계은행이나 세계은행의 민간부분 상업 대출기구인 국제금융공사(IFC: International Finance Corporation), 아시아개발은행(ADB: Asia Development Bank) 같은 지역개발기관들이 자금조달에 참여한다. 유럽에서는 유럽부흥개발은행(EBRD: European Bank for Reconstruction and Development) 등이 자금을 지원할 수 있다.
29) 박근용(2014), 188-189쪽.

5. 건설회사 또는 시공회사

시공회사는 단순한 도급 형태로 사업에 참여할 수도 있으며, 특수목적법인
에 출자함으로써 개발사업의 손익을 공유할 수도 있다. 어떤 형태로 사업에 참여
하든지 시공회사는 시공 및 출자 외의 책임을 부담하지 않는 것이 원칙이다.[30]
그러나 현실적으로 국내 프로젝트금융에서는 프로젝트 SPC의 자본금이 열악하
며 사업자의 능력은 제한적이기 때문에 시공회사의 신용보강 여부가 사업추진
여부를 결정하는 중요한 요소가 되고 있다. 이에 따라 시공회사가 프로젝트와 관
련된 많은 의무를 부담하는 주체가 되고 있다.[31]

6. 운영회사

건설회사(＝시공회사)에 의해 당해 프로젝트가 완공되면, 사업시행사에 목적
물이 인도된다. 이때 사업시행사는 직접 운영을 하든지 관련 프로젝트의 운영을
전문으로 하는 회사에 위탁한다. 일반적으로 당해 프로젝트는 사업주, 사업주의
자회사 또는 사업시행사가 운영을 담당하게 된다. 또 다른 운영방법은 당해 프로
젝트의 시공을 담당했던 건설회사가 목적물을 완공한 후 일정기간 운영하고 인
도하는 BOT 방식을 취하는 것이다. 통상적으로 대주단은 운영능력과 경험이 있
는 사업주 중 1개 회사가 운영을 책임지는 것을 선호하게 된다.[32]

7. 생산품구매자 또는 서비스 이용자

프로젝트의 성공은 미래 생산제품의 판매나 용역서비스의 이용 여부에 달려
있다. 이것이 프로젝트의 시장위험이며, 이를 회피하기 위하여 구매자(이용자)와
장기판매계약(Off-take Contract)을 체결한다. 이 경우 구매자는 프로젝트의 생산
품(서비스)을 장기에 걸쳐 안정적으로 확보하기 원하는 회사로서 무조건 구매계
약을 체결하거나 미래 생산품의 선급금 지급구매계약 형태로 프로젝트 이해관계
자로서 참가하게 된다.[33]

---

30) 단순한 도급을 받아 시공을 하는 경우에는 시공에 대한 책임만을 부담하게 되고, 주식회
　　사 등의 형태의 특수목적법인에 출자를 통하여 사업에 참여하더라도 주식회사의 주주는
　　유한책임만을 부담하기 때문에 원칙적으로 책임이 없다.
31) 박근용(2014), 188쪽.
32) 이준호(2007), 24쪽.
33) 이준호(2007), 24쪽.

8. 프로젝트 소재 국가의 정부

일반적으로 프로젝트금융 구조에서 프로젝트 소재 국가의 정부는 사업시행사에 직접적으로 출자하기보다는 국영기업 등을 통하여 사업시행사의 지분을 취득하거나, 생산물의 구매자(Off-Taker)나 서비스의 이용자가 됨으로써 간접적으로 프로젝트에 참여를 하게 된다. 이러한 프로젝트 소재 국가 정부의 간접적인 참여는 프로젝트의 신용 향상에 많은 도움을 준다. 특히 BOT 사업방식의 SOC 시설 프로젝트인 경우에는 현지 정부에서 직접적으로 운영에 개입하기보다는 양허계약(Concession Agreement)[34]을 체결하거나 운영권을 부여하는 주체로서 사업시행사에 세제 혜택, 과실 송금 보장 등 프로젝트의 성공을 지원하는 역할을 담당한다.[35]

9. 보증인

프로젝트를 수행하는 법률적인 주체인 사업시행사는 당해 프로젝트를 추진하기 위해 신설된 명목회사로서 과거의 신용상태 및 실적(Work Experience)을 입증할 만한 자료가 없다. 따라서 신용이 양호한 업주, 프로젝트에 직·간접적으로 이해관계가 있는 당사자들의 보증 또는 보증수수료를 목적으로 하는 사업적 보증기관 등이 보증인이 될 수 있다. 즉 프로젝트 참여자 및 이해당사자들이 위험을 배분하여 보증이 이루어지는 것이다.[36]

10. 신탁회사

프로젝트금융에서 프로젝트 SPC는 토지 등의 자산을 신탁사에 신탁하고 사업을 추진하는 경우가 많다. 신탁을 통하여 프로젝트 이외의 자의 압류 등으로부터 프로젝트가 영향을 받지 않도록 하여 사업의 안정성을 추구할 수 있기 때문이다. 또한 신탁의 수익권에 대한 담보 등을 설정함으로써 사업구조를 편리하게

---

34) 현지정부로부터 사업승인을 받은 양허회사가 동 정부와 체결한 약정으로 보장확약, 현지정부와 양허회사의 의무, 리스크 배분 등이 상세히 규정된다. 이 계약은 사업실시계약이라고도 하는데, 특히 현지 정부가 행정처분을 하는 경우에는 사업주인 양허회사의 지위가 불확실해질 우려가 있기 때문에 통상적으로 계약의 형태를 취한다.
35) 이준호(2007), 24–25쪽.
36) 이준호(2007), 25쪽.

만들 수 있다.37)

11. 기타 참여자

그 밖에 사업에 참여하는 자로서 주간사 금융기관,38) 대리은행(Agent Banks),39) 법률자문, 회계자문, 감정평가회사, 보험회사, 자산관리회사(AMC: Asset Management Company), 프로젝트관리회사(PM: Project Manager) 등 다양한 사업참여자가 있다. SOC 프로젝트의 경우에는 정부 및 지방자치단체 등이 주무관청으로서 주요 사업참여자가 되며, 원재료 공급업자(Suppliers) 등도 참여자가 된다.40)

Ⅱ. 프로젝트금융의 자금구조

과거 부동산개발사업은 건설회사가 시행과 시공을 겸하여 프로젝트를 진행하였으며, 전통적인 기업금융 방식을 통해 개발자금을 조달하였다. 하지만 현재는 특별한 경우가 아닌 이상 시행과 시공이 분리된 형태로 프로젝트가 추진되고 있으며, 개발금융의 조달에도 기업금융 방식에서 프로젝트금융 기법이 사용되고 있다.41)

1. 일반적 부동산개발금융

(1) 일반적 프로젝트금융

부동산개발사업에 있어 자금의 확보와 분양률은 프로젝트의 성공 여부와 매우 밀접한 관계가 있다. 개발사업자는 해당 사업지의 부동산에 대해 자기자본 또는 투자자의 자금으로 토지대금의 약 10%를 지불하여 계약을 체결한다. 그 다음 건설회사 등 사업의 시공사를 선정하는 동시에 금융기관들42)과의 접촉으로 프로

---

37) 박근용(2014), 189쪽.
38) 주간사 금융기관은 자금조달구조, 사업참여자 모색, 사업참여자 이해관계를 조율하는 등 프로젝트금융 계약체결과 관련된 업무를 주도적으로 수행한다.
39) 대리은행은 자금관리 및 대주의 의견수렴, 간단한 의사결정, 차주에 대한 통지 등 대주단의 업무를 대리하여 수행한다. 일반적으로 대주단의 금융기관 중 하나가 이를 수행한다.
40) 박근용(2014), 189쪽.
41) 사공대창(2010), 22-30쪽.
42) 은행, 증권사, 보험사, 신용카드사, 상호저축은행, 상호금융기관, 연기금, 종금사, 부동산펀드 등이 있다.

젝트금융 가능 여부를 타진한다. 금융기관들을 통해 조달되는 프로젝트금융의 금액 중 일부는 해당 사업지의 토지 중 잔금과 소유권 이전비용 등 초기 사업비로 충당하게 된다. 이때 금융기관은 신용도가 높은 건설회사[43]의 신용보강(연대보증, 채무인수, 자금보충, 책임준공, 책임분양 등)을 전제로 하며, 부동산의 소유권이 개발사업자에게 넘어오는 동시에 대출기관을 우선수익자로 하는 토지담보신탁[44] 등을 통해 채권확보에 들어간다. 프로젝트금융의 대출 규모는 각각의 프로젝트마다 많은 차이가 있지만, 보통 토지매입비의 100-130% 수준으로 한다. 프로젝트금융과 관련된 약정은 시행사, 시공사, 금융기관 등 3자 간에 체결하며, 프로젝트의 성격에 따라 신탁사 또는 증권사들과 약정을 체결하기도 한다.

(2) 토지(개발)신탁을 이용한 프로젝트금융

토지신탁 또는 개발신탁에서는 신탁회사가 사업주(위탁자)를 대신해 개발에 대한 사업계획, 자금조달, 설계 및 감리계약, 시공사 선정, 인허가 업무, 자금관리, 분양, 입주 및 기타 관리업무 등을 수행하며, 사업 종료 시 분양수입금에서 본 사업과 관련된 지출 사업비를 제외하고 남은 수익금을 사업주에게 지급한다. 토지신탁 사업구조의 가장 큰 장점은 신탁재산은 신탁법상 독립된 재산으로 인정되기 때문에 사업주의 부도·파산 등이 발생하더라도 프로젝트에 직접적인 영향을 미치지 않으며, 안정된 구도에서 프로젝트를 진행할 수 있다는 점이다. 또한 부동산개발의 전문성과 풍부한 경험, 자금력이 있는 신탁회사가 진행한다는 점에서도 큰 장점이 있다.

토지(개발)신탁의 단점으로는 높은 신탁수수료[45]라 할 수 있다. 사업주(위탁자) 입장에서는 사업초기 분양이 완료되어 충분한 자금 유동성을 확보한다고 하더라도 건축물이 준공되고 입주가 완료되어야 투자원금 및 사업이익금을 가져갈 수 있다.

---

43) 금융기관들의 내부규정들은 조금씩 다를 수 있지만 보통 프로젝트금융에서 적격 시공사는 최근일 현재 대한건설협회에서 작성한 시공능력평가순위 100위 내 업체 및 최근일 현재 회사채등급이 BBB 이상인 업체를 말한다.

44) 1금융권의 경우 PF대출 금액의 130%를 설정하며, 2금융권의 경우 대출 용도, 사업의 채권 보전, 사업성 등에 따라 그 이상을 설정하기도 한다.

45) 토지(개발)신탁의 경우 도급공사비의 5% 이내와 총 매출액의 5% 이내로 수수료율을 정하고 있다.

(3) 프로젝트금융투자회사(PFV)를 활용한 프로젝트금융

프로젝트금융투자회사(PFV)[46]를 이용하는 부동산개발사업의 금융구조 역시 일반 프로젝트금융의 구조와 크게 다르지 않다. 시행사가 토지대금의 일부 또는 전부를 지급하고 이를 사업권과 함께 PFV에 양도한 후 시행사 또는 기타 출자자 가 설립한 자산관리회사가 시행사의 업무를 대행하는 점, 명목회사인 PFV의 자 금관리사무수탁회사가 자금집행을 대행하는 점, 금융기관의 출자(5% 이상)가 의 무화된 점, 경우에 따라 시공사의 출자가 가능한 점 등의 차이를 제외하고는 대 동소이하다.

2. 부동산 유동화를 통한 자금조달

(1) 부동산개발금융 ABS

부동산개발금융 ABS는 시행사의 개발사업 부지 또는 개발사업에서 발생하 는 수익금(분양수입금, 공사대금, 대출채권, 신탁수익권) 등을 기초자산으로 하거나 시행사에 대한 대주 역할을 하는 SPC를 설립한 후 해당 SPC가 시행사에 대하여 보유하는 대출채권을 기초자산으로 하여 유동화증권을 발행하여 자금을 조달하 는 PF의 한 종류라 할 수 있다. ABS는 1998년 제정된 자산유동화법에 의하여 도 입되었으며, 금융기관 또는 기업 자산의 유동화 촉진을 위하여 만들어졌다. 하지 만 외국계 부동산펀드 등이 국내 금융기관이나 기업들이 보유한 대형 부동산에 대한 투자를 목적으로 매수할 때 ABS를 발행하여 자금을 조달한 경우가 대부분 이었다. 부동산개발사업에도 ABS를 이용한 자금조달 방식이 활발하게 이용되고 있다.

(2) SPC를 이용한 부동산개발금융 ABCP

SPC를 이용한 부동산개발금융 ABCP는 시행사에 대한 금융회사의 대출채권 을 상법상 SPC가 양수받아 이를 기초자산으로 하여 기업어음(CP)을 발행하는 구 조이다. 상법상 SPC를 설립하여 SPC가 먼저 기업어음(CP)을 발행하여 조달한 자 금을 시행사에 대여하는 방법이 빈번하게 이용된다. ABCP는 CD금리와 연동되

---

46) PFV는 2004년 3월 구 법인세법(현행 조세특례제한법)의 개정으로 설립이 가능하게 되었 으며, 설립기준 상 한시적 명목회사이다. 이에 따라 설비투자, 사회간접자본시설투자, 자 원개발, 기타 특정 사업 등에 회사의 자산을 운용한다.

어 있는 3개월 만기의 단기 유동화증권으로 ABS에 비해 저금리로 발행한 후 차환발행을 통해 건설사업에서 장기자금을 조달하는 방식을 취하고 있다.

(3) 부동산개발금융 펀드

부동산개발금융 펀드란 투자자로부터 자금을 모아 부동산개발사업에 투자하여 그 수익을 다시 투자자에게 배분하는 펀드이다. 간접투자가 활성화됨에 따라 부동산펀드가 부동산개발금융에 중요한 자금공급자 역할을 담당하고 있다. 부동산(개발금융) 펀드는 자본시장법에 따른 집합투자기구로 부동산에 주로 투자하는 투자기구를 의미한다.

제 2 장

부동산 프로젝트금융(PF)

제1절 서설

Ⅰ. 의의와 현황

1. 의의

프로젝트금융(PF)의 한 유형으로써 부동산 프로젝트금융("부동산PF")은 특정 부동산사업에 필요한 자금을 그 사업에서 발생하는 현금흐름으로 상환하는 프로젝트와 관련된 직·간접투자를 말한다(금융투자회사의 리스크관리 모범규준6-2(1)).[1] 즉 부동산PF는 부동산개발사업에서 시행사의 담보력이나 신용도에 기반하지 않고 미래의 현금흐름을 주요 상환재원으로 보고 (비)재무적 타당성(Feasibility)과 분양성을 분석하여 타인자본을 조달하는 부동산금융의 한 형태이다.[2]

---

[1] 여기서는 부동산PF의 정의를 가장 자세하게 규정하고 있는 「금융투자회사의 리스크관리 모범규준」에 따른 내용을 인용한다. "부동산PF 업무"란 ⅰ) 부동산PF 대출 또는 부동산PF 대출채권의 매입(가목), ⅱ) 부동산PF 대출 관련 유동화증권의 인수계약 또는 매입보장약정의 체결(나목), ⅲ) 부동산PF 대출채권을 기초자산으로 하는 장외파생상품계약의 체결(다목), ⅳ) 부동산PF 대출 관련 유동화증권 또는 수익증권의 취득(라목), ⅴ) 그 밖에 회사의 고유재산 또는 투자자재산에 익스포져를 발생시키는 모든 부동산 PF 관련 행위 등(마목)에 해당하는 부동산 PF 관련 행위를 말한다(동모범규준6-2(3)).

[2] 김병국·임병권·장한익(2022), "부동산PF 시장 유동성 강화를 위한 금융정책", 부동산산업연구 제5권 제2호(2022. 12), 88쪽.

국내에서는 부동산PF가 아파트, 오피스텔, 상가, 지식산업센터 등 수분양자를 대상으로 하는 대규모 분양사업과 관련하여 토지비 및 초기 사업비와 일부 공사비 등 부동산개발사업에 따르는 소요자금 조달을 위해 널리 사용되어 왔는데, 현재에 이르기까지 부동산개발금융3)의 주요한 축으로 성장해 왔다. 국내 금융여건상 진행되고 있는 프로젝트금융의 유형 중 상당수가 부동산PF의 형태로 실행되고 있으며, 1997년 IMF 외환위기 이후 현재에 이르기까지 한국형 프로젝트금융의 대표적인 유형으로 자리를 잡아 왔다.4)

2. 국내 부동산PF 시장현황

국내 부동산PF 시장은 시행사, 시공사, 금융사, 투자자 등 사업참여자의 낙관적 기대 속에 괄목할 만한 성장을 기록하였다. 양적완화, 세계적인 저금리 기조에 기반한 풍부한 유동성을 통해 주택, 주택 외 부동산의 분양시장은 활황을 보였고, 부동산PF 대출 잔액의 경우에도 2014년 이후 지속적으로 상승하여 연평균 증가율이 약 15%의 수준을 보이는 가운데 한국은행 발표 자료에 따르면 2022년 6월 기준 은행, 증권사, 보험사, 여전사, 저축은행을 합한 부동산PF 대출잔액은 112조 2,000억 원을 시현하였다. 이에 더해 개발사업을 기초로 증권사가 발행한 PF대출 유동화증권까지 포함하면 152조원에 달한다.

최근 세계적으로 금융시장 및 경제상황이 급변하고 있고, 미국 연방준비제도이사회(Fed)의 연이은 금리인상에 따라 한국은행 기준금리도 지속적으로 상승하여 2022년 11월 현재 3.25%에 달하는 등 금융시장의 유동성을 축소시키고 있다. 이러한 요인은 자산가격의 하락을 압박하였고 주택시장은 침체기를 맞이하고 있다. 미분양 주택 수는 2022년 초 대구, 경북 지역 등 국지적으로 증가세를 보이다가 전국적으로 미분양이 확대되는 모양새를 보여 2022년 9월말 현재 4.2만호에 달한다.

부동산PF는 사업시행자의 신용력이나 사업수행능력보다는 당해 사업의 사업성과 수익성에 근거한 현금흐름을 기초로 사업 타당성을 판단하여 이루어진다. 다시 말해 해당 프로젝트의 미래가치를 평가하여 향후 기대되는 현금흐름의 타

---

3) 부동산개발사업에 소요되는 토지매입비, 건축자금, 각종 인허가 비용, 분양홍보비, 기타 사업추진에 따른 소요자금 조달 후 사업완료 시 이를 상환하는 금융을 총칭한다.
4) 정복희(2016), "부동산 프로젝트 파이낸싱의 채권보전 및 리스크 개선 방안에 대한 연구", 고려대학교 법무대학원 석사학위논문(2016. 8), 4쪽.

당성을 기초로 하는 것인데 개발사업에서는 분양성이 그것이다. 그런데 분양성에 미치는 주요 지표들이라 할 수 있는 아파트 실거래 건수, 매매가격지수, 매매수급지수 등의 최근 수치들은 주택시장의 침체를 보여주고 있다. 이제는 부동산 상승기에서 하락기로 전환하여 침체기를 맞이한 것으로 볼 수 있다.[5]

3. 부동산PF 현황

국내 부동산PF 시장 참여자들은 부동산 및 금융시장에 대한 낙관적 기대 속에 부동산개발사업에 직접, 간접적으로 투자를 확대하였다. 이러한 양호한 시장 여건 속에서 금융사들은 시장에 부동산펀드, 리츠, 지급보증, 부동산 관련 유동화증권 등 다양한 부동산 관련 투자상품 공급을 확대하였다. 그런데 부동산PF와 연관된 직·간접 금융상품들은 기초자산이 되는 부동산개발사업이 중단되거나, 담보가 되는 부동산의 가치가 하락할 경우 동반 부실화되는 구조를 가진다.[6]

한편 부동산PF에는 브릿지론(bridge loan)과 본 PF가 있다. 이 둘의 큰 차이는 사업계획승인 또는 건축허가 즉 인허가 여부이다. 브릿지론은 인허가 전에 저축은행, 캐피탈사 등 제2금융권에서 사업에 필요한 토지비 일부와 초기 사업비를 대출해 주는 상품이다. 이는 본 PF로의 대환 여부가 불확실한 리스크가 큰 사업초기에 가교 상태에서 취급되기에 대출기한은 단기, 대출금리는 고금리로 이루어진다. 본 PF는 사업계획승인 등 인허가와 토지매입 등이 완료된 사업에 대해 이루어져 인허가 리스크 등이 상당부분 통제되며, 브릿지론 대환 목적 등으로 대출해주는 상품으로 제1금융권에서 주로 취급된다. 최근 부동산경기 호황에 따라 브릿지론과 본 PF에 참여하는 금융사들의 유형 및 방식이 다양화되었다. 과거에는 주로 개발사업에 참여하는 시공사들의 신용보강에 의존하였다면, 최근에는 이에 더해 증권사 등을 중심으로 부동산PF 대출 ABCP 형태로 금융사들이 신용보강[7]을 제공하기 시작하면서 관련 시장에 유동성 공급을 확대하였고, 부동산펀드, 리츠 등 새로운 사업시행 수단이 활성화되었다.

---

5) 김병국·임병권·장한익(2022), 87쪽.
6) 김병국·임병권·장한익(2022), 90-94쪽.
7) 한국은행 금융안정보고서(2022)에 따르면 PF대출 유동화증권 잔액이 2022년 6월말 현재 39.8조원에 이르고, 증권사의 신용공여, 유동성공여 등 채무보증도 2013년말 5.9조원에서 2022년 6월말 현재 24.9조원으로 크게 확대된 것으로 나타났다. 이중 신용공여는 유동성 제공 외 신용위험까지 부담하는 것으로 단기채권시장의 불확실성 확대로 ABCP의 차환이 무산되거나 만기에 상환되지 않을 경우 매입 약정한 증권사가 인수하게 된다.

은행, 증권사, 보험사, 여전사, 저축은행의 PF대출 잔액은 2022년 6월말 기준 112.2조원으로 나타났고, 비은행권을 중심으로 연평균 14.9%의 높은 증가세를 보였다. 이는 부동산개발 수요 증가와 비은행권은 사업 다양화, 가계대출 규제에 따른 대체투자 수요에 따른 것으로 볼 수 있다. PF대출을 용도별로 보면, 은행 및 보험사는 아파트 주거시설에 50.3%의 대출을 실행했고, 여전사, 저축은행 및 증권사는 아파트 주거시설에 각각 33.5%, 15.5%, 25.0%의 대출을 실행하고 나머지는 주거시설 외 주택 및 상업용 시설에 대출을 실행한 것으로 나타났다.

PF대출 건전성 관련 지표를 살펴보면 연체율은 2022년 6월말 기준 0.50%로 2021년말 기준 0.18% 대비 상승하였으나, 저축은행 사태 당시 2013년말 기준 8.21% 대비 상당히 양호한 수준을 보이고 있다. 다만, 2022년 들어 저축은행, 보험사 등 대부분의 업권에서 증가세를 보이고 있다는 점은 향후 리스크에 대한 불확실성을 내포하고 있다. 더욱이 자기자본 대비 PF대출 익스포져[8] 비율의 경우, 은행업권은 2010년 기준 37.4% 대비 2022년 6월말 12.9%로 감소하였으나, 보험사, 여전사, 증권사의 경우 각각 12.6%에서 53.6%로, 61.5%에서 84.4%로, 4.7%에서 38.7%로 큰 폭으로 상승하였다. 실제 PF 유동화증권 관련하여 유동성 공급 외 추가로 신용위험까지 부담하는 증권사의 채무보증 규모를 보면 2022년 6월 기준 신용공여형 20.0조원, 유동성 공여형 2.0조원을 시현, 채무보증이 확대되면서 기존의 유동성 확보 부담 외에 신용위험에도 노출되어 있다.

현재까지 파악된 PF대출의 건전성은 전반적으로 통제가능한 양호한 상황이나, 부동산가격이 하락 전환된 상황에서 침체기가 지속될 경우 미분양 증가, 자산유동화증권 만기연장 어려움 등이 발생하게 되면 건전성이 악화될 가능성은 존재한다고 볼 수 있다. 더욱이 국내외 주요 경제지표와 각국의 통화정책 변화의 영향으로 국고채 금리는 2022년 11월 3일 기준 3년물이 4.15%로 큰 폭으로 상승하였고, 회사채 신용스프레드[9]도 금리 변동성 증대에 따른 투자수요가 위축되면서 확대되었다.

---

8) PF대출 채무보증 보유 금융기관을 대상으로 하였으며 PF대출 및 PF유동화증권에 대한 채무보증 합계 기준이다.
9) 신용스프레드는 동일만기 무위험채권인 국고채와 회사채 간 금리차이를 말하는데, 회사의 위험 프리미엄을 측정하는 지표이다. 즉 신용스프레드가 클수록 회사가 부담하게 되는 위험이 커진다고 보며, 이는 경제상황의 영향을 크게 받는다. 금융투자협회 자료에 따르면 국고채 3년만기 대비 회사채 신용스프레드는 2022년 6월 6일 기준 우량물 (AA−) 99bp, 비우량물(A−)는 187bp로 나타났다.

지방자치단체 신용도와 연계된 부동산PF ABCP의 발행도 지역 부동산PF 사업의 활성화에 기여해왔고, 지방자치단체의 신용보강에 의한 유동화 건수는 2022년 10월 18일 기준 총 22건으로 조사되고, 지방자치단체 수 기준으로는 10건, 발행잔액 기준으로는 7,614억원에 이른다. 그런데 강원도 레고랜드 보증채무 디폴트 쇼크와 함께 시장금리 상승으로 부동산PF ABCP 시장의 유동성이 급격히 악화되고 있으며 채권시장도 유통 및 차환발행에서 어려움을 겪고 있다.

Ⅱ. 부동산PF의 발전과 특징

1. 국내 부동산PF의 발전

프로젝트금융은 대출받는 기업의 자산이나 신용이 아닌 수익성과 사업에 유입될 현금흐름을 담보로 필요한 자금을 대출해주는 금융기법이다. 프로젝트금융은 주로 부동산개발에 있어 자금조달 수단으로 이용되어 왔기 때문에, 지금의 프로젝트금융은 대부분 부동산 프로젝트금융을 의미한다고 볼 수 있다.[10] 통상 프로젝트금융은 채권이나 금융기관 대출의 형태로 이루어지며 상환재원이 프로젝트의 미래 현금흐름이므로 자본출자자 및 제3의 신용보강자의 신용도 또는 프로젝트와 관련된 담보가치보다는 프로젝트 자체의 사업성 및 성공 여부가 더욱 중요시된다. 프로젝트금융은 대규모 프로젝트 사업에서 우리나라뿐만 아니라 선진국은 물론 개발도상국에서도 많이 활용되고 있고, 프로젝트금융을 이용한 자금조달과 투자는 점점 증가하고 있다.[11]

우리나라 최초의 프로젝트금융 사례는 1993년 삼성물산이 시행한 호주 유연탄 개발사업이다. 그 후 1994년 민간자본유치촉진법이 제정됨에 따라 민간자본유치사업이 본격화되면서 프로젝트금융이 도입되기 시작하였다. 본격적으로 프로젝트금융이 부동산개발사업에 도입되기 시작한 것은 1997년 외환위기 이후 자금조달의 한 방법으로 프로젝트금융을 통한 기업대출이 확대되면서부터이다.

---

10) 프로젝트금융의 출발은 미국의 석유사업이라고 볼 수 있다. 사회간접자본(SOC) 등 막대한 자본이 투입되는 사업에 있어서 금융기관을 통해 자본을 조달하는 방법인데, 현재의 상환능력이 아닌 사업의 가능성을 믿고 투자하는 자금조달 형태이다. 우리나라에서는 이런 근본적인 의미 대신 부동산PF를 통한 자금조달이 대표적이다.

11) 신경희(2015), "부동산 프로젝트 파이낸싱의 문제점과 제도개선을 통한 활성화 방안연구", 일감부동산법학 제11호(2015. 8), 184-186쪽.

2000년 초반부터 부동산경기 활성화에 힘입어 급격히 성장하였다. 2005년 이후 부동산PF는 금융권의 고수익 투자상품으로 각광받게 되었고, 부동산가격 급등과 더불어 저축은행의 브릿지론을 중심으로 고수익에 안전한 투자라는 인식과 함께 PF대출은 급증하게 된다. 그러나 부동산시장에서 PF대출 형태로 자금을 공여하던 은행들이 건설 및 부동산업에 대한 여신한도가 소진되고, 부동산경기 과열에 대한 우려가 확산되면서 2008년 금융위기와 맞물려 프로젝트금융은 위축된 모습을 보이게 된다. 2014년 주택시장이 금융위기 이후 최고 수준으로 주택거래가 증가하고 가격이 상승하는 회복세를 보였다. 그러면서 2008년 금융위기 이후 부동산 프로젝트금융을 통한 개발자금 수요도 확대되었다. 그러나 여전히 신용등급 조정, 영업이익 부진 등 건설업계의 재무위험은 지속되고 있으며, 이에 따른 불안감이 지속되면서 외부기관을 통한 개발사업의 신용보강 필요성이 증대되는 등 부동산 프로젝트금융에 대한 우려는 여전히 남아 있다.

국내 부동산PF는 도입 시기에 건설회사와 금융회사의 특수한 환경을 반영시킨 개발 관련 대출상품의 하나로 정착되었고, 건설회사의 신용공여에 의존하는 태생적 한계로 인하여 본래 의미의 PF와는 많은 차이가 있다. 변형된 형태의 PF로 자리잡고 있다는 점에서 부동산 PF의 문제점과 구조의 개선을 논하기 위해서는 일반적인 PF와 부동산 PF의 차이를 비교하는 연구가 선행되어야 한다.

2. 부동산PF의 특징

(1) 일반 PF의 특징

PF는 각각의 프로젝트의 특성에 맞추어 구조화되고 그 조건이 결정되기 때문에 일률적인 형태를 띠고 있지는 않으나, 일반적으로 대부분의 PF가 갖는 공통된 특징이 있다. ⅰ) 일반적인 PF의 기본전제는 법적·경제적으로 완전히 독립된 프로젝트 회사의 설립이 이루어지는 데 있다. 출자자가 파산하더라도 프로젝트 회사(시행사)는 직접적인 영향권 밖에 있어야 하기 때문이다.[12] 그중 가장 중요한 요소는 상환재원을 해당 프로젝트에서 발생하는 현금흐름과 수익에 한정한다는 것이다. 여기서 도출해 낼 수 있는 점은 PF를 통해 자금을 대출해준 금융기

---

12) 부외금융(Off-Balalce Sheet Finance)으로 프로젝트 회사의 부채 및 모든 현금흐름이 모기업의 재무상태표에 계상되지 않아 모기업의 대외적인 신용상태에 영향을 미치지 않는다.

관은 채권자인 동시에 프로젝트의 성패에 영향을 받는 이해관계자로서의 성격을 갖는다.13) 금융기관을 포함한 채권자들은 해당 프로젝트의 출자자나 차주에 대하여 통상 100%의 상환청구권을 보유하지 않으며, 대출 원리금 회수의 상당 부분을 프로젝트 관련 자산과 미래의 현금흐름에 의존한다. ⅱ) 사업주, 대주, 차주, 시공사, 원자재 공급자, 프로젝트 생산물 구매자, 금융자문사, 법률회사, 기술적 자문기관, 사업성 검토기관 등 프로젝트의 관련 당사자가 많으며, 대부분 장기의 만기구조를 갖고 있어, 이와 관련된 많은 종류의 복잡한 서류들이 요구된다. 프로젝트의 시공 및 운영에는 다양한 종류의 위험이 발생할 가능성이 많기 때문에, 이러한 위험을 분석하고 회피하기 위한 절차와 금융, 보증, 계약, 회계, 조세 등 다양하고 복잡한 문서화 과정이 요구된다. ⅲ) 프로젝트는 보통 거액의 자금이 사업 초기에 투입되고, 해당 프로젝트로부터 발생하는 현금흐름은 비교적 장기에 걸쳐 발생하므로, 투입된 자금은 일반적으로 일정기간 동안 분할 상환된다. 또한 절차가 복잡하고 위험부담이 높은 만큼 자금을 대출하는 금융기관은 높은 이자와 수수료를 요구할 수밖에 없고, 이에 따라 다른 금융기법을 통한 자금조달보다 높은 금융비용을 필요로 한다.14)

(2) 부동산PF의 특징

일반적인 PF에 반해 부동산PF는 아파트, 상가, 주상복합건물 등의 부동산개발에 소요되는 자금을 부동산개발업자에게 제공하는 금융으로서 통상 시공사의 신용보강이 요구된다는 점에서 본래 의미의 PF와 차이를 보인다. 부동산PF의 경우 발생 가능한 위험이 상당수 존재하는데, 특정 문제로 인하여 프로젝트의 완성이 지연되어 예정 공사기간 내에 완성하지 못하거나 프로젝트가 계획대로 실행되지 못하는 위험이 발생할 수 있다. 또한 물가상승으로 인한 공사비용의 증가, 불완전한 공정의 설계, 예산의 과소 배정 등의 사유로 공사비용의 초과위험도 있으며, 특히 시장여건에 대한 불확실성이 가장 큰 위험요소가 될 수 있다. 한국형 부동산PF는 시행사에게 토지비용을 단기 대출해주는 브릿지론의 경우 토지매수가 지연되거나 토지가격이 상승할 경우 사업의 진행이 어려워 부실이 발생할 가

---

13) 이러한 금융구조를 비소구 금융이라고 하여 자금을 대출해준 금융기관은 차입자와 사업위험을 함께 부담하며 프로젝트의 운영이 악화되는 경우에도 프로젝트의 실질적인 소유자인 사업자에게 책임을 묻지 못하고 프로젝트 내에서 해결을 해야 한다.

14) 신경희(2015), 186-189쪽.

능성이 크다. 부동산PF 대상사업이 주로 주택사업에 집중되어 있기 때문에 부동
산경기에 따른 변동에 영향을 많이 받는다. 시공사가 신용공여를 하고 있기 때문
에 미분양이 발생할 경우 시공사는 공사대금을 받지 못하면서도 공사를 해야 하
는 사태가 발생하고, 대출금의 상환이 어려울 경우 보증책임까지 져야 하는 부담
을 안게 된다.

(3) 일반 PF와 부동산PF 비교

일반 PF(전자)와 부동산PF(후자)를 비교하면 다음과 같다. ⅰ) 개발자의 차
이: 전자는 다수의 유력기업이 개발자로 참여하고, 대체로 개발 및 운영까지 총
괄하는데 반해, 후자는 통상 시행사를 말하며, 대체로 토지확보 및 인허가 등에
집중한다. ⅱ) 기간의 차이: 전자는 주로 장기이며, 시설완공 후 대출 원리금 상
환에 필요한 적정 영업기간이 사업기간(10-20년 정도)인데 반해, 후자는 주로 단
기이며, 건설기간과 6개월 정도의 정리기간이 사업기간(24-36개월 정도)이다. ⅲ)
종류의 차이: 전자는 가스, 화학 등 기간사업군인데 반해, 후자는 아파트, 상가,
지식산업센터 등이다. ⅳ) 프로젝트 사업성의 차이: 전자는 원재료의 조달 및 생
산 재화의 판매 등에 대한 사업 안정성 확보 여부가 관건이며, 계약관계 및 원재
료 공급자와 생산 재화의 인수자 등에 대해 평가를 하는 데 반해, 후자는 개별
부동산의 특성에 따른 분양 가능성이 관건이며, 수급 상황 및 경쟁력 평가를 한
다. ⅴ) 현금흐름 패턴의 차이: 전자는 건설기간 중 공사비 등 사업비 대부분을
투입하고, 대출 원리금 상환재원이 되는 영업활동 현금흐름이 장기간에 걸쳐 창
출되는 데 반해, 후자는 토지비, 공사비 등 사업비 투입과 분양대금 유입이 동시
에 발생하는 구조이다. ⅵ) 투기수요의 차이: 전자는 투기수요가 거의 없는 데
반해, 후자는 투기수요 및 시장 상황이 사업성에 상당한 영향을 미친다.

Ⅲ. 국내 부동산PF의 특징과 문제점

국내 부동산PF는 우리나라에서 진행되고 있는 부동산개발사업의 시장환경적
인 여건과 개발사업 및 프로젝트금융의 일반적인 특성이 한데 어우러져 국내 부
동산PF만의 독특한 특징을 보이며, 그로 인해 파생되는 문제점이 노출되고 있다.

1. 국내 부동산PF의 특징

ⅰ) 정부의 정책적 지원에 따른 선분양 구조에서 아파트 등 공급자 위주의 대규모 민간 분양사업을 주요 대상으로 한다. ⅱ) 시공사가 수급자로서 공사업무 뿐만 아니라 부동산PF 진행 시 핵심 자금조달자 및 실질적인 신용공여자 역할을 하고 있으며, 분양 시 보유브랜드를 주요 마케팅 요소로 활용하는 등 사업 전반에 주도적으로 관여한다. ⅲ) 차주인 사업시행자의 경우 대부분 자본력이 미약하고, 전문인력이 부족하여 영세성을 띠고 있으며, 프로젝트 단위로 설립되는 등 SPC 성격으로 운영되고 있어 대부분의 업무를 아웃소싱하고 있는 반면, 사업부지의 매입비를 비롯한 대부분의 사업비를 차입금으로 충당하는 등 과도한 레버리지의 활용을 당연시하고 있다. ⅳ) 대주인 금융회사 내부의 순환보직에 따른 인사정책 등에 기인하여 부동산PF 담당자들의 전문성이 부족한 반면,15) 시공사의 직간접 신용보강을 기준으로 건당 여신규모가 최소 몇십억원 단위에서 최대 몇백억원 단위까지 이를 정도로 거액인 경우가 일반적이며, 대출 기간은 분양전 수개월에서 준공 후 수개월까지로 설정하는 등 중기(약 3-4년) 이상의 취급을 사실상 제한하고 있다. ⅴ) 건설공사비 등 프로젝트 진행 중 소요되는 대부분의 사업비와 대출 원리금 상환의 주요 재원인 현금흐름을 분양수입금에 전적으로 의존하고 있으며, 전체 사업비 중 대지비가 차지하는 비중이 높아 사업 초기에 거액의 자금을 일시적으로 필요로 한다. ⅵ) 경기부양과 과열방지를 목적으로 하는 정부정책의 잦은 변경에 따라 부동산시장이 민감하게 반응하며, 지자체의 인허가와 기부채납 등 대관업무 비중과 수반되는 비용이 높고, 분양보증 및 중도금대출, 민원, 관련 소송, 세금납부 등 사업 과정의 주요한 안전장치와 문제 해결에 있어 정부 및 공공기관과 관련 법제도의 영향을 많이 받는 구조이다. ⅶ) 수요자인 수분양자 입장에서 분양 목적물을 실제 사용 목적 이외에도 투자 내지는 투기수단으로 활용하고 있어, 부동산경기 변동에 민감하게 반응할 뿐만 아니라, 부동산이 가계자산과 가계대출에서 차지하는 비중이 높아 유동성에 취약하며, 거래되는 개별 부동산이 국민소득 대비 높은 가격으로 형성되어 있고, 수많은 관련

---

15) 이에 따라 순환보직으로부터 상대적으로 자유로운 금융투자업자(소위 증권사) IB의 담당자들이 부동산 구조화 금융 분야에서 오랜 경험을 통한 전문성을 갖추어 가고 있고, 이에 따라 제1금융권이 아닌 금융기관이 대주로 참여하는 PF 사업장에서는 금융투자업자 IB 담당자들에 대한 의존도가 올라가고 있는 것도 최근 동향으로 보인다.

업종종사자와 국민생활에 밀착되어 있어, 문제 발생 시 부동산PF 참여자들의 이해관계를 넘어 곧바로 사회문제화된다.

이상과 같이 국내 부동산PF는 참여자 간의 책임부담 수준과 위험선호 경향이 매우 다름에도 불구하고 참여자 간의 적정한 위험배분없이 대규모의 자금이 조달되고 있어 부동산PF를 보다 안정적으로 유지하기 위해서는 현재의 금융구조와 관행이 개선되어야 할 필요가 있다.[16)]

2. 국내 부동산PF의 문제점

ⅰ) 프로젝트와 관련된 최종 위험이 사실상 시공사로 집중되는 구조임에 따라 시공사가 자율협약, 대주단협약, 워크아웃, 회생절차 개시 등 유동성과 신용상에 문제가 발생할 경우 사업이 정상적으로 진행되기 매우 어렵게 되며, 복잡한 문제 해결을 위한 대주의 노력에도 불구하고, 최종적으로 대주의 대출 원리금 손실로 귀결되는 경우가 대부분이다. ⅱ) 분양 후 건설 기간 중 시공사 문제로 사업진행이 지연되거나 중단되는 경우 주택도시보증공사(구 대한주택보증공사)가 수분양자 보호의 명목으로 환급 또는 분양보증을 이행하고 대주에 앞서 채권을 행사하게 되므로, 부동산PF 이해관계자는 프로젝트에 대한 주도권 상실 및 피해가 불가피하다.[17)] ⅲ) 선분양 실시 후 미분양이 대량으로 발생하게 되면 사업운영자금의 원천인 현금흐름이 확보되지 못해 사업비 조달에 타격을 받을 뿐만 아니라, 사업시행자 및 시공사의 자금 유동성에 심각한 지장을 주게 된다. 분양 완료에도 불구하고 사업기간이 길어 입주 시점에 경제환경 변화 등으로 대량의 입주미달 및 입주 거부 사태가 발생할 경우 분양계약 해제와 재분양 등 각종 행정절차의 진행과 소송대응 등으로 프로젝트의 마무리가 어려워지는 등 입주 위험에도 항시 노출되어 있다. ⅳ) 사업주체인 사업시행자에 대한 진입장벽이 낮아 부동산경기 호황 시 각종 개발사업이 난립하게 되고, 자본력 없이 차입금에 의존하여 사업을 진행함으로써 지가상승과 분양가격상승을 부추기게 된다. 시공사 및 금융회사도 이에 편승하여 무분별한 수주와 대출을 실행하여 동시다발적으로 적정수요 이상의 공급초과 상태를 단기간에 만들어 낸다. 이러한 상태를 유지하다

---

16) 정복희(2016), 5~6쪽.

17) 부동산PF 약정 이후 분양시점에 "프로젝트파이낸싱 대출관련 협약서"를 주택도시보증공사에 제출함으로써 대주들은 준공시까지 수분양자 보호의 명목으로 사업장 및 분양 수입금에 대해서 주택도시보증공사보다 후순위의 지위를 가지게 된다.

가 부동산경기가 급락하면 잠재되어 있던 각종 리스크를 참여자 모두가 고스란히 떠안을 수밖에 없는 악순환 구조가 반복되고 있음에도 불구하고 사업시행자는 이익이 발생하면 독식하고 사업실패 시에도 실질적으로 책임을 부담하는 경우가 거의 없는 등 모럴헤저드의 발생이 빈번하다. ⅴ) 시장수요 및 사업성에 대한 정확한 판단과 충분한 점검없이 공급자 위주로 사업이 계획되고 진행됨에 따라 프로젝트가 부동산시장에서 외면받거나 실패한 경우 사업의 정상화에 상당한 기간과 비용이 필요할 뿐만 아니라 근본적으로 문제 해결이 어려운 경우가 대부분이다. ⅵ) 민간사업의 경우 사업부지의 매입비용이 높고, 다수의 지주들을 상대로 사업부지를 매입하여야 하는 등 사업부지의 확보가 용이하지 않다. 또한 장기간이 소요될 뿐만 아니라 초과비용이 발생되기 일쑤여서, 기본적으로 사업의 진행이 지연되거나 사업수지가 낮아질 확률이 높고, 최악의 경우 금융비용만 누적된 채로 사업 자체가 부실화되는 경우도 상당히 많다. ⅶ) 인구구조와 경제환경 변화 등 부동산시장의 수요감소 문제가 대두되고 있어, 분양 목적물을 대량으로 개발하여 공급하는 체계가 아닌 운용수익과 활용성을 중심으로 하는 부동산산업으로의 국면전환을 모색해야 하는 상황으로 부동산시장의 패러다임이 근본적으로 변화하고 있는 문제점에 노출되고 있다.[18]

결국 국내의 부동산PF는 근원적으로 참여자 간의 위험배분이 균형적이지 못하고 사업성이 핵심기준이 되지 못한 상태로 취급되어 왔기에 문제 발생 시 참여자들의 연쇄적인 도산과 대규모의 부실 발생이 불가피한 구조를 갖고 있다.

제2절 부동산PF 익스포져 현황 및 잠재리스크

Ⅰ. 개요

부동산PF는 부동산 매입·개발 등에 필요한 자금이 적재적소에 효율적으로 배분되도록 하는 역할을 하고 있다. 그러나 PF 익스포져는 여타 부동산금융 익

---

18) 정복희(2016), 7-8쪽.

스포져에 비해 사업성 의존도가 높아 부동산시장 여건에 민감하게 반응할 수 있다. 또한 적절한 리스크 관리가 수반되지 않거나, 부동산금융 관련 수익·위험 배분이 왜곡될 경우 금융시스템 안정성을 저해할 소지가 있다. 예를 들어 2010년 전후 저축은행이 적절한 위험평가 없이 PF 브릿지론 대출을 과다 취급하였고, 시장여건이 악화되면서 대규모 PF대출 자산이 부실화한 경험이 있다.[19]

2013년 이후 부동산PF 익스포져[20]는 비은행권 중심으로 꾸준히 증가해오고 있다. PF대출의 경우 브릿지론과 같은 고위험 대출 취급은 줄었으나, 증권회사·여신전문금융회사 등 비은행권이 적극적으로 익스포져 확대를 가져왔다. 또한 PF 사업의 주된 신용보강의 주체가 종래 시공사 중심에서 증권사 등 금융회사 중심으로 전환되면서 PF 채무보증도 증가하고 있다. 그리고 규제 강도가 낮은 업권으로 익스포져가 전이(spillover)되거나, 금융그룹 차원에서 동일 사업장에 익스포져를 확대하는 경우도 존재하고 있다.

부동산PF 대출은 부동산 매입뿐만 아니라 개발에 있어 필요자금을 적시에 배분하고 부동산산업이 효율적으로 수행될 수 있도록 지원하는 역할을 수행하고 있다. 이러한 부동산PF 대출의 순기능에도 불구하고, 증가하는 부동산PF 익스포져(exposure) 관리를 적극적으로 수행해야 한다는 주장이 끊임없이 제기되고 있다. 부동산PF 익스포져는 사업성 자체에 대한 의존도가 높고 외부효과에 민감하게 반응하는 부동산의 특성상 부동산시장뿐만 아니라 일반 경제상황과 사회 이슈에 대한 추이를 확인하고 적절한 관리방안을 강구할 필요성이 있다. 2011년 부동산PF 대출 관련 저축은행의 부실화 경험[21]에 비추어 볼 때 위험에 대한 적기 대처가 이루어지지 않거나 부동산금융의 수익배분이 왜곡될 경우 금융시스템의 안정성이 심각하게 저해되는 것을 경험하였다. 이는 부동산PF 대출이 경제 전반에 미치는 파급력을 보여주는 단적인 예가 된다. 일련의 상황을 살펴볼 때 사업

---

19) 금융위원회(2019), "부동산PF 익스포져 건전성 관리 방안", 2019. 12, 보도자료, 1-5쪽.

20) 부동산PF 익스포져(exposure)란 금융기관 및 보증기관에서 취급하는 부동산 관련 가계여신, 기업여신, 금융투자상품의 합계이며, 이중 부동산PF 대출과 관련된 부분이 부동산PF 익스포져로 분류된다.

21) 2011년 부동산PF 대출이 증가하면서 저축은행은 사업성에 대한 적정한 평가절차와 위험관리 방안이 전무한 상태에서 PF 브릿지대출을 과다 취급하여 자산부실화를 초래하였다. 2011년 파산한 저축은행의 담보자산은 총 839개로, 2021년 상반기까지 총 담보자산의 90.8%인 762개를 매각하여 약 5.5조 원을 회수하였다. 다만 파산한 저축은행의 118개 주요 담보자산은 매각되지 않아 총 2,836억 원이 미회수된 상태로 예금보험공사가 관리하고 있다.

성 예측에 기반하여 대규모 조달자금을 확보하는 부동산PF 대출의 순기능이 지속되기 위해서는 무엇보다 현황의 정확한 판단과 이에 대한 관리방안을 마련하는 것이 우선되어야 할 것이다.[22]

Ⅱ. 부동산PF 익스포져 현황

부동산PF 익스포져는 PF대출(사업시행사 등에 대한 대출)과 PF 채무보증(PF대출, PF ABCP 등에 대한 신용보강)으로 구성된다.

1. 부동산PF 채무보증

2019년 6월말 전체 금융권의 부동산PF 채무보증 규모는 28.1조원으로 대부분 증권사(26.2조원)에서 취급하였다. 부동산PF 채무보증은 전체 금융권 28.1원인데, 그중 증권회사가 26.2조원, 여신전문금융회사가 0.7조원, 은행이 1.2원이었다. 증권회사 부동산PF 채무보증은 2013년말(10.6조원) 이후 증권사 채무보증에 대한 수요[23] 및 공급[24]이 늘어나면서 빠르게 증가하였다. 그동안 증권회사는 리스크가 높지만 고수익을 확보할 수 있는 신용공여형 채무보증을 중심으로 채무보증 규모를 확대해왔다.

채무보증 유형은 다음과 같다. ⅰ) 신용공여형(예: 매입확약)은 기초자산 최종상환을 지급보증하거나 미분양물 담보대출을 확약하는 것으로, 이는 신용위험을 부담하게 된다. ⅱ) 유동성공여형(예: 매입약정)은 유동화증권 차환발행 실패분을 인수 후에 시장에서 재매각하는 것으로, 이는 유동성위험을 부담하게 된다.

2. 부동산PF 대출

2019년 6월 말 기준 전체 금융권 부동산PF 대출 잔액은 71.8조원으로 2013년말(39.3조원) 이후 연평균 11.6%씩 증가해 왔다. 은행권은 부동산PF 대출규모를 축소해 왔는데, 그 이유는 바젤Ⅲ 시행(2013년)에 따라 부동산PF 대출에 대한

---

22) 박지호(2022), "부동산 프로젝트파이낸싱(PF) 대출의 성공요인 분석", 단국대학교 대학원 박사학위논문(2022. 11), 22쪽.
23) IFRS 도입 등의 영향으로 시공사의 신용보강이 감소한 것이 증권회사의 신용보강 수요 증대를 가져왔다.
24) 전통적 업무에서의 수익감소에 대응하여 수수료율이 높은 PF 보증을 확대하였다.

위험가중치가 최대 150%로 상향조정된 점 등의 영향으로 보이고, 비은행권은 보험회사·여신전문금융회사 등을 중심으로 대출 취급을 확대해 왔는데, 이는 저금리기조에 따른 신규 수익원 발굴을 위한 노력, 부동산시장 여건 개선 기대 등이 맞물려 부동산PF 대출을 적극 확대해 온 것으로 보인다.

2019년 말 기준 전체 금융권 PF대출의 연체율과 고정 이하 여신비율은 각각 1.9%, 3.0% 수준으로 2013년 이후 하락세를 지속해 왔는데, 이는 PF 대출 규모 확대에 따른 희석 효과와 저축은행 PF 부실대출 정리 등의 영향이 혼재하고 있기 때문이다.

Ⅲ. 부동산PF 익스포져 잠재리스크

1. 부동산PF 채무보증

ⅰ) 증권회사의 채무보증이 고위험 유형을 중심으로 증가세를 보이고 있다는 점이다. 증권회사의 경우 최근 들어 고수익-고위험 유형인 매입확약(신용공여형 채무보증)[25]을 중심으로 채무보증이 증가하고 있다.

ⅱ) 건전성 관리 장치, 데이터 수집 체계가 충분치 않다는 점이다. 고위험 채무보증 증가세에도 불구하고, 이를 관리 제어할 수 있는 건전성 장치가 마련되어 있지 않고, 채무보증에 관한 상세 데이터, 취급 이력 등에 관한 정보수집체계가 충분히 구비되어 있지 않다.

ⅲ) 부실인식 이연 자산과 관련된 채무보증 리스크 누적의 소지가 있다는 점이다. 사업 지연, 분양 부진 등으로 PF대출 만기시점에 대출이 상환되지 않을 경우, 대환·만기연장·대출 증액 등을 통해 "부실인식의 이연"이 가능하다. 이 경우 관련 PF 익스포져는 건전성 분류상 "정상"을 유지하고, 대출자산을 기초로 한 유동화증권을 발행하여 차환도 가능하다. 그런데 유동화증권 투자자들은 "부실인식의 이연"을 인지하기 어렵다. 부실인식이 이연된 대출자산이 누적될 경우 시장여건 악화 시 대출 및 채무보증 제공 금융회사의 리스크로 이어질 수 있다.

---

25) 신용공여형 비중(전체 채무보증 기준): ('13말) 54.3% ('15말) 69.4% ('17말) 72.5% ('18말) 81.9%.

2. 부동산PF 대출

ⅰ) 2013년 이후 부동산PF 대출 공급은 은행이 아닌 비은행이 주도하고 있다는 점이다. 2013년 이후 은행권은 부동산PF 대출잔액을 축소해 온 반면, 보험회사·여신전문금융회사 등은 부동산PF 대출을 확대해오고 있다.26) 저금리 여건 하에서 비은행권은 수익추구 차원에서 부동산PF 대출을 확대하고자 대출 취급태도가 적극적이었다. 그러나 비은행권은 은행권에 비해 유동성과 자본여력이 낮은 점을 감안할 때, 시장여건 변화나 PF대출 건전성 저하 등에 따른 금융업권 전반의 복원력이 전반적으로 저하되었을 소지가 있다.

ⅱ) PF 사업장이 부동산시장 여건에 체계적 영향을 받음에 따라 PF대출 건전성이 빠른 속도로 악화될 가능성이 상존한다는 점이다. PF대출 건전성은 현재까지 양호한 수준을 유지하고 있으나,27)28) 부동산시장 여건 변화가 여러 사업장들의 사업성에 동시에 영향을 주어 대출건전성이 일시에 급격히 변동할 가능성이 상존하고 있다.

제3절 부동산PF의 당사자와 계약관계

부동산PF 진행시 차주, 대주, 시공사, 보증인, 신탁회사, 주선기관이 주요 당사자가 되며, 프로젝트 진행의 단계에 따라 많은 이해관계자들이 상호 계약관계를 맺게 된다.

Ⅰ. 주요 당사자

부동산PF 대출을 실행하기 위한 직접적인 공동약정의 당사자는 차주, 대주,

---

26) 부동산PF 대출 잔액('13년 말→'19. 6월말, 조원): (은행) 21.5→18.9 (비은행) 17.8→52.9.
27) 부동산PF 대출 연체율(전체 금융권, %): ('13말) 13.0 ('15말) 7.3 ('17말) 3.1 ('19. 6말) 1.6.
28) 부동산PF 대출 고정이하여신비율(전체 금융권, %): ('13말) 16.9 ('15말) 8.8 ('17말) 3.0 ('19. 6말) 3.0.

시공사, 보증인, 신탁회사 등이며, 업무의 효율적인 진행을 위해 주선기관이 매개체 역할을 하고 있다.[29)]

1. 차주(시행사)

차주는 프로젝트를 추진하는 사업주체 겸 해당 부동산개발사업의 사업주[30)]로서, 프로젝트 회사[31)] 형태로 설립되는 경우가 많고, 금융구조화 시 필요한 경우에는 SPC가 도관체로서 많이 활용되고 있다.

시행사는 설립과 자금조달 등 프로젝트 기획자로서 사업의 실질적인 주체가 된다. 시행사의 경우 단일주체이거나 프로젝트 규모가 큰 경우 컨소시엄의 형태로 구성되기도 한다. 부동산 프로젝트 수행을 위한 필수요소는 사업부지인바, 사업진행에서 시행사는 사업부지를 직접 매입하거나 토지소유자를 사업의 간접적인 이해관계자로 포함시키는 경우가 종종 있다. 시행사는 부동산PF 대출 시 대출 원리금에 대한 상환의무를 갖고, 시행사가 다수의 프로젝트를 수행하는 경우 프로젝트별 SPC를 설립하여 사업을 수행한다.[32)]

2. 대주(금융기관)

(1) 의의

대주는 통상 대주단(Syndication)을 구성하여 프로젝트에 소요되는 자금을 지원하고 대출 원리금의 회수 시까지 프로젝트의 위험을 공동으로 분담(단일 tranche[33)]일 경우 대출금액 비율별로 의사결정 및 책임분담)하게 되는데, 대주단 안에서도 위험선호도, 신용공여 형태 등으로 구조화하여 상환순위 또는 금융조건

---

29) 정복희(2016), 11-14쪽.
30) 국내에서 부동산개발사업의 주체를 통상 사업시행자(시행사)로 표현하고 있는데, 특히 민간사업의 주체를 "디벨로퍼(developer)"라고 부르기도 한다. 이들은 프로젝트의 기획 및 사업타당성 분석과 사업계획을 수립한 후 사업부지의 확보, 건축설계 및 인허가 진행, 부동산PF 실행 등 사업자금의 조달, 분양(임대), 목적물의 건설(시공), 준공, 소유권보존, 입주, 사후관리 및 사업의 최종 정산에 이르기까지 부동산개발사업과 관련한 일체의 업무에 있어 주체가 된다.
31) 사업주의 기존 사업과 분리되어 프로젝트를 관리·운영하며, 프로젝트 관련 각종 계약상의 법적 주체가 된다.
32) 박지호(2022), 19쪽.
33) 사전적 의미로는 금융기관이 개별 대출들을 모아(pool) 이를 기반으로 다시 발행한 채권을 말하나, 실무적으로는 동일 조건 대출계약들의 집합을 의미한다.

별로 대주단을 몇 개의 tranche군(동일 tranche일 경우 금융조건이나 지위가 같음)으로 나누어 구성하는 것이 보편화되어 있다. 국내에서 부동산PF의 대주단을 구성하는 주요 당사자로는 은행, 증권회사, 보험회사, 여신전문금융회사, 상호저축은행, 종합금융회사, 공제회 등을 들 수 있다. 대주단 구성의 특성상 대주 중 대표기관(통상 주거래은행 또는 신용공여액이 제일 많은 회사)이 대리은행의 역할을 맡아서 필요 시 대주단 회의를 주재하는 등 약정에 따른 대주단 간 의견조율 등 사후관리 관련 업무를 진행한다.

(2) 은행

은행은 부동산금융을 지원하는 대규모 자금원으로서 예금으로 조달된 자산을 대출하여 예대금리의 마진 차이로 수익을 실현한다. 은행은 부동산PF 대출에서 주로 건축허가 이후 소요자금을 지원하는 본 PF에 참여하고, 준공 이후 담보실체에 대한 대환대출로서 장기저당대출을 실행한다.[34]

(3) 생명보험회사 또는 연기금

생명보험회사나 연기금(pension fund)은 가입자의 보험료나 연금을 대출 등에 투자하여 자산을 운용한다. 보험료 등은 장기로 모집되기 때문에 장기 저당대출로 자산을 운용하는 경우 운용기간과 조달기간을 일치시킬 수 있는 투자대안이 선호된다. 이런 의미에서 부동산PF 대출은 보험사와 연기금에게 중요한 투자처가 된다.[35]

(4) 상호저축은행과 상호금융기관

상호저축은행, 새마을금고 및 신용협동조합 등의 상호금융기관이 있다. 상대적으로 소액 예금자를 위한 금융서비스가 제공되며 단기자금으로 운용되는 특성을 갖는다. 이에 부동산PF 대출에서는 본 PF 대출보다는 이자 수익률이 높고, 단기에 수취 가능한 브릿지론의 형태로 지원하는 경우가 많다.[36] 다만, 최근에는 동종의 기관 다수가 신디케이트 형태로 위험을 분산하면서 PF대출에 참여하는

---

34) 박지호(2022), 19-20쪽.
35) 박지호(2022), 20쪽.
36) 박지호(2022), 20쪽.

경우가 급증하였다.

3. 시공사

국내 부동산PF 구조에서 시공사는 가장 핵심적인 역할을 한다. 부동산개발의 계획 및 설계에 대한 점검, 금융조달, 분양관리, 시공, 준공 및 사후관리, 사업정산에 이르기까지 프로젝트의 과정에서 시공사는 본인의 신용도와 전문성을 바탕으로 부동산PF에 주도적으로 참여한다. 부동산PF와 관련하여 시공사는 시공주체로서 단순도급만을 담당하지 않으며, 차주의 대출 원리금 채무에 대해 직접적으로 신용보강(연대보증, 채무인수 등)을 하거나 최소한 책임준공(미이행 시 채무인수 조건)을 대주에게 보장하는 것이 현실이다. 시공사의 이러한 역할로 인해 위험부담이 과중한 경우가 일반적이고, 업종의 특성상 경기에 민감하게 반응하므로 다른 업종에 비해 부침이 심한 편이다. 국내의 주요 시공사는 국토교통부가 매년 7월경 발표하는 시공능력평가 순위를 통해 확인할 수 있지만, 실제로 부동산PF 진행 시 대주별 취급기준 및 시공사 자체의 신용도에 따라 특수공공기관(주택도시보증공사 등)의 보증없이 부동산PF에 참여 가능한 시공사는 상당히 제한되고 있는 실정이다.

4. 보증인

차주의 경우 대부분 신설회사로 설립되어 신용도가 낮고 타인자본 의존도가 높아 대주는 신용도가 양호한 시공사를 보증인으로 요구하는 것이 일반적이다.[37] 그러나 2008년 금융위기 및 2011년 상호저축은행 대량 영업정지 사태를 계기로 시공사가 과도한 우발채무의 부담을 지양하고 있고, 2011년 한국채택국제회계기준(K-IFRS)[38] 도입에 따라 우발부채에 대한 기재 등 부외금융의 효과가

---

37) 차주의 대표이사 또는 실질 대표나 투자자는 시공사와 더불어 보증인의 의무를 부담하나 대주 입장에서는 이들에 의한 실제적인 대출 원리금 상환을 기대하기보다는 사업완수를 위한 심리적인 압박용도로 사용하는데 그치고 있다.

38) 금융감독위원회(現 금융위원회)가 국제회계기준(IFRS)을 도입하여 기업의 회계투명성 향상과 회계분야의 국가경쟁력 강화를 도모하고자 2006년 2월 국제회계기준 도입준비단을 구성한 뒤 2007년 3월 국제회계기준 도입 로드맵을 발표한 후 국제회계기준(IFRS)에 맞추어 2007년 12월에 공표한 새로운 회계기준으로 주요 특징으로 첫째, 연결재무제표 중심으로 전환 둘째, 재무제표의 명칭 및 구성 개편 셋째, 자산·부채의 공정가치 평가범위 확대를 들 수 있으며, 2009년 선택적 조기도입 후 2011부터 모든 상장기업에서 의무적용되게 되었다.

차단되고 있어 사업성이 좋은 프로젝트의 경우 부동산PF 취급 시 회사채 기준 A 등급의 신용등급을 보유하고 있는 시공사를 중심으로 연대보증을 비롯한 각종 신용공여가 축소되거나 없어지고 있는 추세이며, 책임준공(미이행 시 채무인수 조건) 정도의 간접 신용공여가 일반화되었다. 다만 사업성이 상대적으로 떨어지거나, 장기문제사업장(NPL[39] 사업장 포함) 등은 여전히 시공사의 신용공여 없이는 부동산PF의 진행이 사실상 어려운 실정이다. 시공사가 부담해왔던 위험 중 분양위험과 관련한 부분을 일부 금융회사(주로 주선기관을 겸임하는 증권회사)가 상업적인 목적(수수료 수입, 대주단 구성 등 주선기관 목적 달성 등)으로 미분양 담보대출확약 또는 대출채권 매입확약 등의 방법으로 보조적인 보증인의 역할을 하고 있으며, 준공위험과 관련해서 시공사가 아닌 회사가 신용공여를 하는 형태가 나타나고 있기도 하다.

5. 신탁회사

신탁회사(주로 부동산신탁회사)는 부동산PF 진행 시 사업목적물에 대한 담보관리와 사업의 안정적인 수행을 위해 신탁계약에 따른 수탁자의 지위로서 프로젝트에 참여한다. 수탁자인 신탁회사는 차주 겸 원사업시행자인 위탁자와 체결하는 신탁계약의 내용(주로 관리형토지신탁)에 따라 수탁재산(사업 초기 단계에서는 사업부지인 토지가 주로 그 대상이 됨) 및 사업으로 인하여 발생하는 수익금(대표적으로 분양수입금 등) 등을 관리하고 대외적으로 사업시행자 및 소유권자로서 역할을 하게 되는데, 이와 같은 신탁계약은 각 개발사업의 형태, 시기 및 적용 법률에 따라 종류가 달라진다.[40]

---

39) NPL(Non Performing Loan)은 무수익여신이라고도 하는데, 부실대출금과 부실지급보증금을 합친 개념으로 금융기관이 빌려준 돈이 회수될 가능성이 없거나 어렵게 된 부실채권을 의미한다.

40) 차주는 사업 초기 사업부지 확보 시 대주의 채권보전을 위해 부동산담보신탁을 먼저 진행하게 된다. 이후 본 PF 진행 시 신탁회사가 사업시행자(또는 건축주)가 되는 관리형토지신탁을 진행하는 것이 일반적이다. 관리형토지신탁으로 프로젝트가 진행될 시에는 신탁회사가 주택도시보증공사(구 대한주택보증공사)로부터 분양보증을 받아 사업을 진행하게 되어, 주택도시보증공사로 수탁자가 변경되지 않는다. 관리형토지신탁 구조가 아닌 부동산담보신탁으로 계속하여 사업이 진행되는 경우 선분양 제도하에서 필수적인 분양보증서(주택법이 적용되는 공동주택 개발사업의 경우)를 발급받는 경우 수탁자를 주택도시보증공사(수분양자 보호를 위한 주택도시보증공사의 채권보전 목적)로 변경하게 되는 경우가 발생한다. 그리고 건축물분양법 적용대상 사업의 경우는 부동산PF 관리를 위해 보통 분양관리신탁(대리사무계약 포함)을 진행하게 된다.

부동산PF 대출에서 신탁회사는 수익자의 이익과 특정 목적을 달성하기 위해 위탁자인 시행사에게 위임받은 수탁자산(부동산)을 수익자의 지위에서 운용·관리하고 일정 기간이 지나 발생한 수익을 배분하는 역할을 담당한다. 신탁방식은 부동산을 담보로 근저당권을 설정하는 것보다 비교적 간편한 절차로 진행되며, 비용이 절감된다는 점에서 신탁회사를 활용한다.[41]

6. 주간사 금융기관

주간사 금융기관은 특정 프로젝트의 추진을 위한 자금조달 및 대주단 구성을 주선하고, 금융주간사로서 금융조건 협상과 약정서 및 법률문서의 작성을 준비하는 등 대출실행 전후 부동산PF가 시의적절하고 효율적으로 추진되도록 중개역할을 하며, 부동산PF를 취급하는 금융회사의 전담부서나 부동산PF의 중개를 전문으로 하는 증권회사 영업부서들이 주로 담당하고 있다.

Ⅱ. 계약관계

국내 부동산PF와 관련된 프로젝트의 진행단계에 따라 많은 이해관계자들이 있게 되는데 사업시행자를 중심으로 주요 당사자들과의 일반적인 계약관계는 다음과 같다.

ⅰ) 시행사(도급인)와 사업부지 소유자: 사업부지 매매계약을 체결하는데, 사업부지 소유자(민간 또는 공공)와 매매 또는 공급계약을 체결한다.

ⅱ) 시행사(도급인)와 시공사(수급인): 공사도급계약을 체결하는데, 개발사업의 공사에 대한 일괄도급계약을 체결한다.

ⅲ) 시행사(도급인)와 대주(금융기관): 대출계약 등을 체결하는데, 부동산PF 약정에 따른 제반 계약을 체결한다.

ⅳ) 시행사(도급인)와 신탁회사: 관리형토지신탁계약 또는 부동산담보신탁계약을 체결한다.

ⅴ) 시공사(수급인)와 대주(금융기관): 신용공여와 관련한 계약을 체결하는데, 즉 연대보증, 채무인수, 책임준공(미이행 시 채무인수 조건) 등 대주의 채권보전을

---

41) 박지호(2022), 20쪽.

위한 계약을 체결한다.

vi) 시행사(도급인)와 분양보증회사: 분양보증계약을 체결하는데, 통상 선분양을 위한 분양보증계약(주택도시보증공사 등)을 체결한다.

vii) 시행사(도급인)와 수분양자: 분양계약을 체결하는데, 수분양자와 개별 분양대상물에 대한 공급계약을 체결한다.

viii) 시행사(도급인)와 설계, 감리자 등: 프로젝트 관련 용역 등의 발주에 따른 일체의 계약을 체결한다.[42]

ix) 그 외에도 부동산PF와 관련된 직접적인 이해당사자는 아니지만, 수분양자의 중도금대출 취급 금융회사, 인허가와 행정지도 관련 정부기관과 지방자치단체, 소유권보존등기와 관련된 법원 등기소 등 다양한 당사자들과 이해관계를 맺게 된다.

제4절 부동산PF 대출 절차 및 형태

부동산PF 취급 시 진행되는 일련의 절차와 약정의 내용은 해당 프로젝트와 이해관계자에 따라 다양한 형태로 전개되나, 주요한 사항들은 금융기관별 「부동산PF 리스크관리 모범규준」과 대주인 금융회사 자체의 PF가이드라인 등을 토대로 취급되고 있다.[43]

I. 진행 및 약정

금융회사인 대주에게 부동산PF의 신청이 접수되는 시점은 사업시행사가 이미 사업부지 계약, 설계 및 인허가 진행, 시공사의 선정 등 사업의 기본적인 구도가 완성단계에 있거나, 실제 분양시점을 얼마 남겨두지 않은 상황인 경우가 일반적이다. 왜냐하면 사업수지가 거의 확정될 수 있는 시점에 이르러서야 시공사의 직간접적인 신용공여 등을 바탕으로 부동산PF를 진행할 수 있기 때문이며,

---

42) 정복희(2016), 15-16쪽.
43) 정복희(2016), 17-21쪽.

사업의 성공 여부가 불확실한 상태에서 금융비용을 최대한 절감하고자 하는 실제적인 이유도 많은 영향을 미치고 있다. 따라서 공모형 PF사업[44]과 같이 대규모 프로젝트인 경우를 제외하고, 부동산PF를 취급하는 대주들은 사업의 기획단계 등 사업 초기부터 참여하는 경우는 거의 없고, 부동산PF 신청 시 사업계획내용과 추진 완료 및 예정된 주요 사항들을 점검하는 등으로 내부 심사를 거쳐 실제 부동산PF 대출을 실행한다.

1. 업무 진행절차

대주인 금융회사 기준으로 부동산PF가 검토에서부터 실제 취급되기까지의 일반적인 절차와 흐름을 살펴보면 다음과 같다. ⅰ) 대출상담: 차주와 부동산PF 대출상담 및 대출조건 협의와 추진 타당성 여부 검토, ⅱ) 신용조사: 사업시행자 및 시공사에 대한 신용조사 및 해당 사업 수행능력 검토, ⅲ) 사업타당성 검토: 프로젝트의 분양성, 수익성, 상환가능성 등 제반 사업타당성 분석, ⅳ) 리스크 검토: 사업의 시행 및 대출금 상환에 대한 각종 리스크 검토, ⅴ) 대출승인: 내부의 대출승인에 따른 대주단 모집 등 차주와 대출에 관한 본격적인 절차 진행(내부 심사 및 의사결정기구 심의 통과), ⅵ) 대주단 모집: 주간사와 대주 간 금융조건, 취급 가능 규모 등 프로젝트 참여 여부 협의, ⅶ) 대주단 확정: 대주별 내부 심사절차 진행 및 대출승인과 해당 프로젝트에 대한 최종 금융조건 등 확정, ⅷ) 자필서명 및 기표[45]: 대출조건 및 사업 진행에 부합되는 대출약정 체결 및 개별 대주별 대출실행(부동산PF 대출 취급 완료).

2. 리스크 점검

대주의 내부의사결정과 심사 시 리스크관리를 위해 심사보고서의 분석 및 검토가 필요한 주요 사항은 개별 금융업종별「부동산PF 리스크관리 모범규준」이 규정하고 있으며, 구체적인 취급조건은 개별 금융회사의 PF가이드라인 등에 따른다.

---

44) 공공의 부지를 공모를 통해 선정된 민간사업자가 개발하되 부지의 소유자인 공공이 일정 부문 개발사업에 참여하는 형태의 민관합동 개발사업을 말하며, 대표적인 사업으로 용산 역세권 국제업무지구 개발사업 등을 들 수 있다.

45) 기표가 떨어진다는 말은 대출이 승인되어 대출금이 나온다는 의미이고, 기표가 떨어진 날이 대출 발생일이 되고, 그달 이자가 계산되는 기준일이 된다.

3. 주요 약정사항

부동산PF는 특성상 사업 규모가 크고 소요자금이 많아 계획사업에 내재하는 위험성이 높은 관계상, 어느 금융회사가 단독으로 자금을 공여하고 위험을 부담하기보다는 복수의 금융기관이 대주단을 구성하여 신디케이트 방식으로 필요자금을 대출해주는 것이 일반적이다. 따라서 부동산PF 약정 진행 시 개별 금융회사들을 포괄하기 위해 어느 특정 금융회사의 표준 대출계약서를 사용하지 않고 법무법인의 주관하에 프로젝트별 기본 약정서인 "사업 및 대출약정서"를 이용하여 계약을 체결하고 있다. 특정 차주에 대하여 유리한 조건을 제시한 대주단이 요청하는 경우(예컨대 특정 지역에서 이루어지는 개발사업에 대하여 해당 지역에 연고를 둔 금융기관 대주단이 대출을 하기 위한 경우, 해당 지역을 본점 소재지로 하는 법인을 설립하여 대출을 하는 경우 또는 단일 차주에 대한 상환 전 추가 대출이 내부 규정상 불가한 금융기관의 경우 등) ABL(Asset Backed Loan: 자산유동화대출) 대출약정서를 추가하는 경우가 빈번하다.

또한 기타 담보설정에 관한 부속 약정서(유효성 확보를 위해 확정일자부 등으로 첨부)와 필수서류(정관 등 기타 유효한 소비대차의 성립에 필요한 법인의 내부 서류 등) 등을 한 권의 약정서 묶음(세트)으로 편철하여 보관하는데, 이를 실무적으로는 "바이블(bible)"이라 표현하고 있다. 특정 프로젝트와 관련한 소요자금 조달이라는 특수성에도 불구하고 부동산 관련 약정들의 기본 성질은 PF 금전소비대차에 해당된다. 따라서 기본 약정서로써 작성되는 "사업 및 대출약정서"의 주요 내용은 대출금액, 대출시기, 상환시기와 상환방법, 담보제공에 관한 사항, 채무불이행 사유 및 채무불이행 시 대주의 권리행사 방법 등이다.

Ⅱ. 대출형태 및 자금조달

1. 의의

부동산개발사업을 위해서는 비용의 개념인 토지비, 건축비, 기타사업비 등이 소요된다. 여기서 토지비는 건축물을 짓기 위한 사업대지를 매입하는 비용을 말하고, 건축비는 시행사와 시공사 간 공사도급계약을 체결하고 시공사에게 지급하는 공사비를 말한다. 그 밖에 금융비용, 설계비, 분양비용 등이 소요되는데 이는 기타사업비에 해당한다. 사업에 필요한 비용을 조달하기 위해 시행사는 자기자본, 타인자본을 이용하게 된다. 자기자본은 초기사업비, 토지매입을 위한 계약금 수준이며, 타인자본은 토지비 잔금, 건축비 일부를 조달하기 위해 은행, 증권사 등 금융기관으로부터 대출을 받는 것을 말한다.[46]

그런데 자기자본과 타인자본만으로는 사업에 필요한 자금을 조달하기 어렵기 때문에 분양대금을 활용하게 된다. 분양성이 개발사업의 성패를 좌우하는 이유도 이것 때문이다. 자기자본은 기실행된 것이고 타인자본은 향후 정해진 자금 스케줄이나, 분양대금의 경우에는 총량에 있어서든 시기에 있어서든 불확실성을 내포하고 있다. 다시 말해 개발사업에서 필요한 자금의 상당량[47]을 분양대금을 통해 조달하고 있는데, 분양성은 당해 사업의 자체 상품성은 물론이고 시장 의존성이 크다. 시장 관련해서는 경기변동, 정부정책, 금융시장 불확실성 등의 다양한 리스크가 있다. 최근 발생한 시장리스크는 미국 연방준비제도(Fed)의 기준금리 인상, 분양시장 침체 및 주택가격 상승 기대감 감소, 우크라이나 사태에서 촉발된 원자재가격 등으로 요약할 수 있다.

부동산PF는 사업의 진행단계와 시행 및 대출구조 등 프로젝트의 상황에 따라 여러 가지 형태로 추진될 수 있으며, 각 유형에 따라 세부내용이 달라진다. 부동산펀드 및 자산유동화(ABS, ABCP, ABSTB, ABL 등)형 PF와 PFV를 활용한 PF 등이 있다. 여기서는 진행단계에 따른 분류만을 간략히 살펴보고, 부동산PF의 수행에 필요한 조달자금의 원천에 대하여 살펴본다.[48]

2. 진행단계별 대출형태

부동산개발 과정에서 실행되는 대출은 프로젝트 단계에 따라 크게 자기자본 대출(equity bridge), 브릿지론(bridge loan), 본 PF(term loan)가 있으며, 이외에도 PF대출과 무관한 사업완료 이후 실행되는 장기저당대출이 있다. 자기자본대출은

---

46) 김병국·임병권·장한익(2022), 89쪽.
47) 주택사업은 선분양과 후분양으로 나뉠 수 있는데, 타인자본 조달 규모를 보면 선분양의 경우 토지비 잔금, 기타사업비 일부 등 포함하여 통상 총사업비 대비 30-40% 수준, 후분양의 경우, 토지비 잔금, 기타사업비, 후분양 전까지 건축비 등 포함하여 60-80% 수준으로 나타난다.
48) 정복희(2016), 22-25쪽.

사업초기 실행되는 대출로서 주로 토지계약금과 같이 부동산 프로젝트 수행의 첫 단계에서 계약금으로 사용하기 위한 자금이며, 위험수준에 차이가 있어 통상 브릿지론과 구별하여 검토된다.[49]

부동산개발에 따른 대출의 유형을 살펴보면 다음과 같다.

(1) 자기자본대출

사업초기 자금조달을 위한 자기자본대출(equity bridge)이다. 부동산PF 사업을 진행하기 위해서는 우선 사업부지에 대한 매매계약을 체결하고 이후 중도금과 잔금 정산을 통해 부지확보가 가능하다. 부지확보는 해당 프로젝트가 준공 및 분양에 이르는 최종완료가 이루어지기 위한 1단계로서 중요한 의미를 갖는다. 일반적으로 토지계약금이 납부된 경우 사업주는 자기자본의 추가지출 없이 PF를 통해 다음 단계로의 사업진행이 가능하게 된다. 이에 시행사(차주)는 자기자본으로 전체 사업부지 대금의 약 10%를 선투입하고 원활한 사업진행과 금융구조의 안정성을 도모한다. 다만 시행사의 여건에 따라 토지계약금 지불 자금이 원활하지 못한 경우 계약금 지불 목적으로 대출이 이루어지며 이를 자기자본대출이라고 한다. 부지계약금을 지불하는 초기단계는 소유권등기 이전으로 사업에 대한 위험성이 가장 높은 단계이다. 즉 부지에 대한 저당담보가 불가능하고 인허가 등 부동산시장과 금융시장의 변화에 따라 향후 사업 성패의 유동성이 큰 단계로 불확실성이 내포되어 있다. 따라서 일반 금융기관보다는 사금융을 통해 대출이 이루어지는 경우가 많고 불확실성에 대한 위험의 보상으로 다른 대출유형에 비해 높은 이자를 부담한다.

(2) 브릿지론

브릿지론(bridge loan: 연계대출 또는 가교대출)은 일시적으로 발생하는 사업자금의 부족을 메우기 위하여 단기에 자금을 확보하는 대출의 형태로 본 PF가 이루어지기 전 일정기간 동안 연결하는 가교(bridge) 역할을 하는 대출이다. 이는 부동산 프로젝트 초기 건축시공 이전에 부지매입 중도금과 잔금지급을 위한 필요자금을 확보하는 것이 보통이며, 인허가 준비 자금 등 기타 비용이 포함되고,

---

49) 박지호(2022), 10쪽.

필요에 따라 사업진행 과정과 무관하게 자금지출에 있어 수급의 시간적 차이가 발생한 경우 차입하는 경우도 포함한다. 브릿지론이 실행되는 단계에서도 부지에 대한 소유권 확보 이전으로 대출의 상환재원은 본 PF 등을 통한 대환대출(refinancing)로 이루어지는 것이 일반적이다. 따라서 사업의 불확실성이 높고 그에 따른 위험도 높아 대주입장에서는 위험비용을 추가하여 높은 금융비용이 발생하게 된다. 다만 사업에 따라 우량시공사와 금융기관의 신용제공으로 위험과 금융비용을 낮추는 경우도 있다.[50]

브릿지론은 사업부지의 매매계약에 따른 계약금 또는 중도금이 집행되는 단계에서의 부동산PF로서 전반적인 사업계획내용과 본 PF의 조달이 확정되지 않은 상태이므로 대주 입장에서는 리스크가 크다. 2008년 금융위기 이전 주로 제2금융권을 중심으로 취급되었으나, 상호저축은행의 대량 영업정지 사태 이후 우량한 시공사 및 금융회사의 신용보강이 없는 경우에는 그 취급 비중이 대폭 축소되거나 점차적으로 생략되어 가고 있다. 다만 공공부문(LH 및 경기도시공사 등)이 개발 및 공급하는 사업부지(택지개발지구 중심)의 경우 토지대 중도금 조달과 관련하여 매매대금반환채권 구조[51]를 많이 활용하고 있다.

(3) 본 PF

본 PF 대출은 건축허가가 완료되었거나 허가 완료가 확정적인 경우 등 부동산 프로젝트가 일정 수준 이상 성숙되어 착공이 현실화되는 단계에서 실행되는 대출이다. 이는 이미 실행된 브릿지론의 원리금 상환이나 건축공사비 지급 및 기타사업비의 지급목적으로 자금이 활용된다. 본 PF는 부동산개발 프로젝트에서

---

50) 박지호(2022), 10쪽.
51) 매수인(차주)과 매도인(LH 등 공기업) 간에 체결한 매매계약에서 파생되는 매매대금반환채권이 대출채권에 대한 담보로 제공되는 구조이다. ⅰ) 매도인과 매수인 간에 토지매매계약을 체결하고 매수인은 계약보증금을 지급하고, ⅱ) 매수인은 토지매매계약에 따른 매매대금을 지급하기 위해 대주와 대출약정(부동산 매매계약의 해제 시 발생하는 매매대금반환채권을 담보로 제공하는 내용 포함)을 체결하며, ⅲ) 대주는 매매대금반환채권이 담보로 제공되고 있다는 사실을 매매계약의 거래상대방인 매도인에게 통지하고 매도인으로부터 양도승낙을 받으며, ⅳ) 매수인은 대출 만기일에 자금재조달(refinance)을 통해 조달한 자금으로 대출 원리금을 상환하여야 하나, 대출 원리금을 상환하지 못할 경우 대출약정상 기한의 이익을 상실하게 되며, ⅴ) 기한이익이 상실되는 경우 대주는 매도인에게 대출약정상 기한이익이 상실되어 매매계약 해제사유가 발생하였음을 통지하고 매매계약 해제 통지와 더불어 매매대금반환금을 대주에게 직접 지급해 줄 것을 요청하고, 매도인이 매매대금을 대주에 반환하는 것으로 종결된다.

창출되는 현금흐름을 대출 원리금의 상환재원으로 한다. 통상 인허가가 완료된 이후에 진행되는 경우가 많으므로 자기자본대출이나 브릿지론에 비해 자금 회수 위험이 낮다. 다만, 개발공사 기간 등을 고려할 때 대출기간이 비교적 장기간이 소요된다는 점과 프로젝트 완료에 따른 현금유입이 가능한 시점부터 대출 원리금의 상환이 가능하다는 점에서 기업대출에 비해 불확실성이 높다. 본 PF는 실무상의 통용되는 용어로서 강학상 팀론(term loan)이라 한다.[52]

설계 및 인허가의 마무리와 더불어 사업수지 등을 가늠할 수 있는 단계에 접어들면, 시공사의 선정과 더불어 사업성 검증을 통해 사업 구도에 따른 가장 일반적인 형태의 본 PF대출(부동산PF 대출)이 가능해지는데, 조달된 자금은 주로 사업부지의 대금완납과 초기 사업비 등에 사용된다.

(4) 추가 자금조달

본 PF 이후 프로젝트의 진행 도중에 본 PF의 대출금을 상환하거나 공사대금 등 사업비 충당을 위해 추가 자금조달이 이루어지기도 하는데, 추가 PF 대주는 기존 PF 대주가 가지고 있는 담보의 후순위 지위를 확보하는 것이 일반적이다. 그러나 진행 중인 프로젝트가 부실사업이 되어 추가로 자금을 조달하지 않으면 사업이 진행되기 어려운 경우에는 기존 대주들이 불가피하게 추가 자금을 지원하기도 하는데, 이때에는 추가 조달된 자금의 PF 대주가 상환 및 담보에 있어 최선순위가 된다.

2. 조달자금의 분류

(1) 자기자본

(가) 출자금

출자자는 최소한의 출자만을 통해 출자금의 비중을 낮추고 자기자본수익률(return on equity)을 높여 레버리지 효과를 최대화하고자 하는 반면, 대주인 금융회사는 출자금이 회사청산 시 최후순위에 있어 간접적인 담보의 기능이 있고 사업시행사의 사업 포기를 막는 안전판의 역할도 하기 때문에 가급적 출자금의 비중이 높기를 희망한다. 일반적으로 부동산PF 진행 시 사업시행사의 출자금 비중

---

52) 박지호(2022), 10쪽.

은 대략 토지비의 10%(사업부지 매매계약에 따른 계약금을 치를 수 있는 수준) 정도 수준이다.

(나) 후순위대출

대주의 입장에서는 부동산PF 대출보다 후순위여서 담보력 증대의 효과가 있고, 사업시행사의 입장에서는 출자금보다 선순위이고 회수 순서 및 고정이자 수취 등의 장점과 융통성이 있는 등 후순위대출은 차입금과 자본금 양자의 특성을 지니고 있다.[53]

(2) 타인자본
(가) 대출금(부동산PF 대출)

다수의 금융회사 등이 대주단을 구성하여 브릿지론 또는 본 PF 등의 형식으로 대출하는 가장 보편적인 자금조달 방식이다.

(나) 자산유동화

ABS, ABCP, ABSTB 등 차주에 대하여 대주가 설립한 SPC가 보유하고 있는 대출채권 등을 유동화하여 자금을 조달(시공사의 신용보강 또는 증권회사의 매입약정 등으로 신용보강되어 투자자에게 판매하는 경우가 일반적이다)하는 방식이며, 금융구조화의 형태로써 일반적으로 사용되고 있다.[54]

(다) 사모사채

시공사 또는 기타 신용보강자의 신용 및 담보 등을 바탕으로 차주에 대하여

---

53) 후순위대출이 자기자본으로 분류되는 이유는 국제결제은행 바젤은행감독위원회의 협약 (Basel I)에 따라 기존에 자본의 개념이 Tier 1(기본자본, 주식으로 대변되는 자본: 자본금, 자본잉여금, 이익잉여금, 신종자본증권 등)뿐만 아니라 Tier 2[보완자본, 지분증권이라기보다는 채무증권으로서의 성격이 짙은 자본: 재평가적립금, 대손충당금, 만기 5년 이상의 후순위채무(이자율은 높지만 배당순위에 있어서는 거의 자본과 유사), 상환우선주(부채성 자본)]까지도 자본의 범주에 포함되었기 때문이며, 우리나라도 바젤위원회의 정식위원국으로서 Basel I 에 따른 자본건전성 규제에 동참하고 있다. Basel I 은 스위스 바젤에 있는 국제결제은행의 바젤은행감독위원회가 1988년 G10 국가에 자기자본규제 협약(소위 Basel I)을 만장일치로 통과시키고, 1989년 이후 비상임국가에 대해서도 동 협약의 수용을 권장하여, 회원국들은 사실상 구속되어 소속 국가별로 해당 사항을 입안하게 된 것이며, 우리나라는 2009년 3월 11일 호주, 중국, 인도, 멕시코, 러시아와 함께 바젤위원회의 정식위원국이 되었고, 위원국은 G20 국가로 확대되었다.

54) 최근 국내 PF에서는 이러한 구조가 압도적으로 빈번한 것 같다. 차주가 발행하는 유동화증권을 인수하는 단계는 계약금을 조달하는 초기 단계에서 이루어지는 것 같고, 이는 높은 수익률과 자문수수료를 바라는 일부 금융투자업자들이 주로 취급하는 형태의 금융인 것 같다.

대출을 실행하고자 대주가 설립한 SPC가 신용평가회사의 신용등급을 받아 사모사채를 발행하여 자금을 조달하는 방식이며,[55] 자산유동화와 마찬가지로 금융구조화의 형태로 사용되고 있는 방법이다.

제5절 담보 및 신용보강

Ⅰ. 서설

1. 특징

부동산PF는 부동산개발로부터 향후 발생할 것으로 기대되는 현금흐름을 기초로 하여 자금을 융통하는 장기금융조달방식으로 장래 발생할 것으로 예상되는 권리를 담보로 하기 때문에 다양한 위험에 노출되어 있다. 이러한 위험들을 관리하기 위해서는 프로젝트건설시공·운영·수익 위험을 상세히 평가하고, 계약 및 기타 약정을 통하여 위험을 투자자(사업주), 대주 및 기타 당사자들 간 배분함으로써 예상되는 위험을 참여자들에게 분산시키는 것이 필요하다. 그러나 국내 부동산PF는 사업시행사가 자기자본이 매우 과소하여[56] 사업위험을 대부분 시공사가 연대보증이나 책임준공약정을 통해 부담하는 독특한 PF구조로 나타났다. 이러한 PF구조는 시공사가 개발사업에 대한 위험을 크게 부담하기 때문에 경기침

---

55) 최근 동향은 PF 단계에서 차주 SPC가 발행하는 사모사채에 대해서는 신평사들이 신용등급을 부여하기를 꺼린다.

56) 사업시행사는 초기 부동산개발 단계에서 상호저축은행이나 상호금융기관과 같은 제2금융권 금융기관으로부터 단기자금을 융통하였다가 사업의 인허가 등 사업이 본격화되면 제1금융권 금융기관의 대출이나 대출채권의 유동화(PF-ABS)를 통하여 각각 자금의 회수가 이루어진다. 국내 부동산개발사업에서 PF-ABS는 시행사가 프로젝트를 진행하는 데 필요한 운영자금, 부지매입자금 등의 사업자금이나 사업시행과 관련한 기존 대출금 상환을 위해 실행된 대출채권을 유동화한 것이다. PF-ABS 신용등급은 시공사의 신용등급과 연계되는 경우가 대부분인데, 이는 시공사가 대출채권에 대한 채무보증 등의 신용보강을 해주기 때문이다. 이러한 시장구조에서는 과도한 위험을 인수한 건설회사나 금융기관이 2008년 금융위기와 같은 외생적 변수에 의한 시장충격으로 도산하거나 구조조정의 대상이 될 수 있다. 국내에서는 2011년 PF 부실대출로 인하여 많은 저축은행들이 영업정지되면서 프로젝트금융에 대한 관심이 집중되었다. 당시 16개의 상호저축은행이 영업정지로 매각되었다.

체로 인한 사업실패 시 시공사의 부도가 발생할 수 있으며, 시공사의 부도는 다른 사업장의 부도로 연결되어 PF를 매개로 금융권, 다른 시공사 등의 연쇄적인 파급이 불가피해질 가능성이 있다.[57] 따라서 여기서는 부동산PF에서 주로 이용하는 신용보강의 유형과 내용을 살펴본다.

2. 신용보강 일반

프로젝트금융과 관련된 일반적인 위험은 프로젝트 참여자들 각각의 신용위험, 프로젝트의 완성위험, 프로젝트 대상의 판매위험과 원자재조달 위험, 운영위험, 경제적·재무적 위험, 사업기반 위험, 정치적 위험, 불가항력 위험 등이 있다. 이러한 위험을 관리하기 위해서는 관련 계약서나 약정서상에 다양한 장치를 마련하며, 필요한 경우 보증, 보험 등의 제도를 활용하고, 대출자의 대출 원리금 보전을 위해 인적·물적 담보[58] 및 기타 각종 채권보전수단을 강구하게 된다.[59]

Ⅱ. 시공사를 통한 위험관리

1. 보증

(1) 시공사의 보증

보증의 종류에는 연대보증, 보증연대, 공동보증, 부보증, 구상보증, 배상보증, 계속적 보증(근보증) 등으로 나눌 수 있는데, 부동산PF에서는 주로 연대보증이 사용된다. 보증(또는 보증채무)은 채권자와 보증인 사이에 체결된 보증계약에 의하여 성립하는 채무로서, 주채무자가 이행하지 아니하는 채무(장래의 채무를 포함)를 보증인이 이행할 의무를 말한다(민법428). 보증은 그 의사가 보증인의 기명날인 또는 서명이 있는 서면으로 표시되어야 효력이 발생(보증의 의사가 전자적 형태로 표시된 경우에는 효력이 없다)하고, 보증채무는 주채무의 이자, 위약금, 손해배

---

57) 조재영·이희종(2018), "부동산개발사업의 위험관리 방안에 관한 연구", 부동산학보 제73권(2018. 5), 32쪽.
58) 프로젝트금융의 대상이 되는 사업의 특수성을 고려할 때, 채권보전의 목적은 유사 시 담보권 실행에 의해 상환을 위한 재원을 마련하는 것에도 있지만 중요한 자산에 대한 선순위 담보를 설정하여 이에 대한 제3자의 권리실행을 사전에 차단하고 해당 프로젝트의 사업권을 원활하게 취득하여 제3자에게 이전하는 것을 구조화의 전제로 삼고 있다고 볼 수 있다.
59) 정기열(2018), 132쪽.

상 기타 주채무에 종속한 채무를 포함한다(민법428의2, 429).

(2) 연대보증
(가) 개관

연대보증은 부동산PF에서는 재무상태가 상대적으로 열악한 시행사에 대해 시공사가 보증을 제공함으로써 시행사가 자본시장에서 보다 원활하게 자금을 융통할 수 있는 수단으로서 활용된다. 시행사가 금융기관에서 부동산PF와 관련한 대출을 받고자 할 경우 아무리 사업성이 높은 개발계획이라 하더라도 금융기관이 재무적으로 열악한 시행사만 믿고 자금을 대출해주기는 어려울 것이다. 그러나 시공사가 시행사의 채무상환에 대해 보증을 설 경우 보증을 선 시공사의 신용등급에 상응하는 금리로 대출을 실행하는 것이 가능하게 된다.[60]

연대보증은 국내의 부동산PF가 프로젝트금융의 기법을 사용하면서도 주요 특징인 비소구 또는 제한소구 금융보다는 시공사에 대한 기업자금대출의 성격을 띠게 하는 주요한 인적담보제도로써 기능하여 왔다. 연대보증은 보증인이 채권자와의 보증계약을 통해 주채무자와 연대하여 채무를 부담하기로 하는 보증채무(또는 보증)를 말하는데, 연대보증은 보충성이 인정되지 않으므로 연대보증인이 최고·검색의 항변권을 갖지 못하는 것(민법437)과 연대보증인이 수인 있는 경우에도 공동보증에서의 분별의 이익을 갖지 못하고(민법448②) 각자 주채무 전액을 지급하여야 하는 점에서 보통의 보증채무와 차이가 있다. 한편 주채무가 주채무자의 상행위로 인하여 생긴 때 또는 보증이 상행위인 때에는 그 보증채무는 언제나 연대보증이 된다(상법57②).

부동산PF 약정 시 체결된 연대보증서 또는 사업 및 대출 약정서상 기한의 이익상실 사유가 발생하였거나, 채무자인 차주가 채무변제 시기에 채무를 불이행하였을 경우 채권자인 대주는 곧바로 연대보증인에게 채무변제를 요구할 수 있다. 이때 주채무자에 대한 채무변제 청구는 거치지 않아도 무방하고, 채무변제 청구에 대한 사항은 재판상 청구 및 재판외 방법 등 연대보증인에 대해 조치 가능한 일체의 방법으로 청구가 가능하며, 전체 채무에 대한 변제를 각 연대보증인별로 동시에 청구하는 것도 가능하다. 채무를 변제한 연대보증인은 주채무자에

60) 조재영·이희종(2018), 34쪽.

게 변제한 채무금액 일체를 청구할 수 있는 구상권을 가지며, 타 연대보증인에게
도 마찬가지로 채무변제 후 자기 부담분 초과분에 대해서는 타 연대보증인의 부
담비율에 해당하는 금액 상당액에 대한 구상권을 가지게 된다. 하지만 채권자인
대주의 대출 원리금 전액 변제에 앞서 연대보증인의 구상권을 행사할 수 없도록
제한하는 것이 일반적이다.[61]

(나) 이자지급보증 · 원금지급보증 · 원리금지급보증

부동산PF에서 활용되는 보증은 보증의 범위에 따라 이자지급보증, 원금지급
보증, 원리금지급보증으로 구분된다.[62] 이들은 각각 채무자가 납입할 이자 부분
에 한해서만 보증을 하거나 대출원금에 한해서만 보증을 하거나 대출원금과 이
자 모두에 대해 보증을 하게 된다. 원금지급보증은 거의 활용되지 않으며 통상
원리금지급보증이나 이자지급보증을 활용하고 있다. 이들 보증들의 경우 이자의
범위는 대출기간 중 발생하는 이자 이외에 원리금 상환 연체로 인한 지연이자도
포함한다. 원리금지급보증의 경우 연체기간이 길어져 이자 총액이 원금을 상회
하는 경우도 발생할 수 있는데, 이 경우 이자지급보증을 활용하면 보증인의 부담
을 최소화시킬 수 있다. 대출자인 금융기관은 원금은 물적담보의 실행을 통해 확
보하고, 상환 여부가 불확실한 이자 부분은 시공사의 보증을 통해 확보한다. 이
방법은 보증을 제공하는 시공사의 입장에서 부담을 최소화하는 한편 대출자인
금융기관의 채권확보를 도모하는 형태가 된다.[63] 이자지급보증에 관한 상세한
사항은 후술한다.

(다) 연대보증과 근보증

한편 부동산PF에서 활용되는 보증은 형식적인 측면에서는 연대보증과 근보
증[64]이 병존적으로 활용된다.[65] 연대보증은 보충성이 인정되지 않는다. 따라서

---

61) 정복희(2016), 36~37쪽.
62) 일반적으로 시공사는 실적과 신용을 확보하고 있으나, 시행사 특히 신설 특수목적법인은
신용도가 높지 않으므로 지급보증이 관행으로 굳어졌다. 그러나 최근에는 시공사의 보증
내지 채무인수 회피로 이러한 신용보강 방식이 점차 감소하는 추세이다. 오히려 사무실
빌딩의 경우 매수인의 매입확약을 통한 물건의 선매각, 신용이 우수한 시공사의 일정 비
율의 책임 분양(보통 60~70%), 택지개발사업에 있어서 토지매매 중도금 반환채권의 활용
(양도담보) 등 다양한 방식의 신용보강 장치를 마련하고 있다.
63) 조재영 · 이희종(2018), 34쪽.
64) 근보증의 경우 그 보증하는 채무의 최고액을 서면으로 특정할 것을 요구하면서 동 채무의
최고액을 서면으로 특정하지 않은 근보증계약은 효력이 없다(보증인보호를 위한 특별법6
및 8). 실무상으로는 한정근보증이나 특정근보증의 형태가 많이 이용되고 있다.

주채무자의 변제자력 여부와 관계없이 곧바로 보증인에게 보증채무의 이행을 청구할 수 있게 된다. 부동산PF에서 시공사가 사업시행자에게 원리금 상환에 대해 연대보증을 했을 경우 채무불이행 시 채권자는 별다른 절차없이 시공사에게 보증계약에 따른 원리금 상환을 청구할 수 있다. 근보증은 보증의 범위에 따라 포괄근보증,[66] 한정근보증,[67] 특정근보증[68] 등으로 구분된다. 부동산PF에서 활용되는 근보증은 금융기관 등과 사업시행자 간의 금전소비대차계약에 제공되는 보증이라는 점에서 한정근보증이나 특정근보증 형태를 띠게 된다.[69]

2. 채무인수

(1) 의의

채무인수라 함은 채무의 동일성을 유지하면서 채무를 인수인에게 이전시키는 것을 목적으로 한 계약을 의미한다. 채무인수는 채권자와 채무자, 인수인의 3자간 계약으로도 가능하며, 채무자와 인수인 사이에서 채무인수계약과 채권자의 승낙에 의하여도 가능하다. 민법 제453조 내지 제459조에서 면책적 채무인수를 규정하고 있으며, 명문의 규정은 없지만 학설과 판례는 병존적 채무인수, 이행인수, 계약인수를 인정하고 있다.

ⅰ) 병존적 채무인수라 함은 원래 채무자가 채무를 면하지 않고 여전히 채무자인 상태로 있으면서 제3자가 동일한 채무를 부담하는 것을 말한다. 종래 채무자와 채권자 관계에는 아무런 변화가 없으며, 인수인이 당초 채무자와 더불어 부가적으로 채무를 부담하므로 병존적 채무인수는 담보적 효력을 갖는다. 병존

---

65) 실무상 시공사를 통한 신용보강 이외에 차입자나 차입자의 대표이사의 연대보증을 별도로 요구하는데, 실질적으로 금융규모를 고려할 때, 이들의 변제자력은 제한적이며 크게 도움이 되지 않는다. 그럼에도 불구하고 이를 요구하는 것은 차입자(시행사)의 적극적인 업무 추진과 대출금의 적기 상환을 압박하기 위한 수단으로서의 의미를 지닌다. 궁극적으로 시공사의 구상권 행사로 인한 최종 책임을 피할 수는 없을 것이다.

66) 포괄근보증이란 채권자와 채무자 사이에 현존하는 채권채무관계뿐만 아니라 장래에 발생하는 채권채무관계에 대하여 거래의 종류, 기한, 금액의 한도 등에 대해 정함이 없이 보증하는 것을 말한다.

67) 한정근보증이란 보증인이 채권자와 채무자 간의 현존하는 채권채무관계뿐만 아니라 장래에 발생하는 채권채무관계에 대해 보증을 제공하되 거래의 종류, 기한, 금액의 한도 등에 대해 미리 정해놓은 보증을 말한다.

68) 특정근보증이란 이미 맺여 있는 특정한 종류의 계속적 거래계약에 의해 발생하는 채무에 한하여 보증인 보증을 제공하는 것을 말한다.

69) 조재영·이희종(2018), 34쪽.

적 채무인수는 면책적 채무인수와 달리 처분행위가 아니며 기존 채권자의 채권
에 어떤 변경을 가하지 않는 채권행위 내지 의무부담행위로서의 성질을 갖는다.
채무인수가 면책적인가 중첩적인가 하는 것은 채무인수계약에 나타난 당사자 의
사의 해석에 관한 문제이고, 채무인수에 있어서 면책적 인수인지, 중첩적 인수인
지가 분명하지 아니한 때에는 이를 중첩적으로 인수한 것으로 본다.[70]

ⅱ) 이행인수라 함은 인수인이 채무자에 대해 채무자의 채무를 이행할 것을
약정하는 채무자와 인수인 사이의 계약을 말한다. 인수인이 채무자의 채무를 대
신하여 이행하는 것이기 때문에 인수되는 채무는 제3자에 의한 변제가 허용되는
것이어야 한다. 이행인수인은 채무자가 부담하는 채무를 제3자로서 채권자에게
이행할 의무를 부담하지만 채권자는 인수인에 대하여 채무의 이행을 청구할 권
리를 갖지 않는다.

ⅲ) 계약인수라 함은 계약당사자의 지위를 이전할 것을 목적으로 하는 계약
을 의미한다. 계약당사자의 지위를 이전하면서 이전하는 자는 계약관계에서 탈
퇴하고, 이전받는 자가 당사자의 지위를 승계한다.

(2) 시공사의 채무인수

부동산PF에서의 채무인수는 사업 및 대출약정서상 기한의 이익상실 사유가
발생하거나 차주(통상 사업시행자)가 채무변제기에 채무불이행 사유가 발생하는
경우 또는 시공사가 대출금융기관과 사이에 약정한 책임준공기한 내에 준공의무
를 이행하지 못하는 경우[71] 채무인수인(일반적으로 시공사)이 프로젝트와 관련한
모든 채무를 인수하는 것을 의미한다. 실무상 주로 이용되는 채무인수는 중첩적
채무인수로서 채무인수인은 기존 채무자의 채무이행 여부와 관계없이 채권자의
이행요구에 따라 채무를 이행하여야 한다는 점에서 실질적으로 인적담보의 기능
을 수행한다.[72] 시공사가 시행사에 대해 중첩적 채무인수를 제공할 경우 채권자
인 금융기관 등은 채무자의 채무불이행 여부에 관계없이 시공사에 대해 채무의
이행을 요구할 수 있게 된다. 재무상태가 상대적으로 열악한 시행사는 시공사의

---

70) 박근용(2014), 196쪽.
71) 실무에서는 본 조건이 트리거가 되는 비율이 압도적인 것 같다.
72) 중첩적 채무인수인은 기존 채무자가 채무불이행 상태에 빠졌을 경우에 한하여 채무를 부
담하게 되는 것은 아니다. 즉 보충성이 인정되지 않는다. 따라서 중첩적 채무인수는 연대
보증과 거의 유사한 담보적 효력이 있다.

채무인수약정을 기반으로 시공사의 신용도에 상응한 금리로 자금을 조달할 수 있게 된다.

한편 중첩적 채무인수 약정하에서 채무인수인이 채무자의 채무를 이행하였을 경우에는 보증의 경우처럼 채무인수인은 채무자에 대해 구상권을 가진다. 그러나 시공사의 채무이행으로 채권자의 채권을 모두 충당할 수 없을 경우 시공사의 구상권 실행은 채권자에게 손해를 끼칠 수 있다. 이를 방지하기 위해 통상 시공사의 구상권 실행 시점을 채권자의 채권상환이 완료된 시점 이후로 지정하는 경우가 많다.

프로젝트금융의 경우 연대보증의 대안으로 채무인수를 이용하는 경우가 증가하고 있다.[73] 실무적으로 일정한 요건을 구비한 시공사가 사업의 타당성 등을 분석하여 사업시행자의 채무를 인수하는데, 그 대가로 공사비를 증액하거나 사업시행 이익을 공유하기도 한다.[74] 한편 K-IFRS가 전면적으로 도입된 이후 채무인수가 재무제표상 부외금융으로 인정받지 못하고, 연대보증과 동일하게 우발채무로써 의무공시 사항이 된 이후로, 주요 신용공여자인 시공사의 입장에서는 채무인수와 연대보증의 차이가 사실상 무의미해졌다고 볼 수 있다.[75]

(3) 연대보증과 채무인수의 차이점

연대보증에서 채권자는 채무자 또는 연대보증인에게 채무의 이행을 청구할 수 있다. 또한 병존적 채무인수에서 채권자도 채무인수인에게 채무의 이행을 청구할 수 있다는 점에서 연대보증과 병존적 채무인수는 크게 다르지 않다. 오히려 병존적 채무인수에서 채무자와 인수인의 관계를 부진정연대채무 관계로 볼 경우 부진정연대채무는 채권을 만족시키는 사유를 제외하고는 절대적 효력사유가 없어 병존적 채무인수의 담보적 효력이 더 강화된 관계라 할 수 있다. 그러나 병존적 채무인수에서 채무자와 인수인의 관계는 원칙적으로 연대채무 관계에 있다고 판단되며, 판례[76]도 연대채무 관계로 보고 있기 때문에 실무적으로 채무인수가 더 강한 관계로 인정받기는 어려울 것이다.

---

73) 시공사가 책임준공약정을 이행하지 못하는 경우 PF대출 채무를 인수하기로 하는 책임준공 미이행 조건부 채무인수약정을 체결하는 경우도 자주 볼 수 있다.
74) 조재영·이희종(2018), 35쪽.
75) 정복희(2016), 40쪽.
76) 대법원 2009. 8. 20 선고 2009다32409 판결.

　　반면 채권자의 입장에서 본다면 연대보증은 채무인수와 비교하여 장점이 있다. ⅰ) 채무상환에 소요되는 시간이 빠르다. 연대보증은 보충성이 없으므로 최고·검색의 항변권이 인정되지 않아 채무자인 프로젝트 회사가 기한의 이익을 상실한 경우, 채권자인 금융기관은 연대보증인인 시공사에 직접 채무의 이행을 청구할 수 있다. 그러나 채무인수는 채무자인 프로젝트 회사에 채무상환을 주장하고 이를 이행하지 않을 경우 시공사에 요구할 수 있어 채무상환에 시간이 소요된다.77) ⅱ) 연대보증에서 차주인 프로젝트 회사가 기한의 이익을 상실하면 연대보증인인 시공사는 모든 채무를 금융기관에 상환하여야 하나, 채무인수는 차주가 기한이익을 상실하더라도 기한이 도래하지 않은 채무는 당초 상환 일정대로 상환하면 된다.78) 이러한 법률적 장점들로 인하여 연대보증이 채무인수보다 많이 활용되어 왔다. 그러나 실무상으로 채무인수계약을 체결하는 경우에도 채무인수인의 보충성을 인정하지 않기로 계약하고, 기한미도래 채무에 대하여도 이익이 상실될 수 있도록 계약을 체결하는 등 사실상 동일하게 사용되는 경우가 많다.79)

(4) 연대보증과 채무인수의 문제점
(가) 건설사의 재무건전성 악화

　　2000년대 들어 부동산경기 활성화에 따라 부동산가격이 급상승하였으며, 많은 건설사들이 부동산개발사업에 역량을 집중하였다. 사업자가 프로젝트 회사(시행사)를 설립하여 토지매입계약만 체결하면, 중도금과 잔금은 프로젝트금융을 통해 이루어졌고, 이런 프로젝트금융의 진행을 위해 시공사가 프로젝트 회사의 채무에 대하여 연대보증 등 신용제공을 하였다. 부동산시장이 활성화된 시기에는 분양이 순조롭게 이루어졌고, 이를 통해 공사비와 프로젝트금융 대출 원리금을 상환하는 데 문제가 없었다. 그러나 2008년 금융위기를 거치면서 금융시장과 부동산시장이 경색되어 순조로운 프로젝트 진행이 어렵게 되자, 사업성 악화로 중

---

77) 실제로는 보충성 포기 특약을 넣어 채무자와 시공사에게 동시에 이행을 청구거나, 비교적 자금력이 풍부한 시공사를 먼저 압박하는 경우가 더 빈번한 것 같다.

78) 그러나 채무인수의 경우에도 인수인이 이미 기한이 도래한 대출 원리금 채무를 대주에게 변제하지 못한 경우에는 기한이 아직 도래하지 아니한 나머지 대출 원리금 채무도 기한이익을 상실하게 됨으로써, 시공사는 모든 대출원리금 채무에 대한 변제의무를 부담한다.

79) 박근용(2014), 198-199쪽.

단되는 프로젝트가 속출하였다. 이로 인해 연대보증 등 신용제공을 한 시공사가 채무를 부담하게 되었다. 결국 많은 중소형 건설사는 법정관리 또는 워크아웃을 신청하게 되었으며, 대형 건설사에도 심각한 재무적 위험요소로 작용하였다.[80]

(나) 무분별한 부동산프로젝트 난립

금융기관은 시장상황 변화에 따른 위험을 회피하고자 한다. 이를 위해 금융기관은 회계법인 등 객관적인 제3자가 작성한 사업성평가보고서에 따라 사업성을 판단하고 있으나, 사업성평가 결과는 평가자의 주관적 가치판단에 따라 좌우되는 경우가 많다. 이에 금융기관은 프로젝트의 사업성을 판단하기보다는, 양호한 신용도를 갖춘 시공사가 연대보증 등으로 전적으로 위험을 부담하는지에 따라 부동산 프로젝트금융을 진행하였다. 금융기관은 시공사가 모든 위험을 부담한다면 프로젝트금융을 진행하였으며, 시공사는 연대보증 등 신용제공만 하면 사업성이 낮은 프로젝트까지 금융이 가능하였으므로 무리하게 프로젝트를 진행하였다. 결국 무분별한 부동산 프로젝트금융 난립과 건설사의 재무건전성 악화 등으로 이어졌다. 부동산 프로젝트금융은 프로젝트 단위에서 위험을 분배하고 제한한다는 취지에 맞게 프로젝트 참여자들 간에 위험을 적절하게 분배하는 것이 바람직하다.

(다) 프로젝트 위험의 전이

프로젝트금융은 프로젝트 단위로 위험을 제한하기 위하여 고안된 금융기법이다. 그러나 시공사가 연대보증 등을 통해 사실상 프로젝트의 모든 위험을 부담하게 된다면 본래의 목적인 위험분산 및 위험제한이 이루어지지 않는다. 오히려 시공사가 연대보증 등을 통해 모든 위험을 부담할 경우, 특정 프로젝트로부터 발생한 재무적 위험은 건설사라는 매개체를 통하여 다른 프로젝트로 위험이 전이될 수 있다.[81] 건설사의 재무건전성 악화는 해당 프로젝트금융에 직접 참여한 금융기관에도 부정적인 영향을 미치지만, 건설사라는 매개체를 통해 해당 프로젝트에 참여하지 않은 다른 금융기관에도 부정적인 영향을 줄 수 있다.

---

80) 박근용(2014), 199-200쪽.
81) 공동으로 연대보증을 한 경우에는 다른 건설사로도 위험이 전이될 수 있어 부동산 프로젝트금융 전반에 대하여 부정적인 영향을 미칠 수 있다.

3. 책임준공약정

(1) 의의

책임준공약정[82]이란 천재지변, 내란, 전쟁 등 불가항력적인 경우를 제외하고는 PF차주가 공사비 지급의무를 이행하지 않는 경우에도 해당 사업을 위한 공사를 중단하지 않고 정해진 준공기한까지 공사를 완료하여 사용승인을 받도록 하겠다는 취지의 약정을 말한다.[83] PF사업에서 개발을 목적으로 하는 건축물이 완공되면, 그 건축물 수분양자의 분양대금이나 임대차를 통한 임대료 등 현금흐름을 통해 PF대출금의 상환이 이루어질 수 있고, 설사 분양이나 임대가 완료되지 않는 경우라 하더라도 해당 건축물 완공 후에는 그에 대한 담보대출이 가능하므로 선행된 PF대출은 회수가 가능하다는 점에서, 건축을 맡은 시공사의 책임준공약정은 실효성이 있는 신용보강 방안이다.[84]

일반적인 도급계약이라면 시공사가 공사비를 지급받지 못한 경우 공사비 미지급을 이유로 공사의 이행을 중단할 수 있다. 그러나 시공사가 항변권을 포기하고 책임준공을 이행할 것을 약정한 경우에는 공사비를 지급받지 못한 경우에도 준공의무를 이행하여야 한다. 법적 성질은 시공사가 동시이행의 항변권을 포기하고 도급계약을 선이행할 것을 약정하는 비전형계약이라고 할 수 있다. 다만 책임준공을 보장받는 자는 도급계약의 상대방(프로젝트 회사)이 아닌 금융기관 등 제3자이므로, 제3자에게 동시이행의 항변권을 포기하고 도급계약을 선이행할 것을 약정하는 비전형계약이라 생각된다.[85] 또한 시공사에게 책임준공은 타인에 대한 신용보강인 연대보증 및 채무인수와 달리 시공사 본인의 의무이행에 대한 확약이라는 특징이 있다. 즉 연대보증과 채무인수는 프로젝트 회사의 채무불이행에 대비하여 시공사가 금융기관에 제공하게 되나, 책임준공은 시공사가 불가항력적인 사유를 제외하고는 약정된 준공의무를 이행하겠다는 본인의 행위에 대

---

82) 책임준공약정의 성질에 대하여 대법원은 대주를 위한 실질적 담보의 역할을 하는 것이라고 판시한 바 있으며(대법원 2010. 3. 11. 선고 2009다20628), 형식상 건축물에 대한 준공의무로써 하는 채무의 외관을 가지고 있지만 사실상 PF대주를 위한 신용공여의 성격을 가지고 있다는 점을 부인하기 어렵다.
83) 책임준공은 실무상 개념으로 우리 법상 개념에 관하여 별도 정의를 두고 있지는 않다.
84) 정기열(2018), 134쪽.
85) 책임준공의 요건 및 법률효과에 대하여는 일률적으로 정하여지기보다는 당사자 사이의 계약에서 구체적으로 정하여지고 있다.

한 신용제공이다.

금융기관이 책임준공이라는 신용제공으로부터 부담하는 위험은 시공사의 기술적 위험과 재무적 위험이 있다. 그러나 부동산 프로젝트금융의 주요 대상이 되는 아파트·오피스·복합판매시설과 같은 건축물은 기술적 위험이 크지 않기 때문에, 상대적으로 시공사의 재무적 위험이 중요 위험요소가 된다.[86] 시공사가 책임준공이라는 신용을 제공함으로 인하여 부담하는 위험은 프로젝트 인허가 등의 위험과 공사비 미지급 위험 등이 있다.[87]

(2) 장점

책임준공약정에 따라 시공사는 공기 내에 건축물을 완성해야 하는 의무를 지게 되며, 시공과 관련된 여러 가지 상황으로 인해 공기 내에 준공이 이루어지지 않을 경우 발생할 수 있는 손해에 대해 책임을 지게 된다. 대주 입장에서는 책임준공을 통해 준공위험을 시공사의 신용도에 연동시킬 수 있으며, 시공사가 건재하다는 전제하에 분양실패 시에도 프로젝트에 대한 추가 자금지원의 부담없이 완성된 담보물을 활용하는 등 대출 원리금의 상환을 기대할 수 있다. 즉 PF사업에서 건축물이 완공되면, 그 건축물 수분양자의 분양대금이나 임대차를 통한 임대료 등 현금흐름을 통해 PF대출금의 상환이 이루어질 수 있고, 설사 분양이나 임대가 완료되지 않는 경우라 하더라도 해당 건축물 완공 후에는 그에 대한 담보대출이 가능하므로 선행된 PF대출은 회수가 가능하다는 점에서 건축을 맡은 시공사의 책임준공약정은 실효성이 있는 신용보강방안이다. 시공사의 입장에서도 인적담보 대신 책임준공약정으로 최소한의 신용공여를 보장함으로써 공사도급계약의 수주 및 부동산개발 PF의 원활한 진행을 기대할 수 있다.[88]

공사와 관련된 계약관계는 발주처인 시행사와 도급업체인 시공사 사이에서 이루어지므로 책임준공약정은 시공사가 시행사에 제공하는 형태를 취하는 경우가 대부분이다. 그러나 경우에 따라서는 대주에게 제공하기도 하는데, 이는 채권보전을 보다 확실하게 하기 위해서이다. 영세한 시행사가 사실상 사업추진능력을 상실하게 될 경우 대주 입장에서는 시행사에 대한 대출채권에 기해 시공사를

---

86) 터널, 댐, 도로, 교량과 같은 대규모 기반시설을 대상으로 하는 SOC 프로젝트금융에서는 기술적 위험도 중요한 위험요소가 될 수 있다.
87) 박근용(2014), 201쪽.
88) 조재영·이희종(2018), 32-33쪽.

상대로 시행사에게 책임준공의무를 이행하라는 채권자대위권을 행사할 수도 있
으나, 시공사로부터 대주가 직접 책임준공약정을 받게 되면 직접 의무불이행 책
임을 물을 수 있어 채권보전이 보다 명확해지는 효과가 있다. 따라서 대주에게
책임준공약정을 제공하도록 요구하는 경우도 있다.[89]

(3) 의무제공의 대상: 시공사의 의무

책임준공은 금융기관 등에 대한 시공사의 의무이다.[90] 시공사에 대한 의무
를 이행하지 않는 프로젝트 회사에까지 시공사가 책임준공의무를 부담한다고 보
기 어렵다. 이와 관련하여 프로젝트 회사가 책임준공을 약정한 시공사를 상대로
공사비 미지급을 이유로 공사를 중단할 수 없다고 주장한 사안에서 1심과 2심
법원의 판단은 달랐다.[91]

1심법원[92]은 사업약정은 사업자금 관리와 이를 통한 금융기관 대출금의
안정적 상환을 목적으로 하고 있는 사실, 사업약정에 기하여 시공사가 작성한 공
사책임준공각서도 시행사가 아닌 금융기관을 상대로 제출된 사실 등을 인정하면
서, 공사책임준공각서는 시행사의 이익보다는 금융기관의 안정적 자금 회수를
목적으로 작성된 것이며, 시행사가 공사책임준공각서를 들어 자신의 공사대금채
무를 이행하지 아니하고 시공사에게 무조건 공사진행을 요구할 수 없다 할 것이
고, 이러한 거액의 기성금채무가 있는 상황에서까지 공사를 계속하도록 하는 것
은 신의칙에도 위반된다고 판결하였다. 반면 2심법원[93]은 사업약정이 시행사와
시공사 간의 법률관계를 규율하는 것을 배제하고 오로지 금융기관들에 대한 안
정적 자금 회수만을 목적으로 작성된 것이라고 보기 어려운 점, 사업약정서를 공
사도급계약에 우선하여 적용하기로 약정한 점, 공사책임준공각서를 제출받는 사
람을 공란으로 둔 것은 사실이지만 본문 내용 중에는 시행사를 표시하고 있는

---

89) 부동산개발 PF에서 채권자가 건축물 준공에 대한 보장을 요구하는 것은 비단 우리나라만
  이 아니다. 미국이나 일본의 경우에도 유사한 보장을 요구한다. 미국의 경우에는 금융기
  관이나 보증회사가 공사이행보증형태로 이를 보장하고 있으며, 일본의 경우에는 손해보험
  사가 보증보험형태로 이를 보장하고 있다.
90) 시공사가 목적물을 분양하면서 수분양자에게 분양 대상물에 대한 책임준공 등을 보장 또
  는 홍보한 경우에는 분양 대상물의 수분양자에 대하여도 책임준공의무를 부담하는 것으
  로 볼 수 있을 것이다.
91) 박근용(2014), 202–203쪽.
92) 부산지방법원 2009. 5. 6. 선고 2008가합11385, 2009가합1279 판결.
93) 부산고등법원 2010. 5. 13. 선고 2009나7786·7793 판결.

점,[94] 사업약정 및 공사책임준공각서에 시공사의 책임준공의사를 명시하고 있으므로 시공사는 공사를 계속할 의무가 있다고 판시한 후, 시행사가 공사대금을 전혀 지급하지 않았고 이러한 공사대금의 미지급이 악의적인 동기에 기인한 것이라면 사업약정 및 공사책임준공각서에도 불구하고 시공사에게 불안의 항변 내지 신의칙 등을 이유로 하여 공사를 중단할 여지가 있다고 할 것이지만, 비록 충분하지 않으나 시행사는 공사기성금의 3분의 1에 상당하는 공사대금을 실제로 지급하였고, 공사대금을 미지급하게 된 근본 원인이 분양실적이 저조한 데 기인한 것으로 보이는 사정을 감안하면 불안의 항변 내지 신의칙을 이유로 시공사가 공사를 계속할 의무를 면하기에는 부족하다고 판시하였다.

그러나 2심법원의 판단은 ⅰ) 책임준공약정의 목적은 별도의 약정이 없다면 프로젝트 회사의 채무불이행시에도 목적물을 완성하여 금융기관 등의 채권 회수에 활용하기 위한 역할을 한다는 점, ⅱ) 책임준공각서를 제출받는 자를 공란으로 두었다고 하더라도 프로젝트 회사가 시공사에 대한 의무를 이행하지 못하면서, 시공사에는 책임준공의무를 이행할 것을 요하는 것은 형평의 원리에 반한다는 점, ⅲ) 시공사의 책임준공은 프로젝트 회사를 위하여 금융기관에 목적물의 완성을 보장해 주는 신용제공 행위이지, 시공사의 프로젝트 회사에 대한 신용제공 행위는 아니라는 점 등으로 비추어 보아 타당하지 못하다고 생각한다. 오히려 프로젝트 회사의 열악한 자본구조 및 구체적인 부동산시장 상황을 감안하지 않고 부동산 프로젝트금융의 본래 취지에 따라 판단한 1심법원의 판단이 법리적으로 타당한 판결이라고 생각된다. 아울러 대법원 판결[95]은 프로젝트 회사(시행사)가 책임준공의무의 대상인지 여부에 대하여는 판시하지 않았으나, 금융기관이 책임준공의무의 대상임을 판시한 바 있다.

(4) 책임준공의 효과

시공사가 원칙적으로 그의 귀책사유로 공사를 완료하지 못한 경우에 책임준공의무 위반의 책임을 부담하지만, 준공보증확약서에 귀책사유가 없어도 책임준공의무 위반으로 열거한 경우에는 공사를 완료하지 못한 데에 귀책사유가 없더

---

94) 책임준공각서 본문에 시행사임을 표시하는 내용이 있다고 하더라도 책임준공의 최종 제출 대상은 금융기관이었다는 점과, 시공사가 시행사에 대하여 동시이행의 항변권을 포기할 사유가 있었다고 볼 수 있었는지 여부 등을 종합적으로 고려하여 판단하였어야 한다.
95) 대법원 2010. 3. 11. 선고 2009다20628 판결.

라도 책임준공의무 위반의 책임을 부담한다.96) 시행사와 시공사 사이의 공사도
급계약에서 시공사의 책임 예외 사유를 정하였다고 하더라도, 사업개발약정에서
책임준공의무를 정하고 공사도급계약과 같은 개별 약정보다 사업개발약정이 우
선한다는 조항이 있다면, 공사도급계약상 시공사의 책임 예외 사유가 인정된다
고 하더라도, 시공사는 대주단에 대해 책임준공의무를 면할 수 없다.97)

　　국내 PF에서 책임준공약정은 시공사의 신용보강으로 큰 의미를 가진다. 그
런데 시공사인 건설회사가 기업구조조정촉진법에 따른 워크아웃 절차에 들어가
게 되었을 때 책임준공약정에 따른 건설회사의 채무가 채권 재조정의 대상이 되
는 신용공여의 범위에 포함되는지 문제된다. 이러한 경우 시공사가 신용공여에
대한 신뢰도가 상실되는 사유가 발생되었을 경우에는 그 신용공여의 의미가 퇴
색되며, 실무적으로 부동산시장의 경색화를 대비한 시공사 등급98)을 분류하고
그에 따른 대응을 하고 있는 것이 현실이다.99)

　　책임준공이라는 신용을 제공한 시공사는 프로젝트 회사의 채무불이행 사유
발생 및 기타의 사유 등으로 공사비를 지급받지 못하더라도 목적물을 완성시켜
야 한다. 시공사가 금융기관 등에 대하여 책임준공의 이행을 약정한 경우에는 프
로젝트 회사에 대하여 항변할 수 있는 사유로 금융기관 등에 항변하지 못한
다.100) 시공사가 책임준공의무를 이행하여 목적물을 완성한 경우 금융기관, 시공
사 등 프로젝트 회사의 채권자들은 목적물을 처분하여 채권상환 순위에 따라 미
회수채권을 회수할 수 있다. 시공사가 책임준공 의무를 이행하지 아니한 경우에
는 손해배상책임이 문제될 수 있으며, 손해액 산정과 관련하여서도 분쟁이 발생
할 수 있다.101) 실무상으로는 이러한 분쟁에 대비하여 시공사가 책임준공의무를

---

96) 대법원 2015. 10. 29. 선고 2014다75349 판결.
97) 조재영·이희종(2018), 33쪽.
98) 최근의 추세는 국내 3대 신용평가기관에 의한 신용평가와 시공능력 평가를 통한 시공사
　　신용도 평가, 3개년간 재무흐름을 분석한 시공사 등급분류를 진행하고 있다. 실무적으로
　　는 부동산경기가 하락 추세로 변경되고 있는 점을 감안하여 부동산개발사업 진행에 있어
　　서 시공사에 대한 신용도 평가가 점점 더 중요해지고 있는 상황이다.
99) 정기열(2018), 134쪽.
100) 대법원 2010. 3. 11. 선고 2009다20628 판결.
101) 서울중앙지법 2013. 9. 26. 선고 2012가합57854 판결에 따르면 책임준공약정을 제출한 시
　　공사가 책임준공을 하지 못한 경우 금융기관이 입은 손해를 배상할 책임이 있음을 인정하
　　였다. 손해액의 산정과 관련하여 책임준공의무 위반으로 금융기관이 입은 손해는 건물의
　　완공시 가액을 한도로 하여 금융기관이 상환받지 못한 대출 원리금에 상당하다고 판시하
　　였다.

이행하지 못한 경우 금융기관이 회수하지 못한 잔존채무에 대하여 조건부 채무
인수를 하도록 사전 약정함으로써 책임준공 미이행시 채무인수로 연결시키고 있
다.[102]

4. 책임분양약정

(1) 의의

책임분양약정은 아파트 등 사업목적물의 사전분양 결과 PF대출금 상환이
충분히 확보될만한 예정분양률에 미치지 못하는 경우 시공사가 그 미분양된 구
분소유 건물을 일정한 가격에 매입하기로 하거나 미분양으로 인해 발생이 예상
되는 미분양대금 입금예정액에 해당하는 금액만큼을 채무인수하기로 하는 등의
약정을 말한다.[103] 또한 책임분양의 대체수단으로써 매매예약이 활용될 수 있다.
매매예약은 분양 목적물에 대해서 신용도가 높고 매수의사가 있는 매매예약자로
하여금 건물의 준공과 동시에 매매가 자동적으로 성립하는 조건으로 약정하거나
대주가 매매 예약완결권을 행사할 수 있는 약정을 말한다.[104]

금융기관 등은 프로젝트의 분양률이 상승되는 경우 상환재원을 확보할 수
있으므로, 금융계약 체결 시 시공사 등에게 신용보강의 일종으로 책임분양을 요
구하게 된다. 시공사가 책임분양이라는 신용을 제공하였다면 판매 활동 강화를
통해 분양률을 상승시키거나, 또는 직·간접적인 매입을 통하여 분양률을 상승시
켜야 한다.[105] 책임분양은 책임분양 이행방법으로 매입약정이 있는지에 따라 나

---

102) 일반적으로 금융계약에서 시공사의 책임준공 미이행으로 인하여 시공사가 채무인수하게
될 금액은 금융기관이 회수하지 못한 금액으로 정하고 있다.

103) 또한 계획분양률 미달성시 최초 분양가격에서 일정 할인율을 적용하여 분양함으로써 사
업기간 중 사업비 확보는 물론 대주의 대출 원리금 회수를 도모하는 수단으로 할인분양이
있다. 그러나 이는 프로젝트의 자금흐름상 순위가 최하단에 있는 사업시행자의 이익선까
지만 해당되게 되며, 일단 할인분양이 시작되면, 할인분양가격 이상으로의 분양가격 회복
은 사실상 불가능하기 때문에 이해관계자 모두에게 신중한 판단이 요구되는 사항이다.

104) 조재영·이희종(2018), 33쪽.

105) 예를 들어 P건설은 송도개발사업을 위해 씨퍼스트에프유동화전문(유)를 통하여 자산유동
화증권(ABS)을 발행하면서 지급보증의 약정 없이 책임분양 조건으로 ABS를 발행하였다.
유동화증권은 신용도가 우수한 P건설이 책임분양의무를 부담한다는 점에서 AA- 등급으
로 평가받았다(한국신용평가, 2012. 1. 11). 그 외에도 H건설은 서울 송파구 문정동에 오
피스텔을 시공하면서 지급보증 대신 49% 책임분양하기로 계약하였다. 즉 분양률이 49%
에 도달하지 못할 경우 부족분에 대하여 H건설이 매입 등을 통하여 분양과 동일한 상태
로 만드는 것이다. 또한 S중공업은 용인에 아파트를 분양하면서 60% 책임분양제를 도입
하여 분양대금의 60%인 976억원 한도에서 의무를 부담하는 약정을 맺었다.

누어 볼 수 있다. 즉 책임분양을 이행하지 못하였을 경우 손해배상책임 등만이 문제가 될 수 있는 책임분양과 책임분양을 이행하지 못하였을 경우 매입약정이 따르는 책임분양으로 나누어 볼 수 있다. 전자의 경우에는 손해배상책임이 발생한 경우에도 시장상황 등을 감안하여 책임이 제한될 수 있다는 점에서 상대적으로 위험성이 낮다고 볼 수 있으나, 후자는 손해액이 구체적으로 정하여져 있으며 직접 매입약정책임이 따른다는 점에서 위험성이 높다.[106] 매입약정이 따르는 책임분양의 법적 성질은 시공사가 매입에 대한 의무를 부담할 수 있다는 점에서 완공될 건축물을 매입하기로 하는 매매예약의 일종이라고 생각된다. 또한 매매계약의 예약완결권을 제3자인 금융기관 등이 갖고 있다는 특징이 있다.[107]

(2) 책임분양의 위험성

시공사가 제공하는 책임분양의 신용은 금융기관에게는 프로젝트의 사업성을 보장해 주어 원활한 자금회수를 할 수 있게 해주며, 수분양자에게는 분양 대상물의 가격하락을 방지하고 시설 유지 및 시세 형성을 일정 부분 보장해 준다는 장점이 있다.[108] 반면 시공사는 프로젝트의 사업성, 즉 상환재원의 현금흐름에 대한 위험을 부담한다는 점에서 매우 위험성이 높은 신용제공이라 할 수 있다. 매입약정을 한 경우에는 직접 분양물의 일부를 소유 내지는 담보로 확보할 수 있다는 점을 제외하고 신용제공으로 인한 위험의 면에서 본다면 연대보증이나 채무인수와 비교하여 낮다고 할 수 없다.[109]

그럼에도 불구하고 책임분양을 매매계약의 예약으로 볼 경우 직접적인 우발채무나 타인에 대한 지급보증 등에 해당하지 않기 때문에 재무제표 주석사항에 명기되지 않고 있다. 그러나 책임분양은 금융기관 등이 손해배상청구 또는 매매

---

106) 다만 전자의 경우에도 손해배상액이 예정되어 있는 경우에는 매입약정이 있는 경우와 마찬가지로 위험성이 높을 수도 있다.

107) 박근용(2014), 208쪽.

108) 분양이 원활히 이루어지지 않는다면 준공 후 관리비 등의 부담이 있으며, 미분양 해소 과정에서 과도하게 할인분양을 할 경우에는 시세가 하락할 위험성도 있다.

109) 연대보증이나 채무인수 등을 제공받은 금융기관과 보증을 제공한 시공사가 사업목적물(프로젝트 회사 포함)에 대하여 아무런 담보확보 장치를 갖추지 않은 경우에는 직접 목적물을 취득할 수 있는 책임분양이 더 안정적이라고 할 수 있다. 그러나 일반적으로 금융기관과 시공사가 1순위 2순위 담보를 모두 확보한다. 따라서 시공사는 연대보증이나 채무인수로 인하여 금융기관이 확보하고 있던 담보물에 대하여 구상권을 취득하여 담보를 확보하기 때문에 사실상 큰 차이가 없다고 할 수 있다.

계약의 예약완결권을 행사한 경우 시공사의 직접적인 이행채무가 될 수 있으며, 연대보증이나 채무인수와 같이 매입약정 이행으로 인한 시공사의 자금부담도 매우 높다.110) 따라서 시공사가 책임분양의 조건 또는 매입약정 등을 명확히 하여 신용을 제공하였다면 회사의 경영상 중요한 요소가 될 수 있다는 점에서 적법한 내부절차를 거쳐야 하며 재무제표 등에 반영하고 필요 시 공시하여야 한다.111)

5. 시공권·유치권 포기 및 현장 명도 각서

일반적인 공사도급계약 관계에 있어 공사도급인(사업시행자)이 공사기성의 미지급 등 공사도급계약상 의무를 이행하지 못하는 경우 공사수급인(시공사)이 공사를 중단하는 것은 정당하지만, 부동산PF에 있어서는 사업 및 대출약정상 시공사의 책임준공 조항을 삽입하는 등으로 공사중단 리스크를 방지하고 있다. 그러나, 건설 진행단계에서 시공사의 부도, 파산, 회생절차 개시 등 시공사 자체의 리스크로 인하여 공사가 중단되거나, 공사현장이 유치권 등의 행사로 인해 확보되지 못하는 경우 사업시행자 및 대주는 프로젝트를 정상화시키는데 어려움을 겪을 수밖에 없는 한계가 있다. 따라서, 부동산PF 관련 사업 및 대출약정 진행 시에는 시공권·유치권 포기 및 현장 명도각서 등을 시공사로부터 징구함으로써 관련 리스크를 사전에 예방조치하는 등 필수적으로 이행하여야 하는 사항에 속한다.112)

Ⅲ. 부동산신탁에 의한 위험관리

1. 의의

부동산개발사업에서는 프로젝트 회사로부터 신탁회사로 대외적인 사업주체를 이전함으로써 안정적인 사업추진이 가능하기 때문에 신탁을 통한 사업추진은 필수화되고 있다. 신탁의 수익권은 비용을 절감하면서 프로젝트 당사자의 다양

---

110) 실무적으로는 대출 만기시 잔존대출금이 있을 경우 그 잔존대출금에 상응하는 아파트 호실을 시공사에게 매수하도록 예약완결권을 행사하되, 매매대금은 시공사가 매도인이 아닌 금융기관이 지정하는 계좌에 직접 입금시키도록 하고 있는 것이 일반적이다. 이 경우 실질적으로 금융기관은 책임분양이라는 신용을 통하여 연대보증과 구상권을 보유하는 것과 유사하다.
111) 박근용(2014), 207쪽.
112) 정복희(2016), 76쪽.

한 이해관계를 조정하면서 담보로 제공될 수 있기 때문에 활용가치가 매우 높다. 그러나 신탁의 수익권에 대한 담보의 효력에 관한 명확한 인식 없이 신탁기능의 활용을 위하여 프로젝트금융계약이 체결되는 경우가 있다. 아울러 부도 및 파산 등의 위험을 관리하기 위하여 관리형토지신탁 등이 활용되고 있다. 신탁법은 2012년 전면개정을 통해 다양하고 새로운 신탁의 형태와 기능을 도입하였는바, 다양한 신탁기능의 활용을 통한 부동산 프로젝트금융의 구조화를 모색할 필요가 있다.113)

부동산과 관련한 채권보전 수단인 저당권제도가 확립되어 있음에도 불구하고 부동산PF에서는 신탁제도가 더 선호되고 있다.114) 이는 채권자 입장에서 관리의 간편함, 실행의 신속성과 고가처분의 가능성 등 신탁이 지니고 있는 장점이 채권자에게 유리하게 작용하기 때문이다. 부동산신탁은 신탁의 목적에 따라 크게 관리신탁, 처분신탁, 담보신탁, 토지신탁으로 구분된다. 과거 1997 외환위기 이전에는 토지신탁이 주로 이용되었으나,115) PF시장이 발전하면서 신탁부동산의 독립성 및 신탁의 도산절연성이라는 신탁의 특성을 이용하기 위한 매개물로서 담보신탁제도가 활용되고 있다.116) 모든 신탁업무가 직·간접적으로 부동산PF 구조와 관련될 수 있지만 여기서는 부동산PF와 밀접한 관련이 있는 부동산담보신탁에 관해 간단히 살펴보고, 상세한 내용은 제4편 부동산신탁에서 후술한다.

2. 부동산담보신탁

부동산담보신탁이란 부동산소유자(위탁자)가 자신의 채무 또는 책임의 이행을 보장하기 위하여 자기 소유의 특정 부동산에 대한 소유권을 신탁회사(수탁자)

---

113) 박근용(2014), 218-219쪽.
114) 부동산담보신탁은 목적 부동산의 담보설정이 공신력있는 부동산신탁회사의 신탁에 의하므로 담보목적물 관리의 안전성 및 효율성이 보다 향상될 수 있다는 점, 채권의 실행이 신탁회사의 공개매각에 의하므로 시간·비용이 절감될 뿐만 아니라 경매절차를 거치는 것보다 고가매각이 가능하다는 점, 담보신탁의 수익증서를 기반으로 한 유동화도 가능하다는 점이 장점으로 꼽힌다.
115) 신탁계정은 자체 토지신탁사업자금을 차입할 수 없기 때문에 토지신탁사업에 필요한 자금을 신탁회사의 고유계정이 차입하는 사업형태를 취하였고, 이는 필연적으로 부동산신탁회사에 과도한 리스크 부담을 주게 되어 결국 신탁사업 중 하나가 부실화되면 곧 부동산신탁회사의 파산으로 이어지는 결과가 되었다. 한국부동산신탁 주식회사와 대한부동산신탁 주식회사의 파산이 그 대표적인 예이다.
116) 조재영·이희종(2018), 36-37쪽.

에 이전(신탁설정)하고 신탁회사는 채권자(우선수익권자)를 위하여 일정기간 신탁 부동산의 담보력이 유지·보전되도록 관리하다가 채무가 정상적으로 이행되면 소유권을 위탁자에게 환원하고 만약 채무를 불이행하면 신탁부동산을 환가하여 그 처분대금으로 채권자에게 채무변제금으로 교부하고 잔액이 있을 경우 위탁자 에게 반환하는 제도를 말한다.

채무자의 채무불이행 사유가 발생하는 경우, 우선 신탁수익자는 신탁회사에 공매를 신청하여 그 처분 대가에서 계약상 변제순위에 따라 채권금액을 상환받 을 수 있다. 여기서 공매에 대해서는 별도의 적용법규가 없으며, 신탁계약에 따 른 방식으로 하면 된다. 바로 수의계약 방식의 매각을 하거나 일정한 조건하에 공매절차를 거친 후 수의계약 방식의 매각을 하는 것도 강제 경매와 달리 자유 로운 약정하에 가능하다. 실제로 사업의 수익성 악화로 인해 담보신탁된 부동산 을 매각하는 경우, 매수인의 발굴이 어려워 시공사가 인수하거나 제3의 시행사 가 사업시행권과 더불어 수의계약 방식으로 매수하는 것이 일반적이다.

한편 담보신탁도 신탁법상의 신탁으로 채무자인 위탁자에게 회생절차가 개 시되더라도 수탁자 소유의 신탁재산이나 채권자(우선수익자)가 보유하는 수익권 은 모두 위탁자의 재산이 아니므로 신탁재산의 처분이나 수익권의 행사는 위탁 자에 대한 회생절차에 의해 영향을 받지 않는다는 것이다. 즉 담보신탁의 신탁재 산은 위탁자의 도산으로부터 절연된다.[117]

3. 우선수익권설정

부동산PF 채권보전을 위해 대상 사업지 및 공사 중인 건물에 대해 담보신탁 을 설정한 경우 대출자 등에 수익권을 교부하게 된다. 여기서 채권자가 취득하는 수익권이 피담보채권을 담보하는 담보권이다. 이러한 신탁수익권[118]을 이전함으 로써 담보권 이전을 간소화할 수 있다.[119] 다만 부동산신탁계약의 경우 수탁자

---

117) 한민(2011), "신탁제도개혁과 자산유동화", 서울대학교 금융법센터 BFL 제50호(2011. 11), 56쪽.
118) 신탁수익권은 신탁행위 효력발생과 동시에 그 신탁목적과 내용에 따라 당연히 발생하며, 내용상으로는 신탁재산을 관리·처분함으로써 발생되는 이익과 신탁을 마칠 때 남은 재산 을 받을 수 있는 권리라고 해석한다. 그러나 부동산담보신탁에 있어서 채권자인 수익자에 게 귀속하는 수익권은 채무불이행시 채권자가 신탁재산의 환가를 요구하고, 이 환가대금 으로부터 자기채권의 변제를 요구할 수 있는 정도의 권리에 지나지 않는다(대법원 2005. 7. 29. 선고 2004다61327 판결 참조).
119) PF는 장기간에 걸친 차입이 이루어지므로 수시로 대출채권을 양도할 필요가 있게 된다.

의 동의 없이는 수익권을 양도할 수 없도록 정하는 것이 일반적이다. 이 경우에는 사전에 수탁자의 동의를 얻어야 양도가 가능하다.

한편 대출자 등에 교부되는 수익권은 시공사의 건축비 확보를 위해서 순위에 차등을 두기도 한다. 담보신탁 구조를 이용하는 경우 대출자인 금융기관에 대해서는 1순위 수익권을 부여하고, 시공사에 대해서는 2순위 수익권을 부여하는데, 이처럼 수익권의 순위에 차등을 두어 시공사에게 2순위 수익권을 부여하는 이유는 시공사의 공사비를 담보하기 위함이다. 즉 시공사는 책임준공약정에 따라 사업시행자로부터 공사비를 받지 못하더라도 공기 내에 건축물을 완공해야만 한다. 만약 수익권이 대출자에게만 지급되고 사업시행자가 본 프로젝트와 무관한 사유로 파산에 이르게 되었다면 이후 준공된 부동산을 처분하여 발생한 수익은 우선수익권자인 대출자에게 지급되게 되며 나머지는 사업시행자의 다른 일반채권자들과 동순위로 분배하게 된다. 이러한 사태를 방지하기 위하여 시공사는 책임준공약정에 대응하여 차순위 수익권을 확보하게 되는 것이다.[120]

Ⅳ. 시행사(사업주체)에 대한 위험관리

1. 양도담보

(1) 의의

양도담보는 채권담보를 목적으로 채무자 또는 제3자가 보유하고 있는 물건이나 재산권의 소유권을 채권자에게 이전하는 형식으로 담보목적물을 확보하여 채무자의 기한이익의 상실 또는 채무불이행 사유 발생 시 채권자가 변제에 충당하고, 채무자의 채무변제가 정상적으로 이행될 경우에는 담보목적물을 원래대로 반환하는 비전형담보를 말한다. 양도담보는 민법상 규정된 저당권 또는 질권을 설정하는 대신 소유권을 이전시킴으로써, 형식은 소유권 이전이나 실질은 담보

이 경우 담보권의 부종성, 수반성으로 인하여 대출채권과 함께 담보권도 모두 이전해야 하는데 이러한 담보권의 이전은 상당한 시간과 비용이 소요되는 불편이 따른다. 즉 현행 부동산등기실무상 다수의 저당권자가 저당권을 공유할 경우 지분의 등기가 인정되지 않아 일부 대주가 그 대출지분을 제3자에게 양도하면 전체의 저당권에 대한 저당권자의 변경등기가 필요하게 되고, 전 저당권자의 채권최고액을 기준으로 등록세를 납부하게 되는 불합리한 결과가 초래된다. 따라서 채권과 담보권을 분리하여 보유할 수 있는 담보신탁제도를 고려해 볼 필요가 생기는 것이다.

120) 조재영·이희종(2018), 37-38쪽.

라는 특수성이 있다. 양도담보권의 설정은 양도담보계약과 목적권리 이전에 필요한 공시방법을 갖춤으로써 성립한다. 양도담보계약은 채권담보의 목적으로 채무자 또는 제3자(물상보증인)의 재산권을 채권자에게 양도하고, 채무자의 채무불이행이 있는 경우에 그 재산권으로부터 채권을 변제받기로 하는 내용으로 구성되며, 양도담보권의 설정에는 반드시 일정한 재산권[121]을 양도하여야 하므로 양도담보계약은 보통 채권계약과 물권계약의 두 성격을 갖게 되고, 피담보채권을 발생시키는 계약(금전소비대차계약 등)과 함께 체결된다.[122]

일반적으로 프로젝트금융에 있어서 대출 원리금 상환을 위한 담보장치로서 활용되는 것 중의 하나가 시행사의 주식이나 예금채권, 사업시행권, 계약상의 권리와 금융구조화로 인한 ABL대출약정 시 대주인 SPC[123]가 원차주에게 가지는 대출채권 등을 들 수 있다. 이는 본질적으로 동산·채권의 양도담보이다.[124]

(2) 한계

현실적으로는 양도담보와 동시에 담보목적물의 소유권이 곧바로 대주에게 이전될 경우 주식에 대한 출자제한[125]이나 사업시행자, 명의변경 및 중첩적인

---

121) 특별한 제한이 없으며, 재산적 가치가 있는 것으로서 양도성이 있으면, 무엇이든 목적물이 될 수 있다. 따라서 동산·부동산은 물론이고, 그 밖에 채권·주식·지적재산권 등도 모두 목적물이 될 수 있다. 동산을 일괄하여 양도담보로 제공할 수도 있고, 채권을 일괄하여 양도담보로 제공할 수도 있다. 이를 집합물 양도담보라고 한다.

122) 정복희(2016), 32쪽.

123) 대주인 금융회사와 대출계약을 체결하는 차주 겸 대주로서 원차주(사업시행자)와 다시 대출계약을 체결하여 대출을 하는 도관체 역할만을 담당한다.

124) 부동산자산이 부족한 중소기업 등의 자금조달을 다변화하기 위해 동산(원자재, 재고자산, 집합동산 등)이나 채권(매출채권 등), 지적재산권 등을 담보로 자금조달을 할 수 있게 하기 위해 기존 동산, 채권 등의 불완전한 공시방법을 개선하고(담보권등기) 담보권자가 용이하게 채권을 실행할 수 있도록(귀속정산 또는 처분정산) 하기 위해 동산·채권·지적재산권을 목적으로 하는 담보제도를 창설하고 자산유동화의 활성화를 통하여 자금조달의 편의를 제공하기 위하여 「동산·채권 등 담보에 관한 법률」("동산채권담보법")을 제정하고, 2012년 6월 11일 시행하였다. 기존에 논란이 많았던 장래 발생 채권에 대한 담보 설정이나 실무상 변칙 담보로서 활용되어온 집합동산에 대한 담보설정은 이 법을 통해서 가능하게 되었다. 또한 기존의 관습법상 양도담보는 병존하여 허용되며, 다만 기존 양도담보는 공시할 방법이 없어 그 담보권 실행에 있어서 이해관계인과 분쟁이 불가피한 점을 감안하여 선택해야 할 것이다.

125) 은행법 제37조(다른 회사 등에 대한 출자제한 등) ① 은행은 다른 회사등의 의결권 있는 지분증권의 15%를 초과하는 지분증권을 소유할 수 없다.
② 은행은 제1항에도 불구하고 금융위원회가 정하는 업종에 속하는 회사 등에 출자하는 경우 또는 기업구조조정 촉진을 위하여 필요한 것으로 금융위원회의 승인을 받은 경우에

채권보유 등 실행상의 곤란이 발생하게 된다. 따라서 실무적으로는 양도담보계약서상 장래에 양도담보에 따른 직접적인 권리행사가 가능한 조건(기한이익상실 또는 채무불이행 등)을 둠으로써 양도담보의 설정과 의무이행을 약정하는 정도의 수준에서 양도담보가 형식적으로 이루어지고 있어, 결과적으로 온전한 양도담보의 실행과 효과를 확보하기 위해 시공사 등의 신용보강을 기대할 수밖에 없는 한계점을 가지고 있다.126)

(3) 사업계약상 권리에 대한 양도담보

사업계약상 권리에 대한 양도담보는 완전히 이행되지 않은 계약상의 권리를 양도받아 상환재원을 직접 확보하려는 방법으로서, 특히 프로젝트금융에 있어서 담보의 중심적 역할을 수행하고 있다. 이러한 양도담보는 실시협약,127) 공사도급계약, 감리계약, 관리운영계약 등 해당 민간투자사업에서 프로젝트 회사가 당사자인 중요사업계약상 프로젝트 회사의 권리 또는 지위를 대주가 담보목적으로 조건부로 양수받은 것을 내용으로 한다.

사업계약상 권리에 대한 양도담보계약서에서 대출약정상 채무불이행 사유가 발생한 경우 양도담보권자는 사업계약상 사업시행자의 지위를 양도담보권자나 양도담보권자가 향후 지정하는 제3자에게 이전할 수 있다고 약정한다. 다만 이와 같은 이전을 위한 처분행위는 설정 시에 이루어지지만 처분의 효력 발생은 이전절차가 완료되는 경우에 발생하는 것으로 한다. 그리고 설정자는 이와 같은 계약상 지위 이전에 관한 사항을 계약상대방에게 통지하고 상대방으로부터 위 조건에 따른 계약상 지위 이전에 관한 사항을 이행하기로 하는 사전승낙을 교부받는다. 다만 계약상 지위 이전에는 채권양도도 포함되어 있으므로 채권양도의 사전승낙이 인정되는지 여부가 문제될 수 있다. 채권양도의 승낙은 채권양도의 사실을 인식하고 있음을 알리는 관념의 통지로서 채권양도의 통지와 달리 사전 승낙도 유효하다는 것이 일반적 견해이다.128) 그러나 제3자에게 채권양도를 사

는 의결권 있는 지분 증권의 15%를 초과하는 지분증권을 소유할 수 있다.

126) 정복희(2016), 31-32쪽.

127) 민간투자법에 따른 실시협약은 사회기반시설의 건설 및 운영에 관한 당사자들의 기본적인 의무와 그에 따른 권리를 규정하는 것으로서 국내 프로젝트금융에서 가장 중요한 논점 중의 하나라 할 수 있다.

128) 채권양도에 있어서 승낙과 같은 채무자에 대한 대항요건은 채무자의 이익만을 보호하기 위한 것이므로, 채무자가 이 이익을 포기하여 채권자와의 특약으로 대항요건없이 대항할

전승낙하는 것에 대해서는 불특정인에 대한 승낙이 되므로 이중양도의 경우 대항요건을 갖춘 자를 구별해 낼 수 없게 되는 문제를 제기하기도 한다. 실제로 양도담보권자가 지정하는 제3자에게 양도하는 경우에는 양수인을 사후에 특정할 수 있는 기준이 정해져 있어 대항요건을 갖춘 자의 구별이 가능하므로 채권양도에 대한 사전승낙은 유효하다.

대주가 사업시행자의 변경이 필요하다고 판단하는 경우 대주는 그 취지와 함께 계약상 지위를 이전받을 제3자를 특정하여 설정자와 해당 계약의 상대방에게 통지한다. 이 경우 설정자와 계약상대방은 계약상 지위의 이전에 따른 조치를 신속하게 취하여야 하고 기타 필요한 협력을 제공하여야 한다.[129]

2. 질권설정

(1) 의의

부동산PF 진행 시 질권의 주요 대상목적물로는 권리질권에 해당되는 사업시행자의 주식, 예금채권, 보험청구권 등을 들 수 있으며, 금융거래 시에는 점유질을 기본으로 하고 있다. 양도담보와 마찬가지로 차주의 주식에 대한 질권실행은 실무상 효용성이 다소 떨어지나, 사업시행자의 시행리스크 관리를 위해 필수적으로 진행되고 있고, 대출금계좌 등 차주 명의의 예금계좌에 대해서도 근질권을 설정하는 방법(보통 대출 약정금의 120%-130%를 채권최고액[130]으로 한다)이 많이 이용되고 있다. 또한 차주의 자금관리계좌와 관련한 통제수단으로써 에스크로우 계좌의 질권설정을 통해 프로젝트에서 발생하는 현금흐름을 대주나 대주가 지정하는 제3자가 직접 입출금을 통제하기도 한다. 더불어 부동산PF 진행 시 사업시행자 또는 시공사가 보유하고 있거나, 보유예정인 자산과 관련한 보험의 청구권에 대한 근질권 설정이 활용되고 있으며, 보험근질권의 설정 대상인 보험에는 건설공사기간 중의 건설공사보험과 완공된 건물의 화재보험 등이 있다.[131]

질권은 채권자가 자신의 채권을 담보하기 위해 채무자 또는 제3자(물상보증

수 있음을 약정하는 것은 무방하다고 하는 것이 판례의 태도이다(대법원 1987. 3. 24. 선고 86다카908 판결 등 참조).

129) 조재영·이희종(2018), 38-39쪽.
130) 은행과 저축은행은 120%를 사용하고 있다.
131) 정복희(2016), 33쪽.

인)로부터 제공받은 동산 또는 재산권을 채무의 변제가 있을 때까지 유치함으로
써, 채무의 변제를 간접적으로 강제하는 동시에 채무불이행 사유 발생 시 그 유
치물의 환가대금으로부터 우선변제를 받도록 하는 권리방식을 말한다(민법329,
345). 부동산PF 등 금융거래 시의 질권은 상사질권에 해당되어 유질계약이 금지
된 민법 제339조가 적용되지 않는 특수성이 있어, 경매나 간이변제충당 대신 유
질계약의 실행을 통해 질권을 행사하는 것이 일반적이다. 질권의 피담보채권 범
위는 원본, 이자, 위약금, 질권실행의 비용, 질물보존의 비용 및 채무불이행 또는
질물의 하자로 인한 손해배상의 채권 등이며, 다른 약정이 있을 때에는 그 약정
에 따른다(민법334).

　　질권은 원칙적으로 담보물권이므로 부종성, 수반성, 물상대위성, 불가분성
의 특성을 갖고 있으며, 우선변제적 효력을 갖는다는 점에서 저당권과 같다. 그
러나 질권은 질권자가 목적물의 점유를 이전받지만, 저당권은 목적물의 점유와
이용 권능을 저당권설정자의 수중에 그대로 둔다는 점에서 근본적인 차이가 있
고, 질권은 공시방법132)으로 점유의 이전을 원칙(민법330)으로 하지만, 저당권은
공시방법으로 등기를 진행한다. 또한 질권의 목적물은 질권의 본질상 점유의 이
전이 가능한 동산과 일정한 재산권을 포괄하지만(민법329, 331, 345), 저당권의 목
적물은 등기로 공시되는 물건으로 한정되는 차이가 있다.

(2) 주식질권

　　부동산PF에서 사업시행자(차주)의 채무를 담보하기 위해 사업시행자의 발행
주식에 대해 근질권을 설정하는 방법을 이용하고 있다. 주식 근질권과 관련하여
차입자인 사업시행자의 발행주식을 소유하고 있는 출자자로부터 주식을 담보로
취득하는 경우, 은행은 "다른 회사 등의 지분증권의 20%를 초과하는 주식을 담
보로 하는 대출을 한 때" 그 사실을 금융위원회에 보고하여야 한다(은행법47(8)).
주식에 대한 질권의 실행방법에는 ⅰ) 경매를 신청하는 방법, ⅱ) 사전약정방식
또는 적정한 방식에 의해 평가된 가격으로 임의처분하는 방법, ⅲ) 사전약정방식
또는 적정한 방식에 의해 주식을 평가한 후 그 차액 상당을 지급한 후에 주식의
소유권을 취득하는 방법, ⅳ) 미리 정산하지 않기로 약정한 경우 별도의 정산없

---

132) 질권의 목적물이 무체재산권인 경우에는 등록, 유가증권인 경우에는 배서교부, 채권인 경
　　우에는 통지나 승낙 등이 공시방법이 된다.

이 바로 소유권을 취득하는 방법 등 다양하다.[133]

(3) 예금채권질권

예금계좌에 대한 근질권 설정은 차입자인 근질권설정자가 대출자인 근질권자에게 근질권을 설정해주는 방식이다. 피담보채무의 범위는 대출약정에 따라 차입자가 근질권자에게 현재 및 장래에 부담하는 일체의 채무가 된다. 예금채권에 대한 근질권 설정에 있어서는 질권 설정 이후에 예치된 금원에 대해서도 질권의 효력이 미치는지 여부가 문제될 수 있다. 질권 설정 이후에 이루어진 예금에 대한 채권은 지명채권으로 일종의 장래 채권이라고 볼 수 있으므로, 장래 채권에 대하여 질권을 설정하는 것이 가능한지 여부에 따라 판단할 수 있을 것이다.

판례는 장래 채권의 양도성을 인정하면서 양도의 요건으로 특정성과 발생가능성 내지 발생 개연성을 요구하고 있으므로[134] 장래에 입금될 예금액에 대하여 질권의 효력이 미치도록 하려면, 질권 설정 시점에 예금채권에 관한 기본적 권리관계가 어느 정도 확정되어 있어 해당 예금채권의 특정이 가능해야 하고, 또한 예금액의 입금이 가까운 장래에 발생할 것임이 상당한 정도로 기대되어야 할 것이다.

실무상 예금채권 근질권은 사업시행자와 시공자를 질권설정자로 하고 대출자를 근질권자로 하여 계약을 체결하며, 보통 인장을 근질권설정자가 점유하고, 통장을 근질권자가 점유한다. 예금채권은 민법상 지명채권으로 예금 근질권을 설정할 때 제3자에 대한 대항요건을 갖추려면 대상 예금이 예치되어 있는 은행에 확정일자가 있는 통지를 하거나 해당 은행의 승낙을 얻어야 한다. 통지의 경우에는 은행이 통지를 받는 시점까지 근질권 설정자에게 대항할 수 있는 사유가 있는 경우 이 사유를 가지고 대항할 수 있으므로 이의를 유보하지 않은 승낙을 받는 것이 대출자의 입장에서는 유리하며, 보통 "확정일자부 동의서"를 받는다.[135]

---

133) 조재영·이희종(2018), 39쪽.
134) 장래 발생할 채권이라도 현재 그 권리의 특정이 가능하고 가까운 장래에 발생할 것임이 상당한 정도로 기대되는 경우에는 채권양도의 대상이 될 수 있다(대법원 2002. 11. 8. 선고 2002다7527 판결 등).
135) 조재영·이희종(2018), 39-40쪽.

3. 자금계좌(에스크로우 계좌)에 대한 관리

예금채권에 대한 근질권 설정 이외에 차입자의 자금계좌에 대한 통제수단의 하나로 "에스크로우 계좌(Escrow Account)"[136] 설정이 있다.[137] 부동산개발사업으로부터 발생하는 현금흐름에 대해 대출자나 대출자가 지정하는 제3자가 입출금을 통제하는 방식이다. 예를 들어 분양대금 등이 입금되는 계좌에 대해 대출자 등의 동의하에 인출이 가능하도록 약정하거나 대출자 등이 지정한 대리은행이 계좌에 대한 관리를 행하는 등의 방식을 이용한다. 그리고 시공사가 신용공여를 하는 경우에 주로 차입자 명의로 개설한 대출금 수령계좌에 대한 인출관리를 시공사에 위탁하여 대출자와 사전 협의한 용도로만 사용됨을 원칙으로 하며, 시공사 명의로 분양대금 계좌를 개설하되 인출하기 전에 대출자에게 사전 통보 또는 동의를 얻도록 하고 있다. 이는 부동산개발로부터 발생하는 현금흐름을 대주 등이 직접 통제함으로써 상환재원 확보라는 측면 이외에 개발프로젝트로부터 발생하는 현금흐름이 차주 등이 진행하는 또 다른 프로젝트에 유입되는 것을 방지하는 것을 목적으로 한다.[138]

4. 시행권 포기 및 양도

시행권에 대한 명확한 정의는 없으나 통상 시행사가 특정 부동산개발사업과 관련하여 보유하는 각종 권리·권한을 통칭하는 것으로 정의된다.[139] 시행사의

---

136) 에스크로우 계좌(Escrow Account)란 조건부 지급신탁계정으로 제3은행 또는 대출은행을 수탁자로 지정하여 판매대금 및 프로젝트 관련된 자금의 입출금을 관리하는 특별 예금계좌를 말한다. 이 계정에는 프로젝트 건설을 위해 사업주가 제공하는 출자금과 대주단에 의한 대출금 그리고 해당 프로젝트로부터 발생하는 모든 현금수입이 입금되며, 동 계정으로부터 대주단과 차주가 약정한 항목과 순위에 의거 프로젝트 건설비, 운영비용, 대출원리금, 배당 등이 지출된다.

137) 실무적으로 거의 모든 프로젝트에서 신탁회사를 통하여 자금관리를 하고, 대출금입금계좌만을 차주 명의로 개설하고, 그 밖의 사업 관련 계좌를 신탁회사 명의로 개설하고 대주 및 신탁회사의 통제하에 사업 관련 자금의 입출금을 관리하도록 하여 차주에 의한 현금 유용위험을 회피하고 있다.

138) 조재영·이희종(2018), 40쪽.

139) 사업부지에 대한 소유권(사용권, 수익권 등), 신탁의 경우 위탁자로서의 제반권리, 토지 위에 독립한 객체로서의 건물·시설 등 모든 건축물에 대한 소유권 및 일체의 권리와 의무, 사업 관련 인허가 수령 주체, 건축주로서 분양 관련 일체의 권리와 의무, 각종 사업상의 명의(사업시행자, 건축주 등) 등을 지칭한다.

시행권 포기 및 양도는 대출약정서상 지정된 신용사건이 발생한 경우 발생한다. 즉 시행사가 채무불이행 상태에 빠졌거나 기한이익을 상실하게 되면 시행사는 즉시 시행권을 포기하여야 하고, 시행권은 대주 또는 대주가 지정한 자에게 양도 된다. 실무상 이러한 시행권을 양수받는 자는 통상 당해 프로젝트에 신용을 공여 한 시공사가 된다. 시행권을 인수한 시공사는 실질적인 시행사의 지위에 서게 된 다. 시공사가 시행사에게 제공한 신용공여 총액이 사업 시행으로부터 발생한 현 금유입액보다 클 경우에는 시공사는 시행사에게 남은 금액에 대하여 구상권을 행사할 수 있다. 또한 시행권포기 각서에는 사업시행자가 포기하여야 할 사업권 의 범위와 사업권을 포기하더라도 기존의 대출 원리금 상환의무는 계속해서 존 속한다는 내용이 들어 있다.[140]

원사업시행사의 유고, 도주, 방해, 파산 등 시행사로부터 발생가능한 일체의 문제로 인해 사업진행이 불투명해지는 경우 해당 시행사를 배제하고 새로운 시 행사로 하여금 사업을 시행할 수 있도록 하기 위해 부동산PF 진행 시에는 원사 업 시행사(통상 차주)로부터 사업 시행권 및 유치권 포기각서 등을 필수적으로 징 구한다. 관리형토지신탁계약이 체결되어 대외적으로는 시행사가 부동산신탁회사 임에도 불구하고, 위탁자의 지위에서 원사업 시행사인 차주는 여전히 관리형토 지신탁계약에 따른 수익자의 권리를 보유함과 더불어 현실적으로 부동산신탁회 사가 진행하지 못하는 여러 업무들을 진행하는 등 시행권을 주장하며, 실제적으 로 이해관계자들을 압박하는 사례가 종종 일어나지만, 진행 중인 프로젝트의 여 건 등으로 인해 이를 완벽히 배제시키기는 어려운 것이 현실이다.[141]

V. 기타 방안

1. 자금보충약정

자금보충이란 현금흐름 부족으로 인한 상환재원의 부족 등으로 차주[주로 사 업시행자 또는 SPC인 대주(부동산PF 약정시 금융회사인 대주에 대해서는 차주)]가 지급 기일(만기포함)에 대출 원리금 변제를 못하거나 변제금액 부족이 예상될 시에 사

---

140) 조재영·이희종(2018), 40-41쪽.
141) 정복희(2016), 79쪽.

전에 체결된 자금보충약정을 통해 부족 재원 만큼 자금보충인이(주로 시공사) 차주에게 대여하거나 대주(통상 금융회사)에게 직접 입금(단, 원인은 자금보충인의 차주에 대한 대여임)하는 등으로 대출 원리금 및 부수되는 채권의 상환을 보장하는 약정이다.[142] 자금보충인이 자금보충약정에 따라 차주에게 신규로 대여한 금원은 기존 대주의 채권보다 변제순위가 후순위가 되도록 함으로써 후순위대출의 성격을 띠게 된다. 자금보충약정의 이행을 강제하기 위해 자금보충인이 자금보충 미이행시 조건부 채무인수하는 내용으로 통상 약정된다.[143]

즉 시공사에 자금보충을 요청할 수 있는 자는 금융기관 등이지만 자금을 보충받는 자는 프로젝트 회사가 된다. 자금보충약정의 법적 성질은 민법상 소비대차계약에 가깝지만 제3자인 금융기관 등이 소비대차계약을 이행할 것을 요청할 수 있다는 특징이 있다. 소규모의 일시적인 자금보충이 아니라면 시공사가 프로젝트 회사의 자금(현금흐름 또는 사업성)을 보장한다는 점에서 자금보충약정도 신용보강적인 면에서 사실상 연대보증이나 채무인수와 크게 다르지 않다고 생각된다. 자금보충약정은 부동산 프로젝트금융에서뿐 아니라[144] 자회사나 계열사 지원을 위한 편법수단으로 활용되는 사례도 발생하고 있다.[145] 따라서 소규모의 일시적인 자금보충약정이 아니라면 위험성이 매우 높으며 편법수단으로 활용될 수 있다는 점에서 적법한 내부절차를 거쳐야 하며 재무제표에 반영하고 필요시에는 공시하여야 한다.[146]

2. 이자지급보증

부동산PF 진행 시 인적 담보제도의 효과를 기대하는 방법 중 신용공여자의

---

142) 부채상환비율(DSCR)이 일정비율 이하인 경우 비율을 유지하기 위한 자금보충약정, 상환일 또는 유동화 만기일에 지급할 금액의 부족이 발생한 경우를 위한 자금보충약정 등 변제자력이 없는 프로젝트 회사를 위한 자금보충약정 등이 있다.

143) 정복희(2016), 40쪽.

144) 예를 들어 A건설의 부동산 프로젝트금융을 위하여 A건설이 금융기관에 대하여 연대보증의 신용을 제공하고, A건설이 이를 이행하지 못하였을 경우 A건설의 모기업이 A건설이 연대보증을 이행할 수 있도록 자금보충약정서를 제출한 사례가 있다.

145) 민주당 김기식 국회의원이 공정거래위원회에서 제출받아 발표한 "기업집단별 자금보충약정 현황"에 따르면 2012년 10월 기준 63개 상호출자제한기업집단 중 35개 집단의 86개 소속 회사에서 총 586건, 21조 8천억원 규모의 자금보충약정이 존재하였다. 이는 공시의무가 있는 채무보증금액 1조 6천939억원의 약 13배에 달하는 규모라고 한다.

146) 박근용(2014), 208쪽.

부담이 최소화된 것이 이자지급보증 방식인데 이자지급보증은 단어 그대로 이자의 지급을 보증하는 것을 말한다. 대주는 직접적으로 대출원금의 상환에 대해서는 담보를 확보하지 못하지만, 이자지급보증에 따라 정상적인 이자지급 재원의 확보와 더불어 이자지급보증인(주로 시공사)이 고율의 연체이자를 부담하는 것을 기피할 것으로 기대하게 된다. 즉 이자지급보증인이 정상적인 경영상태에 있는 법인이라면, 이자지급보증을 실행하는 대신 리파이낸싱을 추진하거나 약정 관련 제반 조건을 정상화하여 연체이자 지급을 감수하지 않을 것으로 예상하기 때문이다. 그러나 엄밀한 의미에서 이자지급보증은 어디까지나 원금상환에 대한 기대효과를 누리는 것일 뿐 강제성이 미약하여 온전한 인적담보로써는 미흡한 것이 사실이다.[147)]

프로젝트 회사 스스로 충분한 자산을 보유하고 있어서 금융기관이 프로젝트 회사의 자산을 직·간접적인 담보로 확보할 수 있는 경우, 시공사로부터 이자의 납입에 대한 보증만으로도 프로젝트 금융이 가능할 수 있다.[148)] 이자지급보증은 시공사가 제공하는 다른 신용보강과 비교하여 상대적으로 보증의 범위 및 효력이 제한되어 보증의 위험이 덜하다는 장점이 있다. 그러나 이자지급보증도 프로젝트 회사에 연체이자가 발생하고 상당기간 누적될 경우 연체이자가 원금을 초과할 위험도 있다.[149)]

3. 보험제도

부동산보장가액보상보험(AVI: Assured Value Insurance)[150)]은 부동산담보부 대출금융기관의 담보물 가치하락으로 인한 손실위험을 보상하는 보험으로서 대출 원리금 미회수 위험을 보험회사에 전가하는 상품으로 담보내용[151)]은 보험기간 중 피보험자가 건물의 준공 이후 기한의 이익상실 사유 발생으로 보험회사의

---

147) 정복희(2016), 42쪽.
148) 이자지급보증은 재건축·재개발 프로젝트와 같이 금융기관이 프로젝트 자산(조합원 토지)에 대해 직접 담보를 확보하여 별도 신용보강을 필요로 하지 않는 프로젝트 등에 활용될 수 있다.
149) 박근용(2014), 209쪽.
150) 최근 선진금융기법으로 분양성 등의 부족으로 PF금융기관의 프로젝트금융 조건을 충족하지 못한 경우 그 부족 부분에 대한 보완책으로 PF금융기관에서 실제로 활용되는 금융기법으로 잔존물회수보험(RVI: Residual Value Insurance)이라고도 한다.
151) 실무적으로 활용되고 있는 보험사 보험조건이다.

서면동의를 얻은 절차에 따라 매각한 결과, 보험목적물의 실제 매도가격과 기 분양대금 및 기타 피보험자 회수금액의 합계액이 보장가액에 미달하는 경우, 그 차액을 보상한도액 범위 내에서 보장한다. 보통 대출금융기관의 요청에 따라 시행사가 보험료를 납입하므로 대출자의 입장에서 추가비용의 부담 없이 대출 원리금 상환 위험을 회피할 수 있다.

그러나 부동산보장가액보상보험은 본질적으로 보험회사들이 인수할 수 있는 시점이 적어도 개발사업의 인허가가 완료된 후 시공사가 선정되어 공사가 실제로 진행되거나 진행될 것이 확실시되는 시점이다. 사업 초기 토지확보를 위해 차입이 불가피한 영세 시행사의 경우에는 이 보험의 활용도가 낮으며, 보험료도 상당한 금액임을 감안하여 시행사의 사업수지를 떨어지게 한다. 단순히 시공사의 신용공여를 통해 자금조달이 가능한 상황에서는 굳이 추가로 비용을 지급하면서까지 잔존물 가치 보장보험을 이용하지 않는 게 실무이다.[152]

4. 특수 공공기관의 보증제도

(1) 주택도시보증공사의 주택사업금융보증

주택도시보증공사의 주택사업금융보증(표준PF대출 및 유동화보증)은 2014년 6월부터 시행된 제도[153]로써 주택도시보증공사가 보증채권자(부동산PF 대주)가 실행하는 PF대출 원금에 대해 총사업비의 50% 이내까지 채권의 상환을 보증하는 상품으로 일정 요건 충족 시 활용이 가능하므로 부동산PF 진행 시 기존 인적담보를 일부 대체할 수 있는 제도로써 그 의의가 있다.[154]

(2) 한국주택금융공사의 PF보증

한국주택금융공사의 PF보증은 당초 2005년 4월부터 후분양제의 성공적인 정착을 지원하기 위하여 도입된 PF보증 상품이었으나, 후분양제 도입이 사실상 무산된 이후 2010년부터 취급기준이 강화되어 현재에 이르고 있어, 일반적인 부

---

152) 정기열(2018), 134-135쪽.
153) 주택도시보증공사의 기존 PF금융보증제도(2004년부터 시행)와 2012년 6월 PF대출 유동화용 약관 제정 등을 통해 시행하여 오던 제도를 연계 및 개선하여 시행하고 있는 제도로 유동화보증은 PF유동화(입주자모집공고 승인 전)와 분양대금 유동화(입주자모집공고 승인 후)로 구분된다.
154) 정복희(2016), 40-41쪽.

동산PF 진행 시 인적담보 대체재로 사용되기에는 주택도시보증공사의 주택사업
금융보증에 비해 한계가 있는 제도로 판단되나, 공공기관이 제공하는 주요한 PF
보증 상품으로써의 의의가 있다.

제3장
사회기반시설에 대한 민간투자와 프로젝트금융

제1절 서설

Ⅰ. 민간투자의 의의

1. 개념

민간투자(PFI: Private Finance Initiative)란 공공부문이 공역무 또는 공공서비스에 대한 사양과 품질 등의 조건을 규정하면, 공역무 수행을 위한 사회간접자본에 관한 자금조달부터 설계 및 건설, 시설의 관리 일체를 우수한 기술과 자금, 경영 노하우를 가진 민간부문에 위탁하여 공공서비스 제공을 민간주도로 시행하는 것을 말한다. 민간투자는 최종적으로 생산되는 서비스를 구입하는 시스템이다. 따라서 정부는 당해 시설을 건설하고 관리·운영하는 주체가 되는 민간으로부터 서비스를 구매하는 이용자 역할로 특화하여 매년 서비스를 향유하는 대가로서 이용료를 지불(공공부문의 재정지출)하며, 이를 통해 비용지불에 상응하는 양질의 서비스를 요구할 수 있는 발언권을 가지게 된다. 동시에 민간부문은 고객이 정부라는 점에서 자금조달만 가능하면 안정적인 수입을 올릴 수 있다.[1]

---

1) 황지혜(2015), "사회기반시설에 대한 민간투자와 국가의 보장책임에 관한 연구", 한국외국어대학교 대학원 박사학위논문(2015. 8), 28-29쪽.

우리나라는 민간투자제도와 관련하여 「사회기반시설에 대한 민간투자법」("민간투자법")을 시행하고 있다. 민간투자법("법")의 목적은 사회기반시설에 대한 민간의 투자를 촉진하여 창의적이고 효율적인 사회기반시설의 확충·운영을 도모함으로써 국민경제의 발전에 이바지하는 데에 있다(법1). 민간투자사업이란 민간부문이 제안하는 사업 또는 민간투자시설사업기본계획에 따라 사업시행자가 시행하는 사회기반시설사업을 말한다(법2(6)). 민간투자법의 민간투자사업에 관한 정의는 형식적인 개념을 정의한 것이고, 실체적 개념에 대해서는 규정하고 있지 않다.[2] 따라서 민간투자제도에 필요한 법적 규율을 규정하거나 이에 관한 법적 쟁점의 논의를 위해서는 민간투자제도의 개념을 명확히 할 필요가 있으므로 아래에서는 민간투자제도 개념의 구성요소에 관하여 살펴본다.

2. 개념의 구성요소

(1) 민간투자의 주체

민간투자사업은 도로, 주차장, 항만의 건설 등 공공시설 건설에 부족한 재원이나 기술과 경영능력을 민간부문을 통해서 시행한다. 즉 민간자본을 유치하는 주체는 국가 또는 지방자치단체를 포함한 공공단체가 된다. 그러므로 민간투자사업에 자본을 투자한 사인은 국가 또는 지방자치단체의 관리와 감독을 받게 되고, 법적인 한도 내에서 일정한 반대급부권을 행사할 수 있을 뿐이다. 민간투자제도는 공행정의 주체와 사인 간의 협력을 통하여 이루어지는 것은 분명하지만, 사업의 전 과정을 기획하는 주체는 엄연히 국가나 지방자치단체이고, 사인은 공공시설의 운영권을 양도받아 수익을 추구할 뿐이다. 따라서 사인이 공익사업을 주도하며, 공행정 주체는 사인에게 사업수행을 위한 자금의 일부를 교부하고 일정한 범위 안에서 감독권을 행사하는 보조금 교부행정과 구별된다.

(2) 사회기반시설

민간투자법에 의한 사회기반시설이란 각종 생산활동의 기반이 되는 시설, 해당 시설의 효용을 증진시키거나 이용자의 편의를 도모하는 시설 및 국민생활의 편익을 증진시키는 시설로서, ⅰ) 도로, 철도, 항만, 하수도, 하수·분뇨·폐기

---

2) 김성수(2012), 「일반행정법: 행정법이론의 헌법적 원리」, 홍문사(2012. 3), 433-442쪽.

물처리시설, 재이용시설 등 경제활동의 기반이 되는 시설(가목), ⅱ) 유치원, 학교, 도서관, 과학관, 복합문화시설, 공공보건의료시설 등 사회서비스의 제공을 위하여 필요한 시설(나목), ⅲ) 공공청사, 보훈시설, 방재시설, 병영시설 등 국가 또는 지방자치단체의 업무수행을 위하여 필요한 공용시설 또는 생활체육시설, 휴양시설 등 일반 공중의 이용을 위하여 제공하는 공공용 시설(다목)을 말한다(법 2(1)).

(3) 재원의 조달

국가 또는 지방자치단체가 공공의 복지를 증진하기 위하여 각종의 공공시설을 건설하고 운용하는 데 필요한 재원은 원칙적으로 조세, 각종의 공과금 수입을 통해 마련되어야 한다. 사회기반시설에 대한 수요는 꾸준히 늘어나고 있음에 반하여 우리나라 지방자치단체들의 재정자립도는 매우 낮은 수준이어서 사회기반시설의 건설에 투자하지 못하는 결과를 초래하였다. 이러한 문제를 해결하기 위하여 공익사업 수행을 위하여 부족한 재원의 전부 또는 일부를 사인이나 사기업으로부터 조달하는 민간투자 방식을 활용한다.

물론 공익사업 수행을 위하여 민간부문으로부터 국가 또는 지방자치단체가 부족한 재원을 조달하기 위한 방법으로 민간유치 외에도 국공채 발행이 사용되고 있다. 그러나 국공채의 경우 이를 매입하는 자는 일정한 기간의 경과 후에 원리금을 상환받는 단순한 채권자의 지위에 불과하다. 반면 민간투자의 경우에는 여기에 자본을 투입한 개인이 단독으로 또는 국가 및 지방자치단체와 공동으로 시설의 운영권을 갖는 등 물권적 권리[3]를 행사한다는 점에서 국공채 발행과 민간유치는 구별된다.

(4) 반대급부의 보장

사회기반시설에 투자한 사인은 일정한 범위 내에서 그 시설의 운영이나 수익권의 부여 등 반대급부를 보장받는다. 사용 · 수익권의 구체적인 내용은 시설에 따라 달라질 수 있지만 일반적으로 사인에게는 사업시행자로서 당해 시설을 유지 · 관리하고 사용료를 징수할 수 있는 시설관리운영권이 주어진다(법26). 시설

---

3) 관리운영권은 물권(物權)으로 보며, 이 법에 특별한 규정이 있는 경우를 제외하고는 민법 중 부동산에 관한 규정을 준용한다(법27①).

관리운영권은 실시협약에서 정하는 바에 따라 정해진다(법24). 또한 공공시설의 사용·수익권뿐 아니라 주택건설, 택지개발, 관광시설, 유통시설 등의 수익성 부대사업을 허용하여 사인에게 부여하는 반대급부의 범위를 확대하고 있다(법21).

Ⅱ. 민간투자법의 연혁과 성격

1. 민간투자법의 연혁

(1) 1994년 사회간접자본시설에 대한 민간자본유치촉진법 제정

민간투자사업은 1994년 「사회간접자본시설에 대한 민간자본유치촉진법」("민간자본유치촉진법")이 시행되기 이전까지는 유료도로법, 항만법 등 개별 법령에 근거하여 민간자본을 유치하는 방식으로 진행되었다. 정부는 1994년 2월에 사회간접자본시설 분야에 민간의 참여를 촉진하여 창의적이고 효율적으로 사회간접자본을 확충·운영함을 목적으로 다양한 사회간접자본시설에 공통적으로 적용될 수 있는 민간자본유치의 절차와 방법, 수익성과 경영권의 보장 및 조세감면 등 각종 지원에 관한 사항을 규정함으로써 원활한 사회간접자본시설사업을 추진할 수 있도록 하여 국토의 균형발전, 산업의 경쟁력 강화 및 국민생활의 편익증진 도모를 목적으로 법률안을 제안하였고, 1994년 8월에 「사회간접자본시설에 대한 민간자본유치촉진법(1994. 8. 3. 법률 제4773호)」을 제정하여 시행하였다. 이 법의 특징으로는 민자유치 대상 SOC 시설을 1종시설과 2종시설로 구분하였는데, 1종시설은 도로, 철도, 항만, 공항, 댐, 상하수도 등으로서 시설완공 후 소유권을 국가에 귀속시킨 뒤 사업시행자에게 무상사용권을 부여하는 시설로 규정하였고, 2종시설은 관광단지, 유통단지 등의 시설로서 완공 후 사업시행자에게 소유권이 인정되는 시설로 규정하였다.

(2) 1998년 12월 사회간접자본시설에 대한 민간투자법으로 전문개정

1997년 말의 외환위기에 따라 국제통화기금의 구제금융을 지원받으면서 정부는 민간투자사업을 통한 사회기반시설의 건설을 통하여 경제의 활성화를 도모하였고, 이에 따라 IMF 외환위기 직후 막대한 예산이 드는 SOC 사업에 대한 민자유치를 활성화하고, 민간자본으로 지은 시설이 운영단계에 들어갔을 때 실제

수입이 추정수입보다 적으면 사업자에게 사전에 약정한 최소수입을 보장해 주는 제도로 도로·철도 등 사회기반시설을 건설한 민간사업자에게 일정 기간 운영권을 인정하는 수익형 민간투자사업(BTO)에 적용되는 최소운영수입보장제도를 도입하였다.4) 국토연구원에 민간투자지원센터(PICKO: Private Investment Center of Korea)를 설립하였다. 기존의 제도를 전면 개편하여 수익성 제고 등 적극적 유인체계를 제공함으로써 외국자본 등 민간자본을 적극 활성화하는 한편, 이를 통해 경제의 활성화, 국가경쟁력의 강화, 성장잠재력의 확충을 도모하려는 목적으로 1998년 12월 31일 「사회간접자본시설에 대한 민간투자법」으로 전문개정을 통하여 민간투자사업을 본격적으로 활성화시킨 시기로 본격적인 민간투자사업시장이 열렸다고 할 수 있다. 민간자본유치촉진법과 민간투자법을 비교하면, 첫째, 추진방식 면에서 민간자본유치촉진법은 1종시설(BTO), 2종시설(BOO)에 따라 투자방식을 제한하였으나, 민간투자법에서는 시설 구분을 폐지하고 투자방식(BTO, BOO, BOT, ROT 등)을 다양화하였다. 둘째, 사업성 검토와 관련하여 민간자본유치촉진법은 사전검토 절차가 없었으나, 민간투자법에서는 타당성 조사 제도를 신설하였다. 셋째, 재정지원과 관련하여 민간자본유치촉진법은 재정지원 사유를 단편적으로 규정하였으나 민간투자법은 재정지원 사유를 확대(최소운영수입보장 및 매수청구권 신설 등)하는 등 정부지원을 강화하였다. 넷째, 민간투자법은 민간자본유치촉진법에는 없던 SOC 투융자 전담인프라펀드의 설립근거를 마련하였으며 신용보증기금으로 일원화하였다는 점을 들 수 있다.

(3) 2005년 1월 사회기반시설에 대한 민간투자법으로 법제명 변경

2005년 1월에는 「사회기반시설에 대한 민간투자법」(법률 제7386호, 2005. 1. 27. 일부개정)으로 명칭을 변경하였으며, 2005년 개정을 통해서는 민간투자사업의 대상시설의 범위가 확대됨에 따라 민간투자사업의 효율적인 시행을 지원하기 위하여 조직을 재조정하고, 공공투자관리센터를 한국개발연구원에 둠으로써 산업기반시설에 더하여 생활기반시설까지 확대되는 민간투자사업에 대한 지원업무를 보다 효율적으로 수행하기 위하여 기존의 국토연구원 산하 민간투자지원센터(PICKO)를 한국개발연구원의 공공투자관리센터(PIMAC: Public and Private

---

4) 이상훈·박경애(2016), "민간투자사업의 MRG(최소운영수입보장)와 새로운 유형(투자위험 분담형)의 분석 및 비교", 선진상사법률연구 통권 제75호(2016. 7), 68쪽.

Infrastructure Investment Management Center)로 확대 개편하여 신설하였다. 민간투자사업의 대상시설을 기존의 사회기반시설을 중심으로 한 SOC 위주의 민간투자사업에서 교육·복지시설, 공공임대주택, 군주거시설, 노인의료시설, 공공보건의료시설, 문화시설 등으로 확대하는 동시에 임대형 민간투자사업(BTL)을 중심으로 한 새로운 사업방식을 도입하는 등 국민생활과 직결된 분야에 대한 민간투자를 촉진하여 국민이 체감하는 삶의 질을 높이기 위한 개정을 하였다. 또한 사회기반시설투융자회사를 장기적인 집중투자에 적합화시키기 위해 일반 증권투자회사보다 신축적인 투자자금 조달을 위해 투융자회사의 신주발행 및 자금의 차입을 허용하고, 사회기반시설투융자회사가 증권시장의 상장요건을 갖춘 경우에는 지체없이 상장하도록 함으로써 투자자가 증권시장을 통하여 출자금을 보다 쉽게 회수할 수 있도록 하였다.

2. 민간투자법의 법적 성격

민간투자법의 법적 성격과 관련하여 당해 민간투자사업의 가장 중요한 구속력의 근간이 되는 주무관청과 민간사업자가 체결하는 실시협약의 법적 성격을 사법상의 계약으로 보는 견해와 공법상의 계약으로 보는 견해의 대립이 있는바, 이는 민간투자법의 공법적 성격을 도외시하고 있는 상태라고 할 수 있다. 이에 따라 민간투자법의 법적 성격에 대하여 규명할 필요가 있다.

민간투자법은 사회기반시설에 대한 민간의 투자를 촉진하여 창의적이고 효율적인 사회기반시설의 확충·운영을 도모함으로써 국민경제의 발전에 이바지함을 목적으로 한다. 이러한 목적을 달성하기 위한 민간투자법은 민간의 투자를 통하여 창의와 효율을 도모하여 일정한 범주의 사회기반시설을 건설하고 운영하는 데 그 본질이 있다. 따라서 일정한 실체가 민간투자사업의 사업시행법인의 지위에서 법령이 정하는 공권력의 주체로서 행하는 공행정작용의 성격을 가지게 되는 특수성이 있다. 즉 사회기반시설의 건설을 통한 공급행정, 투자유인을 위한 조성행정을 내용으로 하는 급부행정적 성격과 공공성 담보를 위한 통제·규제적 성격을 복합적으로 지니고 있는 전형적인 공법이다.[5]

민간투자법의 내용을 구체적으로 들여다보면 민간투자법이 전형적인 공법

---

5) 김현일(2019), "민간투자법상 공익처분에 관한 연구", 고려대학교 대학원 박사학위논문 (2019. 8), 31쪽.

의 성격을 띠고 있다는 것임이 명확해진다. 민간투자사업 진행절차를 살펴보면, 행정계획의 수립, 우선협상대상자지정이라는 개별적 행정처분, 실시협약이라는 공법상의 계약체결, 사업시행자 지정처분, 사업시행자의 토지수용 등 공권력 발동, 사회기반시설 및 공공시설의 공급, 이용자에 대한 사용료 강제징수 등 공권력 부여, 공공시설인 사회기반시설의 공급, 감독명령제도, 공익을 위한 처분, 재정지원 등 다양한 제도를 통한 공급행정 및 복리행정의 복효적 내용의 행정절차의 총체를 이루고 있다. 또한 실시협약은 민간투자법에 기초하여 체결되고 실정법상으로 민간투자법은 관계 법률에 우선하여 적용되며, 사업시행자에게는 토지수용권, 사용료 징수권 등 공법상 특권이 주어지는 점 등에 비추어 단순한 사법상의 지위에서 체결되는 관계로는 볼 수 없다.

3. 민간투자법의 특수성

(1) 내용적 특수성

민간투자법은 참여와 협력, 공공성, 효율성, 수익성을 지향하는 민간투자사업을 규율하는데, 다음과 같은 내용적 특수성을 지닌다. ⅰ) 민간자본의 투자를 통하여 창의적이고 효율적인 사회기반시설의 확충·운영을 목적으로 한다. ⅱ) 사업시행법인에게 일정한 공법상의 특권을 부여한다. 즉 사업시행자는 민간투자법에 의하여 당해 사업의 실시협약을 통하여 구체화된 공권력 행사의 지위를 부여받는다. 민간투자사업은 당해 사업을 영위하기 위한 특수목적법인이 주무관청과 사업시행조건 등에 대하여 실시협약을 체결하고, 이에 따라 사업의 필요한 범위 내에서 토지의 수용이나 부대사업의 시행권을 부여받고, 시설물의 이용자에게 이용료를 부과할 권리를 부여받거나 국가나 지방자치단체로부터 시설임대료를 받게 된다. ⅲ) 시설물 이용자에게 이용료 부과라는 면과 임대형 민자사업의 경우 정부의 재정지출의 면이 있으므로 국회에 총액을 보고하고 일정한 액수 이상의 대규모 민간투자사업의 경우에는 민간투자심의위원회를 거쳐서 사업의 진행을 결정하는 등 여러 가지 특수성을 지닌다. 이 밖에도 관리운영권이라는 물권을 창설하여 수익형 민간투자사업과 임대형 민간투자사업을 원활하게 추진할 수 있도록 하고 있다.[6)]

---

6) 김현일(2019), 32-34쪽.

(2) 민간투자법의 우선 적용

민간투자사업의 내용적 특수성 때문에 민간투자법에서 정한 일정한 제한적인 사업만이 민간투자사업의 대상이 되고, 이로 인하여 민간투자법은 민간투자사업과 관련하여 특별한 효력을 갖는 규정을 많이 두고 있다. 예를 들면 민간투자법 제3조 제1항은 "이 법은 민간투자사업에 관하여 관계법률의 규정에 우선하여 적용한다"고 규정하고 있다. 여기서 말하는 관계법률이란 사회기반시설사업을 시행할 때 민간투자사업과 관련된 법률 및 유료도로법, 철도의 건설 및 철도시설 유지관리에 관한 법률, 전기통신사업법, 전파법, 학교시설사업 촉진법, 주택법, 국토의 계획 및 이용에 관한 법률, 산림자원의 조성 및 관리에 관한 법률, 산지관리법, 국유림의 경영 및 관리에 관한 법률을 말한다(법2(14)).

또한 민간투자법 제19조 제4항의 "주무관청은 민간투자사업의 시행을 위하여 필요한 경우에는 민간투자사업의 예정지역에 있는 토지를 매입하여 사업시행자로 하여금 실시계획이 고시된 날로부터 준공확인이 있을 때까지 국유재산법 또는 공유재산 및 물품관리법에도 불구하고 무상으로 사용·수익하게 할 수 있다"라고 하는 규정, 민간투자법 제20조 제2항의 "토지보상법 제20조 제1항 및 제22조의 규정에 의한 사업인정 및 사업인정의 고시가 있는 것으로 보며, 재결의 신청은 동법 제23조 제1항 및 제28조 제1항의 규정에도 불구하고 실시계획에서 정하는 사업의 시행기간 내에 할 수 있다"라고 하는 특별한 규정을 두고 있다. 결국 민간투자법에 규정되어 있는 이러한 조항들은 관계 법률에 대하여 특별법 또는 특별규정의 성격을 갖게 된다.

4. 민간투자사업에 대한 법적 규율체계

민자투자사업은 민간투자법, 동법 시행령, 기획재정부가 작성·공고하는 민간투자사업기본계획에 의하여 규율된다. 기획재정부는 관계 중앙행정기관의 장과의 협의와 민간투자심의위원회의 심의를 거쳐 매년 추진 예정인 민간투자사업에 관하여 민간투자사업기본계획을 수립하고, 이를 공고(인터넷에 게재하는 방식에 의하는 경우를 포함)하여야 한다(법7, 영5). 민간투자사업기본계획은 해당연도에 추진될 대상사업에 관한 기본계획(제1편)과 현재 및 장래의 민간투자사업에 대하여 일반적으로 적용되는 「민간투자사업 추진 일반지침」(제2편)으로 구성된다.

여기서는 2023년 민간투자사업기본계획(기획재정부공고 제2023-84호)의 제2

편 「민간투자사업 추진 일반지침」(이하 "일반지침")의 관련 조문의 주요 내용을
살펴본다.

Ⅲ. 민간투자사업의 추진방식

1. 수익형 민간투자사업(BTO) 방식

BTO(build-transfer-operate) 방식은 사회기반시설의 준공과 동시에 해당 시
설의 소유권을 주무관청(국가 또는 지방자치단체)에 이전하고 주무관청은 사업시
행자에게 일정기간(무상사용기간) 동안 시설관리운영권을 인정하는 방식을 말한
다(법4(1)). 이 방식에 의하면 민간사업자는 실시협약에 따라 시설을 운영하면서
시설에 대한 사용료를 이용자들에게 부과할 수 있다. 이렇게 부과된 사용료는 사
업시행자가 투자한 금액과 투자액에 대한 수익을 회수하고 시설의 관리 및 운영
에 필요한 운영비용을 충당하는데 소요된다.[7]

2. 임대형 민간투자사업(BTL) 방식

BTL(build-transfer-lease) 방식은 사회기반시설의 준공과 동시에 해당 시설의
소유권을 주무관청(국가 또는 지방자치단체)에 이전하고 주무관청은 사업시행자에
게 일정기간(무상사용기간) 동안 시설관리운영권을 부여하는 것은 BTO방식과 같
지만, 사업시행자는 무상사용기간 동안 해당 시설을 다시 주무관청에 임대하고
임대료를 수취한다는 점에서 BTO방식과 큰 차이가 있다(법4(2)). 이 방식은 시설
의 완공과 동시에 또는 임대기간이 끝난 후 시설에 대한 소유권은 자동적으로
국가 또는 지방자치단체에 이전되고, 투자비 회수는 사용자로부터 회수하지 않
고 주무관청으로부터 임대료와 운영비로 구성된 정부 지급금으로 회수한다.

3. 건설-운영-양도(BOT) 방식

BOT(build-operate-transfer)방식은 기본적으로 BTO방식과 동일하지만, 주무
관청으로의 소유권 이전 시기에 차이가 있다. BOT방식은 사회기반시설의 준공
후 사업시행자가 계속 소유권을 보유한 상태에서 운영하다가 운영기간이 종료된

---

7) 황지혜(2015), 31-33쪽.

이후에 소유권이 주무관청에게 이전된다(법4(3)). 사업시행자는 운영기간 동안 계약에 명시된 바에 따라 시설에 대한 사용료를 시설이용자들에게 부과할 수 있다. 여기서 얻은 수입은 사업시행자가 투자한 금액에 대한 수익을 회수하고, 시설의 관리와 운영에 필요한 비용을 충당하는 데 쓰인다.

4. 건설-소유-운영(BOO) 방식

BOO(build-own-operate)방식은 주무관청으로 소유권이 이전되지 않고, 사회기반시설의 준공과 동시에 사업시행자에게 해당 시설의 소유권이 인정된다(법4(4)). 이 사업 방식은 사업시행자가 시설 소유권을 영원히 보유하기 때문에 정부에 양도하지 않는 것을 특징으로 한다. 이 방식에 따른 사업은 시설의 특성상 상업성 등으로 인하여 민간이 소유하고 운영하는 것이 적절한 것으로 평가되는 사업에 적합하다.

5. 건설-임대-양도(BLT) 방식

BLT(build-lease-transfer)방식은 사회기반시설의 준공(신설·증설·개량) 후 사업시행자가 계속 소유권을 보유한 상태에서 운영기간 동안 해당 시설을 타인(주무관청 포함)에게 임대하고 운영기간이 종료된 이후에 소유권이 주무관청에게 이전된다(일반지침3①(5)). 이 방식은 아직 국내에서 활성화되지 않아 사례를 찾아보기 어렵다.

6. 혼합형 방식

혼합형 방식은 민간투자법 제4조 제1호의 방식과 민간투자법 제4조 제2호의 방식을 혼합하여 하나의 사회기반시설을 설치·운영하는 방식이다(일반지침3①(10)).

7. 결합형 방식

결합형 방식은 사회기반시설을 물리적으로 구분하여 민간투자법 제4조 제1호의 방식 내지 민간투자법 제4조 제6호의 방식 중 둘 이상을 복수로 활용하는 방식이다(일반지침3①(11)).

8. 개량운영형 방식

개량운영형 방식은 기존 사회기반시설을 개량·증설하고, 개량·증설된 부분을 포함한 전체 시설에 대하여 관리운영권을 인정하는 방식(소유권 귀속, 관리운영권 인정, 사용·수익 방식 등은 제1호 내지 제11호의 하나로 정할 수 있으며, 이 경우 관련 기본계획 내용을 준용한다)이다(일반지침3①(12)).

9. 기타 방식

그 밖에 민간부분이 제시하고 주무관청이 타당하다고 인정하거나 주무관청이 민간투자 시설사업기본계획에 제시하는 방식(교육청이 사립학교시설을 제2호와 유사한 방식으로 추진하는 경우 포함)이다(일반지침3①(13)).

제2절　민간투자법의 주요 내용

I. 사회기반시설사업

1. 사회기반시설사업의 시행

주무관청은 사회기반시설사업의 추진을 위하여 민간부문의 투자가 필요하다고 인정할 때에는 해당 연도 대상사업으로 지정된 후 1년 이내에 민간투자사업기본계획에 따라 민간투자시설사업기본계획("시설사업기본계획")을 수립하여야 한다(법10① 본문). 시설사업기본계획에는 ⅰ) 대상사업의 추정투자금액, 건설기간, 예정지역 및 규모 등에 관한 사항(제1호), ⅱ) 대상사업에 대한 예비타당성 및 타당성 조사결과에 관한 사항(제2호), ⅲ) 사용료, 부대사업 등 사업시행자의 수익에 관한 사항(제3호), ⅳ) 귀속시설 여부 등 민간투자사업의 추진방식에 관한 사항(제4호), ⅴ) 재정지원의 규모 및 방식 등 국가 또는 지방자치단체의 지원에 관한 사항(제5호), ⅵ) 민간투자사업에 의하여 건설된 사회기반시설의 관리·운영에 관한 사항(제6호), ⅶ) 사업시행자의 자격요건에 관한 사항(제7호), ⅷ) 그 밖에 주무관청이 필요하다고 인정하는 사항(제8호)이 포함되어야 한다(법11①).

사업시행자의 지정은, 민간투자사업을 시행하려는 자가 시설사업기본계획에 따라 대통령령으로 정하는 바에 따라 사업계획을 작성하여 주무관청에 제출하여야 한다(법13①). 주무관청은 제출된 사업계획을 대통령령으로 정하는 바에 따라 검토·평가한 후 사업계획을 제출한 자 중 협상대상자를 지정하여야 한다(법13② 전단). 이 경우 공익성이 높은 장기투자자금의 제공 등 주무관청의 원활한 사업시행에 부합하는 사업계획을 제출한 자에 대하여는 사업계획을 평가할 때 우대할 수 있다(법13② 후단). 주무관청은 지정된 협상대상자와 총사업비 및 사용기간 등 사업시행의 조건 등이 포함된 실시협약을 체결함으로써 사업시행자를 지정한다(법13③ 전단). 이 경우 대통령령으로 정하는 일정요건에 해당하는 사업시행자 지정에 관한 사항은 사전에 심의위원회의 심의를 거쳐야 한다(법13③ 후단). 사업시행자로 지정된 자는 관계법률에 따른 사업시행자로 본다(법13④). 사업시행자로 지정받은 자는 지정받은 날부터 대통령령으로 정하는 기간에 실시계획의 승인을 신청하여야 하며, 이 기간에 실시계획의 승인을 신청하지 아니하였을 때에는 사업시행자 지정의 효력을 상실한다(법13⑤ 본문). 다만, 주무관청은 불가피하다고 인정하는 경우에는 1년의 범위에서 한 번만 그 기간을 연장할 수 있다(법13⑤ 단서).

2. 사회기반시설의 관리·운영

민간투자사업으로 조성 또는 설치된 토지 및 사회기반시설은 실시협약에서 정하는 바에 따라 관리·운영되어야 한다(법24). 주무관청은 BTO방식 또는 BTL방식으로 사회기반시설사업을 시행한 사업시행자가 준공확인을 받은 경우에는 무상으로 사용·수익할 수 있는 기간 동안 해당 시설을 유지·관리하고 시설사용자로부터 사용료를 징수할 수 있는 사회기반시설관리운영권("관리운영권")을 그 사업시행자에게 설정할 수 있다(법26①). 관리운영권은 물권(物權)으로 보며, 민간투자법에 특별한 규정이 있는 경우를 제외하고는 민법 중 부동산에 관한 규정을 준용한다(법27①). 관리운영권을 분할 또는 합병하거나 처분하려는 경우에는 미리 주무관청의 승인을 받아야 한다(법27②).

3. 산업기반신용보증기금

민간투자사업자금이 원활하게 조달될 수 있도록 법 제34조 제1항 각 호의 금전채무를 보증하기 위하여 산업기반신용보증기금("기금")을 설치한다(법30①). 이 기금은 신용보증기금법에 따른 신용보증기금("관리기관")이 관리·운용한다(법30②). 기금은 ⅰ) 정부 및 지방자치단체의 출연금(제1호), ⅱ) 제1호 외의 자의 출연금(제2호), ⅲ) 보증료 수입(제3호), ⅳ) 기금의 운용수익(제4호), ⅴ) 금융회사 등 또는 다른 기금으로부터의 차입금(제5호)을 재원으로 조성한다(법31①), 기금은 ⅰ) 보증채무의 이행(제1호), ⅱ) 제31조 제1항 제5호의 차입금에 대한 원리금 상환(제2호), ⅲ) 기금의 조성·운용 및 관리를 위한 경비(제3호), ⅳ) 기금의 육성 및 민간투자제도의 발전을 위한 연구·개발(제4호), ⅴ) 그 밖에 대통령령으로 정하는 용도(제5호)8)에 사용한다(법32).

4. 사회기반시설투융자집합투자기구

(1) 투융자집합투자기구의 설립목적

사회기반시설사업에 자산을 투자하여 그 수익을 주주에게 배분하는 것을 목적으로 하는 사회기반시설투융자회사("투융자회사")를 설립하거나 그 수익을 수익자에게 배분하는 것을 목적으로 하는 사회기반시설투융자신탁("투융자신탁")을 설정할 수 있다(법41①). 투융자회사와 투융자신탁("투융자집합투자기구")은 각각 자본시장법에 따른 투자회사와 투자신탁으로 본다(법41②). 투융자집합투자기구는 자본시장법 제230조 제1항에 따른 환매금지형집합투자기구로 하여야 한다(법41③). 투융자집합투자기구는 민간투자법에서 특별히 정하는 경우를 제외하고는 자본시장법의 적용을 받는다(법41④).

---

8) "대통령령으로 정하는 용도"란 다음 각 호의 어느 하나에 해당하는 용도를 말한다(영28).
　　1. 금융회사등에의 예치
　　2. 자본시장법 제4조 제3항에 따른 국채증권, 지방채증권 및 특수채증권이나 정부 또는 금융회사등이 지급을 보증한 채권의 매입
　　3. 기획재정부장관이 필요하다고 인정하는 주식(출자증권을 포함), 사채, 그 밖의 증권의 인수 또는 매입
　　4. 그 밖에 기획재정부장관이 민간투자사업의 시행과 관련하여 필요하다고 인정하는 용도

(2) 자산운용의 범위

투융자집합투자기구는 ⅰ) 사회기반시설사업의 시행을 목적으로 하는 법인의 주식, 지분 및 채권의 취득(제1호), ⅱ) 사회기반시설사업의 시행을 목적으로 하는 법인에 대한 대출 및 대출채권의 취득(제2호), ⅲ) 하나의 사회기반시설사업의 시행을 목적으로 하는 법인에 대하여 제1호 또는 제2호의 방식으로 투자하는 것을 목적으로 하는 법인(투융자집합투자기구는 제외)에 대한 제1호 또는 제2호의 방식에 의한 투자(제3호), ⅳ) 그 밖에 금융위원회가 제1호부터 제3호까지의 목적을 달성하기 위하여 필요한 것으로 승인한 투자(제4호) 업무를 할 수 있다(법43①) 투융자집합투자기구는 위 업무를 하기 위하여 필요할 때에는 그 자산을 담보로 제공하거나 보증을 할 수 있다(법43②). 투융자집합투자기구는 여유자금을 ⅰ) 금융회사등에의 예치(제1호), ⅱ) 국채·공채의 매입(제2호), ⅲ) 대통령령으로 정하는 한도(영34의6＝해당 투융자집합투자기구가 금융회사등에 예치한 금액과 매입한 국채·공채의 가액을 합한 금액)에 따른 국채·공채와 동일한 신용등급의 채권 및 기업어음의 매입(제3호)의 방법으로 운용할 수 있다(법43③). 투융자집합투자기구는 자산을 제43조에 따라 투자하는 것 외의 업무를 수행할 수 없다(법42).

(3) 자금의 차입 및 사채의 발행

투융자집합투자기구는 운영자금이나 투자목적자금의 조달 등을 위하여 ⅰ) 투융자회사의 경우: 자본금의 30%(제1호), ⅱ) 투융자신탁의 경우: 수익증권 총액의 30%(제2호)의 구분에 따른 비율로 차입하거나 사채를 발행할 수 있다(법41의5① 본문, 영34의3). 다만, 투융자집합투자기구가 운영자금을 조달하기 위하여 차입하거나 사채를 발행하는 경우에는 주주총회 또는 수익자총회의 승인을 받아야 한다(법41의5① 단서). 자본시장법 제9조 제19항에 따른 사모집합투자기구에 해당하는 투융자집합투자기구에 대하여는 차입 또는 사채발행의 한도를 적용하지 아니한다(법41의5②)

(4) 주식 또는 수익증권의 상장

투융자회사 및 투융자신탁의 집합투자업자는 상장규정의 상장요건을 갖추게 되었을 때에는 그 주식 또는 수익증권을 증권시장에 상장하기 위한 절차를 지체 없이 진행하여야 한다(법41의8①). 기획재정부장관은 투융자회사 및 투융자신탁의 집합투자업자가 정당한 사유 없이 증권시장에 상장하기 위한 절차를 진행하지 아니하는 경우에는 기간을 정하여 그 이행을 명할 수 있다(법41의8②).

Ⅱ. 정부 지원

1. 재정지원

국가나 지방자치단체는 귀속시설사업을 원활하게 시행하기 위하여 필요하면 ⅰ) 법인의 해산을 방지하기 위하여 불가피한 경우(제1호), ⅱ) 사용료를 적정 수준으로 유지하기 위하여 불가피한 경우(제2호), ⅲ) 용지보상비가 지나치게 많이 들어 사업의 수익성이 떨어짐으로써 민간자본 유치가 어려운 경우(제3호), ⅳ) 실제 운영수입(해당 시설의 수요량에 사용료를 곱한 금액)이 실시협약에서 정한 추정 운영수입에 훨씬 못 미쳐 해당 시설의 운영이 어려운 경우(제4호), ⅴ) 민간투자사업에 포함된 시설사업 중 그 자체만으로는 민간투자사업으로서의 수익성이 적으나 전체 사업과 함께 시행되면 공사기간이나 경비가 크게 줄어드는 등 사업의 효율성을 높일 수 있는 시설사업에 대하여 사전에 보조금의 지급 또는 장기대부가 이루어지지 아니하면 그 민간투자사업을 원활하게 시행하기가 어렵다고 판단되는 경우(제5호), ⅵ) 지나친 환율 변동으로 인하여 사업시행자가 타인자본으로 조달하는 건설자금용 외화차입금에 대한 환차손이 발생한 경우(제6호)에는 민간투자심의위원회의 심의를 거쳐 시설의 건설 또는 운영기간 중 예산의 범위에서 사업시행자에게 보조금을 지급하거나 장기대부를 할 수 있다(법53, 영37① 본문). 다만, 지방자치단체의 예산으로 보조금을 지급하거나 장기대부를 하는 경우 또는 국가의 보조금이 300억원 미만인 지방자치단체의 사업인 경우에는 심의위원회의 심의를 거치지 아니한다(법53, 영37① 단서).

2. 부담금 등의 감면

민간투자사업의 시행을 위하여 해당 사업예정지역에 있는 농지 또는 산지의 전용이 필요한 경우에는 사업시행자에게 농지법 또는 산지관리법에서 정하는 바에 따라 농지보전부담금 또는 대체산림자원조성비를 감면할 수 있다(법56①). 사업시행자가 민간투자사업을 시행할 때에는 개발이익환수에 관한 법률 또는 수도권정비계획법에서 정하는 바에 따라 개발부담금 또는 과밀부담금을 감면할 수 있다(법56②).

3. 조세감면

국가 또는 지방자치단체는 민간투자를 촉진하기 위하여 조세특례제한법 또는 지방세특례제한법에서 정하는 바에 따라 조세를 감면할 수 있다(법57).

4. 금융관련 규제완화

국가 및 지방자치단체 또는 관련 감독기관은 민간투자사업과 관련하여 공정거래법, 보험업법, 자본시장법, 은행법, 금융산업의 구조개선에 관한 법률, 금융지주회사법 등이 정하는 바에 따라 별표 10과 같이 금융관련 규정 적용의 예외를 인정할 수 있다(일반지침155).

Ⅲ. 민간투자사업에서의 행정계획

민간투자법에서 규정하는 행정계획으로는 민간투자사업기본계획("기본계획")과 민간투자시설사업기본계획("시설사업기본계획")이 있다. 기획재정부장관이 고시하는 민간투자사업기본계획(법7)은 민간투자사업과 관련한 정책 방향을 제시하는 계획이고, 주무관청이 고시하는 민간투자시설사업기본계획(법10)은 구체적인 사업추진을 위한 점에 차이가 있다.

1. 기본계획

(1) 기본계획의 수립 및 고시

정부는 국토의 균형개발과 산업의 경쟁력 강화 및 국민생활의 편익 증진을 도모할 수 있도록 사회기반시설에 대한 기본계획을 수립하고, 이를 공고(인터넷에 게재하는 방식에 의하는 경우를 포함)하여야 한다(법7①). 기본계획은 사회기반시설과 관련된 중기·장기계획 및 국가투자사업의 우선순위에 부합되도록 하여야 하며, 민간의 창의와 효율이 발휘될 수 있는 여건을 조성하면서 공공성이 유지되도록 노력하여야 한다(법7②). 기본계획에는 ⅰ) 사회기반시설의 분야별 민간투자정책방향(제1호), ⅱ) 민간투자사업 또는 민간투자대상사업의 투자 범위·방법 및 조건에 관한 사항(제2호), iii) 민간투자사업의 관리 · 운영에 관한 사항(제3호), iv) 민간투자사업의 지원에 관한 사항(제4호), ⅴ) 그 밖에 민간투자사업과 관련된 정책사항(제5호)이 포함되어야 한다(법8).

기본계획은 기획재정부장관이 관계 중앙행정기관의 장과 협의하고 심의위원회의 심의를 거쳐 수립한다(법5① 전단). 수립한 기본계획을 변경(심의위원회가 정한 경미한 사항의 변경은 제외)하려는 경우에도 또한 같다(영5① 후단). 관계 중앙행정기관의 장은 기본계획에 포함할 사항이 있는 경우에는 그 내용을 매년 10월 31일까지 기획재정부장관에게 통보하여야 한다(영5②).

기본계획의 수립 · 변경시 효력의 발생시점은「행정 효율과 협업촉진에 관한 규정」제6조 제3항9)에 따라 기본계획의 공고 시에 효력발생시기를 구체적으로 밝히지 않고 있으면 공고가 있은 날로부터 5일이 경과한 때에 효력이 발생한다.

(2) 기본계획의 법적 성질

기본계획의 법적 성질은 장기적 · 종합적인 기본계획으로서 비구속적 행정계획에 해당한다고 할 수 있다. 따라서 기본계획은 계획이 수립된 것만으로는 사업시행자에 대한 구체적인 권리 · 의무 관계에 직접적인 영향을 미치지 않고, 민간투자사업을 시행함에 있어 사업시행자와 실시협약의 체결을 위한 행정청 내부기준을 제시하는 것에 불과하므로 원칙적으로 행정기관과 관련 기관만을 구속하는 대내적 구속력만 가질 뿐 대외적인 구속력은 인정되지 않는다.

그러나 기본계획의 비구속적 행정계획의 법적 성질에도 불구하고 "주무관청은 사회기반시설 사업의 추진을 위하여 민간부문의 투자가 필요하다고 인정할 때에는 해당 연도 대상사업으로 지정된 후 1년 이내에 기본계획에 따라 시설사업기본계획을 수립하여야 한다(법10① 본문)"고 규정하여 시설사업기본계획을 통하여 구속력이 인정되고,10) 실시협약에서 협약당사자가 기본계획을 협약의 내용

---

9) 행정 효율과 협업 촉진에 관한 규정 제6조(문서의 성립 및 효력 발생) ① 문서는 결재권자가 해당 문서에 서명(전자이미지서명, 전자문자서명 및 행정전자서명을 포함)의 방식으로 결재함으로써 성립한다.
② 문서는 수신자에게 도달(전자문서의 경우는 수신자가 관리하거나 지정한 전자적 시스템 등에 입력되는 것)됨으로써 효력을 발생한다.
③ 제2항에도 불구하고 공고문서는 그 문서에서 효력발생 시기를 구체적으로 밝히고 있지 않으면 그 고시 또는 공고 등이 있은 날부터 5일이 경과한 때에 효력이 발생한다.
10) 시설사업기본계획은 주무관청이 개별사업에 있어서 사업조건 및 사업제안조건 등을 정한

으로 편입하기로 합의한 것으로 볼 수 있는 경우에는 기본계획의 구속력이 인정
될 수 있다.[11] 또한 기본계획의 내용에는 민간투자사업의 정책방향이나 사업시
행 방식 등에 대한 지침에 해당하는 것만이 아니라 민간투자사업의 추진절차, 민
간투자사업의 제도에 관한 사항, 사업시행자의 자기자본비율, 자금재조달에 따른
이익 공유, 해지시지급금의 산정방식, 임대형 민자사업에서 시설운영서비스 평가
와 임대료 차감 등 민간투자사업에 참여하고자 하는 국민의 권리, 의무에 영향을
미치는 사항들이 다수 포함되어 있다. 따라서 기본계획을 일률적으로 비구속적
행정계획으로만 볼 것이 아니라 사실상 국민의 권리, 의무에 영향을 미치는 내용
에 대하여는 구속적 행정계획으로 인정할 필요가 있다.

　　결론적으로 말하면 구속적 행정계획으로 인정될 수 있는 기본계획의 본질적
인 일부 내용은 민간투자법 및 같은 법 시행령에서 규정되어야 할 것이며, 본질
적이지 않은 세부사항들에 대해서는 기본계획에서 규정하는 것이 올바른 입법의
형태가 될 것이다.[12]

2. 시설사업기본계획

(1) 시설사업기본계획의 수립 및 고시

　　시설사업기본계획이란 "민간투자법에 의거하여 기획재정부 장관이 수립한
기본계획에 따라 민간투자 대상사업으로 지정이 되면 관계 법령에 의거 당해 사
회기반시설사업의 업무를 관장하는 행정기관의 장인 주무관청이 민간투자대상으
로 지정된 당해 사업에 대하여 기본계획을 수립하는 것"을 말한다.[13]

　　주무관청은 사회기반시설사업의 추진을 위하여 민간부문의 투자가 필요하
다고 인정할 때에는 해당 연도 대상사업으로 지정된 후 1년 이내에 기본계획에
따라 시설사업기본계획을 수립하여야 한다(법10① 본문). 다만, 불가피한 사유가

　　것으로서 사업시행자의 선정, 자격요건에 관한 사항 등 사업시행자의 권리나 지위에 직접
　　적으로 관련되는 사항을 정하고 있고 주무관청은 이에 따라 평가, 선정 등의 일련의 절차
　　및 행위를 하여야 하므로 이는 사업에 참여하는 국민이나 행정기관을 모두 구속하는 "구
　　속적 행정계획"이라고 할 것이다. 법원도 시설사업기본계획에서 정한 평가기준에 어긋난
　　평가결과를 기초로 우선협상대상자를 지정한 경우 그러한 우선협상대상자 지정처분은 위
　　법하다고 판시하여 시설사업기본계획의 구속력을 인정하고 있다(서울고등법원 2004. 6.
　　24. 선고 2003누6483 판결 참조).
11) 부산고등법원 2015. 9. 23. 선고 2014누22397 판결.
12) 김현일(2019), 41-42쪽.
13) 김현일(2019), 42쪽.

있는 경우에는 1년의 범위에서 이를 연장할 수 있다(법10① 단서). 시설사업기본
계획에는 ⅰ) 대상사업의 추정투자금액, 건설기간, 예정지역 및 규모 등에 관한
사항(제1호), ⅱ) 대상사업에 대한 예비타당성 및 타당성 조사결과에 관한 사항
(제2호), ⅲ) 사용료, 부대사업 등 사업시행자의 수익에 관한 사항(제3호), ⅳ) 귀
속시설 여부 등 민간투자사업의 추진방식에 관한 사항(제4호), ⅴ) 재정지원의 규
모 및 방식 등 국가 또는 지방자치단체의 지원에 관한 사항(제5호), ⅵ) 민간투자
사업에 의하여 건설된 사회기반시설의 관리·운영에 관한 사항(제6호), ⅶ) 사업
시행자의 자격요건에 관한 사항(제7호), ⅷ) 그 밖에 주무관청이 필요하다고 인정
하는 사항(제8호)이 포함되어야 한다(법11①).

시설사업기본계획을 수립할 때 대통령령으로 정하는 일정요건에 해당하는
시설사업기본계획은 미리 심의위원회의 심의를 거쳐야 한다(법10② 본문). 주무관
청은 시설사업기본계획을 수립 또는 변경하였을 때에는 이를 고시하여야 한다
(법10③). 주무관청은 시설사업기본계획을 고시한 후 사업계획의 제출이 없는 경
우에는 한 번만 시설사업기본계획을 재고시할 수 있다(법10④ 전단). 이 경우 시
설사업기본계획의 재고시는 이미 고시된 시설사업기본계획에 따른 사업계획의
제출 마감일부터 6개월 이내에 하여야 한다(법10④ 후단).

(2) 시설사업기본계획의 법적 성질

시설사업기본계획은 사업시행자의 수익에 관한 사항이나 자격요건에 관한
사항 등 사업시행자의 권리나 지위에 직접적으로 관련되는 사항을 정하고 있으
며, 주무관청은 시설사업기본계획을 수립하거나 변경하였을 때에는 그 주요 내
용을 관보와 세 개 이상의 일간지에 게재하여야 한다(법10③, 영10)고 규정하는
등 국민이나 행정기관에 대하여 직접적으로 구속력을 갖는 구속적 행정계획이라
고 할 수 있으며, 민간투자법 제11조에서는 시설사업기본계획에 들어갈 내용을
규정하고 있으며, 민간투자법에 의하여 시설사업기본계획이 수립되고 있다는 점
을 고려하면 법령보충적 행정규칙[14]으로서의 기능을 한다고 보아야 할 것이

---

14) 상급행정기관이 하급행정기관에 대하여 업무처리지침이나 법령의 해석적용에 관한 기준
을 정하여서 발하는 이른바 행정규칙은 일반적으로 행정조직 내부에서만 효력을 가질 뿐
대외적인 구속력을 갖는 것은 아니지만, 법령의 규정이 특정행정기관에게 그 법령내용의
구체적 사항을 정할 수 있는 권한을 부여하면서 그 권한행사의 절차나 방법을 특정하고
있지 아니한 관계로 수임행정기관이 행정규칙의 형식으로 그 법령의 내용이 될 사항을 구

다.15)

법원도 "사업계획평가단의 잘못된 평가결과를 기초로 우선협상대상자를 지정한 이 사건 처분은 사업계획의 조건 및 평가와 관련된 정보를 공개하고 공정하고 투명한 평가를 실시하여야 한다는 위 시설사업기본계획 소정의 사업계획평가원칙에도 반하는 것이다. 결국 이 사건 처분은 사실을 오인한 나머지 위 시설사업기본계획 소정의 평가기준에 어긋난 평가결과를 기초로 한 것이므로 재량권을 일탈·남용한 것으로서 위법하다."라고 판시16)하여 시설사업기본계획의 구속력을 인정하고 있다. 즉 민간투자사업기본계획의 비구속성 때문에 협상대상자 지정이나 실시협약의 체결 등도 민간투자사업기본계획의 내용에 반하여도 위법한 것은 아니나, 시설사업기본계획에 반하는 협상대상자 선정을 위한 평가 기준이나 항목, 절차 등은 구속력을 가지는 전형적인 예에 해당하고, 이를 위반하는 경우에는 특별한 사정이 없는 한 무효라고 할 것이다.

시설사업기본계획은 주무관청이 정한 사업시행조건 등을 규정한 구속력 있는 행정계획으로 고시에 법규성과 대외적 구속력을 인정함으로써 민간투자사업의 투명성을 보장할 수 있다. 또한 사후에 이루어지는 협상대상자 지정과 사업시행자 지정행위에 대하여 차순위 협상대상자가 제기한 행정쟁송 등 권리구제절차에서 법원은 고시가 정하는 기준이나 내용에 위반하는 경우 협상대상자 및 사업시행자지정행위의 위법성을 인정할 수 있다.

Ⅳ. 감독

1. 감독 · 명령

주무관청은 사업시행자의 자유로운 경영활동을 저해하지 아니하는 범위에서 대통령령으로 정하는 경우에 한정하여 사업시행자의 민간투자사업과 관련된 업무를 감독하고 감독에 필요한 명령을 할 수 있다(법45①). 기획재정부장관은 기

체적으로 정하고 있다면 그와 같은 행정규칙,.규정은 행정규칙이 갖는 일반적 효력으로서가 아니라, 행정기관에 법령의 구체적 내용을 보충할 권한을 부여한 법령규정의 효력에 의하여 그 내용을 보충하는 기능을 갖게 된다 할 것이므로 이와 같은 행정규칙, 규정은 당해 법령의 위임한계를 벗어나지 아니하는 한 그것들과 결합하여 대외적인 구속력이 있는 법규명령으로서의 효력을 갖게 된다(대법원 1987. 9. 29. 선고 86누484 판결).

15) 김현일(2019), 43~44쪽.

16) 서울고등법원 2004. 6. 24. 선고 2003누6483 판결.

274 제 2 편 부동산 프로젝트금융(PF)

금의 업무에 관하여 관리기관을 감독하고 감독에 필요한 명령을 할 수 있다(법45
②).

2. 법령 위반 등에 대한 처분

주무관청은 ⅰ) 거짓이나 그 밖의 부정한 방법으로 이 법에 따른 지정·승
인·확인 등을 받은 경우(제1호), ⅱ) 민간투자법 또는 민간투자법에 따른 명령이
나 처분을 위반한 경우(제2호), ⅲ) 사업시행자가 실시계획에서 정한 사업기간에
정당한 사유 없이 공사를 시작하지 아니하거나 공사 시작 후 사업시행을 지연
또는 기피하여 사업의 계속 시행이 불가능하다고 인정되는 경우(제3호), ⅳ) 법
제14조 제3항에 따라 설립된 법인이 제14조 제4항을 위반한 경우(제4호)에는 그
위반행위를 한 자에게 이 법에 따른 명령이나 처분의 취소 또는 변경, 사회기반
시설공사의 중지·변경, 시설물 또는 물건의 개축·변경·이전·제거 또는 원상회
복을 명하거나 그 밖에 필요한 처분을 할 수 있다(법46).

3. 부정당업자의 민간투자사업 참가자격 제한

주무관청은 경쟁의 공정한 집행 또는 실시협약의 적정한 이행을 해칠 염려
가 있거나 그 밖에 민간투자사업에 참가시키는 것이 부적합하다고 인정되는 자
에 대하여는 2년의 범위에서 대통령령으로 정하는 바에 따라 민간투자사업 참가
자격을 제한하여야 하며, 이를 즉시 다른 주무관청에 통보하여야 한다(법46의2).

4. 공익을 위한 처분

주무관청은 ⅰ) 사회기반시설의 상황 변경이나 효율적 운영 등 공공의 이익
을 위하여 필요한 경우(제1호), ⅱ) 사회기반시설공사를 원활히 추진하기 위하여
필요한 경우(제2호), ⅲ) 전쟁, 천재지변 또는 그 밖에 이에 준하는 사태가 발생
한 경우(제3호)에는 민간투자법에 따른 지정·승인·확인 등을 받은 자에 대하여
제46조에 따른 처분을 할 수 있다(법47① 전단). 이 경우 심의위원회의 심의를 거
쳐 지정된 사업에 대하여는 심의위원회의 심의를 거쳐야 한다(법47① 후단).

5. 사업시행자의 지정취소에 따른 조치

주무관청은 제46조 및 제47조에 따라 사업시행자의 지정을 취소한 경우에

는 해당 민간투자사업을 직접 시행하거나 제13조에 따라 새로운 사업시행자를 지정하여 계속 시행하게 할 수 있다(법49).

제3절 민간투자사업 추진절차

Ⅰ. 대상사업 지정과 추진구조

1. 민간투자사업 대상

사회간접자본은 좁은 의미로는 도로, 철도, 항만, 통신, 전력, 용수 등 직접적으로 재화와 서비스의 생산에 사용되기보다는 간접적으로 생산활동을 지원하고 촉진하는 자본시설로 정의하고, 넓은 의미로는 기업생산과 국민생활에 필수불가결한 서비스의 생산과 관련된 시설로서 일반적으로 정부가 소유하거나 정부의 통제를 받아야 하는 사회적 성격의 자본시설로 정의된다.[17] 민간투자 관련 법률도 처음에는 "사회간접자본시설"이라는 용어를 사용하였다가 2005년 법명 개정시 "사회기반시설"이라는 용어를 사용한 이래 현재에 이르고 있다. 이와 같은 정의 규정은 법명 변경 전과 후에 아무런 차이가 없고, 법명의 변경과 함께 추가로 나열된 항목들도 그 성격에 큰 차이가 없다는 점에서 민간투자법은 기본적으로 사회간접자본시설과 사회기반시설을 동일한 개념으로 본다고 할 수 있다.

민간투자사업은 사회기반시설의 신설·증설·개량 또는 운영에 관한 사업을 말하며, 민간투자법에서는 민간투자사업의 대상으로서의 사회기반시설에 대하여 각종 생산활동의 기반이 되는 시설, 해당 시설의 효용을 증진시키거나 이용자의 편의를 도모하는 시설 및 국민생활의 편익을 증진시키는 시설로서, ⅰ) 도로, 철도, 항만, 하수도, 하수·분뇨·폐기물처리시설, 재이용시설 등 경제활동의 기반이 되는 시설(가목), ⅱ) 유치원, 학교, 도서관, 과학관, 복합문화시설, 공공보건의료시설 등 사회서비스의 제공을 위하여 필요한 시설(나목), ⅲ) 공공청사, 보훈시설, 방재시설, 병영시설 등 국가 또는 지방자치단체의 업무수행을 위하여 필요한

---

17) 손재영(1994), "사회간접자본 정책의 성과와 문제", 지역연구 제10권 제1호(1994. 6), 106쪽.

공용시설 또는 생활체육시설, 휴양시설 등 일반 공중의 이용을 위하여 제공하는 공공용 시설(다목)의 어느 하나에 해당하는 시설이라고 정의하고 있다(법2(1)). 민간투자법은 제2조 제1호에서 사회기반시설의 종류를 한정적으로 열거하고 있으며, 이 시설들은 모두 근거 법률을 두고 있다. 따라서 현행 민간투자법의 해석상 민간투자사업으로 추진하기 위해서는 기본적으로 당해 시설이 민간투자법이 규정하고 있는 대상시설의 범위 안에 반드시 포함되어야 한다. 또한 위 사업대상에 포함되지 않는 시설이라 할지라도 민간부분은 대상사업에 포함되지 아니한 사업으로서 민간투자방식으로 추진할 수 있는 사업을 제안할 수 있도록 규정(법9)하고 있어 사실상 민간투자사업의 대상은 광범위하다고 할 수 있다.

민간투자법과 같이 한정적 열거방식을 취하는 이유에 대하여는 민간투자제도를 유연하게 운영하지 못하는 경직성이 단점으로 지적될 수 있으나, 다른 한편으로는 민간투자법의 적용범위를 명확하게 규정함으로써 예측가능성과 법적 안정성을 확보할 수 있는 장점이 있기 때문인 것으로 보인다. 특히 실무적으로 민간투자사업을 추진함에 있어서 어떤 특정 사업이 사회기반시설에 해당하는지 또는 민간투자사업의 범위에 포함될 수 있는지에 대한 판단이 쉽지 않은 경우가 많다. 대상시설에 해당하는지 여부가 중요한 것은 민간투자법이 사회기반시설의 범위에 해당할 경우 사업수행을 위한 사업시행자를 사회기반시설의 조달 주체로 인정하여 공법상의 여러 가지 특례를 부여하고, 사인의 소유권에 제한을 가할 수 있는 토지수용권을 부여하는 등 강력한 권한을 부여하기 때문이다. 민간투자사업 대상사업으로 지정이 되면 민간투자법상의 많은 혜택을 볼 수 있기 때문에 엄격한 법률의 규정에 입각하여 민간투자사업 대상시설의 범위를 명확하게 파악하는 것은 매우 중요하다.

2. 민간투자사업의 절차: 재정사업과의 비교를 중심으로

민간투자법에 따른 절차는 대상사업의 선정을 위한 절차, 사업시행자지정 절차, 실시계획 승인절차 및 준공 이후 운영단계로 구성된다. 사업의 구상을 정부주도로 하는 정부고시사업인지, 민간이 하는 민간제안사업인지 여부에 따라, 사업시행자가 시설의 사용료를 직접 징수하는지 여부에 따라 세부적인 사업절차는 일부 상이할 수 있지만, 일반적인 추진절차는 아래와 같다.

사업의 선정단계에서 주무관청이 수행하여야 하는 타당성분석(법 제8조의2,

민간제안사업의 경우 동법 시행령 제7조에 따른 제안서검토)은 재정사업의 예비타당성
조사에 상응하는 절차이다.18) 예비타당성조사는 대규모 재정사업의 타당성에 관
한 객관적이고 중립적인 조사를 통해 투자 우선순위를 결정함으로써 재정운영의
효율성을 확보하고자 하는 제도이다. 여기서 타당성은 사회·경제적인 관점에서
평가된다. 타당성평가의 내용은 비용·편익 등 경제성 분석, 정책성 분석, 지역균
형발전 결과를 토대로 한 계층화분석법(AHP)을 토대로 수행된다. 민간투자사업
은 예비타당성조사에서 수행하는 계층화분석법(AHP)에 더하여, 재정사업에 비하
여 민간투자사업이 적격한지(Value for Money의 확보) 여부 등을 추가적으로 분석
한다는 점에 차이가 있다(일반지침65).

시설사업기본계획(정부고시사업)의 고시와 제3자 제안공고(민간제안사업)는
재정사업에서의 입찰공고에 상응하는 절차이다. 「국가를 당사자로 하는 계약에
관한 법률」("국가계약법")은 낙찰자를 결정하기 위한 입찰공고 절차를 마련하고
있다(국가계약법 제8조 이하). 경쟁을 통해 계약상대방의 결정을 원칙으로 한다는
점에서는 양자가 동일하나, 민간투자사업의 경우에는 협상절차를 필수화하고 있
다는 점에 차이가 있다. 재정사업에서 과업의 범위는 설계나 시공 또는 설계 및
시공(설계·시공 일괄입찰)으로 사회기반시설의 준공까지를 예정한다. 민간투자사
업은 사업시행자가 설계·시공 및 운영업무를 일괄적으로 수행한다는 점에서 재
정사업과 평가요소와 계약내용에 있어서 차이가 있다.19)

주무관청은 우선협상대상자와 총사업비, 사용기간 등 사업시행 조건을 협상
하여 실시협약을 체결함으로써 사업시행자를 지정(법13③ 전단)한다. 이후 사업시
행자는 교통영향평가, 환경영향평가 등 관련법률에 따른 사전절차의 결과를 반영
하여 주무관청에 실시계획 승인을 신청하고, 이에 따라 주무관청이 실시계획을
승인하면(법13⑤ 본문), 사업시행자는 실시협약에서 정한 바에 따라 공사를 착수하

---

18) 국가재정법의 위임에 따라 마련된 「예비타당성조사 운용지침」(기획재정부훈령 제435호,
 2019. 4. 25. 제정)은 다음과 같이 규정한다. 예비타당성조사는 국가직접시행사업, 국가대
 행사업, 지방자치단체보조사업, 민간투자사업 등 정부 재정지원이 포함되는 모든 사업을
 대상으로 한다(동 지침15①). 민간투자사업 중 정부고시사업에 대한 예비타당성조사를 수
 행하는 경우 한국개발연구원 공공투자관리센터에서 사회기반시설에 대한 민간투자법에
 따라 수행하는 타당성분석을 함께 실시할 수 있다(동 지침15②). 다만, 민간투자사업 중
 민간제안사업은 한국개발연구원 공공투자관리센터가 수행하는 적격성조사 또는 제안서
 검토를 받은 경우 예비타당성조사를 받은 것으로 본다(동 지침15③).
19) 이지현(2019), "민간투자법의 법적 성질에 관한 연구", 서울대학교 대학원 석사학위논문
 (2019. 8), 25-27쪽.

고 시행한 후 준공확인을 받는다(법22①). 준공확인은 관리운영권의 전제로서 기능하며, 이를 위해 민간투자법에서도 별도로 준공확인 절차를 마련하고 있다.

3. 민간투자사업 추진구조

주무관청은 민간부문과 실시협약을 체결함으로써 사회기반시설의 건설과 운영에 관한 공법상 권한을 부여한다. 민간투자법은 "주무관청은 협상대상자와 총사업비 및 사용기간 등 사업시행의 조건 등이 포함된 실시협약을 체결함으로써 사업시행자를 지정한다(법13③ 전단)"고 규정하여 계약체결과 행정처분이 동시에 발생하는 구조를 취하고 있다. 이때 사업시행자는 법인이거나 법인 설립을 조건으로 지정된다(법14). 기존 법인을 통한 민간투자사업도 법적으로 허용되지만, 통상적으로 특수목적법인(SPC)의 설립을 통해 사업이 추진된다. 건설회사와 은행, 보험사, 연기금, 인프라 펀드 등 재무적 투자자는 SPC에 지분을 출자함으로써 사업에 참여한다.[20] 건설회사는 시공이윤을 주된 목적으로 사업에 참여하고, 전문 운영사는 운영수익을 주된 목적으로 사업에 참여한다. 재무적 투자자는 출자와 함께 대출약정을 통해 이자수익을 향유하고자 하는 목적으로 사업에 참여한다.[21]

법인인 사업시행자는 해당 SPC의 미래 현금흐름을 차입금 상환재원으로 하여 자금을 조달한 후 설계·시공·운영을 하고, 운영기간에 걸쳐 투자금을 회수한다. 투자금의 회수방식으로는 이용자들로부터 사용료를 직접 징수하는 방식(대표적으로 BTO 방식)[22]과 주무관청으로부터 고정적으로 지급받는 정부지급금 방식(BTL 방식)으로 분류된다(법4(1)(2)). 민간투자법은 사업시행자의 수익확보를 위하여 시설의 이용자로부터 사용료를 직접 징수할 수 있는 권한을 부여하고 있다(법25④ 전단). 고속도로, 도시철도는 이용자들로부터 사용료를 징수함으로써 투자비를 회수하는 BTO방식의 대표적인 예이다. 사용료는 무상사용기간 동안 사업시행자가 투자한 총사업비(건설비용)와 운영비용을 보전하고 일정 수익률을 얻는 범위 내에서 결정된다. 수요에 따라 운영수입이 변동될 위험이 높기 때문에 BTO 방식에 비하여 상대적으로 높은 수익률이 인정된다. 사회기반시설 중 사용료 부

---

20) 경우에 따라서 설계회사가 출자자로 참여하기도 한다.
21) 이지현(2019), 28쪽.
22) 그 외에 BOT(Build-Operate-Trasfer)방식, BOO(Build-Own-Operate)방식으로도 추진이 가능하나(법4), 대부분의 사업이 BTO 또는 BTL 방식으로 추진된다.

과로 투자비 회수가 어려운 시설(예: 도서관, 학교)은 주무관청이 해당시설을 임차하는 방식으로 실시협약을 체결하여 사업시행자에게 정부지급금을 지급함으로써 수익을 보장한다. 주무관청은 정부지급금으로 총사업비(건설비용)에 일정 수익률이 포함된 임대료와 약정된 운영비용을 지급한다. 민간투자법은 사업시행 조건을 협상대상으로 규정하고 있기 때문에(법13④) 사용료나 사업기간, 수익률의 상한이 제한되어 있지 않다. BTL방식에서 사업시행자의 운영범위는 실시협약을 통해 정해질 사항으로, 시설의 물리적·기능적 측면을 모두 포괄하는 경우도 있지만, 학교나 국립의료원 등의 경우처럼 시설의 기능적 서비스제공을 공공부문이 부담하는 것이 적절한 경우에는 물리적 유지관리에 국한되는 경우가 많다.23)

4. 정부고시사업과 민간제안사업

민간투자사업 진행 과정에서 주무관청과 협상대상자는 실시협약의 체결을 통하여 해당 시설의 설치 및 관리·운영과 관련한 내용을 확정하고, 이로써 상호간의 권리·의무 관계를 설정한다. 즉 민간투자사업은 주무관청과 협상대상자 사이에 체결된 실시협약에 정해진 바에 따라 진행된다. 민간투자사업은 민간투자법, 같은 법 시행령, 기본계획을 근거로 추진되며, 민간투자사업의 추진방식은 정부고시사업과 민간제안사업으로 구분된다.

II. 정부고시사업 추진절차

1. 정부고시사업

정부고시사업24)은 주무관청이 사회기반시설사업을 민간투자방식으로 추진하고자 하는 경우 이를 민간투자 대상사업으로 지정하여야 하며, 주무관청은 사회기반시설사업의 추진을 위하여 민간부분의 투자가 필요하다고 인정하는 때에는 당해 년도 대상사업으로 지정된 후 1년 이내에 사회기반시설에 대한 민간투자사업기본계획에 의하여 민간투자시설사업기본계획을 수립하여야 한다(법10①

23) 이지현(2019), 30-31쪽.
24) 정부고시사업의 민간투자사업 진행 세부절차는 민간투자사업기본계획 수립 및 고시(기획재정부)→민간투자 대상사업 지정→민간투자 시설사업기본계획 수립·고시(주무관청)→사업계획서제출(민간부문)→사업계획 검토→협상대상자 지정→실시협약 체결 등 사업시행자 지정→실시계획 승인→시설공사→준공확인→관리·운영의 순서로 진행된다.

본문). 주무관청은 시설사업기본계획을 수립 또는 변경한 때에는 대통령령이 정하는 바에 의하여 이를 고시하여야 하며(법10③), 시설사업기본계획을 고시한 후 사업계획의 제출이 없는 경우에는 이미 고시된 시설사업기본계획에 따른 사업계획의 제출마감일로부터 6개월 이내에 1회에 한하여 시설사업기본계획을 재고시할 수 있다(법10④).

민간투자사업을 시행하고자 하는 자는 민간투자시설사업기본계획에 따라 ⅰ) 사업계획의 내용[기본사업계획 도서(圖書)를 포함](제1호), ⅱ) 총사업비 명세 및 자금조달계획(제2호), ⅲ) 무상사용기간 또는 소유·수익 기간 산정 명세(귀속시설만 해당)(제3호), ⅳ) 시설의 관리운영계획(제4호), ⅴ) 사용료 등 수입 및 지출계획(제5호), ⅵ) 부대사업을 시행하는 경우 그 내용 및 사유(제6호), ⅶ) 정부지원을 받으려는 경우 그 내용 및 사유(제7호), ⅷ) 시설사업기본계획을 변경하려는 경우 그 내용 및 사유(제8호), ⅸ) 그 밖에 주무관청이 필요하다고 인정하는 사항(제9호)이 포함된 사업계획서를 작성하여 주무관청에 제출하여야 하고(법13①, 영12), 사업계획서가 제출되게 되면 주무관청은 민간투자법 시행령 제13조 제1항 각 호에서 정하는 평가 항목에 따라 사업계획서를 검토·평가한 후 사업계획서를 제출한 자 중에서 협상대상자를 지정하고(법13② 전단), 이 경우 공익성이 높은 장기투자자금의 제공 등 주무관청의 원활한 사업시행에 부합하는 사업계획을 제출한 자에 대하여는 사업계획을 평가할 때 우대할 수 있다(법13② 후단). 주무관청은 협상대상자와의 협상을 통하여 총사업비 및 사용기간 등 사업시행의 조건 등이 포함된 실시협약을 체결함으로써 사업시행자를 지정한다(법13③ 전단).

우선협상대상자와 주무관청은 실시협약 체결을 위하여 일정기간(통상 6개월에서 1년) 동안 협상을 거치는데 협상의 내용은 총사업비 등 사업시행의 조건 등을 포함하여 사업내용 전반에 걸치게 되며, 협상은 주무관청과 우선협상대상자가 직접하는 경우도 있고, 한국개발연구원 공공투자관리센터가 민간투자제도에 대한 전문성을 바탕으로 주무관청을 지원하고, 협상 절차의 공정성과 객관성을 담보하기 위하여 대행업무를 하는 경우도 있다.[25]

주무관청은 민간투자사업을 지정함에 있어 「민간투자사업 추진 일반지침」 제4조(민간투자사업 지정의 일반원칙)가 규정하는 수익자부담능력 원칙(제1

---

25) 한국개발연구원 공공투자관리센터, 「2013년도 공공투자관리센터 연차보고서」(2014. 3), 73쪽.

호),26) 수익성 원칙(제2호),27) 사업편익의 원칙(제3호),28) 효율성 원칙(제4호)29)을 고려하여 ⅰ) 사회기반시설과 관련된 중기·장기 계획 및 국가투자사업의 우선순위에 부합하고, ⅱ) 민간부문의 참여가 가능할 정도의 수익성이 있는 사업을 대상사업으로 지정한다(일반지침5②). 주무관청은 ⅰ) 총사업비가 2천억원 이상인 사업의 경우에는 타당성 분석 결과 및 이에 대한 공공투자관리센터의 장의 검토의견을 첨부하여 기획재정부장관에게 심의위원회 심의를 요청하여야 하며(이 경우 주무관청의 자체 심의위원회는 생략할 수 있다)(제1호), ⅱ) 제1호 이외의 사업에 대하여는 심의위원회 심의없이 주무관청이 제5조(정부고시사업의 지정)30) 및 제65조(타당성분석)에 의한 결과에 따라 자체적으로 민간투자대상사업을 지정한다(제2호)(일반지침66①).

2. 대상사업의 지정

(1) 예비타당성조사

주무관청은 총사업비가 500억원 이상이고 그 중 300억원 이상을 국고로 지원하는 사업을 민간투자사업으로 추진하고자 하는 경우에는 국가재정법 제38조 제1항에 따른 예비타당성조사를 기획재정부장관에게 신청하여야 하며 국가재정법 제38조 제2항에 따라 예비타당성조사가 면제되는 사업("예타면제 사업")은 예비타당성조사 면제요구를 함께 하여야 한다. 다만, 기 착공된 재정사업을 민간투자사업으로 전환하는 경우에는 예비타당성조사 절차를 생략할 수 있다(일반지침

---

26) 기존 저부담 이용시설에 대비해 양질의 서비스 제공이 가능하고, 이용자가 이와 같은 고편익에 상응하여 고부담 사용료를 부담할 의사가 있다고 판단되는 사업(제1호).

27) 정부가 허용 가능하고 이용자가 지불 가능한 사용료, 정부가 지원 가능한 건설보조금 범위 내에서 민간사업자의 투자를 충족시킬 수 있는 수익률을 확보할 수 있는 사업(제2호).

28) 정부 재정사업 추진 시 예산제약 등으로 조기 시설건설과 서비스 제공이 어려우나 민간투자사업으로 추진 시 목표 연도 내 사업을 완료함으로써 사업편익의 조기 창출 효과가 기대되는 사업(제3호).

29) 민간의 창의·효율을 활용함으로써 재정사업으로 추진하는 경우에 비해 사업편익 증진 및 사업비용 경감, 정부재정시설과의 경쟁 촉진으로 서비스질 제고 등이 기대되는 사업(제4호).

30) 정부고시사업은 민간투자사업 지정의 일반원칙과 ⅰ) 민간투자법 제2조 제1호에 의한 사회기반시설일 것, ⅱ) 사회기반시설과 관련된 중장기계획 및 국가투자사업의 우선순위에 부합하여야 한다. 또한 예비타당성조사단계에서 민간투자사업으로 추진 가능성이 있다고 판단되는 재정사업에 대해서는 재정여건, 사용료 수준, 그 밖에 정책방향 등을 고려하여 민자적격성 판단을 거쳐 정부고시사업으로 추진하여야 한다(민간투자사업기본계획 제5조 제2항 및 제3항).

63①). 예비타당성조사를 신청받은 기획재정부장관은 국가재정법 시행령 제13조 및 「예비타당성조사 운용지침」에 따른 시행절차에 따라 예비타당성조사를 의뢰하여 해당 사업을 재정사업 또는 민간투자사업 중 어떤 방식으로 추진하는 것이 타당한지 여부에 대한 의견을 받아야 한다(일반지침63②).

(2) 재정추진 사업의 민자적격성 판단

기획재정부장관은 재정사업과 민간투자사업의 연계 강화 및 정부고시사업의 활성화를 위해 별표 6-1과 같이 필수 민자검토대상시설에 해당하는 사업에 대해서는 예비타당성조사 단계에서 민자적격성 판단을 수행한 후 민간투자사업 전환 여부를 결정한다. 다만, 별표 6-1에 해당하는 시설이라도 사용료 수준, 수익성, 독립적 운영 가능성 등을 고려 민간투자사업 추진이 사실상 어려운 사업, 예타면제 사업 및 법 제4조 제2호 유형에 따른 민간투자사업[=수익형 민간투자사업(BTO) 방식]은 민자적격성 판단 대상에서 제외한다(일반지침64①).

민자적격성 판단은 예비타당성조사결과에 따라 정부실행대안과 민간투자대안을 비교분석하여 재정사업으로 추진하는 것보다 민간투자사업으로 추진하는 것이 적격한지 여부를 분석하는 방법으로 시행한다(일반지침64②).

(3) 타당성분석

주무관청은 민간투자대상사업을 지정하기 전에 법 제8조의2 제2항[31]에 따라 공공투자관리센터의 장 또는 전문기관에 의뢰하여 타당성 분석을 실시하여야 하며, 총사업비가 2천억원 이상인 수익형 정부고시 민자사업의 경우에는 타당성 분석[32] 결과에 대하여 공공투자관리센터의 장에게 검토를 의뢰하여야 하고, 공

---

31) 주무관청은 대상사업 중 대통령령으로 정하는 일정 규모 이상의 대상사업에 대하여는 그 사업에 대한 타당성분석을 한 후 심의위원회의 심의를 거쳐 지정하고, 그 타당성분석 결과를 요약하여 국회 소관 상임위원회와 예산결산특별위원회에 제출하여야 한다(법8의2 ②).

32) 타당성 분석은 다음 각 호와 같은 단계로 수행한다(일반지침65②).
　　1. 타당성 판단: 해당사업의 비용·편익 분석 등 경제성 분석, 정책성 분석, 지역균형발전 분석결과를 토대로 계층화분석법(AHP)으로 해당 사업의 추진 타당성이 확보되는지 여부를 판단. 다만, 예타 면제 판단을 받거나 예타비대상이면서 국가재정법 제38조 제2항 각호의 유형에 해당하는 등 타당성 판단의 실익이 없다고 인정되는 경우에는 제2호에 따른 적격성 판단 이전에 사업규모의 적정성을 검토하여야 한다.
　　2. 적격성 판단: 제1호에 따른 추진 타당성이 확보되는 경우 정부실행대안과 민간투자대

공투자관리센터의 장은 검토의견을 작성하여 주무관청과 기획재정부장관에게 제출하여야 한다. 다만, 타당성 분석은 예비타당성조사와 동일한 사업계획을 대상으로 수행해야 하며, 변경되는 사항이 예비타당성조사 또는 타당성재조사 요건에 해당하는 경우 이에 준하는 조사절차를 거쳐야 한다(일반지침65①).

(4) 민간투자대상사업의 지정

주무관청은 다음 각 호의 절차에 따라 민간투자대상사업을 지정하여야 한다(일반지침66①)

1. 총사업비가 2천억원 이상인 사업의 경우에는 타당성분석 결과 및 이에 대한 공공투자관리 센터의 장의 검토의견을 첨부하여 기획재정부장관에게 심의위원회 심의를 요청하여야 한다. 이 경우 주무관청의 자체 심의위원회의 심의는 생략할 수 있다.
2. 제1호 이외의 사업에 대하여는 심의위원회 심의 없이 주무관청이 제5조 및 제65조에 의한 결과에 따라 자체적으로 민간투자대상사업을 지정한다.

주무관청은 민간투자대상사업을 지정한 때에는 그 사실을 지체 없이 관보에 고시(인터넷에 게재하는 방식에 의하는 경우를 포함)하고, 그 사실을 기획재정부장관 및 공공투자관리센터의 장에게 통보하여야 한다(일반지침66②)

3. 시설사업기본계획의 수립 및 고시

(1) 시설사업기본계획의 수립

주무관청은 민간투자대상사업을 지정한 때에는 시설사업기본계획을 수립하여야 한다(일반지침67①). 주무관청은 시설사업기본계획을 수립하고자 하는 경우 민간투자심의위원회("심의위원회") 심의 요청 전 또는 고시 전에 관계부처와 협의

안을 비교 분석하여 재정사업으로 추진하는 것보다 민간투자사업으로 추진하는 것이 적격한지의 여부를 판단하되 정량적 분석 및 정성적 분석을 종합하여 판단하여야 한다.
3. 민간투자 실행대안 구축: 제2호에 따른 민간투자사업의 적격성이 확보되는 경우이거나 민간투자 사업으로의 추진 가능성이 있다고 판단되는 사업에 대하여 재무분석을 추가적으로 실시하여 적정 사업비, 사용료, 정부 재정지원규모 등을 산출하고 민간투자 실행대안을 제시하며, 실행가능한 부대·부속사업 발굴 및 민자적격성에 미치는 영향 등을 분석하여야 한다.

하여야 하며 이견 사항에 대해서는 사전에 조정하여야 한다(일반지침67②). 주무관청은 환경기준의 적정성 유지 및 자연환경의 보전을 위하여 환경영향평가법 제27조에 따라 환경부장관과 미리 협의하여야 한다(일반지침67③). 주무관청은 대상사업 지정 전에 시설사업기본계획안을 공공투자관리센터의 장에게 검토를 의뢰하여야 한다(일반지침68①).

(2) 시설사업기본계획의 내용

주무관청은 시설사업기본계획에 민간투자법 제11조 제1항 각호의 사항(=시설사업기본계획의 내용)이 포함되도록 하여야 한다(일반지침69①). 민간투자법 제11조 제1항 제7호에 따른 "사업시행자의 자격요건에 관한 사항"에는 ⅰ) 사업시행자의 자본금 요건, 사업의 규모·특성 등에 따라 탄력적으로 적용한 최다 출자자 및 상위출자자들의 지분율(제1호), ⅱ) 실체회사 또는 명목회사 등 회사의 형태(제2호)가 포함되어야 한다(일반지침69②).

민간투자법 제11조 제1항 제8호에 따른 "그 밖에 주무관청이 필요하다고 인정하는 사항"이란 ⅰ) 해당시설에 요구되는 구체적인 시설의 성능 및 서비스 수준 등 성과요구 수준(제1호), ⅱ) 협상대상자 지정 및 지정 취소 등에 관한 사항(제2호), ⅲ) 사업이행보장을 위한 입찰보증, 사업이행보증 등의 요구내용(제3호), ⅳ) 사업계획 제출형식 및 기한(제4호), ⅴ) 사업신청자가 단수인 경우의 협상대상자 결정 및 사업시행자 지정방법(제5호), ⅵ) 협상기한 및 실시협약 체결에 소요되는 기한(제6호), ⅶ) 시설사업기본계획 내용에 대한 민간의 변경제안에 관한 사항 등(제7호)을 의미한다(일반지침69③).

(3) 시설사업기본계획의 고시

주무관청은 총사업비가 2천억원 이상인 사업의 시설사업기본계획을 고시하고자 하는 경우에는 사전에 심의위원회의 심의를 거쳐야 하며 해당 계획의 주요사항을 영문으로 병행 게재하여야 한다(일반지침70①). 주무관청은 민간부문이 사업계획을 작성하여 주무관청에 제출할 수 있도록 최소 90일 이상의 기간을 정하여 시설사업기본계획을 고시하여야 한다. 다만, 긴급을 요하는 경우 등 사업규모·특성을 고려하여 필요하다고 인정되는 때에는 30일 이상의 기간 중 적정한 기간을 정하여 고시할 수 있다(일반지침70②).

주무관청은 총사업비가 2천억원 이상인 사업에 있어 시설사업기본계획 고시 후 총사업비가 30% 이상 변경되어 시설사업기본계획을 변경하여 재고시하여야 하는 경우에는 미리 심의위원회의 심의를 거쳐야 한다(일반지침70③). 주무관청은 시설사업기본계획을 고시할 경우 공공투자관리센터 등의 홈페이지에도 함께 게재하여야 한다(일반지침70④).

주무관청은 시설사업기본계획을 고시한 후 민간부문으로부터 사업계획의 제출이 없는 경우에는 이미 고시된 시설사업기본계획에 따른 사업계획의 제출마감일부터 6개월 이내에 한번만 재고시할 수 있다(일반지침70⑤).

4. 사업계획의 제출

(1) 민간부문의 사업신청

민간투자사업을 시행하고자 하는 자는 주무관청의 시설사업기본계획 고시 내용 등에 따라 사업계획을 작성하여 주무관청에 제출하여야 한다. 이 경우 법인 명의 또는 설립예정인 경우("설립예정법인")에는 그 대표자(대표법인을 포함)의 명의로 사업을 신청할 수 있다(일반지침73).

(2) 사업계획의 내용

민간투자사업을 시행하고자 하는 자는 영 제12조 각 호의 사항을 기재한 사업계획에 주무관청이 정하는 서류를 첨부하여 제출하여야 한다. 이 경우 같은 조 제9호에 따른 "기타 주무관청이 필요하다고 인정하는 사항"이란 ⅰ) 사업시행자의 구성에 관한 사항(제1호), ⅱ) 소요토지의 확보 계획(제2호), ⅲ) 공사시의 적용기술(제3호), ⅳ) 설립예정법인의 출자자들의 출자확약서, 금융회사등이 발행한 대출의향서 및 대출확약서 또는 조건부 대출확약서, 산업기반신용보증기금에서 발행한 보증의향서 등(제4호)이다(일반지침74).

(3) 사업신청자의 구성 등

사업신청자는 건설·운영의 경험·실적을 보유한 건설법인, 시설운영법인 및 재무적 투자자 등으로 구성할 수 있다(일반지침75①). 지방자치단체가 주무관청이 되는 사업에 대해 사업의 원활한 수행을 위해 필요하다고 인정되는 경우에는 지역중소업체에 대해 일정비율의 출자·시공 등의 참여를 유도하여 지역중소업체의 참여를 활성화할 수 있으며, 산업기반신용보증기금의 신용보증 공급시 지역중소업체의 건설자금 차입 등에 대해 우선 배려되도록 할 수 있다(일반지침 75②).

사업신청자는 사업이 원활하게 수행될 수 있도록 건전한 재무상태를 유지하여야 한다(일반지침75③). 사업신청자는 자본금 출자에 대해서는 각 출자자들의 출자확약서를 제출하여야 하며, 차입분에 대해서는 금융회사등의 대출의향서 또는 대출확약서, 산업기반신용보증기금의 보증의향서를 제출하여야 한다. 다만, 금융회사등이 출자자로 참여하는 경우에는 조건부 투자확약서 또는 출자의향서를 제출할 수 있으며, 이 경우 실시협약 체결시까지 투자확약서를 제출해야 한다(일반지침75④).

금융회사등과 산업기반신용보증기금 등은 동일 사업에 대한 복수의 사업신청자에 대해 대출의향서 또는 대출확약서, 보증의향서를 복수로 발급할 수 있다. 이 경우 금융회사등의 복수의 사업신청자에 대한 대출의향서의 발급은 3개 사업신청자에 한한다(일반지침75⑤). 그러나 금융회사등이 출자자로 참여하는 경우에는 해당 사업신청자 외에 다른 사업신청자에게 대출의향서를 발급할 수 없다(일반지침75⑥).

5. 사업계획의 검토 · 평가

(1) 참가자격사전심사

주무관청은 협상대상자의 선정에 있어서 민간의 제안비용 절감, 효율적인 평가 등을 위해 필요하다고 인정하는 경우에는 사업계획을 제출할 수 있는 자의 자격을 미리 심사("참가자격사전심사")하여 적격자를 선정할 수 있다(일반지침76①). 주무관청은 참가자격사전심사를 시행하고자 하는 경우에는 기술, 재원조달 능력 및 운영능력 등을 종합적으로 평가할 수 있는 참가자격사전심사기준을 정하여 시설사업기본계획에 포함하여 고시하여야 한다(일반지침76②). 참가자격사전심사기준에는 사업수행을 위하여 최소한으로 갖추어야 할 자격 및 능력에 관한 항목을 포함하여야 하며, 참가자격사전심사를 실시한 경우 일반지침 제78조에 따른 기술 · 가격 평가항목에는 이를 포함하지 아니한다(일반지침76③).

(2) 사업계획의 평가

주무관청은 법 제13조 제2항33) 및 영 제13조(사업계획의 검토·평가)에 따라 사업계획을 공정하게 평가하여 당해 사업을 수행할 수 있는 능력을 보유하고 있는 협상대상자를 지정하여야 한다(일반지침77①). 주무관청은 사업계획을 평가할 때 공공투자관리센터의 장이 작성하여 공표한 사업계획 평가관리에 관한 세부요령을 활용할 수 있다(일반지침77②).

(3) 평가요소의 구성

사업계획의 평가요소는 기술과 가격 요소 위주로 구성하며 상호 중복·상충되지 않도록 한다(일반지침78①). 가격요소는 총사업비, 수익률, 수요량, 사용료, 운영비용, 재정지원금 등의 가격요소를 동등한 조건으로 변환하여 사용료, 재정지원금 중심으로 평가하는 등 가격경쟁을 유도할 수 있는 요소를 중심으로 평가한다(일반지침78②). 사업신청자가 갖추어야 할 필수적인 자격이나 능력에 관한 사항은 참가자격사전심사를 할 때 심사하거나, 참가자격사전심사를 하지 않는 경우에는 시설사업기본계획에 사업신청 자격요건으로 명시하여 심사하여야 한다(일반지침78③).

(4) 평가 배점 및 기준

주무관청은 사업의 특성에 따라 영 제13조 제1항에 따른 평가항목을 적정하게 조정하거나 평가항목에 적정한 가중치를 부여하여 평가하는 등 사업계획의 평가항목 및 평가기준을 객관적이고 구체적으로 설정·운영하여야 한다(일반지침79①). 기술과 가격 요소의 평가배점은 ⅰ) 사업의 특성, 건설·운영의 난이도, 가격경쟁여건 등을 종합적으로 감안하여 사업계획제출자간의 건설·운영계획 등 기술요소의 평가점수 편차와 가격요소의 평가점수 편차를 적정한 수준에서 유지(제1호), ⅱ) 기술력·경영능력 등이 상대적으로 덜 중요하다고 판단하는 사업의 경우에는 가격요소 배점비율을 50% 이상으로 상향조정하여 평가(제2호), ⅲ) 특정항목에 의해 평가결과가 과도하게 영향을 받지 않도록 평가항목간 배점 및 평

---

33) 주무관청은 제출된 사업계획을 대통령령으로 정하는 바에 따라 검토·평가한 후 사업계획을 제출한 자 중 협상대상자를 지정하여야 한다. 이 경우 공익성이 높은 장기투자자금의 제공 등 주무관청의 원활한 사업시행에 부합하는 사업계획을 제출한 자에 대하여는 사업계획을 평가할 때 우대할 수 있다(법13②).

가점수 편차를 상호 균형되게 유지(제3호)를 고려하여 적정하게 배분한다(일반지침79②). 평가기준은 최대한 객관적·구체적으로 제시하고 가급적 계량화하며 산정방식을 사전에 제시한다. 다만, 불가피하게 정성적 평가를 하여야 하는 경우에는 등급제 활용 등 객관적 평가기준을 적용하고 주관적 요소를 최대한 축소하도록 하여야 한다(일반지침79③).

(5) 사업계획 평가의 우대

주무관청은 공익성이 높은 장기투자자금의 제공 및 입찰방식 조달 등 원활한 사업시행에 부합하는 사업계획을 제출한 자에 대하여는 사업계획 평가시 우대할 수 있다(일반지침80①). 주무관청은 사업계획 평가시 재무적 투자자 또는 전략적 투자자의 출자비중 등에 대한 배점을 1%에서 5%로 상향조정하거나, 경쟁에 의한 금융조달 또는 공사발주 방식 등을 제시한 사업계획에 대해서는 재정지원 규모 축소나 사용료 인하효과 등을 고려하여 총 평가점수의 5% 범위 내에서 가산점을 부여할 수 있다(일반지침80②). 여기서 "전략적 투자자"란 항만사업의 경우 해운사, 항만운영사, 철도사업의 경우 철도운영업체 등 사회기반시설 전문운영사 등을 말한다(일반지침80④). 주무관청은 사업계획서 평가시 용지보상비 분담, 관리운영기간 단축, 초과운영수입 환수 등 정부재정부담 완화에 기여하는 방식을 제시한 사업계획에 대해서는 가격요소 평가점수의 5% 이내에서 가산점을 부여할 수 있다(일반지침80③).

(6) 협상대상자의 지정·통지

주무관청은 기술 및 가격 평가 점수를 합산하여 최고 득점자 순으로 협상대상자를 지정하여야 한다(일반지침81①). 주무관청은 평가 종료 후 사업계획을 제출한 자에게 ⅰ) 사업계획별 종합평가점수(제1호), ⅱ) 사업계획별 설계, 운영, 시공 등 주요항목으로 분리된 점수(제2호), ⅲ) 사업계획평가단 참여 위원명 및 위원별 평가점수(제3호)를 통지하여야 한다(일반지침81②).

6. 실시협약 체결 등 사업시행자 지정

(1) 실시협약 개관

(가) 실시협약의 의의

실시협약이란 민간투자법에 따라 주무관청과 민간투자사업을 시행하려는 자 간에 사업시행의 조건 등에 관하여 체결하는 계약을 말한다(법2(7)). 실시협약 이란 주무관청과 협상대상자 간에 이루어진 협상의 결과로서, 해당 사업을 추진 하는 데 필요한 총사업비, 사용기간 등 사업시행의 조건 등을 포함한 협약당사자 의 법률관계를 정해 놓은 문서 또는 문서의 내용을 의미한다.[34]

민간투자법에 따라 우선협상대상자로 지정된 자와 주무관청은 협상대상자 지정일로부터 6개월에서 1년 정도의 기간 동안 실시협약의 내용에 규정할 내용 을 설계, 공사, 회계, 법률 등 각 분야별로 협상하고, 이러한 협상을 통하여 합의 된 내용을 실시협약서에 기초하거나 유사 사례의 기 체결된 실시협약을 고려하 여 실시협약을 체결한다.[35]

(나) 실시협약의 법적 성질

실시협약의 법적 성격이 공법상 계약인지 사법상 계약인지에 관해서는 종래 논의가 있었으나 현재의 재판실무와 학설은 공법상 계약의 성질을 가진 것으로 정착되었다.[36] 민간투자사업은 민간투자법과 관련법률에서 정하는 절차를 반드 시 따라야 하고, 관리운영권의 처분이나 자금재조달이 발생하는 경우 등 주무관 청의 사전승인이 요구되는 사항이 많으며, 주무관청의 포괄적인 감독명령권이 존재한다. 즉 실시협약이 공공성의 이탈을 방지하기 위한 조치들을 포함하고 있

---

34) 한국개발연구원 공공투자관리센터(2011), 「BTL 표준 실시협약 해설 연구」, 2011년도 정 책연구 보고서(2011. 7), 4쪽.

35) 한국개발연구원 공공투자관리센터(2011), 4-5쪽.

36) 서울고등법원 2004. 6. 24. 선고 2003누6483 판결은 "사업시행자는 민간투자사업의 시행 을 위하여 타인의 토지에 출입 등을 할 수 있고, 국·공유재산을 무상으로 사용할 수 있으 며, 토지 등을 수용 또는 사용할 수 있으므로 사업시행자 지정의 효력을 가진 실시협약의 체결을 단순한 사법적, 일반적 계약관계라고 할 수 없다."고 판시하였다. 서울행정법원 2013. 5. 30. 선고 2012구합15029 판결은 "실시협약은 주무관청과 협상대상자 사이에 해 당 민간투자사업을 추진하는 데 필요한 조건 등을 확정하고, 협상대상자를 민간투자법상 사업시행자로 지정하여 일정한 공법상 권능을 부여하는 효력을 가지는 이른바 행정계약 (강학상 공법상 계약과의 관계, 구별 등이 논의되고 있으나, 이하에서는 편의상 "행정계약" 이라 한다)에 해당한다."고 판시하였다.

다는 점에서 공법상 계약에 해당한다고 보는 데에 무리가 없다. 다만 재판실무상 관할이 통일되어 있지 않으므로 향후 실시협약이 공법적 계약에 해당함을 기초로 하여 관할의 문제가 정립될 필요가 있다.[37]

(다) 실시협약의 기능

실무상 실시협약에서는 사업시행자에 대하여 특정 기간 동안 공공사업의 시공·운영에 대한 권리, 다양한 조건하에서 사용료 징수 권한과 사업시행자가 해당 공공사업을 시공·운영·관리할 때 지켜야 할 이행기준, 공공사업 관련 위험에 대한 정부와 사업시행자 간의 분담문제, 행정·재정적인 정부지원사항, 정부의 감독 기능, 공공사업 기간 중 우발적 사건 발생시 조치, 협약 기간종료에 따른 협약당사자의 이행조건 등을 규정하고 있다.[38] 이에 따라 실시협약의 가장 중요한 3가지 기능은 ⅰ) 당해 사업의 이행과 관련된 주무관청과 사업시행자 간의 역할을 정하는 기본계약서로서의 기능, ⅱ) 자금제공자, 시공회사, 공급자, 구매자, 운영회사 등과 같은 제3자의 참여에 대하여도 명확하게 규정하는 기능, ⅲ) 금융약정, 시공계약, 운영계약 등 프로젝트 수행에 필요한 계약들을 조정·통합하는데 기본이 되는 계약일 뿐만 아니라 이들을 포괄하는 포괄계약으로서의 기능이라고 할 것이다.[39]

또한 실시협약의 체결을 통해 주무관청은 특정 사회기반시설사업을 정해진 기간 내에 정부 재정의 투입을 최소화하면서 준공하여 이를 운영하도록 사업시행자를 구속할 필요가 있으며, 사업시행자는 해지시지급금 등 투하자본의 회수에 있어 중요한 사항에 대하여 사전에 합의를 함으로써 위험을 최소화하고 타인자본의 원활을 기할 필요가 있다. 따라서 실시협약은 전체 사업과 그에 대한 프로젝트금융의 성공을 간접적으로 담보하는 역할을 하며, 나아가 사회기반시설의 공공재적 성격으로 인해 실시협약은 그 자체로 사회기반시설의 적기 확충 및 안

---

37) 이지현(2019), 80-81쪽.
38) BTL 표준실시협약(안)의 구성체계는 전문, 제1장 총칙, 제2장 기본약정, 제3장 총민간투자비(총민간사업비)의 결정 및 변경, 제4장 재원의 조달 및 투입, 제5장 건설에 관한 사항, 제6장 유지관리·운영에 관한 사항, 제7장 성과의 점검·평가, 제8장 정부지급금의 산정 및 지급, 제9장 정부지원에 관한 사항, 제10장 위험분담에 관한 사항, 제11장 협약의 종료, 제12장 관리의 처분 및 자금재조달, 제13장 분쟁의 해결, 제14장 기타사항으로 구성되어 있으며, 총 95조에 이르는 상세한 규정을 두고 있다. 따라서 표준실시협약(안)은 협약당사자 간에 향후 발생할 수 있는 권리 및 의무관계를 집대성한 것이라고 할 수 있다(한국개발연구원 공공투자관리센터(2011), 4쪽).
39) 김현일(2019), 52-53쪽.

정적인 운영 등의 공익을 담보하는 기능도 하게 된다.

(라) 실시협약의 주요 내용

주무관청은 ⅰ) 사업시행자의 지정, 시설의 사용 및 운영·관리기간의 결정, 협약당사자의 권리·의무관계, 사업시행자 지정취소 및 법령위반에 대한 처분 등 민간투자사업 관련 기본사항(제1호), ⅱ) 법인의 설립, 실시계획 신청, 사업이행 보증 및 위험 관련사항, 안전 및 환경관리 등 사업의 실시절차에 관한 사항(제2호), ⅲ) 공사착수시기, 공사기간, 공사감리 및 공사지연에 따른 지체상금의 부과 등 필요조치 사항(제3호), ⅳ) 총사업비, 사용료 결정·변경, 목표수익률(세전사업수익률 이외에 세후사업수익률, 주주기대수익률을 병기하여야 한다), 기타 운영수입·비용 관련사항(제4호), ⅴ) 투자위험분담, 인허가 대행 등 재정지원의 기준 및 절차에 관한 사항 등을 포함하는 주무관청 또는 관계 지방자치단체의 지원사항(제5호), ⅵ) 시설유지·보수·관리 및 운영관련 사항(제6호), ⅶ) 위험유형의 분류기준 및 분담원칙에 관한 사항(제7호), ⅷ) 협약의 중도해지 요건과 절차 및 중도해지에 따른 해지시지급금의 지급기준 및 지급절차에 관한 사항(제8호), ⅸ) 매수청구권 실행요건 및 방법에 관한 사항(제9호), ⅹ) 그 밖에 협약종료 및 분쟁처리절차에 관한 사항 등(제10호)이 실시협약에 포함되도록 하여야 한다(일반지침83).

(마) 표준실시협약안

민간투자사업에서 사업시행자 측은 건설사(기술), 금융기관(금융), 법무법인(법률), 회계법인(재무/회계), 보험사(보험) 등의 각 분야 전문가들로 구성되는 것이 일반적인 반면 주무관청 측의 담당자들은 잦은 순환 근무 때문에 사업시행자만큼 전문성을 확보하기 어려운 상황이다. 따라서 실시협약 체결 시 주무관청은 사업시행자에 비하여 정보 열위의 상황에 처하기 쉽다. 이러한 현실을 고려하여 주무관청은 기본계획의 내용과 공공투자관리센터에 의해 제공된 표준실시협약안40)을 기본 바탕으로 하고 개별사업의 특수성을 반영하여 일부 조항을 수정하

---

40) 공공투자관리센터의 장은 민간투자사업의 투명성·객관성을 유지하고 주무관청의 민간투자사업 업무수행을 지원하기 위하여 기획재정부장관과의 사전 협의를 거쳐 다음 각 호에 해당하는 업무별 시행요령 등을 작성하여 공표하여야 하며, 민간투자사업기본계획 등 민간투자사업에 직접적으로 영향을 미치는 제반 규정의 제·개정 내용을 세부요령에 최대한 신속하게 반영하여야 한다(일반지침40).
   1. 민간투자사업 타당성분석 및 적격성조사에 관한 세부요령
   2. 민간투자사업 시설사업기본계획 작성요령 및 표준안
   3. 사업계획 평가관리에 관한 세부요령

는 방식으로 실시협약을 체결하고 있다.[41)

(2) 사업시행자의 지정

(가) 개요

민간투자법 제13조(사업시행자의 지정)와 같은 법 시행령 제13조(사업계획의 검토·평가)에서는 특별한 사유가 없는 한 사업계획서의 평가 및 검토 결과에 따라 2인 이상의 순위를 정하여 협상대상자로 지정하고, 이후 주무관청은 통상적으로 우선협상대상자와 사업기간과 사업의 조건 등에 대하여 상당기간 동안 협상을 거쳐 법적 의무에 합당한 재량에 따라서 협상이 성립되면 그를 최종 사업시행자로 지정하고 실시협약을 체결한다. 우선협상대상자와 협상이 결렬되면 다음으로 차순위협상대상자와 다시 협상절차를 거쳐 실시협약을 체결한다. 실무상으로는 주무관청이 우선협상대상자로 지정한 자와 실시협약을 체결하여 최종적인 사업시행자로 지정하는 것이 관행처럼 정착되어 있다. 이러한 관행에 대하여 다양한 민간제안을 충분히 검토하지 못하고 사업시행자를 지정하게 되는 점과 주무관청이 협상대상자의 순위를 지정할 때 그 지정기준에 대한 객관성 확보 부재로 인한 재량권의 일탈·남용 등의 문제가 지적되고 있다.[42)

주무관청은 협상대상자와 사업 시행 조건 등이 포함된 실시협약을 체결함으로써 사업시행자를 지정하며 민간투자심의위원회 심의를 요하는 경우[43)에는 사

---

4. 자금재조달에 관한 세부요령
5. 임대형 민자사업 시설관리·운영에 관한 세부요령
6. 표준실시협약안
7. 임대형 민자사업 타당성분석에 관한 세부요령
8. 임대형 민자사업 시설사업기본계획 작성요령
9. 복합화시설사업 표준 기본협정서안
10. 부대사업 검토 세부요령
11. 경쟁적 협의 절차에 관한 세부요령
12. 수익형 민자사업의 투자위험 분담에 관한 세부요령
13. 관리운영권 설정기간 만료사업에 관한 세부요령
14. 혼합형 민자사업에 관한 세부요령
15. 개량운영형 민자방식 추진에 관한 세부요령

41) 김진현(2018), "민간투자법제에서 위험배분과 재정지원제도에 관한 연구", 고려대학교 법무대학원 석사학위논문(2018. 8), 21쪽.
42) 김현일(2019), 58–59쪽.
43) 민간투자사업 추진 일반지침 제38조(민간투자사업심의위원회)
① 민간투자법 제5조에 따라 심의위원회의 사전심의를 거쳐야 하는 사항은 다음 각 호와

업시행자 지정 전에 심의위원회의 심의를 거쳐야 한다(일반지침82①). 주무관청은 사업계획 제출자가 단수인 경우 시설사업기본계획에서 미리 정한 바 등에 따라 사업시행자를 지정한다(일반지침82②). 주무관청은 실시협약 체결시(변경실시협약 포함) 주된 사업의 내용이 변경되어 민자적격성의 변동이 예상될 경우 민자적격성이 확보되도록 검토해야 한다. 이 경우 적격성 판단은 간이한 방법으로 할 수 있다(일반지침82③).

같다.
1. 법 제2조 제1호에 따른 민간투자사업대상시설의 적정성에 관한 사항. 다만, 별표 13에 포함된 사회기반시설은 제외한다.
2. 다음 각 목의 어느 하나에 해당하는 경우 정부고시사업의 대상사업 지정, 시설사업기본계획 수립·고시 및 민간제안사업의 대상사업지정·제3자 제안공고
   가. 총사업비 2천억원(임대형 민자사업의 경우에는 1천억원) 이상인 사회기반시설사업
   나. 국고지원을 수반하는 사회기반시설사업. 다만, 지방자치단체의 예산으로 보조금을 교부하거나 장기대부를 하는 경우 또는 국고지원이 300억원 미만인 사업인 경우는 제외한다.
   다. 주무관청이 2 이상이거나 2 이상의 특별시·광역시 또는 도에 걸쳐 시행되는 사업. 다만, 주무관청이 2 이상인 경우로서 주무관청 사이에 사업에 관하여 합의가 이루어진 경우는 제외한다.
3. 총사업비가 2천억원(임대형 민자사업의 경우에는 1천억원) 이상인 사업의 시설사업기본계획을 변경하여 재고시하는 경우. 다만, 해당 사업 총사업비의 100분의 30 범위 안에서 변경되는 경우는 제외한다.
4. 다음 각 목에 해당하는 민간투자사업의 사업시행자 지정
   가. 총사업비 2천억원(임대형 민자사업의 경우에는 1천억원) 이상인 사회기반시설사업
   나. 국고지원을 수반하는 사회기반시설사업. 다만, 지방자치단체의 예산으로 보조금을 교부하거나 장기대부를 하는 경우 또는 국고지원이 300억원 미만인 사업인 경우는 제외한다.
5. 심의위원회의 심의를 거쳐 체결된 실시협약을 정부에 불리한 사업시행조건으로 변경하는 경우. 다만, 제60조 제2항에 해당하는 경우는 제외한다.
6. 심의위원회 심의를 거치지 않고 실시협약이 체결되었다고 하더라도, 총사업비가 2천억원(임대형 민자사업의 경우에는 1천억원) 이상으로 변경되거나, 재정지원 규모가 100분의 20 이상 증가 또는 신규로 국고지원이 발생하는 사업의 경우
7. 심의위원회 심의를 거친 사업의 시설사용내용의 변경
8. 심의위원회 심의를 거쳐 지정된 사업에 대한 대상사업 지정의 취소
9. 심의위원회 심의를 거쳐 지정된 사업에 대한 공익을 위한 처분
10. 민간투자사업에 대한 종합평가에 관한 사항
11. 법 제21조 제3항·제4항에 따른 부대사업의 시행으로 민간투자사업과 부대사업의 규모의 합이 2천억원(임대형 민자사업의 경우에는 1천억원을 말한다) 이상이 되는 경우의 부대사업 승인
12. 총사업비가 2천억원 이상인 제안사업에 대하여 국가재정법 제38조 제2항 각 호에 해당하여 경제적·정책적 판단을 제외할 수 있는지 여부의 결정
13. 그 밖에 민간투자사업의 원활한 추진을 위하여 기획재정부장관이 부의하는 사항

(나) 사업시행자의 지위

민간투자법상 사업시행자란 공공부문 외의 자로서 민간투자법에 따라 사업시행자의 지정을 받아 민간투자사업을 시행하는 법인을 말한다(법2(8)). 민간투자사업을 시행하고자 하는 자가 주무관청과 실시협약을 체결하게 되면 사업시행자로 지정되어 민간투자사업을 시행할 수 있는 법적인 권리를 취득하게 된다. 이때 사업시행자는 주무관청에 대하여 "민간투자계약의 당사자로서의 지위"[44]와 민간투자사업 시행시 "제3자에 대한 공행정 주체로서의 지위"도 함께 갖는다. 즉 민간투자계약의 당사자로서의 지위는 민간투자계약의 당사자로서 실시협약이라는 공법상 계약의 내용에 따라 사회기반시설을 완성하고 관리운영권 등을 행사할 수 있는 권리를 가지게 되는 것이다. 사업시행자가 무상으로 사용·수익할 수 있는 기간 동안 해당 시설을 유지·관리하고 시설사용자로부터 사용료를 징수할 수 있는 관리운영권의 설정은 행정주체가 특정인에 대하여 포괄적인 법률관계를 설정하는 행정작용으로 강학상 "특허"라고 할 수 있다. 제3자에 대한 공행정 주체로서의 지위는 일종의 공무수탁사인처럼 공행정주체로서 고권적인 권한을 자신의 이름으로 행사할 수 있는 지위에 서게 되는 것으로, 사회기반시설의 공사 및 운영과정에서 제3자에 대한 공행정주체로서 특별한 권한을 자신의 이름으로 행사할 수 있는 지위를 갖게 되는 것을 말한다.[45]

(다) 사업시행자의 권리

1) 타인토지 출입·일시사용권 등

사업시행자가 민간투자사업을 시행하기 위하여 타인의 토지에 출입하거나 일시사용하거나 장애물을 변경 또는 제거하려는 경우에는 국토의 계획 및 이용에 관한 법률 제130조 및 제131조를 준용한다(법18).

2) 국유·공유 재산의 처분제한 등

주무관청은 민간투자사업의 예정지역에 있는 국가 또는 지방자치단체 소유의 토지로서 민간투자사업의 시행에 필요한 토지에 대하여는 미리 관계 행정기관의 장과 협의를 거쳐야 하며, 관계 행정기관의 장은 해당 사업에 대한 시설사업기본계획이 고시된 날(민간부문이 제안한 사업의 경우에는 제안 내용이 공고된 날)

---

44) 민간투자계약의 당사자로서의 지위는 행정계약의 당사자로서 행정계약의 내용에 따라 민간투자사업을 시행하고 관리운영권 등을 행사할 수 있는 민간사업자의 특허행위자로서의 지위를 의미한다.
45) 김현일(2019), 64쪽.

부터 해당 사업 외의 목적으로 이를 매각할 수 없다(법19①). 위의 협의를 거친 민간투자사업의 예정지역에 있는 국유·공유 재산은 국유재산법 및 공유재산 및 물품 관리법에도 불구하고 사업시행자에게 수의계약으로 매각할 수 있다(법19②).

　민간투자사업의 예정지역에 있는 국유·공유 재산은 민간투자사업의 시행을 위하여 필요한 경우에는 국유재산법 및 공유재산 및 물품 관리법에도 불구하고 사업시행자로 하여금 실시계획이 고시된 날부터 준공확인이 있을 때까지 무상으로 사용·수익하게 할 수 있다(법19③ 본문). 다만, 귀속시설사업의 경우에는 법 제25조 제1항 또는 제2항에 따른 기간이 끝날 때까지 무상으로 사용·수익하게 할 수 있다(법19③).

　주무관청은 민간투자사업의 시행을 위하여 필요한 경우에는 민간투자사업의 예정지역에 있는 토지를 매입하여 사업시행자로 하여금 실시계획이 고시된 날부터 준공확인이 있을 때까지 국유재산법 또는 공유재산 및 물품 관리법에도 불구하고 무상으로 사용·수익하게 할 수 있다(법19④ 본문). 다만, 귀속시설사업의 경우에는 법 제25조 제1항 또는 제2항에 따른 기간이 끝날 때까지 무상으로 사용·수익하게 할 수 있다(법19④ 단서). 민간투자사업의 시행을 위하여 필요한 경우에는 국유재산법 및 공유재산 및 물품 관리법에도 불구하고 국유·공유 재산에 대하여 사업시행자에게 시설물의 기부를 전제로 하지 아니하고 건물이나 그 밖의 영구시설물을 축조하기 위한 사용·수익의 허가 또는 대부를 할 수 있다(법19⑤).

　3) 토지 등의 수용·사용권

　사업시행자는 민간투자사업의 시행을 위하여 필요한 경우에는 토지보상법 제3조에 따른 토지·물건 또는 권리("토지등")를 수용 또는 사용할 수 있다(법20①). 토지등의 수용 또는 사용에 관하여 민간투자법 또는 관계법률에 특별한 규정이 있는 경우를 제외하고는 토지보상법을 준용한다(법20④).

　4) 부대사업의 시행권

　주무관청은 사업시행자가 민간투자사업을 시행할 때 해당 사회기반시설의 투자비 보전(補塡) 또는 원활한 운영, 사용료 인하 등 이용자의 편익 증진, 주무관청의 재정부담 완화 등을 위하여 필요하다고 인정하는 경우에는 다음 각 호46)

---

46) 민간투자사업법 제21조(부대사업의 시행) 제1항의 각 호의 부대사업은 다음과 같다.
　　1. 주택법에 따른 주택건설사업, 2. 택지개발촉진법에 따른 택지개발사업, 3. 국토계획법

의 어느 하나에 해당하는 부대사업을 해당 민간투자사업과 연계하여 시행하게 할 수 있다(법21①). 사업시행자가 부대사업을 시행하려는 경우에는 실시계획에 해당 부대사업에 관한 사항을 포함시켜야 한다(법21②).

5) 사회기반시설의 관리운영권

주무관청은 수익형 민간투자사업(BTO) 방식 또는 임대형 민간투자사업 (BTL) 방식으로 사회기반시설사업을 시행한 사업시행자가 준공확인을 받은 경우에는 법 제25조 제1항에 따라 무상으로 사용·수익할 수 있는 기간 동안 해당 시설을 유지·관리하고 시설사용자로부터 사용료를 징수할 수 있는 사회기반시설 관리운영권("관리운영권")을 그 사업시행자에게 설정할 수 있다(법26①).

(3) 협상

주무관청은 협상의 일관성 유지 및 효율성 제고를 통해 협상을 적기에 완료할 수 있도록 하여야 한다(일반지침84①). 주무관청은 시설사업기본계획에 정한 협상기한 내에 협상을 타결하여야 하며, 협상기한 내 협상이 타결되지 않을 경우 차순위 협상대상자와의 협상 개시 또는 시설사업기본계획 재고시, 민간투자대상 사업 지정 취소 등 필요한 조치를 할 수 있다(일반지침84②).

주무관청은 협상의 일관성을 유지하여야 하고 시설사업기본계획에서 고시된 사업시행 조건과 배치되는 협상조건을 제시하여서는 아니되며, 외부기관에 협상 지원을 의뢰하는 경우에도 협상에 적극 참여하여야 한다(일반지침84③). 주무관청은 외국인의 투자비중이 높은 사업의 경우 실시협약상 언어·분쟁해결조항 등과 관련하여 외국인 투자자의 의사를 최대한 존중하여야 한다(일반지침84④). 사업시행자는 착공을 앞당기기 위하여 협상과정에서 실시설계 등 절차를 병

에 따른 도시·군계획시설사업, 4. 도시개발법에 따른 도시개발사업, 5. 도시정비법에 따른 재개발사업, 6. 산업입지법에 따른 산업단지개발사업, 7. 관광진흥법에 따른 관광숙박업, 관광객 이용시설업 및 관광지·관광단지 개발사업, 8. 물류시설법에 따른 물류터미널사업, 9. 항만운송사업법에 따른 항만운송사업, 10. 유통산업발전법에 따른 대규모점포(시장에 관한 것은 제외), 도매배송서비스 또는 공동집배송 센터사업, 11. 주차장법에 따른 노외주차장 설치·운영 사업, 12. 체육시설법에 따른 체육시설업, 13. 문화예술진흥법에 따른 문화시설 설치·운영 사업, 14. 산림휴양법에 따른 자연휴양림 조성사업, 15. 옥외광고물법에 따른 옥외광고물 및 게시시설의 설치·운영 사업, 16. 신재생에너지법에 따른 신·재생에너지 설비의 설치·운영 사업, 17. 건축법 제2조 제1항 제2호의 건축물의 설치·운영 사업, 18. 그 밖에 사용료 인하 또는 재정부담 완화를 위하여 필요한 사업으로서 대통령령으로 정하는 사업

행하여 추진할 수 있다(일반지침84⑤).

주무관청은 협상을 위하여 건설·운영·법률·금융 등의 전문가를 활용할 수 있으며, 이 경우 소요되는 비용은 주무관청에서 부담한다(일반지침85).

7. 실시계획의 승인 및 공사·준공

(1) 실시계획 승인신청

사업시행자로 지정받은 자는 지정받은 날부터 대통령령으로 정하는 기간(영15＝주무관청이 특별히 정한 경우를 제외하고는 1년)에 실시계획의 승인을 신청하여야 하며, 이 기간에 실시계획의 승인을 신청하지 아니하였을 때에는 사업시행자 지정의 효력을 상실한다(법13⑤ 본문). 다만, 주무관청은 불가피하다고 인정하는 경우에는 1년의 범위에서 한 번만 그 기간을 연장할 수 있다(법13⑤ 단서).

사업시행자는 실시계획의 승인을 받으려면 ⅰ) 사업을 시행하려는 위치 및 면적(제1호), ⅱ) 공사의 시행방법 및 기술 관련 사항(제2호), ⅲ) 공정별 공사시행계획(공구별·단계별로 분할시공하려는 경우에는 분할실시계획)(제3호), ⅳ) 필요토지의 확보 및 이용 계획(제4호), ⅴ) 부대사업이 수반되는 경우 그 사업내용 및 실시계획(제5호), ⅵ) 그 밖에 주무관청이 필요하다고 인정하는 사항(제6호)을 적은 실시계획 승인신청서[47]를 주무관청에 제출하여야 한다(영16①). 위 제6호에

---

47) 실시계획 승인신청서에는 다음의 서류 및 도면을 첨부하여야 한다(영16②).
  1. 위치도
  2. 지적도에 의하여 작성한 용지도
  3. 계획평면도 및 실시설계도서(공구별·단계별로 분할시공하려는 경우에는 분할설계도서)
  4. 공사 시방서(示方書)와 공사비 산출근거 및 자금조달계획에 관한 서류
  5. 사업시행지역의 토지·건물 또는 권리 등의 매수·보상 및 주민이주대책에 관한 서류
  6. 공공시설물 및 토지 등의 무상 사용 등에 관한 계획서
  7. 수용하거나 사용할 토지·건물 또는 권리 등의 소유자와 토지보상법 제2조 제5호에 따른 관계인의 성명 및 주소에 관한 서류
  8. 수용하거나 사용할 토지 또는 건물의 소재지·지번·지목·면적 및 소유권 외의 권리 명세에 관한 서류
  9. 환경영향평가서(환경영향평가법 시행령 제31조 제2항 및 별표 3에 따른 환경영향평가 대상사업인 경우만 해당)
  10. 교통영향평가서 및 그 개선필요사항 등(도시교통정비법 시행령 제13조의2 제3항 및 별표 1에 따른 교통영향평가 대상사업인 경우만 해당한다)
  11. 에너지사용계획서(에너지이용 합리화법 시행령 제20조 및 별표 1에 따른 에너지사용 계획의 협의대상사업인 경우만 해당)
  12. 그 밖에 주무관청이 필요하다고 인정하는 서류

따른 "그 밖에 주무관청이 필요하다고 인정하는 사항"에는 소요재원 확보대책 및 자금조달 협약서 등이 포함된다(일반지침90②).

(2) 실시계획 승인

사업시행자는 민간투자사업을 시행하기 전에 해당 사업의 실시계획을 작성하여 주무관청의 승인을 받아야 한다(법15① 본문). 주무관청은 실시계획을 승인하였을 때에는 이를 고시하여야 한다(법15②). 주무관청은 실시계획 승인기간을 단축하기 위하여 노력하여야 하며, 사업의 특성 등을 고려하여 사전에 실시협약에 승인기간을 단축하여 명시할 수 있다(일반지침90③). 주무관청은 실시계획 승인시 민자제도 취지, 사업여건, 수지구조 등을 고려하여 자금조달조건, 상환조건 등 실시계획의 주요사항들이 합리적으로 수립되었는지를 검토하여야 한다(일반지침90⑤).

(3) 준공확인

사업시행자가 고시된 실시계획에 따라 사업을 완료하거나 고시된 부대사업을 완료하였을 때에는 지체 없이 대통령령으로 정하는 바에 따라 공사준공보고서를 주무관청에 제출하고 준공확인을 받아야 한다(법22①).[48] 사업시행자는 실시계획에 따라 해당시설의 공사를 완료한 때에는 공사를 완료한 날로부터 15일 이내에 공사준공보고서를 주무관청에 제출하고 준공확인을 받아야 한다(일반지침91). 준공확인의 신청을 받은 주무관청은 준공검사를 한 후, 준공검사확인증을 그 신청인에게 발급하여야 한다(법22②). 준공검사확인증을 발급하였을 때에는 인가·허가 등에 따른 해당 사업의 준공검사 또는 준공인가 등을 받은 것으로 본다(법22③).

주무관청은 준공확인을 하거나 준공검사 또는 준공인가 등을 받은 것으로 보는 경우에는 미리 관계 행정기관의 장과 협의하여야 한다(법22④). 준공검사확

---

48) 준공확인을 받으려는 자는 주무관청이 정하는 공사준공보고서에 다음의 사항을 적은 서류를 첨부하여 주무관청에 제출하여야 한다(영19).
   1. 준공조서(준공설계도서와 준공사진을 포함)
   2. 공간정보관리법 제2조 제18호에 따른 지적소관청이 발행하는 지적측량성과도
   3. 준공 전후 토지 및 시설 등의 도면
   4. 준공 전후 토지 및 시설의 대비표
   5. 그 밖에 준공확인에 필요한 사항을 적은 서류

인증을 발급받기 전에 민간투자사업으로 조성 또는 설치된 토지 및 사회기반시설은 사용하여서는 아니 된다(법22⑤ 본문). 다만, 주무관청으로부터 준공 전 사용을 인가받은 경우에는 그러하지 아니하다(법22⑤ 단서).

Ⅲ. 민간제안사업 추진절차

1. 민간제안사업

민간제안사업[49]의 경우에는 민간부문은 대상사업에 포함되지 아니한 사업으로서 민간투자방식으로 추진할 수 있는 사업에 대하여 주무관청에 사업제안을 하고(법9①), 이에 따라 사업을 제안하려는 자는 ⅰ) 제안사업에 대한 타당성 조사의 내용(제1호), ⅱ) 사업계획 내용(제2호), ⅲ) 총사업비의 명세 및 자금조달계획(제3호), ⅳ) 무상 사용기간 또는 소유·수익 기간 산정 명세(귀속시설만 해당)(제4호), ⅴ) 시설의 관리운영계획(제5호), ⅵ) 사용료 등 수입 및 지출 계획(제6호), ⅶ) 부대사업을 시행하는 경우 그 내용 및 사유(제7호), ⅷ) 그 밖에 제안자가 해당 사업의 시행을 위하여 필요하다고 인정하는 사항(제8호)을 기재한 제안서를 작성하여 주무관청에 제출하여야 한다(법9②, 영7①).[50] 위 제8호에 따른 "그 밖에 제안자가 해당 사업의 시행을 위해서 필요하다고 인정하는 사항"에는 금융회사등이 발행한 대출확약서 또는 조건부대출확약서, 산업기반신용보증기금에서 발행한 보증의향서 등이 포함된다(일반지침92④).

---

49) 민간제안사업의 민간투자사업 세부절차는 민간투자사업기본계획 수립 및 고시(기획재정부)→민간부문 제안서 접수→제안서 검토의뢰 및 제3자 공고→민간부문 사업계획서 제출→협상대상자 지정→협상 및 실시협약 체결→실시계획 승인→시설공사→준공확인→관리·운영의 순서로 진행된다.

50) 주무관청은 제출된 제안서가 형식적 요건을 갖추고 있고, 법령 및 주무관청의 정책에 부합한다고 판단되는 경우에는 제안된 사업을 민간투자사업으로 추진할 것인지를 확정하기 전에 민간투자법 제23조 제1항에 따른 공공투자관리센터의 장에게 해당 제안서 내용의 검토를 의뢰하여야 하며(영7③ 본문), 공공투자관리센터의 장은 ⅰ) 정부의 중장기계획·국가투자우선순위 등에 부합되는지 여부, ⅱ) 출자자 구성의 적정성, ⅲ) 창의성·효율성·비용의 적정성 등을 감안한 품질의 확보 가능성 등 건설 및 운영계획의 적정성, ⅳ) 수요추정방법의 적정성, 추정수요를 정부예측수요와 비교 등 추정수요의 적정성, ⅴ) 관련부처 협의 및 민원처리계획의 적정성, ⅵ) 재무모델, 도면, 각종 산출근거의 적정성 등 사업계획도서의 수준, ⅶ) 해당시설 건설에 따른 경제적 타당성 및 편익 증대 효과, ⅷ) 비용·수입 산출근거 등 사업성 분석결과의 적정성 및 타당성 여부, ⅸ) 요구된 정부 재정지원 방식이나 규모가 적정한지 여부, ⅹ) 그 밖에 법의 목적에 부합되는지 여부에 따라 민간제안 내용을 검토하여야 한다(일반지침95⑤).

주무관청은 제안된 사업을 민간투자사업으로 추진하기로 결정한 경우에는 이를 제안자에게 통지하고, 제안자 외의 제3자에 의한 제안이 가능하도록 내용의 개요를 공고하여야 하며(법9③), 최초 제안자의 제안서 및 제3자의 제안서에 대하여 검토·평가한 후 제안서를 제출한 자 중 협상대상자를 지정하고, 이 경우 최초 제안자에 대하여는 주무관청은 ⅰ) 최초 제안자가 변경제안서를 제출하지 아니한 경우에는 총평가점수의 10%(제1호), ⅱ) 주무관청이 제10항 후단에 따라 최초 제안자의 제안 내용과 다른 내용을 공고하여 최초 제안자가 이에 따른 변경제안서를 제출하는 경우에는 총평가점수의 5%(제2호) 범위에서 최초 제안자를 우대할 수 있다(법9④, 영7⑬).

협상대상자 지정 이후 실시협약 체결 등에 관하여는 정부고시사업과 동일하게 주무관청은 협상대상자와의 협상을 통하여 총사업비 및 사용기간 등 사업시행의 조건 등이 포함된 실시협약을 체결함으로써 사업시행자를 지정한다.

2. 최초제안서의 접수

주무관청은 민간부문이 사업을 제안할 경우 그 제안서를 접수하여야 하고, 이를 거부하여서는 아니된다(일반지침93①). 주무관청은 최초제안서 접수시점으로부터 제안내용의 공고일까지 동일 사업에 대하여 제3자의 제안서를 접수할 수 없다. 이 경우 최초제안자는 주무관청의 제안서 접수 순서를 기준으로 결정하며, 같은 날 접수한 제안서의 경우에는 첫 번째 접수된 제안서를 최초제안서로 인정한다(일반지침93②).

3. 제안내용의 검토 및 사업지정

(1) 제안내용의 검토

주무관청은 사업제안서가 제출된 경우 사업제안내용에 대해 관계기관과의 협의를 거쳐 관련 개발계획과 부합하는지 여부와 당해 시설의 상위계획과 부합하는지 여부 및 재정여건 등을 검토하여야 한다(일반지침94①).

주무관청은 검토결과 제출된 제안서가 형식적 요건을 갖추고, 법령 및 주무관청의 정책 등에 부합한다고 판단하는 경우에는 그 판단의 근거자료와 예비타당성조사 수행 총괄지침에 제시된 정책성 분석의 세부 평가항목에 대한 주무관청 평가결과를 포함하여 영 제7조 제3항에 따라 제안서를 접수한 날부터(제안서 보완을 요청한 경우에는 보완이 완료된 날부터) 30일 이내에 공공투자관리센터 등의 장 또는 전문기관의 장에게 제안내용의 검토를 의뢰하여야 하고, 공공투자관리센터 등의 장 또는 전문기관의 장에게 제안내용의 검토를 의뢰한 이후 사업계획 내용을 가능한 한 변경하지 않아야 한다. 이 경우 주무관청은 예타면제 또는 경제성, 정책적 필요성 분석 면제 결정을 적격성조사 또는 제안서검토가 완료되기 전까지 공공투자관리센터 등의 장 또는 전문기관의 장에게 제출해야 한다(일반지침95①).

공공투자관리센터 등의 장은 검토를 의뢰받은 사업 중 총사업비가 2천억원 이상인 사업에 대하여는 경제성 및 정책적 필요성 분석, 재정사업으로 추진할 경우와 비교한 민간투자방식의 적정성 등을 내용으로 하는 적격성 조사를 실시하여야 한다(일반지침96①).

(2) 심의위원회의 심의

주무관청은 민간제안사업을 민간투자사업으로 추진하고자 하는 경우 제38조(민간투자심의위원회)에서 정하는 사업은 심의위원회의 심의를 거쳐야 한다(일반지침98①). 주무관청은 심의위원회의 심의를 요청하기 전에 중장기 투자계획과의 부합여부, 국고지원 요구수준의 적정성, 관계부처 협의결과, 공공투자관리센터의 장이 제기한 사항에 대한 의견 등을 포괄한 검토보고서를 기획재정부장관에게 제출하여야 한다(일반지침98②).

4. 제3자 제안공고

(1) 제3자 제안공고의 의의

주무관청은 민간부문이 제안한 사업을 민간투자사업으로 추진하기로 결정한 경우에는 이를 제안자에게 통지하고, 제3자에 의한 제안이 가능하도록 관보와 3개 이상의 일간지 및 주무관청의 인터넷 홈페이지, 공공투자관리센터의 홈페이지에 당해 제안내용의 개요를 공고하여야 한다(법9③, 영7⑧, 일반지침99①). 주무관청은 사업 추진기간의 단축을 위하여 도로사업의 노선 등 관계기관과의 협의결과를 반영한 사업내용을 구체화하여 공고하여야 한다(일반지침99②).

주무관청은 제3자가 제안서를 작성하여 제출할 수 있도록 최소 90일 이상의 기간을 정하여 제3자 제안공고를 하여야 한다. 다만, 긴급을 요하는 경우 등 사업규모·특성을 고려하여 필요하다고 인정되는 때에는 30일 이상의 기간 중 적정한 기간을 정하여 공고할 수 있다(일반지침99③). 주무관청이 제3자 제안공고를 한 때에 민간투자대상사업의 지정 및 당해 사업에 대한 시설사업기본계획이 수립·고시된 것으로 본다(일반지침99⑤).

(2) 제3자 제안공고의 내용

주무관청은 제3자 제안공고에 ⅰ) 제안내용의 개요(제1호), ⅱ) 해당시설에 요구되는 서비스 수준 및 운영관리에 관한 사항(제2호), ⅲ) 사업시행자의 자본금 등 자격요건에 관한 사항(제3호), ⅳ) 실체회사 또는 명목회사 등 회사의 형태(제4호), ⅴ) 사업계획 제출형식 및 기한(제5호), ⅵ) 참가자격사전심사 여부 등 제안서 평가방법 및 평가항목·기준(제6호), ⅶ) 사업계획 평가시 최초제안자에게 부여할 우대점수비율(제7호), ⅷ) 협상대상자 지정 및 지정 취소 등에 관한 사항(제8호), ⅸ) 입찰보증, 사업이행보증, 사업이행보장방법 등의 요구내용(제9호), ⅹ) 협상기한 및 실시협약 체결에 소요되는 기한(제10호), ⅺ) 그 밖에 주무관청이 해당 사업 추진에 있어 필요하다고 인정하는 사항(제11호)을 명시하여야 한다(일반지침100①).

주무관청은 위 제10호에 따른 협상기한 및 실시협약 체결에 소요되는 기한을 원칙적으로 1년으로 하여야 하며, 불가피한 경우에는 협상기한을 6개월 이내의 범위에서 1회에 한하여 연장할 수 있다(일반지침100④). 주무관청은 공공투자관리센터의 장이 작성하여 공표한 표준실시협약안을 참조하여 해당사업의 유지관리 및 운영, 위험의 분담에 관한 사항 등 사업시행 조건이 포함된 실시협약안을 작성하여 제3자 제안공고에 첨부하여야 한다(일반지침100③).

주무관청은 적정수준의 사용료 책정을 위해 필요한 경우, 대체 시설의 사용료 수준, 대상사업의 특성 등을 고려하여 사용료의 상한을 제시할 수 있다. 사용료의 상한 제시기준은 별표 7과 같다(일반지침100②).

5. 최초제안자 우대 및 협상대상자의 지정

(1) 최초제안자 우대

주무관청은 공공투자관리센터의 장 등이 민간제안사업에 대한 적격성조사 보고서에서 제시한 우대점수비율에 따라 최초제안자에 대하여 우대점수를 부여한다(일반지침101①). 우대점수비율은 총평가점수의 10% 범위 안에서 부여하되, 주무관청이 최초 제안내용과 다른 내용을 공고함에 따라 제3자 경쟁과정에서 최초 제안자가 변경제안을 하는 경우에는 최초 제안내용의 창의성 등을 감안하여 총평가점수의 5% 범위 안에서 우대할 수 있다(일반지침101②).

주무관청에 의해 타당성조사 및 기본설계가 진행된 사업을 민간부문이 제안한 경우에는 원칙적으로 최초제안자로서의 우대자격을 인정하지 않는다. 다만, 주무관청이 기본설계를 완료한 시설에 대해 설계내용을 개선하여 사업비 또는 운영비를 현저히 절감하거나, 시설의 이용효율을 크게 개선시켜 제안서를 제출하는 경우에는 평가시 이를 반영할 수 있다(일반지침101③). 주무관청은 최초제안자에게 부여할 우대점수비율을 정한 경우에는 이를 제3자 제안공고에 명시하여야 한다(일반지침101④).

(2) 협상대상자의 지정

주무관청은 제3자 제안공고에 정한 기간 내에 제3자에 의한 제안서 제출이 있는 경우 최초제안자의 제안서와 제3자의 제안서를 검토·평가한 후 협상대상자를 지정한다(일반지침102①). 주무관청은 협상대상자를 지정함에 있어서 특별한 사유가 없는 한 제안서 평가결과에 따라 2인 이상을 그 순위를 정하여 지정하여야 한다(일반지침102②). 주무관청은 제3자 제안공고에 정한 기간 내에 제3자에 의한 제안서가 제출되지 않은 경우에는 최초제안자를 협상대상자로 지정한다(일반지침102③).

6. 협상 및 실시계획 승인

주무관청은 제3자 제안공고에서 정한 협상기한 내에 실시협약을 체결하여야 하고, 협상기한 내 실시협약이 체결되지 않을 경우 차순위 협상대상자와의 협상 개시 또는 제3자 제안 재공고, 민간투자대상사업 지정 취소 등 필요한 조치를 할 수 있다(일반지침103의2①). 사업시행자로 지정받은 자는 법 제13조 제5항[51)에] 따라 지정받은 날부터 1년 이내에 주무관청에 실시계획의 승인을 신청하여야 하

---

51) 사업시행자로 지정받은 자는 지정받은 날부터 대통령령으로 정하는 기간에 실시계획의 승인을 신청하여야 하며, 이 기간에 실시계획의 승인을 신청하지 아니하였을 때에는 사업시행자 지정의 효력을 상실한다. 다만, 주무관청은 불가피하다고 인정하는 경우에는 1년의 범위에서 한 번만 그 기간을 연장할 수 있다(법13⑤).

며, 주무관청은 불가피하다고 인정하는 경우에는 그 기한을 1회에 한하여 연장할 수 있다(일반지침103의2②). 주무관청은 특별한 사정이 있는 경우를 제외하고는 실시계획 승인신청을 받은 날부터 3개월 이내에 실시계획의 승인 여부를 사업시행자에게 서면으로 통지하여야 한다(일반지침103의2③).

7. 정부고시사업 절차의 준용

민간제안사업의 추진절차와 관련하여 달리 규정하고 있지 않은 사항은 이편 제1장 정부고시사업 추진 절차에 관한 규정을 준용한다(일반지침104).

Ⅳ. 임대형 정부고시사업 추진에 관한 특례

1. 사업계획의 수립 및 타당성 분석

(1) 사업계획의 수립

주무관청은 복수의 시설을 단위사업으로 통합, 연관시설의 복합화 방식 활용, 다양한 부대·부속사업 개발, 상위계획과의 부합성 등을 고려하여 대상시설별 투자계획을 수립하고, 시설의 규모·내용·운영 등에 대한 구체적인 사업계획을 수립하여야 한다(일반지침105). 주무관청은 사업계획 수립시 건설·운영상의 규모의 경제 실현 등을 위해 가능한 한 적정 규모로 단위사업의 규모를 설정하여야 한다(일반지침108①).

주무관청은 사업계획 수립시 시설이용 극대화, 이용자 편익 제고, 임대형 민자사업의 정부지급금 절감 등을 위해 법 제2조 제1호에서 정하는 대상시설 중 2개 이상 기능적 연관시설들을 동시에 입주시키는 복합시설형태로 개발하는 복합화사업(학교부지를 활용하여 문화 및 복지시설 등 법 제2조 제1호에서 정하는 대상시설을 학교시설과 함께 건립하는 학교복합화사업을 포함)을 추진할 수 있다(일반지침109①).

여러 부처가 관련되는 복합화사업을 추진하고자 하는 경우 관계되는 부처("복합화사업 관계부처")는 합동으로 매년 1월말까지 복합화시설 발굴 및 지원계획을 마련하되, 동 사업이 지방자치단체 사업인 경우에는 그 지방자치단체(학교복합화사업의 경우 지방교육자치단체를 포함)에 이를 통보한다(일반지침110①).

(2) 예비타당성조사

주무관청은 총사업비가 500억원 이상이고 그 중 300억원 이상을 국고로 지원하는 사업을 민간투자사업으로 추진하고자 하는 경우에는 국가재정법 제38조 제1항에 따른 예비타당성조사를 기획재정부장관에게 신청하여야 한다. 다만, 국가재정법 제38조 제2항에 따라 예비타당성조사가 면제되는 사업은 예비타당성조사 면제요구를 함께 하여야 한다(일반지침106①). 주무관청은 기획재정부장관에게 예비타당성조사를 신청하는 경우에는 「예비타당성조사 운용지침」에 따른 예비타당성조사와 타당성분석을 함께 실시할 수 있도록 「예비타당성조사 및 타당성분석 대상사업」으로 신청하여야 한다(일반지침106②).

(3) 타당성분석

주무관청은 모든 단위사업에 대하여 「임대형 민자사업 타당성분석에 관한 세부요령」에 따라 타당성 분석을 실시하여야 한다(일반지침107①). 그러나 주무관청은 단위사업이 동일·유사한 시설유형일 경우에는 타당성분석 용역을 일괄 시행할 수 있으며, 예비타당성조사 대상이 아닌 총사업비 1천억원 미만의 정형화된 시설(학교·대학교기숙사·군주거·하수관거시설 등), 총사업비 300억원 미만의 복합화시설(복지, 문화, 체육시설 등 생활밀착형 사회기반시설)의 경우에는 제65조 제2항 제2호에 따른 정량적 분석시 공공투자관리센터의 장이 공표한 간이적격성조사 표준모델을 활용하여 간이한 방법으로 실시할 수 있다(일반지침107②).

2. 사업계획 제출 및 한도액 요구

(1) 중기사업계획서 제출

주무부처는 매년 1월 31일까지 당해 회계연도부터 5회계연도 이상의 기간 동안의 신규사업 및 계속사업에 대한 중기사업계획서를 기획재정부장관에게 제출한다(일반지침112).

(2) 한도액 요구

기획재정부장관은 다음 연도의 임대형 민자사업 한도액 설정지침을 매년 3월 31일까지 주무부처에 통보한다(일반지침113). 주무부처는 임대형 민자사업 한도액 설정지침에 따라 그 소관에 속하는 다음 연도의 한도액 요구서를 작성하여 매년 5월 31일까지 기획재정부장관에게 제출한다. 이 경우 주무부처는 사전에 예비타당성조사(예비타당성조사 면제 포함) 신청 및 타당성분석 실시 후 그 결과를 포함하여야 한다(일반지침114①). 국고보조 지방자치단체사업을 추진하는 주무관청은 임대형 민자사업 한도액 설정지침이 정하는 바에 따라 주무부처에 사업을 신청하고, 주무부처는 주무관청으로부터 받은 대상시설별 사업계획을 검토·조정하여 사전에 사업계획을 수립한 후 기획재정부장관에게 한도액을 요구하여야 한다. 다만, 기초지방자치단체가 주무관청인 경우에는 광역지방자치단체의 검토를 거쳐 주무부처에 사업을 신청하여야 한다(일반지침114②).

3. 한도액 설정 및 국회심의·의결

기획재정부장관은 주무부처가 제출한 한도액 요구서를 검토하여 총한도액, 대상시설별 한도액 및 사업 추진과정에서 예측할 수 없는 지출에 충당하기 위한 예비한도액을 설정한다(일반지침115①). 예비한도액은 국가사업 및 국고보조 지방자치단체사업 한도액 합계액의 20% 이내로 설정한다(일반지침115②). 기획재정부장관은 회계연도 개시 120일 전까지 총한도액 등을 국회에 제출하여야 한다(법7의2, 일반지침115③). 지방자치단체가 주무관청이 되는 사업은 해당사업을 대상사업으로 지정고시하기 이전의 적정시기에 지방자치법 제39조 제1항 제8호에 따른 의무부담행위로 지방의회의 의결을 거쳐야 한다(일반지침115④).

4. 시설사업기본계획 수립·고시

주무관청은 법령 및 기본계획 등이 정하는 바에 따라 시설사업기본계획을 명확하고 구체적으로 수립하여야 한다(일반지침118①). 시설사업기본계획에 제시되는 시설의 내용과 수준은 타당성분석 결과와 일관성을 유지하여야 한다(일반지침118②). 주무관청은 ⅰ) 주무관청이 제시하는 시설에 대한 설계도서 수준은 탄력적으로 설정하되, 민간의 창의·효율을 활용하려 하거나, 성과요구수준을 명확히 제시할 수 있는 경우에는 기본계획도서 수준으로 제시(제1호), ⅱ) 주무관청은 시설물의 이용도를 제고하고 정부지급금 부담을 완화할 수 있는 다양한 부대사업 또는 부속사업을 제시할 수 있도록 유도(제2호)하여 민간의 창의와 효율을 최대한 활용할 수 있도록 시설사업기본계획을 수립하여 고시하여야 한다(일반지침118③).

5. 사업계획 평가 및 협상대상자 지정

(1) 사업계획 평가

사업계획 평가는 민간의 제안비용 절감, 효율적인 평가 등을 위해 참가자격 사전심사 평가를 실시한 후 이를 통과한 사업신청자에 대해 기술과 가격평가를 실시하는 2단계 평가방식을 활용한다(일반지침123①). 사업계획 평가를 위한 제1단계는 시설의 특성에 부합하는 시공·재무·운영능력 등 사업수행능력을 평가하여 부적격 사업자를 실격 처리하는 참가자격사전심사를 실시한다(일반지침123②).

사업계획 평가를 위한 제2단계는 다음 제1호의 기술요소와 제2호의 가격요소를 종합하여 평가한다(일반지침123③).

1. 기술요소: 계획·설계의 내용, 건설계획, 운영계획 등을 위주로 시설사업기본계획에 제시된 성과요구수준서의 충족 정도를 토대로 평가하되 제안된 공사비, 운영비용이 사업계획에서 제시한 설계·시공·운영계획을 수행할 수 있는 적정한 수준인지도 함께 검토하여 평가
2. 가격요소: 운영기간 중 주무관청이 사업자에게 지급하는 총정부지급금의 현재가치(할인율은 제65조의2에 따른다)로 평가항목을 단일화하여 평가하되 정부가 제시한 수준을 초과할 경우 실격 처리한다. 다만, 창의적인 사업계획 등 합리적인 사유가 있다고 인정하는 경우 예외로 할 수 있다

(2) 협상대상자 지정

주무관청은 기술 및 가격 요소 평가점수를 합산하여 최고 득점자순으로 협상대상자를 2인 이상 그 순위를 정하여 지정한다(영13④, 일반지침125①). 주무관청은 단독응찰에 의하여 협상대상자가 선정된 경우 시공자 선정은 경쟁입찰에 의할 것을 의무화할 수 있다. 이 경우 시공사 낙찰금액을 반영하여 총민간투자비를 사후에 변경하여야 한다(일반지침125②). 주무관청은 평가 종료 후 ⅰ) 사업계획별 종합평가점수(제1호), ⅱ) 사업계획별 설계, 운영, 시공 등 주요항목으로 분리된 점수(제2호), ⅲ) 사업계획평가단 참여 위원명 및 위원별 평가점수(제3호)를 사업계획을 제출한 자에게 통지하여야 한다(일반지침125③).

6. 실시협약 체결

(1) 사업시행조건의 처리방향

사업시행자의 사업이행을 보증하기 위한 보증금은 총투자비 또는 총사업비의 10% 수준으로 설정한다(일반지침126①). 주무관청은 건설사업관리자를 선정하되 감리비를 사업시행자에게 부담하게 할 수 있다. 이 경우 실시협약상 총민간투자비의 감리비는 감리자 선정 후 낙찰된 감리비로 조정한다(일반지침126②). 불가항력 사유 발생시 보험으로 처리되지 않는 비용증가분에 대해서는 주무관청과 사업자가 분담하되, 천재·지변 등 비정치적 불가항력 사유로 인한 비용은 주무관청이 80%를, 전쟁·테러 등 정치적 불가항력 사유로 인한 비용은 주무관청이 90%를 분담한다(일반지침126③).

(2) 협상

실시협약 체결을 위한 협상은 표준협약서를 바탕으로 실시협약서에 기재할 내용을 조정하는 단계로 운영하며, 합리적인 사유가 없는 한 협상대상자는 사업신청서류에 제시한 조건보다 자신에게 유리한 조건을 제시할 수 없다(일반지침127②). 주무관청은 협상대상자가 고의로 협상을 지연시키는 경우 등에 대하여 차순위 협상대상자와 협상이 가능하며 차순위 협상대상자가 없는 경우는 사업추진을 보류하거나 재고시를 추진할 수 있다(일반지침128).

(3) 실시협약 체결과 사업시행자의 지정

주무관청은 협상대상자와 사업시행조건 등이 포함된 실시협약을 체결함으로써 사업시행자를 지정하며 ⅰ) 총사업비가 1천억원 이상인 사업의 사업시행자 지정(제1호), ⅱ) 총사업비 규모와 관계없이 국고지원을 약정하는 내용이 포함된 사업의 사업자 지정 등(다만, 국가의 보조금이 300억원 미만인 사업인 경우에는 심의위원회의 심의를 거치지 아니한다)(제2호)의 경우에는 공공투자관리센터의 장의 검토의견을 첨부하여 기획재정부장관에게 심의위원회의 심의를 요청하여야 한다(일반지침130①). 국고지원의 범위는 건설보조금, 장기대부, 기간시설 지원 등을 포함하며, 임대형 민자사업에 대한 임대료 등 정부지급금은 제외한다(일반지침130②). 실시협약은 법인 또는 설립예정법인의 출자예정자 명의로 체결한다(일반지침

131).

7. 실시계획 승인

법인의 설립을 조건으로 사업시행자로 지정받은 자는 주무관청이 변경을 승인하지 않는 한 제출한 법인설립계획에 따라 실시계획승인 신청 전까지 법인을 설립하여야 한다(일반지침132①). 주무관청은 사업시행자가 실시협약에서 정한 기간 내에 실시계획의 승인신청을 하지 않을 경우 사업시행자 지정을 취소할 수 있다(일반지침132②).

사업시행자는 사업계획 제출시 참여확약서를 제출한 자와 위탁·도급계약 등을 체결하는 즉시 주무관청에 통지하여야 한다(일반지침133①). 위탁·도급계약 등을 체결하거나 체결한 자를 변경하고자 하는 경우 사전에 주무관청의 승인을 얻어야 한다(일반지침133②).

8. 정부고시사업 절차의 준용

임대형 민자사업의 추진절차와 관련하여 달리 규정하고 있지 않은 사항은 정부고시사업 추진절차의 규정을 준용한다(일반지침135).

Ⅴ. 임대형 민간제안사업 추진에 관한 특례

1. 민간부문의 사업제안

주무부처 및 주무관청은 사업제안자의 원활한 사업제안을 위하여 주무관청의 검토, 제96조에 따른 검토, 제138조에 따른 한도액 검토 및 국회 심의·의결 절차, 기타 사업별 특성 등을 감안하여 사업제안의 시기에 대한 방침을 정할 수 있다(일반지침136). 제안자는 시설이용 극대화, 이용자 편익 제고, 사업비 경감 등을 위해 사회기반시설 중 2개 이상 기능적 연관시설들을 동시에 입주시키는 복합시설형태로 개발하는 복합화사업(학교부지를 활용하여 문화 및 복지시설 등 사회기반시설을 학교시설과 함께 건립하는 학교복합화사업을 포함)을 제안할 수 있다(일반지침137①).

2. 제안내용의 검토

주무관청은 제안내용의 검토를 수행함에 있어 정부지급금 부담능력과 운영기간의 적정성 등을 포함하여야 한다(일반지침138).

3. 사업계획 제출 및 한도액 요구

주무부처의 사업계획 제출 및 한도액의 요구에 관해서는 제112조 내지 제114조(제3장 제2절 사업계획 제출 및 한도액 요구)를 준용한다(일반지침140).

4. 제안자에 대한 통지

주무관청은 공공투자관리센터 등의 장 또는 전문기관의 장으로부터 적격정조사 또는 제안서 검토 결과를 제출받은 후 사업을 추진하고자 하는 경우에는 제안자에게 한도액 설정 절차, 국회의 한도액 의결 절차 등 향후 사업추진절차를 제안자에게 통지하여야 한다(일반지침141①). 주무관청은 국회로부터 한도액 승인을 받으면 지체 없이 해당 사업의 추진여부를 제안자에게 통지하여야 한다(일반지침141②).

5. 한도액 설정 및 국회 심의 · 의결

기획재정부장관의 한도액 설정 및 국회 · 심의 의결 절차에 대해서는 제115조 내지 제117조(제3장 제3절 한도액 설정 및 국회심의 · 의결)를 준용한다(일반지침142).

6. 제3자 제안공고의 내용

주무관청은 제100조에 따른 제3자 제안공고의 내용 이외에도 관리운영권설정기간을 함께 명시하여야 한다(일반지침143).

7. 사업계획의 평가

주무관청이 제102조에 따라 제안서를 평가할 때에는 제123조 내지 제125조(제3장 제5절 사업계획 평가 및 협상대상자 지정)를 준용한다. 이 경우 제123조 내지 제125조에서의 시설사업기본계획은 제3자 제안공고로 본다(일반지침144).

8. 실시협약 체결 및 실시계획 승인

주무관청이 실시협약을 체결하고 실시계획을 승인하고자 할 때에는 제126
조 내지 제134조(제3장 제6절 실시협약 체결 및 제7절 실시계획 승인 및 착공 등)를 준
용한다(일반지침145).

9. 민간제안사업 절차의 준용

임대형 민간제안사업의 추진 절차에 관련하여 본장에서 달리 규정하고 있지
않은 사항은 제92조 내지 제104조(제2장 민간제안사업 추진절차)를 준용한다(일반지
침146).

Ⅵ. 경쟁적 협의 절차

1. 경쟁적 협의 절차의 도입배경

민간투자사업 운영의 난이도가 높은 사업이나 증설, 개량과 같은 새로운 유
형의 사업은 사업계획서 평가 후 사업시행자 지정을 위한 협상과정에서 사업 전
반에 대한 전면적인 협상이 이루어져 잦은 사업계획의 변경과 이로 인해 불필요
한 사회적 비용이 발생하고, 사회적 후생의 발현이 지연되는 등의 문제가 발생하
였다. 이에 따라 민·관 상호 간 사업 이해의 증진, 주무관청 발주 의도의 구체
화, 협의 참여자들의 현실적이고 혁신적인 아이디어 확보, 사업계획 변경의 최소
화 등을 목적으로 2015년에 「민간투자사업기본계획」에서 경쟁적 협의 절차 제도
를 새롭게 도입하였고, 한국개발연구원 공공투자관리센터에서는 민간투자사업기
본계획 제40조(세부요령의 작성·공표) 제11호에 따라 세부내용을 규정한 「경쟁적
협의 절차에 관한 세부요령」을 2016년 6월에 공표하였다.

「경쟁적 협의 절차에 관한 세부요령」에서는 「민간투자사업 추진 일반지침」
의 규정에 대한 구체적인 사항을 다루고 있으며, 경쟁적 협의 준비단계부터 최종
사업계획 평가 단계까지의 절차를 규정하고 있다. 경쟁적 협의를 포함한 세부절
차는 "사업계획평가단 구성 → 시설사업기본계획 작성 및 고시 → 사전심사서류
제출 및 협의 참여자 지정 → 제1단계 협의 → 예비사업계획서 제출 → 제2단계

협의 및 중간합의서 작성 → 최종 사업계획서 제출 → 평가 → 협상"의 단계로 이루어진다.[52]

2. 경쟁적 협의 절차의 적용대상 사업

경쟁적 협의 절차란 주무관청이 참가자격 사전심사를 통과한 다수의 협의 참여자들과 함께 제1단계 및 제2단계 협의를 진행하는 절차를 말한다. 주무관청은 ⅰ) 총사업비가 2,000억 원 이상인 수익형 민자사업 및 혼합형 민자사업 중에서 주무관청이 해당 사업의 기술적 요건이나 법률·금융 분야의 최적 조건을 구체적으로 제시하기 어려운 경우(제1호), ⅱ) 총사업비가 2,000억 원 이상인 수익형 민자사업 및 혼합형 민자사업 중에서 주무관청이 해당 사업의 최적 대안을 찾기 위해 설계 공모가 필요한 경우(제2호), ⅲ) 기존 사회기반시설의 증설, 개량 및 운영의 난이도가 높은 사업 등 기타 주무관청이 사업의 시행을 위하여 필요하다고 인정하는 경우(제3호)에 경쟁적 협의 절차를 통해 사업시행자를 지정할 수 있다(일반지침147①). 주무관청은 경쟁적 협의 절차 시행시 공공투자관리센터의 장이 작성하여 공표한 「경쟁적 협의 절차에 관한 세부요령」을 활용할 수 있다(일반지침147③).

3. 사업계획 평가단의 구성 및 운영

주무관청은 경쟁적 협의 절차를 진행하기 위해 각 부문별 전문가가 포함된 사업계획 평가단을 구성하여야 하며, 이 경우 소요되는 비용은 주무관청이 부담한다(일반지침148①). 주무관청은 시설사업기본계획 단계부터 실시협약 체결을 위한 협상 단계까지의 업무를 포함하여 공공투자관리센터의 장 또는 전문기관에 일괄 위탁할 수 있다. 이 경우 위탁받은 기관은 주무관청과 긴밀히 협력하여 업무를 처리하여야 한다(일반지침148②). 주무관청은 관련 업무를 일괄 위탁한 경우에는 원만한 사업추진을 위하여 해당 사업의 실시협약 체결 전까지 사업계획의 내용을 가능한 한 변경하지 않아야 한다(일반지침148③).

---

52) 경쟁적 협의 절차에 관한 세부요령 5쪽.

4. 시설사업기본계획의 수립·고시 및 참가자격 사전심사

주무관청이 민간투자사업을 경쟁적 협의 절차를 통해 추진하기로 한 경우, 시설사업기본계획에 경쟁적 협의 절차의 시행 여부 및 추진 방법, 일정 등의 구체적인 내용을 제시하여야 한다(일반지침149①). 주무관청은 참가자격 사전심사, 제1단계 협의, 제2단계 협의를 위하여 협의 참여자로 하여금 사업계획 관련 서류를 단계별로 구분하여 제출하도록 할 수 있다(일반지침149②). 주무관청은 제출된 참가자격 사전심사 서류 및 사업계획 개요를 심사하여 건설능력, 운영능력, 자금조달능력 등이 있다고 판단되는 사업신청자를 제1단계 협의 참여자로 선정한다(일반지침149③). 주무관청은 유사사업 참여 경험 등을 고려하여 참가자격 사전심사 조건을 충족할 수 있다고 판단하는 자에게 해당 사업 경쟁적 협의절차에 참여를 요청할 수 있다(일반지침149④). 그러나 주무관청은 참가자격 사전심사 서류를 제출한 자가 1인 이하인 경우에는 경쟁적 협의 절차를 중단하고 제77조에 따른 사업계획의 평가 절차에 따른다(일반지침149⑤).

5. 제1·2단계 경쟁적 협의

제1단계 협의는 주무관청이 시설사업기본계획의 내용을 협의 참여자에게 명확히 전달하기 위한 단계이며, 주무관청은 제1단계 협의를 완료한 경우에는 협의 참여자에게 가격 분야를 제외한 사업계획을 제출하도록 요청한다. 이 경우 사업계획을 제출하지 않은 협의 참여자는 제2단계 협의 참여자 대상에서 제외된다(일반지침150①). 제2단계 협의는 주무관청이 해당 사업에 대한 시설의 사양 등 주무관청이 요구하는 내용을 명확히 하는 단계이며, 주무관청은 제2단계 협의 종료 후 협의 참여자에게 협의 결과를 반영한 최종 사업계획(가격분야 포함) 제출을 요청한다. 이 경우 최종 사업계획을 제출하지 않은 협의 참여자는 협상대상자 지정에서 제외한다(일반지침150②). 주무관청은 경쟁적 협의 절차의 각 단계마다 정부가 요구하는 수준과 부합하지 않는다고 판단되는 협의 참여자를 협의 대상에서 제외할 수 있다. 주무관청은 적격한 협의 참여자가 1인만 남을 경우에는 경쟁적 협의 절차를 중단하고 제77조에 따른 사업계획의 평가 절차에 따른다(일반지침150③).

6. 사업계획 평가 및 협상대상자 지정

주무관청은 최종 사업계획에 대하여 법 제13조 제2항에 따른 협상대상자 지정을 위한 평가를 수행한다. 이 경우 주무관청은 경제적으로 가장 유리하게 제안한 자를 협상대상자로 지정할 수 있으며, 사업계획의 구체적인 평가기준을 수립하여야 한다(일반지침151①). 주무관청은 평가 종료 후, 제81조에 따라 최종 사업계획을 제출한 자에게 협상대상 순위를 정하여 통지하여야 한다(일반지침151②).

7. 실시협약 체결을 위한 협상

주무관청은 협상대상자로 지정된 자와 실시협약 체결을 위한 협상을 진행한다. 협상은 제1단계 협의 및 제2단계 협의 과정에서 합의된 사업시행 조건을 구체화·명확화하고, 사업계획 평가의 결과 등을 실시협약에 반영하기 위하여 수행한다(일반지침152①). 주무관청과 협상대상자는 협상의 일관성을 유지하여야 하고, 제1단계 협의 및 제2단계 협의 과정에서 합의된 사업시행 조건과 배치되는 조건을 제시할 수 없다(일반지침152②).

제4절 민간투자사업의 위험 및 위험분담

I. 위험분담의 원칙 및 위험분담 필요성

1. 위험분담의 원칙

위험이 발생한 경우 위험의 극복을 위해서는 위험을 책임지는 주체가 결정되어야 하며, 책임 주체는 우선 당사자 사이의 약정에 따라 결정될 것이며 약정이 없다면 위험분담의 원칙에 따라 결정될 것이다. 특히 복잡하고 불확실성이 많은 계약일수록 사전에 위험분담에 대한 내용을 계약조항에 반영하거나 사후적으로는 해석을 통하여 합리적으로 위험분담을 하여야 할 필요성은 더욱 크다.

사업시행자 자신의 책임으로 대상시설을 설계 및 건설하고 이에 필요한 자

금을 자신이 직접 조달하여 충당하며 운영기간 중 직접 운영을 통해 투자비를
회수하는 민간투자사업의 특성을 고려하였을 때 민간투자사업 진행 전반에 걸친
책임은 사업시행자가 1차적으로 부담하여야 할 것이다. 그러나 장기간 사업추진
중 발생 가능한 우발적·외부적 모든 위험을 전적으로 사업시행자가 부담해서는
안 된다. 사안별로 사업시행자가 구제를 받아야 하는 상황이 존재할 수 있으며,
주무관청 입장에서도 대상 사회기반시설이 정상적으로 제공되도록 사업시행자에
게 안정적인 사업환경을 조성해 주어야 하기 때문이다. 따라서 민간투자사업의
성공적 추진을 위해서는 위험분담의 원칙을 고려하여 주무관청과 사업시행자 사
이에 합리적인 위험분담이 필요하다.[53]

2. 민간투자사업 특수성 측면에서 민간과 정부의 위험분담 필요성

(1) 정부와 민간의 협력적 요소: 민관협력의 대표적 유형

민간투자제도는 주무관청과 사업시행자가 해당 시설의 건설과 운영이라는
공통의 목표로 설정한 프로젝트의 수행을 위하여 실시협약을 체결하고 동 협약
에 따라 책임과 위험을 공유하는 방식으로 상호 협력하는 제도이며 민관협력의
가장 대표적인 형태라고 볼 수 있다.

협력적 요소는 실시협약에도 잘 나타나 있는데, 표준실시협약안[54] 전문에
"주무관청과 사업시행자 및 출자예정자들은 본 사업의 공공성을 깊이 인식하고
상호신뢰의 바탕위에서 성공적으로 사업이 추진될 수 있도록 최선을 다할 것을
다짐하면서 본 사업의 시행에 관하여 다음과 같이 합의한다"라고 규정하면서 법
적 구속력 없는 선언적 문구일지라도 주무관청과 사업시행자가 공통의 목표를
위하여 상호 노력하는 협력적 관계를 보여주고 있다. 특히 실시협약 상 해당 시
설의 운영 및 유지관리와 관련한 사항에 협력적 요소가 명확히 포함되어 있다.
따라서 민간투자사업은 사업시행자 단독으로 진행하는 사업이 아니라 주무관청
과 사업시행자가 상호 협력하여 진행하는 협력적 요소가 강한 사업이라는 점에
서 협력의 결과 발생하는 위험 역시 주무관청과 사업시행자 상호 간에 위험분담
의 원칙에 맞추어 합리적으로 배분되어야 한다.[55]

---

53) 김진현(2018), 34-35쪽.
54) 여기서의 표준실시협약안은 임대형 민자사업(BTL) 표준실시협약안(2011. 3.)을 말한다.
55) 김진현(2018), 37쪽.

(2) 민간투자사업의 공공적 성격: 완전 민영화와의 차이

민간투자제도는 국가재정이 부족한 상황에서도 국가가 사회기반시설책임과 생존배려책임을 수행하기 위하여 도입한 제도라는 점에서 공익을 목적으로 국가의 필요에 의하여 출발한 제도라고 볼 수 있다. 그리고 공익 달성의 측면에서 민간투자제도의 공공성은 반드시 유지되어야 할 특성이다. 즉 "국가재정부담 완화"와 "사회기반시설의 공공성 유지"라는 두 가지 목적을 동시에 실현하여야 하는 것이 민간투자제도이다.

사회기반시설의 공공성 유지를 위하여 민간투자사업은 민영화 중에서 완전 민영화가 아닌 부분민영화 또는 형식적 민영화라는 제한적인 민영화의 성격을 가지고 있다. 즉 국가의 책임으로 수행하던 공적 과제를 사적 경제주체에게 전적으로 이양하고 업무 관리감독권까지 사적 경제주체의 책임하에 두도록 하는 탈국가화 방식까지 확장되지 못하고, 사인에게 이양된 이후에도 국가가 여전히 전부(또는 일부) 관리감독권을 보유하는 방식으로 민간투자사업이 진행되는 것이다. 앞서 본 바와 같이 민간투자법이 공법적 성격을 가지고 실시협약이 공법적 계약으로 분류되는 이유이다.

민간투자제도의 공익을 위한 공공적 성격과 국가의 관리감독권을 확인할 수 있는 대표적인 부분은 민간투자법 제47조에 규정된 공익을 위한 처분 규정이다. 주무관청은 ⅰ) 사회기반시설의 상황 변경이나 효율적 운영 등 공공의 이익을 위하여 필요한 경우(제1호), ⅱ) 사회기반시설공사를 원활히 추진하기 위하여 필요한 경우(제2호), ⅲ) 전쟁, 천재지변 또는 그 밖에 이에 준하는 사태가 발생한 경우(제3호)에는 민간투자법에 따른 지정·승인·확인 등을 받은 자에 대하여 제46조(법령 위반 등에 대한 처분)에 따른 처분을 할 수 있다(법47① 전단). 이 경우 심의위원회의 심의를 거쳐 지정된 사업에 대하여는 심의위원회의 심의를 거쳐야 한다(법47① 후). 즉 공법상 계약으로서 실시협약의 법적 성질을 고려하여 공공의 이익을 위하여 필요한 경우에는 주무관청은 감독자의 지위에서 고권적 행정조치를 행할 수 있다.[56]

---

56) 김성수·이장희(2014), "민간투자사업의 투명성과 지속가능성 보장을 위한 민간투자법의 쟁점", 토지공법연구 제66집(2014. 8), 246-247쪽.

(3) 민간투자사업 적시성의 중요성: 민간참여 촉진

민간투자사업은 건설에 투자되는 자본의 규모가 상당히 크며 이에 따라 투자자금의 회수에도 장기간이 소요된다는 점, 하나의 사업범위에 건설과 운영이 모두 포함된다는 점 때문에 일반적인 계약관계나 사회기반시설사업보다 고려해야 할 위험요인이 상당히 많다.[57]

또한 사회기반시설을 재정사업으로 추진하는 경우 주로 국가계약법이나 「지방자치단체를 당사자로 하는 계약에 관한 법률」("지방계약법")에 따라 공공조달계약의 형태로 이루어지면서 건설공사에 그 초점이 맞추어져 있는 경우가 대부분이다. 따라서 공공조달계약의 형태에서는 건설위험의 파악 및 배분의 문제만 있었으나 민간투자제도에서는 건설뿐 아니라 운영까지 사업범위에 포함되기 때문에 운영위험의 파악 및 배분까지 관리대상 위험의 범위가 확장되었다.[58]

민간의 참여가 저조하여 사업이 지연될 경우 국가는 적기에 사회기반시설을 제공하지 못하고 사회적 비용을 지불할 가능성이 있는데, 민간자본을 이용하여 사회기반시설을 계획한 바대로 적기에 공급하기 위해서는 민간이 감내할 수 있는 수준으로 위험을 상호 배분하여 민간참여를 촉진하여야 한다.[59]

II. 위험분담

1. 위험의 처리 및 분담원칙

민간투자사업 시행과 관련된 위험은 귀책사유에 따라 정부귀책인 위험, 사업자귀책인 위험 및 불가항력인 위험(천재·지변 등 비정치적 불가항력 사유로 인한 위험과 전쟁·테러 등 정치적 불가항력 사유로 인한 위험으로 구분)으로 분류하되, 구체적인 위험의 종류와 귀책사유별 위험의 분류 및 분담은 국내외 사례와 위험관리의 용이성, 분담의 형평성 등을 감안하여 실시협약으로 정한다(일반지침31①). 주무관청은 시설사업기본계획 또는 제3자 제안공고에 가능한 한 해당 사업과 관련하여 적용하고자 하는 위험의 유형과 분류기준 등을 제시함으로써 사업신청자

---

57) 이동훈(2016), "실시협약을 통한 민간투자사업에서의 합리적인 위험배분: 민간투자법령 및 민간투자사업기본계획, 표준실시협약안을 중심으로", 고려법학 제80호(2016. 3), 195-196쪽.

58) 이동훈(2016), 186쪽.

59) 김진현(2018), 40-41쪽.

의 위험분담에 대한 예측가능성을 높여 주어야 한다(일반지침31②).

사전에 예측가능하고 보험 가입이 가능한 ⅰ) 건설기간 중: 건설공사보험, 예정이익상실보험, 사용자배상책임보험, 사업이행보증보험 등(제1호), ⅱ) 운영기간 중: 완성공사물보험, 사용자배상책임보험, 영업배상책임보험, 중장비 안전보험 등(제2호)의 위험에 대해서는 최대한 보험으로 해결할 수 있도록 하고, 보험으로 처리되지 않는 손실 또는 추가비용에 대해서는 협약당사자간 협의를 통해 위험을 배분한다(일반지침31③).

귀속시설사업의 경우 사업기간 중에 발생한 정부귀책인 위험은 정부가, 사업자귀책인 위험은 사업시행자가 부담함을 원칙으로 한다. 다만 불가항력인 위험의 경우 보험으로 처리되지 않는 비용 증가분에 대해서는 주무관청과 사업자가 상호 협의하여 분담비율을 결정하되, 비정치적 불가항력 사유로 인한 비용은 주무관청이 80%를, 정치적 불가항력 사유로 인한 비용은 주무관청이 90%를 분담함을 원칙으로 한다(일반지침31④). 정부나 사업시행자는 각자의 위험분담분을 이유로 추가적인 사용료의 조정이나 사후 손실보전을 요구할 수 없다(일반지침31⑤).

2. 수익형 민자사업

(1) 위험분담형

주무관청은 수익형 민자사업의 경우 민간사업비의 일부("투자위험 분담부분")에 대하여 투자위험을 부담하고, 주무관청이 투자위험을 분담하는 부분에 대한 수익률, 운영수입 귀속 및 운영비용 위험분담 비율 등을 실시협약에서 정할 수 있다(일반지침33①). 주무관청이 투자위험을 분담하는 경우 사업의 수익률 및 사용료를 별표 2-1의 산식에 따라 산정한다(일반지침33②).

주무관청은 별표 2-2의 산식에 의하여 투자위험분담기준금을 산정하고, 매년도 주무관청 귀속 실제운영수입이 실시협약에서 정한 매년도 투자위험분담기준금 수준에 미달할 경우 그 부족분에 대하여 재정지원을 할 수 있다(일반지침33③). 주무관청은 매년도 주무관청 귀속 실제운영수입이 매년도 투자위험분담기준금을 초과할 경우 그 초과분을 환수할 수 있다(일반지침33④). 실시협약 체결시 관리운영권 설정기간 중 제3항에 따른 재정지원금의 총 합계액은 환수금의 총 합계액을 초과할 수 없다(일반지침33⑤).

(2) 손익공유형

주무관청은 수익형 민자사업의 경우 매년도 실제 운영수입에서 변동운영비용을 차감한 금액("공헌이익")이 실시협약상 주무관청의 매년도 투자위험분담기준금에 미달하는 경우 그 부족분을 재정지원하는 방식으로 투자위험을 분담할 수 있다(일반지침33의2①). 주무관청이 투자위험을 분담하는 경우 사업의 수익률 및 사용료를 별표 2-1의 산식에 따라 산정한다(일반지침33의2②).

주무관청은 사업시행자의 매년도 공헌이익이 매년도 환수기준금을 초과하는 경우에는 그 초과금액 중 일부를 환수할 수 있다. 주무관청의 환수비율은 투자위험 분담비율 및 사용료 수준 등을 감안하여 실시협약에 정하되, 해당 사업이 해지되는 경우 이미 확정된 주무관청의 환수금은 해지시지급금에서 차감하고 지급한다(일반지침33의2③). 투자위험분담기준금 및 환수기준금은 별표 2-3의 산식에 따라 산정한다(일반지침33의2④).

3. 임대형 민자사업

주무관청은 금융시장상황에 따라 금리가 급변할 경우 임대형 민자사업의 원활한 추진을 위하여 금리변동위험의 일부를 분담할 수 있다(일반지침34①). 금리변동 위험분담은 금리변동값의 구간별로 별표 3과 같이 지원 또는 환수하는 방법으로 실시한다(일반지침34②).

4. 불가항력사유 등의 발생과 사업시행자의 매수청구권

(1) 매수청구권의 인정사유

귀속시설의 사업시행자는 ⅰ) 천재지변, 전쟁 등 불가항력적인 사유로 6개월 이상 공사가 중단되거나 총사업비가 50% 이상 증가한 경우(제1호), ⅱ) 천재지변, 전쟁 등 불가항력적인 사유로 6개월 이상 시설의 운영이 중단되거나 시설의 보수비용 또는 재시공비가 원래 총사업비의 50%를 넘은 경우(제2호), ⅲ) 국가나 지방자치단체가 실시협약에서 정한 국가 또는 지방자치단체의 이행사항을 정당한 이유 없이 해당 사유 발생을 통보받은 날부터 1년 이상 이행하지 아니한 경우 또는 정당한 이유 없이 이행하지 아니하여 해당 시설의 공사 또는 운영이 6개월 이상 지연 또는 중단된 경우(제3호), ⅳ) 그 밖에 주무관청이 사업시행자의 매수청구권을 인정하는 것이 타당하다고 판단하여 실시협약에서 정한 요건이 발생한 경우(제4호)에 사회기반시설의 건설 또는 관리·운영이 불가능한 경우에는 국가 또는 지방자치단체에 대하여 해당 사업(부대사업을 포함)을 매수하여 줄 것을 요청할 수 있다(법59, 영39①).

(2) 매수청구권의 행사절차

사업시행자는 매수청구권을 행사하려면 해당 사유의 발생일부터 30일 이내에 그 내용을 주무관청에 통보하여야 한다(영40① 전단). 이 경우 사업시행자는 제39조(매수청구권 인정 사유)에서 정한 사유의 발생을 증명하여야 한다(영40① 후단). 매수청구를 받은 주무관청은 그 내용을 검토한 후 특별한 사유가 없으면 청구를 받은 날부터 60일 이내에 심의위원회의 심의를 거쳐 매수청구권의 인정 여부를 사업시행자에게 통보하여야 한다(영40②). 매수청구권이 행사되는 경우에 사업시행자에게 지급되는 금액의 산정기준, 산정방법, 그 밖에 필요한 사항은 청구 당시의 사회기반시설(관련 운영설비를 포함), 부대사업시설 및 해당 사업의 영업권 등의 적정 가치를 고려하여 실시협약에서 정할 수 있다(영40③). 귀속시설의 사업시행자가 매수청구권을 행사하는 경우 사업시행자에게 지급되는 매수금액의 산정기준 및 지급방법 등은 청구 당시 본 사업시설 및 관련 운영설비·부대사업시설·영업권 등의 적정가치와 매수청구권의 행사사유 및 원인 등을 고려하여 실시협약에서 정할 수 있다. 이 경우 매수금액의 산정 등은 협약 당사자간의 협의를 통해 제37조의 해지시지급금 규정에 따를 수 있다(일반지침35②).

매수청구권은 불가항력 위험 또는 주무관청 귀책 사유로 해당 시설의 건설 및 관리, 운영이 불가능할 경우 사업시행자에게 부여되는 권리이며, 실질적으로 실시협약 해지의 성격을 가진다.[60] 매수가액 산정 시 해지시지급금 규정을 따를 경우 비정치적 불가항력 사유, 정치적 불가항력 사유, 주무관청 귀책 사유 순서로 매수가액이 증가하는바, 사유별로 주무관청의 위험분담 정도에 차이를 두고 있다.

5. 해지시지급금

실시협약이 만기 전에 해지될 경우 정부는 사업사행자에게 실시협약에서 정

---

60) 김대인(2009), 「민간투자사업관리법제 개선방안에 관한 연구(Ⅰ): 정부계약법과의 관계정립을 중심으로」, 한국법제연구원(2009. 10), 115-116쪽.

한 해지시지급금을 지급한다. 해지시지급금은 민간투자법령에 별도의 근거 규정
은 없지만 기본계획 및 실시협약에 규정된 내용으로 실시협약 중도해지 시 사업
시행자에게 지급되는 금원을 의미한다. 법령상에 근거가 없을지라도 해지시지급
금 청구권은 실시협약 중도해지를 성취조건으로 공법상의 권리였던 관리운영권
의 회수에 대응하여 발생하는 이행청구권으로, 정지조건부 채권으로서의 성격을
갖는 공법상의 권리라고 볼 수 있다.[61]

    주무관청 또는 사업시행자가 귀속시설에 대한 실시협약을 해지하는 경우 해
지시점에 본 사업시설은 즉시 주무관청에 귀속되고 사업시행자의 관리운영권 등
권리 및 권한도 소멸된다(일반지침37①). 주무관청은 부대사업 추진시 해당 부대
사업 시설이 국가 또는 지방자치단체가 필요로 하거나 관리하기 용이한 시설로
서 ⅰ) 국가 또는 지방자치단체가 해당 시설을 직접 사용할 수 있는 경우(제1호),
ⅱ) 국가 또는 지방자치단체가 공공부문으로 하여금 해당 시설을 직무용으로 사
용하게 할 수 있는 경우(제2호), ⅲ) 해당 시설의 취득이 국가 또는 지방자치단체
의 재정에 이익이 되는 경우(제3호), ⅳ) 재산가액 대비 유지·보수 비용이 지나
치게 많지 않은 경우(제4호) 해지시지급금 약정을 할 수 있다. 이 경우 실시협약
의 해지시지급금 약정은 정부귀책인 사유에 한정하며, 해지시지급금 산정은 별
표 4를 준용한다(일반지침37②). 실시협약 해지에 따른 해지시지급금은 별표 4와
같이 산정한다.[62] 이 경우 해지시지급금에 부가되는 매출부가세는 주무관청이
가산하여 지급한다(일반지침37③).

---

61) 윤석찬(2017), "부산대학교 BTO사업에서의 법적분쟁과 쟁점: 항소심 판결(부산고법 2015.
    12. 9. 선고 2015나50897 판결)에 관하여", 재산법연구 제33권 제4호(2017. 2), 151쪽.
62) 해지시지급금 산정방식은 민간투자사업 추진 일반지침(2023) [별표 4]에 귀책사유별로 상
    세히 규정되어 있다.

제5절 민간투자사업을 위한 프로젝트금융

Ⅰ. 자금조달에 관한 규율의 필요성

재정사업에서 필요한 재원의 확보가 정부 예산안의 편성과 집행의 영역이라면, 민간투자사업에서 자금조달은 민간부문인 사업시행자의 책임으로 수행되는 금융시장의 영역이다. 그러나 민간부문에 의해 사업비가 조달된다는 점은 자금조달이 전적으로 사업시행자의 자율에 맡겨진 영역임을 의미하지는 않는다. ⅰ) 조달환경의 측면에서 정부는 원활한 자금조달을 위한 각종 지원제도를 마련하고 있다. 해지시지급금(일반지침37), 산업기반신용보증기금을 통한 보증(법30), 운영기간 중 위험분담을 통한 재정지원(일반지침33, 33의2)이 대표적이다. ⅱ) 대부분의 BTO방식 민간투자사업에서 사업추진에 소요되는 총사업비의 일부는 주무관청이 지원하는 건설보조금과 보상비[63]로 충당된다. 동일한 사업조건에서 건설보조금과 보상비의 지원은 사업시행자의 사업수익률 확보를 용이하게 한다. 예를 들어 사용료, 총사업비 등 여타의 사업조건이 동일한 상태에서 건설보조금의 액수를 상향한다면 사업시행자의 사업수익률이 상승한다. 민간이 조달하는 사업비는 독립적인 사업비용이라기보다는 사업조건을 결정짓는 하나의 항목에 해당한다.[64] ⅲ) BTL방식 민간투자사업에서 주무관청이 운영기간 동안 지급하는 정부지급금에는 사업시행자가 조달하는 타인자본의 건설이자가 포함된다. 건설이자율은 주무관청과 사업시행자 간 실시협약을 통해 사전에 정해지지만, 이자율이 높을수록 정부의 재정부담이 커지므로 주무관청은 사업시행자의 대출약정 조건에 큰 이해관계를 갖는다. 사업비를 이용자가 지불하는 사용료로 회수하는 BTO방식의 경우에도 주무관청과 사업시행자 간 체결하는 실시협약으로 정해지는 사업수익률은 투자자 모집의 조건으로 기능하고, 사업수익률은 이용자들이 부담하

---

63) 민간투자법은 사업시행자가 토지 등의 수용 또는 사용과 관련한 토지매수업무, 손실보상업무, 이주대책사업 등의 시행을 주무관청 또는 관계 지방자치단체의 장에게 위탁할 수 있음을 규정하고 있고(법20③), 귀속시설사업을 원활하게 시행하기 위하여 대통령으로 정한 경우에 한해 보조금을 지급하거나 장기대부를 할 수 있도록 규정한 민간투자법 제53조에 근거하여 건설보조금, 보상비의 지원이 이루어지고 있다.

64) 이상훈(2018), "민간투자사업 실시협약 해지와 공익처분의 관계", 성균관법학 제30권 제4호(2018. 12), 141쪽.

는 사용료에 영향을 미친다는 점에서 공공의 이익과 관련이 있다.

마찬가지로 사업시행자가 자금조달 후 보다 유리한 조건으로 대출약정을 변경하거나 자본구조를 변경하는 등 자금재조달이 발생하는 경우 자금재조달로 인하여 발생하는 이익도 공공의 이익과 무관하지 않다. 준공 이후 사업시행법인의 부채비율은 90% 내지 95% 또는 그 이상에 이르기도 하는데, 통상적인 기업에서는 거의 불가능한 부채비율은 정부의 지원과 위험분담이 뒷받침된 협력관계(partnership)의 측면에서 설명할 수 있다.65)

민간투자사업의 사업시행자는 일반적으로 해당 사업(project)의 미래 현금흐름을 담보로 하여 사업에 필요한 자금을 조달한다. 사업 단계별로 민간투자사업의 자금조달과 자금재조달에 관한 규율은 프로젝트금융 방식의 특성에 입각하여 이루어진다. 그동안 민간투자사업 추진과정에서 발생한 분쟁의 상당수는 자금조달에 관한 측면을 규율하는 제도적 틀이 부족하였다는 데에서 기인하기도 한다. 이러한 점은 민간부문이 재원조달의 책임을 부담하는 민간투자사업이 전통적인 재정법적 통제대상에는 해당하지 않지만, 사업 특성을 명확히 인식한 후 그 특성에 입각한 규율체계를 마련하여야 함을 분명히 보여준다. 특히 설계, 시공, 운영과 함께 재원의 조달을 민간부문이 조달하는 민간투자사업에서 설계, 시공, 운영에 관한 일반적인 사항은 개별시설법을 통해서 규율되고, 재원조달에 관한 사항은 재정법의 일종인 민간투자법이 규율하여야 하는 고유한 영역에 해당한다.66)

Ⅱ. 사회기반시설과 프로젝트금융의 배경

프로젝트금융은 1856년 수에즈 운하 개발사업이 효시라고도 하나, 진정한 의미의 프로젝트 금융은 1930년대 미국의 은행들이 석유개발업자에 대해 자금을 제공하면서 시작되었다. 당시 미국의 석유개발업자들은 자금도 충분히 않고 차입능력도 취약하였는데, 은행들은 생산물을 담보로 하는 금융방식을 고안하여 장차 생산될 석유의 판매대금을 상환재원으로 하고 매장된 석유를 담보로 하는 대출을 하였다.67) 현대적 의미의 프로젝트금융은 1960년대 후반에 본격적으로

65) 박경애·이상훈 외(2014), 「자금재조달에 관한 세부요령 연구」, 한국개발연구원(2014. 12), 28-29쪽.
66) 이지현(2019), 58-59쪽.
67) 박흰일(2000), "민간주도에 의한 프로젝트 금융의 법적 연구", 경희대학교 대학원 박사학

시작되었고, 1970, 80년대에 획기적으로 성장하였다. 1970-80년대에 개도국의 경제성장으로 자원개발 및 각종 사회기반시설의 건설 붐이 전 세계적으로 일어났으나 여기에 드는 막대한 소요자금을 전통적인 기업금융 방식으로 조달하는 한계가 있어 프로젝트금융이 중요한 대안으로 등장하였다. 그 외에도 80년대 초 남미국가들을 중심으로 한 개도국의 외채위기는 대규모 다국적 은행들로 하여금 개도국 정부의 신용에 근거한 금융지원을 꺼리게 만들어, 이를 타개할 수 있는 대안으로 프로젝트금융이 부상하였다. 이와 같이 사회기반시설사업에 민간부문이 참여한 연혁은 프로젝트금융의 발전과정과 궤를 같이한다. 우리나라의 경우에는 인천국제공항고속도로 민간투자사업에 최초로 활용된 이후 널리 활용되고 있다. 2000년대에는 주로 민간투자사업 위주로 이루어졌으나, 이후에는 아파트, 주상복합 등 다양한 유형의 개발사업 및 특수 분야에도 활발하게 적용되고 있다.[68]

　　사회기반시설 분야에서 대규모 프로젝트금융 사업이 활성화될 수 있었던 데에는 금융기관의 투자를 촉진하기 위한 리스크 경감방안이 제도적으로 보장되었기 때문이다. ⅰ) 2000년대 후반부터 사회적 문제로 지속적으로 제기되고 있는 최소운영수입보장제도를 통해 금융기관은 안정적인 현금흐름을 보장받을 수 있었다. 1999년도에 도입되어 초기에는 사업 전 기간 추정운영수입의 90%(민간제안사업의 경우 80%)를 보장해 주었기 때문에, 프로젝트에서 발생하는 실제 사용료 수입이 예측치보다 낮더라도, 정부의 재정지원금을 통해 원리금 회수를 보장받을 수 있었다. ⅱ) 중도해지 시 주무관청이 사업시행자가 해지시지급금을 약정함으로써 금융기관의 선순위 채권이 회수되도록 제도화하였다. 해지시지급금은 건설 또는 운영기간 중 계약이 해지될 경우 정부가 해당시설의 관리운영권을 회수하는 대신 사업자에게 보상하는 지급금을 말한다. 2000년에 해지시지급금 제도가 도입되었을 때 건설기간 중에는 사업시설물 가치의 85-100%를, 운영 기간 해지 시에는 사업의 미래 순 현금흐름의 80-100%가 보장되도록 하였다. 이는 사업이 파산하더라도 금융기관의 선순위 채권을 보장해 주기 위함이었다.[69]

　　해지시지급금과 현재는 폐지된 최소운영수입보장제도는 프로젝트 자체의

현금흐름만을 상환재원으로 함으로써 발생하는 투자자 측의 리스크를 경감시켰으며, 이는 민간투자사업으로 추진되는 프로젝트금융의 주요한 특징에 해당한다.

Ⅲ. 민간투자사업의 프로젝트금융 추진방식

1. 의의

프로젝트금융을 활용한 민간투자사업이 어떠한 방식으로 추진될 것인지는 구체적으로 건설 및 소유, 투자비 회수방법 등의 형태에 따라 결정된다. 즉 프로젝트회사가 어떤 권리관계를 전제로 하여 투자비를 회수하는가 하는 방식의 여하에 따라 크게 수익형 프로젝트[70]와 임대형 프로젝트[71]로 구분되어 여러 가지 방식으로 추진된다. 프로젝트 추진방식을 위와 같이 구분하여 설명하는 이유는 국내 민자사업이 종래 수익형 사업을 위주로 하여 추진되어 왔으나 영국 및 일본의 PFI제도[72]를 도입하여 2005년부터 임대형 민자사업이 크게 증가되었기 때문이다.[73]

2. 수익형 프로젝트

수익형 프로젝트에는 BOO방식, BOT방식, BTO방식 등이 있다. BOO방식은 민간이 자금을 조달하여 프로젝트 시설을 건설 및 운영할 뿐만 아니라 기한 없이 소유권을 가지는 방식을 말하며, BOT방식은 민간이 자금을 조달하여 프로

---

70) 프로젝트회사가 시설의 건설 후 자신이 직접 운영함으로써 얻게 되는 수익으로써 투자비를 회수하는 사업방식을 말한다.

71) 프로젝트회사가 시설의 건설 후 이를 정부에 임대하여 얻게 되는 수익으로써 투자비를 충당하는 사업방식을 말한다.

72) PFI는 "Private Finance Initiative"의 약어로서 기존 일반 재정발주에 의한 사업방식을 보완하여 사업에 민간부문의 참여를 효율적으로 극대화시키는 것에 그 바탕을 두고 있다. PFI의 특징은 특정 공공시설의 건설뿐만 아니라 건설에 필요한 자금유치 및 건설 후에 그 시설물에 대한 운영 및 유지 보수 등의 모든 관련 서비스를 정부의 감독하에 민간이 제공한다는 점이다. 그리고 PPP는 민관협력(Public Private Partnership)을 의미하는 것으로 PFI를 포함하는 개념이다. PPP제도는 크게 ⅰ) Asset Sales(정부자산매각), ⅱ) Wider Markets(민간의 기술과 재무관리 능력의 도입), ⅲ) Sales of Businesses(공기업의 주식매각), ⅳ) Partnerships Companies(민관공동사업), ⅴ) PFI, ⅵ) Joint Ventures, ⅶ) Partnerships Investments(민간자금의 도입), ⅷ) Policy Partnerships(정책입안에 대한 민간의 관여)로 분류할 수 있다.

73) 김기수(2007), "프로젝트 파이낸싱에 관한 법적 연구: 민간투자법에 의해 추진되는 프로젝트를 중심으로", 상사법연구 제26권 제1호(2007), 95-96쪽.

젝트시설을 건설한 후 협약기간까지 운영한 이후 소유권을 정부에게 이전하는 방식을 말한다. BTO방식은 민간이 자금을 조달하여 건설하고 프로젝트시설의 소유권은 정부에 귀속되며 정부는 민간에게 협약기간 동안 건설의 대가로 시설을 운영하게 하는 방식을 말한다. 국내 수익형 민자사업의 대부분이 이 방식을 적용하고 있다.

3. 임대형 프로젝트

임대형 프로젝트에는 BLT, LOT 등의 방식이 있으며, 국내에서는 대부분 BTL방식이 추진되고 있다. BTL방식은 민간부문이 자금을 투자하여 사회기반시설을 건설한 후 국가 또는 지방자치단체에 시설을 귀속시키고, 국가 또는 지방자치단체로부터 특수한 용익물권인 관리운영권을 설정받은 다음에 국가 또는 지방자치단체에 시설을 임대하여 투자비를 회수하는 방식이다. 이 방식은 2005년부터 영국 및 일본의 PFI사업구조를 본받아 국민생활에 긴요한 공공시설임에도 불구하고 재정여건상 투자가 더디게 이루어지고 있는 시설 위주로 하여 이 방식을 도입하여 활발히 추진하였다.

BLT방식은 민간이 시설을 건설하고 그 시설을 일정기간 동안 정부가 운영하도록 정부에게 임대하고, 임대기간이 종료하면 시설의 소유권을 정부에게 이전하는 방식을 말한다. 국내에서 추진된 이 방식의 사례는 "대전도시철도 1호선 운영시스템 구축사업(2001)"이다.[74] 이는 시스템 공급자가 특수목적법인인 프로젝트 회사를 설립하여 대출금 등의 투자금을 조달하여 운영시스템을 구축하고, 이를 대전광역시에 리스 형태로 공급하는 구조로서, 시설설치 및 시운전이 완료된 이후 운영기간에 해당하는 리스기간 동안 이들 시설을 대전광역시에 임대하고 리스기간이 종료된 이후 해당시설을 대전광역시에 이전하는 구조이다.

LOT방식은 불충분한 정부 예산 때문에 정해진 기간 동안 유지관리를 제대로 하지 못하여 가동이 중단되어 방치한 정부 소유의 발전소시설들을 민간이 정부로부터 임대기간 동안 시설을 임차하여 금융기관으로부터의 대출금으로 수리

---

74) 이 프로젝트는 대전광역시 동구 판암동과 유성구 외의 3개 동을 연결하는 연장 22.6km 규모의 대전도시철도 1호선에 소요되는 지하철 운영시스템을 구축하는 사업으로서, 프로젝트금융 기법을 이용하였으나 민간투자법에 근거하지 않고 철도 건설과 관련한 개별 법률에 따라 추진된 사업으로서 프로젝트금융의 추진방식은 여신전문금융업법에 의한 시설대여 방식을 활용하였다.

및 개량하고, 임대기간 동안 적절한 자본지출 및 운영비의 대가를 지급받아 대출금의 상환이 이루어진 이후 그 소유권을 정부에게 이전하는 방식을 말한다.

Ⅳ. 프로젝트금융의 주요계약

1. 주주간 계약

프로젝트금융에서 요구되는 주요계약 중에서 최초로 이루어지는 단계는 프로젝트 회사를 설립하기 위한 출자자 컨소시엄 구성원들 간의 합의이다. 프로젝트 자체는 이들의 합의에서부터 출발하며, 이들의 합의가 프로젝트 회사의 설립 직전에 체결되는 출자자 간 계약인 주주협약[75]에 반영된다.[76]

프로젝트 계획단계에서는 통상적으로 출자자 컨소시엄의 구성원들 간의 합의를 토대로 하여 컨소시엄의 대표회사로 위임받은 출자예정회사, 또는 구성원 중에서 가장 많은 지분을 가질 예정인 출자예정회사 등이[77] 컨소시엄의 대표회사로서 정부에 그 계획을 제출하고, 당해 컨소시엄이 실시협약 체결을 위한 협상대상자로 선정되었을 경우 컨소시엄 구성원 중에서 대표회사로 선정된 회사가 주간사가 되어 정부와 실시협약 체결을 위한 협상을 수행한다.

민자사업의 추진방식에 따라 출자예정자 간의 합의 과정은 다른 모습을 보여왔다. 종전의 수익형 프로젝트에서는 컨소시엄 구성원 대부분이 건설회사 위주로 이루어졌기 때문에 그들 간의 협의가 원만하게 진행되었으며, 이러한 합의를 토대로 실시협약 체결이 지연되지 않았다. 오히려 실시협약을 체결한 이후 금융기관과의 프로젝트 대출계약을 체결하기 위해 프로젝트에 대한 금융기관의 사업성 분석과 금융기관과의 협상을 거치게 되었는데, 이러한 과정 때문에 프로젝

---

75) 민간투자사업의 실무에서는 출자자간 계약을 "주주협약"이라고 한다.
76) 김기수(2007), 98-100쪽.
77) 민간투자사업의 실무에서 출자자 컨소시엄 중에서 가장 지분을 많이 갖는 것으로 계획된 출자예정회사가 당연히 컨소시엄의 대표회사로 되는 것이 아니라 컨소시엄 구성원 간의 합의에 따라 결정된다. 종래 수익형 프로젝트에서는 컨소시엄 구성원 중에서 가장 많은 지분을 갖는 것으로 예정된 출자 예정회사가 대표회사가 되는 것이 보통이다. 정부도 이 회사가 대표회사가 되어 사업을 안정적으로 추진하도록 유도하고 있다. 다만 최근에 임대형 프로젝트에서는 금융기관 등의 출자자들이 가장 지분을 많이 갖고 있음에도 불구하고 건설사인 출자예정자에게 대표회사의 지위를 위임하는 경우가 있으며, 이때 정부는 대표회사로 하여금 타 출자예정회사들의 위임장을 요구하고 있다.

트가 지연되었다.

임대형 프로젝트에서는 컨소시엄 구성원들이 건설회사, 전문운영회사, 금융기관 등으로 구성되어 추진되고 있어, 사업계획의 초기 단계부터 주주협약이 체결되기 이전까지 매 단계마다 이해를 조정하고 위험을 분담하기 위한 협의 과정이 어렵고도 시간이 많이 소요되는 문제를 않고 있다. 더군다나 실시협약 체결과정에서 금융기관은 출자예정자임에도 불구하고 대출기관의 입장에서 프로젝트의 위험 중에 민간이 부담해야 할 부분을 각 구성원들 간에 공평하게 분담하기보다는 건설회사, 전문운영회사에 전가시키고자 하는 경향을 보여왔다.

컨소시엄 구성원들 간의 합의는 실시협약 체결을 거쳐 프로젝트 회사 설립단계에서 최종적인 주주협약으로 귀결된다. 정부와 실시협약을 체결한 이후 출자예정자들은 서로의 이해와 위험분담의 조정을 위하여 협의를 거치게 되는데, 특히 임대형 프로젝트의 경우 현실적으로 금융기관 출자자들의 요구에 따라 주주협약이 체결될 가능성이 클 뿐만 아니라 건설회사, 전문운영회사 등이 금융기관 출자자를 배제하고 주주협약을 체결하기는 어려운 것이 현실이다.

이러한 문제를 해결하기 위해서는 정부가 프로젝트 추진계획을 고시할 때부터 출자자 간 위험분담을 미리 정하고 이를 수용하는 컨소시엄에 한해 협상대상자로 선정하고, 협상대상자로 선정되어 프로젝트에 참여한 출자예정자들이 서로의 위험분담과 이해의 조정이 가능한 한 좁혀진 상태에서 실시협약 체결단계나 프로젝트 회사 설립단계를 거치도록 하는 것이 바람직하다.

2. 정부와의 실시협약

(1) 실시협약의 의의

실시협약이란 정부와 협상대상자인 출자자 컨소시엄 간에 이루어진 협상의 결과로서 해당 사업을 추진하는데 필요한 총사업비, 사용기간 등 프로젝트 조건 등을 포함한 협약당사자의 법률관계를 정해 놓은 문서 또는 문서의 내용을 의미한다.[78] 실시협약의 당사자는 정부와 협상대상자, 그리고 사업시행법인이다. 그런데 협상대상자가 "개별 출자예정자들", "설립예정인 프로젝트 회사" 중에서 누

---

[78] 정부는 협상대상자와 총사업비(사회기반시설사업에 소요되는 경비로서 대통령령이 정하는 비용을 합산한 금액) 및 사용기간 등 사업시행의 조건이 포함된 실시협약을 체결함으로써 사업시행자, 즉 프로젝트회사를 지정한다(민간투자법13②).

구인지가 문제된다. 실시협약을 체결할 때까지는 아직 프로젝트 회사가 설립된 것이 아니라 프로젝트 회사의 설립을 조건부로 하여 설립예정인 프로젝트 회사를 사업시행법인으로 지정하는 것이므로, 프로젝트 회사의 미설립을 해제조건으로 하여 설립예정인 프로젝트 회사가 실시협약의 법적 주체가 된다. 이때 주주협약에 의해 정식으로 프로젝트 회사가 설립 시 프로젝트 회사의 임원을 확정할 때까지는 실시협약을 체결하기 위해 임시적으로 출자예정자 컨소시엄의 구성원들 중에서 대표회사로 선정된 주간사 회사의 대표이사를 설립예정인 프로젝트 회사의 대표로 선임하도록 하고 있다.[79]

(2) 실시협약의 주요내용

프로젝트 회사는 당해 프로젝트와 관련된 제반 법령을 준수하고 사업추진을 위한 성실의무를 다하고 실시협약에서 규정하고 있는 책임과 위험을 부담하여야 할 것이다. 또한 실시협약 체결 후 프로젝트 대출 계약을 체결하고 정부에 대출 계약서를 제출하도록 요구하고 있다.

민간투자사업의 임대형 프로젝트 추진구조는 프로젝트 회사가 설계, 건설, 자금조달, 운영 모두를 책임지는 구조이다. 따라서 협약에 다른 규정이 없는 한 당해 사업의 수행을 위한 자금조달의 경우에도 프로젝트 회사의 책임하에 추진하며 자금조달과 관련된 일체의 비용도 프로젝트 회사가 부담하는 것으로 규정하여야 할 것이다. 프로젝트 회사가 대출 실행 및 그 관리를 위하여 대출기관에 당해 프로젝트의 관리운영권을 목적으로 한 근저당권을 설정하고자 할 경우 정부는 이에 협조하여야 할 것이며, 프로젝트 회사는 대출계약을 체결하는 경우 대출계약상의 채무불이행 사유 발생 등으로 대출기관 등이 근저당권을 실행하고자 하는 경우에는 정부와 사전 협의하도록 하는 내용을 포함시킨다. 민간투자사업에 있어 프로젝트 회사가 어떤 출자자로 구성될 것인가는 프로젝트 회사 지정에 있어 중요한 평가요소가 된다. 따라서 민간투자사업을 시행하는 주체인 프로젝트 회사의 지위나 관리운영권 등은 정부의 승인 없이 이전하지 못한다. 민간투자법 제27조 제2항의 "관리운영권을 분할 또는 합병하거나 처분하고자 하는 때에는 미리 주무관청의 승인을 얻어야 한다"는 규정도 이러한 취지를 반영한 것이다.

---

79) 김기수(2007), 100쪽.

사회기반시설을 건설하기 위한 정부의 "재정입찰방식"과 정부로부터 사업권을 부여받은 프로젝트 회사의 "민간투자사업방식"에 있어서 각각의 계약체결은 다음과 같이 설명할 수 있다. 즉 "재정입찰방식"의 경우 정부가 발주자가 되어 프로젝트 조건을 정하여 고시한 후, 민간은 이를 근거로 하여 입찰하며 낙찰된 기업의 낙찰가대로 계약을 체결한다. 반면에 "민간투자사업방식"의 경우 정부는 실시협약에서 프로젝트 회사가 발주기관이 되어 실시협약대로 사업을 시행하고 시설을 관리 및 운영하는 조건으로 프로젝트의 시행권과 관리운영권을 부여한 것이므로, 프로젝트 회사가 시공 및 운영 등의 도급계약자와 실시협약의 프로젝트 시행 및 운영조건대로 당연히 계약을 체결하여야 한다. 또한 실시협약에서 정한 사업시행 조건대로 프로젝트 대출계약이 체결되어야 한다.

민간투자사업의 거래 실무에서 정부와 프로젝트 회사 간에 체결된 실시협약의 사업시행조건과 그 이후 프로젝트 회사가 설계, 시공, 운영, 자금조달을 하기 위한 계약조건은 별개의 문제로 보려는 경향이 있다. 그러나 프로젝트금융이라는 전체 구조하에서 실시협약과 이에 부수되는 계약들이 별개로 정해지는 것이 아니라 사업시행조건에 있어서 서로 일관성을 가지도록 정한 것이며, 개별 계약들이 서로 일관성을 가지지 않는다면 실시협약에서 정한 각 당사자의 위험분담 및 재무수준은 무의미한 것이라고 말할 수있다. 다만 실시협약과 각 개별계약의 조건들이 서로 어느 범위까지 부합하여야 하는가가 문제이다.[80]

3. 프로젝트 대출계약

(1) 프로젝트 대출계약의 성질

프로젝트금융에 의한 사업추진에 있어 금융기관 등으로부터 차입금 조달을 위한 대출약정 및 이를 위한 부수계약 등의 제반 계약을 프로젝트 대출계약(Credit Agreement, Facility Agreement)이라고 한다. 프로젝트 대출계약은 자금을 제공하는 대출자와 자금을 제공받는 채무자 간의 금전소비대차계약으로 출자자에게 대출상환의 책임을 요구하지 않는 비소구 또는 제한적 소구계약이다.[81]

---

80) 김기수(2007), 101-102쪽.
81) 김기수(2007), 103-106쪽.

(2) 프로젝트 대출계약의 대출자

프로젝트 대출계약의 대출자는 주간사은행(Lead Manager), 간사은행(Manager Bank)[82]과 참여은행(Participants), 그리고 대리은행(Agent Bank) 등으로 이루어진다. 주간사 은행은 간사은행단을 구성하고 이들과 협력하여 전체 대출자 컨소시엄을 구성하며 대출계약서의 작성, 대출자 컨소시엄 구성원의 대출금할당 등을 수행한다. 이들 간에 관리수수료의 배분, 자금관리계정에 관한 약정, 담보의 취득 및 관리, 자금의 추가대출 등에 대한 합의를 담은 "대출자 간 계약서 (Intercreditor Agreement)"를 작성한다.

신디케이트론 시장에서는 시장의 규모와 크기가 증가함에 따라 주간사 은행, 모집은행(Bookrunner), 대리은행의 지위를 확보하기 위해 경쟁을 벌이고 있다. 왜냐하면 이러한 지위를 확보하게 될 경우 대출거래로 인한 수익 이외에 신디케이트론에서의 복잡한 거래를 감당할 능력과 기술을 상징하게 되며 그 명성을 얻게 되기 때문이다.

(3) 프로젝트 대출계약의 절차

프로젝트금융에서 대출자가 되고자 하는 금융기관은 대출계약 제안을 담은 대출의향서(LOI: Letter of Intent)[83]를 사업을 추진하고자 하는 기업("예비채무자")에게 제출하는데, 대출의향서에는 주요 대출조건(금액, 이자, 상환계획, 수수료 등)이 명시된다. 민간투자사업에서 통상적으로 프로젝트 금융의 주간사 은행이 되고자 하는 자는 사업을 추진하고자 하는 기업, 즉 사업주에게 조건부 대출확약서를 발급하고 있으며, 사업주가 정부에게 사업계획을 제출할 때 조건부 대출확약서를 포함하여 제출한다. 조건부 대출확약서가 법적 효력이 없는 제안이라는 점에서 대출의향서로서의 기능을 한다.[84]

예비채무자는 은행의 신인도, 은행의 대출실적 및 자금 동원력이 양호한 은

---

82) 간사은행이란 주간사 은행과 함께 대출금액을 인수하게 되는 공동의 간사은행을 말하며 일반 참여은행들(Participants)보다 많은 금액을 공여하게 되며 참가 예상 은행들에게 참여를 권유하는 역할을 한다.
83) 대출의향서란 장래 계약에 대한 일방 또는 쌍방 당사자의 예비적 합의나 양해를 반영하는 계약체결 이전단계에 사용되는 성문의 도구를 말하며, 법적 구속이나 책임 문제 등에 대한 뚜렷한 인식 없이 도덕적 책임감이나 장래의 신용 등의 거래계의 가치를 바탕으로 작성된다.
84) 김기수(2007), 107-109쪽.

행 중에서 주간사 은행의 역할을 수행할 수 있는 금융기관들을 물색하고 이들로부터 "대출조건 제의"를 하도록 요청한다. 프로젝트금융에 참여하고자 하는 은행들은 신디케이트론의 주간사를 맡기 위하여 예비채무자에게 대출조건 제의를 하게 되며 대출계약서의 정형화된 주요 조항이 포함된다. 국내 민간투자사업에서 실시협약 체결 이전에 프로젝트금융에 참여하고자 하는 금융기관들로 하여금 확정된 대출조건 제의(firm offer)를 하도록 함으로써 실시협약 체결 시 이러한 청약이 실시협약에 반영되도록 할 필요가 있다. 따라서 신디케이트의 조성 및 대출계약이 실시협약에 부합되고 프로젝트 회사, 대출자, 정부 등의 각 당사자 간에 공평하게 프로젝트의 위험을 분담할 수 있게 될 것이다. 다만 현실적으로 실시협약 체결 이전에 금융기관들이 대출조건 제의를 할 수 있도록 하기 위해 실시협약 체결의 절차를 어떻게 개선하는 것이 바람직할 것인지가 문제이다.

　　예비채무자는 은행들이 제시한 대출조건 제의서를 비교 검토하고, 각 은행들과의 협상과정을 거쳐 채무자 입장에서 최우량 조건의 대출조건 제의서를 선정한다. 예비채무자는 선정된 은행에 대해 그 조건을 수락함과 동시에 그 은행이 주간사 은행으로서 대출참여가 예상되는 후보은행들과 교섭하여 줄 것을 정식으로 의뢰하는 위임장, 즉 맨데이트레터(mandate letter)[85]를 발급한다. 맨데이트레터를 발급받은 순간부터 대출 주선이 가능하므로 대출 주선, 즉 신디케이션의 절차는 위임장의 부여부터 시작된다고 말할 수 있다.

　　사업주로부터 위임장을 발급받은 은행은 주간사 은행으로서 잠재적인 대출참여자들에게 대출지분을 권유하기 시작한다. 주간사 은행은 세부조건을 무차별적으로 제시하기보다는 조심스럽게 참여 가능한 은행들을 정하고, 이들에게 텔렉스로 참여 제의를 한다. 이 내용에는 텀시트(term sheet)가 포함되는데 채무자 정보에 관한 개략적인 설명서, 대출의 금액과 목적, 만기일, 이자율, 상환계획, 인출계획 등의 제안서, 다른 규모의 신디케이트에도 적용 가능한 수수료 구조, 대출에 관하여 적용할 수 있는 다른 정보 등이 포함된다. 참여 제의를 송부하는 것은 신디케이션에의 참여에 관한 직접적인 청약이다. 제의를 받은 은행들은 대출조건, 채무자의 운영과 재무상태 등에 관련된 더 많은 정보를 요구하고, 이를 기초로 하여 수락 여부를 결정한다. 주간사 은행은 참여 희망자들이 신디케이트

---

85) 국내 거래 실무에서는 맨데이트레터를 "기채교섭의뢰서"라고 표현한다. 그 법적 성질은 대출 주선의 권한을 부여하는 위임장에 해당한다.

에 참여할 것인지의 여부를 결정할 수 있도록 하기 위해 장래의 채무자에 관한 정보가 포함된 투자안내서(Information Memorandum)[86]를 준비하여 예비채무자와 협의하고 이를 배포한다. 투자안내서에는 텀시트(론의 상세, 채무자의 신용정보, 채무자의 재무제표)를 포함한다.

(4) 프로젝트 대출계약서의 작성

프로젝트 대출계약서(Credit Agreement)[87]의 작성(다큐멘테이션)이라 함은 좁은 의미로는 대출금의 인출 및 상환에 관한 기본적 사항을 정한 대출계약서(Loan Agreement)만을 의미하나, 넓은 의미로는 동 권리의무관계의 기초가 되는 대출거래(underlying transaction)와 관련하여 작성 체결되는 각종 담보계약(securities agreement), 후순위약정서(subordination agreement) 등을 포괄하는 개념인 대출관련 계약서(financing document)로 사용된다.

대출계약서 작성시 대출자에게 불리한 조항이 있는지와 관련하여 프로젝트 대출계약서 및 당사자 간 약정서에 대한 검토가 필요하다. 특히 실시협약에서 규정된 조건 중에서 검토가 필요한 사항을 열거하면, ⅰ) 프로젝트 회사의 자격요건이 명확히 규정되어 있는지, ⅱ) 특별한 사유가 없이 사업권의 취소 또는 철회가 금지되는 것인지, ⅲ) 사업권이 제3자에게 이전가능한지, ⅳ) 법률의 변경에 따른 리스크는 정부가 부담하는지, ⅴ) 불가항력의 경우 사업권 허가기간의 연장이 가능한지, ⅵ) 해지 시 보상은 원리금 잔액을 상환할 수 있는지 등이다. 건설공사계약의 조건 중에서 검토가 필요한 사항은 합리적인 건설공사관리 기법에 의한 규정인지에 관한 사항 등이다. 관리운영계약의 조건 중에서 검토가 필요한 사항은 ⅰ) 효율적으로 관리운영할 수 있는 체제로 규정하고 있는지, ⅱ) 제재 및 인센티브 부여조건이 있는지, ⅲ) 계약 해지 및 운영회사의 교체 권한이

---

86) 프로젝트금융 거래 실무에서는 "프로젝트 기채취지서"라고 말하기도 하는데, 여기서는 투자안내서라고 한다. 왜냐하면 투자안내서는 프로젝트금융에 의한 사업을 하고자 하는 예상 채무자에 관한 정보를 제공함으로써 프로젝트금융이 이루어지도록 대출자 컨소시엄을 구성하기 위한 안내서이기 때문이다.

87) "Credit Agreement"에 다른 금융상품이 결합된 경우 "Facility Agreement"라고 한다. 예를 들어 대출계약서에는 "대출약정서", "금리헤징약정서" 등이 포함되며, 경우에 따라서는 회사채 발행 관련 서류가 포함될 수 있는데, 여기에는 담보서류뿐만 아니라 "사채신탁증서(the bond trust deed)", "사채발행약관(the terms and conditions of the bond)" 등이 포함된다. 또한 보험에 가입한 경우 "보험증권", "배서", "면책계약서" 등이 포함된다.

있는지 등이다.

(5) 프로젝트 대출계약서의 주요 내용

통상적으로 프로젝트금융에서 작성되는 대출계약서의 주요 조항의 제목을 열거하면, 서문 및 정의, 대출금, 이자·연체이자 및 수수료, 지급과 상환, 자금의 관리, 담보, 대출자들의 수익 관련 조항, 채무자의 확인사항, 준수조항, 선행조건, 채무불이행 사유, 대리은행과 대출자들 등이다. 대출계약서는 당해 거래의 특성에 따라 다양한 방식으로 작성될 수 있다. 즉 복수의 대출자들이 이자율, 이자기간, 만기 등의 동일한 조건하에 단일의 신디케이트를 구성하는 경우가 가장 기본적인 방식이지만, 경우에 따라 신디케이트 내에서 각 대출자별로 적용되는 이자율 등의 대출조건과 통화 및 신용공여의 형태를 달리 적용할 수 있다.[88]

대출이자 조항과 관련하여 건설기간 중의 대출이자는 실시협약에서 정한 수준과 대출계약에서 정한 수준이 동일하여야 한다. 왜냐하면 실시협약에서 정한 자금조달 계획상의 주요조건들 중에서 건설기간 중의 금리수준도 실시협약의 주요 전제조건[89]에 해당되므로 대출계약과의 일관성을 유지해야 하기 때문이다. 이를 위해서는 실시협약과 대출계약이 서로 일치할 수 있는 절차가 마련될 필요가 있다. 그러나 현재의 민간투자사업 실무에서는 이에 관해 어떠한 절차도 마련되어 있지 않기 때문에 만약 대출계약의 조건이 실시협약의 조건과 사후적으로 불일치할 경우[90] 정부가 이를 통제 또는 정산하여야 하는지, 그리고 통제 또는 정산하여야 한다면 어느 범위까지 통제 또는 정산하여야 할 것인지에 관하여 논란이 생길 가능성이 크다.

---

88) 각 대출금의 국제금융용어로는 "트렌치(tranche)"를 사용하는데, 이는 조건을 달리하는 동일 대출건의 일부를 의미하며 "트렌치A(tranche A)", "트렌치B(tranche B)"라고 표현하고 대출자들을 다시 수개의 트렌치(tranche)로 구별한다.

89) 민간투자사업에서는 건설기간 중의 적용금리를 반영하여 건설이자를 산정하고 있어 적용금리가 실시협약의 주요한 전제조건이 된다고 볼 수 있다. 즉 수익형 프로젝트의 경우 건설이자 자체가 사용료 산정을 위한 직접적인 투자비 항목에 해당되지는 않지만 건설기간 중의 금리 등 제반 재원조달 비용을 기초로 하여 사용료 산정을 위한 수익률을 결정하게 되며, 임대형 프로젝트의 경우 건설이자 자체가 임대료 산정을 위한 직접적인 투자비 항목으로서 실시협약에 명시하도록 하고 있다.

90) 특히 대규모의 수익형 프로젝트에서 실시협약 체결 이후에 프로젝트 회사와 대출자가 프로젝트에 대한 사업성을 재산정하고 이를 기초로 금리 등을 포함한 대출계약의 조건을 실시협약에서 정한 조건과 달리 결정하고 있다.

Ⅴ. 민간투자사업의 자금조달

사업추진을 위한 자금조달은 자기자본과 타인자본으로 구성된다. 통상 건설출자자는 시공이윤 획득을 목적으로 출자자로 참여하며, 금융기관은 출자자 또는 채권자로 사업에 참여한다. BTO방식의 사업의 주요 출자자는 건설사, 공공기관, 금융기관, 연기금, 인프라 펀드 운영사이다. 민간투자사업은 건설기간과 운영초기에 투자금에 대한 장기 무수익이 발생하고, 선순위대출 원리금이 모두 상환되지 않는 한 배당이나 감자 등을 할 수 없도록 금융약정이 체결되기 때문에 자본금에 대한 회수는 운영기간 개시 후 10년이나 수년 동안 할 수 없는 것이 현실이다. 장기 투자가 활성화되지 않은 국내 금융시장에서 재무적 투자자는 10여년 가까이 투자지분에 따른 배당수익을 기대할 수 없어 민간투자사업의 지분참여에 어려움이 있으므로, 이에 대한 대안으로 후순위 차입과 재무적 투자자의 자본금을 패키지화하는 방안으로 재무적 투자자는 사업에 참여한다. 국내 민간투자사업의 타인자본 조달 시 국내의 민간투자 관련 금융주선 및 자문은 대주의 일원인 금융기관이 이를 겸하여 사업시행자 상대방의 협상 권한을 결국 금융기관이 모두 보유하게 되는 경우가 많다. 또한 타인자본은 은행이 주도하는 간접금융방식에 집중되어 있다.91)

Ⅵ. 자금조달 및 자금재조달에 관한 규율

1. 사업계획서의 평가 단계: 자금조달계획의 현실성 평가

사업시행자를 지정하기 위한 전 단계인 시설사업기본계획 고시(제3자 제안공고) 단계에서 자금조달에 관한 사항을 법령에서 직접 규율하고 있지는 않다. 민간투자법은 시설사업기본계획에 "사업시행자의 자격요건에 관한 사항"이 포함되어야 함을 명시하고 있다(법11①(7)). 「민간투자사업 추진 일반지침」은 민간투자사업을 시행하고자 하는 자는 영 제12조 각 호의 사항을 기재한 사업계획에 주무관청이 정하는 서류를 첨부하여 제출하여야 한다. 이 경우 같은 조 제9호에 따른 "기타 주무관청이 필요하다고 인정하는 사항" 중 하나로 "설립예정법인의 출

---

91) 이지현(2019), 35-36쪽.

자자들의 출자확약서, 금융회사등이 발행한 대출의향서 및 대출확약서 또는 조건부 대출확약서, 산업기반신용보증기금에서 발행한 보증의향서 등"을 포함하고 있다(일반지침74(4)). 민간투자사업 추진 일반지침 제75조는 "사업신청자는 자본금 출자에 대해서는 각 출자자들의 출자확약서를 제출하여야 하며, 차입분에 대해서는 금융회사등의 대출의향서 또는 대출확약서, 산업기반신용보증기금의 보증의향서를 제출하여야 한다. 다만, 금융회사등이 출자자로 참여하는 경우에는 조건부 투자확약서 또는 출자의향서를 제출할 수 있으며, 이 경우 실시협약 체결 시까지 투자확약서를 제출해야 한다(일반지침75④)"고 규정하고 있다. 또한 민간투자법 시행령은 사업신청자가 제출하는 사업계획의 평가기준을 제시하고 있는데, 여기에는 "자체자금 조달능력, 차입금 조달능력 등 자금조달계획의 현실성"이 포함된다(영13①(3)). 자금조달과 관련된 구체적인 평가기준을 민간투자법령이나 민간투자사업 추진 일반지침에서 제시하고 있지 않으므로 구체적인 평가항목과 기준은 주무관청의 재량에 속한다.[92] 사업시행자 지정을 위한 평가사업시행자의 법인 설립 의무는 실시계획 승인신청 시까지이므로(법14③), 주무관청은 일반적으로 사전자격심사(PQ) 시에 출자예정자들의 출자확약서, 금융회사 등의 대출의향서 등을 토대로 "출자(예정)자의 재무능력"과 "타인자본 조달능력"을 평가한다. 이러한 점은 재정사업의 경우 국가계약법 시행령 제13조 제2항의 위임에 따라 작성된 「입찰참가자격 사전 심사요령」(기획재정부 계약 예규 제443호, 2019. 6. 1.)에서 심사항목(경영상태부문, 기술적 공사이행능력부문)과 그 적격요건을 구체적으로 제시하고 있는 방식과는 다소 차이가 있다.[93][94]

---

92) 사업계획의 검토·평가에 관해서는 민간투자사업 추진 일반지침 제76조(참가자격사전심사), 제77조(사업계획의 평가), 제78조(평가요소의 구성), 제79조(평가 배점 및 기준), 제80조(사업계획 평가의 우대), 제81조(협상대상자의 지정·통지)가 상세히 규정하고 있다.

93) 「입찰참가자격 사전 심사요령」(기획재정부 계약 예규 제443호, 2019. 6. 1)은 경영상태부문을 신용정보법 제4조 제1항 제1호 또는 자본시장법 제9조 제26항의 업무를 영위하는 신용정보업자가 평가한 회사채(또는 기업어음) 또는 기업신용평가등급으로 심사한다는 것과 추정가격이 500억원 이상인 경우와 미만인 경우를 나누어 각각의 적격 신용평가등급을 제시하고 있다(입찰참가자격사전심사요령 6③). 위 심사요령에 의하더라도 계약담당 공무원은 해당 공사의 성질, 내용 등을 고려하여 심사기준을 조정할 수 있으므로(입찰참가자격사전심사요령7), 민간투자사업과 재정사업에서 평가기준에 대한 구속력이 차이가 있다고 보기는 어렵다. 다만 재정사업은 상위규정의 위임에 의해 행정규칙 형식으로 발령되었다는 방식의 차이가 있다.

94) 국가계약법령에 따른 일괄입찰 및 대안입찰의 경우에도 국가계약법 시행령 제13조에 따라 입찰참가자격을 미리 심사하여 적격자를 선정하고자 하는 경우 사전심사 기준·방법

사업계획서 평가 단계에서 사업신청자는 출자예정자들의 컨소시엄 형태인 경우가 대부분이므로 이 단계에서 자금조달에 관한 평가는 가정적이다. 평가 이후 출자예정자가 변경되는 것은 평가의 왜곡을 초래할 수 있으므로, 사업구상 단계에서의 사정변경을 고려한 유연성과 평가의 실효성 확보 간에 균형이 맞추어질 필요가 있다. 이에 관해 민간투자법령이나 기본계획에서 정하고 있는 바는 없고, 민간투자법령 및 민간투자사업 추진 일반지침에 따라 한국개발연구원 공공투자관리센터에서 작성·공표한 민간투자사업 시설사업기본계획 작성요령 및 표준안에서 원칙적으로 우선협상대상자 지정 후 사업시설 준공 이전에 원칙적으로 출자자 및 출자자의 지분율을 변경할 수 없도록 규정하고 있다.[95] 시설사업기본계획 작성요령 및 표준안은 실무상으로는 활용도가 높으나, 평가의 실효성 확보가 가지는 중요성을 고려할 때 이를 법령 또는 기본계획에 포함하여 명시하는 것을 고려할 필요가 있다.[96]

2. 사업시행자 지정 이후: 자금조달

(1) 자금조달계획

사업시행자는 실시계획 승인신청 시에 "자금조달계획에 관한 서류"를 첨부하여 주무관청에 제출하여야 한다(영16②(4)). 자금조달계획에 관한 서류를 첨부하여야 하는 점은 사업시행자로 지정받기 위한 단계에서와 동일하다. 이에 따르면 사업시행자가 실시계획 승인신청 시까지 금융약정을 완료하여야 할 법적 의무는 발생하지 않는다. 그러나 표준실시협약안[97]은 실시계획 승인신청 시까지 대출약정서를 제출하도록 하고 있고(표준실시협약안8③), 이와 동일한 내용으로

그 밖에 필요한 사항은 계약예규 「입찰참가자격 사전심사요령」을 참고하여 정할 수 있다 (일괄입찰 등에 의한 낙찰자 결정기준(기획재정부계약예규 제322호, 2016. 12. 30).

95) 이와 같은 내용은 대부분의 시설사업기본계획고시문(제3자 제안공고문)에 포함되어 있다. 예를 들어 2019. 7. 공고된 위례-신사선 도시철도 민간투자사업의 경우 제3자 제안공고 시 "사업제안자는 우선협상대상자로 지정된 후 사업시행자로 지정되고 본 사업시설이 준공되기 전에는 출자자 및 출자자의 지분율을 변경할 수 없는 것을 원칙으로 함. 다만 출자자가 부도 등으로 인하여 사실상 사업 참여가 곤란하거나 적정한 재무상태 확보 및 원활한 사업 추진 등을 위하여 불가피한 경우에는 주무관청의 승인을 얻어 변경할 수 있음"을 제시하고 있다.

96) 이지현(2019), 67-68쪽.

97) 한국개발연구원 공공투자관리센터(2010), "수익형 민자사업(BTO) 표준실시협약(안)-도로사업-"(2010. 3).

실시협약을 체결한 경우 사업시행자는 실시계획 승인신청 시까지 금융약정을 완료하여야 할 계약상의 의무가 있다. 민간투자사업 추진 일반지침은 민간투자법 시행령상의 실시계획 승인신청 시 주무관청에 제출하여야 하는 "그 밖에 주무관청이 필요하다고 인정하는 사항"에는 자금조달협약서가 포함된다고 규정하고 있다(영16①(6), 일반지침90②). 또한 주무관청과 사업시행자는 실시협약(변경실시협약을 포함)과 금융약정의 체결시점이 일치하도록 노력하여야 한다(일반지침25의3). 위의 내용을 종합해보면 민간투자법령은 주무관청이 사업시행자의 실시계획 승인신청을 심사할 때 자금조달계획을 평가하면 족한 것으로 보고, 그에 앞서 금융약정을 체결할 의무는 계약과 민간투자사업 추진 일반지침을 통해서만 규율된다.

　　자금조달계획을 제출하도록 하는 것은 자금조달의 조건을 규율하기 위함보다는 비용이 적기에 투입되어 계획대로 준공이 되도록 관리하기 위하는 데에 있을 것으로 추측된다. 그러나 민간투자사업은 총사업비를 실시협약 체결 시에 사전적으로 확정하고, 무상·사용수익 기간 또한 사용료, 총사업비, 운영비, 수익률을 반영하여 민간투자사업 추진 일반지침에서 정한 산식에 따라 실시협약으로 확정한다. 자금조달이 실시협약에서 정한 바와 달리 이루어진다는 것은 투자자의 수익률이 실시협약 체결 시와 달라진다는 것이며, 이는 해당 사업의 수익률을 확정한 전제가 바뀜을 의미한다. 주무관청은 자금조달계획과 함께 실제 자금조달 내용을 파악하고 심사할 이해관계를 갖는다.[98] 민간투자사업의 구조를 고려할 때 자금조달계획뿐만 아니라 자금조달에 관한 사항은 주무관청에 의해 심사되어야 하고, 이러한 점은 법령에서 여타의 개발사업법과 차별적으로 규율할 필요성이 있는 사항이다.

(2) 사업시행자의 자기자본비율

(가) 수익형 민자사업

　　수익형 민자사업의 사업시행자는 다음의 기준에 따라 자기자본을 조달하여야 한다(일반지침25①). 즉 i) 건설기간 중에는 대상시설물 건설의 안전성 유지를 위해 자기자본비율을 총민간투자비의 15% 이상으로 유지하여야 한다(제1호).

---

98) 기본계획에서 주무관청이 실시계획 승인시 민자제도 취지, 사업여건, 수지구조 등을 고려하여 자금조달조건, 상환조건 등을 실시계획 승인시 검토하도록 하는 것은 이러한 취지를 반영한 것으로 보인다(일반지침90⑤).

ⅱ) 운영기간 중에는 자기자본비율을 감사보고서상 정부보조금을 제외한 관리운영권 잔액의 10% 이상으로 유지하여야 한다(제2호), ⅲ) 제1호에도 불구하고 기착공된 재정사업을 민간투자사업으로 전환한 사업의 사업시행법인에 시설의 건설이나 운영에 전문성을 보유한 공공부문이 총민간투자비의 40% 이상 출자하고 건설·운영을 담당하는 경우에는 건설기간 중 자기자본비율을 총민간투자비의 5%로 하향조정할 수 있다(제3호). ⅳ) 제1호와 제2호에도 불구하고 사업위험이 낮아 자기자본비율의 하향이 필요하다고 인정되거나, 공공부문 출자, 보험가입 등 안정적 민자사업 운영을 위한 대안을 마련한 경우, 자기자본비율을 건설기간 중 총민간투자비의 10%, 운영기간 중 총민간투자비의 5%로 하향 조정할 수 있다. 다만, 해지시지급금을 산정할 때는 제1호와 제2호에 따른 최소 자기자본비율을 적용한다(제4호).

(나) 임대형 민자사업

임대형 민자사업의 사업시행자는 다음 각 호의 기준에 따라 자기자본을 조달하여야 한다(일반지침25②). 즉 ⅰ) 주무관청은 개별 사업별 위험도, 다른 보증·보험 요구내용 등을 감안하여 출자자의 건설·운영 책임을 담보할 수 있는 수준에서 사업시행자의 최소자기자본비율을 총민간투자비의 5%부터 15% 범위 내에서 탄력적으로 결정하여 시설사업기본계획에서 제시한다(제1호). ⅱ) 제1호에도 불구하고 총사업비가 1천억원 미만인 사업의 최소자기자본비율은 총민간투자비의 5%를 원칙으로 한다(제2호).

(다) 혼합형 민자사업

혼합형 민자사업의 사업시행자는 제1항에 따른 수익형 부분과 제2항에 따른 임대형 부분의 최저자기자본비율을 가중평균한 비율 이상으로 자기자본을 조달하여야 한다(일반지침25③).

(라) 개량운영형 민자사업

개량운영형 민자사업의 최소자기자본비율은 감사보고서상 관리운영권 기초가액의 5%부터 15% 범위 내로 결정하여 시설사업기본계획에서 제시한다(일반지침25④).

(3) 관리운영권에 대한 근저당권

관리운영권은 물권으로 보며, 민간투자법에 특별한 규정이 있는 경우를 제

외하고는 민법 중 부동산에 관한 규정을 준용한다(법27①). 관리운영권 또는 관리
운영권을 목적으로 하는 저당권의 설정·변경·소멸 및 처분의 제한은 주무관청
에 갖추어 두는 관리운영권 등록원부에 등록함으로써 그 효력이 발생한다(법28
①). 관리운영권을 분할 또는 합병하거나 처분하려는 경우에는 미리 주무관청의
승인을 받아야 한다(법27②).

　　위와 같이 관리운영권에 대한 저당권의 설정이 가능하다는 것은 당연히 그
집행이 가능하다는 의미이므로 결국 민사집행법상 담보권실행을 위한 경매절차
에 따라 집행될 것이다. 그러나 본질적으로 관리운영권은 사업시행자의 지위에
서 발생하는 것이고, 사업시행자의 지정은 실시협약의 체결로써 이루어지며, 민
간투자법상 사업시행자는 조성 또는 설치된 시설을 실시협약에서 정하는 바에
따라 관리 및 운영하여야 하므로(법24), 사업시행자의 지위 이전과 분리하여 관
리운영권에 대한 저당권의 실행에 의하여 제3자가 관리운영권만을 취득하는 경
우는 상정하기 어렵다.[99]

(4) 담보 및 신용보강
(가) 프로젝트 회사 발행 지분에 대한 질권

　　통상적으로 대주는 프로젝트 회사 발행 주식 또는 출자지분("주식")에 대하
여 질권을 취득한다. 이 경우 주식질권의 설정자는 프로젝트 회사의 주주들 중
해당 시설의 건설 및 운영에 대한 책임을 부담하는 건설출자자(construction in-
vestor) 및 운영출자자(operation investor)에 국한되는 것이 보통이며, 프로젝트 회
사에 대한 재무적 지분 출자자(financial investor)의 경우에는 많은 경우 대주와 동
일한 기관임을 이유로 또는 기타 관련 법령상 담보제공이 금지됨을 이유로 담보
제공자에서 제외되는 것이 일반적이다.[100]

(나) 프로젝트 회사가 체결하는 각종 사업 관련 계약상 권리 등에 대한 양도
담보

　　양도담보는 실시협약, 공사도급계약, 감리계약, 관리운영계약 등 해당 민간
투자사업에서 프로젝트 회사가 당사자인 중요 사업계약상 프로젝트 회사의 권리

---

99) 김동은·김광열(2009), "프로젝트 파이낸스에 있어서 개입권의 유형과 내용: 민간투자사업
　　을 중심으로", 서울대학교 금융법센터 BFL 제37호(2009. 9), 35쪽.
100) 김동은·김광열(2009), 33-35쪽.

또는 지위를 대주가 담보목적으로 조건부로 양수받는 것을 내용으로 한다. 구체적으로 양도담보는 다음과 같은 2가지 측면에서 설정된다. ⅰ) 사업 관련 계약상 프로젝트 회사가 계약 상대방에 대하여 현재 또는 장래에 보유하는 금전채무에 대한 양도담보로서, 특히 장래의 금전채권에 대한 양도담보 설정이 유효한 것인지 여부는 장래채권 처분의 유효성에 대한 논의가 적용된다. ⅱ) 계약상 지위의 이전의 문제로서 이와 같은 계약상 지위의 이전과 관련하여 약정한다.

(다) 예금채권 및 보험금청구권

프로젝트 회사는 대주에게 해당 사업과 관련하여 개설되는 예금계좌상 예금채권에 대하여 질권을 설정하고, 해당 사업과 관련하여 가입하는 보험계약상 보험금청구권에 대하여 질권을 설정하거나 동 청구권을 담보목적으로 양도하는 것이 일반적이다. 아울러 프로젝트 회사의 출자자들은 대주에 대하여 차주인 프로젝트 회사에 대한 일정한 지원사항들을 이행할 것을 확약하는 내용의 주주지원약정(Shareholders Support Agreement)을 출자자약정서의 형태로 대주에게 제공하는 것이 통상적이다.

3. 자금재조달

(1) 자금재조달의 범위

"자금재조달"이란 실시협약(변경실시협약 포함)에서 정한 내용과 다르게 출자자 지분, 자본구조, 타인자본 조달조건 등을 변경하는 것을 말한다(일반지침2(15)). 자금재조달의 범위는 다음과 같다(일반지침28①). 즉 ⅰ) 5% 이상 출자자 지분 변경. 단, 최소운영수입보장 및 제32조 내지 제33조의2에 따른 투자위험분담금 또는 투자위험분담기준금이 없는 경우 5% 이상 단순 출자자 지분 변경(제2호 또는 제3호에 해당하지 않는 경우)은 제외(제1호), ⅱ) 자기자본, 후순위채 등을 증감시키는 등 자본구조의 변경(제2호), ⅲ) 타인자본 조달금리, 상환기간, 부채상환금 적립조건 등 타인자본 조달조건의 현저한 변경(제3호).

그러나 최초 금융약정 체결시 또는 체결전 단계에서의 자금재조달의 범위는 다음과 같이 한다(일반지침28②). 즉 ⅰ) 5% 이상 출자자 지분 변경. 단, 최소운영수입보장 및 제32조 내지 제33조의2에 따른 투자위험분담금 또는 투자위험분담기준금이 없는 경우 5% 이상 단순 출자자 지분 변경(제1항 제2호 또는 제3호에 해당하지 않는 경우)은 제외(제1호), ⅱ) 자기자본, 후순위채 등을 증감시키는 등 자본구조의 변경(제2호). 자금재조달의 범위와 관련한 구체적인 사항은 자금재조달에 관한 세부요령에 따른다(일반지침28③).

(2) 자금재조달 이익공유

"자금재조달 이익공유"란 자금재조달로 인하여 발생하는 출자자의 기대이익 증가분을 사업시행자와 주무관청이 공유하는 것을 말한다(일반지침2(15-1)). 실시협약상 총사업비(임대형 민자사업의 경우 총민간투자비)가 500억원 이상인 사업(또는 총사업비가 500억원 미만인 사업이라도 주무관청이 자금재조달의 적정성 확인 및 이익공유가 필요하다고 판단하는 경우)으로서 다음의 요건을 모두 충족하는 경우에는 자금재조달 이익공유를 한다(일반지침27①).

1. 제28조에 따른 자금재조달의 범위에 해당하는 사업
2. 제29조 제1항에 따른 자금재조달 이익이 존재하는 사업
3. 다음 각 목의 배제사유에 해당하지 않는 사업
   가. 재정지원, 최소운영수입보장, 제32조에 따른 투자위험분담, 해지시 지급금이 모두 없는 경우
   나. 구제금융 성격을 갖는 경우
   다. 제33조의3에 따른 사업시행조건 조정인 경우
   라. 토지 선보상을 위한 타인자본 조달의 경우
   마. 제62조에 따른 부대사업 추진시(다만, 제37조 제2항에 따라 해지시지급금 약정이 포함된 경우에는 제외)
   바. 과도한 운영적자가 발생하는 등 현시점에서 공유이익의 사용이 사업운영을 저해하는 경우로서 제38조에 따른 민간투자사업심의위원회의 심의를 거친 사업

주무관청과 사업시행자 간 자금재조달 이익공유 비율은 30대 70, 운영기간 중 최소운영수입보장이 있는 수익형 민자사업의 경우에는 50대 50, 제32조에 따른 투자위험분담이 있는 수익형 민자사업 및 혼합형 민자사업의 경우에는 40대 60을 원칙으로 한다. 다만, 주무관청과 사업시행자는 건설보조금 등 정부재정지원, 자금재조달효과에 기여정도, 사용료 수준, 실제 수요, 사업시행자의 재무상태, 국민편익 증진효과 등을 종합적으로 감안하여 이익공유 비율을 별도로 정할

수 있다(일반지침27②).

(3) 자금재조달 이익의 산정

자금재조달 이익은 자금재조달에 따른 출자자의 기대이익 증가분으로, 이는 가중평균자본비용 효과로 인한 이익과 출자자 기대수익률 증가이익으로 구성된다(일반지침29①). 제1항의 가중평균자본비용 효과로 인한 이익은 실시협약 체결 이후 자본구조 변경에 따른 가중평균자본비용 하락으로 발생한 기대이익의 증가분을 말한다(일반지침29②). 제1항의 출자자 기대수익률 증가이익은 조기배당효과와 타인자본 조달조건 변경효과로 인하여 출자자의 경상투자수익률이 증가함으로써 발생하는 이익을 말한다(일반지침29③).

제 3 편

부동산 간접투자기구

제 1 장

서 설

간접투자기구는 다수의 투자자로부터 투자자금을 모아 증권, 부동산, 실물 자산 등에 투자·운용하고, 발생한 수익을 투자자에게 돌려주는 것으로 흔히 펀드(fund)라고도 부른다.[1]

부동산 간접투자기구는 투자자로부터 자금을 모집하여 부동산개발사업이나 수익성 있는 부동산 등에 직접 투자하거나 프로젝트 파이낸싱(Project Financing)[2]과 같은 간접적인 방법으로 투자하고, 당해 투자로 인하여 발생하는 수익을 투자자들에게 배당하는 투자신탁이나 상법상 회사 등을 의미한다. 즉 부동산 간접투자기구는 부동산 간접투자기구를 운용하는 운용자와 투자자 간의 투자계약에 의하여 부동산투자에 대한 운용권을 투자신탁 또는 회사 형태의 간접투자기구에 위임하고, 그 운용에서 발생하는 수익 등에 대한 수익권 또는 주권을 투자자가 가지는 형태로서, 대외적으로 부동산 투자 및 운용에 대한 명의를 간접투자기구를 이용하여 수익을 창출하는 구조를 지니고 있다.[3]

---

1) 정기열(2009), "부동산 간접투자제도에 관한 법적 연구", 성균관대학교 대학원 석사학위논문(2009. 6), 7쪽.
2) 부동산 간접투자기구를 설명함에 있어 프로젝트 파이낸싱(Project Financing)은 부동산 간접투자기구가 직접 부동산을 구매하지 않고 특정 부동산개발사업, 아파트건설 및 분양, 대형건물 신축 및 분양 등의 부동산 관련 프로젝트 사업의 수익성 및 경제성 등을 고려하여 지원하고 그와 관련한 이자 또는 수익의 일정 지분을 받는 형태의 부동산 간접투자기구를 말한다.
3) 임춘수(2014), "부동산펀드에 관한 법적 연구", 경희대학교 대학원 석사학위논문(2014. 8), 13–14쪽.

부동산을 대상으로 하는 간접투자기구들은 부동산투자회사(리츠), 부동산집합투자기구(부동산펀드), 프로젝트금융투자회사(PFV), 부동산신탁 등이 있다. 부동산투자회사법에서 자기관리, 위탁관리, 기업구조조정 부동산투자회사를 규정하고 있고, 자본시장법에서 부동산집합투자기구와 부동산신탁을 규율하고 있으며, 조세특례제한법에서 프로젝트금융투자회사에 대한 별도의 조문을 신설하여 요건과 효과 등을 규정하고 있다.

여기서는 부동산투자회사(리츠), 부동산집합투자기구(부동산펀드), 프로젝트금융투자회사(PFV)를 살펴보고, 부동산신탁에 관하여는 제4편에서 별도로 살펴본다.

제 2 장

부동산투자회사(리츠)

제1절 서설

Ⅰ. 부동산투자회사의 의의와 도입배경

1. 부동산투자회사의 의의

부동산투자회사, 즉 리츠(REITs: Real Estate Investment Trusts)는 1880년대 미국에서 유래한 것으로서 신탁제도에서 출발하였는데, 그 기원은 매사추세츠 「영업신탁법」에 따라 조직된 매사추세츠 신탁이 리츠의 전신이라 할 수 있다.[1] 리츠는 증권화된 부동산에 투자하는 뮤추얼펀드라 할 수 있으며, 미국 의회에서 미국인들에게 투자할 기회를 주기 위해 만든 제도이다. 1960년 미국 의회가 「부동산투자신탁법」(Real Estate Investment Trust Act)을 제정하면서 제도로 정착되었다.

우리나라의 부동산투자회사법의 정의에 의하면 리츠는 자산을 부동산에 투자하여 운용하는 것을 주된 목적으로 설립된 부동산투자회사를 말하는 것으로 다수의 투자자로부터 투자자금을 모아 부동산 및 부동산 관련 저당대출 등을 운용하여 얻은 수익을 투자자에게 배당하는 것을 목적으로 하는 상법상 주식회사이며, 부동산투자회사(리츠)는 수익을 목적으로 부동산을 임대, 개발 및 처분하는

---

[1] 김득기(2016), "부동산투자회사의 활성화 요인과 정책방안", 대구대학교 대학원 박사학위 논문(2016. 6), 9쪽.

회사와 금융기관의 성격이 결합된 부동산금융회사라고 할 수 있다. 즉 영업과 운용 면에서는 임대, 관리 및 개발 등을 수행하는 부동산회사이며, 자금을 공모하고 수익을 제공하는 자산(부동산)에 투자하여 투자자에게 이익을 배분한다는 점에서는 금융기관의 특성을 갖고 있다. 따라서 리츠는 동일한 방식으로 자금을 모아 증권에 투자하는 증권투자회사(뮤추얼펀드)와 유사하나, 자산운용이 부동산이라는 점에서 차이가 있다.[2]

2. 부동산투자회사의 도입배경

부동산투자회사(리츠)가 도입된 직접적인 계기는 1997년 IMF 외환위기로 이때는 기업이나 금융기관의 유동성 확보가 절실한 과제였다. 따라서 기업이나 금융기관은 적절한 유동성을 확보하기 위해서 소유하고 있는 자산, 특히 부동산의 처분이 필요하였다. 당시 모든 기업과 금융기관이 보유부동산을 처분하려고 다각적인 노력을 기울였으나 매수 세력의 부재로 부동산을 처분할 수 없었다. 이러한 부동산시장 상황은 부동산가격의 급격한 하락을 불러왔다. 따라서 침체된 부동산경기를 활성화하고 기업들이 구조조정을 위하여 내놓은 부동산을 효율적으로 처분할 수 있도록 지원제도를 마련하는 것이 절실히 필요하였다. 이와 같은 필요성에 따라 부동산의 증권화를 추진하면서 부동산투자회사 제도를 함께 도입하였다.[3]

부동산투자회사가 도입되어 성장하게 된 배경은 국가와 시대 상황에 따라 서로 다르지만 중요한 원인은 크게 두 가지로 볼 수 있다. ⅰ) 부동산 지분의 소액화를 통해 소액투자자에게도 부동산 투자기회를 부여하기 위한 목적으로 도입한 경우이다. 이 경우는 투자단위가 큰 부동산을 소액지분으로 분할 매각하여 소액투자자에게도 부동산에 투자할 수 있는 기회를 제공하는 것을 목적으로 하고

---

2) 이남근(2016), "부동산투자회사법 개정안의 문제점과 발전방안 연구", 지역사회발전학회 논문집 제41집 1호(2016. 6), 42쪽.
3) 부동산투자회사가 성장하게 된 배경은 국가와 시대 상황에 따라 서로 다르지만 부동산투자회사를 금융위기나 구조조정 시 기업과 금융기관이 보유한 부실채권이나 부동산을 증권화하여 매각을 용이하게 하여 금융위기를 조기에 해소하려는 목적에서 활용하기도 하였다. 미국은 1980년대 말 부실 저축대부조합(S&L: Savings & Loan Association) 처리와 호주의 UPT(Unlisted Property Trusts)의 처리과정에서 부동산투자회사와 같은 성장형 부동산펀드가 적극적인 역할을 한 바 있으며, 금융위기 해소 과정에서 부동산투자회사 산업이 성장의 기회를 얻게 되었다. 일본도 부실금융 문제를 해소하기 위해 SPC법을 개정한 바 있으며, 우리나라도 1997년 IMF 외환위기를 겪으면서 이를 활용한 바 있다.

있다. 소액투자자는 부동산투자회사를 통해 부동산에 투자할 기회를 가질 뿐만 아니라 부동산시장에 진입하려는 실수요자도 인플레이션 위험에 대비한 헤지수단으로 활용할 수 있다. 1960년 미국 의회에서 부동산투자회사(리츠)를 제도화한 주목적 중 하나가 소액 투자기회를 부여하기 위한 것이었다. ii) 부동산투자회사를 금융위기 해소나 구조조정을 앞당기기 위한 대책으로 활용하기 위해 도입한 경우이다. 부동산투자회사는 부동산 지분을 소액 단위로 증권화하고 이를 주식시장에 상장하여 유통시켜 유동성을 제고시키는 것이 가능하다. 따라서 금융위기나 구조조정 시 기업과 금융기관이 보유한 부실채권이나 부동산을 증권화하여 매각을 용이하게 하여 금융위기를 조기에 해소하려는 목적에서 활용하기도 한다.

우리나라에서 부동산투자회사 제도가 발전하게 된 과정은 정부가 1997년 IMF 외환위기 이후 기업과 금융기관의 원활한 구조조정 지원과 부동산 거래의 활성화를 통한 부동산경기의 진작을 위하여 부동산증권화제도를 도입하기 위해 기존의 계약형 부동산신탁에 대하여 1998년 4월 신탁업법 시행령을 전면 개정하면서 신탁겸영은행에게 부동산 투자신탁 업무를 허용하면서부터였다.

그 후 1998년 9월 자산유동화법을 제정하여 유동화전문회사나 신탁회사 등이 금융기관으로부터 자산을 양도받아 이를 기초로 ABS, MBS를 발행하는 자산유동화제도를 도입하였다. 그러나 1997년 IMF 외환위기를 계기로 정부는 부동산시장의 기능회복 및 후진적인 투기 위주의 부동산시장의 선진화를 위해 지금까지와는 다른 새로운 차원의 부동산정책을 추진할 필요성이 제기되었는데, 부동산개발에 필요한 자금을 자본시장을 통하여 소액투자자 및 기관투자자로부터 직접 조달하기 위한 수단으로의 제도화와 일반 국민들도 소액자금으로 손쉽게 대규모 부동산에 투자할 수 있는 기회를 제공하기 위한 요구와 기업을 비롯하여 금융기관, 건설회사 등의 부동산 매각을 지원하여 구조조정을 지원할 뿐만 아니라 부동산시장의 선진화와 자본시장의 육성지원을 위해 그 필요성이 요구되었다.4)

---

4) 강지연(2010), "부동산투자회사제도의 문제점 및 개선방안", 한양대학교 행정·자치대학원 석사학위논문(2010. 2), 6-8쪽.

Ⅱ. 부동산투자회사법의 목적과 부동산투자회사의 업무 범위

1. 부동산투자회사법의 목적

부동산투자회사법은 부동산투자회사의 설립과 부동산투자회사의 자산운용 방법 및 투자자 보호 등에 관한 사항을 정함으로써 일반 국민이 부동산에 투자할 수 있는 기회를 확대하고 부동산에 대한 건전한 투자를 활성화하여 국민경제의 발전에 이바지함을 목적으로 한다(부동산투자회사법1).

2. 부동산투자회사의 업무 범위

부동산투자회사는 자산을 부동산투자회사법 제21조 제1항 각 호인 ⅰ) 부동산, ⅱ) 부동산개발사업, ⅲ) 지상권, 임차권 등 부동산 사용에 관한 권리, ⅳ) 신탁이 종료된 때에 신탁재산 전부가 수익자에게 귀속하는 부동산 신탁 수익권, ⅴ) 증권, 채권, ⅵ) 현금(금융기관의 예금을 포함)에 대하여 제2항 각 호의 방법인 ⅰ) 취득, 개발, 개량 및 처분, ⅱ) 관리(시설운영을 포함), 임대차 및 전대차, ⅲ) 부동산개발사업을 목적으로 하는 법인 등 대통령령으로 정하는 자에 대하여 부동산에 대한 담보권 설정 등 대통령령으로 정한 방법에 따른 대출, 예치의 방법으로 부동산 등에 투자·운용하는 것 외의 업무는 할 수 없다(부동산투자회사법4).

위에서 "부동산개발사업"이란 ⅰ) 토지를 택지·공장용지 등으로 개발하는 사업, ⅱ) 공유수면을 매립하여 토지를 조성하는 사업, ⅲ) 건축물이나 그 밖의 인공구조물을 신축하거나 재축(再築)하는 사업, ⅳ) 건축물이나 그 밖의 인공구조물을 연면적의 10% 이상의 범위에서 증축하거나 개축하는 사업으로서 증축 또는 개축되는 면적이 3천제곱미터를 초과하는 사업, ⅴ) 건축물이나 그 밖의 인공구조물을 이전하는 사업을 말한다(부동산투자회사법2(4), 동법 시행령2④).

Ⅲ. 부동산투자회사의 분류

1. 자산관리 형태에 따른 분류

부동산투자회사법에서는 자산관리의 형태에 따라 부동산투자회사(리츠)의 형태를 크게 자기관리 부동산투자회사("자기관리리츠"), 위탁관리 부동산투자회사

("위탁관리리츠") 및 기업구조조정 부동산투자회사("기업구조조정리츠")로 구분하고
있다(부동산투자회사법2(1)). 자기관리리츠는 자산운용 전문인력을 포함한 임직원
을 상근으로 두고 자산의 투자 및 운용을 직접 수행하는 실체회사이며, 위탁관리
리츠 및 기업구조조정리츠는 자산의 투자 및 운용을 자산관리회사에 위탁하는
명목회사이다. 위탁관리리츠와 기업구조조정리츠는 투자대상 자산이 기업구조조
정 대상 부동산인지에 따라 구분된다.[5]

(1) 자기관리리츠

자기관리리츠는 자산운용 전문인력을 포함한 임직원을 상근으로 두고 자산
의 투자 및 운용을 직접 수행하는 실체형 회사이다(부동산투자회사법2(1) 가목).
자기관리리츠는 자산의 투자, 운용 시 전문성을 높이고 주주를 보호하기 위하여
감정평가사와 같이 일정한 자격을 가진 자산운용 전문인력을 상근으로 두어야
한다.

부동산투자회사법 제3조에 따라 부동산투자회사는 주식회사로 설립하며, 부
동산투자회사법에서 특별히 정한 경우를 제외하고 상법의 적용을 받는다. 이에
따라 자기관리리츠도 주주총회, 이사회 및 이사의 기관을 갖추어야 한다. 또한
실체형 회사이지만 자산의 투명한 운영을 위하여 서로 견제와 감시를 할 수 있
는 자산보관회사를 별도로 선정하여 자산을 위탁하여야 한다. 이에 위탁관리리
츠와 동일하게 부동산투자회사법 제35조에 따라 자산의 보관과 이와 관련된 업
무를 신탁업자, 한국토지주택공사, 한국자산관리공사, 주택도시보증공사 등에 위
탁하여야 한다.

자기관리리츠는 상법에 따른 감사를 두어 내부 자산운용실태를 감독하는데,
부동산투자회사법 제14조의2에 따라 상법과 별도로 감사의 자격을 정하고 있다.
이와 더불어 부동산투자회사법 제47조에서는 자본시장법의 내부통제기준과 별도
로 자산운용의 건전성과 주주 보호를 위하여 부동산투자회사법에 따른 내부통제
기준을 제정하여 시행하여야 하며, 이를 준수하는지 여부를 점검할 준법감시인
을 상근으로 두어야 한다.

---

5) 김용진(2021), "간접투자로서 부동산투자회사제도개선 방안의 연구: 공모 부동산투자회사
를 중심으로", 한양대학교 대학원 박사학위논문(2021. 2), 35-38쪽.

(2) 위탁관리리츠와 기업구조조정리츠

위탁관리리츠와 기업구조조정리츠는 자산의 투자와 운용을 자산관리회사에 위탁하는 명목회사의 구조를 가지고 있다(부동산투자회사법2(2) 나목, 다목).

자기관리리츠와 동일하게 위탁관리리츠 및 기업구조조정리츠도 상법상 주식회사의 형태를 갖추고 있다. 다만 부동산투자회사법 제11조의2에 따라 위탁관리리츠는 본점 외의 지점을 설치할 수 없으며 직원을 고용하거나 상근임원도 둘 수 없는 명목회사로 설립하여야 한다. 이러한 명목회사의 실체적 운영을 위하여 투자자산을 운용하는 조직이 필요한바, 위탁관리리츠는 자산의 투자 및 운용업무를 별도의 자산관리회사에 위탁하여야 하고, 주식발행업무 및 일반적인 사무는 "일반사무 위탁기관"에 위탁하도록 되어 있다.

자기관리리츠와 달리 상근 임직원을 둘 수 없기 때문에 위탁관리리츠는 특별히 자산관리회사인 이사(법인이사)와 감독이사를 정관에 정하는 바에 따라 둘 수 있고, 이때 별도의 이사와 감사는 두지 않는다. 법인이사와 감독이사를 두는 경우 법인이사 1인과 감독이사 2명 이상을 선임하도록 하고 있다(부동산투자회사법14의3). 다만 위탁관리리츠와 기업구조조정리츠는 명목회사로 상근 임직원을 고용할 수 없으므로, 자기관리리츠와 달리 실질적으로 자산을 운용하는 자산관리회사에 내부통제기준과 준법감시인을 두도록 하고 있다(부동산투자회사법47). 투자자산의 안전한 관리를 위하여 투자자산을 신탁회사 등 외부 자산보관기관에 보관하는 것은 자기관리리츠와 동일하다.

위탁관리리츠와 기업구조조정리츠는 구조적으로는 동일하나, 다만 그 투자대상에 따른 차이가 있다. 기업구조조정리츠는 투자대상 자산이 ⅰ) 기업이 채권금융기관에 대한 부채 등 채무를 상환하기 위하여 매각하는 부동산, ⅱ) 채권금융기관과 재무구조 개선을 위한 약정을 체결하고 해당 약정 이행 등을 하기 위하여 매각하는 부동산, ⅲ) 채무자회생법에 따른 회생절차에 따라 매각하는 부동산, ⅳ) 그밖에 기업의 구조조정을 지원하기 위하여 금융위원회가 필요하다고 인정하는 부동산으로 한정되어 있다(부동산투자회사법49의2①). 또한 부실기업의 투자대상 자산을 신속하게 매각하기 위하여 영업인가 대신 등록으로 하되 공모의무(부동산투자회사법 14의8), 주식분산의무(부동산투자회사법15), 부동산 처분 제한(부동산투자회사법24①②), 자산구성요건(부동산투자회사법25①)의 적용을 배제하고 있다(부동산투자회사법49의2②).

2. 정책목적에 따른 분류

국내에서 부동산투자회사는 주로 정책목적에 따라 정부 유관기관이 설립한 부동산투자회사를 중심으로 활성화되었다. 정부에서는 부동산시장의 안정화 또는 임대주택의 공급 등과 같은 정책목적으로 다양한 부동산투자회사 설립을 추진하였다. 공공임대주택은 주변 시세보다 낮은 임대료로 운영하여야 하므로 공급이 증가할수록 정부의 재정적자와 손실 규모가 커지는 단점이 있다. 공공임대주택의 이러한 손실구조 개선과 지속적인 공급을 위하여 재원조달을 다변화하고 정부의 재무적 여건의 한계를 해소하기 위하여 부동산투자회사가 적극적으로 활용되었다.[6]

이러한 부동산투자회사의 특징은 대부분 사모형태로 운용되며, 사모의 주요 투자자로 주택도시기금, 한국토지주택공사와 같은 공기업이 참여하고 있다는 점이다. 특히 부동산투자회사가 임대주택의 공급에 있어 토지의 확보, 자금조달 및 임대 운영관리를 모두 수행하는데, 이러한 업무를 총괄하는 자산관리회사로 한국토지주택공사가 참여하고 있다. 한국토지주택공사는 토지의 제공과 더불어 부동산투자회사에 출자를 하고, 부동산투자회사의 자산관리회사로서 임대주택관리 업무까지 수행한다. 또한 민간재원의 조달을 다양화하기 위하여 별도의 임대기간 종료 후 별도의 매입확약을 하는 경우도 있다.

3. 공모여부에 따른 분류

(1) 공모리츠

부동산투자회사는 원칙적으로 공모를 통한 자금의 조달을 예정하고 있다. 부동산투자회사가 영업인가를 받거나 등록을 한 날 또는 부동산개발사업의 비율이 30%를 초과하는 부동산투자회사는 부동산개발사업에 관한 인허가가 있은 날로부터 2년 이내에 발행하는 주식 총수의 30% 이상을 일반 청약에 제공하여 자금을 조달하여야 한다(부동산투자회사법14의8①).

공모리츠는 부동산투자회사법 제49조의3 제1항에서 "자본시장법 제9조 제19항의 사모 집합투자기구에 해당하지 아니하는 부동산투자회사"로 정의하고 있

---

6) 김용진(2021), 39-40쪽.

다. 자본시장법에 따른 사모집합투자기구는 사모로만 발행하는 집합투자기구로
서 투자자 총수가 49인 이하인 것을 말한다. 이에 공모리츠는 투자자를 50인 이
상의 투자자에게 청약을 권유하는 모집을 하거나, 투자자 총수가 50인 이상인 부
동산투자회사를 말한다. 공모리츠는 자본시장법에 따른 상장규정의 상장요건을
갖추게 된 때에는 지체 없이 상장을 하도록 되어 있다(부동산투자회사법20①). 상
장을 통하여 부동산투자회사는 소액투자자들로부터 직접 자금을 조달할 수 있고,
반영속적인 투자 운영을 할 수 있는 장점이 있다.[7]

(2) 사모리츠

부동산투자회사법에서는 별도로 사모리츠에 대해 정의하는 규정은 없다. 다
만 공익적 목적이 있거나 이미 공모로서의 효과가 있다고 판단되는 투자자가 참
여한 때에 별도로 공모의무를 면제하고 있는데, 이를 사모리츠라고 한다.[8]

제2절 설립 및 영업인가

Ⅰ. 설립 및 자본금

1. 설립

부동사투자회사법에 따라 부동산투자회사는 주식회사로 하며(부동산투자회사
법3①), 부동산투자회사법에서 특별히 정한 경우를 제외하고는 상법의 적용을 받
으며(부동산투자회사법3②), 그 상호에 부동산투자회사라는 명칭을 사용하여야 한
다(부동산투자회사법3③). 부동산투자회사는 발기설립의 방법으로 하여야 하고(부
동산투자회사법5①), 현물출자에 의한 설립을 할 수 없다(부동산투자회사법5②).

부동산투자회사의 설립은 일반 주식회사의 설립과 유사하다. 다만 부동산투
자회사는 모집설립의 방법은 금지되어 있고 발기설립만 허용하고 있다. 또한 상
법 제290조 제2호에도 불구하고 현물출자에 의한 설립도 금지하고 있다. 이는 부

---

7) 김용진(2021), 41쪽.
8) 김용진(2021), 41쪽.

동산투자회사가 다른 간접투자와 달리 인가제를 통하여 운영되기 때문인데, 모집설립 또는 현물출자를 통해 설립하게 되면 별도의 인가 없이도 투자자의 모집이나 부동산매매계약과 같은 효력을 발휘하기 때문이다.[9]

2. 설립 자본금

자기관리 부동산투자회사의 설립 자본금은 5억원 이상으로 한다(부동산투자회사법6①). 위탁관리 부동산투자회사 및 기업구조조정 부동산투자회사의 설립 자본금은 3억원 이상으로 한다(부동산투자회사법6②).

3. 최저자본금

영업인가를 받거나 등록을 한 날부터 6개월[10]("최저자본금준비기간")이 지난 부동산투자회사의 자본금은 ⅰ) 자기관리 부동산투자회사는 70억원(제1호), ⅱ) 위탁관리 부동산투자회사 및 기업구조조정 부동산투자회사는 50억원(제2호) 이상이 되어야 한다(부동산투자회사법10).

Ⅱ. 영업인가와 등록

1. 영업인가

부동산투자회사가 부동산, 부동산개발사업, 지상권, 임차권 등 부동산 사용에 관한 권리, 신탁이 종료된 때에 신탁재산 전부가 수익자에게 귀속하는 부동산신탁 수익권, 증권, 채권에 대하여 부동산의 취득, 개발, 개량 및 처분 등의 업무(부동산투자회사법21② 각호의 업무)를 하려면 부동산투자회사의 종류별로 국토교통부장관의 인가를 받아야 한다(부동산투자회사법9① 본문). 다만, 부동산 취득을 위한 조사 등 대통령령으로 정하는 업무[11]의 경우에는 그러하지 아니하다(부동산

---

9) 김용진(2021), 79쪽.
10) 부동산투자회사 및 이해관계자 등이 다른 법령에서 정한 방법 및 절차 등을 이행하기 위하여 소요되는 기간으로서 국토교통부장관이 인정하는 기간은 제외한다(부동산투자회사법10).
11) "부동산 취득을 위한 조사 등 대통령령으로 정하는 업무"란 다음의 업무를 말한다(부동산투자회사법 시행령8③).
   1. 법 제21조 제1항 제1호부터 제5호까지의 투자대상을 취득하기 위해 국토교통부장관이 정하여 고시하는 방법에 따른 양해각서 및 매매계약의 체결

투자회사법9① 단서).

2. 등록

다음의 요건을 갖춘 위탁관리 부동산투자회사 및 기업구조조정 부동산투자회사가 부동산, 부동산개발사업, 지상권, 임차권 등 부동산 사용에 관한 권리, 신탁이 종료된 때에 신탁재산 전부가 수익자에게 귀속하는 부동산신탁 수익권, 증권, 채권에 대하여 부동산의 취득, 개발, 개량 및 처분 등의 업무(법21② 각호의 업무)를 하려면 국토교통부장관에게 등록하여야 한다(법9의2① 본문). 다만, 부동산 취득을 위한 조사 등의 경우에는 그러하지 아니하다(법9의2① 단서, 영8③).

1. 부동산투자회사법에 따라 적법하게 설립되었을 것
2. 위탁관리 부동산투자회사의 경우 국민연금공단이나 제14조의8 제3항 제1호에 따른 주주가 단독이나 공동으로 발행주식의 30% 이상을 취득할 것
3. 기업구조조정 부동산투자회사의 경우 제49조의2 제1항의 기준에 적합하게 자산을 구성할 것
4. 총자산 중 부동산개발사업에 대한 투자비율이 30%를 초과하지 아니할 것
5. 그 밖에 대통령령으로 정하는 요건을 갖출 것

---

2. 법 제21조 제1항 제1호부터 제5호까지의 투자대상에 대한 투자 여부를 검토하기 위한 법률자문, 시장조사, 감정평가 및 재무분석
3. 부가가치세법 제8조에 따른 사업자등록
4. 부동산개발업법 제4조 제1항에 따른 부동산개발업의 등록
5. 주택법 제4조에 따른 주택건설사업 등의 등록
6. 그 밖에 부동산개발사업을 추진하기 위해 미리 이행할 필요가 있는 것으로서 국토교통부장관이 정하여 고시하는 업무

제3절 주식의 공모·분산·상장 의무

Ⅰ. 주식의 공모

1. 인가·등록 전 청약 제한

부동산투자회사는 영업인가를 받거나 등록을 하기 전(총자산 중 부동산개발사업에 대한 투자비율이 30%를 초과하는 부동산투자회사의 경우에는 그가 투자하는 부동산개발사업에 관하여 관계 법령에 따른 시행에 대한 인가·허가 등이 있기 전)까지는 발행하는 주식을 일반의 청약에 제공할 수 없다(부동산투자회사법14의8①).

2. 청약 제공 기간과 주식 비율

부동산투자회사는 영업인가를 받거나 등록을 한 날(총자산 중 부동산개발사업에 대한 투자비율이 30%를 초과하는 부동산투자회사의 경우에는 그가 투자하는 부동산개발사업에 관하여 관계 법령에 따른 사용승인·준공검사 등을 받은 날)부터 2년 이내에 발행하는 주식 총수의 30% 이상을 일반의 청약에 제공하여야 한다(부동산투자회사법14의8②).

3. 일반 청약의 예외

다음의 어느 하나에 해당하는 경우, 즉 ⅰ) 부동산투자회사가 영업인가를 받거나 등록을 한 날부터 2년 이내에 국민연금공단이나 그 밖에 대통령령으로 정하는 주주12)가 단독이나 공동으로 인수 또는 매수한 주식의 합계가 부동산투

---

12) "대통령령으로 정하는 주주"란 주주로서 다음의 어느 하나에 해당하는 자를 말한다(부동산투자회사법 시행령12의3). 1. 지방자치단체, 2. 공무원연금공단, 3. 사립학교교직원연금공단, 4. 대한지방행정공제회, 5. 새마을금고중앙회(공제사업만 해당), 6. 군인공제회, 7. 한국교직원공제회, 8. 신용협동조합중앙회(공제사업만 해당), 9. 건설산업기본법 제54조에 따른 공제조합, 10. 한국토지주택공사, 11. 한국자산관리공사, 12. 퇴직연금사업자, 13. 국민건강보험공단, 14. 경찰공제회, 15. 한국지방재정공제회, 16. 건설근로자공제회, 17. 국가재정법 별표 2(같은 표 제3호, 제8호, 제14호 및 제27호는 제외)에 규정된 법률에 따라 기금을 관리·운용하는 법인, 18. 과학기술인공제회법에 따른 과학기술인공제회, 19. 대한소방공제회법에 따른 대한소방공제회, 20. 별정우체국법에 따른 별정우체국 연금관리단, 21. 산림조합중앙회(공제사업만 해당), 22. 중소기업협동조합법에 따른 중소기업협동조합(공제사업만 해당), 23. 우체국예금·보험에 관한 법률에 따른 우체국예금자금 또는 우체국보험특별회

자회사가 발행하는 주식 총수의 50% 이상인 경우(제1호), ⅱ) 부동산투자회사의 총자산의 70% 이상을 임대주택(민간임대주택에 관한 특별법에 따른 민간임대주택 및 공공주택 특별법에 따른 공공임대주택)으로 구성하는 경우(제2호)에는 주식을 일반의 청약에 제공하지 아니할 수 있다(부동산투자회사법14의8③).

4. 일반 청약 정보의 공개 기간 및 방법 등

부동산투자회사는 주식을 일반 청약에 제공할 경우 해당 청약에 관한 정보를 부동산투자회사 정보시스템에 공개하여야 한다(부동산투자회사법14의8④). 이에 따라 주식을 일반 청약에 제공하려는 부동산투자회사는 청약기간 시작일 10일 전부터 청약기간 종료일까지 다음의 사항을 부동산투자회사 정보시스템에 공개해야 한다(부동산투자회사법 시행규칙2①).

1. 부동산투자회사의 회사명
2. 자산관리회사의 회사명(자기관리 부동산투자회사의 경우는 제외)
3. 청약에 제공하려는 주식의 종류와 수
4. 청약에 제공하려는 주식의 총액 및 1주당 금액
5. 청약기간 및 청약장소
6. 납입기일 및 납입장소
7. 자본시장법 제119조 제3항에 따른 증권신고서
8. 법 제17조 제2항에 따른 투자설명서 및 해당 투자설명서의 비치·공시 장소

계법에 따른 우체국보험적립금을 관리·운용하는 법인, 24. 수산업협동조합중앙회(공제사업만 해당), 25. 국민연금공단 또는 제1호부터 제24호까지의 어느 하나에 해당하는 자가 단독으로 또는 공동으로 발행주식 총수의 50%를 초과하여 소유한 부동산투자회사, 26. 국민연금공단 또는 제1호부터 제24호까지의 어느 하나에 해당하는 자가 단독으로 또는 공동으로 집합투자증권 총수의 75% 이상을 소유한 부동산집합투자기구(이 경우 부동산집합투자기구가 자본시장법 제233조 제1항 각 호 외의 부분에 따른 자집합투자기구로 설정·설립된 경우로서 같은 항 각 호 외의 부분에 따른 모집합투자기구가 발행한 집합투자증권 총수의 100%를 소유한 경우에는 그 모집합투자기구를 포함), 27. 증권시장에 주식이 상장된 부동산투자회사, 28. 자본시장법 제9조 제5항 제3호부터 제5호까지의 규정에 따른 전문투자자(이 경우 전문투자자가 투자한 부동산투자회사는 총자산의 70% 이상을 다음 각 목의 자산으로 구성하여야 한다. 가. 법 제49조의3 제1항에 따른 공모부동산투자회사의 지분증권 또는 채무증권, 나. 기업구조조정 부동산투자회사의 지분증권 또는 채무증권, 29. 자본시장법에 따른 사모집합투자기구에 해당하지 아니하는 부동산집합투자기구, 30. 자본시장법 시행령 제14조 제2항에서 정하는 수를 초과하는 위탁자와 각각 신탁계약을 체결한 같은 영 제103조 제1호에 따른 특정금전을 운용하는 신탁업자

9. 부동산투자회사의 주식 청약 제공 업무를 위탁받은 기관의 기관명 및 담당자 연락처

부동산투자회사는 주식을 일반 청약에 제공한 경우에는 납입기일부터 10일 이내에 자본시장법 제128조에 따른 증권발행실적보고서를 부동산투자회사 정보 시스템에 공개해야 한다(부동산투자회사법 시행규칙2②).

II. 주식의 분산

1. 1인당 주식소유한도

주주 1인과 그 특별관계자는 최저자본금준비기간이 끝난 후(총자산 중 부동산개발사업에 대한 투자비율이 30%를 초과하는 부동산투자회사의 경우에는 부동산개발사업에 관하여 관계 법령에 따른 시행에 대한 인가·허가 등이 있은 날부터 6개월이 지난 후)에는 부동산투자회사가 발행한 주식 총수의 50%("1인당 주식소유한도")를 초과하여 주식을 소유하지 못한다(부동산투자회사법15①).

2. 의결권 행사범위 제한

주주 1인과 그 특별관계자("동일인")가 1인당 주식소유한도를 위반하여 부동산투자회사의 주식을 소유하게 된 경우 그 주식의 의결권 행사 범위는 1인당 주식소유한도로 제한된다(부동산투자회사법15②).

III. 주식의 상장

1. 상장의무

부동산투자회사는 거래소 상장규정의 상장요건을 갖추게 된 때에는 지체 없이 증권시장에 주식을 상장하여 그 주식이 증권시장에서 거래되도록 하여야 한다(부동산투자회사법20①).

2. 상장명령

국토교통부장관은 부동산투자회사가 정당한 사유 없이 증권시장에의 상장

을 이행하지 아니하는 경우에는 기간을 정하여 상장을 명할 수 있다(부동산투자회사법20②).

제4절 자산의 투자 · 운용

Ⅰ. 자산의 투자 · 운용 방법

1. 투자대상 자산

부동산투자회사는 그 자산을 ⅰ) 부동산(제1호), ⅱ) 부동산개발사업(제2호), ⅲ) 지상권, 임차권 등 부동산 사용에 관한 권리(제3호), ⅳ) 신탁이 종료된 때에 신탁재산 전부가 수익자에게 귀속하는 부동산 신탁 수익권(제4호), ⅴ) 증권, 채권(제5호), ⅵ) 현금(금융기관의 예금을 포함)(제6호)의 어느 하나에 투자하여야 한다(부동산투자회사법21①).

2. 자산운용 방법

부동산투자회사는 앞의 투자대상자산에 대하여 ⅰ) 취득, 개발, 개량 및 처분(제1호), ⅱ) 관리(시설운영을 포함), 임대차 및 전대차(제2호), ⅲ) 부동산개발사업을 목적으로 하는 법인 등 대통령령으로 정하는 자13)에 대하여 부동산에 대한 담보권 설정 등 대통령령으로 정한 방법14)에 따른 대출, 예치(제3호)의 어느 하

---

13) "부동산개발사업을 목적으로 하는 법인 등 대통령령으로 정하는 자"란 다음의 자를 말한다(부동산투자회사법 시행령17의2①).
　　1. 부동산개발사업을 영위하는 법인(부동산투자회사, 부동산집합투자기구 및 부동산신탁업만을 영위하는 신탁업자를 포함)
　　2. 민간투자법에 따른 사업시행자
　　3. 유료도로법 제23조의2 제1항에 따른 민자도로사업자
　　4. 부동산개발을 위해 설립되고 조세특례제한법 제104조의31 제1항의 요건에 해당하는 법인
14) "부동산에 대한 담보권 설정 등 대통령령으로 정한 방법"이란 다음의 요건을 모두 충족하는 방법을 말한다(부동산투자회사법 시행령17의2②).
　　1. 정관에서 자산의 투자 · 운용방법으로서 대출에 관한 사항을 정하고 있을 것
　　2. 부동산에 대하여 담보권을 설정하거나 시공사 등으로부터 지급보증을 받는 등 대출금을 회수하기 위한 적절한 수단을 확보할 것

나에 해당하는 방법으로 투자·운용하여야 한다(부동산투자회사법21②).

Ⅱ. 부동산의 처분에 대한 제한 등

1. 주택과 부동산의 처분 기간 제한

(1) 원칙

부동산투자회사는 부동산을 취득한 후 ⅰ) 국내에 있는 부동산 중 주택법 제2조 제1호[15])에 따른 주택: 1년. 다만, 부동산투자회사가 미분양주택(주택법 제54조에 따른 사업주체가 같은 조에 따라 공급하는 주택으로서 입주자 모집공고에 따른 입주자의 계약일이 지난 주택단지에서 분양계약이 체결되지 아니하여 선착순의 방법으로 공급하는 주택)을 취득하는 경우에는 정관에서 정하는 기간으로 한다(제1호). ⅱ) 국내에 있는 부동산 중 주택법 제2조 제1호에 따른 주택이 아닌 부동산: 1년(제2호), ⅲ) 국외에 있는 부동산: 정관에서 정하는 기간(제5호) 이내에는 부동산을 처분하여서는 아니 된다(부동산투자회사법24① 본문, 동법 시행령26①).

(2) 예외

다음의 어느 하나의 경우, ⅰ) 부동산개발사업으로 조성하거나 설치한 토지·건축물 등을 분양하는 경우, ⅱ) 부동산투자회사가 합병·해산·분할 또는 분할합병을 하는 경우에는 처분할 수 있다(부동산투자회사법24① 단서, 동법 시행령26②).

2. 건축물 등이 없는 토지의 처분 시기 제한

(1) 원칙

부동산투자회사는 건축물이나 그 밖의 공작물이 없는 토지(공유수면을 매립하여 토지를 조성하는 사업에 따라 조성된 토지는 제외)는 해당 토지에 부동산개발사업을 시행한 후가 아니면 그 토지를 처분하여서는 아니 된다(부동산투자회사법24② 본문).

---

3. 대출의 한도를 부동산투자회사의 자산총액에서 부채총액을 뺀 가액의 100%으로 유지할 것
4. 그 밖에 대출의 방법 및 절차에 관한 사항으로서 투자자 보호를 위해 국토교통부장관이 정하여 고시하는 사항을 준수할 것
15) 1. "주택"이란 세대(世帶)의 구성원이 장기간 독립된 주거생활을 할 수 있는 구조로 된 건축물의 전부 또는 일부 및 그 부속토지를 말하며, 단독주택과 공동주택으로 구분한다.

(2) 예외

부동산투자회사의 합병, 해산 등 투자자 보호를 위하여 ⅰ) 부동산개발사업을 하기 위하여 토지를 취득한 후 관련 법규의 제정·개정 또는 폐지 등으로 인하여 사업성이 현저히 저하됨으로써 부동산개발사업을 수행하는 것이 곤란하다고 객관적으로 입증되어 해당 토지의 처분이 불가피한 경우(제1호), ⅱ) 부동산투자회사가 합병·해산·분할 또는 분할합병을 하는 경우(제2호)에는 처분할 수 있다(부동산투자회사법24② 단서, 동법 시행령26③).

3. 취득과 처분의 실사보고서 작성과 제출

부동산투자회사는 부동산을 취득하거나 처분할 때에는 자기관리 부동산투자회사 또는 자산관리회사는 대통령령으로 정하는 바에 따라 해당 부동산의 현황, 거래가격 등이 포함된 실사보고서(實査報告書)를 작성하여 국토교통부장관에게 미리 제출하고 이를 본점에 갖추어 두어야 한다(부동산투자회사법24③).

실사보고서에는 ⅰ) 해당 부동산의 현황, 거래가격 및 거래비용(제1호), ⅱ) 해당 부동산과 관련된 재무자료(제2호), ⅲ) 해당 부동산의 수익에 영향을 미치는 요소(제3호), ⅳ) 그 밖에 해당 부동산의 거래 여부를 결정하는 데에 필요한 사항으로서 국토교통부령으로 정하는 사항(제4호)[16]이 포함되어야 한다(부동산투자회사법 시행령26④).

Ⅲ. 자산의 구성

1. 자산의 구성 비율

부동산투자회사는 최저자본금 준비기간이 끝난 후에는 매 분기 말 현재 총자산의 80% 이상을 부동산, 부동산 관련 증권 및 현금(금융기관에의 예치금 포함＝부동산투자회사법 시행령27②)으로 구성하여야 한다(부동산투자회사법25① 전단). 이 경우 총자산의 70% 이상은 부동산(건축 중인 건축물을 포함)이어야 한다(부동산투자회사법25① 후단).

이때 부동산투자회사 설립 시 납입한 주금, 또는 신주발행으로 조성한 자금,

---

16) "국토교통부령으로 정하는 사항"이란 ⅰ) 해당 부동산의 소유 및 권리사항(제1호), ⅱ) 해당 부동산의 임대차, 담보부 부채 분석(제2호)을 말한다(부동산투자회사법 시행규칙4의2).

부동산투자회사 소유 부동산매각대금은 각 최저준비기간 만료일, 신주발행일, 부동산매각일로부터 2년간은 부동산으로 간주하고 있다.[17]

(1) 부동산 관련 증권

"부동산 관련 증권"이란 ⅰ) 부동산투자회사의 주식 및 사채(가목), ⅱ) 부동산집합투자기구(부동산에 집합투자재산의 80%를 초과하여 투자하는 일반 사모집합투자기구를 포함)가 발행하는 집합투자증권(나목＝부동산투자회사법 시행령2①), ⅲ) 부동산, 부동산매출채권(부동산의 매각·임대 등에 의하여 발생한 매출채권), 부동산담보부채권 가액의 합계액이 자산유동화법에 따른 유동화자산의 가액 중 70% 이상 포함된 해당 유동화자산을 기초로 발행된 유동화증권(다목＝부동산투자회사법 시행령2②), ⅳ) 주택저당채권유동화회사법 및 한국주택금융공사법에 따른 주택저당채권담보부채권 및 주택저당증권(라목), ⅴ) 주택도시기금법에 따른 국민주택채권(마목), ⅵ) 도시철도법에 따른 도시철도채권(바목), ⅶ) 그 밖에 부동산과 관련되는 증권으로서 대통령령으로 정하는 것(사목)[18]을 말한다(부동산투자회사법2(3)).

(2) 부동산 의제 자산

다음 각 호에 해당하는 금액은 법 제25조 제1항 후단 및 제49조의2 제1항에 따른 총자산의 70% 이상을 구성하는 부동산(건축 중인 건축물을 포함)에 포함되는 자산을 산정하는 경우 그 자산에 포함되는 것으로 본다(부동산투자회사법 시행령27①).

---

17) 김용진(2021), 85–86쪽.
18) "대통령령으로 정하는 것"이란 다음의 어느 하나에 해당하는 주식 및 채권을 말한다(부동산투자회사법 시행령2③).
   1. 국토계획법 제47조 제2항에 따른 도시·군계획시설채권
   2. 도시개발법 제23조 제1항에 따른 토지상환채권
   3. 주택법 제80조 제1항에 따른 주택상환사채
   4. 택지개발촉진법 제20조 제2항에 따른 토지상환채권
   5. 공익사업을 위한 토지 등의 취득 및 보상에 관한 법률 제63조 제7항에 따라 발행되는 채권
   6. 부동산담보부채권
   7. 조세특례제한법 제104조의31 제1항의 요건에 해당하는 법인의 채권. 다만, 이 영 제27조 제1항 제1호 나목에 해당되는 사채는 제외한다.
   8. 민간투자법 제14조에 따른 민간투자사업법인의 주식 및 채권 또는 같은 법 제41조에 따른 사회기반시설투융자회사의 채권. 다만, 이 영 제27조 제1항 제1호 다목에 해당되는 주식 및 사채는 제외한다.

1. 건축 중인 건축물의 개발사업을 제외한 부동산개발사업에 투자한 모든 금액. 이 경우 다음 각 목의 어느 하나에 해당하는 투자금액을 포함한다.
    가. 건축물의 개발사업과 관련하여 인접도로의 개설, 주차장 부지 확보 등 해당 건축물에 부속된 토지 및 정착물에 대한 투자금액
    나. 부동산 개발을 위하여 설립되고 조세특례제한법 제104조의31 제1항의 요건에 해당하는 법인의 주식 및 사채(해당 법인의 담보부사채에 한정)의 매입금액
    다. 민간투자법 제41조에 따라 설립된 사회기반시설투융자회사의 주식 및 사채(해당 회사의 담보부 또는 보증사채에 한정)의 매입금액
2. 부동산의 소유권 및 지상권·전세권·임차권 등 부동산 사용에 관한 권리를 취득하기 위하여 투자한 모든 금액
3. 신탁이 종료된 경우에 신탁재산 전부가 수익자에게 귀속하는 부동산 신탁의 수익권을 취득하기 위하여 투자한 모든 금액
4. 총자산의 80% 이상이 부동산(제1호부터 제3호까지 및 제5호부터 제7호까지에 따른 자산을 포함)으로 구성된 법인 또는 조합(법인 또는 조합이 설립 중인 경우를 포함)의 발행 지분증권 총수의 50%를 초과하여 취득하기 위하여 투자한 모든 금액. 이 경우 총자산 대비 부동산 비율을 산정할 때에는 해당 지분증권의 매입을 위한 부동산투자회사 이사회 개최일 전일 현재(법인 또는 조합이 설립 중인 경우에는 설립 후 1분기가 경과한 시점) 해당 법인 또는 조합의 재무상태표에 따르되, 해당 법인이 외부감사법 시행령 제3조 제1항에 따른 지배회사에 해당하는 경우에는 종속회사가 보유한 부동산을 포함할 수 있도록 연결재무제표를 기준으로 한다.
4의2. 총자산의 80% 이상이 다음 각 목의 자산으로 구성된 법인 또는 조합(법인 또는 조합이 설립 중인 경우를 포함)의 발행 지분증권 총수의 20%를 초과하여 취득하기 위해 투자한 모든 금액. 이 경우 총자산 대비 다음 각 목의 자산 비율 산정에 관하여는 제4호 후단을 준용한다.
    가. 제1호에 따른 금액
    나. 건축 중인 건축물의 개발사업에 투자한 모든 금액
5. 민간투자법 제26조에 따라 사회기반시설의 관리운영권 또는 관리운영권을 가진 회사의 주식, 사채 또는 대출채권을 매입하기 위하여 투자한 모든 금액
6. 유료도로법 제10조에 따른 유료도로관리권 또는 유료도로관리권을 가진 회사의 주식, 사채 또는 대출채권을 매입하기 위하여 투자한 모든 금액
7. 다른 부동산투자회사 또는 부동산집합투자기구(다음 각 목의 기관 등을 포

함)가 발행한 지분증권, 수익증권 또는 채무증권을 취득하기 위하여 투자한
모든 금액

　가. 외국의 부동산투자회사 또는 부동산집합투자기구

　나. 가목에 따른 회사 또는 기구의 업무를 수행하는 외국의 부동산투자 관련
　　　기관

8. 법 제21조 제2항 제3호에 따라 대출한 모든 금액

(3) 자산가액의 산정기준

자산의 가액은 ⅰ) 부동산의 경우: 취득가액에 의하는 방법. 다만, 부동산의
취득 후 1년이 경과한 경우에는 감정평가법인등이 제16조에 따라 산정한 가액으
로 할 수 있다(제1호). ⅱ) 증권의 경우: 자본시장법 시행령 제260조를 준용하여
산정하는 방법. 이 경우 "평가기준일"은 "산정기준일"로 본다(제2호). ⅲ) 금융기
관에의 예치금의 경우: 원금(민간임대주택에 관한 특별법에 따른 민간임대주택 및 공
공주택 특별법에 따른 공공임대주택을 임대하고 받은 임대보증금은 제외)과 산정기준일
까지의 이자를 가산하는 방법(제3호), ⅳ) 그 밖의 자산의 경우: 재무상태표에 표
시된 금액에 의하는 방법(제4호)의 구분에 따른 방법으로 산정한다(부동산투자회
사법 시행령27③).

2. 자산의 구성 비율 계산시 부동산 의제 자산

자산의 구성 비율을 계산할 때 ⅰ) 설립할 때 납입된 주금(제1호), ⅱ) 신주
발행으로 조성한 자금(제2호), ⅲ) 부동산투자회사 소유 부동산의 매각대금(제3
호)의 어느 하나에 해당되는 자산은 최저자본금 준비기간의 만료일, 신주발행일
또는 부동산 매각일부터 2년 이내에는 부동산으로 본다(부동산투자회사법25②).

Ⅳ. 부동산개발사업에 대한 투자

1. 총자산과 자산총액

총자산 중 부동산개발사업에 대한 투자비율은 주주총회 결의사항인데, 이에
따른 총자산은 부동산개발사업에 대한 투자비율을 결의한 주주총회 개최일 전날
을 기준으로 하여 직전 분기 말 현재의 대차대조표상의 자산총액을 말한다(부동

산투자회사법26①).

2. 투자비율 산정

부동산개발사업에 대한 투자비율을 산정할 때 건축물을 신축하거나 재축하는 부동산개발사업의 경우에는 부동산투자회사가 소유한 토지의 가액은 총자산에는 포함하여 계산하되, 부동산개발사업의 투자액에서는 제외한다(부동산투자회사법26②).

3. 사업계획서 작성ㆍ평가 및 평가서 제출

부동산투자회사가 부동산개발사업에 투자하려면 ⅰ) 개발 대상 토지, 개발방법, 사업의 추진일정 및 건축계획 등이 포함된 사업계획에 관한 사항(제1호), ⅱ) 자금의 조달ㆍ투자 및 회수에 관한 사항(제2호), ⅲ) 추정손익에 관한 사항(제3호), ⅳ) 사업의 위험에 관한 사항(제4호), ⅴ) 공사시공 등 외부용역에 관한 사항(제5호), ⅵ) 그 밖에 투자자를 보호하기 위하여 필요한 사항(제6호)이 포함된 사업계획서를 작성하여 부동산투자자문회사의 평가를 거쳐야 하며, 부동산투자자문회사가 작성한 평가서를 부동산개발사업에 투자하기 1개월 전에 국토교통부장관에게 제출하여야 한다(부동산투자회사법26③, 동법 시행령30).

Ⅴ. 보상을 목적으로 제공한 토지에 대한 개발사업 투자의 특례

1. 특례등록

다음의 요건, 즉 ⅰ) 부동산투자회사법 제3조부터 제8조까지, 제11조의2 및 제45조에 적합하게 설립되었을 것(제1호), ⅱ) 대토보상권에 따라 보상받기로 한 토지를 개발하는 목적으로 설립할 것(제2호), ⅲ) 최저자본금의 80% 이상을 현물출자받은 대토보상권으로 구성하는 사업계획을 갖출 것(제3호), ⅳ) 개발사업이 가능한 토지를 공급받을 수 있는 권리를 「공익사업을 위한 토지 등의 취득 및 보상에 관한 법률」("토지보상법") 제2조 제3호[19]의 사업시행자("토지공급사업시행자")로부터 확보할 것(제4호)의 요건을 모두 갖춘 부동산투자회사는 영업인가를 받기

---

19) 3. "사업시행자"란 공익사업을 수행하는 자를 말한다.

전에 대토보상권의 현물출자 및 이와 관련된 업무를 하기 위하여 국토교통부장관에게 특례등록을 할 수 있다(부동산투자회사법26의3①).

대토보상권은 공익사업을 위한 토지 등의 취득 및 보상에 관한 법률에 따라 공익사업의 시행으로 조성한 토지를 기존 토지에 대한 보상으로 받기로 결정된 권리이다. 대토보상제도는 토지소유자의 개발이익공유와 재정착 유도를 목적으로 도입되었다. 2002년 이후 신도시개발 등 대규모 공익사업 진행으로 토지보상금 규모가 증가하자, 곧 인근지역의 토지가격이 올라 기존 주민의 재정착이 어려워졌다. 기존 현금보상제도가 공익적 목적 달성이 어렵고 오히려 보상지 부근 부동산에 대한 투기로 이어지자 정부에서는 2007년 10월 공익사업을 위한 토지 등의 취득 및 보상에 관한 법률을 개정하여 대토보상제도를 도입하였다. 이 대토보상제도는 현금이나 채권보상 대신 기존 보유하는 토지와 같거나 유사한 토지로 보상하는 것을 말한다.[20]

2. 주식의 공모·분산·상장의무 등 면제

특례등록을 한 부동산투자회사는 제14조의8(주식의 공모), 제15조(주식의 분산), 제20조(주식의 상장 등), 상법 제422조(현물출자의 검사) 및 부동산등기 특별조치법 제2조(소유권이전등기등 신청의무)를 적용하지 아니한다(부동산투자회사법26의3②).

대토 부동산투자회사는 토지주들이 가지고 있는 대토보상권을 현물출자하여 설립하고, 부동산투자회사는 이 대토보상권으로 공익사업 시행자로부터 토지를 보상받아 개발하여 그 이익을 주주들에게 배당하는 형태의 부동산투자회사이다. 이때 현물출자한 각 토지주들은 공익사업의 시행으로 보상받기로 한 토지를 감정평가한 금액에 해당하는 지분을 취득한다. 부동산투자회사법에서는 대토보상을 통한 개발사업에 대해서 정책적인 목적을 고려하여 주식공모, 주식분산 및 상장의무를 면제하고 있다.[21]

3. 자산의 투자·운용과 차입 및 사채 발행

특례등록을 한 부동산투자회사는 제21조에 따른 자산의 투자·운용 및 제29

---

20) 김용진(2021), 43-44쪽.
21) 김용진(2021), 44쪽.

조에 따른 차입 및 사채 발행을 할 수 없다(부동산투자회사법26의3③ 본문). 다만, 토지공급사업시행자와 보상받기로 한 토지의 공급계약을 체결하고 제9조에 따른 영업인가를 받은 경우에는 제21조에 따른 자산의 투자·운용 및 제29조에 따른 차입 및 사채 발행을 할 수 있다(부동산투자회사법26의3③ 단서).

그러나 특례등록을 한 부동산투자회사는 현물출자를 받아 주식을 발행한 이후에는 i) 주주가 처분한 주식을 취득하는 경우(제1호), ii) 부동산투자회사법 제9조 제1항 단서에 따른 부동산취득을 위한 조사 등 대통령령으로 정하는 업무를 수행하는 경우(제2호)의 어느 하나에 해당하는 경우 자기자본의 30%를 초과하지 아니하는 범위에서 차입 및 사채발행을 할 수 있다(부동산투자회사법26의3⑥).

4. 주주의 주식처분

특례등록을 한 부동산투자회사의 주주는 다음의 요건, 즉 i) 토지공급사업시행자와 토지보상계약을 체결한 날부터 3년이 경과할 것(제1호), ii) 부동산투자회사가 영업인가를 받을 것(제2호) 중 어느 하나를 갖춘 경우에 한정하여 해당 부동산투자회사의 주식을 처분(매매, 증여, 담보설정, 유상감자, 신탁, 그 밖에 권리의 변동을 발생시키는 모든 행위를 포함하되, 상속은 제외)할 수 있다(부동산투자회사법26의3④).

그러나 특례등록을 한 부동산투자회사의 주주가 다음의 어느 하나, 즉 i) 국세 및 지방세의 체납처분 또는 강제집행을 받는 경우(제1호), ii) 세대원 전원이 해외로 이주하거나 2년 이상 해외에 체류하려는 경우(제2호)의 어느 하나에 해당하는 경우에는 해당 부동산투자회사의 주식을 처분할 수 있다(부동산투자회사법26의3⑤).

5. 영업인가 전 신주발행의 제한

특례등록을 한 부동산투자회사는 영업인가를 받기 전에는 주주가 아닌 자에게 배정하는 방식으로 신주를 발행할 수 없다(부동산투자회사법26의3⑦).

Ⅵ. 증권에 대한 투자

1. 의결권주 취득

(1) 취득제한

부동산투자회사는 부동산 외의 증권과 채권도 투자대상 자산으로 편입할 수 있다. 다만 부동산투자회사의 목적 자체가 부동산의 취득, 개발, 개량 및 처분에 있으므로 증권취득에 대하여는 비율로서 제한하고 있다. 이것은 부동산의 투자 목적으로 설립된 부동산투자회사를 통하여 다른 회사를 지배하지 못하도록 하는 데 있다.[22]

부동산투자회사는 다른 회사의 의결권 있는 발행주식의 10%를 초과하여 취득하여서는 아니 된다(부동산투자회사법27① 본문).

(2) 취득제한의 예외

다음의 어느 하나에 해당하는 경우, 즉 ⅰ) 특정 부동산을 개발하기 위하여 존립기간을 정하여 설립된 회사의 주식을 취득하는 경우(제1호), ⅱ) 다른 회사와 합병하는 경우(제2호), ⅲ) 다른 회사의 영업 전부를 양수하는 경우(제3호), ⅳ) 부동산투자회사의 권리를 행사할 때 그 목적을 달성하기 위하여 필요한 경우(제4호), ⅴ) 부동산투자회사가 소유하는 부동산 또는 부동산 관련 권리(지상권, 지역권, 전세권, 사용대차 또는 임대차에 관한 권리)를 임차하여 해당 부동산 또는 그 시설을 관리하거나 관광진흥법에 따른 관광숙박업 등 대통령령으로 정하는 사업[23]을 영위하는 회사의 주식을 취득하는 경우(제4의2호), ⅵ) 투자자 보호나 자산의

---

22) 김용진(2021), 87쪽.
23) "관광진흥법에 따른 관광숙박업 등 대통령령으로 정하는 사업"이란 다음의 어느 하나에 해당하는 사업을 말한다(부동산투자회사법 시행령31①).
　　1. 관광진흥법 제3조 제1항 제2호에 따른 관광숙박업
　　2. 공중위생관리법 제2조 제1항 제2호에 따른 숙박업
　　3. 주택법 제53조에 따른 주택관리업
　　4. 민간임대주택에 관한 특별법 제2조 제10호에 따른 주택임대관리업
　　5. 물류시설의 개발 및 운영에 관한 법률 제2조 제3호에 따른 물류터미널사업 및 같은 조 제5호의3에 따른 물류창고업
　　6. 유통산업발전법 제2조 제3호에 따른 대규모점포, 같은 조 제4호에 따른 준대규모점포 및 같은 조 제16호에 따른 공동집배송센터 사업
　　7. 체육시설의 설치·이용에 관한 법률 제2조 제2호에 따른 체육시설업
　　8. 제1호부터 제7호까지의 사업과 유사한 사업으로서 국토교통부령으로 정하는 사업

안정적 운용을 해칠 우려가 없는 경우로서 대통령령으로 정하는 경우24)(제5호)에
는 다른 회사의 의결권 있는 발행주식의 10%를 초과하여 취득할 수 있다(부동산
투자회사법27① 단서).

2. 의결권주 초과취득과 투자한도 적합의무

부동산투자회사는 앞의 제27조 제1항 제2호부터 제4호까지의 규정에 따라
다른 회사의 의결권 있는 발행주식의 10%를 초과하여 취득하게 된 경우에는 초
과취득하게 된 날부터 6개월 이내에 투자한도에 적합하도록 하여야 한다(부동산
투자회사법27②).

3. 동일인 발행 증권의 취득제한

부동산투자회사는 동일인이 발행한 증권(국채, 지방채, 그 밖에 대통령령으로
정하는 증권25)은 제외)을 총자산의 5%를 초과하여 취득하여서는 아니 된다(부동산

---

24) "대통령령으로 정하는 경우"란 다음의 어느 하나에 해당하는 경우를 말한다(부동산투자회
   사법 시행령31②).
   1. 민간투자법 제14조에 따른 민간투자사업법인의 주식을 취득하는 경우
   2. 다른 부동산투자회사 또는 부동산집합투자기구(다음 각 목의 기관 등을 포함)가 발행
      한 주식을 취득하는 경우
      가. 외국의 부동산투자회사 또는 부동산집합투자기구
      나. 가목에 따른 회사 또는 기구의 업무를 수행하는 외국의 부동산투자 관련 기관
   3. 부동산투자회사의 일반적인 시설의 관리나 운영의 위탁을 위한 시설관리회사를 설립하
      거나 인수하기 위하여 주식을 취득하는 경우
   4. 시행령 제27조 제1항 제4호에 따라 총자산의 80% 이상이 부동산(시행령 제27조 제1항
      제1호부터 제3호까지 및 제5호부터 제7호까지에 따른 자산을 포함)으로 구성된 법인의
      발행주식 총수의 50%를 초과하여 취득하는 경우
   5. 민간투자법 제26조에 따른 사회기반시설의 관리운영권을 가진 회사의 주식을 취득하는
      경우
   6. 민간투자법 제41조에 따른 사회기반시설투융자회사의 주식을 취득하는 경우
   7. 유료도로법 제10조에 따른 유료도로관리권을 가진 회사의 주식을 취득하는 경우
25) "대통령령으로 정하는 증권"이란 다음의 어느 하나에 해당하는 증권을 말한다(부동산투자
   회사법 시행령31③).
   1. 공공기관운영법 제4조에 따른 공공기관에서 발행한 채권
   2. 시행령 제33조 제1항 제1호부터 제10호까지의 규정에 따른 금융기관이 발행한 채권
   3. 시행령 제33조 제1항 제1호부터 제10호까지의 규정에 따른 금융기관이 보증한 채권(자
      본시장법 제9조 제7항에 따른 모집의 방법으로 발행된 채권에 한정)
   4. 주택저당채권유동화회사법 및 한국주택금융공사법에 따라 발행되는 주택저당채권담보
      부채권 및 주택저당증권
   5. 회사가 다른 회사를 합병하거나 공정거래법 제2조 제12호에 따른 계열회사로 편입("기

투자회사법27③ 본문). 다만, 앞의 제27조 제1항 제4호의2에 따른 주식의 경우에는 부동산투자회사 25%를 초과하여 취득하여서는 아니 된다(부동산투자회사법27③ 단서). 이것은 부동산의 투자목적으로 설립된 부동산투자회사를 통하여 다른 회사를 지배하지 못하도록 하는 데 있다.

4. 동일인 발행 증권의 초과취득과 투자한도 적합의무

부동산투자회사는 보유하고 있는 증권이 투자한도를 초과하게 된 경우에는 초과취득하게 된 날부터 6개월 이내에 투자한도에 적합하도록 하여야 한다(부동산투자회사법27④).

Ⅶ. 배당

1. 이익배당한도와 이익준비금 적립 제외

부동산투자회사는 상법 제462조 제1항[26])에 따른 해당 연도 이익배당한도의

업인수·합병")하기 위한 자금을 조달할 목적으로 회사 또는 그 다른 회사("인수·합병회사등")가 발행하는 증권(기업인수·합병을 위한 자금을 조달할 목적으로 발행되는 증권에 투자하는 것을 내용으로 하는 정관에 따라 부동산투자회사가 취득하는 것에 한정)
6. 기업인수·합병을 위한 자금을 조달할 목적으로 인수·합병회사등의 자산을 기초로 하여 자산유동화법 제31조에 따라 발행되는 사채
7. 증권금융회사가 발행한 채권 또는 채무증서
8. 시행령 제27조 제1항 제4호에 따라 총자산의 80% 이상이 부동산(시행령 제27조 제1항 제1호부터 제3호까지 및 제5호부터 제7호까지에 따른 자산을 포함)으로 구성된 법인 또는 조합의 발행 지분 증권 총수의 50%를 초과하여 취득하는 경우 그 지분증권
9. 시행령 제27조 제1항 제1호 나목에 따라 부동산개발을 위하여 설립되고 조세특례제한법 제104조 의31 제1항의 요건에 해당하는 법인의 주식 및 사채(해당 법인의 담보부사채만 해당)를 취득하는 경우 그 주식 및 사채
10. 민간투자법 제41조에 따른 사회기반시설투융자회사의 주식 및 사채(해당 회사의 담보부 또는 보증사채만 해당)를 취득하는 경우 그 주식 및 사채
11. 민간투자법 제26조에 따른 사회기반시설의 관리운영권을 가진 회사의 주식 및 사채를 취득하는 경우 그 주식 및 사채
12. 유료도로법 제10조에 따른 유료도로관리권을 가진 회사의 주식 및 사채를 취득하는 경우 그 주식 및 사채
13. 다른 부동산투자회사 또는 부동산집합투자기구(다음 각 목의 기관 등을 포함)가 발행한 지분증권, 수익증권 또는 채무증권
    가. 외국의 부동산투자회사 또는 부동산집합투자기구
    나. 가목에 따른 회사 또는 기구의 업무를 수행하는 외국의 부동산투자 관련 기관
14. 신탁이 종료된 경우에 신탁재산 전부가 수익자에게 귀속되는 부동산 신탁의 수익증권
26) ① 회사는 대차대조표의 순자산액으로부터 다음의 금액을 공제한 액을 한도로 하여 이익

90% 이상을 주주에게 배당하여야 한다(부동산투자회사법28① 전단). 이 경우 상법 제458조에 따른 이익준비금은 적립하지 아니한다(부동산투자회사법28① 후단).

위탁관리 부동산투자회사는 당해 연도의 이익배당한도의 90% 이상을 주주에게 필수적으로 배당하여야 한다. 이는 부동산투자회사를 일종의 투자도관체로 사용함에 따라 이익을 사내에 유보하지 못하도록 하기 위한 것이다.[27]

2. 자기관리 부동산투자회사와 이익준비금 적립, 이익배당방법

자기관리 부동산투자회사의 경우 2021년 12월 31일까지 해당 연도 이익배당한도의 50% 이상을 주주에게 배당하여야 하며 상법 제458조에 따른 이익준비금을 적립할 수 있다(부동산투자회사법28② 전단). 이 경우 상법 제462조 제2항 단서에도 불구하고 다음의 구분에 따른 방법, 즉 ⅰ) 상법 제462조 제1항에 따른 해당 연도 이익배당한도의 50% 이상 90% 미만으로 이익배당을 정하는 경우: 상법 제434조에 따른 주주총회의 특별결의(제1호), ⅱ) 상법 제462조 제1항에 따른 해당 연도 이익배당한도의 90% 이상으로 이익배당을 정하는 경우: 상법 제462조 제2항 본문에 따른 주주총회의 결의(제2호)로 이익배당을 정한다(부동산투자회사법28② 후단).

자기관리 부동산투자회사는 실체회사 형태를 갖추고 있으므로 장기적인 발전을 도모하기 위하여 이익배당한도의 50% 이상 배당하도록 규제를 완화하여 이익준비금을 적립할 수 있도록 하였다. 다만 실체회사임을 감안하여 감가상각비 범위에서 이익의 초과배당 규정은 적용하지 않는다.[28]

3. 위탁관리 부동산투자회사와 초과배당

위탁관리 부동산투자회사가 제1항에 따라 이익을 배당할 때에는 상법 제462조 제1항에도 불구하고 이익을 초과하여 배당할 수 있다(부동산투자회사법28③ 전단). 이 경우 초과배당금의 기준은 해당 연도 감가상각비의 범위에서 대통령령

배당을 할 수 있다.
1. 자본금의 액
2. 그 결산기까지 적립된 자본준비금과 이익준비금의 합계액
3. 그 결산기에 적립하여야 할 이익준비금의 액
4. 대통령령으로 정하는 미실현이익

27) 김용진(2021), 89쪽.
28) 김용진(2021), 89~90쪽.

으로 정한다(부동산투자회사법28③ 후단).

(1) 초과배당금의 분배절차 및 시기 등

위탁관리 부동산투자회사가 초과배당을 하려는 경우 초과배당금의 분배절차 및 시기 등을 포함하여 필요한 사항을 정관으로 미리 정하여야 한다(부동산투자회사법 시행령32①).

(2) 초과배당의 범위

초과배당은 해당 연도의 감가상각비의 범위에서 배당하되, 초과배당으로 인하여 전기(前期)에서 이월된 결손금(缺損金)은 당기(當期)의 배당가능이익 산정 시 포함하지 아니한다(부동산투자회사법 시행령32②).

(3) 금전배당

초과배당은 금전으로 하여야 한다(부동산투자회사법 시행령32③).

4. 상장 부동산투자회사의 부동산 매각과 이익배당

상장된 부동산투자회사가 총자산에서 10% 이상을 차지하는 부동산을 매각하여 그 이익을 배당할 때에는 해당 사업연도 말 10일 전까지 이사회를 개최하여 이사회의 결의로 배당 여부 및 배당 예정금액을 결정하여야 한다(부동산투자회사법28④, 부동산투자회사법 시행령32④).

이에 따라 결정된 배당은 주주총회의 결의를 거쳐 실시한다(부동산투자회사법28⑤ 본문). 다만, 정관으로 이사회의 결의로 배당을 할 수 있다고 규정하는 경우에는 이사회의 결의로 배당을 실시할 수 있다(부동산투자회사법28⑤ 단서).

5. 소득공제 등

(1) 이익배당과 소득공제

기업구조조정 부동산투자회사 및 위탁관리 부동산투자회사가 대통령령으로 정하는 배당가능이익[29]의 90% 이상을 배당한 경우 그 금액("배당금액")은 해당

---

29) "대통령령으로 정하는 배당가능이익"이란 기업회계기준에 따라 작성한 재무제표상의 법인세비용 차감 후 당기순이익에 이월이익잉여금을 가산하거나 이월결손금을 공제하고, 상

배당을 결의한 잉여금 처분의 대상이 되는 사업연도의 소득금액에서 공제한다(법인세법51의2①(4), 동법 시행령86의3①).

그러나 다음의 어느 하나에 해당하는 경우, 즉 ⅰ) 배당을 받은 주주등에 대하여 법인세법 또는 조세특례제한법에 따라 그 배당에 대한 소득세 또는 법인세가 비과세되는 경우. 다만, 배당을 받은 주주등이 조세특례제한법 제100조의15 제1항의 동업기업과세특례를 적용받는 동업기업인 경우로서 그 동업자들에 대하여 같은 법 제100조의18 제1항에 따라 배분받은 배당에 해당하는 소득에 대한 소득세 또는 법인세가 전부 과세되는 경우는 제외한다(제1호). ⅱ) 배당을 지급하는 내국법인이 주주등의 수 등을 고려하여 대통령령으로 정하는 기준30)에 해당하는 법인인 경우(제2호)에는 위의 소득공제 규정을 적용하지 아니한다(법인세법 51의2②).

(2) 지방세 중과세율 적용 배제 특례

부동산투자회사의 부동산의 취득에 대해서는 지방세법에 따른 취득세를 과세할 때 2024년 12월 31일까지 같은 법 제13조 제2항 본문 및 같은 조 제3항의 세율을 적용하지 아니한다(지방세특례제한법180의2①(1)).

부동산투자회사(자기관리 부동산투자회사는 제외)의 설립등기(설립 후 5년 이내에 자본 또는 출자액을 증가하는 경우를 포함)에 대해서는 지방세법에 따른 등록면허세를 과세할 때 2024년 12월 31일까지 같은 법 제28조 제2항·제3항의 세율을 적용하지 아니한다(지방세특례제한법180의2②).

법 제458조에 따라 적립한 이익준비금을 차감한 금액을 말한다. 이 경우 다음의 어느 하나에 해당하는 금액은 제외한다(법인세법 시행령86의3①).
1. 법 제18조 제8호에 해당하는 배당
2. 당기순이익, 이월이익잉여금 및 이월결손금 중 제73조 제2호 가목부터 다목까지의 규정에 따른 자산의 평가손익. 다만, 제75조 제3항에 따라 시가법으로 평가한 투자회사 등의 제73조 제2호 다목에 따른 자산의 평가손익은 배당가능이익에 포함한다.
30) "대통령령으로 정하는 기준에 해당하는 법인"이란 다음의 요건을 모두 갖춘 법인을 말한다(법인세법 시행령86의3⑩.
1. 사모방식으로 설립되었을 것
2. 개인 2인 이하 또는 개인 1인 및 그 친족("개인등")이 발행주식총수 또는 출자총액의 95% 이상의 주식등을 소유할 것. 다만, 개인등에게 배당 및 잔여재산의 분배에 관한 청구권이 없는 경우를 제외한다.

Ⅷ. 차입 및 사채 발행

1. 자금조달

부동산투자회사는 영업인가를 받거나 등록을 한 후에 자산을 투자·운용하기 위하여 또는 기존 차입금 및 발행사채를 상환하기 위하여 자금을 차입하거나 사채를 발행할 수 있다(부동산투자회사법29①).

상법상 주식회사의 형태이므로 신탁형 부동산집합투자기구와 달리 당연히 차입과 사채발행이 가능하나, 투자자 보호를 위하여 차입시기를 제한하고 있다.[31]

2. 자금차입 대상기관

(1) 원칙

부동산투자회사가 자금을 차입하려는 경우 다음의 금융기관 등으로부터 차입해야 한다(부동산투자회사법 시행령33① 본문). 1. 은행법에 따른 인가를 받아 설립된 은행, 2. 한국산업은행법에 따른 한국산업은행, 3. 중소기업은행법에 따른 중소기업은행, 4. 한국수출입은행법에 따른 한국수출입은행, 5. 삭제 [2014.12.30 제25945호(한국산업은행법 시행령)], 6. 상호저축은행법에 따른 상호저축은행, 7. 농업협동조합법에 따른 농협은행, 8. 수산업협동조합법에 따른 수협은행, 9. 자본시장법에 따른 투자매매업자·투자중개업자·신탁업자·종합금융회사 및 증권금융회사, 10. 금융지주회사법에 따른 금융지주회사, 11. 보험업법에 따른 보험회사, 12. 신용보증기금법에 따른 신용보증기금, 13. 주택도시기금법에 따른 주택도시기금, 14. 공무원연금법에 따른 공무원연금기금, 15. 군인연금법에 따른 군인연금기금, 16. 사립학교교직원 연금법에 따른 사립학교교직원 연금기금, 17. 국민연금법에 따른 국민연금기금, 18. 한국교직원공제회법에 따른 한국교직원공제회, 19. 대한지방행정공제회법에 따른 대한지방행정공제회, 20. 군인공제회법에 따른 군인공제회, 21. 자산유동화법에 따른 유동화전문회사, 22. 경찰공제회법에 따른 경찰공제회, 23. 한국지방재정공제회법에 따른 한국지방재정공제회, 23의2. 교정공제회법에 따른 교정공제회, 23의3. 과학기술인공제회법에 따른 과학기술인공

---

31) 김용진(2021), 84쪽.

제회, 23의4. 대한소방공제회법에 따른 대한소방공제회, 24. 건설산업기본법 제
54조에 따른 공제조합, 25. 여신전문금융업법에 따른 여신전문금융회사, 26. 자
본시장법에 따른 집합투자기구, 27. 부동산투자회사, 28. 새마을금고법에 따른
새마을금고중앙회, 29. 신용협동조합법에 따른 신용협동조합중앙회, 30. 중소기
업협동조합법에 따른 중소기업중앙회, 31. 제1호부터 제4호까지, 제6호부터 제23
호까지, 제23호의2부터 제23호의4까지 및 제24호부터 제30호까지의 규정에 준하
는 외국 금융기관 등.

(2) 제외

부동산투자회사의 정관이나 상법 제434조에 따른 주주총회의 특별결의로 달
리 정하는 경우에는 그에 따라 차입할 수 있다(부동산투자회사법 시행령33① 단서).

3. 자금차입 의제

부동산투자회사가 부동산을 취득하면서 해당 부동산에 담보된 부채를 인수
하는 경우는 제1항에 따른 차입으로 본다(부동산투자회사법 시행령33②).

4. 사채발행과 주주총회의 특별결의

부동산투자회사가 사채를 발행하는 경우에는 부동산투자회사의 정관이나
상법 제434조에 따른 주주총회의 특별결의에 따른다(부동산투자회사법 시행령33
③).

5. 자금차입 및 사채발행 한도

자금차입 및 사채발행은 자기자본의 2배를 초과할 수 없다(부동산투자회사법
29② 본문). 다만, 상법 제434조의 결의 방법에 따른 주주총회의 특별결의를 한
경우에는 그 합계가 자기자본의 10배를 넘지 아니하는 범위에서 자금차입 및 사
채발행을 할 수 있다(부동산투자회사법29② 단서).

IX. 기업구조조정 부동산투자회사에 관한 특례

1. 자산의 구성

기업구조조정 부동산투자회사는 부동산투자회법에서 정한 부동산투자회사의 요건을 갖추고 총자산의 70% 이상을 ⅰ) 기업이 채권금융기관에 대한 부채등 채무를 상환하기 위하여 매각하는 부동산(제1호), ⅱ) 채권금융기관과 재무구조 개선을 위한 약정을 체결하고 해당 약정 이행 등을 하기 위하여 매각하는 부동산(제2호), ⅲ) 채무자회생법에 따른 회생절차에 따라 매각하는 부동산(제3호), ⅳ) 그 밖에 기업의 구조조정을 지원하기 위하여 금융위원회가 필요하다고 인정하는 부동산(제4호)으로 구성하여야 한다(부동산투자회사법49의2①).

2. 등록과 금융위원회 의견 청취

국토교통부장관은 기업구조조정 부동산투자회사(공모부동산투자회사인 기업구조조정 부동산투자회사는 제외)의 등록을 하려는 경우에는 미리 금융위원회의 의견을 들어야 한다(부동산투자회사법49의2②).

3. 주식공모 의무 등 면제

기업구조조정 부동산투자회사에 대하여는 제14조의8(주식의 공모), 제15조(주식의 분산), 제24조(부동산의 처분에 대한 제한 등) 제1항·제2항 및 제25조(자산의 구성) 제1항을 적용하지 아니한다(부동산투자회사법49의2③).

4. 출자한도 제한 등의 면제

기업구조조정 부동산투자회사에 출자하는 경우 그 출자에 대하여는 ⅰ) 은행법 제37조(다른 회사 등에 대한 출자제한 등) 제1항 및 제2항(제1호), ⅱ) 보험업법 제106조(자산운용의 방법 및 비율), 제108조(특별계정의 설정·운용) 및 제109조(다른 회사에 대한 출자 제한)(제2호), ⅲ) 자본시장법 제344조(증권의 투자한도)(제3호)의 출자한도 제한, 재산운용 제한 및 투자 제한 등을 적용하지 아니한다(부동산투자회사법49의2⑤).

5. 은행의 자회사인 경우의 신용공여 한도 산출

기업구조조정 부동산투자회사가 은행의 자회사에 해당하는 경우 자회사에 대한 신용공여 한도를 산출할 때에는 해당 기업구조조정 부동산투자회사를 은행의 자회사로 보지 아니한다(부동산투자회사법49의2⑥).

제 3 장

부동산집합투자기구(부동산펀드)

제1절 서설

I. 부동산펀드의 의의와 구조

1. 부동산펀드의 의의

부동산펀드(Real Estate Fund)는 다수의 투자자로부터 자금을 모아서 부동산, 부동산과 관련한 대출 등에 투자하고 펀드를 운용한 성과에 따라 수익을 배분하는 투자신탁, 투자회사, 또는 간접투자상품을 의미한다. 광의로 해석했을 때 리츠도 부동산펀드에 속한다. 그러나 우리나라 금융시장에서는 리츠와 부동산펀드를 관련 법률에 따라 구분한다.[1]

일반투자자가 부동산시장에서 실물자산에 투자하기 위해서는 많은 자금이 필요하다. 그러나 부동산펀드를 활용하는 경우 소규모 자금으로 (간접적으로) 부동산, 부동산과 관련된 대출 등에 투자가 가능하다. 이를 통해 일반투자자의 부동산시장에 대한 접근성을 (간접적으로) 확대할 수 있는 계기를 마련할 수 있다. 자본시장법에 따라 펀드는 투자대상에 따라 부동산, 증권, 특별자산, 혼합자산, 단기금융펀드(MMF)로 구분되며, 부동산펀드는 펀드재산의 50%를 초과하여 부동

---

1) 유승동·이태리·김계홍(2017), "부동산펀드의 효율성 점검: 국내투자 공모펀드를 중심으로", 주택연구 제25권 제3호(2017. 8), 48쪽.

산에 투자하는 펀드를 말한다.

2. 부동산펀드의 구조

부동산펀드의 일반적인 설정 및 운용구조는 자산운용회사가 부동산펀드(부동산투자신탁형)를 설정하고, 판매회사를 통하여 투자자(기관 및 개인투자자)들에게 부동산펀드의 수익증권을 판매한다. 모집된 투자자금은 수탁회사에 보관되며, 수탁회사는 설정목적(대출형, 임대형 등)에 따른 자산운용사의 펀드 자금 운용지시에 따라 부동산 프로젝트, PF개발사업, 부동산 매입 및 매각, 경매 및 공매, 해외부동산 투자 등을 하게 된다. 이때 수탁회사는 펀드재산의 관리 및 보관, 자산운용사 운용지시에 대한 감시와 법령, 정관, 신탁계약에 위반되는 운용지시의 철회, 변경 또는 시정을 요구할 수 있는데, 이는 펀드의 건전성 확보를 위하여 자산운용사의 자산운용 행위를 감시하는 기능이 있기 때문이며, 특별한 사유가 없는 이상 자산운용회사의 지시를 이행하여야 한다.[2]

II. 부동산펀드의 도입 및 그 배경

1. 부동산투자회사법과 간접투자자산운용업법

부동산 투자신탁상품은 신탁업법이 도입된 이후 1998년 은행에게 부동산투자업무를 허용하면서 등장하였다. 2001년에 부동산투자회사법이 제정되면서 리츠라는 부동산간접투자상품이 도입되었다. 그러나 리츠 설립 시 제약사항이 많고, 혜택이 없어서 큰 성과를 거두지 못하였다. 기업구조조정의 수단으로 기업구조조정(CR) 리츠[3]가 도입되면서 세제혜택과 특례조항으로 리츠의 활성화에 한 걸음씩 나아갔다.

간접투자에 대한 개념이 정립되고, 금융시장 발전을 이루기 위해서는 간접투자시장에 대한 법규의 산재, 형평성의 문제, 제도의 정비가 필요하였다. 2003년 10월 간접투자상품에 대한 규정을 하나로 정비한 "간접투자자산운용업법"을

---

2) 박승룡(2011), "부동산펀드의 건전성 제고 방안에 관한 연구", 중앙대학교 대학원 석사학위논문(2011. 8), 11-12쪽.
3) CR리츠란 외환위기 이후 국내기업들이 구조조정을 목적으로 내놓은 자산을 소화하기 위해 도입된 제도이다.

제정하여 2004년 1월부터 시행하였다. 이로 인해 그동안 유가증권에 한정되었던 펀드상품이 장외파생상품, 실물자산뿐만 아니라 부동산으로 확대되면서 부동산펀드가 도입되었다. 간접투자자산운용업법은 부동산펀드에 대해 매입하여 임대·매각하는 임대형 부동산펀드를 부동산펀드의 근간으로 하였고, 이와 별도로 대출형 부동산펀드, 개발형 부동산펀드, 증권형 부동산펀드 등은 부동산펀드의 특례로 인정하였다.

2004년 이후 부동산경기 호황기를 맞아 부동산 집합투자시장은 급속히 성장하였고, 이는 시공사 중심의 부동산개발 방식에서 금융기법 중심의 부동산개발 시대로 전환을 가져오는 계기가 되었다. 집합투자시장으로 자금이 유입되면서 외국자본에 의해 국내의 부동산이 헐값에 매각되는 등의 국부유출을 방지할 수 있을 뿐만 아니라 그동안 직접 부동산을 소유해서 개발하는 직접 투자방식에서 간접적으로 투자하는 인식의 변화를 가져오는 계기가 되었다.

부동산펀드가 도입되었으나, 펀드의 운영을 위해 등기 등이 불가능한 점 등의 문제점들이 발견되었고, 펀드의 수익 구조가 프로젝트 파이낸싱(Project Financing)에 대한 대출 등에 한정되어 사용되었다. 이러한 문제를 해결하고자 2004년 12월 회사형 부동산펀드가 등장하였고, 그 투자대상도 다양해져 임대형, 프로젝트 파이낸싱, 경매부동산, 해외부동산 등에 투자하는 상품이 다양해지고 활성화되었다.

한편 2009년 시행된 자본시장법에서는 부동산펀드를 펀드재산의 50%를 초과하여 부동산에 투자하는 펀드로 규정함으로써 간접투자자산운용업법에서의 특례에 해당되는 부동산펀드와 더불어 실질적으로 투자내용 및 경제적인 효과 측면에서 부동산펀드의 범주에 속하는 준부동산펀드까지도 부동산펀드에 해당한다고 보아 포괄적으로 규정하고 있다.[4]

2. 자본시장법

우리나라에 최초로 투자펀드에 대해 규율한 증권투자신탁업법이 1969년 제정되었고, 1998년에는 증권투자회사법이 제정되었다. 2003년에는 두 법률을 통합하여 간접투자자산운용업법이 시행되었으며, 2007년 자본시장법이 제정되면서

---

4) 김종수(2012), "부동산간접투자방법의 현황분석 및 개선방향에 대한 연구", 건국대학교 부동산대학원 석사학위논문(2012. 12), 37-38쪽.

2009년 2월 간접투자자산운용업법이 폐지되었다. 자본시장법은 금융투자업 상호 간의 겸업을 허용하고 금융상품에 대한 규제를 철폐하며 투자자 보호를 확대하는 것을 주요 내용으로 하고 있다.

자본시장법은 부동산집합투자기구를 집합투자재산의 50%를 초과하여 부동산 및 부동산에 관련성 있는 자산에 투자하는 집합투자기구로 정의하고 있다(자본시장법229(2)). 자본시장법은 부동산펀드를 정의할 때 펀드재산의 50%를 초과하여 실물로서의 부동산 자체에 투자하는 펀드를 부동산의 가장 기본 형태로 인정하고 있다. 또한 펀드재산을 부동산에 투자하는 경우뿐만 아니라 그 외 다양한 방법에 의한 부동산투자를 허용하고 있다.

기존 간접투자자산운용업법에서는 부동산펀드를 투자자로부터 자금을 모아서 투자대상자산에 운용하고 그 결과를 투자자에게 귀속시키는 것으로 정의하며, 간접투자기구(펀드)를 간접투자를 수행하는 기구로 정의하였다. 또한 간접투자자산운용업법에서 인정하는 종류는 투자신탁, 투자회사(상법), 사모투자전문회사(PEF)이고, 운용대상은 증권, 파생상품, 부동산, 실물자산, 단기금융, 재간접, 특별자산이었다. 반면 자본시장법에서는 부동산펀드에 대해 2인 이상에게 투자권유를 하여 모은 금전 등을 투자자 등으로부터 일상적인 운용지시를 받지 아니하면서 재산적 가치가 있는 투자대상을 취득·처분, 그 밖의 방법으로 운용하고 그 결과를 투자자 등에게 배분하여 귀속시키는 것으로 정의한다. 자본시장법은 투자신탁, 투자회사 등으로 종류를 구분하고, 운용대상으로는 증권, 부동산, 특별자산, 혼합자산, 단기금융을 그 대상으로 확대하였다.

부동산 운용에 있어서도 이 두 법률 간에는 차이가 있었는데, 간접투자자산운용업법은 부동산펀드는 자산을 부동산에 투자하는 것으로 펀드 자산을 실물자산(금, 곡물, 석유등 물품과 이를 가공한 물품 등)에 투자하는 것으로 규정하고 있었으며, 펀드 자산을 특별자산(자금청구권, 금융기관의 금전채권, 어음, 신탁수익권 등)에 투자할 수 있는 것으로 하였으나, 자본시장법에서는 펀드 자산의 50% 이상을 부동산 및 관련 증권에 투자하는 것을 부동산펀드로 규정하며 펀드 자산의 50% 이상을 특별자산에 투자해야 특별자산으로 구분하였다. 또한 투자된 특별자산이 파생상품의 기초자산이면 파생상품펀드가 아니라 특별자산펀드에 포함시켰다. 또한 자본시장법은 부동산투자회사법에 근거를 두고 있는 부동산투자회사(리츠)에 대해서도 50인 이상의 투자자로부터 자금을 모집하여 공모방식으로 설립되는

공모부동산투자회사를 자본시장법의 적용을 받는 부동산간접투자상품의 하나로 인정하고 있다.5)

Ⅲ. 부동산펀드의 특성 및 투자위험

1. 부동산펀드의 특성

부동산펀드는 일반적으로 직접 부동산에 투자하는 것에 비하여 부동산 사업 전문가에 의한 철저한 분석과정을 통해 투자 및 자산운용이 수행되므로 직접투자에 비하여 안정적이며, 세제 감면 효과 등의 혜택이 있고, 소액투자에 따른 규모가 큰 부동산에 대한 투자도 가능하다. 여기에 부동산 유형별 분산투자 효과 및 담보력이 보장되어 원금손실 가능성이 다른 투자상품에 비하여 낮다6)는 장점이 있다. 단점으로는 중도환매가 불가능함에 따라 투자기간 동안의 환금성에 제약이 있고, 대부분 상대적으로 구조적 리스크가 많은 대출형 상품에 대한 투자비율이 높고, 이에 따라 투자기간도 2-3년 사이의 상품이 주류이며, 부동산 경기 등의 단기 경제적 쇼크에 취약하며, 원금보장 기능이 없는 등의 문제점이 있다.7)

2. 부동산펀드의 투자위험

현실적으로 임대형 펀드는 비교적 위험회피 수단이 안정적인데 반하여, 대출형의 경우 개발사업 참여자가 다수이고, 리스크 회피수단 자체적으로 리스크를 내포하고 있어 위험회피 방안의 효과가 제한적인 경우8)가 있다.

---

5) 김종수(2012), 38-39쪽.
6) 원금이 100% 보장된다는 의미는 아니며 제공된 담보를 통하여 원금손실을 최소화할 수 있다는 의미이다.
7) 박승룡(2011), 18-19쪽.
8) 시공사 부도시 신용보강 수단 자체가 무의미해지는 경우가 있다.

제2절 자산운용방법(투자대상)

I. 의의

부동산집합투자기구는 집합투자재산의 50%를 초과하여 ⅰ) 부동산에 대한 투자, ⅱ) 부동산을 기초자산으로 한 파생상품에 대한 투자, ⅲ) 부동산 개발과 관련된 법인에 대한 대출, ⅳ) 대통령령으로 정하는 방법으로 부동산에 대한 투자, ⅴ) 대통령령으로 정하는 부동산과 관련된 증권에 대한 투자를 하여야 한다(자본시장법229(2), 동법 시행령240③).

아래서는 위 내용을 구체적으로 살펴본다.

II. 부동산에 대한 투자

부동산펀드 자산을 부동산에 투자하여 운용한다는 것은 기본적으로 부동산의 소유권을 취득하여 양도함으로써 수익을 창출하는 부동산 매매 또는 경·공매방식으로 운용하기도 하고, 부동산을 매입하여 임대함으로써 수익을 창출하는 것이 일반적이다. 또한 부동산펀드가 직접 부동산을 개발하거나 관리 및 개량하는 방식으로 자산을 운용할 수 있을 것이다.[9]

이와 같이 부동산펀드의 자산을 부동산에 투자하여 운용한다고 하는 것은 부동산 그 자체인 실물에 투자하여 매매 또는 임대하거나 개발·관리·개량하는 방식으로 수익을 창출하게 된다. 이러한 펀드를 실무에서는 실물형 부동산펀드라고 한다.

III. 부동산을 기초자산으로 한 파생상품에 대한 투자

부동산펀드 자산으로 투자할 수 있는 대상은 부동산을 기초자산으로 하는 파생상품도 해당된다. 여기서 투자대상 파생상품은 일정한 조건으로 산출된 금

---

9) 제미옥(2014), "부동산펀드의 운영과 법률관계에 관한 연구", 경남대학교 대학원 박사학위 논문(2014. 2), 92~93쪽.

전 등을 장래의 특정시점에 인도할 것을 약정하거나 당사자 일방이 의사표시에 의하여 일정한 조건의 금전 수수거래를 성립시키는 권리를 부여하거나 장래의 일정기간 동안 미리 산출된 금전 등을 교환할 것을 약정하는 계약을 말한다. 이러한 파생상품은 시장에서 거래되는 장내파생상품과 장외에서 거래되는 장외파생상품이 있다. 파생상품의 유형으로는 선도, 선물, 옵션, 스왑 등이 있다.

부동산을 기초자산으로 하는 파생상품은 실제로 부동산 자체를 기초자산으로 하는 파생상품과 기초자산인 부동산의 개별가격 또는 가격지수와 연계된 파생상품을 포함하는 것으로 이해할 수 있을 것이다. 부동산의 개별성 때문에 전자보다는 후자인 부동산의 가격지수와 연계된 파생상품인 수익성 부동산을 대상으로 한 총수익지수 연계 파생상품, 부동산매매가격을 대상으로 한 가격지수 연계 파생상품, 임대료 지료 또는 공실률지수 연계 파생상품 등이 개발될 수 있을 것이다.[10]

파생상품형 부동산펀드는 펀드재산의 50%를 초과하여 부동산을 기초자산으로 하는 파생상품에 투자하는 부동산펀드를 말한다. 아직까지 국내에서는 파생상품펀드가 설정된 사례가 없다.[11]

Ⅳ. 부동산 개발과 관련된 법인에 대한 대출

자본시장법상 부동산개발사업이란 토지를 택지·공장용지 등으로 개발하거나 그 토지 위에 건축물, 그 밖의 공작물을 신축 또는 재축하는 사업을 말한다(자본시장법81①(2) 가목).

부동산개발과 관련된 법인에 대한 대출을 하는 경우 실무상 이를 대출형 부동산펀드라고 한다. 대출형 부동산펀드는 펀드재산의 50%를 초과하여 "부동산개발회사 또는 개발과 관련된 법인(주로 부동산개발 시행사)에 대한 대출"을 실행한 후 대출에 대한 이자금으로 수익을 확보하는 부동산펀드를 말한다. 대표적인 대출형 부동산펀드는 프로젝트금융 펀드, 즉 PF 대출형을 들 수 있다. PF 대출형은 오피스텔, 상가, 아파트 등을 건설하는데 있어 시행사의 토지매입대금 또는 초기에 필요한 사업자금, 시공과 관련된 시공자금을 대출하여 주고, 미리 약정한 이자를 받아 투자자들에게 배당하는 방식이다. 즉 사업성을 담보로 하여 사업자에

---

10) 제미옥(2014), 101-102쪽.
11) 이상복(2021), 「자본시장법」, 박영사(2021. 3), 289쪽.

게 돈을 빌려주고 이자와 수익을 받아 투자자들에게 돌려주는 상품으로 수익이 클 수 있지만 그만큼 위험요소를 많이 내포하고 있다. 주로 사업부지를 확보하지 못할 경우의 위험, 인허가를 받지 못한 경우의 위험, 준공할 때 미준공 사태가 발생할 위험, 분양률 저조에 따라 이자 손실로 인한 이자확보의 위험, 미분양시 원금손실 위험 등과 같은 여러 가지 위험들이 있다.[12]

부동산펀드는 부동산개발사업을 영위하는 법인("시행사") 등에 대한 대출을 자산운용방법의 하나로 운용하고, 해당 시행사 등으로부터 안정적인 대출 이자를 지급받은 개발금융, 이른바 프로젝프 파이낸싱(PF) 방식으로 자산을 운용하기도 한다.[13] 즉 부동산개발사업을 수행하는 시행사가 아파트, 상가, 오피스텔 등을 신축하거나 리모델링하는 경우에 소요되는 자금을 빌려주고, 시행사로부터 사전에 약정한 대출 원리금을 받아 이를 부동산펀드의 투자자에게 분배하는 형태로 자산을 운용한다.[14]

이처럼 부동산펀드가 부동산개발 관련 법인에 대한 대출을 실행함에 있어서는 리스크관리가 가장 큰 문제로 제기되므로 대출금을 지급하기 이전에 시행사의 사업부지 확보 가능성과 인허가 가능성, 시공사의 시공능력과 신용 수준, 해당 부동산개발사업의 사업성 등을 충분히 검토하고, 대출 실행 이후의 원리금 상환조건 등을 면밀히 검토하여 해당 프로젝트에 대한 대출계약을 체결하여 시행하여야 할 것이다.

특히 대출 원리금의 회수가 원활히 이루어져서 부동산펀드 투자자를 보호하기 위해서는 시행사의 부동산에 대하여 담보권을 설정하거나 시공사 등으로부터 지급보증을 받는 등 대여금을 회수하기 위한 적절한 수단을 확보하도록 집합투자업자에게 의무화하고 있다(자본시장법94②, 동법 시행령97③(2)).

V. 부동산의 개발 등의 방법으로 부동산에 대한 투자

부동산펀드는 부동산 관련 권리 등에 투자할 수 있다. 즉 ⅰ) 부동산의 개발

---

12) 이상복(2021), 289쪽.
13) 최근에는 집합투자업자(자산운용사)와 신탁업자(주로 은행)이 "전문투자형 사모 부동산투자신탁 신탁계약"을 체결하여 대주 측면에서 많이 이용하고 있다. 이 투자신탁은 전문투자형 사모집합투자기구로서 자본시장법 제249조의8에 따라 금융위원회에 신고서 제출 등 일반적인 투자자보호 규정의 적용이 배제되어 많이 활용된다.
14) 제미옥(2014), 100-101쪽.

(제1호), ⅱ) 부동산의 관리 및 개량(제2호), ⅲ) 부동산의 임대 및 운영(제3호), ⅳ) 지상권·지역권·전세권·임차권·분양권 등 부동산 관련 권리의 취득(제4호), ⅴ) 채권금융기관이 채권자인 금전채권(부동산을 담보로 한 경우만 해당)의 취득(제5호), ⅵ) 제1호부터 제5호까지의 어느 하나에 해당하는 방법과 관련된 금전의 지급(제6호)에 해당하는 방법을 말한다(자본시장법 시행령240④).

아래서는 구체적으로 살펴본다.

1. 부동산의 개발

부동산펀드는 부동산의 개발에 투자할 수 있다(자본시장법 시행령240④(1)). 개발형 부동산펀드는 개발사업의 시행주체인 시행사 또는 SPC에 지분투자를 통해 개발사업의 이익을 취하는 구조이며, SPC의 경우 명목회사로서 AMC(자산관리회사)를 통해 사업관리 및 수탁은행(자금관리회사)에 의한 자금관리 업무를 수행한다. 개발사업은 기간이 오래 소요되기 때문에 펀드설정 시점에 사업성 분석이 중요하다.[15]

2. 부동산의 관리 및 개량

부동산펀드는 부동산의 관리 및 개량에 투자할 수 있다(자본시장법 시행령240④(2)). 개량형 부동산펀드는 펀드재산의 50%를 초과하여 실물 부동산을 취득한 후 해당 부동산을 적극적으로 수선 또는 리모델링 등의 개량을 통하여 부동산 가치를 증대시킨 후, 해당 부동산을 매각하거나 또는 임대 후 매각하는 부동산펀드를 말한다.

3. 부동산의 임대 및 운영

부동산펀드는 부동산의 임대 및 운영에 투자할 수 있다(자본시장법 시행령240④(3)). 임대형 부동산펀드는 투자자로부터 조달된 투자금으로 상업용 또는 임대형 등의 수익 부동산 등을 매입하여 운용한 후 일정시점에서 매각하는 형태의 부동산펀드로서 안정적인 임대소득(운용수입)과 부동산 가격상승에 따른 매각차익(자본이득)을 얻는 것을 목적으로 하는 매입·임대 방식의 부동산펀드를 말한다.

---

15) 이상복(2021), 288-289쪽.

4. 지상권 · 지역권 · 전세권 · 임차권 · 분양권 등 부동산 관련 권리의 취득

부동산펀드는 지상권·지역권·전세권·임차권·분양권 등 부동산 관련 권리를 취득할 수 있다(자본시장법 시행령240④(4)).

권리형 부동산펀드는 펀드재산의 50%를 초과하여 부동산과 관련된 권리인 전세권, 지역권, 임차권, 분양권, 지상권 및 부동산 관련 신탁수익권, 부동산담보부 금전채권 등 부동산 관련 권리에 투자하는 펀드인데, 이중 부동산담보부 금전채권은 자본시장법상 금융기관이 보유한 부동산담보부 금전채권도 부동산으로 간주되므로 이에 투자하는 펀드도 부동산펀드이다.16)

(1) 부동산 관련 물권

부동산펀드의 투자대상이 되는 부동산 관련 물권으로 지상권, 지역권, 전세권이 있다. 실제 부동산펀드의 자금으로 지상권, 지역권, 전세권과 같은 물권을 취득하여 수익을 실현하기는 쉽지 않을 뿐만 아니라 그 물권을 취득하여 활용하는 것도 결코 용이하기 않을 것이므로 자금운용 대상으로 활용되는 사례는 제한적일 것이다. 다만 전세권에 대한 투자와 관련하여서는 전세자금을 제공하고 전세권을 취득하여 전세 수요자로 하여금 입주하게 한 다음, 입주자로부터 임대료 수입을 취함으로써 제한적으로 부동산펀드의 수익을 창출할 수 있을 것으로 본다.17)

(2) 부동산 관련 채권

부동산펀드는 부동산 관련 채권에도 투자할 수 있다. 부동산 관련 채권으로는 임차권이나 분양권에 투자하는 것을 말하며, 자본시장법은 부동산펀드의 투자대상으로 임차권과 분양권을 예시하고 있다.

임차권이란 임대차계약에 따라 목적물을 사용·수익할 수 있는 임차인의 채권을 의미하고, 분양권이란 분양사업자가 건축하는 일정한 건축물의 전부 또는 일부를 2인 이상에게 판매하는 권리로서 건축물의 사용승인서가 교부되기 이전에 해당 건축물을 분양자로부터 분양받은 것을 의미한다(건축물분양법2(2), 동법3).

---

16) 이상복(2021), 289쪽.

17) 제미옥(2014), 98-99쪽.

부동산펀드가 임차권을 취득하는 방법으로 투자하는 경우에는 부동산임대차계약을 체결하여 임차권을 취득한 후 그 부동산을 사용·수익하거나 다시 임대하는 방식으로 수익을 창출하는 방법이 될 것이다. 분양권의 경우 수분양자가 그 분양권 자체를 매각하거나 분양대금을 완납하여 해당 건축물의 소유권을 취득하여 매각할 수도 있을 것이다.[18)]

그러나 분양권에 투자함에 있어서는 분양권의 취득 및 전매 등의 거래와 관련된 법적 제한이 따르고, 분양권은 소유권이나 전세권과 같은 물권과는 달리 배타적인 효력이 없어 이중분양의 경우 분양권자가 경합되어 우선권을 주장할 수 없는 등의 위험이 있으므로 투자위험으로 인한 투자자의 피해도 발생할 수 있다.

5. 기업구조조정 촉진법에 따른 부동산담보부 금전채권의 취득

부동산펀드는 기업구조조정 촉진법 제2조 제3호[19)]에 따른 채권금융기관이 채권자인 금전채권(부동산을 담보로 한 경우만 해당)을 취득할 수 있다(자본시장법 시행령240④(5)).

부동산펀드가 투자할 수 있는 대상이 부동산담보부 금전채권이라고 하더라도 모든 경우를 포함하는 것이 아니고 기업구조조정 촉진법에 따른 채권금융기관이 채권자인 금전채권 중 부동산을 담보로 한 경우만을 한정하고 있다(자본시장법 시행령240④(5)).

따라서 일반적인 금융기관의 금전채권은 부동산펀드의 투자대상이 아니고 금융산업의 구조개선을 위한 기업구조조정 촉진법에 따른 채권금융기관이 가지고 있는 부동산담보부 금전채권만이 부동산펀드의 투자대상으로 인정된다.

여기서 부동산담보부 금전채권이란 금전채권에 부동산이 담보되어 있는 것을 말하는데, 부동산펀드의 투자대상이 되는 부동산담보부 금전채권은 기업구조

---

18) 제미옥(2014), 99-100쪽.
19) 3. "채권금융기관"이란 금융채권자 중 금융위원회법 제38조 각 호에 해당하는 기관 및 그 밖에 법률에 따라 금융업무 또는 기업구조조정 업무를 행하는 기관으로서 대통령령으로 정하는 자를 말한다. 여기서 "대통령령으로 정하는 자"란 다음의 어느 하나에 해당하는 자를 말한다(기업구조조정 촉진법 시행령2①). 1. 은행법 제59조에 따라 은행으로 보는 외국은행의 지점 또는 대리점, 2. 한국산업은행, 3. 한국수출입은행, 4. 중소기업은행, 5. 자산유동화법에 따른 유동화전문회사, 6. 한국자산관리공사, 7. 예금보험공사 및 정리금융회사, 8. 신용보증기금, 9. 기술보증기금, 10. 산업발전법 제20조에 따른 기업구조개선 경영참여형 사모집합투자기구, 11. 한국무역보험공사

조정의 대상이 되는 기업에 자금을 대출하여 주면서 기업 부동산에 대해 담보권
을 설정하는 것을 말하므로, 복합적인 공장 부동산이 저당권으로 담보되어 있는
대출채권이므로 일반적인 채권이 아니라 물권이 담보된 물권적 채권이라고 할
수 있을 것이다.[20]

Ⅵ. 부동산 관련 증권에 대한 투자

자본시장법은 부동산펀드가 투자할 수 있는 대상으로서 부동산 관련 증권에
는 ⅰ) 부동산 등을 기초로 한 수익증권, 집합투자증권 또는 유동화증권, ⅱ) 부
동산투자회사가 발행한 주식, ⅲ) 부동산개발회사가 발행한 증권, ⅳ) 주택저당
채권담보부채권 또는 주택저당증권, ⅴ) 부동산투자목적회사가 발행한 지분증권
을 인정하고 있다(자본시장법240⑤).

증권형 부동산펀드는 펀드재산의 50%를 초과하여 부동산과 관련된 증권에
투자하는 부동산펀드를 말하는데, 주로 부동산 또는 부동산 권리와 관련된 집합
투자증권에 투자하는 펀드, 부동산 시행회사에 대한 대출채권 및 미분양 아파트
와 관련한 신탁수익권, 리츠의 발행주식에 대하여 투자하는 펀드, 특정 부동산개
발을 위하여 존속기간이 설정된 개발회사가 발행한 증권에 투자하는 펀드, 부동
산과 관련된 증권에 투자하는 펀드 등이 있다.[21]

아래서는 구체적으로 살펴본다.

1. 수익증권, 집합투자증권 또는 유동화증권

부동산펀드가 투자할 수 있는 대상으로는 수익증권, 집합투자증권 또는 유
동화증권이 있다. 이들 증권은 부동산, 지상권·지역권·전세권·임차권·분양권
등 부동산 관련 권리, 채권금융기관[22]이 채권자인 부동산담보부금전채권 중 어
느 하나에 해당하는 자산이 신탁재산, 집합투자재산 또는 유동화자산의 50% 이
상을 차지하는 경우의 그 수익증권, 집합투자증권 또는 유동화증권을 말한다(자
본시장법240⑤(1)).

20) 제미옥(2014), 100쪽.
21) 이상복(2021), 289쪽.
22) 이에 준하는 외국 금융기관과 금융산업구조개선법에 따른 금융기관이었던 자로서 청산절
차 또는 채무자회생법에 따른 파산절차가 진행 중인 법인을 포함한다(영240②(1) 다목).

즉 부동산펀드의 투자대상이 되는 수익증권은 부동산이나 지상권·지역권·전세권·임차권·분양권 등 부동산 관련 권리, 부동산담보부금전채권이 신탁재산의 50% 이상을 구성하는 경우에 발행되는 수익증권을 의미한다. 또한 부동산펀드의 투자대상이 되는 집합투자증권은 부동산이나 지상권·지역권·전세권·임차권·분양권 등 부동산 관련 권리, 부동산담보부금전채권이 집합투자재산의 50% 이상을 구성하는 경우에 발행되는 집합투자증권을 의미한다.

그리고 부동산펀드의 투자대상이 되는 유동화증권도 부동산이나 지상권·지역권·전세권·임차권·분양권 등 부동산 관련 권리, 부동산담보부금전채권이 유동화자산의 50% 이상을 구성하는 경우에 발행되는 유동화증권을 의미한다. 또한 부동산, 부동산매출채권(부동산의 매매·임대 등에 따라 발생한 매출채권), 부동산담보부채권을 기초로 하여 자산유동화법에 따라 발행된 유동화증권으로서 그 기초자산의 합계액이 유동화자산 가액의 70% 이상인 유동화증권을 말한다(자본시장법 시행령240⑤(3), 동법 시행령80①(1) 마목). 이것은 적어도 기초자산이 유동화증권 가액의 50% 이상이거나 70% 이상이 되도록 규정함으로써 투자대상인 유동화증권의 안전성을 도모하고자 한 것으로 보인다.

이러한 증권들에 대해서 부동산펀드자산을 투자하는 방법은 대체로 이들 증권거래를 통해 수익을 창출하는 것이 일반적이라 할 수 있다.[23)

2. 부동산투자회사가 발행한 주식

부동산펀드가 투자할 수 있는 주식으로는 일반 주식회사가 발생한 주식을 말하는 것이 아니라 부동산투자회사법에 따른 부동산투자회사가 발행한 주식을 대상으로 한다(자본시장법240⑤(2)).

부동산투자회사는 주식을 증권시장에 상장할 의무는 없으나 상장규정상 상장요건을 갖추게 되는 경우에는 상장하여 증권시장에서 거래하도록 해야 하지만, 그렇지 않은 경우에는 증권시장 외에서 부동산투자회사의 주식을 거래할 수 있을 것이다.[24)

---

23) 제미옥(2014), 95쪽.
24) 제미옥(2014), 96쪽.

3. 부동산개발회사가 발행한 증권

부동산펀드의 투자대상이 되는 부동산개발회사가 발행한 증권은 특정한 부동산을 개발하기 위하여 존속기간을 정하여 설립된 부동산개발회사가 발행한 증권을 말한다(자본시장법 시행령240⑤(3), 동법 시행령80①(1) 라목).

4. 주택저당채권담보부채권 또는 주택저당증권

자본시장법에 의하면 부동산펀드의 투자대상이 되는 주택저당채권담보부채권 또는 주택저당증권은 한국주택금융공사 또는 은행, 한국산업은행, 중소기업은행, 한국수출입은행, 투자매매업자 또는 투자중개업자, 증권금융회사, 종합금융회사가 지급을 보증한 주택저당증권에 제한된다(자본시장법 시행령240⑤(3), 동법 시행령80①(1) 바목).

5. 부동산투자목적회사가 발행한 지분증권

부동산투자목적회사가 발행한 지분증권이 부동산펀드의 투자대상이 되기 위해서는 ⅰ) 부동산 또는 다른 부동산투자목적회사의 증권에 투자하는 것을 목적으로 설립되어야 하고, ⅱ) 해당 회사와 그 종속회사(외부감사법 시행령 제3조 제1항에 따른 종속회사)가 소유하고 있는 자산을 합한 금액 중 부동산을 합한 금액이 90% 이상이어야 한다(자본시장법 시행령240⑤(3), 동법 시행령80①(1) 사목).

제3절 자산운용의 제한: 부동산에 대한 투자한도

집합투자업자는 집합투자재산을 운용함에 있어서 투자한도의 제한을 받는다(자본시장법81① 본문). 집합투자업자는 집합투자재산을 부동산에 운용함에 있어서 다음의 어느 하나에 해당하는 행위를 하여서는 아니된다(자본시장법81①(2)).

I. 부동산 의무보유기간

부동산을 취득한 후 5년 이내의 범위에서 국내에 있는 부동산 중 주택법 제 2조 제1호에 따른 주택은 1년 이내에 이를 처분하는 행위는 금지된다. 다만, 집합투자기구가 미분양주택(주택법 제54조에 따른 사업주체가 같은 조에 따라 공급하는 주택으로서 입주자모집공고에 따른 입주자의 계약일이 지난 주택단지에서 분양계약이 체결되지 아니하여 선착순의 방법으로 공급하는 주택)을 취득하는 경우에는 집합투자규약에서 정하는 기간으로 한다. 국내에 있는 부동산 중 주택법 제2조 제1호에 따른 주택에 해당하지 아니하는 부동산은 1년 이내에 이를 처분하는 행위가 금지되며, 국외에 있는 부동산은 집합투자규약으로 정하는 기간 동안 이를 처분하는 행위가 금지된다(동법 시행령80⑦). 다만 부동산개발사업(토지를 택지·공장용지 등으로 개발하거나 그 토지 위에 건축물, 그 밖의 공작물을 신축 또는 재축하는 사업)에 따라 조성하거나 설치한 토지·건축물 등을 분양하는 경우, 집합투자기구가 합병·해지 또는 해산되는 경우를 제외한다(동법 시행령80⑧).

II. 부동산개발사업 시행 전의 토지처분 금지

건축물, 그 밖의 공작물이 없는 토지로서 그 토지에 대하여 부동산개발사업을 시행하기 전에 이를 처분하는 행위는 금지된다. 다만, 집합투자기구의 합병·해지 또는 해산, 부동산개발사업을 하기 위하여 토지를 취득한 후 관련 법령의 제정·개정 또는 폐지 등으로 인하여 사업성이 뚜렷하게 떨어져서 부동산개발사업을 수행하는 것이 곤란하다고 객관적으로 증명되어 그 토지의 처분이 불가피한 경우를 제외한다(동법 시행령80⑨).

제4절 자산운용의 특례: 부동산의 운용 특례

I. 금전차입의 특례

1. 차입방법

집합투자업자는 원칙적으로 집합투자기구의 계산으로 금전을 차용하지 못하지만(자본시장법83①), 집합투자재산으로 부동산을 취득하는 경우(부동산집합투자기구는 운용하는 경우를 포함)에는 집합투자업자가 ⅰ) 은행, 한국산업은행, 중소기업은행, 한국수출입은행, 투자매매업자 또는 투자중개업자, 증권금융회사, 종합금융회사, 상호저축은행, ⅱ) 보험회사, ⅲ) 국가재정법에 따른 기금, ⅳ) 다른 부동산집합투자기구, ⅴ) 앞의 4가지에 준하는 외국 금융기관 등에게 부동산을 담보로 제공하거나 금융위원회가 정하여 고시하는 방법에 따라 집합투자기구의 계산으로 금전을 차입할 수 있다(자본시장법94①, 동법 시행령97① 본문). 다만, 집합투자자총회에서 달리 의결한 경우에는 그 의결에 따라 금전을 차입할 수 있다(동법 시행령97① 단서).

2. 운용방법

집합투자업자는 차입한 금전을 부동산에 운용하는 방법 외의 방법으로 운용하여서는 아니 된다(동법 시행령97⑧ 본문). 다만, 차입한 금전으로 부동산에 투자할 수 없는 불가피한 사유가 발생하여 일시적으로 현금성 자산에 투자하는 경우에는 부동산에 운용하는 방법 외의 방법으로 운용할 수 있다(동법 시행령97⑧ 단서, 금융투자업규정4-72③).

3. 차입한도

집합투자업자가 금전을 차입하는 경우에 그 차입금 한도는 ⅰ) 부동산집합투자기구의 계산으로 차입하는 경우는 그 부동산집합투자기구의 자산총액에서 부채총액을 뺀 가액의 200%이다. 다만, 집합투자자자총회에서 달리 의결한 경우에는 그 의결한 한도이다. ⅱ) 부동산집합투자기구가 아닌 집합투자기구의 계산으로 차입하는 경우는 그 집합투자기구에 속하는 부동산 가액의 20%(금융투자업규정4-72②)이다. 이 경우 부동산 가액의 평가는 집합투자재산평가위원회가 시행령 제94조 제3항에 따른 집합투자재산평가기준에 따라 정한 가액으로 한다(제2호) (동법 시행령97⑦).

Ⅱ. 금전대여의 특례

집합투자업자는 30일 이내의 단기대출을 제외하고는 원칙적으로 금전을 대여할 수 없지만(자본시장법83④), ⅰ) 집합투자규약에서 금전의 대여에 관한 사항을 정하고 있고, ⅱ) 집합투자업자가 부동산에 대하여 담보권을 설정하거나 시공사 등으로부터 지급보증을 받는 등 대여금을 회수하기 위한 적절한 수단을 확보한 경우에는(동법 시행령97③) 집합투자재산으로 부동산개발사업을 영위하는 법인 (부동산신탁업자, 부동산투자회사법에 따른 부동산투자회사 또는 다른 집합투자기구)에 대하여, 해당 집합투자기구의 자산총액에서 부채총액을 뺀 가액의 100%를 한도 (자본시장법94⑥, 동법 시행령97④)로 금전을 대여할 수 있다(자본시장법94②).

Ⅲ. 부동산 실사보고서의 비치의무

집합투자업자는 집합투자재산으로 부동산을 취득하거나 처분하는 경우에는 그 부동산의 현황, 거래가격, 부동산의 거래비용, 부동산과 관련된 재무자료, 부동산의 수익에 영향을 미치는 요소, 담보권 설정 등 부동산과 관련한 권리의무관계에 관한 사항, 실사자에 관한 사항이 기재된 실사보고서를 작성·비치하여야 한다(자본시장법94③, 동법 시행령97⑤, 금융투자업규정4-72①).

Ⅳ. 부동산개발사업에 투자하는 경우의 사업계획서 공시 특례

집합투자업자는 집합투자재산으로 부동산개발사업에 투자하고자 하는 경우에는 추진일정·추진방법, 건축계획 등이 포함된 사업계획에 관한 사항, 자금의 조달·투자 및 회수에 관한 사항, 추정손익에 관한 사항, 사업의 위험에 관한 사항, 공사시공 등 외부용역에 관한 사항 등이 기재된 사업계획서를 작성하여 감정평가법에 따른 감정평가법인등으로부터 그 사업계획서가 적정한지의 여부에 대하여 확인을 받아야 하며, 이를 인터넷 홈페이지 등을 이용하여 공시하여야 한다(자본시장법94④, 동법 시행령97⑥).

Ⅴ. 부동산 취득과 신탁등기의 특례

투자신탁재산으로 부동산을 취득하는 경우 부동산등기법 제81조(신탁등기의 등기사항)를 적용할 때에는 그 신탁원부에 수익자를 기록하지 아니할 수 있다(자본시장법94⑤).

제5절 소득공제 등

Ⅰ. 이익배당과 소득공제

자본시장법상 투자회사, 투자목적회사, 투자유한회사, 투자합자회사(자본시장법 제9조 제19항 제1호의 기관전용 사모집합투자기구는 제외) 및 투자유한책임회사가 대통령령으로 정하는 배당가능이익의 90% 이상을 배당한 경우 그 금액("배당금액")은 해당 배당을 결의한 잉여금 처분의 대상이 되는 사업연도의 소득금액에서 공제한다(법인세법51의2①(2), 동법 시행령86의3①).

그러나 다음의 어느 하나에 해당하는 경우, 즉 ⅰ) 배당을 받은 주주등에 대하여 법인세법 또는 조세특례제한법에 따라 그 배당에 대한 소득세 또는 법인세가 비과세되는 경우. 다만, 배당을 받은 주주등이 조세특례제한법 제100조의15 제1항의 동업기업과세특례를 적용받는 동업기업인 경우로서 그 동업자들에 대하여 같은 법 제100조의18 제1항에 따라 배분받은 배당에 해당하는 소득에 대한 소득세 또는 법인세가 전부 과세되는 경우는 제외한다(제1호). ⅱ) 배당을 지급하는 내국법인이 주주등의 수 등을 고려하여 대통령령으로 정하는 기준에 해당하는 법인인 경우(제2호)에는 위의 소득공제 규정을 적용하지 아니한다(법인세법51의2②).

Ⅱ. 지방세 중과세율 적용 배제 특례

부동산집합투자기구의 집합투자재산으로 취득하는 부동산에 대해 지방세법에 따른 취득세를 과세할 때 2024년 12월 31일까지 같은 법 제13조 제2항 본문 및 같은 조 제3항의 세율을 적용하지 아니한다(지방세특례제한법180의2①(2)).

자본시장법 제9조 제18항 제2호, 같은 조 제19항 제1호 및 제249조의13에 따른 투자회사, 기관전용 사모집합투자기구 및 투자목적회사의 설립등기(설립 후 5년 이내에 자본 또는 출자액을 증가하는 경우를 포함)에 대해서는 지방세법에 따른 등록면허세를 과세할 때 2024년 12월 31일까지 같은 법 제28조 제2항·제3항의 세율을 적용하지 아니한다(지방세특례제한법180의2②(1)).

제 4 장

프로젝트금융투자회사(PFV)

제1절 서설

Ⅰ. 의의와 도입배경

1. 의의

부동산개발에 한정된 특수목적회사 중에 프로젝트금융투자회사(PFV)가 있으며, PFV 또한 특정사업을 진행하는 SPC의 일종이다. PFV는 부동산개발사업을 효율적으로 추진하기 위해 설립하는 서류 형태로 존재하는 명목회사이다. PFV는 프로젝트 파이낸싱을 위해 금융기관과 프로젝트 참여기업 등으로부터 자금 및 현물을 받아 해당 프로젝트를 수행하고 자산의 관리업무는 전문지식을 갖춘 자산관리자에게 위탁한다. PFV는 개발사업 추진을 위한 법인설립 시 법인세 및 취·등록세 등을 감면받을 수 있어 자금을 유치하기 수월하며 수익성도 좋기 때문에 투자자들에게 주목을 받고 있다.[1]

프로젝트금융투자회사(PFV)란 법인세법 제51조의2 제1항 제1호부터 제8호까지의 규정에 따른 투자회사와 유사한 투자회사로서 일정한 요건을 모두 갖춘 법인으로 회사의 자산을 설비투자, 사회간접자본 시설투자, 자원개발 그 밖에 상

---

[1] 안용운·최민섭(2021), "부동산개발금융 리스크 관리방안에 관한 연구: PFV를 중심으로", 한국주거환경학회지 제19권 제3호(2021. 9), 103쪽.

당한 기간과 자금이 소요되는 특정사업에 운용하고 그 수익을 주주에게 배분하기 위하여 한시적으로 설립된 명목회사를 말한다(조세특례제한법104의31①).

2. 도입배경

프로젝트금융기법이 여러 부문에 활용될 수 있도록 함으로써 경제 활성화를 도모하고 고용 등을 창출하기 위해서는 프로젝트금융에 따르는 특수목적법인을 설립·운영함에 있어 발생할 수 있는 세제·금융상의 제약 요인을 제거할 필요가 있다는 인식하에 국내 경기를 부양하고 내수를 진작시키기 위하여 특별법의 형태로 프로젝트금융투자회사의 설립·운영근거를 마련하고자 2001년에 가칭 "프로젝트금융투자회사법"의 제정이 추진된 바 있으나,[2] 부동산 투기를 더욱더 부추길 수 있다는 우려 때문에 국회에서 2년 동안 계류되다가 결국 법안 상정 자체가 이루어지지 못하고 자동으로 폐기되었고, 그 후 2004년 1월 29일 법인세법의 일부 개정을 통하여 프로젝트금융투자회사가 우회적으로 도입되었다.[3]

Ⅱ. 구 법인세법에 도입

정부는 명목회사에 대한 과세체계를 일원화할 목적으로 2004년 1월 29일 법인세법 개정을 통하여 상법에 의하여 주식회사 형태로 설립된 명목회사가 상법 이외의 개별법에 의하여 설립된 명목회사와 유사한 요건을 갖추고 배당가능이익의 90% 이상을 배당하는 경우에는 투자자로부터 자금을 모집한 후 이를 투자하여 발생한 이익을 투자자에게 배분하는 도관(conduit) 기능을 수행하고 있음에 비추어 개별법에 의하여 설립된 명목회사와 동일하게 배당금액을 소득공제하는 것을 허용하는 방법으로 이중과세를 조정할 수 있도록 구 법인세법 제51조의2 제1항 제9호 및 동법 시행령 제86조의2 제4항을 신설함으로써 프로젝트금융투자회사를 설립할 수 있는 법적 근거를 마련하였다

---

2) 명목회사 형태의 프로젝트금융투자회사의 설립근거를 마련하고 설립 및 운영과정에서의 금융 및 세제상의 제약을 해소하여 기업에 대한 신용위험의 부담으로 인해 금융기관이 사업성 있는 프로젝트에 대한 자금지원에 소극적인 것을 개선함으로써 프로젝트금융이라는 금융기법을 통하여 사회간접자본 시설투자, 주택건설, 플랜트건설 등의 사업을 보다 활성화하고자 한 것이다.

3) 한중석(2010), "프로젝트금융투자회사에 관한 연구", 건국대학교 부동산대학원 석사학위논문(2010. 6), 1쪽.

Ⅲ. 프로젝트금융투자회사(PFV) 현황

구 법인세법 제51조의2에서 규정하는 유동화전문회사 등에 대한 소득공제에서 제1항 제9호 가목에 "회사의 자산을 설비투자, 사회간접자본 시설투자, 자원개발, 그 밖에 상당한 기간과 자금이 소요되는 특정사업에 운용"한다고 하여 프로젝트금융투자회사가 영위할 수 있는 사업의 범위를 정하고 있지만 각 사업 내용이 구체적으로 명시되어 있지 않아 프로젝트금융투자회사의 많은 사업들은 국세청 질의회신으로 설립 가능 여부를 확인하고 있다.

프로젝트금융투자회사의 구체적인 사업 범위로는 관광호텔용 건물 신축 후 정관상 존속기간인 20년의 범위 내에서 10년 동안 관광호텔용 건물을 관광호텔업자에게 일시 임대 후 양도하는 경우와 경제자유구역 내에 하나의 실시계획으로 수개의 사업부지에 오피스텔, 사무실, 골프장, 골프 빌라 등을 순차적으로 개발 중 영업환경변화로 일부 개발사업은 포기하고 나머지 개발사업만 진행시에도 상당기간과 자금이 소요되고 그 수익을 배당하는 사업과 BTO 방식의 골프장 건설운영사업 등 프로젝트금융투자회사의 사업범위는 매우 다양하다.[4]

Ⅳ. 구 법인세법상 특례 폐지와 조세특례제한법 이관

구 법인세법(2020. 12. 22. 법률 제17652호로 개정되기 전의 것) 제51조의2 제1항 제9호와 동법 시행령 제86조의2 제4항 및 제5항은 프로젝트금융투자회사의 요건을 정하고 있었다. 2022. 12. 31. 이전까지 설립된 프로젝트금융투자회사는 구 법인세법에 따라 자본시장법상 집합투자기구나 부동산투자회사법에 따른 부동산투자회사(리츠)와 마찬가지로 배당가능이익의 90% 이상을 배당한 경우 그 금액을 해당 사업연도의 소득금액에서 공제하는 방식으로 이중과세의 적용을 면제받는 특례를 부여받았다.

해당 특례는 2020. 12. 22. 법인세법 개정을 통하여 삭제되었고, 동법이 시행되는 2021. 1. 1.부터 프로젝트금융투자회사는 법인세법상 근거 규정을 상실하게 되었다. 또한 법인세법 개정과 함께 2019. 12. 29. 조세특례제한법 및 동법 시

---

4) 황진호(2016), "부동산간접투자에 대한 과세문제 연구", 고려대학교 법무대학원 석사학위논문(2016. 6), 25쪽.

행령 개정을 통해 프로젝트금융투자회사에 대한 소득공제 특례를 2022. 12. 31. 까지 한시적으로 적용하는 조문을 신설함과 동시에 조세특례제한법으로 이관하였다. 프로젝트금융투자회사에 대한 소득공제규정 이관을 두고 조세특례제한법에서는 그 개정이유를 조세특례 성격을 감안한 것으로 밝히고 있으나, 적용기한을 신설함으로써 사실상 프로젝트금융투자회사제도는 공제 혜택의 일몰제 적용과 함께 폐지수순이 검토될 것으로 보인다. 이중과세를 면제받는 법인세 특례가 없다면 여전히 특례를 적용받는 다른 부동산간접투자기구에 비하여 프로젝트금융투자회사를 이용할 유인이 없기 때문이다. 다만, 공제혜택의 일몰제 적용에 따른 불확실성에도 불구하고 일몰기한이 연장될 가능성 등에 따라 실무상 프로젝트금융투자회사는 여전히 선호되는 경향도 존재한다.[5]

제2절 프로젝트금융투자회사(PFV)의 요건

Ⅰ. 기본요건

1. 명목회사 요건

프로젝트금융투자회사는 본점 외의 영업소를 설치하지 아니하고 직원과 상근하는 임원을 두지 아니하여야 한다(조세특례제한법104의31①(2)). 프로젝트금융투자회사는 실체회사가 아닌 명목회사이기 때문에 본점 이외에 영업소를 설치할 수 없으며, 직원 및 상근 임원을 둘 수 없는 것이다.

프로젝트금융투자회사는 명목회사로서 사무실을 가질 수도 없기 때문에 사무실을 임차하는 경우에도 임대차계약서상에 "본 임대차건물의 사용은 명목회사의 이사회 등을 위하여 한시적으로 사용하는 것임"을 명시하는 것이 좋다.[6] 한편 국세청은 상근 여부는 실질적인 업무수행 장소, 수행하는 업무의 내용, 근무형태, 보수지급방법 등을 종합적으로 고려하여 판단할 사항이라고 하고 있다.[7]

---

5) 한소은(2022), 43쪽.
6) 송민석·송정숙·최준철(2007), 「실무자가 쓴 PFV해설: 프로젝트금융투자회사의 해설」, 부연사(2007. 9), 65쪽.
7) 국세청 법인-1576. 2008. 7. 15; 지방세운영-2237. 2009. 6. 4.

2. 한시성 및 존속기간 요건

프로젝트금융투자회사는 한시적으로 설립된 회사로서 존립기간이 2년 이상
이어야 한다(조세특례제한법104의31①(3)). 프로젝트금융투자회사는 특정사업을 수
행하는 기간 동안만 존재하는 것을 전제로 설립한 명목회사로서 그 최소 존속기
간은 2년이므로 정관 및 법인등기부상에 특정사업을 위하여 한시적으로 설립된
회사라는 것과 회사의 존속기간이 2년 이상이라는 것을 명시할 필요가 있다.

조세특례제한법에 최소 존속기간에 관한 규정은 있으나 최대 존속기간에 관
한 규정은 존재하지 아니하므로 최대 존속기간을 어느 정도까지 허용할 것인지
여부에 대하여 논란이 있을 수 있다. 각각의 프로젝트금융투자회사가 추진하는
특정사업의 성격과 내용이 다르므로 일률적으로 최대 존속기간을 제한하는 것은
타당하지 않으며 프로젝트금융투자회사가 추진하는 특정사업의 성격과 내용에
따라 자율적으로 그 특정사업의 예상 완료시점을 최대 존속기간으로 정할 수 있
도록 하는 것이 바람직하다. 다만 그 기간을 100년으로 정하는 등 최대 존속기간
을 지나치게 장기로 설정하는 경우에는 프로젝트금융투자회사의 근간인 한시성
을 형해화하고 프로젝트금융투자회사 제도를 악용할 우려가 있으므로 합리적인
범위 내에서 최대 존속기간을 제한하는 장치를 마련하는 것이 필요하다.[8]

3. 주식회사 및 발기설립 요건

프로젝트금융투자회사는 상법이나 그 밖의 법률의 규정에 따른 주식회사로
서 발기설립의 방법으로 설립하여야 한다(조세특례제한법104의31①(4)). 프로젝트
금융투자회사는 상법 그 밖의 법률의 규정에 의한 주식회사이므로 법에서 특별
히 정한 경우를 제외하고는 상법의 적용을 받게 되는데, 부동산투자회사법에 의
하면 부동산투자회사의 경우 상법상 주식회사이지만 부동산운용을 전문으로 하
는 부동산전문기관의 특성상 상법 제290조의 변태설립사항, 상법 제416조 제4호
의 현물출자, 상법 제458조의 이익준비금, 상법 제415조의 2의 감사위원회규정
의 적용이 배제되는 점에 비추어 보면, 프로젝트금융투자회사의 경우에도 부동
산투자회사와 마찬가지로 이익배당한도의 90% 이상을 배당하여야 하므로 이익

---

8) 한중석(2010), 34-36쪽.

준비금 규정의 적용을 배제하는 것이 타당하고, 부동산투자회사와 마찬가지로 업무의 상당 부분이 외부에 위탁되어 운영되고 있으므로 감사위원회 규정의 적용도 배제하는 것이 타당할 것이다.

4. 최소자본금 요건

프로젝트금융투자회사의 최소자본금은 50억원으로 한다. 다만, 민간투자법 제4조 제2호의 규정에 의한 방식[임대형 민간투자사업(BTL) 방식]으로 민간투자사업을 시행하는 프로젝트금융투자회사의 경우 최소자본금은 10억원으로 한다(조세특례제한법104의31①(8), 동법 시행령104의28④(1)). 이는 프로젝트금융투자회사의 난립·부실로 인한 피해를 막고 프로젝트금융투자회사에 대한 사회적 신뢰를 제고하기 위하여 최저자본금을 정한 것이다.

프로젝트금융투자회사가 최소자본금 50억원을 유지하는 것이 프로젝트금융투자회사의 존속요건인지 여부에 관하여 논란이 있었는데, 이에 대하여 국세청은 "프로젝트금융투자회사가 목적사업 수행을 완료하기 이전에 유상감자를 실시함에 따라 구 법인세법 시행령 제86조의2 제5항 제1호 소정의 최소자본금 50억원 요건을 충족시키지 못하는 경우에는 소득공제를 받을 수 없다"라고 하여 50억원 이상의 최소자본금은 성립요건이자 존속요건으로 보고 있다.9)

5. 발기인 및 주주 요건

프로젝트금융투자회사의 설립 발기인은 기업구조조정투자회사법 제4조 제2항 각 호10)의 어느 하나에 해당하지 아니하고 "대통령령으로 정하는 요건"을 충

---

9) 국세청 법인-1051. 2009. 9. 25.
10) 기업구조조정투자회사법 제4조(발기인) ② 다음 각호의 1에 해당하는 자는 발기인이 될 수 없다.
  1. 미성년자·피성년후견인·피한정후견인
  2. 파산선고를 받은 자로서 복권되지 아니한 자
  3. 금고 이상의 실형의 선고를 받거나 이 법 기타 대통령령이 정하는 금융관련법령(이에 상당하는 외국의 법령을 포함)에 의하여 벌금형 이상의 형을 선고받고 그 집행이 종료(집행이 종료된 것으로 보는 경우를 포함)되거나 면제된 후 5년이 경과되지 아니한 자
  4. 금고 이상의 형의 집행유예의 선고를 받고 그 유예기간중에 있는 자
  5. 이 법 기타 대통령령이 정하는 금융관련법령에 의하여 영업의 허가·인가 또는 등록 등이 취소된 법인 또는 회사의 임·직원이었던 자(그 허가 등의 취소사유의 발생에 관하여 직접 또는 이에 상응하는 책임이 있는 자로서 대통령령이 정하는 자에 한한다)로서 당해 법인 또는 회사에 대한 취소가 있은 날부터 5년이 경과되지 아니한 자

족하여야 한다(조세특례제한법104의31①(5)).

여기서 "대통령령으로 정하는 요건"이란 다음의 요건을 말한다(동법 시행령 104의28③).

1. 발기인 중 1인 이상이 다음의 어느 하나에 해당할 것
   가. 법인세법 시행령 제61조 제2항 제1호부터 제4호까지, 제6호부터 제13호 까지 및 제24호의 어느 하나에 해당하는 금융회사11) 등
   나. 국민연금법에 따른 국민연금공단(민간투자법 제4조 제2호12)에 따른 방 식으로 민간투자사업을 시행하는 투자회사의 경우에 한정)
2. 제1호 가목 또는 나목에 해당하는 발기인이 5%(제1호 가목 또는 나목에 해당 하는 발기인이 다수인 경우에는 이를 합산한다) 이상의 자본금을 출자할 것

프로젝트금융투자회사의 주주는 위 발기인의 요건(시행령104의28 제3항 각호 의 요건)을 갖추어야 하고, 이 경우 "발기인"은 "주주"로 본다(동법 시행령104의28 ④(4)).

6. 이사 자격 요건

프로젝트금융투자회사의 이사는 기업구조조정투자회사법 제12조 각 호의 어느 하나에 해당하지 아니하여야 한다(조세특례제한법104의31①(6)). 따라서 ⅰ) 기업구조조정투자회사법 제4조(발기인) 제2항 각호의 1에 해당하는 자(제1호), ⅱ) 자산관리회사의 발행주식총수의 1% 이상의 주식을 소유하고 있는 자("주요주 주") 및 대통령령이 정하는 특수관계인(제2호),13) ⅲ) 자산관리회사로부터 계속적 으로 보수를 지급받고 있는 자(제3호)는 이사가 될 수 없다(기업구조조정투자회사

---

6. 이 법 기타 대통령령이 정하는 금융관련법령을 위반하여 해임되거나 면직된 후 5년이 경과되지 아니한 자
11) 은행, 한국산업은행, 중소기업은행, 한국수출입은행, 농업협동조합중앙회(상호금융사업에 한정) 및 농협은행, 수산업협동조합중앙회(상호금융사업 및 공제사업에 한정) 및 수협은 행, 투자매매업자 및 투자중개업자, 종합금융회사, 상호저축은행중앙회(지급준비예탁금에 한한다) 및 상호저축은행, 보험회사, 신탁업자, 여신전문금융회사, 새마을금고중앙회(신용 사업 및 공제사업으로 한정).
12) 2. 사회기반시설의 준공과 동시에 해당 시설의 소유권이 국가 또는 지방자치단체에 귀속 되며, 사업시행자에게 일정기간의 시설관리운영권을 인정하되, 그 시설을 국가 또는 지 방자치단체 등이 협약에서 정한 기간 동안 임차하여 사용·수익하는 방식
13) "대통령령이 정하는 특수관계인"이라 함은 법 제12조 제2호의 규정에 의한 주요주주의 배 우자 및 직계존비속을 말한다(동법 시행령9).

법12).

7. 감사 자격 요건

프로젝트금융투자회사의 감사는 기업구조조정투자회사법 제17조에 적합하
여야 한다(조세특례제한법104의31①(7)).

기업구조조정투자회사법 제17조는 감사의 자격을 정하고 있는데, 그 자격은
다음과 같다. 감사는 공인회계사법에 의한 회계법인에 소속된 공인회계사이어야
한다(제1항). 다음에 해당하는 자는 감사가 될 수 없다(제2항).

1. 제4조(발기인) 제2항 각호의 1에 해당하는 자
2. 당해 기업구조조정투자회사와 관련하여 공인회계사법 제21조의 규정에 의하
   여 감사가 제한되거나 동법 제33조의 규정에 의하여 직무가 제한되는 회계
   법인에 소속된 자
3. 직무정지기간중에 있는 자
4. 업무정지기간중인 회계법인에 소속된 자
5. 다음 각목의 1에 해당하는 자로부터 공인회계사업무외의 업무와 관련하여
   계속적으로 보수를 받고 있는 자 및 그 배우자
   가. 당해 기업구조조정투자회사의 주요주주
   나. 당해 기업구조조정투자회사의 이사
   다. 당해 기업구조조정투자회사의 업무를 위탁받은 자산관리회사·자산보관
       회사 또는 일반 사무수탁회사

8. 자산관리·운용 및 처분에 관한 업무위탁 요건

프로젝트금융투자회사는 자산관리·운용 및 처분에 관한 업무를 자산관리회
사에게 위탁하여야 하는데, 자산관리회사는 ⅰ) 해당 회사에 출자한 법인(가목),
ⅱ) 해당 회사에 출자한 자가 단독 또는 공동으로 설립한 법인(나목)에 해당하는
자이어야 한다(동법 시행령104의28④(2) 본문). 따라서 프로젝트금융투자회사에 출
자한 자와 출자하지 않은 자가 공동으로 설립한 법인은 자산관리회사가 될 수
없다.14) 다만, 제6호 단서15)의 경우 건축물분양법 제4조 제1항 제1호16)에 따른

---

14) 국세청 서면2팀-1954. 2006. 9. 28; 법인-2199. 2008. 8. 29.
15) 다만, 해당 회사가 자금관리사무수탁회사(해당 회사에 대하여 법인세 시행령」 제43조 제7

신탁계약에 관한 업무는 자금관리사무수탁회사에 위탁할 수 있다(동법 시행령104
의28④(2) 단서).

자산관리회사를 반드시 새로 설립하여야 하는지에 관하여 국세청은 "자산관
리회사가 프로젝트금융투자회사보다 먼저 설립되었는지 여부는 자산관리회사의
요건에 해당하지 않는다"고 하여 자산관리회사를 새로 설립하지 않아도 된다는
입장이다.[17]

국세청은 최초의 자산관리회사를 다른 자산관리회사로 변경하는 것이 가능
하다는 입장이다.[18] 구 법인세법 시행령 제86조의2 제5항 제5호 다목에서 명목
회사 설립신고시 자산관리회사의 명칭을 기재하도록 하고 구 법인세법 시행령
제86조의2 제7항에서 자산관리회사의 명칭이 변경된 경우 명목회사 변경신고를
하도록 규정하여 자산관리회사의 변경을 예정하고 있다는 점 등에 비추어 당해
프로젝트금융투자회사에 출자한 법인 또는 당해 프로젝트금융투자회사의 출자자
가 단독 또는 공동으로 설립한 법인이라면 새로운 자산관리회사가 기존 자산관
리회사의 자산관리업무위탁계약상의 지위를 인수하는 방식이든, 기존 자산관리
회사와의 자산관리업무위탁계약을 해지하고 새로운 자산관리회사와의 자산관리
업무위탁계약을 신규로 체결하는 방식이든 상관없이 자산관리회사를 변경하는
것이 가능하다.[19]

9. 자금관리업무 위탁 요건

프로젝트금융투자회사는 신탁업을 영위하는 금융회사 등("자금관리사무수탁

항에 따른 지배주주등이 아닌 경우로서 출자비율이 10% 미만일 것)와 건축물분양법 제4
조 제1항 제1호에 따라 신탁계약과 대리사무계약을 체결한 경우는 제외한다.
16) 건축물의 분양에 관한 법률 제4조(분양 시기 등) ① 분양사업자는 다음의 구분에 따라 건
축물을 분양하여야 한다.
  1. 자본시장법에 따른 신탁업자와 신탁계약 및 대리사무계약을 체결한 경우 또는 금융기
     관 등으로 부터 분양보증을 받는 경우: 건축법 제21조에 따른 착공신고 후
17) 국세청 서면2팀-73. 2006. 1. 10; 법인-488. 2009. 2. 6: 민관합동으로 일반산업단지조성
   사업을 하기 위한 프로젝트금융투자회사를 설립하고자 하나 금융위기로 인하여 금융권과
   의 PF 진행이 곤란하자 일단 금융권과 관공서를 제외한 예비출자자만으로 향후 프로젝트
   금융투자회사의 자산관리회사 역할을 담당할 법인을 먼저 설립하여 사업을 추진하는 한
   편 금융권과의 PF 협상이 완료되는 즉시 프로젝트금융투자회사를 설립하고 위 법인에 프
   로젝트금융투자회사의 자산관리업무를 위탁하려는 경우이다.
18) 국세청 법인-2453. 2008. 9. 16.
19) 한중석(2010), 73-74쪽.

회사")에 자금관리업무를 위탁하여야 한다(동법 시행령104의28④(3)). 자산관리회사
와 자금관리사무수탁회사가 동일인이 아니어야 한다(동법 시행령104의28④(6) 본
문). 다만, 해당 회사가 자금관리사무수탁회사(해당 회사에 대하여 법인세법 시행령
제43조 제7항에 따른 지배주주등이 아닌 경우로서 출자비율이 10% 미만일 것)와 건축물
분양법 제4조 제1항 제1호에 따라 신탁계약과 대리사무계약을 체결한 경우는 제
외한다(동법 시행령104의28④(6) 단서).

   국세청은 프로젝트금융투자회사가 자금관리사무수탁회사의 동의를 얻어 관
리자금 중 일부를 신탁업을 영위하는 다른 금융기관에 이자율이 높은 정기예금
으로 운용하는 것도 가능하고,[20] 최초의 자금관리사무수탁회사를 수탁수수료 등
의 문제로 다른 자금관리사무수탁회사로 변경하는 것은 가능하다는 입장이다.[21]
구 법인세법 시행령 제86조의2 제5항 제5호 라목에서 명목회사 설립신고시 자금
관리사무수탁회사의 명칭을 기재하도록 하고 구 법인세법 시행령 제86조의2 제7
항에서 자금관리사무수탁회사의 명칭이 변경된 경우 명목회사 변경신고를 하도
록 규정하여 자금관리사무수탁회사의 변경을 예정하고 있다는 점 등에 비추어
자본시장법에 따라 신탁업을 영위하는 금융회사 등이라는 요건에 부합하는 한
자금관리사무수탁회사의 변경이 가능하다.[22]

10. 설립신고 요건

   프로젝트금융투자회사는 법인설립등기일부터 2월 이내에 명목회사설립신고
서에 ⅰ) 정관의 목적사업(가목), ⅱ) 이사 및 감사의 성명·주민등록번호(나목),
ⅲ) 자산관리회사의 명칭(제3호), ⅳ) 자금관리사무수탁회사의 명칭(제4호)을 기
재하고, 정관, 회사의 자산을 운용하는 특정사업의 내용, 자금의 조달 및 운영계
획, 주금의 납입을 증명할 수 있는 서류, 자산관리회사 및 자금관리사무수탁회사
와 체결한 업무위탁계약서 사본을 첨부하여 납세지 관할세무서장에게 신고하여
야 한다(동법 시행령104의28④(5), 동법 시행규칙47의4①).

---

20) 국세청 법인-2844. 2008. 10. 10.
21) 국세청 서면2팀-1930. 2005. 11. 28.
22) 한중석(2010), 76쪽.

Ⅱ. 특정사업 요건

1. 특정사업의 범위

조세특례제한법에 따라 프로젝트금융투자회사는 회사의 자산을 설비투자, 사회간접자본 시설투자, 자원개발, 그 밖에 상당한 기간과 자금이 소요되는 특정사업에 운용하고 그 수익을 주주에게 배분하는 회사이어야 한다(조세특례제한법 104의31①(1)). 여기서 "상당한"이라는 불확정 개념을 사용하고 있어 구체적으로 어느 정도의 기간과 자금이 소요되어야 하는 사업인지에 관한 명확한 기준이 없을 뿐만 아니라 사업 종류를 불문하고 상당한 기간과 자금만 소요되면 특정사업에 해당하는지도 의문이기 때문에 특정사업의 범위 획정에 관하여 논란이 있다.23)

프로젝트금융투자회사는 그 명칭에서부터 알 수 있듯이 프로젝트금융을 전제로 한 회사로서 장기적으로 높은 수익을 기대하고 사업 초기에 대량의 자금이 투자되는 개발사업의 초기 단계에서 프로젝트금융을 원활히 할 수 있도록 한시적인 기구로 고안된 것이므로 프로젝트금융을 목적으로 하지 않는 사업을 수행하기 위한 기구로 사용할 수는 없을 것이다.24)

2. 복수의 사업 허용 문제

수개의 사업을 하나의 특정사업으로 묶기만 하면 특정사업으로서 허용되는지 여부에 대하여 의문이 있는바, 상호 관련성이 없는 수개의 사업을 하나의 특정사업이라는 명목하에 묶는 것을 허용할 경우 특정사업의 범위를 무한정 확대하여 프로젝트금융투자회사 제도를 악용할 수 있는 가능성이 있으므로 하나의 실시계획에 따라 다수의 건물 및 시설로 구성되는 국제업무단지시설을 단계적으로 개발하는 경우나 공모형 PF사업에서 보는 바와 같이 상호 관련성이 있는 수개의 사업을 하나의 특정사업으로 묶는 것은 허용되지만 상호 관련성이 없는 수개의 사업을 하나의 특정사업으로 묶는 것은 허용되지 않는다고 할 것이다. 따라서 상호 관련성이 없는 수개의 사업을 하나의 특정사업으로 묶어 프로젝트금융

23) 한중석(2010), 21–22쪽.
24) 국회재정경제위원회(2002), 프로젝트금융투자회사법안에 대한 공청회, 국회재정경제위원회, 1–3쪽.

투자회사를 설립하는 것뿐만 아니라 프로젝트금융투자회사가 정관변경을 통하여 기존의 특정사업과 상호 관련성이 없는 사업을 목적으로 추가하는 것도 허용되지 않는다고 할 것이다.[25]

국세청도 다른 개발사업을 기존 개발사업에 추가하여 수행하는 등 회사의 자산을 2개 이상의 특정사업에 운용하는 경우,[26] 산업입지 및 개발에 관한 법률에 의한 일반산업단지개발사업과 신항만건설촉진법에 의한 신항만건설사업을 병행하는 경우,[27] 국제업무지구개발사업지구 내에 역사를 신축하여 다른 법인에게 현물출자하는 경우[28]에는 특정사업의 요건을 충족하지 못하는 것으로 보고 있다.[29]

3. 주택건설사업 허용 문제

국세청은 "프로젝트금융투자회사가 다른 법인과 공동으로 건물을 신축하는 사업을 수행하는 경우에는 특정사업에 해당하지 않는다"라고 회신하였다가[30] "프로젝트금융투자회사가 주택건설등록사업자와 주택법 제10조에 따라 공동사업주체로 등록하고 주택건설사업을 시행하되 양자 간에 협약을 체결하여 주택건설사업에 따른 실질적인 권리 및 의무의 경제적 손익이 프로젝트금융투자회사에 귀속되고 주택건설등록사업자는 시공사로서 프로젝트금융투자회사로부터 일정한 시공 대가만을 받게 되는 경우에는 프로젝트금융투자회사와 주택건설등록사

---

25) 한편 국세청. 법인-1173. 2009. 10. 23.은 프로젝트금융투자회사가 도시 및 주거환경정비법에 따른 도시환경정비사업 방식으로 주상복합건물 개발사업을 시행하다가 업무시설건물 개발사업으로 정관상 목적사업을 변경하고 명목회사 변경신고를 한 경우 변경된 목적사업이 법인세법 제51조의2 제1항 제9호 가목의 특정사업에 해당한다면 법인세법 제51조의 2에 기한 소득공제는 계속 적용되는 것이라고 한다.

26) 국세청 서면2팀-677. 2005. 5. 12; 서면2팀 717. 2005. 5. 23.; 서면2팀-701. 2006. 4. 2.

27) 국세청 서면2팀-1056. 2008. 5. 30: 신항만건설촉진법상 신항만건설사업에 필요한 토석채취장 개발은 신항만건설사업의 부대공사에 해당하는바, 일반산업단지개발지와 신항만개발지가 서로 인접하고 있고 신항만매립공사에 필요한 매립용 토석을 채취할 토석채취장이 일반산업단지에 위치하고 있는 경우이다.

28) 국세청 법인-1882. 2008. 8. 7.은 특정사업인 국제업무지구개발사업지구 내에 국제업무시설, 주거시설, 숙박시설, 공공시설, 상업문화시설 등에 사용될 건물을 준공하여 매각하는 사업을 영위하면서 개발사업의 효과를 제고시키기 위하여 사업지구 내에 역사 건물을 신축하여 위 특정사업과는 별도의 사업인 지하철사업을 영위하는 다른 법인에게 현물출자하는 경우 법인세법 제51조의2 제1항 제9호에 해당되지 않는다고 한다.

29) 한중석(2010), 27-28쪽.

30) 국세청 서면2팀-1850. 2005. 11. 21.

업자는 공동사업에 해당되지 않는 것이다"라고 하여 실질적인 권리 및 의무의 경제적 손익이 프로젝트금융투자회사에 귀속된다면 프로젝트금융투자회사가 공동사업주체로 주택사업을 할 수 있는 것처럼 회신을 하였고,[31] 그 이후에는 "프로젝트금융투자회사가 주택법에 의한 주택건설사업자인 출자법인과 공동으로 주택건설사업을 수행하는 것은 가능하다"는 취지로 입장을 변경하였다.[32]

이에 따라 2007년 2월 28일 구 법인세법 시행령 제86조의2 제3항을 신설하여 프로젝트금융투자회사가 주택건설사업자인 출자법인과 공동으로 주택건설사업을 수행하는 경우 특정사업에 해당한다고 명시하였고, 2008년 2월 22일 법인세법 시행령 제86조의2 제3항의 개정을 통하여 주택건설사업자인 출자법인 요건을 삭제함으로써 프로젝트금융투자회사와 주택건설사업자 사이에 출자관계가 없는 경우도 프로젝트금융투자회사가 주택법에 따라 주택건설사업자와 공동으로 주택건설사업을 수행하는 경우 특정사업에 해당한다고 봄으로써 주택건설사업자와의 출자관계와 상관없이 주택건설사업도 특정사업에 해당함을 입법적으로 해결하였다.[33]

4. 임대업 등 자산운영사업 허용 문제

프로젝트금융투자회사가 특정사업으로서 임대업 등 자산운영사업을 할 수 있는지 여부에 관하여 논란이 있다. 프로젝트금융투자회사는 특정한 개발사업의 완수 및 그에 따른 청산을 전제로 한 한시적인 회사인바, 이미 건설이 완료된 건물이나 골프장 등을 인수하여 이를 제3자에게 임대하거나 자신이 직접 운영하는 등의 방법은 계속기업임을 전제로 한 것으로서 그 사업의 성격 자체가 한시적이지 않을 뿐만 아니라 사업의 성격도 개발이 아닌 자산운영 정도에 한정되어 프로젝트금융투자회사의 도입 취지에 부합하지 않는다고 할 것이므로 임대업 등

---

31) 국세청 서면2팀-1676. 2006. 8. 31.
32) 국세청 재법인-878. 2006. 12. 6.
33) 주택법에서는 토지소유자로서 주택건설사업을 추진하는 경우 주택건설법인과 공동사업을 할 것을 요건으로 규정하고 있으므로 토지소유자인 프로젝트금융투자회사와 주택건설사업자 등록을 한 시공사는 공동 사업주체로서 등록을 하여야 하는바, 아산배방 택지개발사업지구 복합단지개발을 하는 주식회사 펜타포트개발의 경우 SK건설 주식회사, 대림산업 주식회사, 두산중공업 주식회사, 계룡건설산업 주식회사와 공동 사업주체를 구성한 바 있고 부산 강서구 명지동 3233 일대 명지지구 주거단지에서 공동주택 개발사업을 하는 엠제이프로젝트금융투자주식회사의 경우 주식회사 극동건설과 공동 사업주체를 구성한 바 있다.

자산운영사업만을 위한 프로젝트금융투자회사는 허용되지 않는다고 할 것이다.[34]

한편 프로젝트금융투자회사가 특정사업을 수행하기 위하여 공장부지를 취득한 후 지구단위 변경 등 인허가를 취득하는 기간 동안 공장부지를 유휴부지로 방치하기보다는 한시적으로 임대를 함으로써 수익사업을 하는 것은 특정사업 추진과정에서 파생되는 것이므로 허용된다고 할 것이나 단지 재무구조개선을 위한 구조조정 차원에서 형식적으로만 특정사업을 빙자하여 공장부지를 프로젝트금융투자회사에 매각하는 외관을 취한 다음 인허가 지연 등을 목적으로 공장 및 그 부지를 계속 임차하여 사용하는 등의 방법으로 프로젝트금융투자회사 제도를 남용하는 것은 제한할 필요가 있다.

제3절 프로젝트금융투자회사(PFV)에 대한 과세 문제

Ⅰ. 이익배당과 소득공제

프로젝트금융투자회사가 2025년 12월 31일 이전에 끝나는 사업연도에 대하여 대통령령으로 정하는 배당가능이익의 90% 이상을 배당한 경우 그 금액("배당금액")은 해당 배당을 결의한 잉여금 처분의 대상이 되는 사업연도의 소득금액에서 공제한다(조세특례제한법104의31①). 그러나 법인세법 제51조의2 제2항 각 호[35]의 어느 하나에 해당하는 경우에는 소득공제 규정을 적용하지 아니한다(조세특례제한법104의31②).

앞의 소득공제 규정을 적용할 때 배당금액이 해당 사업연도의 소득금액을

---

34) 한중석(2010), 29-30쪽.
35) 1. 배당을 받은 주주등에 대하여 법인세법 또는 조세특례제한법에 따라 그 배당에 대한 소득세 또는 법인세가 비과세되는 경우. 다만, 배당을 받은 주주등이 조세특례제한법 제100조의15 제1항의 동업기업과세특례를 적용받는 동업기업인 경우로서 그 동업자들에 대하여 같은 법 제100조의18 제1항에 따라 배분받은 배당에 해당하는 소득에 대한 소득세 또는 법인세가 전부 과세되는 경우는 제외한다.
   2. 배당을 지급하는 내국법인이 주주등의 수 등을 고려하여 대통령령으로 정하는 기준에 해당하는 법인인 경우

초과하는 경우 그 초과하는 금액("초과배당금액")은 해당 사업연도의 다음 사업연도 개시일부터 5년 이내에 끝나는 각 사업연도로 이월하여 그 이월된 사업연도의 소득금액에서 공제할 수 있다(조세특례제한법104의31③ 본문). 다만, 내국법인이 이월된 사업연도에 배당가능이익의 90% 이상을 배당하지 아니하는 경우에는 그 초과배당금액을 공제하지 아니한다(조세특례제한법104의31③ 단서).

이월된 초과배당금액을 해당 사업연도의 소득금액에서 공제하는 경우에는 ⅰ) 이월된 초과배당금액을 해당 사업연도의 배당금액보다 먼저 공제하고(제1호), ⅱ) 이월된 초과배당금액이 둘 이상인 경우에는 먼저 발생한 초과배당금액부터 공제한다(제2호)(조세특례제한법104의31④).

소득공제를 적용받으려는 법인은 법인세법 제60조에 따른 과세표준신고와 함께 기획재정부령으로 정하는 소득공제신청서를 납세지 관할 세무서장에게 제출해야 한다(동법 시행령104의28⑧).

Ⅱ. 지방세 중과세율 적용 배제 특례

프로젝트금융투자회사의 부동산 취득에 대해서는 지방세법에 따른 취득세를 과세할 때 2024년 12월 31일까지 같은 법 제13조(과밀억제권역 안 취득 등 중과) 제2항 본문 및 같은 조 제3항의 세율을 적용하지 아니한다(지방세특례제한법180의2①(3)).

프로젝트금융투자회사 설립등기(설립 후 5년 이내에 자본 또는 출자액을 증가하는 경우를 포함)에 대해서는 지방세법에 따른 등록면허세를 과세할 때 2024년 12월 31일까지 같은 법 제28조제2항·제3항의 세율을 적용하지 아니한다(지방세특례제한법180의2②(5)).

제 4 편

부동산신탁

제 1 장

서 론

제1절 부동산신탁의 의의와 기능

I. 부동산신탁의 의의

　　부동산신탁은 부동산을 신탁의 목적물로 하는 신탁이다. 즉 신탁을 설정하는 자(위탁자)와 신탁을 인수하는 자(수탁자) 간의 신탁계약을 통해 수탁자에게 부동산을 이전 또는 담보권의 설정 및 그 밖의 처분을 하고, 수탁자로 하여금 일정한 자(수익자)의 이익 또는 특정의 목적을 위하여 그 재산의 관리, 운용, 처분, 개발, 그 밖에 신탁 목적의 달성을 위하여 필요한 행위를 하게 하는 법률관계를 말한다(신탁법2). 위탁자는 신탁을 설정함으로 인해 수탁자에게 재산을 이전하고, 수탁자는 사전에 계약서에서 약정한 목적에 따라 해당 재산을 관리, 운용, 처분, 개발 등의 행위를 하게 된다. 이러한 신탁행위로 발생한 이익은 수익자에게 귀속된다. 위탁자와 수익자는 별개의 지위이다. 하지만 반드시 다른 자임을 요하지는 않으며, 당사자 간의 약정에 따라 위탁자 스스로 또는 제3자로 하여금 수익자의 지위를 갖게 할 수도 있다.[1]

　　부동산신탁이란 토지와 그 정착물, 즉 부동산을 목적으로 하는 신탁을 말하는 것으로 크게 관리신탁, 처분신탁, 담보신탁, 토지신탁, 분양관리신탁, 대리사

---

1) 고은수(2020), "부동산신탁 과세제도의 문제점 및 개선방안", 고려대학교 법무대학원 석사 학위논문(2020, 2), 4쪽.

무로 나누어 볼 수 있다. 이러한 부동산신탁 중 토지신탁은 신탁회사가 토지소유
자를 대신하여 토지개발에 대한 사업계획 수립, 개발자금의 조달, 건축, 각종 인
허가, 사업관리·운영, 회계업무 등을 토지소유자인 위탁자를 대신하여 수행하고
그 수익을 위탁자(수익자)에게 돌려주는 신탁으로 다른 신탁유형과 다소 차이가
존재한다. 토지신탁을 제외한 다른 신탁은 부동산에 대한 직접적인 개발행위가
이루어지지 않지만, 토지신탁은 위탁받은 부동산에 대하여 직접적인 개발이 이
루어지는 점에서 그 특징이 있다.[2]

부동산신탁회사는 자본시장법 제12조(금융투자업자의 인가) 및 자본시장법 시
행령 제16조(인가요건 등)에 따라 일정한 요건을 갖추고 금융위원회로부터 인가
를 받은 후 금융투자업(신탁업)을 영위하는 금융기관이다. 이에 따라 부동산신탁
업자의 영업행위와 관련해서는 자본시장법이 특별법으로 우선 적용되며 자본시
장법에 특별한 규정이 없는 경우에는 신탁법의 적용을 받는다.

Ⅱ. 부동산신탁의 기능

신탁은 위탁자와 수탁자 간의 계약이지만, 위탁자의 유언 또는 신탁의 목적,
신탁재산, 수익자 등을 특정하고 자신을 수탁자로 정한 위탁자의 선언 등으로 이
루어진다(신탁법3①(1)(2)(3)). 등기 또는 등록을 함으로써 그 재산이 신탁재산에
속한 것임을 제3자에게 대항할 수 있다(신탁법4①). 이와 같은 신탁재산은 위탁자
의 채권자들의 강제집행 등이 제한되고(신탁법22①), 상계나 혼동에 의하여 소멸
되는 데에도 제한이 있다(신탁법25, 26). 이처럼 신탁법상 신탁은 위탁자, 수탁자
및 수익자가 중심이 되어 이루어지는데, 신탁재산은 대내외적으로 수탁자에게
귀속되고 있으나 최종적으로 신탁계약이 종료되면 그 신탁재산은 위탁자의 소유
로 복귀하게 된다.

신탁은 신탁재산의 관리·운용에 관한 다양한 상품조성 구조와 각종 금융상
품을 설계하기 위한 "틀"의 제공을 가능하게 한다. 이러한 신탁의 상거래 활성화
기능은 신탁이 가진 도산절연(Insolvency Protection), 도관과세(Conduit Taxation),
신인체계(Fiduciary Regime), 구조의 유연성(Flexibility in Design)의 4가지 요소를

---

2) 공현기(2010), "부동산토지신탁사업의 자산유동화에 관한 연구", 고려대학교 정책대학원
석사학위논문(2010. 6), 5쪽.

기초로 한다.3) 이러한 신탁의 기능을 전환기능과 도산절연기능으로 구분하여 설명하기도 한다. 먼저, 전환기능은 신탁이 형식적인 재산권의 귀속자 내지 관리자와 실질적인 이익의 수익자를 분리하고, 수익자를 위한 재산의 안전지대(safe harbor)를 확보하는 특성에 착안한다. 따라서 재산권의 실질은 유지되면서도 구체적이고 개별적인 목적에 맞게 재산권을 다른 형태로 전환시킨다. 이러한 전환기능에는 ⅰ) 권리자 전환기능,4) ⅱ) 재산권 전환기능,5) ⅲ) 시간 전환기능6)이 있다. 다음으로, 도산절연기능은 신탁재산의 독립성에 기하여 위탁자와 수탁자의 고유재산이 분리되어 재산보전의 효과를 발생시키는 것을 일컫는다. 따라서 수탁자 및 신탁자에게 권리가 있는 채권자는 신탁재산에 대하여 강제집행이 불가능할뿐만 아니라 파산 시에도 신탁재산은 파산재산에 포함되지 않는다. 이렇듯 신탁의 도산절연기능은 재산보전이라고 하는 점에서 다양하게 활용된다.7)

　　법률적으로도 투자자를 보호하기 위해 투자매매업자 또는 투자중개업자로

---

3) 정순섭(2006), "신탁의 기본구조에 관한 연구", 서울대학교 금융법센터 BFL 제17호(2006. 5), 10쪽.

4) 권리자가 재산을 적절히 관리할 수 없을 때 또는 보다 전문적인 관리를 원할 때 이를 친구나 친족 또는 신용 있는 전문회사 등에 신탁하여 관리하도록 함으로써 권리자의 재산관리능력이나 경제적 신용, 법인격을 수탁자의 권리로 전환하는 것을 말한다. 미국에서는 특히 학술, 종교, 자선, 기예, 사교 등의 목적으로 비영리재단법인을 설립할 수 있지만, 동일한 목적을 위해 신뢰할 수 있는 개인이나 단체 등을 수탁자로 하여 목적신탁 또는 공익신탁(charitable trust)을 설정할 수 도 있다(26 U.S. Code §4947). 신탁의 구조상 신탁재산 자체는 수탁자에게 귀속되고 수탁자가 재산에 대한 권능을 행사하지만, 그 재산으로부터의 이익은 수익자에게 돌아간다. 동일한 재산에 대하여 귀속과 수익이 분리되고, 재산으로부터의 이익을 수여하는 방법도 다양하게 설계할 수 있다는 장점이 있다.

5) 신탁은 재산권의 성질을 전환하는 기능도 가진다. 어떠한 재산권도 신탁을 거치면 신탁수익권이라고 하는 특수한 권리로 전환되고, 수익권의 증권화를 통하여 본래의 재산권의 유동성도 증대시킬 수 있다. 이와 같이 수익권화된 재산권은 그 수익권의 양도방법에 따라 이전된다. 증권화되지 않은 수익권은 민법상의 지명채권양도 방식에 의하여, 증권화된 수익권은 유가증권의 법리에 의하여 처리된다.

6) 신탁법상 유언대용신탁의 경우처럼 재산권으로부터 일정한 이익을 현재 누릴 수 있지만 신탁을 통해서 그 시점을 장래의 어느 시점으로 연기할 수 있는 기능을 말한다. 배우자나 자녀의 생활보장을 위해 위탁자가 생존 중에는 자신을 수익자로 하고 사망 후에는 그들을 수익자로 지정하거나 유언신탁을 통해 후손들의 교육과 생활 등을 장기간에 걸쳐 지원할 수 있다. 또한 신탁수익을 바로 배분하기보다는 수탁자로 하여금 전부 또는 일부를 적립하였다가 이를 원본에 합산하거나 새로운 재산에 투자하도록 함으로써 신탁수익의 향수 기간을 장래로 미룰 수도 있다. 이와 같이 신탁을 통하여 재산적 이익을 향수하는 시점을 위탁자의 의사에 상응하여 다각적으로 설계함으로써 재산권을 향수하는 시간을 조정할 수 있다.

7) 고은수(2020), 5-7쪽.

하여금 투자자로부터 금융투자상품의 매매 등과 관련하여 예탁받은 금전인 투자
자예탁금(투자자로부터 금융투자상품의 매매, 그 밖의 거래와 관련하여 예탁받은 금전)
을 고유재산인 원금과 구분하여 증권금융회사에 예치 또는 신탁하게 한다(자본시
장법74①). 그리고 기업연금신탁이나 장애인신탁의 경우에도 신탁을 통한 재산의
보전이 기초가 되며, 자산유동화에 있어서도 도산절연기능은 중요한 전제가 된
다(자산유동화법2(1)).

제2절 부동산신탁의 발전과정과 유형

Ⅰ. 발전과정

우리나라에서는 신탁법이 제정된 이후 부동산신탁제도의 활용도가 그리 크
지 않았다. 그러나 1990년 4월 13일 부동산 투기억제대책의 일환으로 부동산신
탁제도가 도입된 이후 부동산신탁업을 하는 부동산신탁회사들이 등장하였고, 그
에 따라 본격적으로 부동산신탁제도가 발전하기 시작하였다. 이후 1991년 설립
된 성업공사(현 자산관리공사)의 자회사인 대한부동산신탁 주식회사와 한국감정원
의 자회사인 한국부동산신탁 주식회사는 부동산신탁회사의 시초가 되었다. 부동
산신탁제도의 시행 초기에는 부동산신탁회사가 부동산의 관리·처분신탁과 일부
부수업무를 담당하였는데, 1992년 11월에는 토지신탁, 1993년 2월에는 담보신탁
이 허용됨으로써 부동산신탁의 이용은 새로운 국면을 맞이하게 되었다.[8]

부동산신탁은 크게 관리신탁, 처분신탁, 담보신탁, 분양관리신탁, 토지신탁
으로 구분되는데, 종래 1997년 IMF 외환위기 이전에는 토지신탁이 주로 이용되
었다. 그러나 신탁계정은 자체 토지신탁 사업자금을 차입할 수 없었으므로 토지
신탁사업에 필요한 자금을 신탁회사의 고유계정으로 차입하는 형태로 사업을 진
행할 수밖에 없었고, 그 결과 부동산신탁회사는 필연적으로 과도한 리스크를 부
담할 수밖에 없었다. 그리하여 신탁사업의 하나가 부실화되면 곧바로 부동산신

---

8) 유재혁(2015), "부동산담보신탁상 위탁자의 채권자보호에 관한 연구", 연세대학교 대학원
석사학위논문(2015. 12), 26-28쪽.

탁회사가 파산하는 결과를 낳게 되었는바, 최초의 부동산신탁회사인 위 두 회사의 파산이 바로 대표적인 예이다. 1997년 외환위기 이후 프로젝트 파이낸싱(PF)시장이 발전함에 따라 신탁의 도산절연기능 및 위탁자의 채권자로부터 신탁재산을 보호할 수 있다는 신탁의 기능이 부각되면서, 구조화된 프로젝트(structured finance)를 위한 도관체(vehicle)로서의 담보신탁제도가 개발되었고, 이에 따라 부동산신탁은 부동산담보신탁을 중심으로 발전하게 되었다. 하지만 2008년 글로벌 금융위기에 따른 신용경색 및 경기침체에 따라 대규모 미분양사태가 발생하였고, 이에 따라 부동산경기가 급격한 침체국면에 빠져들게 되면서 전반적으로 부동산신탁시장은 역성장세를 기록하게 되었다. 다만 시공사 보증 기피로 부동산PF가 개발사업의 자체 사업성 평가에 기초하여 진행되었는바 이에 따른 개발사업 전반의 리스크 관리를 위해 제반 부동산 업무에 특화된 신탁회사가 개발사업의 주체가 되는 관리형토지신탁 및 부실채권 사업장 관련 정상화 수요의 증가에 따라 신탁회사의 자금투입이 전제가 되는 차입형토지신탁의 신규수주가 급격히 확대되었다.

또한 부동산에 담보권을 설정하면서 자금을 대여하는 일반적인 부동산금융에서 발생하는 담보권설정비용과 관련하여 법원은 이러한 비용을 채무자가 전부 부담하게 할 수 있도록 규정되어 있는 약관이 불공정 약관이라는 취지의 판시를 하였는바,[9] 이에 따라 채권금융기관은 부동산담보를 이용한 여신에 대하여 담보권설정비용을 부담하게 되었다. 이러한 담보권설정비용을 절감하기 위한 방안 중 하나로 부동산담보신탁제도의 이용이 보다 활발해질 수 있을 것으로 보인다.

---

9) 공정거래위원회가 은행대출과 관련하여 인지세와 담보권설정비용의 부담주체를 은행과 고객이 합의하여 결정하도록 하였던 종전 표준약관을 각 비용마다 은행과 고객 중 부담자를 구체적으로 명시하는 것으로 개정한 다음 은행들에 개정 표준약관의 사용을 권장한 사안에서, 대법원의 파기환송판결(대법원 2010. 10. 14. 선고 2008두23184 판결)에 따라 이루어진 파기환송심은 "은행대출거래 분야에서의 거래사정이나 대출상품의 특성 및 그로 인한 악용의 가능성 등과 함께 개정 전 표준약관의 내용과 그 적용 실태, 약관 개정 경위 등을 아울러 고려해 볼 때, 개정 전 표준약관은 대출거래에서 우월한 지위에 있는 은행이 그 지위를 이용하여 대출 관련 부대비용 중 은행이 부담하여야 할 비용까지 고객으로 하여금 부담하게 하거나 가산금리를 적용하는 방법 등으로 사실상 이를 고객에게 전가시킬 수 있도록 한 것이어서 고객에게 부당하게 불리한 불공정 약관조항이라고 보는 것이 타당하므로, 개정 전 표준약관이 불공정 약관조항임을 이유로 한 사용권장처분은 적법하다"라고 판시하였다(서울고등법원 2011. 4. 6. 선고 2010누35571 판결).

II. 유형

일반적으로 신탁재산의 운영이 영리를 목적으로 하는지에 따라 영리신탁과 비영리신탁으로 분류[10]하는데, 부동산신탁은 신탁을 업으로 하는 수탁자가 영리로 하는지 비영리로 하는지에 따라서 "영리 부동산신탁"과 "비영리 부동산신탁"으로 나뉜다. 일반적으로 재건축조합에서 재건축사업 등의 정비사업 시행을 위해 조합원들로부터 부동산을 수탁하는 경우에 해당하는 것이 비영리 부동산신탁의 대표적인 사례이다. 다만 그 외의 일반 사인들의 신탁계약에서는 거의 사용되지 않는다. 반면 영리 부동산신탁은 1990. 4. 13. 부동산 투기억제대책의 일환으로 부동산신탁제도가 도입된 이후, 1991년에 성업공사의 대한부동산신탁 및 한국감정원의 한국부동산신탁이 설립되었다.[11]

영리 부동산신탁의 유형은 관리신탁, 처분신탁, 담보신탁, 분양관리신탁, 토지신탁 등으로 나누어 볼 수 있다. 실무적으로 영리 부동산신탁은 전형적인 관리신탁, 처분신탁, 담보신탁, 분양관리신탁, 토지신탁의 신탁계약서에 특약사항으로 여러 조항을 추가하여 사용되며, 이해관계자의 합리적인 요청에 의해 혼합적으로 이루어지는 경우가 빈번하다. 구체적인 사안에서 해당 부동산신탁의 유형을 판단할 때 그 신탁계약서 명칭으로 판단할 것이 아니라 신탁계약서의 전체 조항을 종합적으로 검토한 후 그 신탁의 계약이 어떠한 유형에 해당하는 부동산신탁인지를 판단해야 한다. 부동산관리신탁계약서에 특약사항으로 수탁자가 제3자에게 신탁부동산을 직접 처분할 수 있다는 취지의 조항을 추가하는 경우 부동산관리신탁 외에 부동산처분신탁의 성질도 함께 가지게 되므로 위 신탁의 사해행위 해당 여부를 판단[12]해야 할 필요도 있다.

---

10) 영리신탁에서 신탁회사와 같이 상행위로서 신탁의 인수를 영업으로 하면 상사신탁이라고 하며 일반적으로 신탁회사의 형태를 가진다. 이와 반대로 가족신탁, 성년후견신탁, 소비자보호신탁 등과 같은 민사신탁의 예를 들 수 있다. 일반적으로 수탁자가 보수를 받지 않는 비영리신탁인 경우가 많다. 수탁자의 자격은 일반적으로 법률로 그 결격사유와 더불어 그 목적에 맞는 능력을 정하고 있다.
11) 고은수(2020), 7-8쪽.
12) 진상훈(2008), "부동산신탁의 유형별 사해행위 판단방법", 민사집행법연구 제4권(2018. 2), 316쪽.

Ⅲ. 부동산개발사업과 부동산신탁

부동산신탁은 부동산개발사업을 진행함에 있어서 널리 활용되고 있다. 이는 신탁재산의 독립성과 관련이 깊은데, 시행사가 부동산개발사업을 위하여 대출을 받으면서 부동산을 신탁한다면, 그 부동산은 위탁자인 시행사로부터 독립된 재산이 됨으로써 시행사가 부담하는 리스크를 피하여 안정적으로 사업을 진행할 수 있게 됨은 물론 대출금융기관 등의 채권회수도 용이하게 되기 때문이다. 즉 도산절연성을 특징으로 하는 부동산신탁은 구조화 금융을 위한 수단으로서 널리 이용되고 있다.[13]

부동산신탁은 부동산의 소유자(위탁자)가 수익을 얻을 목적으로 본인 소유의 부동산을 신탁회사에 신탁하여 개발을 위임하고 그 수익을 배당받는 제도로, 신탁회사는 신탁법상의 수탁자로서 정해진 신탁의 목적에 따라 자금조달, 토지조성, 건축물의 시공 및 분양 등을 관리하고 그 수익을 부동산 소유자인 수익자에게 교부한다. 부동산신탁은 이처럼 신탁제도가 가지는 여러 장점들을 이용하여 부동산개발사업의 안정성을 확보하는 도구로 사용되고 있다.[14]

부동산PF 사업은 토지비, 인허가비, 시공비, 분양 등 마케팅비, 금융조달비 등 거액의 자금이 요구된다. 초기 사업비 조달은 타인자본 활용을 통한 레버리지 효과를 위해 타인자본을 주로 조달하며 지분투자 방식보다 차입 방식에 의하는 경우가 더 많다. 타인자본은 시행사가 아닌 프로젝트 참가자들이 자금을 조달하는 방식으로 궁극적으로 프로젝트의 위험을 누구에게 어떻게 분담시키느냐의 문제로 귀착된다. 그리고 시행사 차입(대출)을 통한 자금조달 유형으로는 부동산PF 대출이 가장 많이 활용된다. 국내 부동산PF 대출은 물적·인적 담보가 모두 제공되어 부동산PF의 본질적 개념인 사업타당성과 상환 측면의 현금흐름을 보고 대출이 실행되지 않고 소구성을 기반으로 한 기업금융의 특성을 가지며, 사업부지의 대한 담보신탁이나 토지신탁을 통해 실질적인 담보력을 확보한다.[15]

---

13) 김민재(2021), "부동산담보신탁 우선수익권의 법적 성질에 관한 연구", 건국대학교 부동산대학원 석사학위논문(2021. 8), 1쪽.
14) 김영규(2017), "관리형토지신탁의 리스크관리 개선방안에 대한 연구", 고려대학교 정책대학원 석사학위논문(2017. 6), 1쪽.
15) 윤서준·고성수(2022), "신탁사 책임준공확약형 부동산 PF 참여자의 위험과 수익 결정에 관한 연구", 부동산경영 제25집(2022. 6), 33-35쪽.

금융기관 입장에서 부동산PF의 가장 주요 자산인 사업부지를 시행사의 우발채무로부터 보호하고 담보로 확보하기 위해 널리 이용되는 방법이 신탁이다. 담보신탁은 근저당권을 대체하는 금융상품이고, 부동산개발사업에는 토지신탁의 활용 빈도가 높다. 토지신탁이란, 건축자금이나 개발관리에 대한 노하우가 부족한 시행사로부터 토지를 수탁받아 개발계획의 수립, 건설자금의 조달, 공사의 관리, 건축물의 분양 및 임대 등 개발사업의 전 과정을 신탁회사가 수행하고 발생한 수익을 시행사에게 돌려주는 구조이다. 관리형토지신탁은 사업비의 조달의무를 위탁자가 부담하므로 PF대출 약정의 차주는 위탁자가 되고, 차입형토지신탁은 사업비의 조달의무를 수탁자가 부담하므로 PF대출 약정의 차주는 수탁자가 된다. 신탁사 입장에서는 관리형토지신탁의 경우 사업비 조달의무는 없지만, 차입형토지신탁의 경우 사업비 조달의무가 있어 자금조달의 한계로 관리형토지신탁의 활용도가 더 높다. 관리형토지신탁에 신탁사가 책임준공확약을 통해 시공사 신용을 보완하는 역할을 추가하면 책임준공확약형 관리형토지신탁 구조가 되는 것이다.

제3절 국내 부동산신탁산업의 특징

부동산신탁산업은 부동산경기와 밀접한 관련이 있으며, 특히 차입형토지신탁의 경우 고위험-고수익(High Risk, High Return) 구조의 사업모델로 사업 특성상 신탁계정대여금 발생에 따른 대손위험과 유동성위험이 상존하고 있다. 부동산신탁산업의 주요 특징은 아래와 같다.[16)]

Ⅰ. 신탁업 인가

부동산신탁회사는 금융위원회로부터 설립인가를 받아야 하며 자본시장법상 신탁업자에 해당된다. 부동산신탁회사는 부동산, 동산, 전세권, 지상권 등 부동산

---

16) 조장원(2018), "부동산신탁회사의 리스크관리 개선방안에 관한 연구: 핵심리스크 관리지표를 중심으로", 건국대학교 부동산대학원 석사학위논문(2018. 5), 32-35쪽.

관련 권리에 대한 신탁업무 및 부대업무만을 영위하는 조건으로 인가를 받은 신탁업자를 의미한다. 최저자기자본은 투자자의 유형이 일반투자자를 포함할 경우 100억원이며 전문투자자만을 포함할 경우 50억원 수준으로 최저자본금 규모는 타업권 대비 낮은 편이다(자본시장법 시행령15①[별표1] 인가업무 단위).

　　부동산신탁회사는 자기재산과 신탁재산 간 이해관계 충돌을 방지하여 수익자의 이익을 보호하기 위해 고유재산을 관리하는 고유계정과 위탁자로부터 수탁받은 재산을 관리하는 신탁계정을 구분해 운용해야 한다. 신탁계정의 경우에는 신탁사업 단위별로 구분하여 관리해야 하며 회계처리 또한 사업별로 구분하여 처리해야 한다.

Ⅱ. 신용위험 집중도

　　다른 금융권의 경우 다양한 업종에 익스포져(Exposure)[17]가 분산되어 있지만, 부동산신탁업은 신탁계정대여금, 출자유가증권, 매출채권 및 우발채무 등 직·간접 익스포져 대부분이 부동산과 관련되어 있어 부동산에 대한 신용위험 집중도가 매우 높은 특성을 가진다. 부동산경기는 부동산신탁회사의 신규수주와 부실사업장 발생에 영향을 미치게 되며, 부동산경기가 침체될 경우 신탁계정대여금 대손위험과 유동성위험이 발생할 가능성이 높아지게 된다. 부동산경기가 호황일 경우에는 대손위험과 유동성위험은 낮아지나 부동산신탁에 대한 수요가 감소할 수 있고 신탁계정대여금 회수가 빨라져 수익성에 부정적인 영향을 미칠 수 있다.

---

17) 익스포져(Exposure)는 리스크에 노출되어 있는 금액을 의미하는 것으로 노출된 리스크의 유형에 따라 시장리스크 익스포져, 신용리스크 익스포져 등으로 구분된다. 시장리스크 익스포져는 금리, 환율, 주가 등의 변동에 따라 가치가 변화하는 자산의 총계를, 신용리스크 익스포져는 거래상대방의 신용도하락, 채무불이행 등에 따른 경제적 손실위험에 노출된 금액을 의미한다. 익스포져는 장부가액보다 포괄적인 개념으로 사용된다. 즉 난내자산 (on-balance-sheet items)은 대차대조표 금액 합계가 통상 익스포져액과 동일하나, 난외항목(off-balance-sheet items)의 경우에는 난외항목(지급보증, 약정 등)이 대차대조표상의 자산으로 현실화될 가능성 등을 나타내는 신용환산율(credit conversion factor)을 계약금액에 곱한 금액이 익스포져 금액에 포함된다.

Ⅲ. 차입형, 혼합형, 비차입형의 구분

국내 부동산신탁회사는 업무영역에 따라 차입형 그룹, 혼합형 그룹, 비차입형 그룹으로 구분된다. 경쟁 강도는 그룹별로 큰 차이를 보이고 있는 상태로 차입형 및 혼합형 그룹은 경쟁 강도가 상대적으로 낮은 편이나, 비차입형 그룹은 서비스 차별화가 어렵고 겸영신탁회사도 비차입형 그룹이 영위하는 업무를 수행할 수 있어 경쟁 강도가 매우 높은 편이다. 차입형 토지신탁은 자금조달능력과 리스크관리능력 등 전반적인 사업관리 능력을 갖춘 대형 부동산신탁회사 위주로 시장이 형성되어 있어 경쟁 강도가 상대적으로 낮은 상태이며 2017년 말 기준 상위 4개사가 차입형 토지신탁 시장의 90% 이상을 점유하고 있다. 최근 새로운 사업모델로 수주 규모가 급증하고 있는 책임준공확약형 관리형토지신탁은 금융지주회사의 우수한 신용도를 바탕으로 금융지주계열 2개 회사에서 수주를 거의 독점하고 있는 상태이다.

Ⅳ. 차입형토지신탁과 사업위험

부동산신탁산업은 차입형토지신탁 업무를 영위하는 업체와 그렇지 않은 업체 간의 사업리스크 수준이 큰 차이를 보이는 특징을 가지고 있다. 차입형 그룹 부동산신탁회사는 자산구성이나 수익구성 측면에서 비차입형 그룹 회사와 많은 차이를 나타낸다. 차입형토지신탁 비중이 높은 회사는 개발사업 진행 시 신탁계정대여금이 발생하며 신탁계정대여금 조달을 위해 외부 차입금이 발생하게 되어 비차입형 그룹 회사에 비해 자산규모 및 부채규모가 상대적으로 크며, 수익구성 측면에서도 높은 신탁수수료 수익과 신탁계정대여금 이자 수취가 가능하여 상대적으로 수익성이 양호한 편이다. 하지만 미분양 발생 및 시공사 부도 등으로 신탁계정대여금을 회수하지 못하는 상황이 발생할 경우에는 대손발생과 이에 따른 유동성 위험에 처할 가능성이 많아 사업리스크 또한 매우 높은 특징을 가지고 있다.

Ⅴ. 자산건전성 분류기준의 특징

부동산신탁회사의 자산건전성 분류기준은 다른 금융권과 차이가 많다. 다른 금융회사는 자산건전성 분류 시 채무자의 상환능력 및 재무상태를 고려하는 것이 일반적이지만 부동산신탁회사는 자산의 대부분을 차지하고 있는 신탁계정대여금에 대한 자산건전성 분류 시 최초의 분양계획과 공정계획을 기준으로 목표에 미달할 경우 해당 자산을 요주의 이하 자산으로 분류한다. 따라서 최초에 목표 분양률과 공정률을 높게 설정한 경우에는 해당 신탁계정대여금이 요주의 자산으로 분류될 가능성이 높아지게 된다. 부동산신탁회사의 요주의 자산규모를 다른 금융회사의 요주의 자산과 단순 비교하는 것은 의미가 없으나, 부실징후를 사전에 반영하고 있다는 점에서 요주의 자산규모는 재무건전성을 판단하는 중요 지표로 활용된다.

Ⅵ. 차입형토지신탁과 유동성 관리

차입형토지신탁 사업에서는 부동산신탁회사가 사업비 조달의무를 부담하므로 사업장의 분양부진, 자금조달 및 운용의 만기 불일치 시 신탁계정대여금을 통해 사업비를 투입해야 한다. 다수의 사업장에 대규모 신탁계정대여금을 투입해야 하는 경우 부동산신탁회사의 유동성위험이 증가하게 되며, 이에 따른 차입금 이자비용 증가로 인해 수익성 또한 저하하게 된다. 따라서 분양대금 유입 및 사업비 지출에 대한 현금흐름 관리가 매우 중요하며 유동성위험에 대비하기 위해 현금성 자산과 차입금 약정한도를 적정 수준으로 보유하고 있어야 한다.

Ⅶ. 소송 등 우발채무 리스크

개발사업 진행과정에서는 다수의 이해관계자가 개입되므로, 부동산신탁회사는 업무수행 시 많은 소송위험에 노출되게 된다. 소송의 상당 부분은 신탁계정에 일차적인 책임이 있어 고유계정에 미치는 영향은 적으나, 소송에서 패소하여 신탁계정으로 충당이 불가능한 경우에는 고유계정에서 손실이 발생하게 된다. 따라서 패소 가능성이 많거나 소가(訴價)가 큰 소송에 대해서는 소송진행 상황을 지속적으로 점검할 필요가 있고, 사전에 적정 대손충당금 적립 및 신탁재산 관리를 통해 비경상적인 손실 발생 가능성에 대비해야 한다.

제 2 장

관리신탁 및 처분신탁

제1절 관리신탁

Ⅰ. 의의

부동산관리신탁은 현대사회에서 다양하고 복잡한 권리를 보호하고 재산을 합리적으로 운용하기 위하여 전문적인 능력을 가진 부동산 관리자를 세워 부동산소유자 대신에 해당 부동산의 임대차, 시설유지, 세무 등의 관리를 일체적이고 종합적으로 하는 방법이다. 관리신탁은 수익자에게 신탁의 수익을 배분하는 갑종관리신탁과 신탁부동산의 소유 명의만을 관리하여 주는 을종관리신탁으로 나뉜다. 실무상으로는 갑종관리신탁이 이용되는 사례는 많지 않고 을종관리신탁만이 행해진다.[1]

전업 부동산신탁회사, 은행, 증권 및 보험회사 모두 관리신탁 행위를 업으로 영위할 수 있지만, 증권회사와 보험회사는 분양관리신탁을 업으로 영위할 수는 없다(자본시장법 시행령15① [별표 1] 인가업무 단위).

---

1) 고은수(2020), 8-9쪽.

Ⅱ. 종류

1. 갑종관리신탁

갑종관리신탁은 위탁자가 신탁부동산의 소유권을 수탁자에게 이전하고, 수탁자가 신탁부동산의 소유권 보존은 물론, 개량 및 임대 등 신탁부동산을 종합적으로 관리·운용하고, 그 수익을 수익자에게 교부하는 신탁을 말한다(갑종부동산관리신탁계약서 예시안 제1조 참조).

즉 갑종관리신탁의 경우에는 부동산의 전반적인 관리 자체를 목적으로 하는 신탁을 말하며, 수탁자는 임대차관리, 시설의 유지관리 등의 업무를 수행한다. 갑종관리신탁은 보통 부동산 소유자가 장시간 해외에 나가게 되어 부동산 관리가 어려운 경우 또는 부동산을 소유하고 있으나 임대차 유지, 시설의 유지관리, 세무관리, 수익금 관리업무 등 복잡하고 어려운 빌딩 관리업무에 대한 전문지식 결여로 관리업무 실행이 어려울 때 이용된다.

2. 을종관리신탁

을종관리신탁은 위탁자가 신탁부동산의 소유권을 수탁자에게 이전하고, 수탁자가 신탁부동산의 소유권만을 관리·보존하는 것을 목적하는 신탁을 말한다(을종부동산관리신탁계약서 예시안 제1조 참조).

즉 을종관리신탁은 신탁을 통하여 등기부상 소유권만을 보전하기 위하여 신탁하는 경우이다. 현재 실무상 취급하고 있는 관리신탁 대부분이 여기 해당한다. 부동산 소유자가 자신의 부동산에 발생할 수 있는 예기치 못한 위험으로부터 소유권을 안전하게 보존할 필요가 있는 경우에 이용된다.[2]

Ⅲ. 위험

부동산신탁사는 신탁재산에 대한 관리상의 기본적인 의무로써 선량한 관리자의 주의의무, 신의성실의무, 직접관리의무, 공동수탁의 경우 사무처리 공동행위의무, 분별관리의무가 있다. 부동산관리신탁에서의 위험은 부동산담보신탁의

---

2) 조장원(2018), 41쪽.

경우와 대동소이하다.[3] 이에 관하여는 부동산담보신탁 부분에서 살펴본다.

제2절 처분신탁

Ⅰ. 의의와 종류

1. 의의

부동산처분신탁은 위탁자가 신탁부동산의 소유권을 수탁자에게 이전하고, 수탁자는 신탁부동산의 등기명의를 보존하고 이를 처분하여 그 처분대금을 신탁계약에 정해진 바에 따라 수익자에게 지급하는 것을 목적으로 하는 신탁을 말한다(부동산처분신탁계약서 예시안 제1조 참조).

즉 신탁받은 부동산의 규모가 크거나 고가라서 매수자의 수가 제한되어 있거나, 권리관계가 복잡하게 얽혀 있어서 처분절차나 방법이 어려운 경우, 잔금청산까지 오랜 기간이 소요되어서 소유권의 유지와 관리에 각별히 주의를 요하는 부동산인 경우, 수탁자가 전문성과 공신력을 갖추고 있어서 처분을 목적으로 수탁자에게 그 소유권을 일시 이전한 후 수탁자가 대신 그 부동산을 처분하게 하는 것이다.

2. 종류

부동산처분신탁도 부동산관리신탁과 동일하게 수탁자가 신탁받은 부동산의 명의만을 관리하다가 처분하는 을종처분신탁과 명의 이외에 처분 전까지 각종 물건관리행위 일체를 스스로 할 수 있는 갑종처분신탁으로 나뉜다. 처분신탁에서 신탁의 목적은 주로 처분하는 것이며, 처분 전까지의 관리는 대체로 소극적이다. 실무상으로는 명의 관리를 하다가 처분하는 을종처분신탁만이 행해지고 있다.[4]

자본시장법에 의하면 신탁을 전문적으로 하는 부동산신탁회사, 은행, 증권

3) 인성식(2012), "토지신탁의 구조와 위험분석에 관한 연구", 한성대학교 대학원 박사학위논문(2012. 12), 129쪽.
4) 고은수(2020), 7-8쪽.

회사 및 보험회사는 모두 처분신탁의 수탁자가 될 수 있다(자본시장법 시행령15①
[별표 1] 인가업무 단위).

Ⅱ. 효용성

신탁의 처분행위는 신탁재산권의 현상 또는 그 성질을 바꾸는 사실적 처분
행위(가옥의 철거 등)와 신탁재산권의 변동을 발생시키는 법률적 처분행위(가옥의
매각, 담보권 설정 등)로 나눌 수 있다. 그러나 실무상 처분신탁은 거의 매각을 목
적으로 하고 있으며, 가옥의 철거나 지상권 설정 등 담보권의 설정은 거의 이루
어지지 않고 있다. 처분신탁에서 원칙적으로 신탁재산의 처분 주체는 수탁자이
며, 처분행위에 있어서 수탁자의 기본적인 의무는 관리신탁의 경우와 동일하다.[5]

부동산개발사업에서 부동산처분신탁은 부동산PF의 전 단계인 이른바 토지
작업 단계에서 광범위하게 사용된다. 사업시행자는 사업부지 내의 부동산소유자
와 매매계약을 체결하는 방식으로 토지작업을 하는데, 사업부지에 포함된 부동
산 필지가 다수이고 소유자도 많은 경우 그 토지작업에 상당한 시간이 소요된다.
그 과정에서 지가의 상승이 이루어지고, 먼저 매매계약을 체결한 토지소유자가
변심하여 매매대금의 증액 요구, 매매계약의 해제 요구, 잔금 수령 거절 등을 하
는 경우가 많다. 이러한 경우 매수인인 사업시행자가 부동산의 소유권을 확보하
려면 매매대금 잔금을 공탁하고 소유권이전등기 청구소송을 제기하는 방법밖에
없게 되는데, 부동산처분신탁이 있는 경우 이러한 소송절차에 의하지 아니하고
서도 소유권을 확보할 수 있게 된다. 사업시행자의 토지작업에서 이용되는 부동
산처분신탁은, 매도인이 위탁자로서 신탁회사에 소유권을 이전하고, 사업시행자
를 지정매수인으로 지정하며, 사업시행자가 매도인에게 매매대금 잔금을 지급하
거나 이를 공탁하는 경우 수탁자는 부동산의 소유권을 지정매수인인 사업시행자
에게 이전함을 정하게 된다. 이를 통해 사업시행자는 매도인의 변심에도 불구하
고 매매계약의 이행을 확보할 수 있게 되는 것이다.[6]

---

5) 조장원(2018), 42쪽.
6) 최용호(2019), "부동산신탁회사의 부동산개발 관련 금융기능 강화 경향", 한국신탁학회 추
  계학술대회(2019. 11), 91쪽.

Ⅲ. 위험

　　신탁재산의 처분 주체는 부동산신탁사이며 처분행위에 있어서 수탁자의 기본적 의무는 관리신탁의 경우와 동일하다. 처분신탁에 의하여 수탁자가 해당 부동산을 처분하면 실질과세의 원칙에 따라 그 처분시에 위탁자가 처분한 것으로 간주하여 각종 부동산 조세를 부담하게 된다. 신탁재산의 점유자는 위탁자이기 때문에 신탁부동산의 처분시 명도책임은 위탁자에게 있으며, 부동산신탁사는 현상 그대로의 부동산을 처분한다는 내용, 대상 부동산의 명도책임 등 매도자로서의 모든 위험을 매각공고, 매각조건에 충분히 고지한다면, 매도자의 하자담보책임, 명도책임 등의 사유로 인한 손해는 적을 것이며, 당해 손해 역시 처분대금에서 위탁자부담으로 우선 충당할 수 있다. 또한 신탁재산을 처분할 때까지의 관리의무 등은 부동산관리신탁과 같다.[7]

---

7) 인성식(2012), 130쪽.

제3장

담보신탁

제1절 서설

Ⅰ. 의의

1. 개념

부동산담보신탁이란 위탁자가 차입 기타 거래에서 부담하는 채무를 담보하기 위하여 담보목적물인 부동산을 수탁자에게 신탁하고 신탁행위로 채권자에게 수익권을 부여하는 것을 말한다.[1] 구체적으로는 위탁자가 채권을 담보하기 위하여 채권자를 우선수익자로, 위탁자를 후순위 수익자로 하여 위탁자 소유의 부동산을 신탁법에 따라 수탁자에게 이전하면서 채무불이행 시에는 신탁부동산을 처분하여 우선수익자의 채권변제 등에 충당하고 나머지를 위탁자에게 반환하기로 하는 내용으로 이루어진다.[2]

즉 부동산담보신탁이란 수익자를 채권자로 하여 채무자 또는 제3자(일종의 물상보증인)가 신탁부동산의 소유권을 수탁자에게 이전하고, 수탁자는 해당 신탁재산을 담보목적으로 관리하다가 정상적으로 채무가 이행될 경우 해당 신탁재산

---

1) 대법원 2001. 7. 13. 선고 2001다9267 판결; 대법원 2002. 12. 26. 선고 2002다49484 판결 등.
2) 대법원 2016. 11. 25. 선고 2016다20732 판결.

의 소유권을 위탁자에게 환원한다. 만약 채무자가 채무를 변제하지 아니할 경우에는 해당 신탁재산을 처분하고, 그 처분대금으로 채권자인 수익자에게 변제한다. 잔액이 남을 경우에는 채무자에게 다시 반환한다. 다시 말해 신탁제도를 활용한 부동산 담보방법이다.[3]

부동산담보신탁은 신탁제도의 담보 기능을 이용한 관리신탁과 처분신탁의 결합형으로, 실무상으로는 관리·처분신탁 계약 형식으로 체결된다. 전문적인 부동산신탁회사 및 은행은 담보신탁의 수탁자가 될 수 있으나 증권회사와 보험회사는 수탁자가 될 수 없다(자본시장법 시행령15① [별표 1] 인가업무 단위). 현행 부가가치세법 제3조의2에 의하면 담보신탁의 경우에 납세의무자를 수탁자로 하고, 그 이외의 신탁재산의 매매에 대해서는 위탁자에게 납세의무를 두고 있다. 뒤에서 살펴볼 관리형토지신탁과 차입형토지신탁 역시 위탁자의 채권자를 우선수익자로 지정함으로써 부동산담보신탁으로서의 기능도 가지는 것이 일반적이다.[4]

부동산담보신탁은 매년 그 활용이 계속하여 늘어나고 있는데, 이는 다른 담보확보 수단과 비교하여 유사한 경제적 기능을 하면서도 도산절연, 이중청구 및 담보권자들의 이해관계 조절의 편의성 등 여러 장점을 가지고 있기 때문이다. 나아가 설정비용이 저당권보다 저렴하고, 전문적이고 중립적인 신탁회사가 담보물인 신탁부동산을 관리함으로써 담보설정자가 이를 임의로 처분하지 못하도록 하며, 채무불이행으로 신탁부동산을 처분함에 있어서도 그 방법을 임의로 결정할 수 있어 강제집행에 비하여 신속하고 효율적이다.[5]

2. 법률관계

부동산담보신탁은 채무자인 위탁자가 채권자를 수익자로 하여 신탁부동산의 소유권을 수탁자에게 이전하고, 수탁자는 담보의 목적을 위하여 신탁부동산을 관리하며, 채무가 이행되면 신탁부동산의 소유권을 위탁자에게 환원하고 채무가 불이행되면 신탁부동산을 처분하여 그 대금으로 채권자인 수익자에게 변제하는 것을 기본적인 구조로 하고, 나머지 법률관계 내용은 신탁법리 및 신탁계약을 통하여 정해지므로 여러 유형이 있을 수 있다.[6]

---

3) 진상훈(2008), 317쪽.
4) 최용호(2019), 90쪽.
5) 김민재(2021), 8-9쪽.
6) 김민재(2021), 9-10쪽.

실무에서는 채무자가 위탁자로서 자기 소유 부동산에 관하여 신탁을 설정하면서, 채권자를 우선수익자로, 자신을 수익자로 각 정하여 채무불이행의 경우 신탁재산을 매각한 대금으로부터 우선수익자인 채권자가 만족을 얻고, 수익자인 채무자가 그 잔여를 받는 유형이 많이 쓰이고 있다. 부동산담보신탁의 구체적 법률관계를 살펴보면 다음과 같다.

먼저 채무자는 위탁자로서 자기 소유 부동산을 신탁재산으로 하여 수탁자인 신탁회사와 신탁계약을 체결한다. 이로써 수탁자는 신탁재산을 소유하고 담보가치가 유지되도록 관리하며, 위탁자는 신탁재산에 관한 소유권을 상실하지만 신탁법 및 신탁계약이 정함에 따라 수익권의 내용으로써 신탁이 존속하는 동안 신탁재산을 사용·수익할 수 있다.

위와 같이 신탁계약을 체결하면서 채권자를 우선수익자로 지정하게 되는데, 수탁자는 우선수익권을 표창하는 증서를 위탁자에게 교부하고 위탁자는 이를 다시 우선수익자에게 교부한다. 이로써 우선수익자는 지정된 우선수익금의 한도 내에서 다른 수익자나 위탁자에 우선하여 수익을 교부받을 권리를 가지게 되어 담보를 확보하고, 위탁자는 대출을 받을 수 있게 된다. 그리고 채무자가 채권자에게 채무를 불이행한 경우에는 채권자인 우선수익자가 수탁자에게 신탁재산의 처분을 요구하여 신탁재산의 처분으로 발생한 대금으로 자신의 채권을 변제받고, 잔여 신탁재산은 신탁에서 정함에 따라 귀속된다.

3. 법적 성질

부동산담보신탁은 신탁이라는 제도를 이용하지만 그 목적은 채권자를 위한 담보설정에 있는 것이므로, 부동산담보신탁상의 채권자가 보유하는 수익권을 민법상의 담보권으로 볼 수 있는지 여부에 대하여 견해가 대립한다.

(1) 변칙담보물권설

부동산담보신탁의 경우 형식은 신탁이지만 그 실질은 담보이므로 신탁법 이외에도 담보물권의 법리가 적용되며, 담보신탁을 양도담보와 같은 변칙담보물권으로 이해하는 견해이다. 이 견해에 따르면 형식에 관한 사항은 신탁법이 적용되고, 실질에 관한 사항은 담보물권에 관한 규정이 적용되어야 한다. 따라서 공시에 관한 사항, 신탁재산의 독립성에 관한 사항, 위탁자의 파산, 회사정리 등과 관련된 사항은 형식에 관한 사항으로 보아 신탁법이 적용되고, 우선변제권, 매각에 관한 사항, 부종성 등은 실질인 담보물권에 관한 사항으로서 담보의 법리가 적용된다.[7]

부동산담보신탁과 물권법정주의의 관계에 대하여는, 부동산담보신탁에서 채권자인 수익자가 취득하게 되는 우선수익권은 법률에 근거하는 담보물권은 아니지만, 관습법상의 담보물권이라고 주장한다. 부동산담보신탁은 신탁법이 예정하였던 담보제도는 아니므로 전형담보라고 볼 수는 없고 일종의 변칙담보로 보아야 하고, 우선수익권은 관습법에 의한 담보물권으로 볼 수 있다는 것이다. 따라서 수익권은 담보물권의 통유성을 가지며, 민법상의 담보물권인 저당권에 관한 규정이 적용되어야 한다고 주장한다.

영미법상 신탁(trust)은 보통법(common law)과 형평법(equity)이 병존했던 전통에서 발달한 제도이며, 수익자의 수익권은 대표적인 형평법상의 권리이다. 대륙법계에서는 물권과 채권을 준별하고 신탁을 계약관계로 파악하여 수익자를 제3자를 위한 계약에 기한 급부청구권을 가지는 채권자에 불과한 것으로 보는 반면에, 영미법계에서는 수익자에 대하여 신탁재산에 관한 형평법상의 소유권(equitable ownership)을 인정하여 물권적 지위를 부여하고 있다. 이에 따라 신탁재산에는 수탁자의 권한과 함께 수익자의 형평법상의 소유권이 함께 존재하는 것으로 관념되어, 보통법상의 소유자인 수탁자의 권한을 효과적으로 통제할 수 있게 된다.

변칙담보물권으로 이해하는 견해는 이러한 형평법상 권리인 수익권을 우리나라의 물권과 비교할 수 있는 권리라고 주장한다. 이에 근거하여 수익권의 본질적 성질이 물권이므로 담보신탁에서 수익권은 담보물권으로 보아야 한다는 것이다.

이러한 입장에서는 부동산담보신탁을 변형된 담보물권으로 보게 되므로 부동산담보신탁의 수익자의 지위에 담보물권의 부종성의 원리, 우선변제권자의 지위를 모두 인정하게 된다. 따라서 부종성의 원리상 부동산담보신탁의 수익자도 피담보채권이 소멸하면 당연히 소멸하고 수익자 간에 위탁자와 부종성 배제의 합의를 한다 하여도 그 합의는 무효가 된다.

또한 우선변제권의 경우 부동산담보신탁을 변칙담보물권으로 이해하면 담

---

7) 안성포(2020), "부동산담보신탁의 우선수익권과 원인채권의 관계: 대법원 2017. 6. 22. 선고 2014다225809 전원합의체 판결", 신탁연구 제2권 1호(2020. 6), 11-13쪽.

보물권의 특성으로 인해 우선변제권 확보의 문제를 해결할 수 있다고 주장한다. 신탁을 설정하면 신탁재산은 독립재산이 되어 채무자(위탁자)의 채권자들이 신탁 재산으로부터는 채권의 변제를 받을 수 없게 되므로 수익자가 사실상 우선변제 를 받을 수 있게 된다(신탁법22). 이에 대하여 부동산담보신탁을 변칙담보물권으 로 파악하게 되면, 담보의 목적과 피담보채권 등 담보신탁의 내용이 신탁원부에 공시되므로 일반채권자에 대해서는 우선변제권이 인정된다고 해석될 수 있으므 로, 부동산담보신탁을 담보물권으로 이해하지 않는다면 채권자인 수익자에게 우 선변제권은 인정되지 않는다고 해석할 수밖에 없다고 주장한다.

(2) 신탁의 일유형설

이 견해에 의하면 부동산담보신탁의 법적 성질은 신탁법과 신탁계약에 근거 하는 하나의 신탁유형이라는 것이다. 부동산담보신탁을 설정하고 채권자는 담보 권을 취득하는 것이 아니라 담보적 기능을 얻게 되는 것이라고 설명한다. 즉 법 률상 담보권자의 지위를 획득하는 것이 아니라 위탁자와 수탁자의 신탁행위에 의해 담보적 기능을 하는 수익자의 지위에 놓이게 되는 것이라고 설명한다. 따라 서 부동산담보신탁은 신탁의 일종이고, 신탁의 고유한 법리에 따른 해석을 통해 서 부동산담보신탁을 설명할 수 있다고 보는 것이다.[8]

이 견해는 부동산담보신탁에서 우선수익권을 담보물권으로 보게 될 경우 우 선수익권이 회생담보권이 되어 수익자 보호에 취약해질 수 있다는 점을 강조한 다. 특히 신탁을 활용하는 이유 중의 하나는 도산절연 효과인데, 부동산담보신탁 을 담보물권으로 보게 되면 위탁자에 대한 회생절차에서 위탁자의 채권자인 수 익자가 보유한 우선수익권이 회생담보권으로 취급되어, 신탁제도를 이용함으로 써 발생하는 도산절연 효과를 누리지 못하게 된다는 것이다.

또한 부동산담보신탁의 우선수익권을 담보물권으로 보는 경우, 담보권실행 시 임의매각이 아니라 민사소송법(제724조 이하)이 정한 절차에 따라 경매에 의하 여 실행되어야 하기 때문에 부동산담보신탁의 장점이라고 할 수 있는 공매와 임 의매각을 할 수 없게 되는 문제도 야기될 수 있다고 주장한다.

---

8) 안성포(2020), 13-14쪽.

(3) 결어

ⅰ) 부동산담보신탁을 통해 얻게 되는 채권자의 담보취득 효과는 경제적인 측면을 고려한 것에 불과하며, 이러한 점만으로 부동산담보신탁이 법률적인 측면에서 민법상 변칙담보제도라고 볼 수는 없다는 점, ⅱ) 신탁계약에서 정하지 않는 이상 위탁자와 수탁자 사이에 체결되는 신탁계약과 채무자인 위탁자와 채권자 사이에 체결되는 금전소비대차계약은 법률적으로 상호 독립된 법률행위로 보아야 하므로, 담보물권의 특징 중 하나인 수반성이나 부종성이 인정된다고 보기는 어려운 점, ⅲ) 부동산담보신탁상의 수익권을 민법상의 담보권으로 인정하는 경우 위탁자에 대하여 회생절차 및 파산절차가 진행되는 경우 신탁의 도산절연 효과가 인정될 수 없으므로, 채권자보호에 취약할 수밖에 없는 점, ⅳ) 부동산담보신탁상의 수익권을 민법상 새로운 유형의 담보권이라고 보는 것은 민법 등 법에 담보권이라고 규정되어 있지 않는 한 물권법정주의에 반할 수 있다는 점 등에 비추어볼 때 부동산담보신탁의 목적이 채권자를 위한 담보제공이라고 해서 이를 민법상 담보제도라고 파악할 수는 없다고 생각된다.[9]

따라서 담보적 기능에도 불구하고 부동산담보신탁은 신탁제도라고 보아야 할 것이고, 이에 대한 법적 해석 역시 민법상 담보제도의 법리가 아닌 신탁제도의 고유한 법리에 기초해야 할 것이다.

부동산담보신탁은 신탁의 주된 목적이 채권담보이기는 하지만 궁극적으로 신탁제도이지 담보제도는 아니다. 즉 신탁의 형식을 통해 채권담보를 목적으로 하기 때문에 담보제도와 기능면에서 동일할 뿐, 담보제도 그 자체는 아니다. 실무상으로도 부동산신탁회사의 주력 상품으로 신탁의 법리를 충실하게 따르고 있고, 신탁계약서의 내용은 채권담보를 위한 신탁으로 구성되어 있다. 따라서 신탁의 성립 및 형식에 관한 사항은 신탁법이 적용되고 신탁재산의 운용 및 환가 등 담보와 관련된 사항은 담보에 관한 법률이 적용되어야 할 것이다.[10]

---

9) 유재혁(2015), 23-24쪽.
10) 조준호(2010), "담보활용방안으로서의 부동산신탁에 관한 연구: 부동산 프로젝트금융을 중심으로", 연세대학교 법무대학원 석사학위논문(2010. 6), 11쪽.

Ⅱ. 담보신탁과 저당권 및 양도담보의 비교

1. 부동산담보신탁과 저당권

부동산담보신탁과 저당권은 담보의 기능을 가지고 있다는 점과 각 신탁약정과 저당약정에 앞서 금전소비대차관계를 두고 있다는 점에서 유사하다. 즉 부동산담보신탁의 위탁자(채무자)와 수익자(채권자)는 금전소비대차관계를 전제로 하여 부동산담보신탁을 설정하고, 저당권자(채권자)와 저당권설정자(채무자)도 금전소비대차를 전제로 저당권을 설정한다.[11]

그러나 부동산담보신탁의 경우 저당권을 설정하는 것과 같은 효과가 있으면서도 채권회수나 신탁재산의 처분에 있어서 더 유용하며, 설정비용에 있어서도 저렴하고, 신탁법 제22조에 의해 신탁된 부동산에 대해서는 강제집행, 법원경매 실행, 보전처분 또는 국세 등 체납처분을 할 수 없게 되므로 담보부동산은 안전하게 관리되며 투명한 자금관리로 인하여 수익을 보전할 수 있다.[12]

이러한 차이점 외에도 부동산담보신탁과 저당권을 채권(신탁법리)과 물권으로 구분함으로써 나타나는 위탁자의 회생절차에서도 부동산담보신탁과 저당권은 다르게 취급된다. 신탁재산은 위탁자로부터 분리되고 그 소유자인 수탁자의 고유재산과도 독립하므로(신탁재산의 독립성), 위탁자의 재산에 대하여 회생절차나 파산절차가 개시되는 경우에도 수익자의 지위 또는 신탁재산에 대한 수익권은 영향을 받지않는다. 독립한 신탁재산에 대하여 수익권을 취득한 채권자는 담보제공자의 도산위험으로부터 절연되어 보다 강력한 담보를 취득할 수 있게 된다. 이는 신탁이 가지는 효과 내지 기능에 근거하는 것으로 피담보채권을 전제로 하여 제한물권을 취득하는 담보물권과는 달리 취급되는 것이다.

2. 부동산담보신탁과 양도담보

부동산담보신탁과 양도담보는 채무자(위탁자)가 채권자(수탁자)에게 부동산을 이전하는 행위가 채권자의 채무자에 대한 금전소비대차와 견련성이 있다는 점과 채무자가 채권자에 대한 채무를 담보하기 위한 재산의 이전행위라는 점에

---

11) 금전소비대차관계가 전제된다는 점은 부동산담보신탁과 다른 신탁과의 차이점이기도 하다.
12) 안성포(2020), 14–15쪽.

서 유사하다.13)

그러나 양도담보의 경우 담보물의 소유권이 형식적으로만 채권자에게 이전
되는 것일 뿐, 내부적으로는 담보물의 소유권자는 양도인이다. 즉 내부적으로 채
무자(양도담보권설정자)와 채권자(양도담보권자) 사이에 담보물의 소유권이 채무자
에게 있다. 또한 양도담보는 피담보채권의 소멸로 인하여 양도담보권은 소멸한다.

이에 반해 부동산담보신탁에서는 위탁자가 수탁자 앞으로 담보물(부동산)의
소유권이전등기를 마치게 되면 대내외적으로 소유권이 수탁자에게 이전되고, 위
탁자와의 내부관계에 있어서 소유권이 위탁자에게 유보되지 않으며, 신탁의 효
력으로서 신탁재산의 소유권이 수탁자에게 법적으로 경제적으로 완전히 이전된
다.14) 그리고 신탁행위로 채권자를 수익자로 지정한 경우 채권자는 수익권의 형
태로 피담보채권의 실현가능성을 확보한다.

이처럼 "신탁재산의 소유권"과 "수익권"은 각각 "수탁자"와 "수익자"의 지
위를 가진 자에게 귀속된다. 즉 신탁법상 수탁자와 수익자의 지위는 별개이며,
부동산담보신탁의 경우 채권자는 수탁자가 아니라 수익자로서 신탁이익을 향수
하게 된다. 수탁자는 부동산의 소유자로서, 다른 한편으로는 신탁법 제31조에 근
거하는 부동산에 대한 권리와 의무의 귀속주체로서 그 부동산의 관리, 처분, 운
용, 개발, 그 밖에 신탁 목적의 달성을 위하여 필요한 행위를 하는 자가 된다. 그
러므로 신탁법에서는 수탁자의 권한남용행위를 견제하게 되고, 수탁자가 수익자
를 위해 최선의 이익을 도모하도록 수탁자에게 엄격한 의무를 부과하고 그 위반
에 따르는 책임을 묻게 된다.15) 그리고 신탁에 위반하여 수탁자가 목적물을 처
분한 때, 수익자는 이를 취소할 수 있으며(신탁법75), 그러한 우려가 있는 때 유지
청구권을 행사하는 것도 가능하다(신탁법77). 이러한 신탁법의 규정에 비추어 보
더라도, 부동산담보신탁은 담보를 위해 채권자에게 소유권을 조건부로 이전하는
양도담보와는 다른 것임을 알 수 있다.16)

---

13) 안성포(2020), 15-16쪽.
14) 대법원 2003. 1. 27. 선고 2000마2997 판결; 대법원 2002. 4. 12. 선고 2000다70460 판결;
    대법원 1994. 10. 14. 선고 93다62119 판결.
15) 신탁법은 제32조 이하에서 수탁자의 의무 일반을 규정하고 있다. 선관주의의무(제32조),
    일반적 충실의무(제33조), 이익충돌회피의무(제34조), 공평의무(제35조), 이익향수금지원
    칙(제36조), 분별관리의무(제37조), 정보제공의무(제39조, 제40조), 자기집행의무(제42조)
    등이다.
16) 대법원 2018. 4. 12. 선고 2016다223357 판결.

또한 양도담보의 경우 가등기담보법의 적용을 받아 귀속정산이나 처분정산 절차를 거치게 되지만, 부동산담보신탁의 경우는 공매절차를 거치게 된다. 부동산담보신탁을 양도담보와 동일하게 취급해버리면, 부동산담보신탁에도 가등기담보법을 적용하여야 하는데, 가등기담보법상의 실시절차는 소유권취득의 사적 실행 또는 경매에 의하게 된다. 이러한 실행절차를 부동산담보신탁에 적용한다면 수탁자의 신탁재산에 대한 관리·처분권을 배제하는 것이 되고 만다.

Ⅲ. 특징, 효용성과 위험

1. 특징

기존의 부동산담보제도로 이용되고 있는 저당권은 피담보채권에의 부종성으로 인하여 저당권 자체만을 유통시킬 수 없고, 그 실행 시 경매의 방법에 의하므로 시간과 비용이 많이 소모되며 경매대금은 실거래가격보다 낮은 경우가 대부분인 단점이 있고, 변칙담보(양도담보, 가등기담보 등)는 그 실행을 위한 청산금을 담보권자 스스로 평가함으로써 평가액의 공정성에 관하여 의문이 있고, 담보목적의 등기임이 공시되지 않아 공시방법이 불충분하다는 단점이 있다. 이에 반하여 부동산담보신탁은 피담보채권과 분리하여 수익권만을 양도할 수 있고, 그 실행을 임의매각 방법에 의하므로 시간과 비용을 절약할 수 있으며, 매각대금도 경매대금보다 일반적으로 높고, 공신력 있는 신탁회사가 수탁자로서 임의매각하므로 매각대금의 적정성을 기대할 수 있으며, 담보목적의 신탁등기임이 신탁원부를 통하여 공시될 수 있는 장점을 가진다.[17]

부동산담보신탁계약에는 우선수익자의 채권의 내용, 우선수익권의 수익한도금액, 우선수익자의 신탁재산 공매요청권, 공매요청 사유 등을 정하게 되는데, 통상 우선수익자에 대한 위탁자의 채무의 기한의 이익이 상실된 경우 우선수익자의 요청에 의해 수탁자가 신탁재산을 공매하여 이를 금전화한 후 우선수익자에게 우선수익권에 기한 수익을 지급하게 되며, 이를 통해 우선수익자는 신탁된 부동산에 대해 담보권을 가지고 있는 것과 유사한 결과를 얻게 된다.[18]

부동산신탁의 유형 중에서도 대출금융기관이 시행사에게 부동산개발사업을

---

17) 진상훈(2008), 317-318쪽.
18) 최용호(2019), 90쪽.

위한 대출을 해주면서 토지 등에 관하여 신탁회사에의 신탁을 하도록 하고 대출
금채권을 담보하기 위하여 신탁계약에 따른 우선수익권을 갖는 부동산담보신탁
이 대표적이다. 부동산담보신탁이 부동산개발사업에서 채권의 담보를 위한 수단
으로서 활용되는 경우가 증가함에 따라 이와 관련된 분쟁도 늘어나고 있다.[19]

참고로 주택법에 따른 공동주택 개발사업의 경우 분양을 하기 위해서는 대
지상에 설정된 저당권 등 담보물권, 가압류, 가처분 등을 말소하여야 하고, 처분
제한에 관한 부기등기를 하여야 하며, 그러한 제한은 입주 가능일로부터 60일의
기간 동안 유지되므로(주택법61①②③, 주택공급에 관한 규칙16), 위탁자가 채권자를
위해 건축 대지에 대한 부동산담보신탁을 한 경우 그 신탁을 해지하여야 한다.
그 결과 부동산PF의 대주는 건축물 완공 후 미분양물에 대해 담보를 목적으로
한 신탁등기가 이루어질 때까지는 부동산에 관한 무담보 상태가 되며, 이것이 부
동산PF에서 관리형토지신탁이 광범위하게 이용되고 있는 중요한 원인이 된다.
그 결과 순수한 부동산담보신탁만을 하는 부동산PF는 드물지만, 여전히 신탁회
사가 사업시행자가 되기 어려운 산업입지법에 따른 산업단지개발사업 등에는 부
동산담보신탁이 이용되고 있다.[20]

2. 효용성

현행 부동산담보제도하에서는 부동산담보물권의 피담보채권에의 강한 부종
성이 인정되어 있고(민법361) 등기의 공신력이 인정되지 않는 이유로 인하여 저
당권의 유통 내지는 유동화가 이루어지지 못하여 장기대출을 주로 하는 금융기
관에서는 신규 대출자금의 조달을 위하여 그 금융기관의 보유하고 있는 저당권
을 활용할 수가 없다. 그리고 저당권의 실행방법은 경매에 의하게 되거나 경매는
비용과 시간이 적지 않게 소요되고 경매가격이 일반거래가격에 비하여 낮은 것
이 일반적이다.[21]

부동산신탁회사가 현재 이용하고 있는 담보신탁제도는 채무자인 위탁자가
채권자를 수익자로 하여 신뢰성이 있는 위탁자로 하여금 담보의 목적인 부동산
의 소유권을 이전하고 채무를 이행하지 않았을 때 임의매각의 방법에 의하여 그

---

19) 김민재(2021), 1쪽.
20) 최용호(2019), 90-91쪽.
21) 조준호(2010), 5-6쪽.

매각대금으로 수익자인 채권자에게 지급하고 잔액이 있으면 채무자에게 반환하게 한다. 금융기관 입장에서는 저당권에 비하여 비교적 신속하고 용이한 환가수단 확보 측면에서, 위탁자 입장에서 환가시 수탁자가 공정한 제3자의 위치에서 실거래가격 수준으로 매각할 것으로 기대할 수 있다는 점에서 담보신탁제도의 필요성이 인정되고 있다.

또한 부동산PF 대출의 경우 해당 프로젝트의 독립성, 안정성을 확보하기 위하여 대체로 시행주체(시행사)를 SPC로 하여 사업이 진행되지만 현실적으로 시행주체가 SPC가 아니거나 SPC라 하더라도 보유자산에 대하여 제3자에 의한 강제집행이 들어오는 경우가 빈번하게 발생하고 있다. 이때 해당 프로젝트에 투여되는 자산을 담보신탁으로 보존할 경우 시행주체로부터 사업의 독립성을 확보하여 안정적으로 사업을 진행할 수 있다는 점에서 유용하다.

그리고 현재 부동산신탁회사에서 발행하는 수익증권은 신탁회사가 자체적으로 수익권증서라는 명칭으로 발행하고 있는데, 이는 수익자의 권리를 표창하는 증서로서 금전신탁의 수익증권과 대비되지만 현행 법률상 근거가 없는 상태에서 임의로 발행되고 있었다. 그러나 신탁법은 수익권증서를 유가증권으로 인정하여 수익증권의 유통성 확보에 관한 법률적 근거를 마련하였다. 이로써 주식에 유사한 기명식의 수익증권과 사채에 유사한 무기명식의 수익증권 양자가 이용가능하게 됨에 따라 부동산담보신탁의 유동화가 가능하게 되어 저당권의 유통 내지 유동화의 대안으로 담보신탁을 활용할 수 있게 되었다.

3. 위험

부동산담보신탁에서는 신탁재산의 사용가치보다는 교환가치에 담보적 효력을 인정하는 제도이기 때문에 위탁자가 신탁부동산을 사실상 계속 점유·사용하고, 신탁부동산에 대한 보존·유지·수선 등 실질적인 관리행위와 이에 소요되는 일체의 비용을 부담하게 된다. 또한 위탁자는 부동산신탁사의 사전 승낙없이 신탁부동산에 대하여 임대차 등 권리설정 또는 신탁부동산의 현상을 변경하는 방법으로 가치를 저감하는 행위를 하지 못하며, 신탁부동산의 멸실·훼손 등 사고가 발생하거나 발생이 예상되는 경우에는 지체없이 이를 부동산신탁사에 통지하여 신탁부동산의 가치보전 및 처분에 필요한 행위를 할 수 있도록 하여야 한다. 부동산신탁사는 선량한 관리자로서 신탁부동산의 보존·관리 및 기타 신탁사무를 처리하여야 한다. 신탁부동산 및 신탁이익에 대한 제세공과금·유지관리비 및 금융비용 등과 기타 신탁사무처리에 필요한 제 비용 등을 신탁재산에서 지급하고, 이에 부족 금액이 발생하는 경우에는 위탁자에게 청구하고 위탁자가 이를 지급하지 않는 경우에는 부동산신탁사가 대신 납부하여야 하며, 이를 상환받기 위하여 상당하다고 인정되는 방법으로 신탁부동산의 일부 또는 전부를 처분하여 지급에 충당할 수 있다. 따라서 부동산신탁사가 신탁 관련 제비용을 대지급하더라도 그 금액이 토지신탁처럼 다액인 경우가 적어 신탁재산으로 충당함에 있어 위험은 적다 하겠다.[22]

제2절 부동산담보신탁의 구조

Ⅰ. 의의

부동산담보신탁계약이 실제 거래관계에서 어떤 방식으로 체결되는지를 살펴보는 것은 부동산담보신탁의 전체적인 구조를 파악하는데 직접적인 도움이 될 수 있다. 특히 이는 대규모의 자금이 투입되는 각종 부동산개발사업과 관련하여 금융기관들이 시행사에 프로젝트 파이낸싱을 해주는 과정에서 채권담보의 목적으로 신탁을 어떻게 활용하는지를 보여주는 것인데, 이를 통해 결국 위탁자, 수탁자, 수익자라는 3면의 관계 속에서 담보신탁이 어떤 방식으로 작동하고 있는지, 그 일련의 흐름을 읽을 수 있다.

Ⅱ. 부동산담보신탁계약의 체결 과정

부동산담보신탁계약의 체결 과정은 프로젝트회사가 대출을 받고 담보신탁을 어떻게 활용하고 있는지를 보여준다. 이러한 과정은 일반 회사가 대출을 받는 과정에서 담보신탁을 활용하는 경우에도 유사하다. 여기서는 대출상담을 받는

---

22) 인성식(2012), 127-128쪽.

것에서부터 대출이 실행되기까지의 과정에서 담보신탁계약이 어떤 방식으로 체결되는지를 살펴본다.[23)]

1. 대출상담

차주가 될 프로젝트 회사[24)]는 금융기관에 대출의 조건 및 가부 등 적격 판단을 위한 대출상담을 받는다.

2. 금융기관의 사업성 검토

부동산PF 대출에서는 해당 사업으로부터 유입되는 현금흐름을 상환재원으로 하기 때문에 금융기관은 프로젝트 회사가 추진하는 사업이 안정적으로 진행될 수 있는지 여부를 면밀히 검토하게 된다.

3. 신탁회사에 특정 부동산 조사 · 분석 요청

대출상담 후 대출이 가능하다는 승낙을 한 금융기관은 신탁회사로 하여금 대내외적으로 소유권이 이전될 특정 부동산에 선순위 권리나 대항력 있는 임차권이 있는지, 제세공과금을 체납하였는지 등을 조사하고, 그 부동산에 대한 가치평가를 하도록 하기 위해 신탁회사에 조사 및 분석을 요청한다.

4. 신탁회사의 통보

신탁회사는 특정 부동산을 조사 및 평가하여 유효 담보금액을 파악하게 되면 이를 기초로 한 조사분석서를 작성하여 금융기관에 그 내용을 통보한다.

5. 금융기관의 대출의사 결정

신탁회사로부터 통보를 받는 금융기관은 대출조건을 최종 확인하여 수익권증서 발급을 의뢰한다.

---

23) 양진섭(2012), "부동산담보신탁에 관한 연구", 서울대학교 대학원 박사학위논문(2012. 2), 58-60쪽.

24) 담보신탁에서 프로젝트 회사는 일반적으로 사업시행자를 의미하고, 시공사는 사업시행자가 대출을 받는 과정에서 연대보증을 서게 된다.

6. 대출계약 및 담보신탁계약

채무자는 대출금융기관과 합의된 대출조건에 따라 대출계약을 체결하고, 위탁자는 신탁회사와 소유권 이전의 대상인 특정 부동산의 보전관리 및 채무불이행 등의 환가사유 발생시 환가정산을 내용으로 하는 담보신탁계약의 체결 및 신탁등기[25]를 하게 된다.

7. 수익권증서 발급 및 교부

위탁자는 신탁회사로부터 수익권증서를 발급받아 금융기관에 이를 교부한다. 이때 보통 등기필 신탁계약서 사본을 함께 첨부한다.

8. 금융기관의 대출실행

수익권증서를 교부받은 대출금융기관은 수익권증서에 기재된 금액을 한도로 하여 채무자에게 대출을 실행한다. 수익권증서에 기재된 금액은 근저당권의 채권최고한도액에 상응하는 것으로 지급이 보장되는 것은 아니지만, 신탁부동산이 처분되는 경우 그 순위에 따라 교부받을 수 있는 최고한도액을 나타내는 것이다.

Ⅲ. 부동산담보신탁계약의 종료 과정

부동산담보신탁계약이 체결되어 유효하게 존속 중이라면, 신탁부동산은 신탁계약에 따라 이용·관리된다. 즉 신탁종료사유가 발생하지 않는 이상 신탁부동산이 처분되거나 신탁부동산의 소유권이 환원되는 일은 발생하지 않는다. 여기서는 "채무를 이행한 경우"와 "채무의 불이행 등 환가사유가 발생한 경우"로 나누어 살펴본다.[26]

---

25) 신탁등기는 신탁계약 체결과 동시에 또는 그 이후에 경료하게 된다.
26) 양진섭(2012), 61-63쪽.

1. 채무를 이행한 경우

(1) 대출금 상환 및 소유권 확인

채무자가 금융기관(우선수익자)의 대출금을 상환하면, 수탁자는 위탁자에게 신탁부동산의 소유권을 수탁자로부터 위탁자에게 환원하게 된다.

(2) 신탁의 종료

채무자의 대출금 상환 및 수탁자의 위탁자에 대한 소유권 이전으로 신탁은 완전히 종료하게 된다.

2. 채무불이행 등 환가사유가 발생한 경우

(1) 채무불이행 등 환가사유 발생

신탁계약에서는 신탁부동산의 환가사유를 정하게 되는데, 이러한 환가사유의 발생만으로 신탁회사에서 환가절차를 거치는 것은 아니고 우선수익자의 처분요청이 필요하다.

(2) 신탁부동산의 환가 요청

우선수익자인 금융기관이 신탁회사에 신탁부동산에 대한 처분을 요청한다.

(3) 환가

주로 일반 부동산시장을 통한 공개매각절차를 거치게 되므로, 신탁회사에서는 시장가격에 근접한 환가금액을 확보할 수 있다.[27] 또한 법원경매절차와 달리 신탁계약에서 정하는 바에 따라 수의계약이 가능하여 적정가격을 제시하는 매수인이 있는 경우 보다 신속한 환가금액의 확보도 가능하다. 금융기관은 실무적으로 이 방법을 가장 선호한다.

---

27) 특정 부동산에 대한 조사 및 분석은 부동산신탁회사가 직접 할 수도 있고, 아니면 감정평가 전문기관이 할 수도 있다. 실무상 신탁계약으로 감정평가 전문기관이 신탁부동산에 대한 가치평가를 하여 부동산신탁회사가 최종적으로 처분예정가격을 결정하도록 하고 있다.

(4) 정산

신탁계약에서 정한 순위에 따라 환가대금을 수익자에게 교부하고, 잔여 금액은 신탁계약 및 신탁법에 따라 귀속될 자에게 주어진다.

(5) 신탁의 종료

환가절차를 거쳐 확정된 매수자에게 소유권을 이전함으로써 신탁은 완전히 종료된다.

제3절 담보신탁의 법리

Ⅰ. 담보신탁과 도산절연

1. 위탁자의 도산위험으로부터 절연

담보신탁의 도산절연성이 인정되는지 여부는 담보신탁에서 매우 중요한 의미를 가진다. 왜냐하면 채권자가 채무자에 대한 채권담보의 수단으로 다른 기존의 담보권이 아닌 담보신탁을 선택하는 데에는 담보신탁의 도산절연성이 가장 큰 유인이 되기 때문이다. 다시 말해 담보신탁의 도산절연성이 인정되면 채무자(위탁자)가 도산하더라도 채권자는 여전히 독립된 신탁부동산으로부터 채권의 만족을 얻을 수 있으므로 채권자의 입장에서는 큰 이점으로 다가오는 것이다. 이는 실무상 프로젝트 파이낸싱에 있어서 대출금융기관이 담보의 확보방안으로서 담보신탁을 활용하는 것과 관련이 깊다.[28]

신탁법 제24조는 "신탁재산은 수탁자의 파산재단, 회생절차의 관리인이 관리 및 처분권한을 갖고 있는 채무자의 재산이나 개인회생재단을 구성하지 아니한다"고 규정함으로써 신탁재산이 수탁자의 도산으로부터 영향을 받지 않는다는 것을 확실히 하고 있다. 그러나 이와 달리 위탁자의 도산절차가 개시된 경우에는 신탁재산이 어떻게 취급되는지 신탁법에서 명문규정을 두고 있지 않다. 이에 따

---

28) 배정호(2020), "부동산담보신탁에 관한 연구", 성균관대학교 일반대학원 석사학위논문 (2020. 12), 83-84쪽.

라 담보신탁에서 위탁자(채무자)가 도산하였을 때 신탁부동산이 위탁자의 책임재산을 구성하게 되는지, 즉 담보신탁의 도산절연성 인정여부를 둘러싸고 다양한 논의가 이루어져 왔다.

담보신탁에서 도산절연의 인정여부는 위탁자에 대한 회생절차가 개시된 때 채권자인 수익자의 지위에 큰 차이를 불러일으킨다. 도산절연이 부정되면 위탁자의 회생절차에서 수익자가 회생담보권자로 취급되어 다양한 제약을 받게 되기 때문이다. 이러한 문제는 담보신탁에서의 수익권의 법적 성질 파악 문제와 밀접한 관련이 있다. 즉 수익권을 담보권으로 파악하면 이는 회생담보권으로 되어 회생절차의 영향을 받는 반면 신탁계약상의 권리로 보면 그렇지 않다. 이와 달리 위탁자에 대한 파산절차가 개시된 경우에는 도산절연의 인정여부가 큰 차이를 가져오지는 않는다. 왜냐하면 설령 수익권을 담보권으로 파악하더라도 파산절차에서 담보권자는 여전히 별제권을 가지고, 이 별제권은 파산절차와 상관없이 행사할 수 있기 때문이다(채무자회생법411 및 412). 그러므로 담보신탁의 도산절연성 인정여부의 문제는 위탁자의 회생절차에서 논의의 실익이 있다.

2. 위탁자의 회생절차상 취급

(1) 채무자의 회생절차상 담보권자의 지위

회생절차에서 담보권은 회생담보권으로 취급되어 다양한 제약을 받게 된다. 이는 회생절차상 담보권자가 회생절차에 따르지 않고 자유롭게 환가하여 우선변제를 받게 하면 채무자의 회생에 현저한 지장을 주게 되기 때문이다. 따라서 회생절차에서는 파산절차와 달리 담보권을 별제권 아닌 회생담보권으로 취급하는 것이다.[29]

회생담보권이란 "회생채권이나 회생절차 개시 전의 원인으로 생긴 채무자 외의 자에 대한 재산상의 청구권으로서 회생절차 개시 당시 채무자의 재산상에 존재하는 유치권·질권·저당권·양도담보권·가등기담보권·동산채권담보법에 따른 담보권·전세권 또는 우선특권으로 담보된 범위의 것"을 말한다(채무자회생법 141①). 즉 채무자가 담보권설정자인 경우이든, 채무자가 타인의 채무를 위하여 물상보증인이 되는 경우이든 피담보채권이 회생절차 개시 전의 원인에 기하여

---

29) 다만, 개인회생절차에서는 파산절차상 별제권의 규정을 준용하여 원칙적으로 담보권의 행사가 제한되지 않는다(채무자회생법 제586조).

생긴 것이라면 그것은 회생담보권으로 취급되는 것이다. 한편 회생절차 개시 당시 채무자의 재산상에 담보권이 존재하면 충분하므로 그 후에 목적물이 양도되어 채무자의 재산이 아닌 것이 되더라도 여전히 회생담보권자로 취급되고, 개시후 담보목적물이 멸실된 경우라도 회생담보권으로 취급하는 데에는 영향이 없다.30)

회생담보권자는 그 채권액 중 담보권의 목적의 가액 내에서 회생담보권자로서 회생절차에 참가할 수 있고, 이를 초과하는 부분에 관해서는 회생채권자로서 참가할 수 있다(채무자회생법141③④). 또한 회생담보권자가 회생절차에 참가하여 회생계획에 따라 변제받기 위해서는 신고하여야 한다(채무자회생법149). 회생계획은 회생담보권자에 대해서 효력이 있는 반면, 채무자 외의 자가 회생담보권자를 위하여 제공한 담보에는 영향이 없다(채무자회생법250①(2) 및 250②(2)).

(2) 위탁자의 회생절차상 수익자의 지위

아래의 대법원 판결들은 판단근거에 있어서는 조금씩 차이를 보이고 있지만, 요지는 신탁부동산은 신탁의 설정 및 소유권의 이전으로 더 이상 위탁자의 소유가 아니고, 수탁자의 소유가 된다고 한다. 판례는 위탁자의 회생절차상 채권자인 수익자의 수익권이 채무자인 위탁자가 제공한 것이 아니라는 점에 주목하여 수익권이 위탁자의 회생절차에 영향을 받지 않는다고 판단한 것으로 보인다. 따라서 이러한 경우 채권자는 수익권을 회생담보권으로 신고하지 아니하여도 소멸되지 않는다고 판단하였다.

(가) 채권담보의 목적으로 관리·처분신탁계약을 체결한 사례

담보신탁을 설정하면서 위탁자가 아닌 제3자를 수익자로 지정하는 형태의 신탁을 타익신탁형 부동산담보신탁이라고 한다. 실무상 위탁자가 채무자인 경우가 대부분이지만, 물상보증과 마찬가지로 채무자가 아닌 제3자도 타인의 채무를 담보하기 위하여 담보신탁을 설정할 수 있다.31)

타익신탁형 부동산담보신탁은 채무자가 수탁자에게 부동산의 소유권을 이전하고 채권자를 수익자로 정하는 타익신탁을 설정하고, 수탁자는 채무자의 채

---

30) 배정호(2020), 88-89쪽.
31) 최수정(2017), "부동산담보신탁상 우선수익권의 성질과 우선수익권질권의 효력", 인권과 정의(2017. 12), 46쪽.

무불이행시에 부동산을 처분하여 채무를 변제하는 신탁을 말한다. 이때 피담보
채권과 신탁설정이 동시에 또는 특정 순서대로 이루어질 필요는 없으며, 채권자
를 우선수익자로 하고 채무자를 후순위 우선수익자로 하는 경우가 많다.[32]

대법원 2001. 7. 13. 선고 2001다9267 판결은 채무담보를 위하여 자기소유
의 부동산을 수탁자에게 수탁하고 그 수익권을 채권자에게 부여한 신탁자에 대
하여 회사정리절차가 개시된 경우, 채권자가 가지는 신탁부동산에 대한 수익권
이 정리계획의 영향을 받는지 여부가 문제된 사안으로 대법원은 소극적으로 보
았다.

즉 대법원 2001. 7. 13. 선고 2001다9267 판결은 "신탁법상의 신탁은 위탁
자가 특정의 재산권을 수탁자에게 이전하거나 기타의 처분을 하고 수탁자로 하
여금 수익자의 이익을 위하여 또는 특정의 목적을 위하여 그 재산권을 관리, 처
분하게 하는 법률관계를 말하므로, 신탁자가 어음거래약정상의 채무에 대한 담
보를 위하여 자기 소유의 부동산에 대하여 수탁자와 담보신탁용 부동산관리ㆍ처
분신탁계약을 체결하고 채권자에게 신탁원본 우선수익권을 부여하고서, 수탁자
앞으로 신탁을 원인으로 한 소유권이전등기를 경료하였다면, 위탁자의 신탁에
의하여 신탁부동산의 소유권은 수탁자에게 귀속되었다고 할 것이고, 그 후 신탁
자에 대한 회사정리절차가 개시된 경우 채권자가 가지는 신탁부동산에 대한 수
익권은 회사정리법 제240조 제2항(현행 채무자회생법 제259조 제2항)에서 말하는
'정리회사 이외의 자가 정리채권자 또는 정리담보권자를 위하여 제공한 담보'에
해당하여 정리계획이 여기에 영향을 미칠 수 없다고 할 것이므로 채권자가 정리
채권 신고기간 내에 신고를 하지 아니함으로써 정리계획에 변제의 대상으로 규
정되지 않았다 하더라도, 이로써 실권되는 권리는 채권자가 신탁자에 대하여 가
지는 정리채권 또는 정리담보권에 한하고, 수탁자에 대하여 가지는 신탁부동산
에 관한 수익권에는 아무런 영향이 없다"고 판시하여 타익신탁형 부동산담보신
탁에 대하여 위탁자로부터 도산절연을 인정하고 있다.

(나) 채권담보의 목적으로 분양형 토지(개발)신탁계약을 체결한 사례

채무자가 담보목적물을 수탁자에게 신탁하고 채무자 자신을 수익자로 지정
한 후 그 수익권을 채권자에게 양도하는 형태의 자익신탁방식으로 신탁을 설정

할 수도 있는데,[33) 이러한 자익신탁형 부동산담보신탁도 담보신탁에 포함시킬
수 있다.

자익신탁형 부동산담보신탁이란 채무자가 수탁자에게 자신 소유의 부동산
을 신탁재산으로 하여 자익신탁을 설정한 후 수탁자로부터 발급받은 수익권증
서를 채권자에게 담보로 제공하고, 수탁자는 신탁재산의 담보력이 유지되도록
관리하다가 채무자의 채무 이행시에는 신탁재산을 채무자에게 돌려주고, 채무
자의 채무불이행시에는 신탁재산을 처분하여 채권자에게 변제하여 주는 방식의
신탁이다. 이러한 유형의 신탁계약은 수익권을 채권자가 아니라 위탁자인 채무
자에게 부여하는 것을 제외하고는 타익신탁형 부동산담보신탁의 구조와 유사하
다.[34)

대법원 2002. 12. 26. 선고 2002다49484 판결은 분양형 토지(개발)신탁계약
시 위탁자인 정리 전 회사가 채권 담보목적으로 제3자를 수익자로 지정한 경우,
제3자의 수익권에 대한 권리가 회사정리법 제123조 제1항 소정의 정리담보권으
로서 이를 신고하지 아니하면 회사정리법 제241조에 의하여 소멸되는 것인지 여
부가 문제된 사안으로 대법원은 소극적으로 보았다.

즉 대법원 2002. 12. 26. 선고 2002다49484 판결은 "회사정리법 제123조 제
1항(현행 채무자회생법 제141조 제1항) 본문에 의하면, '정리채권 또는 정리절차개
시 전의 원인으로 생긴 회사 이외의 자에 대한 재산상의 청구권으로서 정리절차
개시 당시 회사 재산상에 존재하는 유치권, 질권, 저당권, 양도담보권, 가등기담
보권, 전세권 또는 우선특권으로 담보된 범위의 것은 정리담보권으로 한다.'고
규정하고 있으므로, 정리담보권으로 신고하지 아니하였을 때 회사정리법 제241
조(현행 채무자회생법 제251조)에 의하여 소멸되는 정리담보권이 되기 위해서는 그
담보권이 정리절차개시 당시 회사재산을 대상으로 하는 담보권이어야만 한다 할
것인데, 신탁법상의 신탁을 함에 있어서는 그 위탁자가 당연히 수익권자가 되는
것이 아니고 위탁자와 전혀 별개의 존재인 수익자를 지정하여야만 하는 것이며,
위탁자가 자신을 수익자로 지정하는 경우에도 위탁자와 수익자의 지위는 전혀
별개의 것이라고 보아야 할 것이므로, 특히 담보신탁이 아니라 분양형 토지(개발)
신탁의 경우에 신탁계약시에 위탁자인 정리 전 회사가 제3자를 수익자로 지정한

---

33) 대법원 2003. 5. 30. 선고 2003다18658 판결.
34) 유재혁(2015), 36-37쪽.

이상, 비록 그 제3자에 대한 채권담보의 목적으로 그렇게 지정하였다 할지라도 그 수익권은 신탁계약에 의하여 원시적으로 그 제3자에게 귀속한다 할 것이지, 위탁자인 정리 전 회사에게 귀속되어야 할 재산권을 그 제3자에게 담보목적으로 이전하였다고 볼 수는 없는 것이어서, 그 경우 그 수익권은 정리절차개시 당시 회사재산이라고 볼 수 없다 할 것이고, 따라서 그 제3자가 정리절차에서 그 수익권에 대한 권리를 정리담보권으로 신고하지 아니 하였다고 하여 회사정리법 제241조(현행 채무자회생법 제251조)에 의하여 소멸된다고 볼 수는 없다(물론 신탁계약시에 위탁자인 정리 전 회사가 자신을 수익자로 지정한 후 그 수익권을 담보목적으로 제3자에게 양도한 경우에는 그 수익권을 양도담보로 제공한 것으로서 정리절차개시 당시 회사 재산에 대한 담보권이 된다고 볼 것이다)"고 판단하였다.

(다) 채권담보의 목적으로 관리신탁계약을 체결한 사례

채권자가 수익권을 취득하지 않고 담보신탁의 수탁자로부터 신탁재산인 담보목적물 위에 저당권 등의 담보권을 직접 설정받기도 한다. 대법원 2003. 5. 30. 선고 2003다18685 판결은 자익신탁형 관리신탁 설정 후 신탁재산에 대한 근저당권을 설정한 사례이다. 이 판결은 신탁자가 자신의 채무담보를 위하여 수탁자로 하여금 신탁부동산상에 근저당권설정등기를 경료하도록 한 후 신탁자에 대한 회사정리절차가 개시된 경우, 정리채권자가 수탁자에 대하여 가지는 신탁부동산에 대한 담보권이나 그 피담보채권이 정리계획이나 정리채권 또는 정리담보권의 실권에 의하여 영향을 받는지 여부가 문제된 사안으로 대법원은 소극적으로 보았다.

즉 대법원 2003. 5. 30. 선고 2003다18685 판결은 "신탁자가 자기 소유의 부동산에 대하여 수탁자와 부동산관리신탁계약을 체결하고 수탁자 앞으로 신탁을 원인으로 한 소유권이전등기를 경료해 주어 대내외적으로 신탁부동산에 관한 소유권을 수탁자에게 완전히 이전한 다음 수탁자로 하여금 신탁부동산에 관하여 다시 신탁자의 채권자의 채권을 위하여 근저당권설정등기를 경료하도록 하였다면, 수탁자는 결국 신탁자를 위한 물상보증인과 같은 지위를 갖게 되었다고 할 것이고 그 후 신탁자에 대한 회사정리절차가 개시된 경우 채권자가 신탁부동산에 대하여 갖는 근저당권 등 담보권은 회사정리법 제240조 제2항(현행 채무자회생법 제259조 제2항)에서 말하는 '정리회사 이외의 자가 정리채권자 또는 정리담보권자를 위하여 제공한 담보'에 해당하여 정리계획이 여기에 영향을 미칠 수 없다고 할 것일 뿐만 아니라 앞서 본 바와 같이 채권자가 정리채권 신고기간 내에 신고를 하지 아니함으로써 정리계획에 변제의 대상으로 규정되지 않았다 하더라도, 이로써 실권되는 권리는 채권자가 신탁자에 대하여 가지는 정리채권 또는 정리담보권에 한하고, 수탁자에 대하여 가지는 신탁부동산에 관한 담보권과 그 피담보채권에는 아무런 영향이 없다"고 판시하였다.

(라) 채권담보의 목적으로 저당권을 설정하고 담보재산을 신탁한 사례

대법원 2017. 11. 23. 선고 2015다47327 판결은 채권담보의 목적으로 저당권을 설정하고 담보재산을 신탁한 사안이다. 이 사안에 대하여 대법원은 신탁자가 그 소유의 부동산에 채권자를 위하여 저당권을 설정한 다음 그 부동산에 관하여 부동산 신탁계약을 체결하고 수탁자 앞으로 신탁을 원인으로 하는 소유권이전등기를 마쳐준 후에 신탁자에 대하여 회생절차가 개시된 경우, 회생계획이 위 저당권에 영향을 미치는지 여부에 대하여 소극적으로 보았고, 또 회생절차에서 채권자의 권리가 실권되거나 변경된 경우, 채권자가 수탁자에 대하여 가지는 신탁부동산에 관한 담보권과 그 피담보채권에 영향이 있는지 여부에 대하여도 소극적으로 보았다.

즉 대법원 2017. 11. 23. 선고 2015다47327 판결은 "신탁자가 그 소유의 부동산에 채권자를 위하여 저당권을 설정하고 저당권설정등기를 마친 다음, 그 부동산에 대하여 수탁자와 부동산신탁계약을 체결하고 수탁자 앞으로 신탁을 원인으로 한 소유권이전등기를 해주어 대내외적으로 신탁부동산의 소유권이 수탁자에게 이전하였다면, 수탁자는 저당부동산의 제3취득자와 같은 지위를 가진다. 따라서 그 후 신탁자에 대한 회생절차가 개시된 경우 채권자가 신탁부동산에 대하여 갖는 저당권은 채무자회생법 제250조 제2항 제2호의 '채무자 외의 자가 회생채권자 또는 회생담보권자를 위하여 제공한 담보'에 해당하여 회생계획이 여기에 영향을 미치지 않는다. 또한 회생절차에서 채권자의 권리가 실권되거나 변경되더라도 이로써 실권되거나 변경되는 권리는 채권자가 신탁자에 대하여 가지는 회생채권 또는 회생담보권에 한하고, 수탁자에 대하여 가지는 신탁부동산에 관한 담보권과 그 피담보채권에는 영향이 없다(대법원 2003. 5. 30. 선고 2003다18685 판결 참조)"고 판시하였다.

Ⅱ. 담보신탁의 수익권과 부종성·수반성

대법원 2017. 6. 22. 선고 2014다225809 전원합의체 판결은 ⅰ) 원고가 이 사건 대여금 채권의 불가분적 채권자의 지위에 있는지 여부, ⅱ) 우선수익자의 위탁자에 대한 대여금 채권을 담보하기 위하여 담보신탁계약을 체결하고, 우선 수익자의 우선수익권에 대하여 질권이 설정된 사안에서, 우선수익자의 대여금 채권이 전부된 경우, 우선수익권이 전부채권자에게 이전하거나, 소멸하는지 여부 가 문제된 사안이다.

대법원 2017. 6. 22. 선고 2014다225809 전원합의체 판결은 "위탁자가 금전 채권을 담보하기 위하여 그 금전채권자를 우선수익자로, 위탁자를 수익자로 하여 위탁자 소유의 부동산을 신탁법에 따라 수탁자에게 이전하면서 채무불이행 시에는 신탁부동산을 처분하여 우선수익자의 채권 변제 등에 충당하고 나머지를 위탁자에게 반환하기로 하는 내용의 담보신탁을 해 둔 경우, 특별한 사정이 없는 한 우선수익권은 경제적으로 금전채권에 대한 담보로 기능할 뿐 금전채권과는 독립한 신탁계약상의 별개의 권리가 된다. 따라서 이러한 우선수익권과 별도로 금전채권이 제3자에게 양도 또는 전부되었다고 하더라도 그러한 사정만으로 우 선수익권이 금전채권에 수반하여 제3자에게 이전되는 것은 아니고, 금전채권과 우선수익권의 귀속이 달라졌다는 이유만으로 우선수익권이 소멸하는 것도 아니 다"라고 판시하였다.

이 판결은 우선수익권은 원칙적으로 경제적으로 금전채권에 대한 담보로 기 능할 뿐 금전채권과는 독립한 신탁계약상의 별개의 권리임을 선언한 판결이다. 이 판결의 요지를 살펴보면 다음과 같다. 즉 특별한 사정이 없는 한, 우선수익권 과 별도로 금전채권이 제3자에게 양도 또는 전부되었다고 하더라도 그러한 사정 만으로 우선수익권이 금전채권에 수반하여 제3자에게 이전되는 것은 아니고, 금 전채권과 우선수익권의 귀속이 달라졌다는 이유만으로 우선수익권이 소멸하는 것도 아니다. 특히 이 사건 담보신탁계약의 당사자들과 원고는, 위탁자가 이 사 건 차용금을 전액 변제하지 아니할 경우, 우선수익권에 대한 질권자인 원고가 이 사건 대여금 채권의 귀속 주체와 상관없이 우선수익권을 행사할 수 있는 것으로 약정하였다. 따라서 참가인 회사의 피고에 대한 이 사건 대여금채권이 이 사건 전부명령에 따라 전부채권자인 참가인 최○○에게 전부되었다고 하더라도, 그러

한 사정만으로 이 사건 담보신탁계약에 따른 참가인 회사의 우선수익권이 이 사
건 대여금채권의 전부에 수반하여 전부채권자에게 이전되었다고 볼 수는 없다.
또한 이 사건 대여금채권과 우선수익권의 귀속주체가 달라졌다고 하여 곧바로
참가인 회사의 우선수익권이나 이를 목적으로 한 원고의 권리질권이 소멸한다고
볼 수도 없다.

　　이 판결을 통해 담보신탁계약의 우선수익권을 신탁계약상의 별개의 독립한
권리로 파악함으로써 담보신탁계약에서 정한 우선수익권의 내용이나, 당사자들
의 의사와 무관하게 담보신탁계약의 우선수익권에 관하여 담보물권의 부종성이
나 수반성의 법리를 곧바로 적용하거나, 유추 적용하는 실무 관행에 변화를 일으
키게 될 것으로 예상된다. 거래계에서도, 이러한 우선수익권의 특성을 감안하여,
담보신탁계약을 체결하거나, 우선수익권을 담보로 제공 또는 양도할 경우, 금전
채권과 우선수익권의 관계에 관하여 사전에 명확한 약정을 둠으로써 우선수익권
의 담보제공이나, 양도로 인한 분쟁이 예방될 것으로 기대된다.

Ⅲ. 신탁재산 공매대금의 정산방법

1. 의의

　　부동산담보신탁이 설정된 신탁재산의 공매대금 정산방법에 관한 것이다. 동
일한 채권을 담보하기 위해 여러 개의 부동산을 담보목적으로 신탁 설정한 경우,
또는 동일한 채권을 담보하기 위해 채무자와 제3자가 신탁부동산을 제공함으로
써 위탁자가 수인이 되는 경우 각각 채무불이행이 발생하여 신탁재산이 처분·환
가될 때 그 처분대금이 수인의 수익자들 사이에서 어떻게 분배되어야 하는지, 민
법상 공동저당의 법리를 유추적용할 수 있는지 문제된다.[35]

　　대법원은 부동산담보신탁에서 수익권의 행사에 따라 신탁재산을 공매처
분한 경우 그 처분대금의 정산방법과 관련하여 판단기준 및 해결방안을 제시
하였다.

---

35) 배정호(2020), 2쪽.

2. 채무자 소유의 수개의 부동산에 관하여 담보신탁을 설정한 경우

대법원 2013. 6. 27. 선고 2012다79347 판결은 채무자가 동일한 채권을 담보하기 위하여 자기 소유의 수개의 부동산에 관하여 담보신탁을 설정한 경우 신탁부동산의 공매시 다수의 수익자 사이에 공매대금이 어떻게 정산되어야 하는지, 다시 말해 선순위 수익자가 어느 부동산의 처분대금에서 자신의 채권을 회수할 때 각 부동산에 존재하는 후순위 우선수익자들 사이의 형평을 고려하여야 하는지 여부가 주요 쟁점이 되었다. 이에 대해 대상판결은 "채무자 소유의 수개의 부동산에 관하여 채권자들을 선순위 또는 후순위 우선수익자로 한 담보신탁계약이 체결되어 있는 경우, 당사자 사이의 약정 등 특별한 사정이 없는 한, 선순위 우선수익자가 어느 부동산의 처분대금에서 자신의 채권을 회수함에 있어 각 부동산에 존재하는 후순위 우선수익자들 사이의 형평까지 고려하여야 할 제약을 받는다고 볼 근거는 없다. 그리고 설령 선순위 우선수익자가 특정 부동산에서 다액의 채권을 회수함으로써 후순위 우선수익자들 사이에서 불공평한 결과가 발생하였다고 하더라도, 그러한 사정만으로 선순위 우선수익자가 특정 후순위 우선수익자에 대한 관계에서 부당이득을 취하였다고 볼 수도 없다"고 판시하였다.

3. 채무자와 제3자 소유의 각 부동산에 관하여 담보신탁을 설정한 경우

대법원 2014. 2. 27. 선고 2011다59797, 59803 판결은 채무자와 채무자 아닌 제3자 등이 채무자의 채권자에 대한 대출금채무를 담보하기 위하여 자신들 소유의 부동산을 신탁한 사안으로, 신탁부동산 매각 후 공매대금의 정산방법이 문제되었다. 이때 공동저당에서의 물상보증인과 관련된 법리가 적용될 수 있는지가 주요 쟁점이 되었다. 이에 대해 대상판결은 "채무자 甲 주식회사와 채무자가 아닌 乙 등이 甲 회사의 丙 은행에 대한 대출금 채무를 담보하기 위하여 자신들이 소유한 부동산들을 신탁하였는데, 그 후 우선수익자인 丙 은행의 청구로 신탁부동산들이 처분되어 처분대금에서 丙 은행에 배분할 수익금을 공제하여 지급하는 방식으로 대출금 채무를 상환하게 된 사안에서, 자신의 채무를 담보하기 위하여 부동산을 신탁하는 위탁자는 신탁부동산의 처분대금이 채무의 변제에 충당된다는 것을 당연한 전제로 하는 반면, 다른 사람의 채무를 담보하기 위하여 부동산을 신탁하는 위탁자는 채무자가 신탁한 부동산의 처분대금으로 채무가 전부

변제된다면 자신이 신탁한 부동산이나 그에 갈음하는 물건은 그대로 반환된다는 것을 전제로 하여 신탁계약을 체결하였다고 봄이 당사자의 의사에 부합하는 점 등에 비추어 우선 甲 회사가 신탁한 부동산 부분의 처분대금에서 丙 은행에 대한 수익금을 공제하는 방식으로 대출금을 상환하여야 한다고 본 원심판단을 정당하다"고 판시하였다. "한편 부동산담보신탁이 변칙담보권에 해당한다는 가정적인 판단을 전제로 하여 공동저당권의 목적물인 채무자 소유의 부동산과 물상보증인 소유의 부동산이 함께 경매되어 그 경매대가를 동시에 배당하는 경우 채무자 소유의 부동산의 경매대가에서 공동저당권자에 대한 배당이 우선적으로 이루어져야 한다는 대법원 2010. 4. 15. 선고 2008다41475 판결의 법리가 이 사건에 대해서도 유추 적용되어야 한다고 본 원심판단의 당부는 판결 결과에 영향이 없으므로, 이에 관한 나머지 상고이유 부분은 더 나아가 판단할 필요 없이 받아들이지 아니한다"고 판시하였다.

Ⅳ. 분양계약 해제와 수분양자의 지위

1. 수분양자의 신탁회사에 대한 직접청구

대법원 2018. 7. 12. 선고 2018다204992 판결은 위탁자와 수분양자 사이의 분양계약이 해제된 경우 수분양자가 수탁자에 대하여 직접 분양대금반환채권 등을 갖는지가 문제된 사안이다. 이 사안은 시행사와 수분양자 사이의 분양계약이 해제된 후 수분양자의 채권자인 원고가 수분양자를 채무자로, 신탁회사를 제3채무자로 하여 수분양자가 분양계약이 해제될 경우에 지급받을 분양대금반환채권 등에 대해 채권압류 및 추심명령을 받고 신탁회사를 상대로 추심금청구의 소를 제기한 사안이다. 원고는 분양계약의 해제에 따라 신탁회사가 수분양자인 소외인에 대하여 분양대금반환의무, 부당이득반환의무 등을 지닌다고 주장하였지만, 대상판결은 이를 모두 부정하였다.

대법원 2018. 7. 12. 선고 2018다204992 판결은 ⅰ) 피고의 소외인에 대한 부당이득반환의무의 존부와 관련하여, "계약의 한쪽 당사자가 상대방의 지시 등으로 급부과정을 단축하여 상대방과 또 다른 계약관계를 맺고 있는 제3자에게 직접 급부를 하는 경우(이른바 삼각관계에서 급부가 이루어진 경우), 그 급부로써 급부를 한 계약당사자가 상대방에게 급부를 한 것일 뿐만 아니라 그 상대방이 제3자에게 급부를 한 것이다. 따라서 계약의 한쪽 당사자는 제3자를 상대로 법률상 원인 없이 급부를 수령하였다는 이유로 부당이득반환청구를 할 수 없다. 이러한 경우에 계약의 한쪽 당사자가 상대방에게 급부를 한 원인관계인 법률관계에 무효 등의 흠이 있거나 그 계약이 해제되었다는 이유로 제3자를 상대로 직접 부당이득반환청구를 할 수 있다고 보면, 자기 책임 아래 체결된 계약에 따른 위험부담을 제3자에게 전가하는 것이 되어 계약법의 원리에 반하는 결과를 초래할 뿐만 아니라 수익자인 제3자가 상대방에 대하여 가지는 항변권 등을 침해하게 되어 부당하다(대법원 2003. 12. 26. 선고 2001다46730 판결; 대법원 2017. 7. 11. 선고 2013다55447 판결 등 참조)는 "법리에 비추어 소외인이 이 사건 분양계약에 따라 피고의 계좌에 분양대금을 입금한 것은 이른바 '단축급부'에 해당하고, 피고는 아천세양건설과의 이 사건 사업약정에 따라 소외인으로부터 정당하게 분양대금을 수령한 것이다. 수분양자인 소외인은 이 사건 사업약정의 당사자가 아니고, 또한 소외인과 아천세양건설의 분양계약이 해제되었다고 하더라도 피고와 아천세양건설이 맺은 사업약정의 효력에 영향을 미치지는 않는다. 따라서 분양계약이 해제된 것만으로 곧바로 피고가 소외인으로부터 수령한 분양대금을 보유할 원인이 없어지지 않고, 나아가 소외인에게 분양대금을 부당이득으로 반환할 의무가 생기는 것은 아니다"라고 판시하였다.

ⅱ) 피고의 소외인에 대한 분양대금반환의무의 존부와 관련하여, "계약은 일반적으로 그 효력을 당사자 사이에서만 발생시킬 의사로 체결되지만, 제3자를 위한 계약은 당사자가 자기들 명의로 체결한 계약으로 제3자로 하여금 직접 계약당사자의 일방에 대하여 권리를 취득하게 하는 것을 목적으로 하는 계약이다. 따라서 어떤 계약이 제3자를 위한 계약에 해당하는지는 당사자의 의사가 그 계약으로 제3자에게 직접 권리를 취득하게 하려는 것인지에 관한 의사해석의 문제로서, 계약 체결의 목적, 당사자가 한 행위의 성질, 계약으로 당사자 사이 또는 당사자와 제3자 사이에 생기는 이해득실, 거래 관행, 제3자를 위한 계약제도가 갖는 사회적 기능 등을 종합하여 계약당사자의 의사를 합리적으로 해석함으로써 판별할 수 있다(대법원 1997. 10. 24. 선고 97다28698 판결; 대법원 2006. 9. 14. 선고 2004다18804 판결 등 참조)"는 법리와 함께 "이 사건 신탁계약과 이 사건 사업약정은 아천세양건설과 피고 등 사이에 체결된 것이 분명할 뿐만 아니라, 이 사건 신

탁계약과 사업약정 관련 규정의 문언, 체계, 취지 등에 비추어 이 사건 신탁계약 제21조 제1항, 이 사건 사업약정 제20조 제1항은 신탁사업에 드는 비용의 부담 주체를 정한 것이거나 비용 지출순서, 지출방법, 절차 등을 정한 것에 불과하다. 따라서 원고가 들고 있는 위 조항들은 이 사건 신탁계약 등의 당사자가 아닌 제3 자로 하여금 수탁자인 피고에 대한 권리를 직접 취득하게 하는 것을 목적으로 한 규정이라고 해석할 수 없다"고 판시하였다.

2. 수분양자의 신탁회사에 대한 대위청구

위에서 수분양자가 신탁회사에게 직접 청구할 수 있는지에 대해서 판례는 이를 부정하고 있음을 살펴보았다. 그렇다면 수분양자의 입장에서는 다른 방안을 강구하여야 하는바, 과연 분양대금반환채권을 대위청구로 구하는 것은 가능할 것인지 문제된다. 대법원 2014. 12. 11. 선고 2013다71784 판결은 시행사와 체결한 분양계약을 해제한 수분양자가 시행사에 대한 분양대금 반환 채권을 보전하기 위해 시행사를 대위하여 그로부터 분양수입금 등의 자금관리를 위탁받은 신탁회사를 상대로 사업비 지출 요청권을 행사한 사안이다. 대상판결은 수분양자의 구제 가능성을 시사하였다는 점에서 의의가 있다고 생각된다. 결론적으로 피대위채권의 존재가 인정되지 않아 대위청구가 부정되었지만, 채권보전의 필요성을 인정하였다.

대법원 2014. 12. 11. 선고 2013다71784 판결은 분양계약을 해제한 수분양자 甲이 분양대금 반환채권을 보전하기 위해 분양자 乙 주식회사를 대위하여 그로부터 분양수입금 등의 자금관리를 위탁받은 수탁자 丙 주식회사를 상대로 사업비 지출 요청권을 행사한 사안에서, 乙 회사가 대리사무 약정에 따라 丙 회사에 대하여 갖는 사업비 지출 요청권은 甲이 보전하려는 권리인 분양대금 반환채권과 밀접하게 관련되어 있고, 甲이 사업비 지출 요청권을 대위하여 행사하는 것이 분양대금 반환채권의 현실적 이행을 유효·적절하게 확보하기 위하여 필요한 경우이며, 甲이 乙 회사의 사업비 지출 요청권과 같은 대리사무 약정상 권리를 대위하여 행사하는 것이 채무자의 자유로운 재산관리행위에 대한 부당한 간섭이 된다고 보이지도 않으므로, 甲으로서는 乙 회사에 대한 분양대금 반환채권을 보전하기 위하여 乙 회사를 대위하여 丙 회사에 분양대금 상당의 사업비 지출 요청권을 행사할 수 있다고 보아야 하는데도, 乙 회사가 무자력이라고 할 수 없어 보전의 필요성이 인정되지 않는다는 이유로 채권자대위 청구 부분을 부적법하다고 본 원심판결에 법리오해 등의 잘못이 있다고 한 사례이다.

3. 수분양자의 손해배상청구

대법원 2021. 6. 30. 선고 2016다10827 판결은 제3자에 의한 채권침해가 불법행위에 해당하는 경우 및 채권침해의 위법성을 판단하는 기준에 대하여 판단하였다. 이 사안은 제3자의 채권침해에 따른 불법행위 성립 여부가 쟁점이 된 사건이다. 대법원 2021. 6. 30. 선고 2016다10827 판결은 상가 분양사업의 시행사인 甲주식회사가 분양수입금 관리계좌에 입금된 수입금을 인출하기 위하여는 시공사인 乙주식회사의 동의서를 첨부하여야 한다는 사업약정에 따라 丙과의 분양계약 해제에 따른 해약금 인출에 대한 동의를 乙회사에 요청하였으나, 乙회사가 인출에 동의하지 않은 채 관리계좌에서 자신의 공사대금을 변제받고자 우선적으로 금원을 인출함으로써 관리계좌의 잔고가 부족하게 되어 丙이 해약금을 반환받지 못한 사안에서, 乙회사는 丙의 해약금 반환채권이 자신의 행위로 침해됨을 알면서도 丙에 대한 관계에서 법률상 우선변제권이 인정되지 않는 자신의 공사대금을 우선적으로 추심하기 위하여 금원을 인출하였고, 乙회사의 이러한 행위는 부동산 선분양 개발사업 시장에서 거래의 공정성과 건전성을 침해하고 사회통념상 요구되는 경제질서를 위반하는 위법한 행위로서, 丙은 乙회사의 위와 같은 위법행위로 말미암아 甲회사로부터 해약금을 반환받지 못하는 손해를 입었으므로, 乙회사는 丙에게 그 손해를 배상할 책임이 있다고 본 원심판결이 정당하다고 한 사례이다.

V. 신탁부동산의 처분과 담보신탁의 법률관계

1. 위탁자의 신탁부동산 처분행위에 대한 사해성 판단

대법원 2018. 4. 12. 선고 2016다223357 판결에서는 신탁계약의 해지로 신탁부동산이 위탁자에게 복귀한 후 위탁자가 이를 직접 우선수익자에게 대물변제계약으로써 소유권이전등기를 마쳐준 경우, 이 대물변제계약이 위탁자의 일반채권자에 대한 관계에서 사해행위에 해당되는지 여부가 쟁점이 되었다. 원심은 사해행위에 해당되지 않는다고 보았고, 대법원은 해당된다고 보았다.

　　대법원 2018. 4. 12. 선고 2016다223357 판결은 "甲 주식회사가 乙 주식회사에 대한 채무를 담보하기 위해 신탁회사인 丙 주식회사와 甲 회사 소유의 아파트에 관하여 우선수익자를 乙 회사로 하는 부동산담보신탁계약을 체결하였는데, 그 후 甲 회사가 乙 회사의 동의를 받아 신탁계약을 해지하고 甲 회사 명의로 아파트에 관한 소유권이전등기를 마친 다음, 같은 날 乙 회사와 대물변제계약을 체결하여 乙 회사에 아파트에 관한 소유권이전등기를 마쳐주자, 甲 회사의 채권자인 국가가 대물변제계약이 사해행위에 해당한다며 乙 회사를 상대로 사해행위취소를 구한 사안에서, 대물변제계약의 이행을 위하여 작성한 분양계약서에 매도인이 丙 회사가 아닌 甲 회사로 기재되어 있는 점, 乙 회사에 아파트에 관한 소유권이전등기를 마쳐준 것도 丙 회사가 아닌 甲 회사인 점 등에 비추어 대물변제계약이 신탁계약에서 정한 처분·환가의 일환으로 체결된 것이라고 보기 어렵고, 오히려 신탁계약이 해지로 종료하여 '우선수익자가 갖는 수익권의 유효기간은 신탁계약에 따른 우선수익자의 채권발생일부터 신탁계약 종료일까지로 한다'는 내용의 신탁계약 조항에 따라 乙 회사가 더 이상 우선수익자로서 수익권을 행사할 수 없는데도, 이와 달리 보아 대물변제계약이 사해행위에 해당하지 않는다고 판단한 원심판결에 부동산담보신탁계약의 해지 및 종료 사유와 우선수익권의 법적 성질 등에 관한 법리오해 등 잘못이 있다"고 판시하였다.

2. 체육시설의 설치 · 이용에 관한 법률 제27조의 적용 여부

　　대법원 2018. 10. 18. 선고 2016다220143 판결의 쟁점은 체육시설업자가 담보목적으로 체육필수시설을 신탁법에 따라 담보신탁을 하였다가 채무를 갚지 못하여 체육필수시설이 공개경쟁입찰방식에 의한 매각("공매") 절차에 따라 처분되거나 공매절차에서 정해진 공매조건에 따라 수의계약으로 처분되는 경우가 있는데, 이처럼 체육필수시설에 관한 담보신탁계약이 체결된 다음 그 계약에서 정한 공매나 수의계약으로 체육필수시설이 일괄하여 이전되는 경우에 회원에 대한 권리·의무도 승계되는지 여부이다. 이 판결은 체육필수시설에 관한 담보신탁계약에서 정한 공매나 수의계약으로 체육필수시설이 일괄하여 이전되는 때에 체육필수시설의 인수인은 체육시설업자와 회원 간에 약정한 사항을 포함하여 그 체육시설업의 등록 또는 신고에 따른 권리·의무를 승계한다고 판시한 최초의 판결이다. 이 판결로써 체육시설업자와 이용관계를 맺은 다수 회원의 이익을 보호하려는 체육시설법 제27조의 입법 목적을 실현하는 데에도 이바지할 수 있다.

대법원 2018. 10. 18. 선고 2016다220143 판결의 다수의견은 담보신탁을 근거로 한 공매나 수의계약은 체육시설법 제27조 제2항 제4호에서 정한 절차에 해당하므로, 입회보증금반환채무의 승계를 인정하고 사건을 파기환송하였다. 대상판결은 "ⅰ) 체육필수시설이 일괄하여 인수인에게 이전되는 경우 회원에 대한 권리·의무도 승계된다고 보는 것이 법률의 목적에 부합한다. ⅱ) 담보신탁에 따른 공매나 수의계약으로 체육필수시설이 이전된 경우에도 회원에 대한 권리·의무의 승계를 인정하는 것이 문언해석에 부합한다. ⅲ) 이러한 해석은 입법 연혁과 경위에서 알 수 있는 입법자의 의사에도 부합한다. ⅳ) 담보신탁의 기능 등에 비추어 그에 따른 공매 등은 저당권 등 담보권 실행을 위한 경매절차 등과 구별하여 다루어야 할 만큼 실질적인 차이가 없다. ⅴ) 담보신탁을 근거로 한 공매절차에서 도산격리 효과를 일부 제한하여 체육필수시설의 인수인에 대해 입회금반환채무를 포함한 권리·의무의 승계를 인정하는 것이 이익형량의 관점에서도 타당하다. ⅵ) 요컨대, 체육시설법 제27조는 체육필수시설을 이전하는 경우 인수인 등이 회원에 대한 권리·의무를 승계함으로써 회원의 권익을 보호하려는 목적을 가지고 있고, 위 규정의 문언이 포괄적이어서 담보신탁에 따른 공매나 수의계약을 포함하는 데 문제가 없으며, 위와 같은 해석이 입법 연혁에서 드러나는 입법자의 의사에 부합할 뿐만 아니라 담보신탁의 실질에 비추어 공평한 해결방안이라고 볼 수 있다"고 판시하였다.

제 4 장

분양관리신탁

제1절 서설

Ⅰ. 의의

분양관리신탁은 건축물분양법에 근거하여 위탁자(분양사업자, 시행사)가 사업부지와 시공된 건축물을 수탁자(신탁업자) 앞으로 소유권을 이전함으로써 수분양자를 보호하고, 위탁자가 채무를 이행하지 않는 경우 신탁부동산을 환가·처분하여 그 처분대금에서 수분양자가 지급한 분양대금을 우선 반환하는 내용의 신탁이다. 즉 분양관리신탁은 건축물분양법에 따라 상가 등 건축물을 신축 또는 증축하여 분양하는 사업에 있어 수탁자가 신탁부동산의 소유권을 보전·관리하여 수분양자를 보호하고 위탁자가 부담하는 채무의 불이행 시 신탁부동산을 환가처분하여 정산함을 목적으로 하는 신탁을 말한다.

건축물분양법 제4조에 의하면 오피스텔, 주상복합건물 등 일정한 성질 및 규모에 해당하는 건축물을 분양하고자 하는 분양사업자가 착공신고 후 분양을 하려면 수분양자 보호를 위하여 금융기관 등으로부터 분양보증을 받거나 또는 자본시장법에 따른 신탁업자와 신탁계약 및 대리사무계약을 체결하여야 한다. 대리사무계약은 시행사가 분양 주체로서 건축물을 분양하는 것을 전제로 시행사가 대출받은 금원이나 수분양자로부터 지급받은 분양대금 등을 신탁업자가 관리하는 것을 목적으로 하는 계약이다.

Ⅱ. 필요성과 특징

1. 필요성

분양관리신탁은 공공성 측면, 사업시행자 측면, 금융기관 측면, 수분양자 측면, 신탁회사 측면에서 필요성이 있다.[1]

(1) 공공성 측면

상가 등 일반 건축물은 관련 법령의 미비로 인하여 분양과정에 아무런 규제도 받고 있지 않았으나, 건축물분양법과 신탁제도를 활용하여 분양과 관련한 거래질서를 공정하고 투명하게 함으로써 선의의 수분양자를 보호할 필요가 있다.

(2) 사업시행자 측면

건축물분양법은 후분양제를 도입하기 위한 법률이나, 일정 규모(분양면적 3,000m2) 이상의 분양건축물을 선분양하는 경우 반드시 이 법에서 정하는 절차를 준수하여야 하므로 사업시행자의 자본적 취약성 등을 감안한다면 신탁제도를 통한 시장참여가 필요한 상황이다.

(3) 금융기관 측면

분양관리신탁에서는 대출금융기관의 우선수익자 지위가 건축물분양법에서 정한 수분양자 보호 최우선 조항에 따라 수분양자 권리보다 후순위에 놓이게 되므로 대출금융기관은 건축물분양법 대상 건축물의 대출 취급을 위해서는 분양관리신탁이 필수적인 요소이다.

(4) 수분양자 측면

상가 등의 분양에 있어서 부동산거래 활동의 불투명으로 인하여 선의의 투자자와 실수요자의 피해 사례가 있었으나, 건축물분양법 시행 후 신탁제도를 활

---

[1] 조장원(2018), 44쪽.

용한 분양관리신탁의 경우에는 공정하고 투명한 거래질서 확립으로 수분양자 보호 측면에서 최대의 유용성을 가지고 있다

(5) 신탁회사 측면

건축물 분양과 관련하여 부동산 공법에 최초로 신탁제도의 공익적 성격과 개념을 도입하여 신탁회사가 가진 사회적 순기능의 역할 및 건축물분양법에서 정한 수분양자 보호 기능을 신탁사가 수행함으로써 수익 창출은 물론 사회적 기능 확대의 중요한 의미를 가진다.

2. 특징

분양관리신탁은 업무 자체의 특성에 기인하여 아래와 같은 특징을 갖고 있다.[2]

ⅰ) 분양관리신탁계약 자체만으로는 건축물분양법에 근거한 신탁회사의 의무를 다할 수 없으므로 분양관리, 자금관리, 시공관리를 별도로 규정하고 있는 대리사무계약과 불가분의 관계를 가지고 있다. 이러한 특징에 비추어 분양관리신탁계약 및 대리사무계약만으로는 금융기관, 건설사 등의 이해관계인과 신탁회사 간 관계설정에 한계가 있어, 상호간 분쟁방지 및 원활한 업무이행을 위해 위탁자, 건설사, 금융기관 간의 다자간 사업 약정을 체결하기도 한다.

ⅱ) 분양관리신탁은 담보신탁의 역할을 동시에 수행한다. 건축물분양법상 분양사업자(위탁자)는 사업부지에 대한 소유권을 완전히 확보하여야 하고, 소유권에 대하여 제3자에게 권리를 설정하는 등의 행위를 해서는 안 된다. 그러나 실제로 분양사업자는 사업부지 소유권을 확보하기 위해 금융기관으로부터 토지비 대출을 받을 수밖에 없는데, 이 경우 분양관리신탁에 있어서도 우선수익권을 금융기관에 담보로 제공하는 등 담보신탁으로서의 기능도 동시에 수행하게 된다. 다만 이 경우 우선수익자는 건물의 준공 및 수분양자에 대한 소유권이전 전에는 우선수익권에 따른 환가를 요청할 수 없으며, 분양대금에 의한 원리금 상환에도 제한을 받는다.

ⅲ) 분양관리신탁은 신탁법과 건축물분양법에 기초하여 업무를 수행해야 한

---

2) 조장원(2018), 45-46쪽.

다. 기타 일반신탁상품의 경우에는 신탁법에 근거하여 그 권리관계의 구성 및 신탁목적을 수행하고 있으나, 분양관리신탁의 경우 건축물분양법에 따라 수분양자 보호를 위하여 다른 채권자나 수익자의 권리보다도 우선 보호받을 수 있다는 규정과 이를 수행하기 위하여 대리사무계약에서 기본적 사항을 정하고 있는 등 여타 신탁상품과 달리 신탁법과 건축물분양법을 근거로 하여 신탁목적과 권리관계를 혼합하여 적용하고 있다.

iv) 분양관리신탁은 시공사의 책임준공을 기반으로 한다. 건축물분양법에서는 시공사의 신용도 또는 책임준공에 관하여 별도의 언급을 하지 않고 있는데, 이는 시공사에 대하여 기성에 따른 기성금 지급으로 공사비 과지급이 없는 상태에서는 원만한 시공사 교체가 가능하다는 이론적 전제에 기인한 것이다. 그러나 실제 일정 부분 분양 및 공사가 진행된 상태에서 분양사업자 및 시공사가 모두 계약불이행 상태에 놓이게 될 경우 사업을 중도에 청산할 수밖에 없는데, 이 경우 신탁부동산 처분대금으로 수분양자가 납부한 분양대금을 모두 반환하거나 금융기관에 대해 토지비 대출을 모두 완제하지 못하게 되는 경우가 발생한다. 이 경우 수분양자 및 금융기관의 민원 및 분쟁을 사전에 차단하기 위해서는 시공사의 신용도 및 책임준공 이행가능성을 면밀히 판단하여 수분양자 및 금융기관 권리를 최대한 보호할 수 있도록 신탁회사는 선관주의의무를 다해야 한다.

제2절 건축물 선분양의 법률관계

I. 관련 규정

건축물분양법에 따라 건축물을 선분양할 경우 시행사(분양사업자)는 부동산신탁사와 분양관리신탁계약 및 대리사무계약을 체결하여야 한다.

신탁계약에는 i) 분양받은 자의 소유권등기 전날까지의 토지와 그 정착물의 소유권 관리에 관한 사항(제1호), ii) 신탁받은 소유권의 처분에 관한 사항(제2호), iii) 신탁을 정산할 때에 분양받은 자가 납부한 분양대금을 다른 채권 및 수익자의 권리보다 우선하여 정산하여야 한다는 사항(제3호)이 포함되어야 한다(건축물분양법4④, 동법 시행령3①).

　대리사무계약에는 ⅰ) 분양받은 자를 보호하기 위한 분양수입금 관리계좌의 개설에 관한 사항, ⅱ) 분양사업자는 분양수입금 총액을 자본시장법에 따른 신탁업자에게 양도하여야 한다는 사항, ⅲ) 분양대금은 신탁계약 및 대리사무계약에서 정한 토지매입비, 공사비, 설계비, 감리비 또는 그 밖의 부대사업비 등 해당 분양사업과 관련된 용도로만 사용할 수 있다는 사항, ⅳ) 계약금을 포함한 분양대금의 수납·관리 등, ⅴ) 부도·파산 등으로 사업추진이 불가능한 경우 분양수입금 관리계좌의 남은 금액은 분양받은 자에게 우선하여 지급하여야 한다는 사항을 포함한 분양대금의 지출 원칙, 방법 및 용도, ⅵ) 건축공사가 6개월 이상 중단되거나 준공예정일부터 6개월 이상 준공이 지연되는 경우 공사의 이행 방법에 관한 사항, ⅶ) 자본시장법에 따른 신탁업자가 분양사업자의 사업을 감독할 권한, 분양사업자가 신탁업자에게 자료를 제출할 의무 등, ⅷ) 자금 집행순서 및 시공사에 공사비를 지급하는 방법·시기, ⅸ) 분양계약의 관리, ⅹ) 건축공사의 공정 관리(시공사가 분양사업자에게 공사비를 청구할 때 시공사의 예정 공정계획에 비례하여 공사비를 지급할 수 있도록 신탁업자가 실제 공정 현황을 파악하는 등의 업무)에 대한 사항, ⅺ) 분양받은 자를 위한 공사 진척 사항의 열람 및 게시 방법, ⅻ) 그 밖에 신탁업자와 분양사업자가 협의하여 정한 사항이 포함되어야 한다(건축물분양법4④, 동법 시행령3②, 동법 시행규칙2).

Ⅱ. 분양관리신탁과 대리사무계약

1. 분양관리신탁

　시행사는 착공신고 후 신탁업자와 분양관리신탁계약 및 대리사무계약을 체결한 다음 건축물을 분양하여야 한다. 분양관리신탁은 시행사가 사업부지와 시공된 건축물을 신탁업자 앞으로 소유권을 이전함으로써 수분양자를 보호하고, 위탁자가 채무를 이행하지 않는 경우 신탁부동산을 환가·처분하여 그 처분대금에서 수분양자가 지급한 분양대금을 우선 반환하는 내용의 신탁이다. 구체적으로 보면 시행사가 소유하는 사업부지와 시공된 건축물을 신탁업자에게 이전하고, 신탁업자는 이전받은 신탁부동산의 소유권 관리 등에 대하여 선량한 관리자로서 주의의무를 부담한다. 관리신탁은 "부동산 소유자가 신탁계약을 통해 부동산의 소유권을 수탁자에게 이전하면, 수탁자는 신탁계약에서 정한 바에 따라 부동산에 대한 소유권 등의 관리를 수행하고 그로부터 발생하는 신탁수익을 수익자로 지정된 자에게 교부하는 것"을 말하는데, 분양관리신탁은 위와 같은 점에서 관리신탁의 성격을 가지고 있다. 이처럼 사업부지와 시공된 건축물을 신탁업자 앞으로 이전하면 시행사의 채권자가 사업부지와 건축물에 대하여 강제집행을 할 수 없는바(신탁법 제22조 제1항 본문 참조), 건축 공사가 안정적으로 진행되게 함으로써 수분양자를 보호할 수 있는 것이다.[3]

한편, 분양관리신탁은 담보신탁의 성질도 가지고 있다. 담보신탁은 채무자인 위탁자가 채권자를 우선수익자로 하여 수탁자에게 부동산의 소유권을 이전하고 채무자가 채무를 불이행하면 수탁자가 신탁재산을 처분하여 그 매각대금으로 채권자인 우선수익자의 채권을 변제하는 신탁을 의미한다. 건축물 선분양에 있어서 금융기관으로부터 대출을 받아 건축 공사가 진행되는바, 신탁업자 앞으로 이전된 사업부지와 건축물은 금융기관의 대출금 채권에 대한 담보의 성격을 가지고 있다. 이에 시행사의 사업 진행이 어려워 대출금을 변제하지 못할 가능성이 많은 경우에 수탁자는 신탁재산을 처분하여 그 매각대금으로 우선수익자인 금융기관의 대출금채권을 변제하게 된다. 다만, 이 경우에도 수분양자 보호라는 건축물분양법의 취지가 관철되어야 한다. 따라서 신탁부동산의 처분대금에서 우선수익자의 피담보채권보다 수분양자의 분양대금반환채권이 먼저 변제되도록 신탁업자가 자금집행을 하여야 한다.[4]

수분양자가 시행사와 분양계약을 체결하고 분양대금을 약정에 따라 납부한 경우에는 해당 분양목적물에 대하여는 우선수익자의 환가권이 제한된다고 보아야 한다. 대법원 2010. 12. 9. 선고 2009다81289 판결이 밝힌 바와 같이 수분양자가 약정에 따라 분양대금을 납부한 경우에 시행사는 수분양자에게 분양목적물에 대한 소유권이전등기를 마쳐주기 위하여 그 부분에 대한 신탁을 일부 해지할 수 있고, 우선수익자는 신탁 일부해지의 의사표시에 동의의 의사표시를 하기로 하는 묵시적 약정을 하였다고 보아야 하기 때문이다. 해당 분양목적물에 대해서 수분양자가 분양대금을 납부한 이상 해당 분양목적물에 대하여 이미 환가가 이

---

3) 이계정(2021), 49–50쪽.
4) 이계정(2021), 50–51쪽.

루어진 것이므로 우선수익자는 더 이상 해당 분양목적물에 대하여 권리를 주장하지 않기로 약정하였다고 볼 수 있다. 따라서 우선수익자인 금융기관은 시행사가 대출금을 제때 변제하지 않는다고 하더라도 해당 분양목적물에 대해서 처분요청을 할 수 없고, 이에 따라 수탁자도 우선수익자의 채권 회수를 위하여 처분을 할 수 없다고 보아야 한다. 이에 따라 수탁자는 신탁의 일부해지가 이루어지면 즉시 수분양자에게 소유권이전등기를 마쳐줄 수 있다.[5]

건축물분양법이 적용되지 않는 건축물에 대해서는 분양관리신탁 대신에 담보신탁이 활용되고 있다. 분양관리신탁은 담보신탁의 성격을 가지고 있으므로 건축물분양법이 적용되는 경우의 분양관리신탁과 건축물분양법이 적용되지 않는 경우의 담보신탁 사이에 본질적인 차이가 있는 것은 아니다. 다만, 건축물분양법이 적용되지 않는 담보신탁의 경우 분양관리신탁과 달리 신탁재산의 처분대금에서 우선수익자로 지정되는 금융기관이 우선변제를 받고, 수분양자는 분양대금반환채권을 변제받을 수 없도록 신탁조항이 구성되어 있다. 따라서 건축물분양법이 적용되지 않는 경우의 담보신탁은 대출기관의 채권회수에 주된 방점이 찍혀 있다고 할 수 있다. 건축물분양법이 적용되지 않는 건축물에 대해서 수분양자가 약정에 따라 분양대금을 납부한 경우에 건축물분양법이 적용되는 건축물과 마찬가지로 우선수익자의 환가권이 제한된다고 보아야 할 것이다. 우선수익자가 더 이상 해당 분양목적물에 대하여 권리를 주장하지 않기로 하는 묵시적 약정이 마찬가지로 인정될 수 있기 때문이다.[6]

2. 대리사무계약

시행사가 상가 등 건축물을 신축·분양하는 사업을 진행하면서, 신탁회사가 분양수입금, 대출금 등을 관리하도록 하는 내용의 계약을 부동산신탁 실무에서는 "자금관리대리사무계약" 또는 "대리사무계약"이라는 용어를 사용한다. 대리사무계약은 부동산개발사업의 사업자금의 수납과 지출을 제3자에 의하여 적정하고 투명하게 이루어질 수 있도록 하기 위하여 체결된다. 대리사무계약은 수임인에게 자금관리를 위임하는 위임계약으로 수임인에게 자금관리에 대한 대리권을 부여하는 내용을 포함하고 있다. 대리사무계약은 시행사(위임인)와 신탁회사(수임

---

5) 이계정(2021), 51-52쪽.
6) 이계정(2021), 52쪽.

인)의 양자 간에 체결되기도 하지만 "사업약정 및 대리사무계약"이라는 제목으로 시행사, 신탁회사, 시공사, 대출금융기관 사이에 체결되는 경우가 많다.[7]

시행사에 사업비를 대출하여 주면서 시행사의 건축물 신축·분양사업에 참여하게 되는 대출금융기관, 시행사와 공사도급계약을 체결하여 시행사의 건축물 신축·분양사업에 참여하게 되는 시공사는 장래에 시행사의 건축물 분양에 따른 분양수입금으로 대출원리금을 상환받아야 하거나 공사대금을 받아야 한다. 이에 따라 시공사와 대출금융기관은 분양수입금 등을 시행사를 대신하여 신탁회사로 하여금 공정하고 투명하게 관리하도록 하면서, 자금집행을 할 때마다 이를 확인하고 감시할 필요가 있으므로 대리사무계약을 체결하고 있다.[8]

Ⅲ. 분양관리신탁계약과 대리사무계약의 관계

분양관리신탁을 활용한 부동산사업개발은, 사업주체인 시행사는 신탁회사와 사업 대상 부지를 신탁부동산으로 하는 분양관리신탁계약을 체결하고, 시행사, 신탁회사, 시공사, 금융회사와 사이에 건축물의 신축·분양사업에 관한 사업약정 및 대리사무계약을 체결하는 것이 일반적이다. 분양관리신탁 및 대리사무계약과 관련하여 사업주체 및 차입주체가 시행사이고, 자금관리를 위하여 시행사가 신탁회사의 관리하에 분양계약을 체결하고 분양대금 입금계좌는 신탁회사 명의로 한다. 분양관리신탁과 대리사무계약은 분양사업과 관련하여 체결된 사업약정 및 대리사무계약과 상호·보완관계에 있다고 보는 것이 합리적이다. 한편, 신탁계약은 부동산개발사업에 있어서 수탁자가 신탁부동산(완공된 건축물이 추가 신탁된 경우를 포함)의 소유권을 보전·관리하여 수분양자를 보호하고, 위탁자가 부담하는 채무불이행 시 신탁부동산을 환가·처분하여 정산함에 그 목적이 있고, 대리사무계약은 신탁재산 및 분양수입금을 효율적으로 관리함으로써 수분양자를 보호하고 본 사업을 원활하게 진행하는 것을 목적으로 한다. 즉 신탁계약이 시행사의 채무불이행 등으로 인해 부동산개발사업이 정상적으로 진행되지 않을 경우 수분양자나 대출금융기관이 우선하여 채권을 회수할 수 있도록 체결된 것이라면,

---

7) 남궁주현(2020), "수분양자의 신탁회사에 대한 분양대금반환청구에 관한 소고: 하급심판결에서의 논의를 중심으로", 기업법연구 제34권 제3호(2020. 9), 216-217쪽.
8) 남궁주현(2020), 217쪽.

대리사무계약은 시행사가 신탁부동산을 제대로 분양하는 등 부동산개발사업이 정상적으로 진행되는 경우 사업자금의 수납과 지출이 제3자에 의하여 적정하고 투명하게 이루어질 수 있도록 체결되었다는 점에서, 양자는 개별적인 내용면에서 모순되는 부분이 존재할 수 있다.[9]

---

9) 남궁주현(2020), 218-219쪽.

제5장

토지신탁(개발신탁)

제1절 서설

Ⅰ. 토지신탁의 의의와 유형

1. 의의

　　부동산토지신탁은 신탁의 인수시에 신탁재산으로 토지 등을 수탁하고 신탁계약에 따라 토지 등에 건물, 택지, 공장용지 등의 유효시설을 조성하여 처분·임대 등 부동산 사업을 시행하고 그 성과를 수익자에게 교부하여 주는 신탁을 말한다(금융투자회사의 영업 및 업무에 관한 규정2-65⑥). 토지신탁은 토지소유자가 자신이 보유한 토지를 효율적으로 이용하기 위하여 개발사업을 전문적으로 수행하는 부동산신탁회사에 토지를 신탁하고 수탁자인 신탁회사는 신탁계약에서 정한 바에 따라 신탁재산인 토지를 관리·처분·개발하여 그 성과를 토지소유주에게 돌려주는 형태의 신탁이다. 토지신탁은 전업 부동산신탁회사만이 가능하고, 은행, 증권회사 및 보험회사는 토지신탁의 수탁자가 될 수 없다(자본시장법 시행령15① [별표 1] 인가업무단위).

　　그러나 토지신탁이라는 용어에 대하여 명확한 법적인 정의가 없어 토지신탁의 의미와 범위에 대하여 명확히 할 필요가 있다. 넓은 의미에서 토지신탁은 토지라는 신탁재산을 수탁받아 관리·처분하는 모든 신탁형태를 말한다. 그러나 좁은 의미에서 토지신탁은 수탁자의 적극적인 개발행위가 포함된 신탁만을 의미한다. 즉 부동산신탁 실무상 토지신탁은 토지나 건물의 관리·처분을 하는 신탁이 아닌 토지를 수탁받아 개발행위를 포함한 적극적인 사업집행형 신탁을 말한다. 그러므로 신탁원본[1]으로서 "금전등"을 수탁받아 이를 집합하여 토지를 구매한 이후 그 토지로 개발사업을 진행하는 것은, 수탁자가 신탁으로 인수한 재산이 토지가 아닌 금전으로, 이는 금전신탁 또는 집합투자의 영역에 속하는 것이다. 다만 다수의 사람이 보유한 토지를 신탁원본으로 수탁받아 이를 신탁회사가 단독으로 토지를 소유하여 개발하는 것은 위탁자가 다수인 토지신탁의 범위에 포함된다.[2]

또한 토지신탁은 부동산신탁회사를 통해 이루어지는 상사신탁이다. 따라서 일반 개인이 제3자에게 개발행위를 위임하여 대리하는 경우, 이는 부동산신탁업에서 말하는 토지신탁은 아니다. 그리고 개인 간의 신탁행위로 신탁법에 따라 자신의 토지를 관리 또는 처분하는 것을 신탁한 경우나 이 토지 위에 건물을 세울 것을 위임하는 경우에도 이는 엄밀한 의미의 토지신탁은 아니다. 토지신탁은 자본시장법에 따라 부동산신탁업을 영위하는 수탁자가 영업으로서 토지를 개발할 것을 위임받고, 그 기본 재산으로 토지를 수탁받아 시행하는 신탁관계이기 때문이다(신탁법2). 따라서 토지신탁은 부동산신탁이라는 범주 안에서 "전문적인 부동산신탁업을 영위하는 신탁업자가 개발행위를 전제로 위탁자 또는 위탁자들로부터 토지 및 토지위의 건물을 신탁으로 인수하여 소극적으로 토지의 관리·처분뿐만 아니라 적극적으로 개발사업을 대신 집행하는 형태의 신탁"을 말한다.

2. 유형

(1) 의의

토지신탁의 기본구조는 위탁자와 수탁자 간의 계약으로 수탁자인 신탁회사는 사업시행 주체로서 자금조달과 수분양자 관리 및 시공관리를 부담하고 위탁자는 조력하는 형태이다. 이와 별도로 자금을 대여하는 금융기관이 수익자로 지정되어 있어 신탁관계에서는 위탁자, 수탁자, 수익자의 3면 관계가 형성된다. 또

---

[1] 신탁원본과 신탁재산은 종종 혼용하여 사용되지만, 신탁원본은 "신탁으로 인해 수탁자가 위탁자로부터 인수한 재산 자체"를 말하는 것이고(신탁업자의 회계처리 기준 제4조 제3호), 신탁재산은 "신탁재산의 관리, 처분, 운용, 개발, 멸실, 훼손, 그 밖의 사유로 수탁자가 얻은 재산"(신탁법 제27조)을 말한다.
[2] 김용진(2013), "토지신탁제도의 개선방안에 관한 연구: 사업신탁을 중심으로", 한양대학교 대학원 석사학위논문(2013. 2), 8-9쪽.

한 신탁관계와 별도로 부동산을 분할하여 매입하는 지위에 있는 수분양자들과 도급계약에 따라 시공을 하는 시공사가 있다. 수탁자인 신탁회사는 사업주체로서 주택법 등 부동산 공법에 따라 수분양자에게 완성된 주택을 공급할 의무를 준수해야 하며, 시공사와의 관계에서도 인허가 및 하자보수와 같은 책임을 분담하여 처리해야 한다. 토지신탁의 기본구조에서 위탁자 및 금융기관의 요구에 따라 그 분담하는 책임 범위가 달라지고 이에 따라 토지신탁의 종류가 나누어진다.[3]

토지신탁은 신탁재산의 처분방식에 따라 분양형토지신탁과 임대형토지신탁으로 분류할 수 있으며, 건설자금의 조달책임 부담에 따라 차입형토지신탁과 관리형토지신탁으로 분류할 수 있다.

(2) 분양형태에 따른 분류
(가) 분양형토지신탁

분양형토지신탁은 토지소유자(위탁자)가 위탁한 토지상에 부동산신탁회사가 부동산신탁회사 명의로 자금을 조달하여 건축물, 기타 구축물 등을 개발(신축, 증축, 개축, 대수선)하고, 이를 분양을 통하여 처분하고 수납한 분양대금으로 개발에 소요된 자금을 상환하고 최종적으로 남게 되는 개발이익을 수익자에게 돌려주는 사업방식이다.[4]

(나) 임대형토지신탁

임대형토지신탁 또한 동일한 사업구조를 지니고 있으며, 분양형토지신탁과 달리 건축물을 임대함으로써 임대사업을 통해 발생한 수익을 수익자에게 돌려주는 사업방식이다.

(3) 건설자금 조달책임에 따른 분류
(가) 차입형토지신탁

차입형(개발형)토지신탁은 부동산신탁회사가 사업주체(시행사)가 되어 수탁받은 토지를 개발하면서 발생하는 건설자금 등의 사업비(토지비용 제외)를 신탁회사가 신탁회사 명의로 직접 조달하여 사용하는 사업방식이다. 이는 사업비 조달에 있어 부동산신탁회사가 차주가 되어 금융기관 등으로부터 자금을 조달함에

---

3) 김용진(2013), 16-17쪽.
4) 공현기(2010), 6-7쪽.

따라 차입금부담, 부채비율 증가 등의 신탁회사 리스크는 증가하는 반면, 위탁자
와 건설회사는 자금 부담이 없고, 특히 건설회사 입장에서는 공사비 채권에 대한
안정성이 높아져 자금 부담이 전혀 없는 구조이다.[5]

(나) 관리형토지신탁

관리형토지신탁은 부동산신탁회사가 사업비 조달책임이 전혀 없고, 단순 사
업주체(시행사) 역할만을 수행하는 제도로서, 사업비 조달책임은 위탁자가 직접
적으로 부담하게 되고, 시공사는 책임준공과 지급보증의 형태로 사업비 조달에
대한 보증을 하는 구조이다.

관리형토지신탁은 부동산개발사업의 안정적인 진행을 위해 위탁자(토지소유
자)가 수탁자(신탁사)에 대상토지를 신탁하고 신탁사는 인허가 업무 및 분양계약
등의 주체로서 분양 자금관리 등 업무를 수행하되 위탁자 또는 시공사의 책임으
로 자금조달, 인허가, 분양 등의 업무수행을 진행하는 신탁방식이다. 즉 신탁사
가 분양(임대)계약을 직접 체결하므로 이중계약, 분양수입금 사용 등 분양사고를
방지할 수 있다. 최근에는 관리형토지신탁에 신탁사가 금융기관에 대한 부분적
인 책임준공의무를 부담하는 책임준공확약형 관리형토지신탁 상품이 금융지주
신탁사들을 중심으로 빠르게 발전하고 있다. 즉 신탁사가 중소 시공사의 신용을
보강하는 상품으로 관리형토지신탁에 비해 신탁사가 부담하는 위험이 큰 상품이
다.[6] 아래서 별도로 살펴본다.

(다) 책임준공확약형 관리형토지신탁

부동산신탁사가 일반적 신탁영역에서 벗어나 부동산개발사업에 직간접적으
로 참여할 수 있는 신탁유형으로는 차입형토지신탁과 관리형토지신탁에 책임준
공 신용보강을 확약해주는 책임준공확약형 관리형토지신탁이 있다.[7]

책임준공확약형 관리형토지신탁은 일반적인 관리형토지신탁에 책임준공 이
행을 확약하는 것으로 시공사가 책임준공의무를 이행하지 못할 경우, 신탁사가
책임준공의무를 부담하는 신탁상품이다. 실무적으로 신용이 우수한 시공사의 경
우 신탁사의 책임준공확약이 필요하지 않지만, 신용이 낮은 시공사가 참여하는
개발사업의 경우에는 신탁사로부터 책임준공확약을 통한 신용공여를 제공받아야

---

5) 공현기(2010), 7쪽.
6) 박형섭(2020), "부동산신탁사의 프로젝트 참여가 분양가격에 미치는 영향에 관한 연구",
   건국대학교 대학원 석사학위논문(2020. 2), 17쪽.
7) 윤서준·고성수(2022), 32-33쪽.

만 부동산PF 대출이 가능해진다. 그 결과 최근 중소형 개발시장의 확대 속에서 책임준공확약형 관리형토지신탁 수요가 증가하고 있다. 책임준공확약형 관리형 토지신탁은 차입형토지신탁에 비해 한정된 위험과 책임의 범위는 특정되나, 참여 시공사의 재무건전성 및 신용도가 대체로 낮아 부동산경기 하락 시 시공사 부실에 따른 우발부채가 현실화될 수 있다.

Ⅱ. 토지신탁의 구조

1. 의의

토지신탁은 전문적인 부동산신탁업을 영위하는 신탁업자가 개발행위를 전제로 위탁자 또는 위탁자들로부터 토지와 토지위의 건물을 신탁으로 인수하여 소극적인 관리, 처분을 포함하여 적극적인 개발사업을 대신 집행하는 형태의 신탁이므로 수탁자는 개발사업에 필요한 다양한 업무를 위탁자로부터 위임받아 개발사업의 시행자로서의 의무를 부담하게 된다. 수탁자는 개발사업에 필요한 자금의 조달, 토지의 조성과 건물의 건설, 임대, 분양 등의 업무를 수행하게 되고, 이에 따른 각종 인허가 절차와 도급계약, 수분양자 관리업무를 수행한다. 이런 업무를 종료하게 되면 수탁자는 신탁을 종료하고 신탁에 대한 계산을 하여 최종 수익을 수익자와 귀속권리자에게 교부한다. 여기서는 토지신탁의 기본구조를 위탁자, 수탁자, 수익자로 나누어 살펴본다.[8]

2. 토지신탁의 관계인

(1) 개요

토지신탁은 크게 토지소유자인 위탁자, 신탁회사인 수탁자, 수익자인 금융기관으로 이루어진다. 건설사와 수분양자(임차인)의 경우 신탁관계인은 아니다. 다만 신탁재산을 관리하는 수탁자가 토지신탁의 목적을 달성하기 위한 신탁사무 처리의 일환으로 도급계약 또는 분양계약을 맺은 자이다. 따라서 실제 토지신탁에서 신탁관계인은 위탁자, 수탁자, 수익자로 이루어진다.

---

8) 김용진(2013), 11-16쪽.

(2) 위탁자

위탁자는 토지소유자로서 수탁자가 신탁목적에 따라 재산을 관리 또는 처분할 수 있도록 재산권의 이전과 기타 처분을 하는 자(신탁설정자)를 말한다. 장래 신탁이 종료되면 신탁행위에 별도의 정함이 없는 경우 신탁재산의 귀속권리자9)가 된다. 위탁자의 자격은 특별한 제한이 없어 자연인인 경우 누구라도 위탁자가 될 수 있다. 실무상 자연인인 위탁자보다 법인인 위탁자가 절대 다수를 차지한다. 신탁은 기본적으로 처분행위이다. 따라서 위탁자가 법인인 경우 정관의 목적 범위 내에서 처분권한이 있는 자의 신탁설정의 의사표시가 있어야 하고, 공익법인이나 재단의 경우에는 관련 법규에 따라 시도지사의 승인이 필요한 경우 처분행위에 필요한 절차를 거쳐야 한다.

위탁자는 신탁재산을 출연한 신탁의 설정자로서 수탁자가 신탁의 목적에 따라 신탁재산을 운용하는지를 감시·감독한다. 또한 수탁자에게 신탁계약상 신탁재산의 운용 방법과 범위에 대한 일정한 가이드라인을 제시할 권한이 있다. 신탁법상 신탁은 무상이 원칙이나 신탁을 업으로 하는 경우에는 상행위로서 위탁자나 수익자는 보수를 지급할 의무가 있다.10)

(3) 수탁자

수탁자는 신탁의 설정자인 위탁자의 상대방으로 위탁자로부터 재산권을 이전 또는 처분받아 이에 대한 배타적 권리를 가지고 있는 자이다. 수탁자는 신탁의 목적에 따라 선량한 관리자의 주의로써 그 신탁재산을 관리·처분할 의무를 부담한다. 수탁자는 신탁재산의 주체이면서 동시에 고유재산의 주체로 인격상 이중적인 성격을 가진다.

토지신탁의 수탁자는 자본시장법에 따라 금융위원회로부터 부동산신탁업 인가를 받은 법인이다. 신탁업의 인가를 받지 않은 회사는 신탁업을 영위할 수 없으며 수탁자를 자신으로 하는 등기를 할 수 없다.11) 신탁의 인수를 업으로 하

---

9) 귀속권리자는 민법 제80조에서 차용한 개념으로 신탁이 존속 중인 때에는 수익권을 행사할 수 없지만 신탁이 종료한 때에 신탁의 잔여재산이 자신에게 귀속하는 내용의 기대권을 갖는 자이다.

10) 수탁자는 신탁행위에 정함이 있는 경우에만 보수를 받을 수 있다. 다만, 신탁을 영업으로 하는 수탁자의 경우에는 신탁행위에 정함이 없는 경우에도 보수를 받을 수 있다(신탁법47①).

11) 등기선례 5-610, 1997. 11. 12. 등기 3402-866 건설사업 부지에 대하여 건설회사를 수탁

는 수탁자는 신탁사무처리에 대한 보수를 청구할 수 있는 보수청구권을 갖고 있으며, 필요비, 유익비의 경우 신탁재산에서 지출할 수 있다. 신탁사무처리에 필요한 비용을 고유재산에서 지출한 경우 이에 대한 비용과 이자를 신탁재산에서 지출할 수 있다. 필요비와 유익비로 인정되는 경우 민사집행 시 우선변제권이 있다(신탁법46 및 48). 반면 수탁자는 신탁재산을 관리함에 있어 선관의무, 충실의무, 이익향수금지 및 분별관리의무 등 신탁법에 따른 의무를 준수해야 한다(신탁법32, 33, 36, 37).

(4) 수익자

수익자는 신탁계약에 따라 신탁이익을 받는 자를 말한다. 수익권은 신탁계약에서 정한 바에 따라 신탁재산으로부터 향수할 수 있는 일체의 권리와 이익을 포괄하는 것이다. 수익권자는 신탁의 계속 중에는 신탁재산의 관리, 처분에 따른 이익을 향수할 수 있는 권리와 신탁이 종료한 이후에는 신탁재산 중 원본의 부분을 향유할 수 있는 권리를 갖는다. 전자를 수익수익권(收益受益權), 후자를 원본수익권(元本受益權)이라고 한다. 구체적으로 수익수익권은 신탁재산의 관리·처분에 따른 일정한 급부를 받을 수 있는 권리로 수익금의 교부청구권 등이 있고, 원본수익권은 신탁종료 시 원본에 대한 수익권으로 신탁종료에 따른 잔여재산의 소유권이전등기청구권 등을 말한다. 수익권은 재산권의 일종으로 양도성과 상속성을 가지고 있으며, 담보로 제공할 수도 있다.

수익권을 위탁자가 전부 누리는 자익신탁의 경우 신탁에 있어 수익 향유의 주체가 위탁자이므로 위탁자는 수익자의 지위를 겸하게 된다. 수익권을 위탁자가 아닌 다른 사람으로 정하는 타익신탁은 위탁자와 수익자가 각각 다른 주체에 속한다. 위탁자와 수익자의 지위가 동일인에게 속하게 되는 경우일지라도 위탁자로서의 지위와 수익자로서의 지위로서 가지는 권리와 의무는 그 측면을 달리한다. 수익권은 단순한 신탁이익을 향유할 수 있는 권리만을 주는 것은 아니며 수탁자의 신탁위반행위에 대하여 취소권을 행사할 수도 있으며 수탁자의 해임청구, 보수변경청구 등 수익권을 유지관리하기 위한 권한도 포함되어 있다.

토지신탁의 경우 보통 금융기관이 수익자의 지위를 가지게 되는데, 이 경우

자로 하는 신탁등기를 할 수 있는지 여부(소극).

금융기관은 수익자가 지는 의무를 회피하기 위해 위탁자의 수익권에 질권을 설정하거나 부담이 없는 수익자로 자신을 1순위로 지정한 이후 부담부 수익권은 위탁자에게 귀속하도록 하는 형태가 일반적이다.

3. 토지신탁사업의 업무 프로세스

토지신탁의 업무는 크게 ⅰ) 상담 및 조사분석, ⅱ) 사업제안서 작성 및 협의, ⅲ) 신탁계약 체결, ⅳ) 건물의 건축, ⅴ) 자금조달, ⅵ) 분양자 모집 및 관리업무, ⅶ) 신탁종료의 절차로 진행된다. 구체적으로 살펴보면 아래와 같다.[12]

먼저 신탁회사는 토지소유자(위탁자)로부터 신탁을 의뢰받으면 해당 토지의 입지조건, 지역 특성, 법적 규제, 권리관계 등 여러 가지 요인을 고려하여 토지신탁에 적합한 토지인지 여부에 대하여 검토를 한다. 신탁회사는 토지소유자의 요구 및 조사분석 과정에서 수집한 자료 및 신탁회사 내부에 존재하는 각종 정보를 종합하여 당해 토지의 개발에 관한 최적의 대안을 도출하고 각 대안별로 사업수지계획을 작성한 후 이를 바탕으로 해당 사업을 수탁할 것인지 여부를 결정한다.

이후 신탁회사가 작성한 사업제안서에 대하여 토지소유자와의 합의가 이루어질 경우 개발방안에 대한 기본적인 사항이 포함된 기본협정을 체결하거나 사안에 따라 이를 생략하고 곧장 신탁계약을 체결하기도 한다. 기본협정을 체결할 경우 이 협정에 의해 신탁회사는 당해 토지의 개발방안에 관한 세부적인 기획안을 입안하여 토지소유자와의 신탁계약을 체결하되, 신탁계약에는 신탁의 목적, 건물의 건축에 관한 사항, 자금의 조달, 신탁재산의 관리·운용에 관한 사항, 신탁의 수익계산 관계와 그 방법에 관한 사항, 신탁보수에 관한 사항 등을 기재한다.

신탁계약이 체결되면 신탁회사는 신탁계약에 근거하여 건물의 건축을 위하여 건축공사 도급계약을 체결하고 건축공사를 발주한다. 이때 차입형토지신탁의 경우 신탁회사가 건축자금 기타 신탁사무처리에 필요한 비용에 충당하기 위하여 필요자금을 조달하여 건물의 건축을 진행한다.

신탁회사는 건물의 건축에 맞추어 임차인을 모집하여 임대차계약을 체결하거나 분양계약을 체결한 후 건물이 준공되어 신탁재산으로 등기되면 화재보험

---

12) 심창우(2017), 26-27쪽.

부보, 건물의 유지관리 등 관리사무를 수행함과 동시에 수지계산을 명백히 하여 신탁수익을 수익자에게 교부하여야 한다.

최종적으로 신탁이 종료되면 신탁회사는 최종계산서를 작성하여 수익자의 승인을 받은 후, 수익증서와 상환으로 수익자에게 신탁재산을 교부하게 된다.

Ⅲ. 토지신탁의 특징과 장점

1. 토지신탁의 특징

토지신탁의 특징은 위탁자(토지소유자) 측면, 수탁자 측면, 수익자 측면에서 나누어 볼 수 있다.[13]

(1) 위탁자(토지소유자) 측면

토지소유자 측면에서 미활용토지의 이용과 개발을 전문 신탁기관을 통해 유효가치를 높이거나 이를 촉진시킬 수 있다는 점이다. 토지를 가지고 있는 소유자가 건물을 건축할 자금 여력이 충분하지 않은 경우, 또는 개발사업의 경험이 없는 경우에 이를 개발사업을 전문으로 하는 신탁회사에 위탁함으로써 토지의 효율적 이용방안을 모색하고, 이에 따른 안정적인 사업 수익을 기대할 수 있다. 특히 개발사업의 경험이 있는 경우 개발에 필요한 인허가와 건설·분양 등을 신탁회사가 대리하여 처리할 수 있으며, 자금부족과 같이 개발사업 중도에 일어날 수 있는 여러 제반 문제에 대하여 수탁자가 처리하도록 하여 수분양자의 보호에도 안정적이다. 또한 위탁자의 소유권이 수탁자로 이전되나 이는 결국 수익권이라는 형태로 다시 위탁자에게 환원된다. 위탁자가 이 수익권을 유동화할 경우 초기 개발사업에 필요한 비용부담을 줄일 수 있다. 신탁법에 따라 수익증권을 발행할 경우, 수익증권의 판매 등을 통해 조기에 사업자금을 회수할 수 있고, 비용면에서도 상속·매매 등을 토지나 건물이 아닌 수익증권으로 처리할 경우 개발사업에 필요한 자금이 수익권 평가시 공제되어 양도세, 상속세 등의 절감효과와 함께 수익권증서의 매매를 통해 손쉽게 자산을 유동화할 수 있다.

---

13) 김용진(2013), 10-11쪽.

(2) 수탁자 측면

수탁자는 개발사업을 위탁자로부터 위임받아 이를 대행하면서 토지를 수탁재산으로 받게 되므로 개발사업에 따른 자금조달 부담이 적다. 또한 수탁자는 일정한 수수료만을 수수하고 개발이익과 비용은 원칙적으로 수익자가 부담하게 되어, 이에 따른 신탁사업의 리스크가 상대적으로 감소된다.[14] 그리고 신탁재산의 독립성과 강제집행 금지의 원칙이 적용되어 사업기간 중 비교적 안정적으로 사업을 영위할 수 있다. 신탁재산의 독립성(신탁법22)이 인정되어 원 토지소유자의 부도나 파산 등의 사유가 발생하더라도 개발사업에는 직접적으로 영향을 주지 않는다. 또한 위탁자의 채권자의 신탁재산에 대한 강제집행 등 압류가 불가능하여 사업진행 도중 사업중단과 같은 문제가 발생하지 않아 사업운영의 안정성과 계속성이 확보되어 임차인과 수분양자를 안전하게 보호할 수 있다.

(3) 수익자 측면

수익자는 개발사업이 끝난 이후 개발에 따른 이익을 배당받을 권리를 보유한 자인데, 수익자는 토지소유자가 될 수도 있으나 토지소유자가 자금확보를 위하여 수익권을 매각하였을 경우 최종적으로 수익권을 보유한 자이다. 수익권증서 매수자는 상대적으로 적은 금액으로 개발사업에 따른 이익을 향유할 수 있다.

2. 토지신탁의 장점

(1) 일반적인 장점

일반적인 장점은 다음과 같다. ⅰ) 토지의 소유자가 단순히 토지를 매각하거나 또는 토지를 임대하는 것이 아니라, 지상건물의 건축을 통하여 토지의 이용 및 부가가치를 향상시키게 된다. 수탁자는 수익자를 위하여 개발사업을 수행하므로 토지소유자는 일정액의 신탁보수만을 지급하면 스스로 개발하는 경우와 마찬가지로 개발이익 전부를 향수할 수 있다. ⅱ) 기획, 자금조달, 건물의 발주, 수분양자의 모집, 관리까지 일체의 업무를 부동산신탁사가 수행하므로, 그와 같은 능력을 가지고 있지 않은 토지소유자로서 부동산개발을 함에 있어 부동산신탁사가 가지는 노하우와 신용력, 거래기반을 이용할 수 있다. ⅲ) 토지소유자가 다수

---

14) 차입형토지신탁의 경우 수탁자가 자금을 조달할 의무를 부담하므로 분양이 미진할 경우 이에 대한 리스크는 커지게 된다.

인 경우 또는 독자적으로 개발하기에는 적은 토지를 각각 소유하고 있는 경우 이를 신탁함으로써 토지, 건물의 명의가 부동산신탁사에 일원화되므로 대외적인 권리관계가 단순하게 된다. 또한 부동산신탁사가 중립적인 입장에서 토지소유자 간의 권리조정을 행할 수 있으므로, 다수의 소유권자가 공동빌딩을 건설하는 등 도심지 재개발에 있어서도 토지신탁이 유효한 개발수단으로 유용하다.[15]

(2) 국·공유지 토지신탁의 장점

국·공유지 토지신탁에서 국유재산은 국유재산법 제5조와 동법 시행령 제3 조에 규정된 재산이고 재산의 주체가 국가인 것을 의미하며, 공유재산은 「공유재 산 및 물품 관리법」("공유재산법") 제4조와 동법 시행령 제2조에 규정된 재산으로 서 소유의 주체가 시·도시·군·구인 것을 말한다. 이러한 국·공유재산 중에서 부동산을 처분하지 않고 민간부문의 신탁방식으로 활용하는 방안을 국·공유지 토지신탁이라 한다.

국·공유지 토지신탁은 국·공유지를 처분하지 아니하므로 국·공유지에 대 한 장래의 행정수요에 대비할 수 있고, 민간의 기획력, 창의력과 자금력을 활용 함으로써 장기적이고 안정적인 개발이익을 국가나 지방자치단체가 향수할 수 있 으며, 신탁수익권을 양도하여 재정자원도 확보할 수 있다.

국·공유지 토지신탁의 장점으로는 ⅰ) 국가 또는 지방자치단체는 토지의 소유권을 실질적으로 보유하면서 토지의 유효이용을 도모하고 장래의 행정수요 에 대비할 수 있다. ⅱ) 건물·시설 등의 건설에 필요한 자금의 조달은 주로 부동 산신탁회사가 행하고, 통상 그 신탁사업의 수익 중에서 변제하므로 별도의 소요 재원이 필요 없다. ⅲ) 국가 또는 지방자치단체가 스스로 사업을 영위할 필요가 없으므로 새로운 인건비나 제경비 등의 부담이 생기지 않는다. ⅳ) 공공시설과 민간시설을 토지신탁으로 일체 개발함으로써, 편리성, 효율성을 고양하고, 시가 지 정비의 촉진 등을 도모할 수 있다.[16]

---

15) 인성식(2012), 72-73쪽.
16) 인성식(2012), 73-74쪽.

제2절 차입형토지신탁

Ⅰ. 서설

1. 차입형토지신탁의 개념

「금융투자회사의 영업 및 업무규정」제2-65조 제6항 및 위 규정 별표 15는 차입형토지신탁과 관련하여, 토지신탁(신탁의 인수시에 신탁재산으로 토지 등을 수탁하고 신탁계약에 따라 토지 등에 건물, 택지, 공장용지 등의 유효시설을 조성하여 처분·임대 등 부동산 사업을 시행하고 그 성과를 수익자에게 교부하여 주는 신탁)의 한 종류로서, "사업비의 조달의무를 신탁사가 부담하는 신탁"이라고 규정하고 있다.

차입형토지신탁은 토지신탁사업을 수행하기 위하여 위탁자는 신탁부동산의 소유권을 수탁자에게 이전하고, 수탁자는 신탁부동산을 보전 및 관리하며 이를 개발하여 신탁계약에서 정해진 바에 따라 신탁부동산을 분양 및 그 밖의 방법으로 처분하거나 임대한 다음 그 처분대가나 임대료 등 신탁재산을 신탁계약에 정해진 바에 따라 지급하는 것을 목적으로 하는 신탁을 말한다.

2. 거래구조

차입형토지신탁은 수탁자인 신탁회사가 위탁자를 대리하여 또는 위탁자와 협의하여 부동산개발 관련 사업계획 도출, 개발자금 조달, 시공사 선정, 건축인허가 명의자로서의 인허가 신청업무, 분양 또는 임대, 기타 관련 업무를 수행한다. 다만 토지신탁으로 부동산개발사업 진행시 개발에 소요되는 자금을 신탁회사가 고유계정으로 조달하여 개발사업(신탁계정)에 투입하는 것을 특징으로 하는데, 분양률이 저조하거나 기타의 사유 등으로 사업실적이 저조할 때 신탁회사의 손실은 커지게 된다. 이에 따라 차입형토지신탁은 성공시에는 수탁고(신탁원본)규모 대비 높은 신탁수수료(신탁보수)와 함께 자금대여(신탁계정대여금)에 따른 이자수익이 발생하게 되지만, 실패시에는 신탁수수료는 물론 자금대여에 따른 원리금 상환도 받지 못하게 될 가능성이 존재한다.[17]

---

[17] 이석·오지현(2018), "부동산금융의 최신 동향", 서울대학교 금융법센터 BFL 제90호(2018. 7), 41-42쪽.

3. 차입형토지신탁과 관리형토지신탁의 비교

차입형토지신탁이 관리형토지신탁과 다른 점은 신탁회사가 사업비 조달의무를 부담한다는 점이다. 통상 사업비는 신탁회사의 고유계정에서 신탁계정으로 자금을 대여하는 방식으로 조달된다. 따라서 차입형토지신탁에서 신탁회사는 사업비를 대출하는 프로젝트금융(PF) 대주와 유사한 지위를 가지게 되고, 대출금 미상환 등 사업의 위험에 노출된다. 자신의 고유계정 대여금이 상환위험에 놓이게 되는 만큼, 신탁회사는 관리형토지신탁에서 단순히 사업시행자의 명의만을 가지고 형식적인 업무만을 하는 것과 달리 실제 사업의 당사자로서 모든 업무를 위탁자 등 관계자와 협의하여 주도적으로 처리하며, 상당한 결정 권한을 가지게 된다. 그리고 위험부담에 상응하는 상당히 높은 수준의 신탁보수와 차입금 이자로 인한 이익을 얻게 된다.[18]

차입형토지신탁에서 신탁회사의 고유계정 대여금과 토지비 대출(우선수익자) 간 상환순위는 신탁회사의 고유계정 대여금이 우선하는 것이 일반적이다. 고유계정 대여금 원리금은 신탁비용으로 취급되는데, 차입형토지신탁에서는 이러한 신탁비용의 지급 완료 후 우선수익자에 대한 수익 지급을 규정하는 경우가 거의 대부분이기 때문이다. 따라서 아래서 보는 신탁종료 전 수익 지급기준에도 불구하고, 신탁회사의 고유계정 대여금 상환 전에 우선수익자에 대한 수익 지급을 통해 토지비 대출을 상환하는 예는 많지 않다.

실무상 차입형토지신탁은 주로 소규모 개발사업에서 이용되는 경우가 많다. 소규모 개발사업의 경우 이른바 1군 시공사들이 참여하지 않는 경우가 많아, 사업비 조달을 위한 PF대출도 성사되기 어려운 경우가 많다. 따라서 차입형토지신탁은 소규모 부동산개발사업의 자금조달을 위한 해결책이 될 수 있으며, 동시에 신탁회사에게는 위험에 상응하는 높은 수익을 창출할 수 있는 기회로 활용된다.

한편 관리형토지신탁의 경우 분양률이 상당히 높아 충분한 사업비 확보가 예상되는 상황에서도 토지신탁수익의 신탁종료 전 지급제한으로 인해 잉여 현금으로 PF대출을 일부밖에 상환하지 못하는 경우가 있는데, 그 해결책으로 차입형토지신탁이 이용되는 사례가 있다. 관리형토지신탁에서 사업비에 충당하고도 상

---

18) 최용호(2019), 96쪽.

당한 잉여 현금이 있는 경우 토지신탁 수익 지급의 엄격한 제한을 받지 않을 목적으로 관리형토지신탁을 차입형토지신탁으로 전환하는 경우이다.[19] 이 경우 차입형토지신탁임에도 불구하고 신탁회사가 실제 사업비를 부담할 일은 거의 없을 것이므로, 당사자들은 사실상 위탁자의 PF대출 조기상환을 통한 금융비용 절감을 주된 목적으로 신탁계약 변경을 하게 되는 것으로 보인다.[20]

Ⅱ. 차입형토지신탁의 장단점

1. 차입형토지신탁의 장점

차입형토지신탁의 장점은 다음과 같다. ⅰ) 토지소유자는 자금, 시간 및 노하우(Know-How) 등의 부족으로 인해 각종 세금을 납부하면서 이용되지 못하고 있는 토지를 토지개발전문회사인 신탁회사에 신탁함으로써 토지의 유효한 이용과 안정적인 수익을 기대할 수 있다. ⅱ) 수탁자인 신탁회사가 토지소유자를 대신하여 토지의 유효한 이용에 대한 사업계획의 입안, 건축자금 조달, 건설, 신탁회사의 공신력을 바탕으로 한 분양업무 효율성 제고, 건물의 유지 및 관리업무, 회계처리 등의 일체를 대행함으로써 토지소유자는 경험이 없어도 부동산개발 또는 임대사업을 수행할 수 있다. ⅲ) 토지소유자는 신탁기간 중 자금을 필요로 하는 경우 신탁수익권의 전부 또는 일부를 양도하거나 질권을 설정하여 자금을 조달할 수 있다. ⅳ) 신탁법상 신탁재산을 독립된 재산으로 취급함으로써 신탁설정 후의 토지소유자의 상속·파산 등은 개발사업에 직접적으로 영향을 미치지 아니하므로 사업운영의 안정성이 보장된다. ⅴ) 토지신탁 수익권이 상속되는 경우 신탁회사가 신탁의 목적에 따라 부담할 차입금 등의 채무는 상속세 과세가격 산정 시 채무를 인정받으므로 상속세 대책으로 이용 가능하다. ⅵ) 신탁은 실질적으로는 토지소유권이 위탁자에게 귀속되므로, 위탁자가 지가 상승에 따른 이익 및 사업에 따른 개발이익을 향유할 수 있으므로 경제적 이익을 극대화할 수 있다. ⅶ) 복수의 토지소유자의 권리 조정이 필요한 공동개발사업에 있어서 신탁회사의 공

---

19) 이 경우 차입형토지신탁임에도 불구하고 신탁계약상 신탁회사의 사업비 조달 한도를 매우 낮게 정하는 경우가 다수이며, 이를 실무에서는 "한정 차입형토지신탁"이라고 하는 것으로 보인다.
20) 최용호(2019), 97쪽.

평하고 중립적인 권리조정을 통해 사업을 원활하게 운영할 수 있다.[21]

2. 차입형토지신탁의 단점

사업시행자의 입장에서는 비용측면에서 토지신탁(또는 개발신탁)을 통한 사업비용 절감보다는 통상적으로 토지신탁보수의 비중이 커서 비용증가 요인으로 작용하며, 신탁회사의 토지신탁 업무수행능력 정도에 따라 다수의 이해관계자 간 신속한 의사결정을 방해하는 결과를 초래할 수도 있다.

Ⅲ. 자금조달 방식

1. 신탁회사의 사업비 조달

차입형토지신탁의 경우 수탁자인 신탁회사가 사업시행자로서 부동산개발사업에 소요되는 사업비를 조달해야 하는 의무가 있다. 여기서 사업비란 공사비, 광고비, 분양비 등 부동산개발사업에 드는 모든 비용에서 부동산 자체의 취득가액과 등기비용, 그 밖에 부동산 취득에 관련된 부대비용("토지비")을 제외한 금액을 말한다[금융투자회사의 영업 및 업무에 관한 규정 별표15(토지신탁수익의신탁종료전 지급기준)].

신탁회사가 부담하는 비용은 부동산개발사업에 드는 모든 비용에서 부동산 자체의 취득비용을 제외한 사업비이고 사업대상지인 토지의 완전한 소유권을 취득하기 위한 일체의 비용은 위탁자인 시행사가 전적으로 부담한다. 차입형토지 신탁계약에 의한 자금회수 구조상 신탁회사의 사업비가 토지비(총사업비의 평균 15%)와 사업이익(총사업비의 평균 9%), 시공사 건축비대물인수분(총사업비의 평균 5%)에 대하여 우선하므로 일반적으로 준공시 평균 분양률이 대략 70%를 상회할 경우 신탁회사 입장에서 사업비의 회수가 가능한 것으로 알려져 있다.[22]

한편 사업대상지 토지의 완전한 소유권을 취득하기 위하여 위탁자가 금융기관으로부터 대출한 토지비는 선순위 신탁수익[23] 또는 신탁수익에 대한 질권으로

---

21) 진웅기(2018), "차입형 토지신탁 이용자의 만족도가 재신탁의향 및 추천의도에 미치는 영향에 관한 연구", 전주대학교 대학원 박사학위논문(2018. 8), 28-29쪽.
22) 심창우(2017), 28-29쪽.
23) 신탁수익은 신탁계약 종료시 신탁계약에 따라 수익자에게 지급하는 금액을 말하는데, 다음 등식이 성립된다. [신탁수익＝토지비＋사업이익]. 여기서 사업이익은 분양수입금에서

담보되므로 향후 사업비 등보다 후순위로 상환받게 되고 신탁종료 전에는 본 사업의 성과가 확실하다고 판단되지 않는 한 지급받을 수 없다. 이 부분이 토지신탁과 프로젝트금융(PF)의 자금구조가 충돌하는 지점인데, 일반적으로 프로젝트금융을 하여 자금을 조달하는 경우에는 시행사에 토지비를 대출하여 준 금융기관이 향후 유입될 분양대금으로부터 최우선 순위로 상환을 받을 수 있는 반면 차입형토지신탁을 활용할 경우에는 토지비가 신탁수익에 포함됨으로써 위탁자에게 토지비를 대출하여 준 금융기관은 공사비 등 사업비보다 후순위로 상환을 받을 수밖에 없다.

따라서 토지신탁의 실제 분양률이 당초 예상한 분양률에 미치지 못하거나, 신탁회사가 분양률 제고를 위해 할인분양을 실행하는 경우에는 토지비를 대출하여 준 금융기관이 대출 원리금을 변제받지 못하는 상황이 발생하기도 한다. 이처럼 차입형토지신탁을 활용하여 부동산개발사업을 진행하는 경우 금융기관으로부터 토지비를 조달하기가 어렵게 되고, 결국 차입형토지신탁으로 진행할 수 있는 개발사업의 범위가 제한될 수밖에 없다.

2. 신탁회사의 대주로서의 지위

차입형토지신탁에서는 신탁회사가 사업비 조달의무를 부담하며, 이는 신탁회사의 고유계정에서 자금을 차입하는 형태로 이루어진다. 이를 통해 신탁회사는 높은 수준의 신탁보수와 고유계정 대여금에 대한 이자를 신탁재산 또는 위탁자로부터 회수할 수 있다. 결국 차입형토지신탁에서 신탁회사는 PF 대주의 역할을 겸하게 되는 것이다. 이는 자본시장법이 명시적으로 허용하고 있는 부동산신탁회사의 신용공여업무라는 점에서 큰 의미를 갖는다.

한편 실질적으로 PF 대주에 상응하는 지위를 가지게 됨에도 불구하고 신탁회사는 신탁의 우선수익자가 될 필요는 없다. 신탁회사는 신탁사무의 처리에 관하여 지출한 비용을 신탁재산이나 수익자에게서 상환받을 수 있고, 그 비용 충당을 위해 신탁재산을 매각할 수도 있으므로, 차입형토지신탁계약서에 신탁회사의 고유계정으로부터의 차입금은 신탁사무처리를 위한 비용으로서 우선수익자, 수익자에 대한 수익 지급보다 우선하여 신탁재산에서 상환이 이루어진다는 점을

사업비와 토지비를 공제한 금액을 말한다.

명시함으로써 그 채권상환을 확보할 수 있기 때문이다.[24]

IV. 토지신탁수익의 신탁종료 전 지급 제한

차입형토지신탁에서는 신탁회사가 사업비를 조달하게 되고, 자신의 자력으로 사업 진행을 담보하게 되므로, 신탁종료 전 수익 지급이 허용되는 범위는 관리형토지신탁과 비교할 수 없을 정도로 넓다. 신탁회사 자신이 사업 진행을 담보하는 조건으로 사업을 수주한 것이고, 자신의 이익을 위해 사업위험을 감수한 것이므로, 굳이 신탁종료 전 수익 지급을 좁게 허용할 이유가 없기 때문이다.[25]

차입형토지신탁에서 신탁종료 전 수익 지급이 허용되는 구체적인 기준은 「금융투자회사의 영업 및 업무에 관한 규정」 별표 15 「토지신탁수익의 신탁종료 전 지급 기준」에서 정하고 있다. 지급기준은 선지급 한도 부분에서 관리형토지신탁과 가장 큰 차이를 보인다. 차입형토지신탁에서는 건축물 사용승인 전에 수납이 예정된 분양수입금 총액에서 토지비를 제외한 총사업비를 공제한 금액을 한도로 분양수입금을 수익 지급에 사용할 수 있다.[26]

1. 선지급조건

"선지급조건"은 다음과 같다. i) 토지비[27]를 대여한 자가 수익권에 대한 질권자 또는 우선수익자의 지위에 있을 경우에 한하여 토지비를 대여한 자에 대한 토지비 등의 선지급이 가능함을 차입형 토지신탁계약서에 명기하여야 한다. ii)「토지신탁수익의 신탁종료 전 지급 기준」에서 정한 범위 내에서 선지급이 가능하다는 취지의 조항을 차입형 토지신탁계약서 및 개별 약정서 등에 명기하

---

24) 최용호(2019), 99-100쪽.
25) 최용호(2019), 96-97쪽.
26) 예를 들어서 토지비가 300억원, 토지비를 제외한 사업비가 500억원인 사업을 가정하고, 이때 분양계약이 체결된 총 분양매출이 1천억 원이고, 이중 기수납된 계약금과 중도금이 200억원이라고 하면, 차입형 토지신탁에서는 위 분양수입금 200억원을 전부 토지비 대출 상환을 위해 사용할 수 있는 것이다[선지급 한도＝1천억원－500억원]. 반면 관리형 토지신탁의 경우라면 기수납된 분양수입금에서 전체 사업비 대비 토지비 비율만큼 상환이 가능하므로, 분양수입금 200억원 중 75억원만을 토지비 대출 상환을 위해 사용할 수 있다 [선지급 한도＝200억원 × 300억원/(300억원＋500억원)].
27) 토지비는 부동산 자체의 취득가액과 등기비용, 그 밖에 부동산 취득에 관련된 부대비용을 합한 금액이다.

여야 한다 iii) 수분양자의 보호를 위해 분양대금이 토지비, 공사비 등의 지급에 사용될 수 있음을 분양계약서에 명기하여야 한다. iv) 다음 조건이 모두 충족되는 경우에는 신탁사업에서 발생한 위탁자의 법인세, 법인지방소득세, 종합소득세, 개인지방소득세("법인세 등") 지급을 목적으로 선지급금액 범위 내에서 수익자에 대한 선지급이 가능하다. 위탁자가 해당 신탁사업의 법인세 등 산정 내역 (전체 사업 및 사업별로 구분된 사업매출, 비용, 산출세액 등 신탁회사가 신탁사업의 법인세 등 확인을 위해 요구하는 자료 등)을 신탁회사에게 제출, ㉡ 우선수익자 및 수익권에 대한 질권자 전원이 법인세 등 납부를 위한 선지급에 동의, ㉢ 위탁자가 신탁회사 앞으로의 법인세 등 환급금 양도를 약정.

2. 선지급금액

"선지급 금액의 산정"은 다음과 같다. 선지급금액 ≦ 분양수입금[28] − 사업비[29](지급시점에서 안정적인 사업비 확보가 예상되는 경우 선지급 가능). 여기서 선지급금액은 지급시점의 분양분에 대한 기 수납 및 장래 수납예정 분양수입금총액을 말하고, 사업비는 지급시점까지 지급된 사업비 및 향후 지급 예상되는 사업비이다. 총 선지급 금액은 예상 신탁수익금액을 초과할 수 없다.

3. 적용예외

사용승인일 이후에는 선지급조건 및 선지급금액의 적용 없이 선지급이 가능하다.

4. 금지사항

금지사항은 다음과 같다. ⅰ) 대출약정의 효력이 신탁계약의 효력과 동등하거나 우선하게 하는 내용의 신탁계약 체결이 금지된다. ⅱ) 신탁회사는 「토지신탁수익의 신탁종료 전 지급 기준」에 반하는 금융기관과의 임의인출 약정, 금융기관과의 자금집행순서 및 방법 임의변경약정 등의 체결이 금지된다. ⅲ) 신탁회사가 당사자가 되는 토지비 대출약정 체결이 금지된다. ⅳ) 신탁재산(분양대금계좌,

---

28) 분양수입금은 부동산개발사업에 따른 수입을 말하는데, 다음 등식이 성립된다. [분양수입금＝사업비＋토지비＋사업이익]
29) 사업비는 공사비, 광고비, 분양비 등 부동산개발사업에 드는 모든 비용에서 토지비를 제외한 금액이다.

운영계좌, 보험금 및 건축중인 건축물 등)에 대한 대출금융기관의 질권설정 또는 대출금융기관에 대한 양도담보 제공 등 금지된다. ⅴ) 신탁회사의 분양수입금 관리계좌에서 선지급 및 사업비 집행을 위한 이체 외에 시공사 등 제3자의 계좌로 이체가 금지된다.

제3절 관리형토지신탁

Ⅰ. 서설

1. 관리형토지신탁의 개념

「금융투자회사의 영업 및 업무에 관한 규정」 제2-65조 제6항 및 위 규정 별표 15는 관리형토지신탁과 관련하여, 토지신탁(신탁의 인수시에 신탁재산으로 토지 등을 수탁하고 신탁계약에 따라 토지 등에 건물, 택지, 공장용지 등의 유효시설을 조성하여 처분·임대 등 부동산 사업을 시행하고 그 성과를 수익자에게 교부하여 주는 신탁)의 한 종류로서, "사업비의 조달의무를 위탁자가 부담하는 신탁"이라고 규정하고 있다.

관리형토지신탁은 위탁자가 신탁부동산의 소유권을 수탁자에게 이전하고 위탁자의 책임으로 사업비를 조달하여 이를 개발하고, 수탁자는 신탁부동산을 보존하고 관리하여 신탁계약에서 정해진 바에 따라 신탁부동산을 분양 등의 방법으로 처분하거나 임대한 다음 그 처분대가나 임대료 등 신탁재산을 신탁계약에 정해진 바에 따라 지급하는 것을 목적으로 하는 신탁이다.

부동산신탁 중 개발사업에 가장 많이 활용되는 관리형토지신탁은 신탁회사가 개발사업의 사업주체(시행자)로서의 법률적인 지위를 보유하고, 신탁계약에 따라 일체의 시행 관련 업무는 시공사 및 위탁자가 수행하므로 정상적으로 사업이 진행되는 경우 신탁회사의 부담은 없으나, 시공사 및 위탁자의 부도·파산시 신탁회사가 사업주체의 역할을 맡아 인허가, 착공, 기성,[30] 준공, 분양 및 정산

---

30) 기성이란 공사의 진척도 또는 진행 정도를 말한다.

등 사업 진행의 최종 책임을 부담하는 개발사업에 적용되는 신탁상품이다. 이는 위탁자가 시행자의 지위를 유지하고 신탁사는 관리업무만을 수행하는 분양관리신탁 또는 "담보신탁 + 대리사무"의 단점을 보완하여 사업을 진행하는 대안으로 2006년을 전후로 시작되어 현재까지 신탁회사가 중점적으로 취급하고 있는 신탁상품이다.[31)]

2. 거래구조

관리형토지신탁은 차입형토지신탁과 같이 신탁회사가 사업시행자가 되어 개발사업을 진행하지만, 위탁자가 자금조달 및 사업진행의 일정 부분을 담당한다는 점에서 차입형토지신탁과는 다른 특성을 가지며, 차입형에 비하여 부동산 경기변동에 따른 리스크가 제한적이며, 신탁보수도 낮은 수준이다.[32)]

관리형토지신탁에서는 사업시행 주체가 아닌 위탁자가 개발사업에 필요한 자금을 조달하는데, 구체적으로 대주는 대출금을 위탁자 명의의 계좌에 입금하는 방식으로 대출을 실행하고, 위탁자는 이와 같이 입금된 대출금을 신탁회사 명의의 계좌로 이체하여 신탁회사로 하여금 자금을 관리하는 방식을 취한다. 따라서 신탁회사는 위탁자가 신탁한 관리형 신탁재산으로 대주에게 제1순위 우선수익권[33)]을 부여하며, 위탁자는 대주의 우선수익권보다 후순위인 수익권을 부여받아 추후 관리형 신탁사업이 완료되면 신탁비용(신탁보수 포함), 대주의 대출금 및 시공사 공사대금을 모두 지급하고 남은 이른바 시행이익을 수취할 수 있게 된다.

Ⅱ. 관리형토지신탁의 효용성

관리형토지신탁에서 신탁회사는 위탁자 겸 수익자인 토지소유자로부터 토지를 수탁받아 시공사(건설회사)와 공사도급계약을 체결하고 대출금융기관으로부터 사업비 조달 및 차입금 상환의 역할을 수행한다. 법률적으로 건축주의 지위를 신탁회사가 확보하고 있기 때문에 위탁자의 인허가 및 준공검사 비협조를 예방

---

31) 김영규(2017), 12쪽.
32) 이석·오지현(2018), 42쪽.
33) 통상 시공사가 대주에 대해 책임준공 및 조건부 채무인수 또는 조건부 손해배상에 관한 확약을 함에 따라 전체 공사비 상당금액을 우선수익금액으로 하는 제2순위 우선수익권을 부여받는다.

할 수 있으며, 시공사의 부도·파산시에도 대체 시공사를 선정하여 사업을 지속적으로 진행하는 것이 가능하며, 수분양자에게는 매도인의 자격으로 분양대금을 수납한 후 소유권을 직접 이전해 줌으로써 사업의 안정성을 확보할 수 있다는 장점이 있다. 또한 신탁회사가 보유한 기술인력을 활용할 수 있기 때문에 설계 및 감리업무에 대한 협업 및 관리에 있어서 위탁자 등에 비하여 상대적으로 전문성을 확보할 수 있다는 장점을 가지고 있다.[34]

관리형토지신탁은 PF 대주와 시공사에게 부동산담보신탁에 비하여 비교할 수 없을 정도로 안정적인 담보수단을 제공한다. 이에 더하여 PF 대주와 시공사 입장에서는 사업시행자 지위가 신탁회사로 이전되어 있다는 점에서 시행사와의 의견 불일치, 시행사의 비협조 등으로 인한 갈등 시 신탁회사의 사업시행자 지위에서의 업무수행을 통해 자신들의 의견을 관철할 수 있는 수단도 가질 수 있게 되고, 극단적으로 시행사가 도산상태에 빠진 경우에도 사업을 진행할 수 있는 가능성도 생긴다.[35] 시행사 입장에서도 관리형토지신탁에 의하는 경우 사업의 안정성이 확보되고 그에 상응하는 금융비용을 절감할 수 있으므로, 관리형토지신탁이 시행사에게 불리한 것으로는 보기 어렵다. 따라서 부동산PF 실무에서 관리형토지신탁을 선호하는 것은 당연한 현상으로 보인다.[36]

Ⅲ. 자금조달 방식

관리형토지신탁의 경우 일반적으로 계약당사자는 위탁자 겸 수익자인 시행사, 수탁자인 신탁회사, 대주 겸 제1순위 우선수익자인 대출금융기관, 시공사 겸 제2순위 우선수익자인 건설회사가 된다. 차입형토지신탁의 경우와 마찬가지로 토지비가 사업비가 아닌 신탁수익에 포함됨으로써 위탁자에게 토지비를 대출하여 준 금융기관이 사업비 등보다 후순위로 상환을 받게 된다. 그러나 관리형토지신탁의 경우 실무적으로 자금의 용도에 따라 복수의 자금관리계좌를 개설하는

---

34) 김영규(2017), 13-14쪽.
35) 시행사가 사업시행자로서의 공법적인 지위를 가지고 있지 아니하므로, 이른바 "도장 값"을 받는 행위를 막을 수 있다. 그리고 부동산PF 실무상 시행사의 사업시행권 포기각서 등을 징구하는 사례가 많은데, 관리형토지신탁에서는 이론적으로 그러한 각서가 필요하지 않게 된다.
36) 최용호(2019), 94-95쪽.

방식으로 자금조달의 어려움을 해결하고 있는데, 대출금 상환을 위한 계좌 및 이
자를 유보할 계좌를 개설하고 분양수입금이 유입될 때마다 일정 금액을 대출금
상환계좌 및 이자 유보계좌로 이체하고 그 나머지를 사업비 등이 지출되는 운용
계좌에 이체하는 방식이 그것이다. 이러한 방식은 토지비의 대출 원리금 등을 신
탁 종료 전에 사업비보다 먼저 지급하는 것은 아니지만 신탁수익을 별도의 계좌
에 유보시켜 놓음으로써 향후 사업비 등의 부족으로 원활한 사업진행이 어려워
질 수 있는 위험이 있다.[37]

Ⅳ. 토지신탁수익의 신탁종료 전 지급 제한

관리형토지신탁에서는 신탁회사가 사업시행자가 되고 수분양자들에 대하여
건축물을 공급할 자의 지위에 있으므로, 건축물의 완성은 신탁회사에게도 중요
한 의미가 있다. 만일 분양수입금을 사업비에 사용하지 아니하고 위탁자의 채권
자인 우선수익자에 대한 수익 지급에만 사용한다면 사업비 부족으로 인해 건물
이 준공되지 않을 수 있고, 이는 신탁회사의 수분양자들에 대한 법적 책임 부담
및 부실화로 이어질 수 있다. 따라서 「금융투자회사의 영업 및 업무에 관한 규정」
은 관리형토지신탁의 신탁종료 전 수익 지급을 엄격한 기준에 의하여 허용하고
있다.

관리형토지신탁에서 신탁종료 전 수익 지급이 허용되는 구체적인 기준은
「금융투자회사의 영업 및 업무에 관한 규정」 별표 15 「토지신탁수익의 신탁종료
전 지급 기준」에서 정하고 있다.

1. 선지급조건

"선지급조건"은 다음과 같다. ⅰ) 지급시점을 기준으로 회사채 신용등급
BBB0 이상 시공사의 책임준공약정이 있어야 함. 회사채 미발행 시공사의 경우
CP등급과 기업신용평가등급을 기준으로 신용도를 판단하며, 지급시점을 기준으
로 CP등급이 A3 이상이거나 기업신용평가가 BBB0 이상인 때에는 "회사채 신용
등급 BBB0 이상"에 해당하는 것으로 본다. ⅱ) 지급시점을 기준으로 회사채 신
용등급 BBB- 이하의 시공사가 책임준공 약정을 한 경우에는 BBB+ 이상 시공

---

37) 심창우(2017), 29쪽.

사(당해 사업의 공사도급금액 이상의 시공능력평가액도 함께 보유)가 자금보충약정 또는 책임준공 연대보증을 하여야 한다. iii) 토지비를 대여한 자가 수익권에 대한 질권자 또는 우선수익자의 지위에 있을 경우에 한하여 토지비를 대여한 자에 대한 토지비 등의 선지급이 가능함을 관리형 토지신탁 계약서에 명기하여야 한다. iv)「토지신탁수익의 신탁종료 전 지급 기준」에서 정한 범위 내에서 선지급이 가능하다는 취지의 조항을 관리형토지신탁 계약서 및 개별약정서 등에 명기하여야 한다. ⅴ) 수분양자의 보호를 위해 분양대금이 토지비, 공사비 등의 지급에 사용될 수 있음을 분양계약서에 명기하여야 한다. ⅵ) 다음 조건이 모두 충족되는 경우에는 신탁사업에서 발생한 위탁자의 법인세, 법인지방소득세, 종합소득세, 개인지방소득세("법인세 등") 지급을 목적으로 선지급금액 범위 내에서 수익자에 대한 선지급이 가능하다. ㉠ 위탁자가 해당 신탁사업의 법인세 등 산정 내역(전체 사업 및 사업별로 구분된 사업매출, 비용, 산출세액 등 신탁회사가 신탁사업의 법인세 등 확인을 위해 요구하는 자료 등)을 신탁회사에게 제출, ㉡ 우선수익자 및 수익권에 대한 질권자 전원이 법인세 등 납부를 위한 선지급에 동의, ㉢ 위탁자가 신탁회사 앞으로의 법인세 등 환급금 양도를 약정.

2. 선지급금액

"선지급 금액의 산정"은 다음과 같다. ⅰ) 선지급 금액 ≤ 분양수입금 × [토지비 / (토지비＋사업비)]((기 수납된 분양수입금 중 토지비 비율만큼 선지급 가능), 여기서 분양수입금은 지급시점의 분양분에 대한 기수납 분양수입금을 말한다. 토지비와 사업비는 신탁계약 시 사업수지표상 자료를 적용한다. 다만, 토지취득에 따른 이자비용은 계산에서 제외한다. ⅱ) 시공사의 회사채 신용등급이 BBB＋ 이상이며, 예상 분양수입금이 사업비의 110%를 초과하고, 전체 공사비(부지 매입비 제외)의 50% 이상 투입이 확인된 경우(다만, 아파트의 경우 동별 건축공정이 30% 이상이어야 함)로서 직전 회차 중도금이 완납된 때에는 다음의 기준을 적용할 수 있다. 선지급금액 ≤ (분양수입금－사업비). 여기서 분양수입금은 지급시점의 분양분에 대한 기 수납 및 장래수납예정 분양수입금 총액을 말하고, 사업비는 지급시점 까지 지급된 사업비 및 향후 지급 예상되는 사업비를 말한다. 지급기준 ⅱ)의 적용 이후에는 ⅰ)의 기준에 의한 지급은 할 수 없다. ⅲ) 총 선지급 금액은 예상 신탁수익금액을 초과할 수 없다.

3. 적용예외

다음의 어느 하나에 해당하는 경우에는 「토지신탁수익의 신탁종료 전 지급 기준」의 선지급조건 및 선지급금액의 적용 없이 선지급이 가능하다. ⅰ) 대출금 융기관이 자금보충약정을 한 경우, ⅱ) 시공사(선지급조건의 시공사 요건을 갖춘 시 공사)의 관계회사인 시공사(회사채 신용등급 BBB+ 이상이어야 함)가 자금보충약정 및 책임준공 연대보증을 한 경우, ⅲ) 사용승인일 이후, ⅳ) 기관투자자나 펀드 등이 단독 또는 공동으로 분양물건을 일괄매수한 경우로서 매수자가 확정되고 시공사(회사채 신용등급 BBB0 이상)의 책임준공 약정이 체결되었으며 위탁자 및 시공사의 요청과 매수자 전원의 서면동의가 있는 경우. 다만, 매수자가 중도금을 납입한 이후 또는 사용승인일까지 계약해제를 금지한 경우에 한한다.

4. 금지사항

금지사항은 다음과 같다. ⅰ) 대출약정의 효력이 신탁계약의 효력과 동등하 거나 우선하게 하는 내용의 신탁계약 체결은 금지된다. ⅱ) 신탁회사는 「토지신 탁수익의 신탁종료 전 지급 기준」에 반하는 금융기관과의 임의인출 약정, 금융기 관과의 자금집행순서 및 방법 임의변경약정 등의 체결은 금지된다. ⅲ) 신탁회사 가 당사자가 되는 토지비 대출약정 체결은 금지된다. ⅳ) 신탁재산(분양대금계좌, 운영계좌, 보험금 및 건축중인 건축물 등)에 대한 대출금융기관의 질권설정 또는 대 출금융기관에 대한 양도담보 제공 등은 금지된다.

5. 결어

토지신탁수익의 신탁종료 전 지급 기준에 의해 관리형토지신탁에서의 사용 승인 전 PF대출 상환은 실제 입금된 분양수입금 중 전체 사업비에서 토지비가 차지하는 비율에 한하여 가능하다. 따라서 분양률이 상당히 높은 사업장의 경우 충분한 사업비 확보가 예상되는 상황에서도 잉여 현금으로 PF대출을 일부밖에 상환하지 못하는 경우가 존재한다. 이와 같은 문제점을 감안하여 부동산PF 실무 에서는 대출을 한도 조건으로 설정하고, 그때그때 필요한 금액만을 인출하며, 분 양수입금 입금 정도에 따라 대출한도를 차감하는 방식을 흔하게 볼 수 있다.[38]

---

38) 최용호(2019), 94쪽.

제4절 책임준공확약형 관리형토지신탁

Ⅰ. 서설

1. 의의

책임준공확약형 관리형토지신탁이란 시공사 또는 위탁자가 책임준공의무를 불이행하는 경우 부동산신탁업자가 그에 갈음하여 책임준공의무를 부담하게 되는 형태의 관리형토지신탁 계약을 말한다(금융투자업규정3-22①(12)).

책임준공확약형 관리형토지신탁은 시공사가 대출 실행일로부터 일정 기한까지 책임준공의무를 이행하지 못할 경우, 신탁사가 대신하여 책임준공의무를 부담하는 신탁상품이다. 신용도가 낮은 시공사가 참여한 개발사업에서 준공 리스크를 줄이기 위해 신탁사로부터 책임준공확약을 받는 것이 일반적이며, 최근 중소형 개발사업을 중심으로 수요가 증가하고 있다. 책임준공확약형 관리형토지신탁의 리스크 유형은 사업단계별로 시공사의 책임준공의무 이행단계, 신탁사의 책임준공의무 이행단계와 손해배상의무 이행단계로 구분하여 살펴볼 수 있다.[39]

책임준공확약형 관리형토지신탁은 시공사가 책임준공의무를 이행하지 못할 경우 시공사의 책임준공의무를 부동산신탁회사가 부담하는 구조의 상품으로 관리형토지신탁 대비 위험도가 높아 수수료는 차입형토지신탁과 관리형토지신탁 중간 수준에서 결정되고 있으나, 시공사 부도 등이 발생할 경우 책임준공 이행을 위한 부동산신탁회사의 고유자금 투입이 불가피하여 대손위험과 유동성위험을 초래할 수 있다. 또한 책임준공확약형 관리형토지신탁은 시공사 부도 등으로 부동산신탁회사의 고유자금이 투입될 경우 동 투입금의 상환순위가 대출금융기관의 대출 원리금보다 후순위인 관계로 차입형토지신탁 대비 회수가능성 측면에서 열위에 있다.[40]

신탁사 책임준공확약형 관리형토지신탁 부동산PF 구조가 부동산PF 시장에서 광범위하게 활용되기 전까지 일반적인 부동산PF 구조에서 신탁사는 제한적인

---

39) 윤서준(2023), 1-2쪽.
40) 조장원(2018), 26쪽.

역할을 수행하였다. 그러나 책임준공이 가능한 건설사는 한정적일 수밖에 없는 환경에서 책임준공확약형 관리형토지신탁은 유용하게 활용된다.[41]

　책임준공확약형 관리형토지신탁이 등장하기 이전에도 신탁사는 보유한 신용을 바탕으로 차입형토지신탁을 통해 높은 비율의 수수료를 수취하며 부동산개발사업에 직접 참여해왔다. 다만 차입형토지신탁은 신탁사에 자금조달의무가 발생하고 책임준공이 가능한 건설사가 회피한 지방이나 규모가 작은 사업 등 상대적으로 위험도가 높은 사업지에 주로 참여하게 되는 문제가 있고 신탁사가 부담하는 위험도는 증가했다. 반면에 책임준공확약형 관리형토지신탁은 차입형토지신탁보다 수수료가 적은 대신 차입형토지신탁사업에서 신탁사가 부담해온 자금조달의무에서 벗어나게 하는 구조이다. 책임준공확약형 관리형토지신탁 구조에서 신탁사는 보유한 높은 신용도를 활용하여 시공사의 뒤에서 이차적으로 책임준공의무를 가져감으로써 시공사의 부족한 신용도를 보강한다. 이러한 구도를 통해 중소규모의 시공사는 시장에 참여할 수 있게 되고 금융기관은 신탁사가 보강한 신용에 기반하여 PF대출을 진행할 수 있게 된다.

2. 거래구조

　부동산개발금융에서 신탁사의 책임준공확약형 관리형토지신탁[42] 사업의 구조는 PF 금융기관의 부동산 프로젝트파이낸싱시 부동산신탁사의 책임준공확약을 통한 대출금융기관에 대한 신용보강 공여로 대출 리스크를 완화하는 대출금융기법에 해당한다. 이러한 금융기법은 최근 공사비 규모가 상대적으로 적고 상품 종류도 일반적인 아파트 사업이 아닌 상가, 오피스텔 등 비주거시설에 대한 사업진행으로 메이저 시공사[43]가 참여하기에는 규모가 적고, 단순 PF사업 진행을 위해서는 시행사의 신용도가 낮아 PF금융기관에 대한 제3의 참여자의 신용보강이 없을 경우에는 사업비 자금조달을 진행할 수 없는 부동산개발사업의 틈새상품에 해당된다고 볼 수 있다. 이러한 금융상품은 2014년부터 시작된 부동산시

41) 윤서준(2023), 51쪽.
42) 책임준공확약형 관리형토지신탁 방식의 프로젝트 파이낸싱의 신용보강을 하기 위해서는 신탁사의 신용등급이 상대적으로 높은 수준을 유지하여야 하는바, 이러한 신용보강을 위해서는 자본금 규모나 모기업 등의 신용도가 영향을 미치므로 실무적으로 시장에서 부동산개발사업의 신용보강을 할 수 있는 부동산신탁사는 많지 않은 상황이다.
43) 국토교통부가 전국 건설업체를 대상으로 공사실적, 경영상태, 기술능력, 신인도 등을 종합평가한 시공능력평가 순위기준 1위에서 100위 수준의 시공사를 통상 지칭한다.

장의 호황과 더불어 활성화된 상품 중에 하나이다.[44]

차입형토지신탁의 경우는 신탁사의 자금조달을 통하여 개발사업에 발생하는 모든 절차인 공사발주, 관리, 운영 등을 부동산신탁사에서 진행하고 발생하는 수익을 위탁자에게 교부해 주는 구조이다. 그러나 부동산신탁사의 책임준공확약형 관리형토지신탁 구조는 차입형토지신탁 방식이 아닌 신탁사의 자금조달의무가 직접적으로 발생하지 않는 관리형토지신탁의 방식인 점에서 차이가 존재한다. 이러한 점에서 책임준공확약형 관리형토지신탁은 부동산신탁사의 총체적인 의무부담 측면에서 보면 자금조달의무 부담이 부동산신탁사에게는 부과되지 않는다는 측면에서 각 사업파트너 간의 책임과 의무의 리스크 분산이 가능하게 하는 구조화된 상품이다.[45]

이 구조에 대한 구체적 설명을 덧붙이자면 1차적으로 시공사가 금융기관에 대한 책임준공의무를 부담하고, 2차적으로 신용도[46]가 높은 부동산신탁사의 책임준공 확약을 통한 신용보강이 이루어진다. 또한 책임준공의무 미이행시에는 1차적으로는 시공사는 PF금융기관에 대한 채무인수를 하게 되고, 2차적으로 신탁사는 대출금융기관에 대한 대출 원리금 손해배상의무가 주어지는 것이 현재 시장에서 통용되고 있는 구조이다. 즉 시공사 자체적으로는 신용도가 상대적으로 낮은 시공사의 경우도 이러한 신용보강이 이루어지는 경우에 사업비에 대한 프로젝트 파이낸싱이 이루어져 부동산개발사업을 진행할 수 있는 재원이 마련되게 되는 것이다. 이러한 구조의 신용보강을 통한 프로젝트 파이낸싱이 시장에서 통용되고 있는데 신용보강으로 제시한 책임준공확약을 신탁사가 미이행할 경우 발생하는 손해배상의 범위와 관련하여 세부적인 각 쟁점별로 검토가 필요하다.[47]

---

44) 정기열(2018), "부동산 프로젝트파이낸싱의 고도화: 부동산신탁회사의 신용보강을 통하여", 부동산분석 제4권 제1호(2018. 5), 136-137쪽.

45) 책임준공확약형 관리형토지신탁의 장점은 단독으로 PF가 불가능한 시공사가 참여하는 사업에서 부동산신탁사의 준공에 대한 신용보강을 통해서 PF 진행이 어려운 사업규모에 대해 사업진행이 가능하게 한다는 점, 책임준공의무를 신용공여한 부동산신탁사는 사업관리경험 등 노하우를 기반으로 하여 시공사의 부도 등 이벤트 발생시 즉시적인 시공사 교체 등을 통한 사업정상화를 유도하여 PF 금융기관의 부실을 방지하는 등 장점이 존재한다. 다만 부동산신탁사의 신용보강에 따른 수수료 부담이 발생하여 사업수지에는 비용증가 요인이 발생하게 된다는 점이 단점이라고 할 수 있다.

46) 현재 시장에서는 신용평가사 회사채 신용등급 기준 A0 이상의 신용등급을 요구한다.

47) 정기열(2018), 137쪽.

Ⅱ. 책임준공확약형 관리형토지신탁의 현황과 익스포져 관리

1. 현황

국내 부동산PF 시장환경에서 신용도가 높은 시공사가 참여할 수 있는 사업장은 그 유형과 규모가 제한적이다. 국내 부동산PF 대출은 시공사에 초점을 두고 실행되고, 부동산PF 대출이 가능한 시공사 선정은 한계가 있어 상대적으로 신용도가 낮은 시공사는 개발사업 참여에 현실적인 제약이 있다. 그러나 최근 부동산신탁사 사업영역의 확장을 통해 책임준공과 미이행시 손해배상을 확약하는 신용공여자로서 신탁사의 역할이 확대되면서 신탁사가 시공사의 신용을 보강하기 시작했으며, 높은 신용도의 시공사가 참여하지 않아도 부동산PF 대출이 가능한 구조를 갖게 되었다. 시공사의 신용도가 낮아도 신탁사가 책임준공과 미이행시 원리금 상환 보증을 확약하는 역할을 이행하면서, 금융기관은 신탁사의 신용도를 바탕으로 PF대출을 실행하게 된 것이다. 신용공여자로서 신탁사의 역할이 생기면서 그동안 부동산PF 대출시 시공사에 집중되었던 위험이 신탁사로 분산·전가되는 현상으로 나타나고 있다.[48]

신탁사의 참여로 인해 부동산개발사업과 PF대출은 기존의 시공사에 집중되어 실행되던 기업대출에서 벗어나, 다양한 참여자의 책임 한계에 대한 차이에서 발생하는 이견을 협의하고 합의하는 과정을 거치게 된다. 그 과정에서 참여자의 의사결정 요인의 차별적 특성을 살펴볼 필요성이 대두되었으며, 단편적인 의사결정보다는 이해관계자 간의 상호 밀접한 의사결정 과정을 거쳐 합치에 이르는 점이 고려되었다.

부동산개발사업의 참여자들은 일반 경제 논리에 맞게 수익을 창출하며 그 수익은 위험수익의 상쇄관계(risk-return trade-off)에 따라 위험에 대한 반대급부의 성격을 가지며 위험을 인식하여 회피하고, 불가피 위험은 수익으로 창출하는 과정을 반복한다.

신탁사 책임준공확약형 관리형토지신탁 부동산PF의 경우 시공사의 위험을 신탁사가 보강하면서 참여자의 의사결정에 영향을 미치는 요인들이 기존 부동산PF 시장과 달라질 것이다. 특히 금융기관은 기존 시공사의 신용도에 의존하던

---

48) 윤서준(2023), 1-2쪽.

양태가 신탁사의 신용도에 의존하는 것으로 변화될 것이다.

2. 익스포저 관리

책임준공확약형 관리형토지신탁은 부동산신탁회사가 관리형토지신탁보다 강화된 책임준공의무를 부담하는 토지신탁이다. 시공사가 책임준공의무를 이행하지 못할 경우 시공사를 대신하여 부동산신탁회사가 책임준공의무를 이행해야 하며, 책임준공의무를 이행하지 못할 경우에는 대출금융기관의 대출 원리금 및 연체이자를 배상해야 한다.[49]

책임준공확약형 관리형토지신탁은 관리형토지신탁에 비해 더 많은 사업리스크를 부담하므로 수수료율은 차입형토지신탁과 관리형토지신탁의 중간 수준에서 결정된다. 그러나 시공사 부도나 공사지연 등 사업진행상 문제가 발생하면 사업장에 대한 자체 자금 투입이 불가피하며 부실사업장에 대한 자금투입은 자산건전성과 유동성 관리에 문제를 일으킬 수 있다. 또한 부동산신탁회사가 투입한 자체 자금의 상환순위가 대출금융기관의 대출 원리금보다 후순위이기 때문에 차입형토지신탁과 비교해 볼 때 회수 가능성 측면에서 열위에 있다. 즉 시공사 부도 등으로 사업장이 부실화될 경우 책임준공확약형 관리형토지신탁은 차입형토지신탁보다 리스크가 더 큰 사업유형으로 전환된다.

따라서 부동산신탁회사는 책임준공확약형 관리형토지신탁에 대해 책임준공위험액[50] 또는 대출금융기관의 PF대출위험액[51] 등을 기준으로 익스포져한도(총한도, 사업장별 한도, 시공사별 한도)를 설정하여 한도 초과 여부를 주기적으로 점검 및 관리해야 한다.

책임준공확약 익스포져란 책임준공확약형 관리형토지신탁과 관련하여 부동산신탁회사가 부담하는 우발채무를 말한다. 책임준공확약형 관리형토지신탁은 시공사 부도시 부동산신탁회사가 시공사를 대신하여 책임준공을 이행할 것을 대출금융기관에 확약하고 미이행시 대출금융기관의 대출원리금을 손해배상할 것을

---

49) 조장원(2018), 72−73쪽.
50) 시공사 부도시 부동산신탁회사가 책임준공을 이행하기 위해 부담해야 하는 부족 필수사업비 개념으로 착공 후 분양률이 상승할수록 감소하며 다음과 같은 산식에 의해 산출된다. 책임준공위험액 = [책임준공 필수사업비(토지비 제외) − 시행자 자기자본 − PF대출(토지비 PF대출 제외) − (총분양대금 × 분양률 × 사업비배분률)].
51) 총 PF대출금 − (총분양대금 × 분양률 × 대출금상환적립률).

약정한 신탁계약으로 부동산신탁회사의 입장에서 우발채무는 시공사 부도시 책임준공의무 이행을 위한 고유 자금 투입액 또는 PF금융기관의 대출 원리금이 된다.52)

Ⅲ. 신탁사의 책임준공확약 미이행시 손해배상

1. 손해배상의무의 손실보전행위 해당 여부

부동산신탁사의 책임준공 미이행시 신탁사의 손해배상의무가 자본시장법상 금지된 손실보전행위에 해당하는지 여부이다.

자본시장법 제55조에서는 금융투자업자로 하여금 금융투자상품의 매매, 그 밖의 거래와 관련하여 제103조 제3항에 따라 신탁사가 투자자의 손실의 보전 또는 이익의 보장을 하는 경우 및 기타 건전한 거래질서를 해할 우려가 없는 경우로서 정당한 사유가 있는 경우를 제외하고는 투자자가 입을 손실의 전부 또는 일부를 보전하여 줄 것을 사전에 약속하는 행위(제1호) 및 투자자가 입은 손실의 전부 또는 일부를 사후에 보전하는 행위(제2호) 등을 하지 못하도록 규정하고 있다.

그러나 부동산신탁사의 책임준공확약형 관리형토지신탁 사업구조의 경우 차주인 위탁자와 대주인 대출금융기관 등과의 사이에 체결되는 사업 및 대출약정이 자본시장법상 금융투자상품에 해당된다고 보기 어렵고, 이와 동일선상에서 대출 실행에 따른 이자 등을 지급받아 수익을 얻는 대출금융기관이 자본시장법상 금융투자상품의 투자자에 해당한다고 보기 어렵다. 또한 통상적인 책임준공확약형 관리형토지신탁 사업의 신탁의 목적은 토지 위에 건물을 건축하고 토지와 건물을 신탁재산으로 하여 관리하면서 이를 분양(처분)하는 데에 있고, 신탁사가 책임준공확약 미이행시 부담하게 되는 손해배상의무는 신탁계약에 따른 신탁재산 운용 과정에서 거래상대방인 대출금융기관에 대하여 부담하는 계약상의 채무에 해당한다. 따라서 금융투자상품에 해당한다고 볼 소지가 있는 수익권에 대한 직접적인 손실보전 행위에 해당한다고 보기 어려운 별개의 거래행위에 해당된다.53)

책임준공 미이행시 신탁사가 부담하는 손해배상의무는 본질적으로 신탁계

52) 조장원(2018), 90쪽.
53) 정기열(2018), 137-139쪽.

약의 목적물인 부동산의 준공을 담보하기 위하여 책임준공확약 미이행시 부과되는 패널티로 작용하는 것으로서, 관리형토지신탁계약의 부동산신탁사가 우선수익자에 대하여 부동산의 운용을 통하여 일정한 수익을 올릴 수 있도록 보장하거나 손실이 발생하는 경우 이를 보전해 주는 것이 아니고, 책임준공확약 미이행시 계약상 의무자로서 그 의무 불이행에 따른 대출금융기관의 손해를 배상하는 것이다. 따라서 이러한 손해배상의무 부담은 자본시장법 제55조에서 금지하는 손실보전행위에 해당하지 아니한다.

또한 일단 부동산이 준공되면 책임준공확약에 따른 신탁사의 의무는 전부 이행한 것이 되며, 일단 부동산이 준공된 이후에는, 부동산의 전부 또는 일부가 미분양됨으로 인하여 수익이 발생하지 아니하더라도 관리형토지신탁계약의 우선수익자인 대출금융기관에 대하여 일정한 수익을 취할 수 있도록 보장하는 것이 아닐 뿐만 아니라, 우선수익자인 대출금융기관이 일정한 수익을 취하지 못함으로써 어떤 손실이 발생한다고 하여 신탁사가 대출금융기관의 손실을 보전해 주는 것도 아니다.[54]

2. 책임준공 미이행 조건부 손해배상과 지급보증 해당 여부

책임준공 미이행이라는 조건부로 손해배상의무를 부담하는 것이 지급보증에 해당하는지 여부이다.

책임준공확약에 따른 의무는 비록 그 법적 형식이 향후 대출의 물적담보가 될 시설을 준공하겠다는 내용의 채무이고, 이러한 책임준공확약을 이행하지 못하여 공사완성 여부에 관한 위험이 현실화되면 PF대출을 실행한 금융기관이 그 책임준공확약의무 이행을 강제하여 완성된 물적담보 또는 계약상 손해배상 주체로부터 대출 원리금을 회수하는 구조로 설정된 것이다.[55]

---

54) 2016년 11월 금융감독원 자산운용국 「부동산신탁사 준법감시인 간담회 자료」에 따르면 금융감독당국은 부동산신탁사의 책임준공확약은 부동산신탁사가 수탁재산의 손실을 직접 보전하는 것이 아니므로 지급보증 및 손실보전에 해당하지 아니한다는 입장을 취하고 있는바, 이 경우 논리적으로 연장선에서 보면 부동산신탁사의 책임준공확약이 손실보전에 해당하지 아니한다면, 책임준공확약 이행을 담보하기 위하여 미이행시 부담하기로 약정한 손해배상의무 또한 손실보전에 해당하지 않는다고 보는 것이 타당하다.

55) 시공사의 책임준공확약만 있는 일반적인 프로젝트 파이낸싱 구조에서는 시공사로 하여금 책임준공확약 위반으로 금융기관이 입은 손해를 배상하게 함으로써 그 한도 내에서 대출 원리금 상당액을 직접 회수하는 것이 일반적이다. 따라서 책임준공확약은 적어도 그 약정을 위반하는 경우에는 사실상 대출채무에 대한 보증으로서의 기능이나 경제적 실질을 가

시공사의 책임준공확약 및 신탁사의 책임준공확약을 하는 책임준공확약형 관리형토지신탁의 목적은 "토지 위에 건물을 건축하고 토지와 건물을 신탁재산으로 하여 관리하면서 이를 분양"하는 데에 있는바, 건물의 준공은 기본적으로 부동산신탁사인 수탁자의 본연의 채무에 해당하므로, 그에 따른 책임준공의무나 이를 이행하지 못하였을 경우에 부담하게 되는 손해배상의무 또한 그로부터 파생된 신탁사의 신탁계약에 따른 자신의 채무에 해당한다고 보는 것이 논리적이다.[56]

이와 같은 점에서 책임준공확약 미이행시 부담하게 되는 손해배상의무는 제3자가 채권자와 주채무자의 계약관계에서 발생한 채권자의 손해를 담보하기로 하는 보증행위와는 근본적인 차이가 있다고 할 것이다. 결국 신탁사의 손해배상의무 부담행위는 지급보증행위에는 해당하지 않는다.

3. 책임준공 미이행시 대출 원리금 배상과 과도한 손해배상 여부

신탁사의 책임준공 미이행시 대출 원리금 배상이 통상적인 조건을 벗어난 과도한 손해배상금액 약정인지 여부이다.

신탁사의 책임준공 미이행시 대출 원리금 배상이 통상적인 조건을 벗어난 과도한 손해배상금액의 약정인지 여부에 대한 판단은 과도하게 산정된 손해배상액의 기준을 명확하게 규정하고 있는 관련 법령상 조항이나 판례가 존재하지 아니하고, 일반적으로 PF대출약정에서 책임준공의무 미이행시에는 의무자로 하여금 채무인수를 하도록 규정하고 있는 경우도 다수 존재하여 책임준공의무 불이행에 따른 통상적인 부담을 벗어난 것이라고 단정하기 어렵다고 본다.

따라서 신탁사의 책임준공의무 미이행시 대출금융기관에 대하여 대출 원리금 및 연체이자를 배상하는 형식의 약정은 통상적인 거래조건에 비하여 손해배상액이 과다하게 산정되었다고 볼 수는 없다.[57]

지는 것이고, 나아가 이러한 기능이나 경제적 실질을 고려하여 체결된 것이라고 봄이 타당하므로 보증의 실질을 가지는 것이 아닌가라는 의문이 있을 수 있으나, 신탁사의 책임준공확약이 보장된 경우 신탁사의 신탁의 목적은 건물건축을 통한 분양 처분에 있으므로 전혀 성격이 다른 것으로 봄이 타당하다.

56) 정기열(2018), 139-140쪽.
57) 정기열(2018), 140쪽.

제 5 편

부동산PF 유동화금융

제1장

서 설

제1절 자산유동화의 의의와 자산유동화법 제정 경위

Ⅰ. 자산유동화의 개념

자산을 유동화 또는 증권화[1]한다는 것은 현금흐름을 창출하는 자산을 기존 유가증권 형태의 자산유동화증권(ABS)[2] 또는 CP를 발행하여 쉽게 유통될 수 있는 형태로 전환하는 것이다. 자산유동화는 근거법에 따라 자산유동화법이 적용되는 "등록유동화" 거래와 상법이 적용되는 "비등록유동화" 거래로 구분된다. "비등록유동화" 거래는 SPC 설립형태에 따라 유한회사와 주식회사로 구분할 수 있다.

금융기관이 자금을 조달하여 이를 대출하면 대출금만큼 보유 현금이 줄어드

---

1) "증권화"란 일반적으로 시장성, 즉 환금성 및 양도성이 낮은 일련의 개별적인 금전채권 등 자산으로 형성된 자산집합을 경제적 담보로 하여 새로운 증권을 발행·유통시킴으로써 경제적 담보가 된 기초자산(underlying assets), 다시 말해 유동화자산에 비해 보다 유동성이 향상된 새로운 금융상품을 창출하는 금융기법을 말한다(사법연수원, 「금융거래법」(2014), 269쪽). 이러한 증권화의 개념은 "자산의 유동화"와 거의 혼용되고 있으며, 법률적으로도 "유동"'라는 표현이 주로 이용되고 있다. 그러나 유동화는 자산의 양도에 의한 투입자금의 회수라는 광의의 개념인데 비하여, 증권화는 양도되는 자산을 ABS로 가공하여 불특정 다수의 투자자 간에 유가증권성을 부여하는 것이므로 유동화보다 더욱 발전된 형태라 말할 수 있다.

2) 광의의 자산유동화증권은 ABS, ABCP를 모두 포함하는 개념이나, 협의의 자산유동화증권은 ABS만을 의미하고, 자산유동화법에서는 ABS만을 다루고 있다. 자산유동화법에 의하지 않은 ABS 발행도 가능하나, 여기서의 ABS는 자산유동화법에 따른 ABS만을 의미한다.

는 대신 대출자산이 늘어나게 되는데, 대출채권을 매각하거나 회수할 때까지는 고정자산이 되어 금융기관은 대출금에 해당하는 만큼 유동성을 상실하게 된다. 이처럼 유동성이 떨어지는 대출채권 등을 증권화 또는 어음화하여 자금을 조달하는 금융기법을 자산의 유동화 또는 신용의 증권화라고 부른다. 즉 자산유동화란 비유동적 자산의 유동성을 높이는 일련의 행위로서 대개 현금흐름이 있는 대출채권 및 매출채권 등 비유동적인 자산을 보유한 금융기관이나 기업이 그 채권을 조기에 회수하기 위하여 그 자산을 기초로 유가증권, 기타 채무증서를 발행하여 투자자들에게 처분하는 것을 말한다.

원래 자산유동화의 가장 단순한 방법은 당해 자산을 매각하여 현금화하는 것이다. 그러나 당해 자산의 매수인인 투자자를 찾기가 쉽지 않다는 점,3) 투자자를 찾더라도 투자자는 당해 자산의 위험성 등4)을 이유로 당해 자산의 시장가격 내지 대출채권의 원본액보다는 낮은 가격으로 매수하기를 원하는 점, 당해 자산이 저당대출채권인 경우 직접 대출채권을 회수·관리해야 하는 투자자를 찾기란 더욱 쉽지 않은 점 등을 이유로 당해 자산을 매각하는 것은 한계가 있다. 이와 같은 이유로 대부분의 국가에서는 특정 자산의 현금수입을 기반으로 하여 유동화증권 또는 기업어음(CP)을 발행하는 구조화된 금융기법인 자산유동화 제도를 도입하게 되었다.

자산유동화는 통상 보유자산을 기초로 한 유가증권, 즉 유동화증권을 발행하는 방식을 말하며, 현재 우리나라에서 시행되고 있는 자산유동화법과 한국주택금융공사법은 유동화증권을 발행하는 방식을, 어음의 발행에 있어서는 상법 및 어음법상의 CP를 발행하는 것을 전제로 하고 있다. 자산유동화에 있어 일반 채권 등을 기초자산으로 하여 증권을 발행하는 경우를 ABS, CP를 발행하는 경우를 ABCP라고 한다.5)

---

3) 예컨대 특정 자산보유자가 1,000억대의 부동산 또는 저당권 등에 의해 담보된 대출채권을 가지고 있는 경우 이를 매수할 투자자를 찾는 것은 현실적으로 어려운 일이다.
4) 부동산의 환금성, 저당대출 채무자의 채무불이행 위험 등이 있을 수 있다. 보통 카드회사에서 미수금채권을 매도하여 상각하는 경우 카드 채권액의 10~20% 정도만을 받는다고 한다.
5) 김남훈(2016), "PF-ABCP 하자가 특정금전신탁계약에 미치는 영향에 관한 연구", 건국대학교 부동산대학원 석사학위논문(2016. 2), 9~11쪽.

Ⅱ. 자산유동화의 연혁

전통적인 증권화 거래는 다음과 같은 구조에서 출발하였다. 우선 매출채권[6] 의 보유자(자산보유자)가 그 채권을 제3자인 특수목적기구(SPV)에 양도하고, 그 양수인은 양도대금을 마련하기 위해 사채발행 등에 의해 투자자금을 조달받은 후 장래에 매출채권이 변제되면 그 변제금으로 투자자들에게 투자원금을 상환한 다. 즉 전통적인 증권화 제도는 본질적으로 팩토링과 같은 매출채권금융에서 출 발한다. 다만 증권화는 SPV를 통해 매출채권의 유동화가 이루어지는데 반해, 팩 토링은 대주(貸主)의 성격을 띠는 팩토링 회사가 매출채권을 직접 매입하는 차이 점이 있다. 따라서 증권화의 경우에는 SPV를 통해 다수의 투자자, 즉 다수의 대 주들을 모집할 수 있는데 반해, 팩토링의 경우에는 팩토링 회사로부터만 금융을 제공받게 된다.

팩토링에서 출발한 증권화가 현대화된 모습을 띠게 된 것은 1970년대 미국 에서부터이다. 미국 정부투자기관인 Freddie Mac(Federal Home Loan Mortgage Corporation: 연방주택금융저당회사)과 Fannie Mae(Federal National Mortgage Asso-ciation: 연방저당권협회)가 대출기관으로부터 주택저당대출채권(mortgage)을 매입 하고 이들 주택저당대출채권들의 자산집합(pool)을 기초자산으로 삼아 유동화증 권을 발행하였다. 이것이 바로 현대적 의미의 증권화 제도가 된다. 이후 Ginnie Mae(Governmental National Mortgage Association: 정부저당권협회)에서 주택저당대 출채권 자산집합(pool)에 기초해 발행된 사채에 대해 지급보증을 해주었고, 미국 의 투자은행들이 위와 같이 Ginnie Mae가 보증한 유동화증권들을 본격적으로 거래하기 시작한다. 그리고 1977년부터는 미국의 은행들이 자신의 주택저당대출 채권을 대상으로 독자적인 증권화를 수행하게 되었고, 1985년부터는 주택저당대 출채권 이외의 채권에 대해서도 증권화가 개시되었다. 이렇게 본격화된 증권화 제도는 주택저당대출채권 이외에 리스료 채권, 자동차할부채권, 신용카드채권과 같은 소비자 매출채권을 바탕으로 비약적인 발전을 하게 되었다.[7]

---

6) 증권화의 대상인 매출채권이 일반기업의 매출채권에 한정되는 것은 아니다. 대출채권은 은행의 입장에서, 신용카드채권은 신용카드회사의 입장에서 각각 매출채권에 해당하는 것 들이며, 이러한 매출채권 이외에 기업이 발행한 회사채도 증권화의 대상이 될 수 있다.
7) 임철현(2019), "위험관리 관점에서 본 기업금융수단의 법적 이해", 법조 제68권 제2호 (2019. 4), 219-220쪽.

Ⅲ. 자산유동화법 제정 경위

우리나라의 경우 1990년대 말 외환위기 당시 은행 등 금융기관들로부터 다량의 부실채권(NPL: Non Performing Loans)을 인수하게 된 성업공사(현재 한국자산관리공사)가 부실채권의 처리방안으로서 자산유동화를 추진하게 되었고 동시에 정부는 이를 뒷받침하기 위하여 1998년 9월 자산유동화법을 제정·시행함으로써 자산유동화거래가 본격적으로 활성화될 수 있었다. 이처럼 우리나라의 자산유동화의 출발은 주로 부실채권의 처리 및 외화조달을 그 목적으로 하였다. 자산유동화법의 직접적인 입법 동기 역시 외환위기 직후 발생한 부실채권의 처리가 가장 주된 목적이었다. 결과적으로 자산유동화법은 1999년 성업공사를 비롯한 다수의 금융기관이 보유하고 있던 부실채권을 유동화자산으로 한 "부실채권의 유동화거래"를 촉진시킴으로써 그 목적을 효과적으로 달성하였고, 당시 외환위기 해결에 중요한 역할을 한 것으로 평가받고 있다. 한편 그 이후에도 2000년의 투자신탁계정 또는 금융기관의 고유계정이 보유한 회사채를 유동화자산으로 한 채권담보부증권(CBO: Collateralized Bond Obligation)의 발행 및 발행시장 채권담보부증권(P-CBO: Primary Collateralized Bond Obligation) 상품의 개발과 2001년 이후의 신용카드회사의 영업 확대에 따른 신용카드채권 및 매출채권 등의 장래채권을 기초자산으로 한 유동화거래의 활성화 등을 통하여 자산유동화거래는 그 규모가 크게 증가하여 오늘날 ABS는 주식·사채와 함께 자본시장의 큰 축을 담당하고 있다.

제2절 자산유동화증권의 발행구조

Ⅰ. ABS의 개념과 발행구조

1. ABS의 개념

자산유동화증권(ABS)이란 기본적으로 자산을 유동화하여 발행한 증권을 말한다. 일반적으로 자산의 유동화란 비유동성 자산을 유동성이 있는 증권으로 전환하여 이를 매각함으로써 현금화하는 모든 행위를 말한다. 이러한 관점에서 ABS는 유동화의 대상인 각종 채권 및 부동산, 유가증권 등의 자산에서 발생하는 집합화된 현금을 기초로 원리금을 상환하는 증권을 의미한다. 자산보유자인 금융기관 또는 기업은 유동화를 위해 일정한 자산[8])을 유동화전문 SPC에 양도하고 SPC는 유동화 증권을 발행한다. 이 SPC[9])가 유동화증권을 투자자에게 발행하고 그 발행대금을 받아서 자산보유자에게 양도대금으로 지급함으로써 자산보유자는 자금을 조달하게 된다.

2. ABS의 발행구조

일반적으로 ABS를 발행하기 위해 자산보유자는 보유자산 중 일부를 유동화 자산(기초자산)으로 묶고(pooling), 이를 SPC에 완전매각한다. 유동화자산을 양도받은 SPC는 ABS를 발행하여 투자자에게 매각하고 유동화자산의 관리·운용·처분에 의한 수익으로 발행증권의 원리금을 상환한다.

자산유동화는 금융기관으로부터의 차입, 주식 또는 사채발행 등의 전통적인 자금조달방식과 달리 기업이 보유한 채권, 부동산 등의 자산에서 발생하는 현금흐름을 기초로 하여 자금을 조달하는 금융기법인데, 자산유동화를 하려면 ⅰ) 자산보유자의 선별된 자산집합을 대상으로, ⅱ) 정기적으로 원리금 상환에 필요한 충분한 현금흐름을 확보한 후, ⅲ) 원리금의 상환과 적시 배당을 보장하는 증권을 발행하되, ⅳ) 일정기준 이상의 신용등급을 받고, ⅴ) 자산보유자가 파산하더라도 원리금 지급에 영향이 없어야 한다.

자산유동화에 있어서 통상 자산보유자가 자산유동화를 위한 SPC인 유동화전문회사를 설립하고, 이러한 SPC에 유동화자산을 양도하면 이를 담보로 하여, 필요한 경우 신용보강[10])을 받아 유동화증권을 발행하고 자산관리자[11])가 채권을

---

8) 초창기에는 다수의 채권으로 이루어진 집합화된 자산이 주로 유동화되었으나, 최근에는 부동산금융과 관련하여 거액의 단일 대출채권을 유동화하는 거래도 많이 이루어지고 있다.
9) 여기에는 자산유동화법에 의한 유동화전문회사, 신탁회사 및 한국주택금융공사 등이 있다.
10) 유동화증권이 원활하게 유통될 수 있도록 특수목적법인의 신용을 은행, 보험사 등 제3자가 보강하여 주는 것을 말한다. 특수목적법인에 현금흐름이 중단되거나 내부유보금이 고갈되어 유동화증권의 원리금 상환이 곤란하게 된 경우 증권소지인에게 원리금 상환을 보장하는 역할을 한다. 결국 당해 유동화증권은 신용보강기관의 신용등급으로 발행되어 투자자들에게 판매된다.

추심하여 증권의 원리금을 상환하는 구조를 취한다.[12]

Ⅱ. ABCP의 개념과 발행유형

1. ABCP의 개념

자산유동화기업어음(ABCP)은 기업어음(CP)과 자산유동화증권(ABS)의 구조를 결합한 것으로 유동화자산을 양도받은 SPC가 유동화자산의 현금흐름에 기초하여 CP를 발행[13]하는 구조를 취하는 단기금융상품이자 기업의 대표적인 단기 자금조달수단이다. 즉 유동화증권의 일종이다. ABCP는 ABS와 구조적인 면에서의 차이는 크지 않으나, ABS가 자산유동화 사채인 반면, ABCP는 기업어음이라는 차이가 있으며, ABCP는 대체로 만기가 1년 미만(주로 3개월 이내 차환발행)인 단기채무로 발행되는 특성이 있다.

2. ABCP의 발행유형

실무에서 ABCP의 발행구조는 이에 참여하는 자산보유자(Seller 또는 Originator)의 수에 따라 크게 세 가지 유형이 있다. ⅰ) 첫째 유형은 단일 자산보유자가 CP를 발행하는 경우이다("single seller 유형"). ⅱ) 두 번째 유형은 다수의 자산보유자로부터 수집한 자산집합(pool)을 가지고 CP를 발행하는 경우이다("multi seller 유형"). 이 유형은 통상 금융기관들이 자기 고객에게 대체적인 금융을 제공할 때 많이 사용된다. ⅲ) 셋째 유형은 통상 부외자산으로부터 발생한 차익을 목적으로 구조화하는 경우이다("securities backed program 유형"). 많은 경우 단일 자산보유자가 발행하지만 다수의 자산보유자로부터 수집한 자산풀을 기초로 CP를 발행

---

11) 특수목적법인인 유동화전문회사는 직원을 두지 않는 명목회사인 경우가 대부분이므로 양도받은 자산을 관리해주는 자산관리자를 따로 두게 된다. 예를 들어 주택저당채권의 경우 특수목적법인이 각지에 흩어져 있는 담보물건을 직접 관리하고 임대료를 징수하기는 불가능하다. 이 경우 자산관리 및 원리금 회수를 대행하는 자를 자산관리자라고 하는데, 자산보유자가 겸임하는 경우가 많다.

12) 이진서(2012), "구조화금융에 관한 연구: 자산유동화·프로젝트금융을 중심으로", 고려대학교 대학원 박사학위논문(2012. 6), 17쪽.

13) 종래 기업들이 단기 자금조달수단으로 일반사채가 아닌 CP를 이용한 이유는 상법상 주식회사의 경우 사채발행한도가 순자산액의 4배로 제한되어 유동화증권 발행총액을 맞출 수 없기 때문이다. 그러나 ABCP는 어음이라 제한이 없어 CP를 유동화 구조와 결합시켜 단기 자금조달수단으로 이용할 수 있다.

하는 경우 1회성이 아닌 일련의 프로그램(ABCP Program)으로 진행되는 경향이 있다. 즉 CP가 단일 자산보유자로부터 자산을 양도받아 발행되는 경우 단일 SPC를 이용하는 방식을 취하는 것과 달리 다수의 자산보유자가 존재하고 반복적으로 하는 경우 일체의 권리를 conduit(도관)14)에게 이전하거나 SPC가 자산을 취득하고, 이에 대한 일체의 권리를 conduit에게 이전하는 방식을 취한다. SPC를 자산매도자와 conduit 간의 중개자(intermediary)로 사용하는 2단계 구조(two-tier structure)를 취하기도 한다. conduit을 이용하는 경우에는 특히 CP 발행프로그램 전반을 관리하는 프로그램 관리자의 역할이 매우 중요한데, 통상 이러한 역할은 자산관리자가 맡게 된다.15) 그런데 대부분 Multi-Seller ABCP Program의 형태이다.

제3절 자산유동화에 대한 규율체계

Ⅰ. 자산유동화법에 의한 유동화

1. 자산유동화 관련 법률

현재 우리나라에는 ABS에 관한 법률인 자산유동화법과 MBS에 관한 법률인 한국주택금융공사법이 존재한다. 자산유동화법은 1998. 4. 14.에 발표된 금융기관·기업구조개혁촉진방안에 따라 입법이 본격화되었으며, 1998. 9. 16. 제정되었다. 위 입법은, 1997년 IMF 사태가 발생하자 외환위기 극복을 위해 이루어진 구조조정 과정 중에서 부실채권의 정리에 따른 유동성 곤란을 해결하기 위해 추진되었다.

MBS와 관련해서는 원래 1999. 1. 29.에 제정된 「주택저당채권유동화회사법」

---

14) 콘딧(conduit)은 도관이라는 용어로 ABCP를 반복적으로 발행하고자 하는 경우 콘딧을 설립하여 보유자산을 콘딧에 매각하고, 콘딧은 보유자산을 기초로 CP를 발행하는 구조를 취한다. 금융기관의 경우 콘딧을 이용하여 보유자산을 콘딧에 매각할 경우 부외처리가 가능해지고 부외자산에는 50%의 위험가중치만 적용받는 이점이 있다. 이 때문에 많은 은행들이 PF대출 등 고위험 고수익자산을 늘리는 한편 이를 콘딧에 매각하고 ABCP를 발행하는 예가 급증하고 있다.
15) 안수현(2010), "자산담보부기업어음(ABCP)에 관한 법제도적 문제", 한양법학 제21권 제1집(2010. 2). 485쪽

이 있었다. 그런데 2003. 12. 31. 한국주택금융공사법이 제정됨에 따라 주택저당
채권유동화회사법에 따라 설립되었던 "KoMoCo"(주택저당채권유동화회사)와 "주
택금융신용보증기금"이 "한국주택금융공사"로 합병되었고, 그 후 한국주택금융
공사가 MBS의 발행을 주도함에 따라 2015. 7. 주택저당채권유동화회사법이 폐
지되었다. 따라서 현재 MBS 발행에 대한 근거법은 한국주택금융공사법만이 존
재한다.

2. 자산유동화법에 의한 유동화

자산유동화법은 자산유동화제도의 확립과 투자자보호를 위하여 ⅰ) 자산유
동화의 거래구조, ⅱ) 특수목적기구의 구성 및 업무수행, ⅲ) 거래내용 및 유동
화자산에 관한 공시, ⅳ) 유동화증권의 발행, ⅴ) 유동화자산의 관리 등에 관하
여 독자적인 규제를 마련하고 있다. 또한 자산유동화법은 기존 법제도 상의 제약
이나 법적 불확실성을 제거해 주고 자산유동화거래를 용이하게 할 수 있도록 거
래당사자들의 사법상 권리의무 관계에 관하여 민법, 상법, 신탁법, 자본시장법,
채무자회생법 등에 대한 다양한 특례 규정을 두고 있고, 금융업에 적용되는 기존
의 규제와 채권양도, 저당권·부동산소유권의 이전 등과 관련한 절차 및 비용의
부담을 완화해주고 있다.16)

자산유동화법은 자산유동화거래의 구조 및 방식에 관해 정하고 있으나 모든
자산유동화거래에 대하여 강행적으로 적용되는 법은 아니다. 자산유동화거래를
반드시 자산유동화법에 의한 자산유동화로 해야 하는 것은 아니고 자산유동화법
밖에서도 할 수 있다. 자산유동화에 관하여 자산유동화법의 적용을 받고자 하는
경우에는 자산유동화계획을 금융위원회에 등록하여야 한다(법3①).17)

자산유동화법에 의한 등록유동화는 자산유동화를 지원하기 위한 동법상의
특례가 필요한 주택저당대출채권(채권양도의 대항요건, 저당권의 이전, 근저당권 피담
보채권의 확정 등에 관한 특례), 대출채권·카드채권·매출채권 등의 집합채권(채권
양도의 대항요건 특례), 리스채권(시설대여계약상 채권의 유동화에 관한 특례) 등을 유
동화자산으로 하는 경우에 주로 이용되고 있다.18)

---

16) 박준·한민(2019), 446-447쪽.
17) 박준·한민(2019), 447쪽.
18) 박준·한민(2019), 447쪽.

3. 자산유동화법에 의한 자산유동화의 한계

자산유동화법에 따른 유동화거래는 자산유동화법 제3조에 따라 금융위원회에 등록해야 하는 "등록유동화" 거래로 자산유동화법의 규정과 감독당국의 감독기준에 의해 자산보유자의 자격, 기초자산의 종류, 유동화증권의 종류, 거래구조 등 측면에서 일정한 제약이 존재할 뿐만 아니라 유동화계획과 자산양도 등록절차 등 일정한 절차적 요건도 충족하여야 하므로 거래계의 다양한 구조화금융 관련 요구들을 모두 수용하기에 한계가 있다.

또한 유동화전문회사가 등록할 수 있는 자산유동화계획은 1개로 한정되므로(자산유동화법3②), 별도 유동화 거래 시 유동화전문회사를 다시 설립하여야 하는데, 이 경우 설립비용·관리비용이 발생하므로 반복적으로 자산유동화거래를 실시하려는 자산보유자에게 제약이 될 수 있다. 아울러 금융감독당국은 후순위사채의 인수, 신용공여, 담보책임의 부담 등 자산보유자의 신용보강 비율이 전체 유동화증권 금액의 50%를 넘지 않도록 지도하고 있으며, 주식을 주된 유동화자산으로 하는 자산유동화도 허용하지 않고 있다.

Ⅱ. 자산유동화법에 의하지 않은 유동화

부실자산의 처리와 자금조달이라는 목적으로 자산유동화를 하려는 자산보유자들은 자산보유자의 자격 제한 등 등록유동화 거래의 한계를 피하기 위하여 자산유동화법에 따르지 않는 유동화거래인 "비등록유동화" 거래를 이용하게 되었다. 비등록유동화 거래는 자산유동화법에 따른 유동화전문회사에 의하지 않고, 상법에 따라 주식회사나 유한회사를 설립하여 자산유동화를 수행하고 있다. 그리고 비등록유동화 거래는 거래계의 다양한 구조화 금융 요구에 부응하여 양적 팽창과 함께 진화를 계속하고 있다. 비등록유동화 거래는 유동화증권 발행 시 금융당국의 직접적인 감독을 받지 않으므로 비등록유동화증권의 투자자에 대한 보호가 충분하지 않을 가능성이 있다.

2005년경부터 자산유동화법에 의한 자산유동화에 주어지는 특례를 굳이 필요로 하지 않는 거래(대표적으로 부동산 프로젝트금융 유동화)를 중심으로, 감독당국의 규제에 따른 부담이나 거래비용을 줄이기 위해 자산유동화법에 의하지 아니

하는 비등록유동화거래가 늘어나기 시작하였다. 최근에는 비등록유동화거래가
자산유동화거래에서 차지하는 비중이 더 크다.

제 2 장
자산유동화증권 발행 참여자와
자산유동화의 효용

제1절 자산유동화증권 발행 참여자

Ⅰ. 자산보유자

자산보유자는 현재 또는 장래 현금흐름이 발생하는 자산을 보유하고 있는 당사자를 말한다. 보유자산을 증권으로 유동화할 수 있는 자는 기본적으로 금융기관이다. 세부적으로는 자산유동화법 제2조 제2호에 규정되어 있다. 자산보유자는 자산유동화를 위하여 자신의 자산을 SPC에 양도하는 절차를 거친다. 이렇게 자산을 양도하는 이유는 자산보유자와 단절된 자가 새로운 신용을 창출할 필요가 있기 때문이다.[1]

대상자산은 현재 또는 미래에 발생되는 현금흐름에 있고 양도 가능한 자산이면 된다. 일반적으로 자동차 할부채권, 신용카드 채권 등 일정한 현금흐름이 있는 우량자산을 대상으로 하며, 일부 부실채권도 미래에 현금흐름이 발생되면 ABS 대상 자산이 될 수 있다.

---

1) 김은수(2015), "유동화증권의 유형과 발행절차에 관한 연구: 유동화 대상자산의 확대 및 다양화를 중심으로", 한국법학회 법학연구 제60집(2015. 12), 240~241쪽.

Ⅱ. 유동화전문회사

유동화전문회사는 자산보유자로부터 자산을 구입하고 이를 바탕으로 ABS를 발행하는 명목회사(paper company)이다. 즉 ABS 대상 자산의 양수, 증권의 발행 또는 이와 관련된 한정된 업무만을 수행할 목적으로 설립된 법인을 말한다. 일반적으로 회사형태로 설립될 때에는 SPC라 하고 하며, 특수목적기구 형태로 설립될 때에는 SPV라고 부른다.

Ⅲ. 자산관리자

유동화전문회사는 명목회사이므로 양도받은 자산을 스스로 관리할 능력이 없다는 점이 문제이다.[2] 자산보유자(은행)에게 자산관리를 다시 맡기는 것이 일반적이다. 결국 유동화된 채권의 채무자가 증권화 이후에도 계속해서 자산보유자를 상대하게 되는 구조가 된다. 자산보유자의 입장에서는 자신이 보유한 자산을 제3자에게 매각하거나 금융기관에 담보로 제공하고 차입하는 방법이 일반적인 자금조달의 수단이나, 매출채권인 경우에는 자산유동화를 통하게 되는 것이다. 통상 유동화자산의 관리는 유동화자산으로부터 회수되는 금전으로 지급하게 되며, 이자지급 업무는 자산보유자가 자산관리자의 지위에서 채권발행회사를 대행하여 수행하게 된다. 다만 자산보유자가 자산유동화거래를 한 이후 자산관리회사에게 수수료를 지급해야 한다.[3]

Ⅳ. 수탁기관

출자금, 유동화증권 납입금, 유동화자산, 유동화자산을 관리·운용·처분함에 따라 취드한 금전, 채권, 유가증권, 물건 등의 보관을 대행하고, 유동화자산의 매매대금, 증권원리금, 각종 수수료 및 비용의 지급대행을 주요 업무로 하는 기관을 수탁기관이라 한다. 여유자금을 운영하기도 하며, 투자자보호를 위하여 자

---

2) 신탁회사나 주택저당채권유동화회사의 경우에는 자산관리가 가능하다. 다만 효율성이나 경제성을 이유로 별도로 자산관리자를 선임하는 경우가 많다.
3) 김은수(2015), 242-243쪽.

산관리현황 모니터링을 하기도 한다.

V. 신용평가기관

신용평가기관이란 투자자를 위하여 대상 자산의 현금흐름, 청산가치, 거래에 수반되는 법적·경제적 위험, 자산보유자 또는 채무자의 신용상태 등 ABS 거래구조와 관련된 신용평가를 하여 정보제공을 하는 기관을 말한다. 유동화증권은 통상 신용평가기관으로부터 신용등급을 받는데, 공모발행 시 일정 수준 이상의 신용등급을 획득해야 한다. 이러한 투자적격의 신용평가를 받기 위하여 필요한 경우에는 신용보강이 이루어져야 한다.

VI. 신용보강기관

신용보강기관은 기초자산으로부터 발생되는 현금흐름이 일시적으로 중단되거나, 투자자에게 지급할 원리금에 대한 일시적인 부족분에 대하여 제3자가 지급보증을 함으로써 발행 증권에 대한 신용을 보강하는 기관이다. 그외의 신용보강 방법으로는 초과담보 설정, 지급준비 계정 설치, 자산보유자의 지급보증 등이 있다. 유동성공여기관(liquidity facility provider)이라고도 하며, 우리나라의 경우 주로 수탁기관인 은행들이 한도대출 형태로 유동성공여기관의 역할을 하고 있다. 다만 최근에는 자본시장법상 금융투자업자들이 그 역할을 하는 경우가 좀 더 빈번한 것 같다.

VII. 주관사

주관사는 자산보유자의 자산 내용을 파악하여 적절한 거래구조를 제시, 자문하고, 증권발행과 관련된 업무주관, 특수목적회사 설립, 거래참여자들과의 협의, 기타 ABS의 발행과 관련하여 종합적인 조언자의 역할을 한다. 그 대가로 주선수수료를 받는다. 우리나라에는 주로 증권회사, 은행 등이 그 역할을 맡고 있다.

Ⅷ. 투자자

유동화증권이 사모 방식인 경우에는 소수의 기관투자가들이 인수하고 공모 방식인 경우에는 인수단이 인수한 후 일반 투자자들에게 매각한다. 은행, 보험회사, 연기금 등의 기관투자자가 유동화증권시장에서 주종을 이루고 있다.

제2절 자산유동화의 효용

자산유동화의 절차가 복잡함에도 불구하고 널리 활용되는 것은 각 참가 주체별로 다음과 같은 이용 동기가 있기 때문이다.[4]

Ⅰ. 자금조달 비용의 절감

자금을 조달하고자 하는 자산보유자의 입장에서는 유동화증권의 신용등급을 자산보유자 자신의 신용등급보다 높일 수 있으므로 그만큼 자금조달비용을 낮출 수 있고, 자산유동화를 통하여 보유자산의 포트폴리오를 다양화하거나 그 위험을 분산시킬 수 있다.

특수목적법인인 유동화전문회사는 자산을 담보로 증권을 발행하기 때문에 증권의 신용도는 대상자산의 원리금 회수가능성만 따지는 것이지 자산보유자 자신의 신용위험은 문제되지 않는다. 따라서 유동화증권은 적절한 구조를 갖추면[5] 자산보유자의 신용등급보다 훨씬 좋은 등급을 받을 수 있으므로 조달금리가 크게 낮아진다.

Ⅱ. 상환청구권 배제

유동화증권의 원리금 상환은 특수목적법인에 양도된 자산에서 나오는 현금

---

4) 이진서(2012), 18-20쪽.
5) 외부기관이 보증을 하는 등 신용보강이 이루어지는 경우를 말한다.

흐름을 일차 재원으로 하므로 그 현금흐름이 증권원리금 상환액에 미치지 못하더라도 자산보유자는 원칙적으로 투자자로부터 직접 상환청구를 당하지 않는다.

Ⅲ. 재무구조 개선

자산유동화는 자산을 양도하는 방식으로 자금을 조달하는 것이므로 자산보유자로서는 대차대조표상 부채로 기록할 필요가 없으며, 특히 금융기관은 자산매각분을 대차대조표의 자산에서 공제할 수 있으므로 재무구조를 개선하고 자기자본비율을 제고하는 효과를 누릴 수 있다.

Ⅳ. 투자자층 확대

투자자의 입장에서는 신용도가 높고 상대적으로 수익률도 좋은 다양한 상품에 투자하는 기회를 찾고 있는데, 자산유동화 상품은 일반적으로 신용도가 높으면서도 수익률이 좋은 편이므로 많은 투자가 이루어지고 있다. 따라서 자산유동화를 통해 기업의 재원도 조달하고, 업계의 지명도도 높일 수 있어서 투자자층을 확대할 수 있는 장점이 있다.[6]

---

6) 다만 자산유동화는 대상자산이 동질적이어야 하며, 자산관리의 노하우가 충분하지 않은 경우 신용보강을 위한 추가비용 부담이 불가피하고 금융비용이 과다하게 소요될 수 있다. 또한 자산보유자의 무담보채권자들로서는 양질의 자산이 유동화의 목적으로 특수목적법인에 양도되는 결과 자산보유자가 그에 상응하는 유동성을 획득한다고 해도 채권의 담보가 되는 일반 재산이 줄어든다는 이유로 자산유동화의 비효율성과 분배의 불평등을 문제삼을 수 있다.

제3장

부동산PF 유동화금융

제1절 부동산PF-ABS의 개념 및 구조

Ⅰ. 개념

국내 부동산개발사업에서 PF-ABS는 시행사가 프로젝트를 진행하는데 필요한 운영자금, 부지매입자금 등의 사업자금이나 사업시행과 관련한 기존 대출금 상환을 위해 실행된 대출채권을 유동화한 것이다. 부동산PF-ABS의 발행 목적은 아파트, 주상복합, 상가, 오피스텔 등의 건축물을 신축하여 분양하는 부동산개발사업에 소요될 자금을 조달하는 것이다. 프로젝트 초기에 사업부지 매입단계에서 자금조달 수단으로 활용되고 있는데, 주로 토지매입비와 초기사업경비 일부를 조달하는 것이다.[1]

Ⅱ. 구조

최근 부동산PF-ABS의 기본적인 구조는, 시행사가 금융투자업자가 설립한 SPC를 통하여 대출을 받고, 해당 SPC가 대출채권을 기초로 하여 ABS를 발행하

---

1) 이수용(2010), "부동산개발사업의 자금조달구조 개선에 관한 연구", 한양대학교 공공정책대학원 석사학위논문(2010. 8), 28쪽.

고 이를 통해 대출을 실행하는 경우가 대부분이다. 대출시점이 프로젝트 초기일 경우 다소 높은 금융비용을 받으며, ABS 발행시 발행대금으로 대출금을 회수한다. 또한 자산유동화법의 적용을 받지 않는 비등록 SPC는 단순도관체이므로 이자소득세 및 법인세가 부과되지 않는다.

부동산PF-ABS의 상환능력은 기본적으로 대출채권의 차주인 시행사의 신용도에 의존하게 되는데 시행사는 대체적으로 소규모 자본으로 설립되며 취약한 신용도를 보유하고 있는 것이 일반적이다. 그러나 대주의 입장에서는 시행사의 신용도를 보강할 수단이 필요하며 이에 따라 대출약정 또는 사업약정 등을 통하여 각종 담보권을 확보하게 된다.

대출채권에 부착되는 담보는 사업부지 및 부동산 완공 이후 미분양건물에 대한 담보권, 프로젝트 분양수입금관리계좌에 대한 근질권, 시행사 대표이사 등의 연대보증, 시공사의 연대보증 또는 채무인수, 시공사의 책임준공약정 등이 있다.[2] 특히 부동산PF-ABS 신용등급은 시공사가 대출채권에 대한 채무보증 내지 자금보충 등의 신용보강을 해주는 경우 신용등급과 연계되며, 금융투자업자가 ABS에 대한 인수확약, 자금보충 등을 하는 경우 금융투자업자의 신용등급과 연계되는 경우가 빈번하다.

제2절 부동산PF-ABCP의 개념 및 구조

I. 개념

국내 ABCP시장은 ABS를 통한 조달비용 절감을 위해 초기에는 유동화자산을 기초로 ABS를 발행하고 ABS 채권을 상환하는 조건으로 일정기간마다 기업어음을 발행하는 구조로의 ABCP 발행을 허용하기 시작하였다.[3]

기업어음(CP)은 본래 기업의 유동성 조절 및 조달비용 절감 등을 위해 만들어진 90일 내외의 단기자금 조달수단으로서 신용도가 높은 대기업들이 주로 이

---

2) 이수용(2010), 29쪽.
3) 박종덕(2009), 18-19쪽.

용하는 수단이다. ABCP는 신용도가 비교적 낮은 기업들도 기업어음을 통한 자금조달 혜택을 누리도록 하기 위해 도입되었다. 기초자산으로는 매출채권, 대출채권, 회사채, ABS 및 MBS 등 다양한 자산이 활용되며 발행목적도 자금조달수단, 조달비용절감, 장단기 금리차를 활용한 재정이익 기회 등으로 다양하다. 일반적인 ABCP는 상환 확실성을 높이기 위해 신용보강과 유동성보강이 도입된다. 신용보강은 후순위증권 발행, 보증 및 예치금 등을 통해 자산의 현금흐름을 보강하는 방법이 활용되고 있다.

부동산PF-ABCP의 기초자산은 주로 부동산PF를 위해 선행된 대출채권으로 시행사가 금융투자업자가 설립한 SPC를 통하여 대출을 받고, 해당 SPC가 대출채권을 기초로 하여 ABS를 발행하고 이를 통해 대출을 실행하는 구조이다. 그런데 부동산개발을 통한 현금 유입은 통상 3-4년 정도에 걸쳐 진행되나 ABCP는 90일 내외의 짧은 수명을 갖는다. 이러한 자금흐름의 시간차로 인해 ABCP는 약 8~10회 정도의 차환발행(revolving)되는 구조를 갖게 되며 차환발행이 어려운 상황에 대비하여 건설사의 연대보증, 채무인수 등의 각종 유동성 보강장치가 필요하게 된다.

부동산PF에서 ABCP의 활용은 ABS의 차환발행을 목적으로 도입되었다. 즉 중기의 ABS를 발행하고 단기의 ABCP를 발행하여 먼저 발행한 ABS를 상환할 수 있게 함으로써 단기 이자비용으로 장기자금을 조달할 수 있도록 하는 장치로서 도입된 것이다. 그러나 국내의 자산유동화법이 현금의 유입기간과 ABS 기간을 일치하도록 규정하고 있어 3-4년 만기의 ABS를 발행할 수 없는 기업들은 새로운 자금조달 기법으로 상법상 유동화전문회사(SPC: ABCP 도관체)를 통해 부동산PF-ABCP를 발행하기 시작하였다. 최근에는 통상 상법상 유동화전문회사(SPC)를 설립하여 먼저 기업어음을 발행하여 조달한 자금을 시행사에 대여하는 방법이 이용되기도 한다.

전형적인 부동산PF-ABCP는 시행사, 대주, 유동화전문회사(SPC), 투자자, 시공사 등이 참여하게 된다. 이는 앞에서 설명한 PF-ABS와 구조가 거의 유사하다.

Ⅱ. 일반적인 부동산PF-ABCP 구조

부동산PF-ABCP 발행구조는, 우선 금융기관(대주)이 부동산개발사업을 하는 시행자(차주)에게 PF대출을 시행하고, 시행사는 부동산 분양 및 부동산개발사업 부지를 부동산신탁회사에 신탁하여 관리하게 된다. 그리고 금융기관(대주)이 자산보유자로서 대출채권을 SPC에 양도하면, SPC는 이러한 대출채권을 기초자산으로 하여 ABCP를 발행하고 ABCP 매도대금으로 금융기관에 대출채권 양수대금을 지급한다. 시공사는 금융기관이 사업시행자에게 대출한 금원에 대해 연대보증이나 채무인수 등으로 신용공여를 하게 된다. 이후 시행사는 부동산 분양대금으로 SPC에게 위 대출금을 상환하고 SPC는 그 금원으로 투자자에게 ABCP를 상환하게 된다.4)

Ⅲ. SPC가 먼저 ABCP를 발행하여 사전 PF대출 하는 구조

기본적인 구조는 유사하나, 상법상 SPC를 설립하고 SPC가 먼저 ABCP를 발행하여 조달한 자금을 시행자에게 대여하는 방법이 이용되기도 한다. 이러한 구조에서는 금융기관이 대주로서 시행사에게 대출을 하는 것이 아니라, ABCP를 발행하고 그 매매대금으로 대출을 하게 된다. 우선 SPC를 설립하고 ABCP를 발행하여 매매대금으로 시행사에게 대출하고 나면, 시행사는 그 대출금으로 부동산개발사업 부지를 확보한 후 부동산신탁회사에 사업부지를 신탁한다. 그리고 별도의 신용공여자가 SPC의 시행사에 대한 PF대출에 대하여 신용공여를 하게 되고, 이후 시행사는 본 PF 등을 통하여 SPC에게 대출금을 상환하면, SPC는 위 금원으로 투자자에게 ABCP를 상환하게 된다.

최근에는 이 방법이 거의 대부분이다. 앞의 일반적인 부동산 PF-ABCP 구조의 사례는 거의 없는 것 같다.

---

4) 김남훈(2016), 29-30쪽.

참고문헌

강남훈(2019), "주택후분양제 도입방안에 관한 연구", 부동산정책연구 제20권 제1호 (2019. 4).

강승균(2022), "데이터센터 설립에 영향을 미치는 요인에 대한 연구", 고려대학교 기술경영전문대학원 석사학위논문(2022. 2).

강준식(2024), "노인복지주택 이용 의향에 미치는 결정요인에 관한 연구", 한양대학교 부동산융합대학원 석사학위논문(2024. 2).

강지연(2010), "부동산투자회사제도의 문제점 및 개선방안", 한양대학교 행정·자치대학원 석사학위논문(2010. 2).

고은수(2020), "부동산신탁 과세제도의 문제점 및 개선방안", 고려대학교 법무대학원 석사학위논문(2020, 2).

고승현·이창석(2013), "부동산개발사업의 분양제도 개선방안에 관한 연구", 부동산학회보 제55집(2013. 12).

공현기(2010), "부동산토지신탁사업의 자산유동화에 관한 연구", 고려대학교 정책대학원 석사학위논문(2010. 6).

권영달(2022), "민간공원특례사업의 추진현황과 특성분석을 통한 정책 개선방안에 관한 연구", 부산대학교 대학원 박사학위논문(2022. 2).

권자영(2018), "서울시 소재 지식산업센터의 권역별 시기별 가격결정요인 차이연구", 단국대학교 부동산·건설대학원 석사학위논문(2018. 7).

금융위원회(2019), "부동산PF 익스포져 건전성 관리방안", 2019. 12, 보도자료.

기획재정부·한국개발연구원(2015), 「2013 민간투자사업 종합평가」(2015. 1).

김경순(2009), "부동산신탁회사의 관점에서 본 토지신탁사업 리스크의 요인 및 관리방안에 관한 연구", 서울시립대학교 도시과학대학원 석사학위논문(2009. 8).

김규완(2023), "지식산업센터 시장 동향 점검", 하나금융경영연구소 하나 부동산연구 시리즈 제7호(2023. 11).

김근혜(2023), "커뮤니티시설 선호가 생활숙박시설의 선호도 및 구매의사에 미치는 영향 연구", 동의대학교 경영대학원 석사학위논문(2023. 2).

김기수(2007), "프로젝트 파이낸싱에 관한 법적 연구: 민간투자법에 의해 추진되는 프로젝트를 중심으로", 상사법연구 제26권 제1호(2007).

김남훈(2016), "PF-ABCP 하자가 특정금전신탁계약에 미치는 영향에 관한 연구", 건국대학교 부동산대학원 석사학위논문(2016. 2).

김대인(2009), 「민간투자사업관리법제 개선방안에 관한 연구(Ⅰ): 정부계약법과의 관계정립을 중심으로」, 한국법제연구원(2009. 10).

김동은·김광열(2009), "프로젝트 파이낸스에 있어서 개입권의 유형과 내용: 민간투자사업을 중심으로", 서울대학교 금융법센터 BFL 제37호(2009. 9).

김득기(2016), "부동산투자회사의 활성화 요인과 정책방안", 대구대학교 대학원 박사학위논문(2016. 6).

김민재(2021), "부동산담보신탁 우선수익권의 법적 성질에 관한 연구", 건국대학교 부동산대학원 석사학위논문(2021. 8).

김병국·임병권·장한익(2022), "부동산PF 시장 유동성 강화를 위한 금융정책", 부동산산업연구 제5권 제2호(2022. 12).

김병수(2018), "부동산개발사업의 리스크 요인과 대응방안에 관한 연구: 부지선정 및 확보단계를 중심으로", 조선대학교 산업기술융합대학원 석사학위논문(2018. 11).

김성인(2021), "저온 및 상온물류센터 임대료 결정요인 비교분석", 단국대학교 부동산·건설대학원 석사학위논문(2021. 7).

김성수(2012), 「일반행정법: 행정법이론의 헌법적 원리」, 홍문사(2012. 3).

김성수·이장희(2014), "민간투자사업의 투명성과 지속가능성 보장을 위한 민간투자법의 쟁점", 토지공법연구 제66집(2014. 8).

김성철(2020), "개별입지형 지식산업센터의 투자요인에 관한 연구", 동의대학교 대학원 박사학위논문(2020. 12).

김영규(2017), "관리형토지신탁의 리스크관리 개선방안에 대한 연구", 고려대학교 정책대학원 석사학위논문(2017. 6).

김용진(2013), "토지신탁제도의 개선방안에 관한 연구: 사업신탁을 중심으로", 한양대학교 대학원 석사학위논문(2013. 2).

김용진(2021), "간접투자로서 부동산투자회사제도개선 방안의 연구: 공모 부동산투자회사를 중심으로", 한양대학교 대학원 박사학위논문(2021. 2).

김은수(2015), "유동화증권의 유형과 발행절차에 관한 연구: 유동화 대상자산의 확대 및 다양화를 중심으로", 한국법학회 법학연구 제60집(2015. 12).

김종수(2012), "부동산간접투자방법의 현황분석 및 개선방향에 대한 연구", 건국대학교 부동산대학원 석사학위논문(2012. 12),

김종하(2010), "민간제안형 도시개발사업의 갈등완화에 관한 법적 고찰", 충남대학교 대학원 박사학위논문(2010. 8).

김진현(2018), "민간투자법제에서 위험배분과 재정지원제도에 관한 연구", 고려대학교 법무대학원 석사학위논문(2018. 8).

김창한(2018), "지구단위계획요소의 중요도 분석에 관한 연구: 회기 지구단위계획구역을 중심으로", 한양대학교 부동산융합대학원 석사학위논문(2018. 2).

김태관(2018), "주택분양보증계약의 법적 성질에 대한 연구", 동아법학 제80호(2018. 8).

김현일(2019), "민간투자법상 공익처분에 관한 연구", 고려대학교 대학원 박사학위논문 (2019. 8).

남궁주현(2020), "수분양자의 신탁회사에 대한 분양대금반환청구에 관한 소고: 하급심 판결에서의 논의를 중심으로", 기업법연구 제34권 제3호(2020. 9).

노윤철(2018), "기부채납 제도의 부동산개발 사업성 영향분석: 서울시 지구단위계획구역 내용적률인센티브를 중심으로", 건국대학교 부동산대학원 석사학위논문(2018. 8).

박경애 · 이상훈 외(2014), 「자금재조달에 관한 세부요령 연구」, 한국개발연구원(2014. 12).

박근용(2014), "부동산 프로젝트 금융(PF)에서 시공사 신용보강에 관한 법적 연구", 금융법연구 제11권 제2호(2014. 8).

박동규(2007), 「프로젝트 파이낸싱의 개념과 실제」, 명경사(2007. 1).

박승룡(2011), "부동산펀드의 건전성 제고 방안에 관한 연구", 중앙대학교 대학원 석사학위논문(2011. 8).

박재길 · 손기찬, "도시개발법제 정비방안 연구", 국토연구원(1997. 12).

박종덕(2009), "부동산개발금융에서의 재무적 투자자 참여실태 및 역할에 관한 연구", 단국대학교 대학원 박사학위논문(2009. 2).

박준 · 한민(2019), 「금융거래와 법」, 박영사(2019. 8).

박지호(2022), "부동산 프로젝트파이낸싱(PF) 대출의 성공요인 분석", 단국대학교 대학원 박사학위논문(2022. 11).

박학목(2011), "민관합동 공모형 PF사업 활성화를 위한 제도개선 방안 연구", 건국대학교 대학원 박사학위논문(2011. 8).

박형섭(2020), "부동산신탁사의 프로젝트 참여가 분양가격에 미치는 영향에 관한 연구", 건국대학교 대학원 석사학위논문(2020. 2).

박훤일(2000), "민간주도에 의한 프로젝트 금융의 법적 연구", 경희대학교 대학원 박사학위논문(2000. 2).

배정호(2020), "부동산담보신탁에 관한 연구", 성균관대학교 일반대학원 석사학위논문 (2020. 12).

사공대창(2010), "부동산 PF(Project Finance) 대출의 부실화 요인에 관한 연구", 한양대학교 도시대학원 석사학위논문(2010. 2).

서영석(2011), "신도시 특별계획구역 현상설계에 관한 연구", 경원대학교 환경대학원 석사학위논문(2011. 6).

서현아(2022), "주택 분양제도에 따른 자금조달 문제점 및 개선방안에 관한 연구", 고려대학교 정책대학원 석사학위논문(2022. 8).

손재영(1994), "사회간접자본 정책의 성과와 문제", 지역연구 제10권 제1호(1994. 6).

손정락 · 하서진(2023), "국내 물류시장 동향 및 전망", 하나금융경영연구소 하나 부동산 연구 시리즈 제6호(2023. 9).

송민석·송정숙·최준철(2007), 「실무자가 쓴 PFV해설: 프로젝트금융투자회사의 해설」, 부연사(2007. 9).

신경희(2015), "부동산 프로젝트 파이낸싱의 문제점과 제도개선을 통한 활성화 방안연구", 일감부동산법학 제11호(2015. 8).

신동현(2024), "현대차증권 Megatrend Series #156 | 산업분석", 현대차증권(2024. 4).

신태형(2013), "특별계획구역의 운영특성 규명을 통한 도시설계적 실현성과에 관한 연구", 한양대학교 도시대학원 박사학위논문(2013. 2).

신태형·구자훈(2012), "특별계획구역의 구역지정 및 지침특성에 관한 고찰: 2000년 이후 수립된 서울특별시 사례를 중심으로", 한국도시설계학회지 제13권 제6호(2012. 12).

심창우(2016), "토지신탁의 토지비 관련 규제개선에 관한 연구", 건국대학교 부동산대학원 석사학위논문(2016. 12).

안성포(2020), "부동산담보신탁의 우선수익권과 원인채권의 관계: 대법원 2017. 6. 22. 선고 2014다225809 전원합의체 판결", 신탁연구 제2권 1호(2020. 6).

안수현(2010), "자산담보부기업어음(ABCP)에 관한 법제도적 문제", 한양법학 제21권 제1집(2010. 2).

안용운·최민섭(2021), "부동산개발금융 리스크 관리방안에 관한 연구: PFV를 중심으로", 한국주거환경학회지 제19권 제3호(2021. 9).

양진섭(2012), "부동산담보신탁에 관한 연구", 서울대학교 대학원 박사학위논문(2012. 2).

오세문(2008), "수분양자의 법적 권리에 관한 연구", 서울대학교 대학원 석사학위논문(2008. 8).

유승동·이태리·김계홍(2017), "부동산펀드의 효율성 점검: 국내투자 공모펀드를 중심으로", 주택연구 제25권 제3호(2017. 8).

유재혁(2015), "부동산담보신탁상 위탁자의 채권자보호에 관한 연구", 연세대학교 대학원 석사학위논문(2015. 12).

윤서준·고성수(2022), "신탁사 책임준공확약형 부동산 PF 참여자의 위험과 수익 결정에 관한 연구", 부동산경영 제25집(2022. 6).

윤석찬(2017), "부산대학교 BTO사업에서의 법적분쟁과 쟁점: 항소심 판결(부산고법 2015. 12. 9. 선고 2015나50897판결)에 관하여", 재산법연구 제33권 제4호(2017. 2).

이계정(2021), "분양계약 해제에 따른 부당이득의 법률관계와 수분양자 보호방안", 한국신탁학회 학술대회 자료집(2021. 6).

이남근(2016), "부동산투자회사법 개정안의 문제점과 발전방안 연구", 지역사회발전학회논문집 제41집 1호(2016. 6).

이동관(2010), "부동산개발업 등록제도의 개선과 발전방안에 관한 연구", 동의대학교 경영대학원 석사학위논문(2010. 6).

이동훈(2016), "실시협약을 통한 민간투자사업에서의 합리적인 위험배분: 민간투자법령 및 민간투자사업기본계획, 표준실시협약안을 중심으로", 고려법학 제80호(2016. 3).

이상복(2021), 「자본시장법」, 박영사(2021. 3).

이상훈(2018), "민간투자사업 실시협약 해지와 공익처분의 관계", 성균관법학 제30권 제 4호(2018. 12).

이상훈·박경애(2016), "민간투자사업의 MRG(최소운영수입보장)와 새로운 유형(투자위 험분담형)의 분석 및 비교", 선진상사법률연구 통권 제75호(2016. 7).

이석·오지현(2018), "부동산금융의 최신 동향", 서울대학교 금융법센터 BFL 제90호 (2018. 7).

이수용(2010), "부동산개발사업의 자금조달구조 개선에 관한 연구", 한양대학교 공공정 책대학원 석사학위논문(2010. 8).

이영일·민규식(2013), "부동산개발 유형별 PF 위험요인 분석 연구", 부동산학보 제54집 (2013. 9).

이주경·유제연·김준래(2022), "신산업 관련 건축 법제 개선방안: 데이터센터와 지식산 업센터를 중심으로", 건축공간연구원 기본연구보고서 2022-1(2022. 10).

이준호(2007), "우리나라 금융기관의 부동산개발사업 프로젝트 파이낸싱 활용에 관한 연구", 경기대학교 서비스경영전문대학원 박사학위논문(2007. 12).

이지현(2019), "민간투자법의 법적 성질에 관한 연구", 서울대학교 대학원 석사학위논문 (2019. 8).

이지현(2022), "공원조성계획의 입안과 결정: 민간공원조성 특례사업을 중심으로", 건설 법연구 제7호(2022. 3).

이진서(2012), "구조화금융에 관한 연구: 자산유동화·프로젝트금융을 중심으로", 고려 대학교 대학원 박사학위논문(2012. 6).

인성식(2012), "토지신탁의 구조와 위험분석에 관한 연구", 한성대학교 대학원 박사학위 논문(2012. 12).

임상빈·유동영(2020), "생활숙박시설 과세 개선방안", 한국지방세연구원 수시연구보고 서(2020. 1).

임철현(2019), "위험관리 관점에서 본 기업금융수단의 법적 이해", 법조 제68권 제2호 (2019. 4).

임춘수(2014), "부동산펀드에 관한 법적 연구", 경희대학교 대학원 석사학위논문(2014. 8).

장성환(2013), "부동산개발금융구조(PF)의 개선사례와 발전방향에 관한 연구: 금융기관 의 위험분담에 근거한 금융구조를 중심으로", 건국대학교 부동산대학원 석사학 위논문(2013. 8).

정기열(2009), "부동산 간접투자제도에 관한 법적 연구", 성균관대학교 대학원 석사학위 논문(2009. 6).

정기열(2018), "부동산 프로젝트파이낸싱의 고도화: 부동산신탁회사의 신용보강을 통하여", 부동산분석 제4권 제1호(2018. 5).

정병원(2018), "아파트 분양계약과 수분양자의 권리보호에 관한 연구", 경상대학교 대학
원 석사학위논문(2018. 2).

정복희(2016), "부동산 프로젝트 파이낸싱의 채권보전 및 리스크 개선 방안에 대한 연
구", 고려대학교 법무대학원 석사학위논문(2016. 8).

정순섭(2006), "신탁의 기본구조에 관한 연구", 서울대학교 금융법센터 BFL 제17호
(2006. 5).

제미옥(2014), "부동산펀드의 운영과 법률관계에 관한 연구", 경남대학교 대학원 박사학
위논문(2014. 2).

조장원(2018), "부동산신탁회사의 리스크관리 개선방안에 관한 연구: 핵심리스크 관리
지표를 중심으로", 건국대학교 부동산대학원 석사학위논문(2018. 5).

조재영·이희종(2018), "부동산개발사업의 위험관리 방안에 관한 연구", 부동산학보 제
73권(2018. 5).

조준호(2010), "담보활용방안으로서의 부동산신탁에 관한 연구: 부동산 프로젝트금융을
중심으로", 연세대학교 법무대학원 석사학위논문(2010. 6).

진상훈(2008), "부동산신탁의 유형별 사해행위 판단방법", 민사집행법연구 제4권(2018. 2),

진웅기(2018), "차입형 토지신탁 이용자의 만족도가 재신탁의향 및 추천의도에 미치는
영향에 관한 연구", 전주대학교 대학원 박사학위논문(2018. 8).

최수정(2017), "부동산담보신탁상 우선수익권의 성질과 우선수익권질권의 효력", 인권
과 정의(2017. 12).

최용호(2019), "부동산신탁회사의 부동산개발 관련 금융기능 강화 경향", 한국신탁학회
추계학술대회(2019. 11).

최재원(2023), "폐광 활용 방안 연구: 데이터센터를 중심으로", 서울시립대학교 국제도
시과학대학원 석사학위논문(2023. 12).

한국개발연구원 공공투자관리센터(2010), "수익형 민자사업(BTO) 표준실시협약(안)-
도로사업-"(2010. 3).

한국개발연구원 공공투자관리센터(2011), 「BTL 표준 실시협약 해설 연구」, 2011년도 정
책연구 보고서(2011. 7).

한국개발연구원 공공투자관리센터(2014), 「2013년도 공공투자관리센터 연차보고서」(2014
3).

한민(2011), "신탁제도개혁과 자산유동화", 서울대학교 금융법센터 BFL 제50호(2011. 11).

한소은(2022), "부동산개발금융의 시행규제에 관한 공법적 연구", 서울대학교 대학원 석
사학위논문(2022. 2).

한중석(2010), "프로젝트금융투자회사에 관한 연구", 건국대학교 부동산대학원 석사학
위논문(2010. 6).

허성민(2019), "테헤란로제2지구 지구단위계획구역의 건축적 변화분석 및 개선방안 연구—강남역에서 포스코사거리 구간을 중심으로", 서울시립대학교 도시과학대학원 석사학위논문(2019. 6).

현준(2012), "부동산신탁에 있어서 수분양자 보호방안에 관한 연구", 단국대학교 부동산·건설대학원 석사학위논문(2012. 12).

홍성진(2013), "도시개발법상 도시개발사업의 입법 개선방안 연구", 단국대학교 대학원 박사학위논문(2013. 6).

홍윤표(2005), "대형건축물 후분양 제도하에서 개발유형별 사업성 분석에 관한 연구", 건국대학교 부동산대학원 석사학위논문(2005. 6).

황규완(2014), "공모형 PF사업의 진행현황과 시사점", 대신경제연구소 국내연구자료(2014. 6).

황지혜(2015), "사회기반시설에 대한 민간투자와 국가의 보장책임에 관한 연구", 한국외국어대학교 대학원 박사학위논문(2015. 8).

황진호(2016), "부동산간접투자에 대한 과세문제 연구", 고려대학교 법무대학원 석사학위논문(2016. 6).

찾아보기

저자소개

이상복

서강대학교 법학전문대학원 교수. 서울고등학교와 연세대학교 경제학과를 졸업하고, 고려대학교에서 법학 석사와 박사학위를 받았다. 사법연수원 28기로 변호사 일을 하기도 했다. 미국 스탠퍼드 로스쿨 방문학자, 숭실대학교 법과대학 교수를 거쳐 서강대학교에 자리 잡았다. 서강대학교 금융법센터장, 서강대학교 법학부 학장 및 법학전문대학원 원장을 역임하고, 재정경제부 금융발전심의회 위원, 기획재정부 국유재산정책 심의위원, 관세청 정부업무 자체평가위원, 국토교통부 법률고문, 대한상사중재원 중재인, 한국공항공사 비상임이사, 금융감독원 분쟁조정위원, 한국거래소 시장감시위원회 비상임위원, 한국증권법학회 부회장, 한국법학교수회 부회장, 금융위원회 증권선물위원회 비상임위원으로 활동했다. 현재 공적자금관리위원회 위원으로 활동하고 있다.

저서로는 〈특정금융정보법〉(2024), 〈전자금융거래법〉(2024), 〈신용정보법〉(2024), 〈판례회사법〉(2023), 〈상호금융업법〉(2023), 〈새마을금고법〉(2023), 〈산림조합법〉(2023), 〈수산업협동조합법〉(2023), 〈농업협동조합법〉(2023), 〈신용협동조합법〉(2023), 〈경제학입문: 돈의 작동원리〉(2023), 〈금융법입문〉(2023), 〈외부감사법〉(2021), 〈상호저축은행법〉(2021), 〈외국환거래법〉(개정판)(2023), 〈금융소비자보호법〉(2021), 〈자본시장법〉(2021), 〈여신전문금융업법〉(2021), 〈금융법강의 1: 금융행정〉(2020), 〈금융법강의 2: 금융상품〉(2020), 〈금융법강의 3: 금융기관〉(2020), 〈금융법강의 4: 금융시장〉(2020), 〈경제민주의, 책임자본주의〉(2019), 〈기업공시〉(2012), 〈내부자거래〉(2010), 〈헤지펀드와 프라임 브로커: 역서〉(2009), 〈기업범죄와 내부통제〉(2005), 〈증권범죄와 집단소송〉(2004), 〈증권집단소송론〉(2004) 등 법학 관련 저술과 철학에 관심을 갖고 쓴 〈행복을 지키는 法〉(2017), 〈자유·평등·정의〉(2013)가 있다. 연구 논문으로는 '기업의 컴플라이언스와 책임에 관한 미국의 논의와 법적 시사점'(2017), '외국의 공매도규제와 법적시사점'(2009), '기업지배구조와 기관투자자의 역할'(2008) 등이 있다. 문학에도 관심이 많아 장편소설 〈모래무지와 두우쟁이〉(2005), 〈우리는 다시 강에서 만난다〉(2021)와 에세이 〈방황도 힘이 된다〉(2014)를 쓰기도 했다.

제2판
부동산개발금융법

초판발행　　　2023년 8월 20일
제2판발행　　　2024년 5월 15일

지은이　　　　이상복
펴낸이　　　　안종만·안상준

편　집　　　　김선민
기획/마케팅　　최동인
표지디자인　　권아린
제　작　　　　우인도·고철민·조영환

펴낸곳　　　　(주) **박영사**
　　　　　　　서울특별시 금천구 가산디지털2로 53, 210호(가산동, 한라시그마밸리)
　　　　　　　등록　1959. 3. 11. 제300-1959-1호(倫)

전　화　　　　02)733-6771
ｆａｘ　　　　02)736-4818
e-mail　　　　pys@pybook.co.kr
homepage　　　www.pybook.co.kr
ISBN　　　　 979-11-303-4758-5　 93360

* 파본은 구입하신 곳에서 교환해 드립니다. 본서의 무단복제행위를 금합니다.

정　가　　　　35,000원